Norbert Andel

Finanzwissenschaft

W0060979

Finanzwissenschaft

von

Norbert Andel

4., völlig überarbeitete Auflage

Mohr Siebeck

Prof. Dr. Norbert Andel
Johann Wolfgang Goethe-Universität
Postfach 11 19 32
D-60054 Frankfurt am Main
Tel.: +49 (69) 7 98-2 22 97/ -2 22 98
Fax.: +49 (69) 7 98-2 31 22
E-Mail: Andel@vff.uni-frankfurt.de

Die Deutsche Bibliothek – CIP-Einheitsaufnahme
Andel, Norbert:
Finanzwissenschaft / von Norbert Andel. 4., völlig überarb. Aufl.
Tübingen: Mohr Siebeck, 1998
   ISBN 3-16-147027-3
   ISBN 3-16-147028-1

1. Auflage 1983
2., völlig überarbeitete und erweiterte Auflage 1990
3., überarbeitete und erweiterte Auflage 1992
4., völlig überarbeitete Auflage 1998

© 1998 J.C.B. Mohr (Paul Siebeck) Tübingen

Das Werk einschließlich aller seiner Teile ist urheberrechtlich geschützt. Jede Verwertung außerhalb der engen Grenzen des Urheberrechtsgesetzes ist ohne Zustimmung des Verlages unzulässig und strafbar. Das gilt insbesondere für Vervielfältigung, Übersetzung, Mikroverfilmungen und die Einspeicherung und Verarbeitung in elektronischen Systemen.

Das Buch wurde aus der Linotype Century gesetzt und gedruckt von Gulde-Druck in Tübingen auf alterungsbeständigem Papier der Papierfabrik Niefern. Den Einband besorgte die Großbuchbinderei Heinr. Koch in Tübingen nach einem Entwurf von Alfred Krugmann in Stuttgart.

Vorwort zur vierten Auflage

Ein Lehrbuch der vorliegenden Art für eine Neuauflage zu aktualisieren, ist für den Verfasser und seine Mitarbeiter immer ein mühevolles Unterfangen. Der chaotische Aktionismus des deutschen Gesetzgebers während der letzten Jahre mit häufigen Korrekturen der Änderungen, bevor diese in Kraft getreten waren, mit einer wachsenden Zahl von Übergangsregelungen speziell im sozialpolitischen Bereich und mit der Aufsplitterung von sachlich zusammenhängenden Gesetzesvorlagen in zustimmungs- und nichtzustimmmungsbedürftige Teile machte es dieses Mal aber besonders schwierig, die Entwicklung zu verfolgen und die Darstellung gleichwohl nur wenig auszuweiten. Noch mehr als bei früheren Neuauflagen bestand die Gefahr, von einer ursprünglichen Momentaufnahme zu einer Darstellung der Entwicklung im Zeitablauf überzugleiten.

Ich habe den sozialpolitischen Instrumenten und speziell der gesetzlichen Rentenversicherung sowie der gesetzlichen Krankenversicherung schon immer eine vergleichsweise große Aufmerksamkeit geschenkt. Das Ausmaß der Probleme in diesem Bereich hat dies im Laufe der Zeit in eher zunehmendem Maße gerechtfertigt. Gerade hier scheint mir die Skizzierung der vergangenen Reformen und Flickwerke zum Verständnis der heutigen Situation unerläßlich zu sein. Auch deshalb ist Kapitel 14 „Sozialtransfers" im Vergleich zur letzten Auflage am stärksten erweitert worden.

Die besonderen Finanzausgleichsprobleme, die sich unmittelbar nach der Wiedervereinigung ergeben haben, wurden in der dritten Auflage dieses Lehrbuchs in dem Anhang „Finanzpolitische Aspekte der deutschen Wiedervereinigung" behandelt. Wegen der zum 1. 1. 1995 erfolgten Einbeziehung der neuen Bundesländer in den allgemeinen gesamtdeutschen Finanzausgleich ist dies nicht mehr erforderlich. Der historisch interessierte Leser sei allerdings auf diese Ausführungen verwiesen.

Ich danke meinen Mitarbeitern Herrn Dipl.-Ökonom Michael Broer, Herrn Dipl.-Volksw. Roland Kilb, Herrn Dipl.-Volksw. Wolfgang Knoke und Frau Dipl.-Volksw. Anke Philipps für die hilfreichen kritischen Stellungnahmen zu den Texten, für die Hilfe bei der Aktualisierung der Literaturangaben und der Daten, beim Lesen der Korrekturen sowie für die Erstellung der Register, Frau Britta Hellenbrand für die geduldige Textbearbeitung, Frau cand. rer. pol. Malgorzata Oganisyan und Herrn cand. rer. pol. Andreas Seeliger für technische Hilfe vor allem bei der Literaturbeschaffung. Dank schulde ich auch Frau Dr. Irene Becker für die Erstellung der Übersicht 25-1, Frau Dipl.-Volksw. Kirsten Frank für Informationen zur Entwicklung des Rechts der Vergabe öffentlicher Aufträge sowie Herrn Prof. Dr. Diether Döring für hilfreiche kritische Hinweise zu dem Kapitel „Sozialtransfers".

Das Manuskript wurde im April 1998 abgeschlossen; später verfügbare Informationen konnten nur noch teilweise berücksichtigt werden.

Ich widme diese Auflage meinem akademischen Lehrer Fritz Neumark (1900–1991). Er hat während meines Studiums in Frankfurt mein Interesse für die Finanzwissenschaft geweckt. Zur Zeit seines Wirkens an der Johann Wolfgang Goethe-Universität war auch dort im Kollegenkreis ein volkswirtschaftliches Studium ohne gründliche finanzwissenschaftliche Ausbildung undenkbar.

Frankfurt am Main, im September 1998   Norbert Andel

Inhalt

Teil I: Gegenstand, Methoden, Ziele und Instrumente

Teil II: Die Festlegung des Einsatzes finanzwirtschaftspolitischer Instrumente

Teil III: Die Wirkungen finanzwirtschaftspolitischer Instrumente

Teil IV: Die öffentlichen Ausgaben

Teil V: Die öffentlichen Einnahmen

Teil VI: Finanzwirtschaftspolitik

Abkürzungsverzeichnis

GRV	Gesetzliche Rentenversicherung
GV	Gemeindeverbände
HGrG	Haushaltsgrundsätzegesetz
KAF	Kreditabwicklungsfonds
KNH	Konjunkturneutraler Haushalt
KStG	Körperschaftsteuergesetz
KVdR	Krankenversicherung der Rentner
LAF	Lastenausgleichsfonds
OECD	Organisation for Economic Co-operation and Development
Öffa	Gesellschaft für öffentliche Arbeiten
ÖTV	Gewerkschaft Öffentliche Dienste, Transport und Verkehr
PAV	Persönliche allgemeine Verbrauchsteuer
PPBS	Planning-Programming-Budgeting-System
RHO	Reichshaushaltsordnung
SGB	Sozialgesetzbuch
SPV	soziale Pflegeversicherung
StVG	Staatsvertragsgesetz
StWG	Stabilitäts- und Wachstumsgesetz
SVR	Sachverständigenrat zur Begutachtung der gesamtwirtschaftlichen Entwicklung
THA	Treuhandanstalt
UStG	Umsatzsteuergesetz
VGR	Volkswirtschaftliche Gesamtrechnung
VOB	Verdingungsordnung für Bauleistungen
VOF	Verdingungsordnung für freiberufliche Leistungen
VOL	Verdingungsordnung für Leistungen – ausgenommen Bauleistungen
VWWS	Vertrag über die Schaffung einer Währungs-, Wirtschafts- und Sozialunion
WTO	World Trade Organisation
ZBB	Zero-Base-Budgeting

Teil I

Gegenstand, Methoden, Ziele und Instrumente

Kapitel 1

Gegenstand, Richtungen und Stellung
der Finanzwissenschaft

§ 1. **Gegenstand der Finanzwissenschaft**
   1. Die öffentliche Wirtschaft
   2. Hauptmerkmale der öffentlichen Wirtschaft

§ 2. **Aufgabe und Richtungen der Finanzwissenschaft**
   1. Positive Finanzwissenschaft
   2. Normative Finanzwissenschaft

§ 3. **Die Stellung der Finanzwissenschaft zu anderen Wissenschaften**
   1. Finanzwissenschaft und Wirtschaftswissenschaften
   2. Finanzwissenschaft und nichtwirtschaftswissenschaftliche Gesellschaftswissenschaften

Literatur

Vorbemerkung: Die Literatur unter **a)** wird als studienbegleitende Lektüre empfohlen. Die Publikationen unter **b)** dienen der Vertiefung und Weiterführung.

a) Littmann, Konrad: Problemstellung und Methoden der heutigen Finanzwissenschaft, in: Fritz Neumark, Norbert Andel und Heinz Haller (Hrsg.): Handbuch der Finanzwissenschaft, 3. Aufl., Bd. 1, Tübingen 1977, S. 99–120.
Musgrave, Richard A., und Alan T. Peacock: Einleitung zu „Classics in the Theory of Public Finance", London–New York 1958 (Paperback 1967), S. IX–XIX; deutsch in: Horst Claus Recktenwald (Hrsg.): Finanztheorie, 2. Aufl., Köln–Berlin 1970, S. 35–45.

b) von Beckerath, Erwin: Die neuere Geschichte der deutschen Finanzwissenschaft (seit 1800), in: Wilhelm Gerloff und Fritz Neumark (Hrsg.): Handbuch der Finanzwissenschaft, 2. Aufl., Bd. 1, Tübingen 1952, S. 416–468.
Musgrave, Richard A.: A Brief History of Fiscal Doctrine, in: Alan J. Auerbach und Martin Feldstein (Hrsg.): Handbook of Public Economics, Bd. 1, Amsterdam 1985, S. 1–59.

§ 1. Gegenstand der Finanzwissenschaft

1. Die öffentliche Wirtschaft

Es liegt nahe, ein Lehrbuch „Finanzwissenschaft" mit der Frage zu beginnen, was den Gegenstand dieser Finanzwissenschaft bildet, was das Untersuchungsobjekt ist, das sie analysiert. Die Antwort lautet: *das wirtschaftliche Handeln des Staates, soweit es mit staatlichen Einnahmen oder Ausgaben verbunden ist.* Dies soll im folgenden erläutert werden.

Was unter „Staat" fällt, variiert in Raum und Zeit. Die Abgrenzung ist nicht zwingend, sondern eine Frage der Konvention. Einhellig werden zum Staat die *Gebietskörperschaften* gezählt, in der Bundesrepublik Deutschland der Bund, die Länder, die Gemeinden einschließlich der Gemeindeverbände (Kreise, Bezirksverbände), oft auch die Europäische Union (anteilig). Im weiteren Sinne gehören dazu die sog. *Parafisken*, insbesondere die Sozialversicherungen, aber auch gewisse berufsständische Organisationen wie die Industrie- und Handelskammern oder die Ärztekammern, speziell wenn die Mitgliedschaft auf Zwang beruht und wenn von den Mitgliedern Zwangsbeiträge zu leisten sind. Insofern ist es zutreffender, statt von Staat von *öffentlichen Zwangsverbänden* zu sprechen.

In der deutschen *Volkswirtschaftlichen Gesamtrechnung* umfaßt der Sektor Staat „alle Institutionen, deren Aufgabe überwiegend darin besteht, Dienstleistungen eigener Art für die Allgemeinheit zu erbringen, und die sich hauptsächlich aus Zwangsabgaben finanzieren"[1]. Ganz ähnlich ist der Bereich abgegrenzt, auf den sich die Angaben im Kapitel „Finanzen und Steuern" des Statistischen Jahrbuchs[2] beziehen,

– die Gebietskörperschaften Bund (einschließlich Lastenausgleichsfonds[3], ERP-Sondervermögen, Fonds „Deutsche Einheit", Kreditabwicklungsfonds, Erblastentilgungsfonds, Entschädigungsfonds und Bundeseisenbahnvermögen), Länder, Gemeinden, Gemeindeverbände (GV),
– die Finanzanteile an der Europäischen Union,
– die kommunalen Zweckverbände,
– die Sozialversicherungsträger,
– die Krankenhäuser und Hochschulkliniken mit kaufmännischem Rechnungswesen.

---

[1] Vgl. STATISTISCHES BUNDESAMT (Hrsg.): Fachserie 18, Volkswirtschaftliche Gesamtrechnungen, Reihe 1.3, Konten und Standardtabellen, Hauptbericht 1996, Wiesbaden 1997, S. 26.
[2] Vgl. STATISTISCHES BUNDESAMT (Hrsg.): Statistisches Jahrbuch 1997 für die Bundesrepublik Deutschland, Wiesbaden 1997, S. 496.
[3] Die hier und im folgenden aufgeführten Sondervermögen des Bundes werden in alphabetischer Reihenfolge in einem Anhang auf S. 12f. kurz erläutert.

Im jährlich vom Bundesfinanzministerium herausgegebenen *Finanzbericht*[4] werden zum „öffentlichen Gesamthaushalt" die Gebietskörperschaften (Bund, Länder, Gemeinden und Gemeindeverbände), der Lastenausgleichsfonds, das ERP-Sondervermögen, der Fonds „Deutsche Einheit", der Kreditabwicklungsfonds, das Bundeseisenbahnvermögen, der Entschädigungsfonds, der Erblastentilgungsfonds, der Steinkohlefonds und die EU-Anteile gezählt. Es ist als ein großer Mangel anzusehen, daß hier die Sozialversicherungsträger nicht ausdrücklich berücksichtigt werden (nur indirekt und partiell über die Zuschüsse der Gebietskörperschaften), obgleich deren Budgets in der Bundesrepublik Deutschland mehr als 70% derjenigen der Gebietskörperschaften ausmachen.

Die Finanzwissenschaft, wie sie an den Universitäten gelehrt wird, konzentriert sich meist ganz überwiegend auf die Gebietskörperschaften und auf die Ausgaben und Einnahmen, die in den Haushaltsplänen erfaßt sind. Dabei wird dem Bund besondere Aufmerksamkeit gewidmet, teils wegen seiner quantitativen Bedeutung, teils auch deshalb, weil viele Bundesregelungen ihre Entsprechungen auf der Landes- und auch auf der Gemeindeebene haben. Von der finanzwirtschaftlichen Bedeutung her ist die weitgehende Vernachlässigung der Sozialversicherungsträger nicht zu rechtfertigen. Sie dürfte vor allem mit der Ausklammerung aus den Haushalten der Gebietskörperschaften und mit dem Umstand zu erklären sein, daß sie in anderen volkswirtschaftlichen Fächern (Sozialpolitik) behandelt werden.

Die Bezeichnung „Finanzwissenschaft" ist im Hinblick auf den Wortteil *„Finanz"* leicht mißverständlich und verleitet zu einer zu vordergründigen Betrachtung. Gewiß spielen Finanztransaktionen, Einnahmen und Ausgaben, eine wichtige Rolle. Letztlich geht es aber um die Entscheidung über knappe Güter, soweit diese Entscheidung von staatlichen, nicht von privaten Stellen getroffen wird. Es wäre insofern besser, von *Staatswirtschaftswissenschaft* oder *Staatswirtschaftslehre* zu sprechen, deren Gegenstand die Staatswirtschaft, oder allgemeiner ausgedrückt, das *wirtschaftliche Handeln öffentlicher Zwangsverbände*, ist, *soweit sich diese einnahmen- und ausgabenpolitischer Instrumente bedienen.* In der englischsprachigen Literatur besteht gegenwärtig eine Tendenz, anstelle von „Public Finance" von „Public Economics" zu sprechen, der „private economy" die „public economy" gegenüberzustellen[5].

Die Finanzwissenschaft behandelt nicht die gesamte wirtschaftlich bedeutsame Tätigkeit des Staates. Sie untersucht in der Regel nicht Gebote und Verbote, soweit diese nicht unmittelbar die öffentlichen Einnahmen und Ausgaben spürbar berühren; sie befaßt sich auch nicht oder nur am Rande mit öffentlichen Unternehmen, wenn diese wie private Unternehmen geführt werden.

---

[4] Vgl. BUNDESMINISTERIUM DER FINANZEN (Hrsg.): Finanzbericht 1998, Bonn 1997, S. 102.

[5] Vgl. Lehrbuchtitel wie „Public Economics", „Public Sector Economics" und „Economics of the Public Sector"

2. Hauptmerkmale der öffentlichen Wirtschaft

Was ist das Spezifische der öffentlichen Wirtschaft, durch das sie sich von anderen Wirtschaftsbereichen unterscheidet? Man könnte zunächst an staatliche Produktion im Gegensatz zu privater Produktion denken, an staatliches Eigentum an Produktionsmitteln im Gegensatz zu privatem. Damit würde man aber den im vorliegenden Zusammenhang wesentlichen Unterschied nicht treffen. Es ist durchaus denkbar, daß die Produktion in öffentlichen Betrieben erfolgt, aber nach Regeln, die denen des Privatsektors entsprechen, so daß dann eigentlich kein Raum für eine eigene Finanzwissenschaft, für eine eigene Staatswirtschaftslehre ist.

Der entscheidende Punkt ist vielmehr die *Art der Bedürfnisbefriedigung*. Im privaten, genauer: marktwirtschaftlichen, Sektor herrscht die *tauschwirtschaftliche Produktionslenkung* vor. Unternehmen produzieren im Hinblick auf die kaufkräftige Nachfrage. Die Zahlung des Kaufpreises ist Voraussetzung zur Erlangung wirtschaftlicher Güter. Wer nicht in der Lage oder nicht gewillt ist, diesen Preis zu entrichten, wird ausgeschlossen (*Ausschlußprinzip*). Im öffentlichen Sektor dagegen werden die Leistungen typischerweise nicht individuell verkauft, sondern allen Bürgern oder bestimmten Gruppen „kostenlos" zur Verfügung gestellt. „Kostenlos" heißt hier natürlich nicht, daß die Leistungserstellung selbst keine Kosten verursacht, sondern nur, daß in der Regel die Inanspruchnahme für den einzelnen Benutzer kostenlos ist. Die Finanzierung erfolgt heute überwiegend in Form von einseitig auferlegten *Zwangsabgaben*, deren Verteilung zudem nicht an die Verteilung der Nutzen der Ausgaben gebunden sein muß und es in der Regel auch nicht ist.

Der *Zwangscharakter*, der für die Finanzierungsseite des Staates typisch ist, tritt zuweilen auch auf der Ausgabenseite (Leistungsseite) auf. Als Beispiele seien der obligatorische Grundschulbesuch und die obligatorische Impfung genannt.

Der Unterschied zwischen öffentlichem Eigentum an den Produktionsmitteln und öffentlicher nichtmarktwirtschaftlicher Bedürfnisbefriedigung[6] sei an einem Beispiel illustriert. Angenommen, es sei politisch entschieden worden, daß der Besuch der Universität allen Staatsbürgern kostenlos offenstehen soll. Das ist bei rein privater Produktion möglich, indem sich der Staat darauf beschränkt, den Studenten bzw. deren Eltern die Ausbildungskosten zu ersetzen oder den Trägern der Universität ein Entgelt zukommen zu lassen, das die Bereitstellung der erforderlichen Ausbildungskapazität sicherstellt. Er kann

---

[6] Vgl. in diesem Zusammenhang die Differenzierung zwischen „public provision" und „public production" („öffentlicher Bereitstellung" und „öffentlicher Produktion") bei R. A. Musgrave und P. B. Musgrave: Public Finance in Theory and Practice, 5. Aufl., New York u. a. O. 1989, S. 9; deutsch: R. A. Musgrave, P. B. Musgrave und L. Kullmer: Die öffentlichen Finanzen in Theorie und Praxis, Bd. 1, 6. Aufl., Tübingen 1994, S. 9.

aber auch die Produktion selbst übernehmen, indem er die Professoren einstellt, selbst die Hochschulen baut, selbst die Bücher herstellt, wie das z.B. in
sozialistischen Ländern der Fall war. Schließlich kann eine Art mittlerer Weg
wie in der Bundesrepublik Deutschland eingeschlagen werden: Die öffentliche
Hand unterhält zwar die Universitäten, sie stellt die Dienstkräfte selbst ein
und bezahlt sie, ist insofern also Produzent. Daneben werden aber private Firmen eingeschaltet, die die Gebäude errichten, die Ausstattungen liefern, u.U.
auch Räume vermieten und die Gebäudereinigung übernehmen.

§ 2. Aufgabe und Richtungen der Finanzwissenschaft

Wie jede Wissenschaft hat auch die Finanzwissenschaft das Ziel, ihr Objekt systematisch und umfassend zu analysieren. Je nachdem, welche Fragestellung
im Vordergrund steht, lassen sich zwei Hauptrichtungen unterscheiden: die
positive Finanzwissenschaft und die normative Finanzwissenschaft.

1. Positive Finanzwissenschaft

Die positive Finanzwissenschaft im Sinne von J.N. KEYNES' „positive science"
als „body of systematized knowledge concerning what is"[7] macht systematische
Aussagen über die öffentliche Finanzwirtschaft, sei es ihre unmittelbare Er-
scheinung, sei es ihre Abbildung in Modellen. Je nach Fragestellung bzw. ange-
wandter Methode lassen sich vier Ansätze unterscheiden:

1) Beim *historisch-deskriptiven Ansatz* steht die systematische Darstellung finanzwirtschaftlicher Institutionen und Vorgänge im Vordergrund. Es wird
z.B. untersucht, wie sich Einnahmen und Ausgaben im Zeitablauf absolut, relativ zum Bruttosozialprodukt und strukturell, z.B. in der Verteilung auf die
Gebietskörperschaften und auf einzelne Einnahme- oder Ausgabearten, entwickelt haben. Arbeiten dieser Art wurden durch die Formulierung des sog.
WAGNERschen Gesetzes[8] angeregt, dem zufolge im Zuge der wirtschaftlichen
Entwicklung der Anteil der öffentlichen Ausgaben am Volkseinkommen steigt.
Als Beispiele seien die Arbeiten von PEACOCK/WISEMAN und ANDIC/VEVERKA über
die Entwicklung der öffentlichen Ausgaben in Großbritannien bzw. in Deutsch-
land genannt[9].

---

[7] J.N. KEYNES: The Scope and Method of Political Economy, 4.Aufl., London 1917, S.34.
[8] Vgl. unten S.189–194.
[9] Vgl. A.T. PEACOCK und J.WISEMAN: The Growth of Public Expenditure in the United Kingdom, 2.Aufl., London 1967; S. ANDIC und J. VEVERKA: The Growth of Government Expenditure
in Germany since the Unification, in: Finanzarchiv, N.F. Bd.23, 1963/64, S.169–278.

2) Im Rahmen des *sozioökonomischen Ansatzes* wird versucht, die tatsächliche Entwicklung aus den jeweils wirksamen gesellschaftlichen Kräften – etwa ausgehend von der Zusammensetzung des Parlaments, der Ausschüsse, dem Einfluß der Interessenverbände, den vorherrschenden Ideen – zu erklären. Hier ergeben sich Beziehungen zur Soziologie und zur Politikwissenschaft. Finanzwissenschaftliche Arbeiten dieser Art gibt es noch recht wenige. Als Beispiele seien die finanzsoziologischen Studien von F. K. MANN und die Untersuchung von A. WILDAVSKY über den Budgetierungsprozeß in den USA genannt[10].

Zwischen dem historisch-deskriptiven und dem sozioökonomischen Ansatz bestehen Beziehungen insbesondere dergestalt, daß statistische Arbeiten oft Grundlage und Ausgangspunkt für sozioökonomische Erklärungsversuche sind, wie z. B. in den oben genannten Arbeiten von PEACOCK/WISEMAN und ANDIC/VEVERKA.

3) Beim *theoretisch-deduktiven Ansatz* stehen allgemeine Aussagen über die Zusammenhänge zwischen Größen eines Systems im Vordergrund, die auf deduktivem Wege gewonnen werden. Es werden Prämissen aufgestellt, vor allem über Zielsetzungen, Verhaltensweisen und produktionstechnische Bedingungen, mittels derer man von der Variation bestimmter Größen – in unserem Falle finanzwirtschaftlicher Instrumente – auf die folgenden Wirkungsverläufe schließt, ohne daß diese unbedingt mit einer bestimmten konkreten Situation in Verbindung gebracht oder normativ gesetzt würden. Man verwendet z. B. die Modelle der Wirtschaftstheorie, um die Wirkungen von öffentlichen Einnahmen und Ausgaben auf Preise, Produktion und Beschäftigung in Abhängigkeit von nicht konkret spezifizierten Parametern aufzuzeigen. Dieser Ansatz prägt heute die wirkungsanalytischen Teile der Lehrbücher.

4) Beim *ökonometrischen Ansatz* wird versucht, mit Hilfe geeigneter ökonometrischer Testmethoden zu ermitteln, ob die in theoretischen Modellen behaupteten Zusammenhänge zwischen Größen in konkreten Situationen überhaupt bestanden haben, wie stark und wie zuverlässig sie waren[11]. Hat die Höhe der Lohnsteuer einen Einfluß auf das Arbeitsangebot privater Haushalte? Verändern kreditfinanzierte zusätzliche öffentliche Ausgaben die gesamtwirtschaftliche Nachfrage?

Sozioökonomischer und ökonometrischer Ansatz haben die empirisch gestützte Erklärung von (hier finanzwissenschaftlich) relevanten Vorgängen gemeinsam. Sie unterscheiden sich methodisch, aber auch darin, daß der sozioökonomische Ansatz mehr die Entwicklung der Institutionen, der verfolgten Ziele

---

[10] Vgl. F. K. MANN: Die Soziologie der Besteuerung, in: Ders.: Finanztheorie und Finanzsoziologie, Göttingen 1959, S. 112–123; A. WILDAVSKY: The Politics of the Budgetary Process, 4. Aufl., Boston–Toronto 1983.

[11] Vgl. R. HUJER, H. J. HANSEN und E. KLEIN: Makroökonomische Wirkungen der Steuerreform 1990. Eine ökonometrische Analyse mit dem Frankfurter Modell, in: Finanzarchiv, N. F. Bd. 46, 1988, S. 38–55.

und der eingesetzten Instrumente erklärt, während beim ökonometrischen Ansatz eher auf der folgenden Stufe angesetzt und nach den Wirkungen *gegebener*
finanzpolitischer Instrumente gefragt wird.

Der ökonometrische Ansatz kann auch zukunftsbezogen für prognostische
Zwecke verwendet werden, indem man unterstellt, daß in der Vergangenheit
als signifikant festgestellte Zusammenhänge auch in Zukunft gelten.

2. Normative Finanzwissenschaft

Im Gegensatz zu den bislang behandelten Ansätzen der positiven Finanzwissenschaft ist für die normative Finanzwissenschaft kennzeichnend, daß *Normen für das Handeln aufgestellt werden*, meist dergestalt, daß im Hinblick auf
vorgegebene Ziele als optimal erachtete Instrumente, Instrumentausgestal-
tungen und Instrumentkombinationen empfohlen werden. Das ist etwa bei den
sog. *Budgetgrundsätzen* und *Steuergrundsätzen* der Fall. Das normative Element klingt hier bereits in dem Wort „Grundsätze" an[12]. Dieser normative Ansatz ist auch kennzeichnend für auf ganz bestimmte Situationen bezogene Gutachten. Das normative Element erschöpft sich dabei nicht in der Zugrundelegung der allgemeinen, meist vage formulierten Ausgangsziele, sondern tritt
auch bei der im Laufe der Untersuchung erfolgenden Konkretisierung und Gewichtung auf.

Die sog. „Neue Finanzwissenschaft"[13] neoklassischer Prägung, deren Ursprün-
ge in den frühen siebziger Jahren liegen, ist überwiegend normativ ausgerichtet. Sie befaßt sich primär mit der Frage, wie die finanzpolitischen Instrumente
gestaltet werden müssen, um die Allokationseffizienz zu verbessern.

Lehrbücher der Finanzwissenschaft sind nicht zuletzt dadurch geprägt, welchem Ansatz der Autor zuneigt oder besser: welche Mischung er bevorzugt.
Wenn er bemüht ist, dem Leser zu zeigen,
– was finanzpolitisch in der Bundesrepublik geschieht,
– warum es geschieht,
– was geschehen könnte,
– was im Hinblick auf bestimmte Ziele geschehen sollte,

---

[12] Vgl. F. NEUMARK: Grundsätze gerechter und ökonomisch rationaler Steuerpolitik, Tübingen 1970, sowie P. SENF: Kurzfristige Haushaltsplanung, Abschnitt C: Kurzfristige Haushaltsplanung und Budgetgrundsätze, in: F. Neumark, N. Andel und H. Haller (Hrsg.): Handbuch
der Finanzwissenschaft, 3. Aufl., Bd. 1, Tübingen 1977, S. 390–417. Siehe dazu auch unten
S. 295–298 und 59–67.
[13] Zur Beschreibung und Würdigung der „Neuen Finanzwissenschaft" vgl. W. WIEGARD: Die
neue Finanztheorie, in: Wirtschaftswissenschaftliches Studium, Heft 10, 1993, S. 503–512;
ausführlich W.F. RICHTER und W. WIEGARD: Zwanzig Jahre „Neue Finanzwissenschaft", in:
Zeitschrift für Wirtschafts- und Sozialwissenschaften, Bd. 113, 1993, S. 160–224 und 337–400.

wird er auf mehrere Ansätze zurückgreifen müssen. Der deskriptive Ansatz ist unerläßlich, um den Leser mit den wichtigsten finanzpolitischen Institutionen der Bundesrepublik jedenfalls in den Grundzügen vertraut zu machen (vgl. die Darstellung der kurzfristigen Haushaltsplanung, des Finanzausgleichs sowie der wichtigsten Steuern und Sozialtransfers). Theoretisch-deduktiv ist die Wirkungsanalyse in den Kapiteln 9 und 10. Normativ sind nicht nur die Passagen über Steuer- und Haushaltsgrundsätze, sondern beträchtliche Teile der Kapitel, die der Finanzpolitik gewidmet sind, sowie die kritischen Anmerkungen und Reformvorschläge im Rahmen der Darstellung der Einzelinstrumente.

§ 3. Die Stellung der Finanzwissenschaft zu anderen Wissenschaften

1. Finanzwissenschaft und Wirtschaftswissenschaften

Wenn es oben hieß, daß man statt von Finanzwissenschaft besser von Staatswirtschaftswissenschaft oder Staatswirtschaftslehre sprechen sollte, deren Gegenstand das wirtschaftliche Handeln öffentlicher Zwangsverbände ist, so ist die Finanzwissenschaft eindeutig ein *Teil der Wirtschaftswissenschaften*, und zwar der Volkswirtschaftslehre. Das entspricht ganz der Auffassung der nationalökonomischen Klassiker. ADAM SMITH behandelte in seiner 1776 erschienenen „*Inquiry into the Nature and Causes of the Wealth of Nations*" sowohl öffentliche Einnahmen als auch öffentliche Ausgaben, und DAVID RICARDOS Hauptwerk von 1817 trägt bezeichnenderweise den Titel „*Principles of Political Economy and Taxation*", wobei in der Beschränkung auf die Besteuerung eine lange Zeit typische Einseitigkeit zum Ausdruck kommt.

Diese *enge Verbindung von Volkswirtschaftslehre und Finanzwissenschaft* ging später verloren. Die Finanzwissenschaft verselbständigte sich in gewisser Hinsicht. Speziell in Deutschland gewannen Aspekte der Verwaltungslehre, staatsphilosophische Spekulationen und statistisch-deskriptive Arbeiten an Gewicht.

Dieser Prozeß, der der Finanzwissenschaft nicht zum Vorteil gereichte, fand seine *Wende im Gefolge der Weltwirtschaftskrise und der KEYNESschen Lehre*. Man sah jetzt klarer die gesamtwirtschaftliche Bedeutung des öffentlichen Haushalts, die Möglichkeiten seines Einsatzes zur Einflußnahme auf makroökonomische Größen und das gesamtwirtschaftliche Gleichgewicht. Nach dem Zweiten Weltkrieg gewann außerdem der Allokationsaspekt wieder an Bedeutung, zunächst im Rahmen des Wiederaufbaus, dann im Zuge des durch die Ost-West-Konfrontation gestiegenen Wachstumsbewußtseins und schließlich als wiederentdecktes Problem der optimalen Proportionierung von marktwirtschaftlichem und nichtmarktwirtschaftlichem Sektor bzw. der optimalen Strukturierung des nichtmarktwirtschaftlichen Sektors.

Finanzwirtschaftliche Aspekte werden heute – wenn auch, speziell was die Volkswirtschaftstheorie betrifft, nur in Ansätzen und in grober Vereinfachung – in Lehrbüchern und Vorlesungen der Volkswirtschaftstheorie und der Volkswirtschaftspolitik behandelt – kein Wunder, bedient sich doch die Wirtschaftspolitik in wachsendem Maße zur Erreichung ihrer Ziele *finanz*wirtschaftspolitischer Instrumente. Daß die Finanzwissenschaft dessen ungeachtet als selbständige Teildisziplin beibehalten wurde, beruht zum Teil auf Tradition, aber auch darauf, daß Vertreter der (allgemeinen) Wirtschaftstheorie und der (allgemeinen) Wirtschaftspolitik in der Regel wenig Neigung zeigen, sich mit der Vielfalt finanzwirtschaftlicher institutioneller Regelungen vertraut zu machen, ohne deren Kenntnis ein sachverständiges Urteil und ein sachverständiger Rat auf finanzpolitischem Gebiet nicht möglich sind. Nicht zuletzt aus diesem Grunde gibt es im Rahmen der akademischen wirtschaftswissenschaftlichen Arbeitsteilung nicht nur eine Gliederung des Stoffes nach Problembereichen (Konjunktur, Wachstum, Einkommensverteilung usw.), sondern auch nach Instrumenten. Das trifft ganz besonders für die Finanzwissenschaft zu, aber auch z. B. für das Fach Geld und Währung.

Statistik und *Ökonometrie* liefern der Finanzwissenschaft Daten und Analysemethoden für empirische Arbeiten sowie Analyseergebnisse. Zu solchen empirischen Untersuchungen haben insbesondere die sog. Ausgabengesetze[14], vor allem das WAGNERsche Gesetz, angeregt sowie der Bedarf an empirischen Wirkungsanalysen zur Fundierung finanzpolitischer Entscheidungen.

Beziehungen zur *Betriebswirtschaftslehre* ergeben sich insbesondere über die betrieblich relevanten Steuern. Finanzwissenschaft und betriebswirtschaftliche Steuerlehre befassen sich beide mit der Vermittlung der Kenntnis sowie der Analyse steuerrechtlicher Bestimmungen, wobei die betriebswirtschaftliche Steuerlehre typischerweise weitaus mehr auf Einzelheiten eingeht als die finanzwissenschaftliche spezielle Steuerlehre. Diese wiederum interessiert sich nicht nur für die jeweils im nationalen Rahmen anzutreffenden konkreten Steuern, sondern mehr noch für die grundsätzlich möglichen Gestaltungsformen, auch für in anderen Ländern realisierte Ausprägungen, insbesondere soweit diese zielkonformer sind.

In der betriebswirtschaftlichen Steuerlehre steht neben der Vermittlung der Kenntnis relevanter steuerlicher Bestimmungen die im Hinblick auf die Unternehmensziele optimale Anpassung an bestehende Steuernormen im Vordergrund. Soweit diese Anpassungen auch tatsächlich vorgenommen werden, kann die betriebswirtschaftliche Steuerlehre der Finanzwissenschaft Hilfe leisten bei der ebenso zentralen wie schwierigen Frage nach den Wirkungen

---

[14] Vgl. unten S. 188–197.

steuerpolitischer Maßnahmen[15]. Allerdings: Für die Finanzwissenschaft ist damit die Frage nach der tatsächlichen Wirkung noch nicht immer beantwortet; dazu bedarf es erst der Berücksichtigung gesamtwirtschaftlicher Interdependenzen. Aus diesem Grund ist die Frage, ob steuerliche Bestimmungen ihre gesamtwirtschaftlichen Ziele erfüllen, sofern sie in der betriebswirtschaftlichen Steuerlehre überhaupt gestellt wird, mit deren Analyseinstrumenten nur teilweise zu beantworten.

2. Finanzwissenschaft und nichtwirtschaftswissenschaftliche Gesellschaftswissenschaften

Die Finanzwissenschaft weist auch Bezüge zu nichtwirtschaftswissenschaftlichen Gesellschaftswissenschaften auf, die auf das gleiche Erfahrungsobjekt zurückzuführen sind. Soweit sie dabei Empfänger von Anregungen ist – und nur dieser Aspekt wird hier behandelt –, kann sich dies auf die Übernahme von Tatsachenmaterial, von Analysemethoden und von Analyseergebnissen anderer gesellschaftswissenschaftlicher Bereiche beziehen.

Die *Rechtswissenschaft* ist als Interpretationswissenschaft[16] für die Finanzwissenschaft bedeutsam, weil im Rechtsstaat finanzwirtschaftlich relevante Institutionen und Handlungsspielräume durch Rechtsnormen definiert sind. Je genauer die Vermittlung finanzwirtschaftlicher Tatbestände, um so bedeutsamer ist der Rückgriff auf die rechtswissenschaftliche und die davon beeinflußte gerichtliche Interpretation dieser Rechtsnormen. So ist es nicht ganz unverständlich, daß in einigen Ländern generell oder jedenfalls in bestimmten Epochen die Finanzwissenschaft eher rechts- denn wirtschaftswissenschaftlich geprägt war oder ist[17].

Die Finanzwissenschaft kann nicht darauf verzichten, *politische und soziologische Elemente* zu berücksichtigen. Der politische Charakter des Prozesses der Bestimmung öffentlicher Ausgaben und Einnahmen ist zu evident, als daß eine „rein ökonomische" Analyse befriedigen könnte. Insofern war und ist die Finanzwissenschaft stets „*Politische Ökonomie*".

Man sollte erwarten, daß sich Politikwissenschaft und Soziologie für den Budgetprozeß in besonderem Maße interessierten und dabei gerade auch für die Fi-

---

[15] So F. W. WAGNER: Der gesellschaftliche Nutzen einer betriebswirtschaftlichen Steuervermeidungslehre, in: Finanzarchiv, N. F. Bd. 44, 1986, S. 40.

[16] Vgl. H. COING: Wirtschaftswissenschaften und Rechtswissenschaften, in: L. Raiser, H. Sauermann und E. Schneider (Hrsg.): Das Verhältnis der Wirtschaftswissenschaft zur Rechtswissenschaft, Soziologie und Statistik, Schriften des Vereins für Socialpolitik, N. F. Bd. 33, Berlin 1964, S. 1.

[17] Vgl. F. NEUMARK: Nationale Typen der Finanzwissenschaft, in: Ders.: Wirtschafts- und Finanzprobleme des Interventionsstaates, Tübingen 1961, S. 81–95.

nanzwissenschaft wertvolle Aufschlüsse über die maßgeblichen Bestimmungsfaktoren geben würden. Zwar kann man heute im Hinblick auf die Arbeit von
HIRSCH[18], in den siebziger Jahren der Planungseuphorie publizierte Untersuchungen[19] und der Haushaltspolitik gewidmete Studien der letzten Jahre[20]
nicht mehr wie v. KEMPSKI 1963 konstatieren, daß das Budget in den Politischen Wissenschaften keine Rolle spielt[21]. Der Politikwissenschaftler HORST
stellte aber auch noch im Jahre 1995 fest: „Die Haushaltspolitik von Parlament
und Regierung ist nie ein zentraler Gegenstand der politikwissenschaftlichen
Forschung in der Bundesrepublik gewesen."[22]

Soweit sich die Finanzwissenschaft für die historische Entwicklung ihres Un-
tersuchungsobjekts interessiert, ergeben sich Beziehungen zur *Geschichtswis-
senschaft*. Diese Verbindung ist jedoch gegenwärtig nur sehr schwach ausgeprägt. Im Zuge der Ökonomisierung der Finanzwissenschaft, des Vordringens
wirtschaftstheoretischer Analysen finanzpolitischer Instrumente ist die historische Dimension radikal beschnitten, fast möchte man sagen: abgeschnitten
worden. Eine prinzipiell begrüßenswerte Schwerpunktverlagerung ist somit
beträchtlich über das Ziel hinausgeschossen.

Anhang: Erläuterungen zu den Sondervermögen des Bundes

Der *Ausgleichsfonds zur Sicherung des Steinkohleneinsatzes* (ASS) hatte bis
zum Wegfall des „Kohlepfennigs" zum 31. 12. 1995 die Aufgabe, den Elektrizi-
tätsunternehmen einen finanziellen Ausgleich für die bei der Verstromung heimischer Steinkohle gegenüber billigeren Energieträgern entstehenden Mehr-
kosten zu zahlen. Seitdem werden die Verstromungshilfen aus dem Bundeshaushalt geleistet; der Fonds dient der Abwicklung alter Verbindlichkeiten gegenüber Unternehmen und dem Schuldendienst für aufgenommene Kredite.

Das *Bundeseisenbahnvermögen* (BEV) wurde 1994 eingerichtet. Es dient dazu,
die Bahn AG als Nachfolgerin der Deutschen Bundesbahn und der Reichsbahn

---

[18] J. HIRSCH: Parlament und Verwaltung, 2. Teil: Haushaltsplanung und Haushaltskontrolle
in der Bundesrepublik Deutschland, Stuttgart 1968.

[19] Vgl. z. B. F. NASCHOLD u. a.: Thesen zur mehrjährigen Finanzplanung des Bundes, in: R.
Mayntz und F. Scharpf (Hrsg.): Planungsorganisation. Die Diskussion um die Reform von Regierung und Verwaltung des Bundes, München 1973, S. 146–164.

[20] Vgl. P. HORST: Haushaltspolitik und Regierungspraxis in den USA und der Bundesrepublik Deutschland, Beiträge zur Politikwissenschaft, Bd. 61, Frankfurt/M. 1995; R. STURM:
Haushaltspolitik in westlichen Demokratien, Baden-Baden 1989.

[21] Vgl. J. v. KEMPSKI: Wirtschaftswissenschaft und Soziologie, in: L. Raiser, H. Sauermann
und E. Schneider (Hrsg.): Das Verhältnis der Wirtschaftswissenschaft zur Rechtswissenschaft, Soziologie und Statistik, a.a.O., S. 240.

[22] P. HORST: Haushaltspolitik und Regierungspraxis in den USA und der Bundesrepublik
Deutschland, a.a.O., S. 20.

auf Kosten des Bundes von Schuldendienstzahlungen und Besoldungsaufwendungen zu entlasten.

Der *Entschädigungsfonds* (EF) finanziert Zahlungen für vermögensrechtliche Ansprüche, wenn eine Rückgabe früheren Eigentums in den neuen Bundesländern nicht möglich ist. Seine Mittel setzen sich zusammen aus Privatisierungserlösen der Nachfolgeorganisation der Treuhandanstalt, Rückflüssen im Rahmen des Lastenausgleichs und Zuschüssen des Bundes.

Der *Erblastentilgungsfonds* (ELF) wurde zum 1.1. 1995 als Sondervermögen des Bundes errichtet. Er übernahm die Schulden des Kreditabwicklungsfonds, Teile der Verbindlichkeiten der Wohnungsbauunternehmen der ehemaligen DDR sowie Verbindlichkeiten der Ende 1994 aufgelösten Treuhandanstalt. Zinszahlungen und Tilgungen werden aus Zuweisungen des Bundes in Höhe von 7,5% des Schuldenstands sowie aus dem Teil des Bundesbankgewinns finanziert, der die dem Bundeshaushalt zufließenden 7 Mrd. DM übersteigt. Für das Jahr 1998 wird dieser Anteil – zur Finanzierung der Senkung des Solidaritätszuschlags – um 5 Mrd. DM verringert.

Das *ERP-Sondervermögen* wurde ursprünglich aus DM-Beträgen gebildet, die für amerikanische Lieferungen im Rahmen des Marshall-Plans (European Recovery Program) an deutsche Stellen geleistet worden sind. Seine Mittel, die sich aus Kreditrückzahlungen und Zinsen für gewährte Kredite zusammensetzen, werden über die Kreditanstalt für Wiederaufbau und die Deutsche Ausgleichsbank überwiegend für Wirtschaftsförderungsmaßnahmen, aber auch für die Entwicklungshilfe eingesetzt.

Der *Fonds „Deutsche Einheit"* (FDE) hatte nach der Wiedervereinigung bis zur Neuregelung des Finanzausgleichs zum 1.1. 1995 die Aufgabe, in einem beträchtlichen Umfang den Finanzbedarf der neuen Länder durch überwiegend kreditfinanzierte Finanzzuweisungen zu decken. Seitdem wickelt er den Schuldendienst für die aufgenommenen Kredite ab.

Der *Kreditabwicklungsfonds* (KAF) hatte bis Ende 1994 die Aufgabe, die Verbindlichkeiten zu verwalten, die dem Staatshaushalt der ehemaligen DDR entstammten oder im Zuge der asymmetrischen Währungsumstellung entstanden. Er wurde aufgelöst, nachdem die Verbindlichkeiten zum 1.1. 1995 auf den Erblastentilgungsfonds übertragen worden sind.

Der *Lastenausgleichsfonds* (LAF) wurde 1952 mit der Aufgabe errichtet, einen gewissen Ausgleich herbeizuführen zwischen Personen, die im Zuge des Zweiten Weltkriegs und dessen Folgen ihr Vermögen ganz oder in großem Umfang verloren, und solchen, die es ganz oder zum großen Teil behalten haben. Die Ausgleichsleistungen wurden früher überwiegend durch zweckgebundene Abgaben, daneben durch Zuschüsse aus öffentlichen Haushalten finanziert; seit 1980 erfolgt die Finanzierung so gut wie ausschließlich über Zuschüsse.

Kapitel 2
Finanzwirtschaftspolitische Ziele

Literatur

a) MUSGRAVE, RICHARD A., und PEGGY B. MUSGRAVE: Public Finance in Theory and Practice, 5. Aufl., New York u. a. O. 1989, S. 3–14; deutsch: RICHARD A. MUSGRAVE, PEGGY B. MUSGRAVE und LORE KULLMER: Die öffentlichen Finanzen in Theorie und Praxis, Bd. 1, 6. Aufl., Tübingen 1994, S. 1–17.

b) GROSSEKETTLER, HEINZ: Mikroökonomische Grundlagen der Staatswirtschaft, in: Gustav Dieckheuer (Hrsg.): Beiträge zur angewandten Mikroökonomik. Jochen Schumann zum 65. Geburtstag, Berlin u. a. O. 1995, S. 3–28.
STEINER, PETER O.: The Public Sector and the Public Interest, in: Robert H. Haveman und Julius Margolis (Hrsg.): Public Expenditure and Policy Analysis, 3. Aufl., Boston u. a. O. 1983, S. 3–41.
WOLF, CHARLES, JR.: Markets or Governments. Choosing between Imperfect Alternatives, Cambridge/Mass.–London 1988.

Warum gibt es auch in den sog. kapitalistischen Ländern, in denen die Produktion überwiegend in privaten Unternehmen erfolgt, eine öffentliche Finanzwirtschaft? Oder anders gefragt: Was sind die Ziele der öffentlichen Finanzwirtschaft?

Die Antwort auf diese Frage soll hier nicht unmittelbar gegeben werden. Vielmehr wird zunächst die (überwiegend private) *marktwirtschaftliche* Bedürfnisbefriedigung charakterisiert, um im Anschluß daran mögliche Anknüpfungspunkte für finanzwirtschaftspolitische Aktivitäten aufzuzeigen.

§4. Charakterisierung der dezentralisierten marktwirtschaftlichen Bedürfnisbefriedigung

Man kann die Marktwirtschaft wie folgt kennzeichnen:

1) Produktion und Verteilung der Güter erfolgen dezentral über *Märkte* unter Verwendung des *Preismechanismus*. Für Konsumenten und Produzenten gilt das sog. *Ausschlußprinzip*, d.h. Güter erhält nur, wer in der Lage und bereit ist, den geforderten Preis zu zahlen; andere Wirtschaftssubjekte werden von der Nutznießung ausgeschlossen.

2) Die Produktion wird in untereinander in Konkurrenz stehenden Unternehmen nach dem *Profitkriterium* (Profitmaximierung, Erzielung eines befriedigenden Profits) vorgenommen. Das bedeutet, daß nur solche Güter bereitgestellt werden, bei denen (längerfristig) der erzielbare Preis über den Kosten liegt. Da die Kosten den Wert der alternativen Verwendung der Produktionsmittel und der erzielte Preis die Wertschätzung der Abnehmer reflektieren, bedeutet dies gleichzeitig, daß ineffiziente Produktionen zumindest längerfristig vermieden werden.

3) *Die einzelnen Wirtschaftssubjekte entscheiden selbst* über Höhe und Struktur sowohl ihres Faktorangebots als auch ihrer Güternachfrage *entsprechend ihren individuellen Präferenzen*. Dabei hängt das Ausmaß, in dem ein Wirtschaftssubjekt über Güter verfügen kann, von seiner Kaufkraft ab, die wiederum vor allem durch sein Einkommen und Vermögen bestimmt wird.

Die so charakterisierte Marktwirtschaft ist auch im Urteil ihrer grundsätzlichen Befürworter nicht immer und ohne weiteres die bestmögliche Organisationsform. Abgesehen davon, daß sie, um befriedigend funktionieren zu können, eines rechtlichen Rahmens bedarf und eines Apparates, der die Einhaltung der rechtlichen Regelungen gewährleistet, gibt es mehrere Anlässe für möglicherweise wohlfahrtssteigernde staatliche Interventionen.

§5. Die finanzwirtschaftspolitischen Ziele nach der Gliederung von R.A. Musgrave

Die finanzwirtschaftspolitischen Interventionen können nach den Zielen, auf die sie gerichtet sind, zusammengefaßt werden. Entsprechend einem Vorschlag von MUSGRAVE[1], der sich als sehr zweckmäßig erwiesen hat, werden hier das Allokationsziel, das Verteilungsziel und das Stabilisierungsziel unterschie-

---

[1] Vgl. R.A. MUSGRAVE: A Multiple Theory of Budget Determination, in: Finanzarchiv, N.F. Bd. 17, 1956/57, S. 333–343; DERS.: The Theory of Public Finance, a.a.O., S. 5–27; deutsch: Finanztheorie, a.a.O., S. 5–32.

den. Diese Reihenfolge bringt auch die Erweiterung der finanzwirtschaftspolitischen Zielsetzung im Zeitablauf zum Ausdruck.

1. Das Allokationsziel

Beim Allokationsziel geht es um die Verwirklichung der optimalen Produktionsstruktur, die durch sog. *Marktunvollkommenheiten* verhindert wird. Um sicherzustellen, daß die gesamtwirtschaftlich vorteilhafte Produktion total und marginal auch einzelwirtschaftlich gewinnbringend ist, daß die gesamtwirtschaftlich verlustbringende Produktion auch einzelwirtschaftlich mit Verlusten verbunden ist, müssen die gesellschaftlichen Vor- und Nachteile wirtschaftlichen Handelns in ausreichendem Maße internalisiert werden, beispielsweise sich beim Unternehmer als Erlöse und Kosten niederschlagen. Das ist etwa bei den sog. *technologischen externen Effekten* nicht unbedingt der Fall. Hier ist es denkbar, mit Subventionen oder Steuern korrigierend einzugreifen.

Bei *öffentlichen Gütern* ist eine marktwirtschaftliche Leistungserstellung völlig unmöglich, weil sich die gesamten Vorteile zwangsläufig als externe Effekte niederschlagen, da von ihrer Inanspruchnahme niemand ausgeschlossen werden kann. Aus Effizienzgründen sollte aber auch niemand ausgeschlossen werden, da die Grenzkosten für einen zusätzlichen Nutznießer Null sind. Das Standardbeispiel hierfür ist die Verteidigung, die Sicherheit nach außen. Diese Leistung kann nicht marktwirtschaftlich erbracht werden, denn der einzelne Bürger würde freiwillig nichts zahlen; er weiß, daß er von der Nutznießung einer gegebenen Verteidigungseinrichtung nicht ausgeschlossen werden kann. Bei großen Kollektiven kann er außerdem davon ausgehen, daß der Umfang der Verteidigungsleistung von seiner eigenen Zahlung nicht spürbar beeinflußt wird.

Auf diese und andere Aspekte des Allokationsziels sowie auf den darauf bezogenen Einsatz finanzwirtschaftspolitischer Instrumente wird in Kap. 24 näher eingegangen.

2. Das Verteilungsziel

Die Einkommensverteilung ist in einer Marktwirtschaft vor allem durch die Verteilung der Produktionsfaktoren nach Menge und Qualität, durch die individuelle Mühe und Geschicklichkeit sowie das individuelle Glück beim Faktoreinsatz, aber auch durch die Möglichkeit bestimmt, mittels Marktmacht Konkurrenten abzuwehren. Die sich ergebende primäre Einkommensverteilung muß nicht dem entsprechen, was von der Gesellschaft oder von den politischen Entscheidungsträgern gewünscht wird. Typischerweise ist die sich in einer Marktwirtschaft ergebende Einkommensverteilung ungleichmäßiger als erwünscht.

Die Frage, ob hier mittels finanzpolitischer Maßnahmen eingegriffen werden sollte, war lange Zeit umstritten[2]. Heute geht es im allgemeinen nicht mehr um das Ob, sondern nur noch um das Wie und das Wieviel der Umverteilung. Wie in Kapitel 25 näher dargelegt, erfolgt sie vor allem durch differenzierte Steuerzugriffe und Transferzahlungen, aber auch mittels realer Leistungen.

3. Das Stabilisierungsziel

Bei der stabilitätspolitischen Zielsetzung handelt es sich um den jüngsten Zielaspekt. Dafür war in einer Periode, in der man auf den Marktmechanismus, auf die Selbstheilungskräfte der Wirtschaft vertraute und aufgrund des SAYschen Theorems glaubte, daß generelle Überproduktionen nicht möglich seien, kein Raum. Die Weltwirtschaftskrise von 1929 und die KEYNESsche Lehre haben diese Vorstellungen sehr stark erschüttert. Die Sicherung der Stabilität wird heute als eine staatliche Aufgabe angesehen, die zwar nicht nur, aber doch auch mit finanzpolitischen Mitteln betrieben wird.

Das Stabilisierungsziel hat mehrere Dimensionen. In Anlehnung an § 1 des Gesetzes zur Förderung der Stabilität und des Wachstums der Wirtschaft ist es üblich, die Zielaspekte Vollbeschäftigung, Preisniveaustabilität, außenwirtschaftliches Gleichgewicht und angemessenes Wirtschaftswachstum zu unterscheiden.

Wie die finanzwirtschaftspolitischen Instrumente zu Stabilisierungszwecken eingesetzt werden können, wird in Kapitel 26 eingehender untersucht.

§ 6. Beziehungen zwischen den finanzwirtschaftspolitischen Zielen

Die saubere Trennung von Zielen ist für analytische Zwecke unbedingt erforderlich. Andererseits ist es auch notwendig, die bestehenden Interdependenzen im Blick zu behalten. So ist die optimale Allokation von der Einkommensverteilung abhängig, etwa weil die Konsumstruktur mit der individuellen Einkommenshöhe variiert. Ebenso ist die Einkommensverteilung je nach dem Grad der erreichten wirtschaftlichen Stabilität unterschiedlich, weil z.B. von

---

[2] Als Wegbereiter ist hier besonders A. WAGNER zu nennen, der für eine „sociale Finanzpolitik" eintrat, insbesondere für den sog. „socialpolitischen Zweck" der Besteuerung (neben „dem »rein finanziellen« nächsten Zweck"), „regulirend in die Vertheilung des Volkseinkommens und Volksvermögens einzugreifen" (A. WAGNER: Finanzwissenschaft, Zweiter Theil: Theorie der Besteuerung, Gebührenlehre und allgemeine Steuerlehre, 2. Aufl., Leipzig 1890, S. 207).

der Arbeitslosigkeit oder von der Inflation nicht alle Wirtschaftssubjekte in gleicher Weise betroffen sind.

Schon wegen dieser Interdependenzen sind einzelne finanzpolitische Maßnahmen in der Regel für mehrere Ziele relevant. Es kommt hinzu, daß z. B. stabilitätspolitisch motivierte Steuererhöhungen in verteilungspolitisch sehr bedeutsamer Weise unterschiedlich ausgestaltet werden können. Auch sind primär allokationspolitisch motivierte Entscheidungen verteilungsrelevant, insbesondere wenn es sich um kostenlos abgegebene öffentliche Leistungen handelt.

Die einzelnen oben genannten Ziele liegen nicht auf der gleichen logischen Ebene. Letztlich gibt es für die Finanzpolitik wie für die Wirtschaftspolitik allgemein nur zwei ökonomische Ziele:
— möglichst effizienten Faktoreinsatz, d. h. die Erfüllung der Bedingungen des PARETO-Optimums, wobei als Nutzen und Kosten alle von den betroffenen Wirtschaftssubjekten als relevant erachteten Effekte zu berücksichtigen sind,
— möglichst gerechte Verteilung der Ergebnisse des Faktoreinsatzes.

Die Komponenten des Stabilitätsziels sind dann nur Unterziele, Teilaspekte der beiden eigentlichen Ziele. Vollbeschäftigung z. B. wird angestrebt, um u. a. eine Reduktion des Gütervolumens und eine ineffiziente Aufteilung zwischen produzierten Gütern und Freizeit zu vermeiden, aber auch, um eine Verschlechterung der relativen Einkommensposition der Arbeitslosen zu verhindern. Auch Preisniveaustabilität ist nicht Ziel an sich, sondern wird gewünscht, weil jedenfalls bei starken Preisniveauerhöhungen Effizienzverluste zu befürchten sind (z. B. spekulative Überinvestitionen in Grundstücke und Bauten), aber auch weil man der Auffassung ist, daß die im Zuge der Inflation sich vollziehende Umverteilung unter Verteilungsgesichtspunkten unerwünscht ist.

Der untergeordnete, instrumentelle Charakter wird im besonderen Maße beim Ziel außenwirtschaftliches Gleichgewicht deutlich, das man in allgemeiner Weise sinnvoll eigentlich nur als eine Situation definieren kann, in der von den grenzüberschreitenden Transaktionen keine unerwünschten Rückwirkungen auf die (eigentlichen) Ziele der Wirtschaftspolitik ausgehen.

§ 7. Zum sogenannten fiskalischen Ziel

Speziell bei Steuern, aber auch bei anderen Einnahmeinstrumenten wird in der Literatur oft vom „fiskalischen Ziel" („fiskalischen Zweck") gesprochen, womit die *Einnahmenerzielung* gemeint ist. Die Formulierung „fiskalisches Ziel" erweckt leicht den Eindruck, als gäbe es eine spezifische finanzwirtschaftspolitische Zielsetzung, was jedoch, wie gerade dargelegt wurde, nicht richtig ist.

Die Ziele von Katalogen à la MUSGRAVE stehen mit dem Ziel „Einnahmenerzielung" nicht auf einer logischen Ebene. Vielmehr ist das fiskalische Ziel nachgeordnet, lediglich Instrument zur Verwirklichung der angestrebten Einflußnahme auf Allokation, Verteilung und Stabilität: Einnahmen werden etwa gewünscht, um Straßen zu bauen, Transferzahlungen im Rahmen der Sozialhilfe zu leisten oder im Boom die Gesamtnachfrage über eine Reduktion des privaten verfügbaren Einkommens einzuschränken.

Daß trotz der Gefahr des Mißverständnisses häufig vom „fiskalischen Ziel" gesprochen wird, beruht darauf, daß so die „Kosten" von einnahmemindernden Maßnahmen, etwa einer Steuerbegünstigung für einen Wirtschaftsbereich, in *allgemeiner* Form in die Betrachtung einbezogen werden können, ohne zu spezifizieren, welche Ziele davon im einzelnen negativ betroffen sind. Dies hat Vorteile, wenn in einer bestimmten Situation eine Konkretisierung der Reaktionen auf eine Einnahmeveränderung nicht notwendig ist oder nicht geleistet werden kann.

§ 8. Von der Analyse des Marktversagens zur Analyse des Regierungsversagens

Obwohl SIDGWICK schon 1883 warnte „It does not of course follow that wherever *laisser faire* falls short governmental interference is expedient; since the inevitable drawbacks and disadvantages of the latter may, in any particular case, be worse than the shortcomings of private industry"[3] und diese Position näher begründete, bestand lange Zeit auch bei vielen Wirtschaftswissenschaftlern die Tendenz, etwas vorschnell aus beobachteten oder auch nur denkbaren Differenzen zwischen einem theoretischen Ideal und der Wirklichkeit der Marktwirtschaft eo ipso eine Rechtfertigung für Staatseingriffe abzuleiten. Man beachtete zu wenig, daß es zuvor einer sorgfältigen Prüfung bedarf, ob bei Einschaltung des Staates wirklich eine Besserung der beanstandeten Situation zu erwarten ist und ob diese eventuelle Besserung die Kosten, die mit der staatlichen Intervention verbunden sind, rechtfertigt. Erst allmählich trat an die Seite der Analyse des Marktversagens (market failure) eine ähnlich ausgebaute *Analyse des Regierungsversagens* (government failure)[4].

Auch an dieser Stelle sei noch einmal betont, daß der korrigierende Staatseingriff nicht unbedingt darin bestehen muß, daß der Staat selbst die Produktion übernimmt. Er kann – um zwei Beispiele der Störung der Allokationseffizienz zu nennen – externe Kosten durch die Auflage von Zwangsabgaben zu internen

---

[3] H. SIDGWICK: The Principles of Political Economy, London 1883, S. 419.
[4] Vgl. CH. WOLF, JR.: Markets or Governments. Choosing between Imperfect Alternatives, a.a.O.

machen oder bei der Bereitstellung öffentlicher Güter private Produzenten ein-
schalten, indem er sich auf die Auftragserteilung und die Finanzierung beschränkt.

Kapitel 3

Finanzwirtschaftspolitische Instrumente

Literatur

a) HANSEN, BENT: The Economic Theory of Fiscal Policy, London 1958, S. 34–37.
KOLMS, HEINZ: Finanzwissenschaft I, 4. Aufl., Berlin–New York 1974, S. 81–102.
NEUMARK, FRITZ: Zur Klassifikation der öffentlichen Einnahmen, in: Ders.: Wirtschafts- und Finanzprobleme des Interventionsstaates, Tübingen 1961, S. 323–334.

b) BUNDESMINISTERIUM DER FINANZEN (Hrsg.): Finanzbericht 1998, Bonn 1997.
CONRAD, ERNST-ALBRECHT: Bürgschaften und Garantien als Mittel der Wirtschaftspolitik, Berlin 1967, S. 13–59.
KULLMER, LORE: Kriterien der Abgrenzung öffentlicher Ausgaben, in: Clemens-August Andreae u. a.: Beiträge zur Theorie der öffentlichen Ausgaben, Schriften des Vereins für Socialpolitik, N. F. Bd. 47, hrsg. von Herbert Timm und Heinz Haller, Berlin 1967, S. 9–35.
SHOUP, CARL S.: Public Finance, Chicago 1969, S. 51–57, 489.

§ 9. Überblick

Welche Instrumente stehen der öffentlichen Finanzwirtschaft zur Verwirklichung der dargestellten Ziele zur Verfügung? Anders als bei den Zielen gibt es typische *finanz*wirtschaftspolitische Instrumente. Es ist üblich, sie in die beiden Hauptgruppen Einnahmen und Ausgaben zusammenzufassen.

1. Tatsächliche Einnahmen und Ausgaben

In aller Regel denkt man dabei vor allem an die *tatsächlichen kassenwirksamen* Transaktionen. Einnahmen fließen an den Fiskus, Ausgaben vom Fiskus an Unternehmen, private Haushalte und das Ausland. Diese Zahlungen sind es auch, die in der politischen Auseinandersetzung im Vordergrund stehen. Sie sind für die Frage der kassenmäßigen Sicherung der Finanzierung in dem jeweiligen Haushaltsjahr, für die Liquidität der Gesamtwirtschaft und allgemein für die konjunkturellen Wirkungen bedeutsam. Unter dem letzten Aspekt gibt es allerdings neben dem Zeitpunkt der Zahlung noch andere Abgrenzungsmöglichkeiten: den Zeitpunkt der Auftragsvergabe oder der Entstehung von Forderungen bzw. Verbindlichkeiten.

2. Zuzurechnende Einnahmen und Ausgaben

In der modernen arbeitsteiligen Geldwirtschaft nehmen die meisten wirtschaftlichen Transaktionen des Staates die Form von Einnahmen und Ausgaben an. Allerdings gibt es auch heute noch vom Staat geforderte Leistungen, die sich bei den öffentlichen Einnahmen überhaupt nicht, bei den Ausgaben allenfalls teilweise niederschlagen *(„versteckter Staatsbedarf")*: z. B. die Leistungen der im Rahmen der Wehrpflicht eingezogenen Soldaten, der Lohn- und Gehaltsabteilungen der Unternehmen, soweit sie für die Einbehaltung der Lohnsteuer und für die Zahlung von Kindergeld tätig sind, und der ehrenamtlichen Schöffen.

In ganz ähnlicher Weise werden Leistungen in Form eines Einnahmenverzichts im Kassenbudget nicht ausgewiesen: Man denke an Steuerbegünstigungen, etwa Investitionsprämien in Form des Abzugs von der Einkommensteuerschuld, oder an die Zinskomponente bei zinslosen bzw. zinsverbilligten Krediten. Es handelt sich gewissermaßen um *versteckte Staatsausgaben*. SURREY verwendet für den ersten Fall den sehr treffenden Ausdruck „tax expenditures"[1].

3. Leistungsangebot

So wichtig die Ausgaben unter konjunkturpolitischen und finanzierungstechnischen Gesichtspunkten sind – in vielen Bereichen sagen sie wenig über das laufende *Leistungsangebot* aus. Aus den innerhalb eines Jahres vorgenommenen Ausgaben für den Straßenbau z. B. kann man keine Rückschlüsse ziehen

---

[1] Vgl. ST. S. SURREY: Pathways to Tax Reform. The Concept of Tax Expenditures, Cambridge/Mass. 1973.

auf die aktuell zur Verfügung stehende Kapazität des Straßennetzes, weil einerseits die laufenden Ausgaben nicht oder höchstens partiell den gegenwärtigen Verkehrsteilnehmern zugute kommen und diese andererseits aus den Investitionen vergangener Perioden Nutzen ziehen.

4. Gewährleistungen

Die Gewährleistungen lassen sich nicht so recht in die traditionelle Zweiteilung der Instrumente in Einnahmen und Ausgaben einordnen, jedenfalls wenn man von tatsächlichen Einnahmen und Ausgaben ausgeht. Am ehesten könnte man sie noch als Eventualausgaben betrachten, die dann zu effektiven Ausgaben werden, wenn der Gewährleistungsfall eingetreten ist.

Bei den Gewährleistungen handelt es sich um Risikoverlagerungen von Privaten auf den Staat. Es wird z. B. dem Kreditgeber gegenüber eine Haftung für die Kreditrückzahlung oder den Zinsendienst eingegangen *(Kreditbürgschaft)*, einem Exporteur zugesichert, daß ihm der Staat unter bestimmten Voraussetzungen nicht eingegangene Forderungen aus Exportgeschäften zu einem bestimmten Prozentsatz kompensiert *(Exportgarantie)* oder den Eigentümern eines Demonstrationskraftwerks zugesagt, daß ein bestimmter Prozentsatz möglicher Betriebsverluste vom Staat gedeckt wird *(Verlustdeckungsgarantie)*. Diese Aktivitäten schlagen sich vielleicht in den Verwaltungskosten, in den gelegentlichen Gewährleistungszahlungen oder auch in den Einnahmen aus erhobenen Versicherungsgebühren nieder, aber doch nur in einem Ausmaß, das in keinem Verhältnis zur aktuellen oder potentiellen Bedeutung dieser Tätigkeiten steht.

5. Zum Instrumentalcharakter der Einnahmen und Ausgaben

Auch wenn man sich auf die tatsächlichen Einnahmen und Ausgaben beschränkt, ist es, wie besonders B. HANSEN[2] betont, bei den Einnahmen meist, bei den Ausgaben zumindest oft nicht korrekt, sie als unmittelbare Instrumente, als *Aktionsparameter* zu betrachten, die der Staat unmittelbar festlegt. Sie sind vielmehr meist *Erwartungsparameter*. So bestimmt z. B. der Staat nicht unmittelbar das jährliche Einkommensteueraufkommen, sondern definiert lediglich den Kreis der Steuerpflichtigen, die Bemessungsgrundlage sowie den Tarif und legt die Steuerzahlungstermine fest. Das sich dann tatsächlich ergebende Aufkommen ist außerdem von der konjunkturellen Entwicklung und der Steuerhinterziehungsquote abhängig. Das war früher bei den sog. *„Reparti-*

---

[2] Vgl. B. HANSEN: The Economic Theory of Fiscal Policy, a. a. O., S. 34–37.

tionssteuern" anders, die zwischen dem Souverän und den Ständevertretungen als fixe Summen ausgehandelt wurden, wobei es dann den Ständen vorbehalten blieb, wie sie die Summe unter ihren Mitgliedern aufteilten.

Die Ausgaben sind in stärkerem Umfang als Steuern echte Aktionsparameter, allerdings werden auch hier oft nicht die Beträge unmittelbar festgelegt, sondern Parameter der Ausgabenfunktionen (Subventionsberechtigte, Subventionsbemessungsgrundlage, Subventionstarif). Wie hoch der tatsächliche Subventionsbetrag ist, hängt dann vom Verhalten der potentiellen Subventionsempfänger ab.

Auch bei den *Ausgaben für Käufe von Gütern* beziehen sich die Beschlüsse eigentlich nicht auf die nominalen Ausgaben, sondern auf die zu realisierenden Projekte, so daß bei unerwarteten Preiserhöhungen jedenfalls in gewissen Grenzen Überschreitungen automatisch möglich sind oder entsprechende zusätzliche Mittel quasi automatisch nachbewilligt werden.

Trotz dieser Überlegungen wird in diesem Buch oft der Übung gefolgt, verkürzend von Einnahmen, Ausgaben und Gewährleistungen als Instrumenten zu sprechen. In den folgenden Paragraphen werden die Ausgaben und Einnahmen noch etwas ausführlicher behandelt.

§ 10. Ausgaben

1. Die Stellung der Ausgaben in der öffentlichen Finanzwirtschaft

In mancher Hinsicht ist es richtig zu sagen, daß die Ausgaben in der öffentlichen Finanzwirtschaft *primäres Instrument* zur Verwirklichung finanzwirtschaftlicher Aufgaben sind. Straßen werden durch Ausgaben, nicht durch Einnahmen erstellt. Auch sind die Ausgaben, nicht die Einnahmen Ausdruck der durch den Staat beanspruchten und damit der privaten Disposition entzogenen Faktoren. Der einzelne Steuerzahler empfindet zwar den Steuerzugriff als Einschränkung seines Dispositionsspielraums; dem privaten Sektor in seiner Gesamtheit werden jedoch erst dann Güter und Faktoren entnommen, wenn der Staat mit Ausgaben als Nachfrager auftritt.

Andererseits werden aber durchaus bereits bei der Wahl der Einnahmen-, speziell der Steuerinstrumente *unmittelbar* allokations-, verteilungs- und stabilitätspolitische Ziele verfolgt. Man wählt z. B. mit Absicht eine relativ neutrale statt einer konzentrationsfördernden Umsatzsteuer (Allokationsziel), man gestaltet die Einkommensteuer nicht proportional, sondern progressiv zum Einkommen (zumindest *auch* Verteilungsziel), man erhebt einen Stabilitätszuschlag zur Einkommensteuer um des Restriktionseffektes der Steuererhebung selbst willen, ohne eine gleichzeitige Vorausgabung vorzusehen (Stabilitäts ziel). Insofern ist es also falsch, im Hinblick auf die Zielnähe den Ausgaben einen prinzipiellen Vorrang vor den Einnahmen einzuräumen.

Ebenso ist die insbesondere früher zuweilen vertretene Auffassung falsch, in der Finanzpolitik seien die Ausgaben das *Vorgegebene*, dem die Einnahmen angepaßt würden, im angeblichen Gegensatz zum privaten Haushalt, wo sich die Ausgaben nach den Einnahmen richteten. Optimale Entscheidungen verlangen, daß Einnahmen und Ausgaben gleichzeitig in Erwägung gezogen werden. Und wenn man die praktische Steuerpolitik betrachtet, dann zeigt sich, daß es Perioden gibt, in denen jedenfalls das Ausgaben*wachstum* vom Einnahmenwachstum abhängt, aber auch Perioden, in denen die Einnahmen ausdrücklich im Hinblick auf als dringlich angesehene Ausgaben ad hoc erhöht werden.

2. Die Gliederung der Ausgaben

Der Begriff „Ausgaben" deckt eine Fülle höchst heterogener Vorgänge ab, die nach bestimmten Gesichtspunkten gegliedert werden müssen, wenn man einen tieferen Einblick gewinnen will.

2.1. Die administrative Gliederung nach der Zuständigkeit

Die Gliederung der Ausgaben nach dem Gesichtspunkt der *administrativen Zuständigkeit* und, damit zusammenhängend, der *politischen Verantwortlichkeit* war lange Zeit die fast ausschließlich verwendete. Sie steht in der praktischen Finanzpolitik auch heute noch im Vordergrund. Da die meisten Ausgaben in den Verantwortungsbereich eines Ministers fallen bzw. nach Ministerien zusammengefaßt ausgewiesen werden, spricht man auch von der Gliederung nach dem *Ministerialprinzip*.

Diese administrative Gliederung ist unverzichtbar für die Durchführung und Kontrolle der öffentlichen Ausgaben; für viele ökonomische Fragen ist sie weniger aufschlußreich.

2.2. Die ökonomische Gliederung nach der Zweckbestimmung

Für die ökonomische Analyse ist die Gliederung nach dem Zweck der Ausgaben, die sog. *funktionale Gliederung*, interessanter. Das Kriterium ist hier nicht die Frage: *Wer* gibt aus, sondern: *Wofür* wird ausgegeben? Man faßt dabei z. B. alle Forschungsausgaben zusammen, die im Rahmen der administrativen Gliederung verstreut etwa beim Wissenschafts-, Innen-, Verteidigungs- oder Wirtschaftsministerium ausgewiesen sind.

2.3. Die ökonomische Gliederung nach der zeitlichen Nutzenverteilung

Hier wird je nachdem, ob die mit den Ausgaben verbundenen Nutzen lediglich in der laufenden Periode oder (auch) in künftigen Jahren anfallen, zwischen laufenden Ausgaben und Investitionsausgaben unterschieden.

2.4. Die ökonomische Gliederung nach der realen Disposition

Je nachdem, ob der Staat unmittelbar Güter in Anspruch nimmt oder lediglich Kaufkraft umverteilt, kann zwischen Ausgaben für Güter und Transferausgaben unterschieden werden[3]. Zu den Transferausgaben gehören vor allem die Subventionen (Transferzahlungen an Unternehmen) und Sozialleistungen (Transferzahlungen an private Haushalte).

2.5. Die Gliederung in ordentliche und außerordentliche Ausgaben

Diese Gliederung wird nach verschiedenen Kriterien vorgenommen:

1) nach der *Periodizität*: Ordentliche Ausgaben sind regelmäßig, außerordentliche unregelmäßig anfallende Ausgaben.

2) nach der *Vorhersehbarkeit*: Ordentliche Ausgaben sind vorhersehbare, außerordentliche unvorhersehbare Ausgaben.

3) nach der (unmittelbaren oder mittelbaren) *Rentabilität im fiskalischen Sinne:* Außerordentliche Ausgaben erhöhen die Budgeteinnahmen unmittelbar, z. B. über zusätzliche Gebühren für die Benutzung der mit den Ausgaben erstellten Einrichtungen, oder mittelbar über zusätzliche Steuereinnahmen, die über Nachfrage- oder Produktivitätseffekte der Ausgaben induziert werden. Bei ordentlichen Ausgaben ergeben sich keine Rückwirkungen dieser Art.

4) nach der zeitlichen *Nutzenverteilung* (vgl. oben 2.3): Danach stiften ordentliche Ausgaben nur in der laufenden, außerordentliche Ausgaben (auch) in künftigen Perioden Nutzen.

5) nach der *Finanzierungsart*: Ordentliche Ausgaben sind Ausgaben, die mit laufenden Einnahmen, insbesondere Steuereinnahmen, finanziert werden; au-

---

[3] In der Literatur wird die Gliederung nach der realen Disposition nicht selten mit der von Pigou in „transfer expenditures" und „non-transfer expenditures" (auch „exhaustive" oder „real expenditures" genannt) gleichgesetzt. Dies ist nicht ganz korrekt, da Pigous Gliederung auf das Kriterium „unmittelbare Produktionswirksamkeit" bezogen ist und deshalb die Ausgaben für Grundstücke, alte Gebäude usw. zu den Transferausgaben rechnet: „The fundamental distinction between them is that non-transfer expenditures do, but transfer expenditures do not, give rise to what economists are accustomed to call social (money) income, i. e. the money value of current output." (A. C. Pigou: A Study in Public Finance, 3. Aufl., London 1947 (Neudruck 1962), S. 19).

ßerordentliche Ausgaben sind demnach Ausgaben, die mit außerordentlichen Einnahmen, insbesondere Einnahmen aus Schuldenaufnahmen, gedeckt werden. Dieses Kriterium, das eigentlich weniger von der Ausgaben- als vielmehr von der Einnahmenseite gewonnen ist, lag der vor der Haushaltsrechtsreform von 1969 in der Bundesrepublik üblichen Zweiteilung in einen *ordentlichen* und einen *außerordentlichen Haushalt* zugrunde.

§ 11. Einnahmen

1. Die Stellung der Einnahmen in der öffentlichen Finanzwirtschaft

Es liegt nahe, die Funktion der öffentlichen Einnahmen darin zu sehen, die Abwicklung der Ausgaben finanziell zu ermöglichen. Dieses rein *finanzierungstechnische Problem* könnte – um eine provozierend gemeinte, aber im Prinzip richtige These LERNERS [4] aufzugreifen – der Staat, jedenfalls was den Zentralstaat betrifft, durch Geldschöpfung leichter sicherstellen als durch die unbeliebten Steuern. Wenn er das täte, ergäbe sich bei dem heutigen Volumen an Ausgaben allerdings ein gewaltiges Inflationsproblem. Das kann man daran sehen, daß die Erhöhung der Zentralbankgeldmenge im Jahre 1996 14,3 Mrd. DM betrug, die Ausgaben allein des Bundes im gleichen Jahr aber 455,6 Mrd. DM erreichten[5]. Bei den Einnahmen geht es also nicht um das rein finanzierungstechnische Problem der Liquiditätssicherung, sondern um die im weiteren Sinne *zielkonforme* Finanzierung. Diese verlangt in aller Regel, daß die private Nachfrage zurückgedrängt wird, um bei dem gegebenen Produktionspotential Raum für die Abwicklung der öffentlichen Ausgaben ohne (zusätzliche) Inflationsprobleme zu schaffen. Darin besteht die makroökonomische Funktion der öffentlichen Einnahmen, die in Perioden der Vollbeschäftigung besonders bedeutsam ist.

Die Funktion der Einnahmen beschränkt sich aber nicht auf diesen stabilitätspolitischen Aspekt: Durch die Differenzierung der Steuerbelastung, etwa bei den direkten Steuern, werden die Einnahmen auch unmittelbar in den Dienst der *Verteilungspolitik* gestellt. Speziell im Rahmen der sog. *„nichtfiskalischen Besteuerung"*[6], bei den – irreführend so genannten – *Zwecksteuern*, werden unmittelbar *allokationspolitische Ziele* verfolgt. Durch partielle steuerliche Be-

---

[4] Vgl. A. P. LERNER: Functional Finance and the Federal Debt, in: Social Research, Bd. 10, 1943, S. 40.

[5] Vgl. DEUTSCHE BUNDESBANK: Monatsbericht Februar 1997, Jg. 49, S. 12*; BUNDESMINISTERIUM DER FINANZEN (Hrsg.): Finanzbericht 1998, a. a. O., S. 205.

[6] Vgl. zum Begriff und zur weiteren Literatur H. TIMM: Bemerkungen zur wirtschaftspolitisch orientierten nichtfiskalischen Besteuerung, in: Finanzarchiv, N. F. Bd. 27, 1968, S. 87–109.

oder Entlastungen werden Substitutionseffekte hervorgerufen, z. B. der Absatz heimischer Steinkohle durch die Besteuerung des Heizöls gefördert. Es ist also nicht richtig, Einnahmen und Ausgaben als von prinzipiell unterschiedlichem Rang in einer Hierarchie der Instrumente anzusehen.

2. Die Gliederung der Einnahmen

Einem Vorschlag NEUMARKS[7] folgend, kann man die Einnahmen in drei Hauptgruppen gliedern: Einnahmen durch unmittelbare Beteiligung am Marktwirtschaftsprozeß, Einnahmen durch hoheitliche Zwangseingriffe sowie Einnahmen aus anderen Bereichen der öffentlichen Wirtschaft.

2.1. Einnahmen durch unmittelbare Beteiligung am Marktwirtschaftsprozeß

Dazu gehören:

1) sog. *Erwerbseinkünfte*, die der öffentlichen Hand aus Beteiligungen an Unternehmen, aus dem Verkauf von Gütern oder aus der Vermietung und Verpachtung von Teilen des öffentlichen Vermögens zufließen. Sie spielen heute insgesamt eine untergeordnete Rolle; lediglich auf der Gemeindeebene haben sie ein größeres Gewicht.

2) Einnahmen aus Strukturveränderungen des öffentlichen Vermögens, etwa aus der Veräußerung von Vermögensteilen, insbesondere aber aus der Aufnahme von Krediten. Die erste Kategorie ist – von gelegentlichen Privatisierungsaktionen abgesehen – in der Regel relativ unbedeutend. Einnahmen aus der Kreditaufnahme gewinnen speziell auf der Bundes- und Landesebene in Kriegszeiten und Rezessionsperioden an Bedeutung, wurden aber in den letzten Jahren generell in verstärktem Umfang zur Finanzierung herangezogen.

Die Einnahmen durch unmittelbare Beteiligung am Marktwirtschaftsprozeß beruhen auf freiwilligem Aktionen der Käufer und Kreditgeber; sie setzen voraus, daß sich der Staat an die Marktbedingungen anpaßt.

2.2. Einnahmen durch hoheitliche Zwangseingriffe

Bei den Einnahmen durch hoheitliche Zwangseingriffe handelt es sich dagegen um typisch öffentliche, *auf Zwangs- und Souveränitätsbefugnissen beruhende Einnahmen*, die heute normalerweise den überwiegenden Teil der Finanzierungsmittel erbringen. Das gilt besonders für:

---

[7] Vgl. F. NEUMARK: Zur Klassifikation der öffentlichen Einnahmen, a. a. O., S. 323–334.

1) *Steuern*, die hier kurz als nach Maßgabe allgemeiner Normen vom Staat oder von ihm dazu befugten Stellen ohne Anspruch auf Gegenleistung erhobene Zwangsabgaben definiert werden sollen. Der *Zwangscharakter* und die *Unentgeltlichkeit* heben sie von den Erwerbseinkünften ab.

2) *Gebühren* und *Beiträge* werden in Verbindung mit der Inanspruchnahme bzw. mit der Zusage staatlicher Leistungen erhoben. Man spricht deshalb gelegentlich von einer „speziellen Entgeltlichkeit", ja von Quasi-Preisen für öffentliche Dienste.

Was den *Unterschied zwischen Gebühren und Beiträgen* betrifft, so sind *Gebühren* anläßlich einer aktuellen besonderen Inanspruchnahme des Staates zu entrichten (Grundbucheintragungen, Ausstellung eines Passes, Eintragung beim Standesamt). *Beiträge* werden von den Personen erhoben, die der Staat durch eine bestimmte staatliche Aktivität für begünstigt hält und auf die er deshalb deren Kosten verteilt (Straßenanliegerbeiträge, Sozialversicherungsbeiträge).

Mit Gebühren werden sehr heterogene Erscheinungen bezeichnet. Sog. *Benutzungsgebühren*, wie sie etwa für die Müllabfuhr erhoben werden, haben im Gegensatz zu den *Verwaltungsgebühren* in hohem Maße *Preischarakter*. Völlig verwirrend wird es, wenn bei den Preisen für marktwirtschaftliche Leistungen der Post, Bahn oder gar der Ärzte von Gebühren gesprochen wird, die mit den Gebühren im eigentlichen finanzwirtschaftlichen Sinne außer dem Namen höchstens eine gewisse staatliche Mitwirkung bei ihrer Festlegung gemein haben.

Bei Gebühren und Beiträgen gibt es wie bei allen nach dem *Äquivalenzprinzip* erhobenen Abgaben zwei Kriterien der Verteilung der Finanzierungslast: die mit den jeweiligen öffentlichen Ausgaben verbundenen Vorteile und die verursachten Kosten (Ausgaben)[8].

3) *Zölle* und *Abschöpfungsbeträge beim Grenzübergang* können als Steuern auf Importe und Exporte angesehen werden. Zölle haben in entwickelten Ländern an Bedeutung verloren. In der EU sind sie darüber hinaus durch die Bildung der Zollunion kein rein nationales Instrument mehr, weil im Innern die Zölle abgeschafft sind und der Außenzoll von der Gemeinschaft, nicht vom einzelnen Mitgliedstaat festgelegt wird.

4) *Zwangsanleihen* haben mit den Steuern den Zwang gemeinsam, mit den echten, freiwillig gezeichneten Anleihen das Versprechen der Rückzahlung, u. U. auch einer gewissen Verzinsung, die regelmäßig jedoch unter der Marktverzinsung liegt.

---

[8] Vgl. unten S. 291.

5) *Bußen* und *Strafen* sind fiskalisch relativ unbedeutend. Hier stehen nicht Einnahmebeschaffungs-, sondern *Ordnungsgesichtspunkte* im Vordergrund, die sie in die Nähe nichtfiskalischer Steuern rücken.

6) *Einnahmen aus währungspolitischen Maßnahmen* spielen in der Bundesrepublik Deutschland lediglich für den Bund eine Rolle: indirekt durch die Beteiligung am Bundesbankgewinn, direkt im Rahmen der Münzhoheit durch den Verkauf von Scheidemünzen an die Bundesbank (Münzgewinn[9]).

2.3. Einnahmen aus anderen Bereichen der öffentlichen Wirtschaft

Wenn man nur einen Ausschnitt aus dem Bereich der nationalen öffentlichen Wirtschaft betrachtet (Bund oder Länder oder Gemeinden) oder mögliche Beziehungen zum Ausland berücksichtigt, kommt man zu einer dritten Einnahmekategorie, nämlich zu den Einnahmen aus anderen Bereichen der öffentlichen Wirtschaft. Es handelt sich um:

1) Einnahmen aus Zahlungen im Rahmen des *nationalen Finanzausgleichs*, die entweder *vertikal* zwischen einzelnen Ebenen der Gebietskörperschaften (z.B. von den Ländern an die Gemeinden) oder *horizontal* zwischen Gebietskörperschaften der gleichen Ebene (z.B. zwischen den Ländern) fließen; oder

2) *Einnahmen von ausländischen öffentlichen Wirtschaften*, entweder aufgrund von einseitigen Leistungen (Auslandshilfe, Kontributionen, Reparationen) oder aufgrund von Leistungen auf tauschwirtschaftlicher Grundlage: Zins- und Tilgungsleistungen für gewährte öffentliche Kredite, etwa im Rahmen der Entwicklungshilfe.

3. Die Gliederung der Steuern

Im Jahre 1996 belief sich in der Bundesrepublik Deutschland der Anteil der Steuern an den gesamten Einnahmen einschließlich Nettokreditaufnahme aller öffentlichen Gebietskörperschaften auf rd. 58%. Beim Bund machten die Steuern sogar rd. 76% aus, bei den Ländern rd. 62%. Lediglich bei den Gemeinden lag dieser Prozentsatz mit rd. 26% unter der 50%-Marke[10]. Die gegenwärtige Finanzwirtschaft ist also von der Einnahmeseite her ganz eindeutig als *Steuerwirtschaft* zu bezeichnen.

---

[9] Die Bundesbank übernimmt die Münzen zum Nominalwert, der über den Prägekosten des Bundes liegt.

[10] Vgl. BUNDESMINISTERIUM DER FINANZEN (Hrsg.): Finanzbericht 1998, a. a. O., S. 319, 324.

3.1. Direkte und indirekte Steuern

Die bekannteste, immer wieder angegriffene, aber doch immer wieder benutzte Gliederung der Steuern ist die in direkte und indirekte. Zwei Kriterien kommen dabei in Betracht: die *Überwälzbarkeit* und die *Erhebungstechnik*. Nach dem ersten Kriterium gehören zu indirekten Steuern solche, die der Steuerzahler über Marktpreisänderungen an andere Wirtschaftssubjekte weitergibt (weitergeben kann); bei den direkten Steuern trägt der Steuerzahler die Belastung unmittelbar selbst. Gemäß dem zweiten Kriterium zählen zu den direkten Steuern die sog. veranlagten Steuern, die bei den zu belastenden Personen unmittelbar nach Maßgabe der im Einzelfall steuerlich relevanten Merkmale erhoben werden; bei den indirekten Steuern werden die zu belastenden Personen nicht unmittelbar, sondern mittelbar über steuerinduzierte Preiserhöhungen erfaßt.

Das Kriterium der Überwälzbarkeit hat den Nachteil, daß es in der Praxis keine eindeutige Trennungslinie gibt. Man geht heute davon aus, daß es kaum Steuern gibt, die grundsätzlich nicht überwälzbar sind, sondern ist eher geneigt, von mehr oder weniger leicht überwälzbaren Steuern zu sprechen.

3.2. Vermögen-, Einnahme-, Ausgabesteuern

Auf TERHALLE und NÖLL VON DER NAHMER[11] geht der Vorschlag zurück, nach dem Steuerobjekt zu gliedern in
- Vermögensteuern,
  - Vermögensstandsteuern,
  - Vermögensverkehrsteuern,
  - Vermögenszuwachssteuern,
- Einnahmesteuern,
  - Ertragsteuern,
  - Einkommen- und Körperschaftsteuern,
- Ausgabesteuern,
  - allgemeine Ausgabesteuern,
  - spezielle Ausgabesteuern.

Diese Gliederung wird allerdings erst eindeutig, wenn der Standpunkt präzisiert wird, von dem aus sie vorgenommen wird: Die Ausgaben des Haushalts z. B. sind nämlich die Einnahmen des Unternehmens.

---

[11] Vgl. R. NÖLL VON DER NAHMER: Lehrbuch der Finanzwissenschaft, Bd. 1, Köln–Opladen 1964, S. 228f.

3.3. Die Gliederung nach dem wirtschaftlichen Prozeß

Wenn man vom gesamtwirtschaftlichen Prozeß ausgeht, kann man in Steuern auf das Vermögen, den Ertrag, das Einkommen und die Einkommensverwendung gliedern (vgl. Übersicht 3-1). Die wichtigsten der heute erhobenen Steuern fallen in die Gruppen 3 und 4.

Übersicht 3–1

Die Gliederung der Steuern nach dem wirtschaftlichen Prozeß

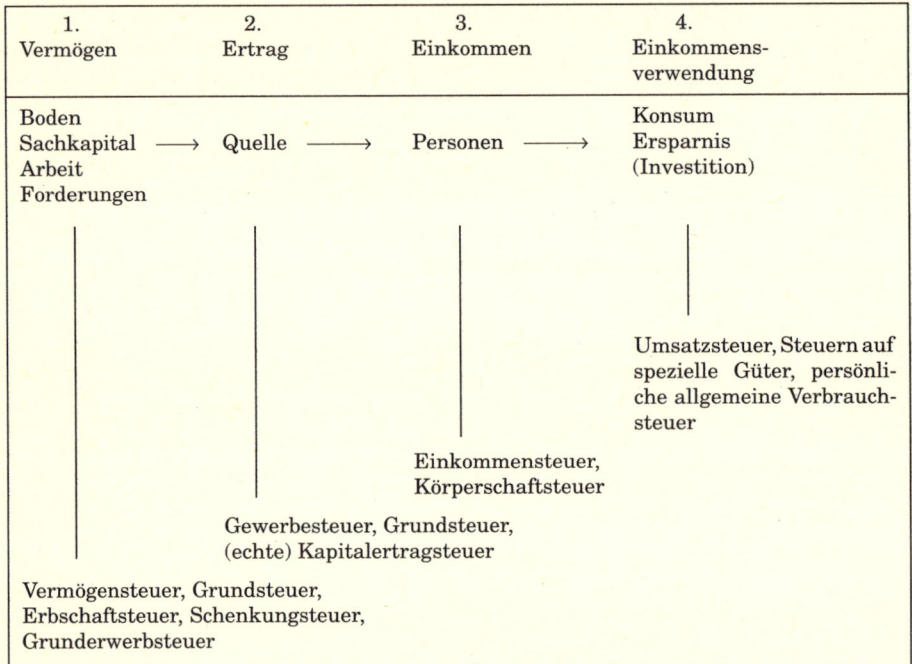

1. Vermögen	2. Ertrag	3. Einkommen	4. Einkommens- verwendung
Boden Sachkapital $\longrightarrow$ Arbeit Forderungen	Quelle $\longrightarrow$	Personen $\longrightarrow$	Konsum Ersparnis (Investition)

Umsatzsteuer, Steuern auf spezielle Güter, persönliche allgemeine Verbrauchsteuer

Einkommensteuer, Körperschaftsteuer

Gewerbesteuer, Grundsteuer, (echte) Kapitalertragsteuer

Vermögensteuer, Grundsteuer, Erbschaftsteuer, Schenkungsteuer, Grunderwerbsteuer

§ 12. Finanzwirtschaftspolitische Instrumente in der Bundesrepublik Deutschland

Zum Abschluß dieses Kapitels soll ein grober Überblick über Volumen und Struktur der in der Bundesrepublik Deutschland tatsächlich eingesetzten finanzpolitischen Instrumente gegeben werden. Die detailliertere Analyse einzelner Ausgaben und Einnahmen erfolgt später in den Teilen IV und V.

Für den globalen Überblick bieten sich die Daten zum einen der *Finanzstatistik*, zum anderen der *Volkswirtschaftlichen Gesamtrechnung* (VGR) an[12].

---

[12] Das STATISTISCHE BUNDESAMT veröffentlicht Daten der Finanzstatistik vor allem in der

Nachdem seit 1974 auch die Finanzstatistik die Sozialversicherungen einbezieht, ist die institutionelle Abgrenzung dieser beiden Statistiken weitgehend identisch, dennoch ergeben sich einige Unterschiede, die etwa darauf zurückzuführen sind, daß beim Sektor Staat
– die Finanzstatistik stets auf die Zahlung abstellt, die VGR z. T. (z. B. bei Investitionen) auf die Entstehung von Forderungen und Verbindlichkeiten,
– die VGR auch kalkulatorische Ausgaben berücksichtigt (Abschreibungen, Pensionsrückstellungen, von der Steuerschuld abgezogene Investitionszulagen),
– die VGR Darlehen nicht als Ausgaben erfaßt,
– die Finanzstatistik mehr Bruttobetriebe (Betriebe, die mit allen Einnahmen und Ausgaben in den öffentlichen Haushalten erscheinen) erfaßt als die VGR.

Übersicht 3–2

Die Ausgaben der öffentlichen Haushalte und der Sozialversicherungen
im Jahre 1996 (Mrd. DM)

1. Ausgaben der öffentlichen Haushalte	1184,3
2. Zuweisung aus öffentlichen Haushalten an Sozialversicherungen	133,6
3. Ausgaben der öffentlichen Haushalte abzüglich Zuweisungen an Sozialversicherungen (1./.2)	1050,7
4. Ausgaben der Sozialversicherungen	841,9
5. Ausgaben der öffentlichen Haushalte abzüglich Zuweisungen an Sozialversicherungen zuzüglich Ausgaben der Sozialversicherungen	1892,6
6. Bruttoinlandsprodukt	3541,0
7. Ausgaben der öffentlichen Haushalte abzüglich Zuweisungen an Sozialversicherungen zuzüglich Ausgaben der Sozialversicherungen in % des BIP (5/6)	53,4

Quelle: BUNDESMINISTERIUM DER FINANZEN (Hrsg.): Finanzbericht 1998, Bonn 1997, S. 102; Auskunft des STATISTISCHEN BUNDESAMTES.

Nach den Angaben der Finanzstatistik (vgl. Übersicht 3-2) beliefen sich 1996 die Ausgaben der öffentlichen Haushalte (Bund, LAF, ERP-Sondervermögen, EU-Anteile, Fonds „Deutsche Einheit", Bundeseisenbahnvermögen, Entschä-

---

Fachserie 14 (Finanzen und Steuern), Daten der Volkswirtschaftlichen Gesamtrechnung in der Fachserie 18 (Volkswirtschaftliche Gesamtrechnungen), Daten beider Bereiche auch in der monatlich erscheinenden Zeitschrift „Wirtschaft und Statistik" sowie in dem jährlich publizierten „Statistischen Jahrbuch für die Bundesrepublik Deutschland". Sehr hilfreich sind auch die statistischen Angaben in dem jährlich vom BUNDESMINISTERIUM DER FINANZEN, Bonn, veröffentlichten Finanzbericht, dessen Inhalt in dem Untertitel „Die volkswirtschaftlichen Grundlagen und die wichtigsten finanzwirtschaftlichen Probleme des Bundeshaushaltsplans" näher zum Ausdruck kommt.

digungsfonds, Erblastentilgungsfonds, Steinkohlefonds, Länder, Gemeinden/ GV) auf 1184,3 Mrd. DM, der Sozialversicherungen auf 841,9 Mrd. DM. Faßt man beide (zur Vermeidung von Doppelzählungen unter Abzug der Zuschüsse der Gebietskörperschaften an die Sozialversicherungen von 133,6 Mrd. DM) zusammen, so sind das 1892,6 Mrd. DM oder 53,4% des Bruttoinlandsprodukts des gleichen Jahres.

Die Zwecke, für die die öffentlichen *Ausgaben* der Gebietskörperschaften eingesetzt werden, sind der *funktionalen Gliederung* in der Übersicht 3-3 zu ent-

Übersicht 3–3

Die funktionale Gliederung der öffentlichen Nettoausgaben[a] der Gebietskörperschaften im Jahre 1995 (in %)

	Bund[b]	Länder	Gemeinden/GV.	Insgesamt
Politische Führung und zentrale Verwaltung	2,4	5,8	11,5	5,5
Auswärtige Angelegenheiten (einschl. Entwicklungshilfe)	2,7	0,0	–	1,2
Verteidigung	9,5	–	–	4,1
Öffentl. Sicherheit, Ordnung und Rechtsschutz	0,8	9,2	4,4	4,6
Bildung, Forschung, Kulturelles	3,8	32,5	17,9	17,0
Sozial- und Gesundheitswesen	35,6	15,7	49,0	31,2
Wohnungswesen, Raumordnung und Städtebauförderung	1,0	3,4	3,5	2,4
Kommunale Gemeinschaftsdienste	0,0	0,3	14,3	3,0
Ernährung, Landwirtschaft, Forsten	0,8	1,7	0,2	1,0
Energie- und Wasserwirtschaft, Gewerbe, Dienstleistungen	5,9	3,6	1,4	4,2
Verkehr und Nachrichtenwesen	4,3	3,2	5,0	4,0
Wirtschaftsunternehmen	4,3	1,4	3,3	3,1
Allg. Grund- und Kapitalvermögen, Sondervermögen	7,7	1,5	3,3	4,6
Allg. Finanzwirtschaft	21,2	21,5	–13,8	14,2
Insgesamt	100,0	100,0	100,0	100,0

[a] Die Nettoausgaben zeigen die aus eigenen Einnahmequellen der jeweiligen Körperschaftsebene finanzierten Ausgaben, d.h. Zuweisungen werden beim Geber erfaßt.
[b] Einschließlich LAF, ERP, FDE, ELF, BEV und EF.

Quelle: BUNDESMINISTERIUM DER FINANZEN (Hrsg.): Finanzbericht 1999, Bonn 1998, S. 324ff.

nehmen. Die Dominanz des Ausgabenbereiches „Sozial- und Gesundheitswesen" würde bei einer Einbeziehung der Sozialversicherungen noch ganz wesentlich verstärkt.

Auf der Einnahmenseite beliefen sich die Steuern als die heute überwiegende
Form der Haushaltsfinanzierung 1996 auf 800,0 Mrd. DM = 22,6% des BIP,
Steuern und Sozialversicherungsbeiträge auf 1466,6 Mrd. DM = 41,4% des
BIP[13]. Die Struktur des Steueraufkommens, die besonders durch die Domi-

Übersicht 3–4

Die Gliederung des Steueraufkommens im Jahre 1996 (in %)

1. Steuern auf Einkommen und Ertrag davon:		48,0
a) Einkommensteuer (Lohn- und veranlagte Einkommensteuer)[a]	32,9	
b) Nicht veranlagte Steuern vom Ertrag[b]	1,7	
c) Zinsabschlagsteuer	1,5	
d) Körperschaftsteuer	3,7	
e) Solidaritätszuschlag	3,3	
f) Gewerbeertragsteuer[c]	5,0	
2. Steuern auf das Vermögen davon:		4,2
a) Grundsteuer A und B	1,8	
b) Vermögensteuer	1,1	
c) Gewerbekapitalsteuer[c]	0,7	
d) Erbschaft- und Schenkungsteuer	0,5	
3. Steuern auf die Einkommensverwendung davon:		47,8
a) Umsatzsteuer (einschl. Einfuhrumsatzsteuer)	29,7	
b) Mineralölsteuer	8,5	
c) Tabaksteuer	2,6	
d) Kraftfahrzeugsteuer	1,7	
e) Zölle	0,8	

[a] Nach Abzug von Kindergeld.
[b] Hier wird im wesentlichen die Kapitalertragsteuer erfaßt, aber u.a. auch die Aufsichtsrat-
steuer und die Abzugsteuer für beschränkt Steuerpflichtige.
[c] Nach Auskunft des Bundesministeriums der Finanzen in Bonn teilte sich die Gewerbesteuer in Gewerbekapitalsteuer und Gewerbeertragsteuer in den alten Bundesländern 1996 etwa im Verhältnis 13,5:86,5 auf. In den neuen Bundesländern wurde die Gewerbekapitalsteuer nicht erhoben.

Quelle: BUNDESMINISTERIUM DER FINANZEN (Hrsg.): Finanzbericht 1998, Bonn 1997, S.245; STA-
TISTISCHES BUNDESAMT (Hrsg.): Statistisches Jahrbuch 1997 für die Bundesrepublik Deutschland, Wiesbaden 1997, S.526.

[13] Vgl. BUNDESMINISTERIUM DER FINANZEN (Hrsg.): Finanzbericht 1998, a.a.O., S.102, 245,
324. Die Sozialversicherungsbeiträge enthalten hier auch die Beiträge der freiwillig Versicherten.

nanz der Einkommen- und der Umsatzsteuer gekennzeichnet ist, zeigt Übersicht 3-4.

Die *Bruttokreditaufnahme* betrug 1996 393,0 Mrd. DM, die *Nettokreditaufnahme* (nach Abzug der Rückzahlungen in Höhe von 286,3 Mrd. DM) 106,7 Mrd. DM = 3,0% des BIP des gleichen Jahres. Dadurch stieg der öffentliche Schuldenstand auf 2107,6 Mrd. DM Ende 1996 (vgl. Übersicht 3-5).

Übersicht 3–5

Öffentliche Schulden im Jahre 1996 (Mrd. DM)

	Bruttokredit-aufnahme	Schuldentilgung	Nettokredit-aufnahme	Schuldenstand
Insgesamt[a] davon:	393,0	286,3	106,7	2107,6
Bund	189,6	111,4	78,3	839,9
Sondervermögen[b]	78,9	92,2	−13,4	530,5
Länder	103,5	67,9	35,6	558,3
Gemeinden/GV	21,0	14,9	6,1	178,8

[a] Ohne Zweckverbände.
[b] LAF, ERP, FDE, BEV, ASS, EF und ELF.

Quelle: BUNDESMINISTERIUM DER FINANZEN (Hrsg.): Finanzbericht 1998, Bonn 1997, S. 319, 322, 324; DEUTSCHE BUNDESBANK: Monatsbericht September 1997, Jg. 49, Statistischer Teil, Tab. VIII.7. Verschuldung der öffentlichen Haushalte; STATISTISCHES BUNDESAMT (Hrsg.): Fachserie 14: Finanzen und Steuern, Reihe 5: Schulden der öffentlichen Haushalte 1996, Wiesbaden 1997, S. 12; BUNDESSCHULDENVERWALTUNG: Jahresbericht 1996, Bad Homburg 1997, S. 20, XXXI.

Übersicht 3–6

Öffentliche Bürgschaften, Garantien und sonstige Gewährleistungen (Mrd. DM)

	Stand Ende 1995	Stand Ende 1996	Nettoveränderung 1995/96
Insgesamt davon:	410,7	459,1	+48,4
Bund	315,7	344,4	+28,7
ERP-Sondervermögen	0,6	0,6	0
Länder	61,0	77,4	+16,4
Gemeinden/GV	32,2	34,6	+2,4

Quelle: STATISTISCHES BUNDESAMT (Hrsg.): Fachserie 14, Finanzen und Steuern, Reihe 5: Schulden der öffentlichen Haushalte 1996, Wiesbaden 1997, S. 14–18.

Ende 1996 belief sich der Bestand der von den öffentlichen Gebietskörperschaften gewährten *Bürgschaften* auf insgesamt 459,1 Mrd. DM, gegenüber Ende 1995 eine Erhöhung um 48,4 Mrd. DM (vgl. Übersicht 3-6). Der Schwerpunkt der Bundesbürgschaften liegt bei den Ausfuhrgarantien.

Die genannten Zahlen geben noch kein vollständiges Bild des tatsächlichen Volumens der eingesetzten finanzwirtschaftspolitischen Instrumente. Wie bereits oben dargelegt, beruht dies u. a. darauf, daß einige Aktivitäten in einem Einnahmeverzicht bestehen und als solche in den Budgets nicht ausgewiesen werden. In diesem Zusammenhang sind insbesondere die *Steuersubventionen* zu nennen, die im Subventionsbericht der Bundesregierung für 1996 mit 43,5 Mrd. DM ausgewiesen sind[14].

---

[14] Vgl. Bericht der Bundesregierung über die Entwicklung der Finanzhilfen des Bundes und der Steuervergünstigungen für die Jahre 1995 bis 1998 (Sechzehnter Subventionsbericht), Bundestagsdrucksache 13/8420 vom 29. August 1997, S. 18.

Teil II

Die Festlegung des Einsatzes finanzwirtschaftspolitischer Instrumente

Öffentliche Einnahmen und Ausgaben gibt es als finanzwirtschaftspolitische Instrumente in allen Staaten der Gegenwart. Allerdings ist die Art und Weise, wie Einnahmen und Ausgaben festgelegt werden, insbesondere in welchem Umfang dabei einzelne gesellschaftliche Gruppen Einfluß haben, sehr unterschiedlich. In westlich-demokratischen Ländern, auf die sich die folgenden Ausführungen beziehen, werden Abstimmungen und Wahlen durchgeführt, in denen die stimmberechtigten Bürger entweder unmittelbar oder mittelbar über Vertreter (Abgeordnete) ihre Präferenzen bekunden und Entscheidungen herbeiführen.

Die Frage, wie diese Verfahren zu beurteilen sind, wird in Kapitel 4 in allgemeiner Form untersucht. In Kapitel 5 wird unter Berücksichtigung der konkreten Regelungen in der Bundesrepublik Deutschland die kurzfristige Haushaltsplanung des Bundes analysiert. Es folgen Ausführungen zur Reform der Haushaltsplanung (Kapitel 6) und zur Frage der optimalen Größe und Struktur des öffentlichen Haushalts (Kapitel 7).

Kapitel 4
Probleme kollektiver Entscheidungen

Literatur

a) Downs, Anthony: An Economic Theory of Political Action in a Democracy, in: Journal of Political Economy, Bd. 65, 1957, S. 135–150; deutsch in: Horst Claus Recktenwald (Hrsg.): Finanzpolitik, Köln–Berlin 1969, S. 49–67.

Musgrave, Richard A., und Peggy B. Musgrave: Public Finance in Theory and Practice, 5. Aufl., New York u. a. O. 1989, S. 87–99; deutsch: Richard A. Musgrave, Peggy B. Musgrave und Lore Kullmer : Die öffentlichen Finanzen in Theorie und Praxis, Bd. 1, 6. Aufl., Tübingen 1994, S. 126–143.

Wicksell, Knut: Finanztheoretische Untersuchungen nebst Darstellung und Kritik des Steuerwesens Schwedens, Jena 1896 (Neudruck Aalen 1969), S. 101–104.

b) Bernholz, Peter, und Friedrich Breyer: Grundlagen der Politischen Ökonomie, 3. Aufl., Bd. 2: Ökonomische Theorie der Politik, Tübingen 1994, Kapitel 10–13.

Black, Duncan: The Theory of Committees and Elections, Cambridge 1958 (Neudruck 1971).

Boadway, Robin W., und David E. Wildasin: Public Sector Economics, 2. Aufl., Boston–Toronto 1984, S. 138–167.

Buchanan, James M.: Public Finance and Public Choice, in: National Tax Journal, Bd. 28, 1975, S. 383–394.

Buchanan, James M., und Gordon Tullock: The Calculus of Consent. Logical Foundations of Constitutional Democracy, Ann Arbor 1962 (Neudruck 1971).

Downs, Anthony: An Economic Theory of Democracy, New York 1957; deutsch: Ökonomische Theorie der Demokratie, Tübingen 1968.

Frey, Bruno S.: Wohlfahrtsökonomik III: Wahlverfahren, in: Willi Albers u. a. (Hrsg.): Handwörterbuch der Wirtschaftswissenschaft, Bd. 9, Stuttgart u. a. O. 1982, S. 494–502.

Knappe, Eckhard: Die Bedeutung zyklischer Mehrheiten in der Demokratie, in: Erik Boettcher, Philipp Herder-Dorneich und Karl-Ernst Schenk (Hrsg.): Jahrbuch für Neue Politische Ökonomie, Bd. 4, Tübingen 1985, S. 90–107.

Mueller, Dennis C.: Public Choice II, Cambridge u. a. O. 1989.

§ 13. Entscheidungen durch direkte Abstimmung

Es ist nicht die Regel, sondern eher die – z. B. in der Schweiz und in den USA praktizierte – Ausnahme, daß die Bürger selbst unmittelbar finanzwirtschaftspolitische Entscheidungen in Form von Abstimmungen treffen. Gleichwohl soll mit der Analyse der direkten Abstimmung begonnen werden, zumal die dabei gewonnenen Einsichten auch für die Entscheidungen durch gewählte Vertreter, die anschließend untersucht werden, bedeutsam sind. Es wird von einem *gleichen Stimmengewicht der Abstimmungsberechtigten* ausgegangen.

1. Entscheidungskriterium: relative Mehrheit der abgegebenen Stimmen bei simultaner Abstimmung über alle alternativen Projekte

Man könnte daran denken, alle Alternativen gleichzeitig zur Wahl zu stellen und diejenige zu realisieren, welche die meisten Stimmen auf sich vereinigt.

Bei einer größeren Zahl von Projekten ist dieses Verfahren nicht zweckmäßig, weil letztlich nur die Stimmen zählen, die dem Projekt mit der relativen Mehrheit den ersten Rang einräumen. Deren Anteil mag bei einer Vielzahl von Projekten vergleichsweise klein sein. In Übersicht 4-1 wird bei der simultanen Abstimmung über alle Projekte das Projekt 4 (P_4) durchkommen: Nur 7 von 31 Stimmen geben den Ausschlag. Es ist durchaus nicht sicher, ob P_4 am besten abschneiden würde, wenn z. B. bekannt wäre, daß P_7 und P_6 keine Chance haben, eine Mehrheit zu bekommen.

Übersicht 4–1

Verteilung der abgegebenen Stimmen bei simultaner Abstimmung

Projekt	P_1	P_2	P_3	P_4	P_5	P_6	P_7
Stimmen	4	5	6	7	5	3	1

Die Gefahr eines solchen nicht repräsentativen Ergebnisses wird reduziert, wenn in dem Fall, daß kein Projekt auf Anhieb mehr als die Hälfte der abgegebenen Stimmen erhält, ein weiterer Wahlgang vorgenommen wird, in dem dann nur noch die zwei oder drei Projekte zur Wahl stehen, die im ersten Wahlgang am besten abgeschnitten haben. Das Kriterium „relative Mehrheit der abgegebenen Stimmen bei simultaner Abstimmung über alle alternativen Projekte" ist dann in den hier als problematisch angesehenen Fällen lediglich Instrument der Vorauswahl, der eine Wahl mit dem Kriterium „absolute Mehrheit der abgegebenen Stimmen" folgt, das jetzt untersucht werden soll.

2. Entscheidungskriterium: absolute Mehrheit der abgegebenen Stimmen bei sukzessiver Abstimmung

Die in Abschnitt 1 aufgezeigten Gefahren lassen sich vermeiden, wenn statt der relativen Mehrheit (relativ in bezug auf die anderen Projekte) das Kriterium der absoluten Mehrheit (absolut in bezug auf die Zahl der abgegebenen Stimmen) herangezogen wird. Bei mehr als zwei Projekten erfolgt die Abstimmung paarweise nach dem „K.o.-System", d.h. das Projekt, das in einer Abstimmung gewinnt, wird in der nächsten einem anderen Projekt gegenübergestellt. Gewählt ist das Projekt, das am Ende übrigbleibt.

Sofern die Zahl der abgegebenen Ja- und Nein-Stimmen ungerade ist, führt das Entscheidungskriterium „absolute Mehrheit der abgegebenen Stimmen bei sukzessiver Abstimmung" immer zu einem Ergebnis. Problematisch ist allerdings, daß dieses Ergebnis nicht eindeutig sein muß, sondern von der Reihenfolge der Abstimmung abhängen kann. Angenommen, die Personen A, B und C haben im Hinblick auf die zur Wahl stehenden Projekte P_1, P_2 und P_3 folgende Präferenzen, die in Übersicht 4-2 tabellarisch unter Verwendung von Rangziffern (das bevorzugte Projekt erhält Rangziffer 1, das am wenigsten geschätzte Projekt Rangziffer 3) und in Abb. 4-1 graphisch (die Präferenzen steigen mit wachsendem Abstand zur Abszisse) abgebildet sind.

Übersicht 4–2

Eingipfelige Präferenzen

Person	Projekt		
	P_1	P_2	P_3
A	1.	2.	3.
B	3.	1.	2.
C	3.	2.	1.

Wie immer man die Wahl durchführt, ob man zuerst P_1 und P_2, P_2 und P_3 oder P_1 und P_3 zur Wahl stellt, stets wird P_2 gewählt:

1) P_1 vs. $P_2 \rightarrow P_2$; P_2 vs. $P_3 \rightarrow P_2$; P_2 ist gewählt.

2) P_2 vs. $P_3 \rightarrow P_2$; P_2 vs. $P_1 \rightarrow P_2$; P_2 ist gewählt.

3) P_1 vs. $P_3 \rightarrow P_3$; P_3 vs. $P_2 \rightarrow P_2$; P_2 ist gewählt.

Dieses eindeutige Resultat stellt sich bei sog. *eingipfeligen Präferenzen* ein. Präferenzen werden als eingipfelig bezeichnet, wenn in einem Koordinatensystem mit den nach einem bestimmten Kriterium (z.B. Höhe der Ausgaben für einen bestimmten Zweck) geordneten Projekten auf der Abszisse und mit der

Abbildung 4–1

Eingipfelige Präferenzen

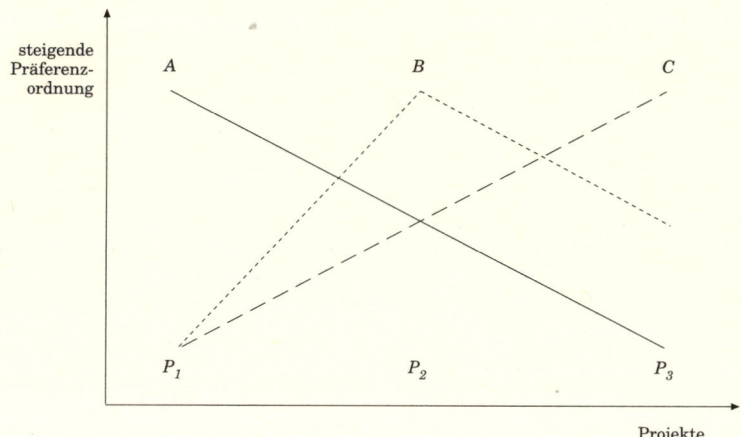

ordinalen Präferenzskala auf der Ordinate die Streckenzüge, die die Bewertung einer Person zum Ausdruck bringen, nur einen Gipfel aufweisen, also mit zunehmenden Ausgaben ständig steigen (in Abb. 4-1 Fall C), ständig fallen (Fall A) oder erst steigen, dann fallen (Fall B).

Übersicht 4–3

Ein- und mehrgipfelige Präferenzen

Person	Projekt		
	P_1	P_2	P_3
A	1.	2.	3.
B	3.	1.	2.
C	2.	3.	1.

Die Eindeutigkeit des Wahlergebnisses ist nicht mehr gesichert, wenn die Präferenzen mehrgipfelig sind, wie in dem in Übersicht 4-3 und in Abbildung 4-2 dargestellten Fall. Er unterscheidet sich von dem ersten Fall nur dadurch, daß bei der Person C die Rangziffern von P_1 und P_2 vertauscht sind und damit deren Präferenzen mehrgipfelig werden. Hier hängt das Ergebnis von der Anordnung der zur Wahl gestellten Alternativen ab. Es gewinnt jeweils das Projekt, das zuletzt zur Wahl gestellt wird:

1) P_1 vs. $P_2 \to P_1$; P_1 vs. $P_3 \to P_3$; P_3 ist gewählt.

2) P_2 vs. $P_3 \to P_2$; P_2 vs. $P_1 \to P_1$; P_1 ist gewählt.

3) P_1 vs. $P_3 \to P_3$; P_3 vs. $P_2 \to P_2$; P_2 ist gewählt.

Abbildung 4–2

Ein- und mehrgipfelige Präferenzen

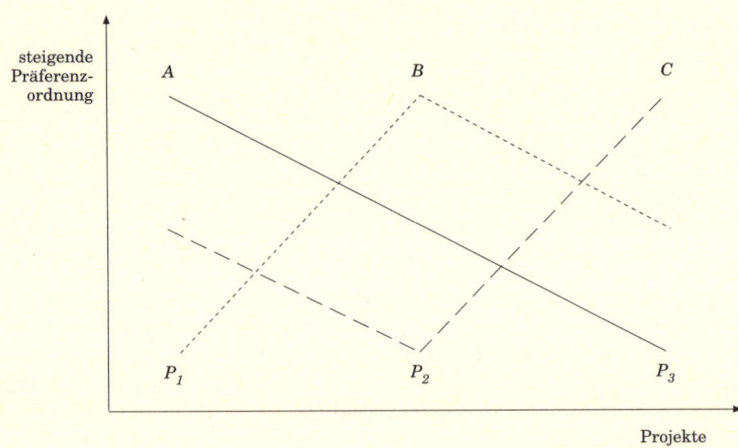

Mit solchen mehrgipfeligen Präferenzen ist insbesondere bei der Wahl zwischen Projekten ganz unterschiedlicher Zielrichtungen zu rechnen, z. B. zwischen Ausgaben für Straßenbau, für Entwicklungshilfe und für Ausbildungsförderung. Sie können sich allerdings auch bei eindimensionalen Projektvarianten ergeben. In Abbildung 4-3 sind die Präferenzen für einen Bürger abgebildet, der bis zu einem Ausgabevolumen G_1 die Qualität der öffentlichen Schulen für so schlecht erachtet, daß er die private Schule vorzieht. Ab G_1 schickt er seine Kinder in die öffentliche Schule, bewertet dann zusätzliche Ausgaben bis G_2 positiv, darüber hinaus negativ, weil die Vorteile zusätzlicher Ausgaben geringer erachtet werden als die Nachteile zusätzlicher Steuerlasten[1,2].

---

[1] Vgl. A. B. ATKINSON und J. E. STIGLITZ: Lectures on Public Economics, London 1980, S. 303.

[2] Diese Unbestimmtheit des Wahlausgangs (zyklische Mehrheit, cyclical majority) ist schon Ende des 18. Jahrhunderts von BORDA und CONDORCET behandelt worden; in der wirtschaftswissenschaftlichen Literatur hat sie erst mit den Arbeiten von BLACK und vor allem von ARROW als sog. „Abstimmungsparadoxon" größere Aufmerksamkeit erlangt. Vgl. D. BLACK: The Theory of Committees and Elections, a.a.O., Part II: History of the Mathematical Theory of Committees and Elections (Excluding Proportional Representation), S. 156–180; DERS.: On the Rationale of Group Decision-Making, in: Journal of Political Economy, Bd. 56, 1948, S. 23–34; K. J. ARROW: Social Choice and Individual Values (1951), 2. Aufl., New Haven–London 1963, S. 2f.

Abbildung 4–3

Mehrgipfelige Präferenzen bei eindimensionalen Varianten

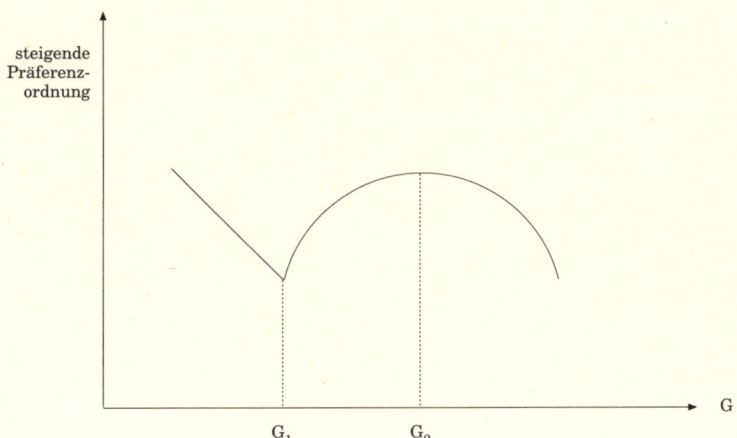

Der beschriebene Sachverhalt ist unbefriedigend[3]: Es kommt ein Projekt zum Zuge, das die Mehrheit schlechter bewertet als das im ersten Wahlgang ausgeschiedene Projekt. Außerdem kann das Ergebnis manipuliert werden, etwa über die Geschäftsordnung durch die Festlegung der Abstimmungsfolge.

3. Entscheidungskriterium: größte Summe der zugeteilten Punkte

Bei der Punktewahl (point voting) erfolgt die Bewertung, indem eine für alle Personen gleiche Punktzahl entsprechend den individuellen Wertschätzungen auf die zur Wahl stehenden Projekte verteilt wird. Das Projekt gilt als gewählt, das die höchste Punktzahl auf sich vereint.

Im Vergleich zu den oben behandelten Verfahren werden hier die individuellen Präferenzen genauer berücksichtigt, weil das Bewertungsgefälle nicht nur ordinal, sondern auch kardinal ausgedrückt werden kann. Es kommt hinzu, daß in der Summe der einem Projekt zugeteilten Punkte stets die Wertschätzung *aller* am Entscheidungsprozeß Beteiligten zum Ausdruck kommt.

In Übersicht 4-4 bewerten fünf Personen vier Projekte, indem sie 20 Punkte verteilen. Bei der korrekten Bewertung in der linken Hälfte gewinnt P_4 mit 34 Punkten, nicht P_2, das bei sukzessiver Abstimmung nach dem „K.o.-System" gewählt würde. Der Grund liegt vor allem in dem Umstand, daß A eine sehr

---

[3] Vgl. dazu und weiterführend P. Bernholz und F. Breyer: Grundlagen der Politischen Ökonomie, a.a.O., S. 55–71.

Übersicht 4–4

Punktewahl

Person	Punktebewertung bei korrekten Angaben				Punktebewertung bei taktischen Fehlangaben durch D			
	Projekt				Projekt			
	P_1	P_2	P_3	P_4	P_1	P_2	P_3	P_4
A	1	2	0	17	1	2	0	17
B	6	7	5	2	6	7	5	2
C	6	7	2	5	6	7	2	5
D	9	1	2	8	12	1	2	5
E	7	5	6	2	7	5	6	2
Summe	29	22	15	$\boxed{34}$	$\boxed{32}$	22	15	31

einseitige Präferenz für P_4 hat, die im Rahmen der Punktebewertung besser zum Ausdruck gebracht werden kann.

Die Punktewahl bietet allerdings auch die Möglichkeit, mittels *taktisch motivierter falscher Angaben* individuelle Vorteile auf Kosten anderer zu erzielen und dadurch den Sinn dieses differenzierenden Verfahrens zu verfälschen. Angenommen, D hat eine Vorstellung von der Bewertung durch die anderen Personen, so ist es für ihn vorteilhaft, in Abweichung von seinen tatsächlichen Präferenzen etwa P_1 mit 12, P_4 mit 5 zu bewerten, so daß P_1 mit jetzt 32 gegen P_4 mit jetzt 31 Punkten durchkommt (vgl. Übersicht 4-4, rechte Hälfte). Die aus taktischen Gründen verzerrt vorgenommene Präferenzangabe hat für D den Vorteil, daß das von ihm am meisten geschätzte Projekt gewählt wird. Während D sich lediglich um einen Punkt (nämlich von 8 auf 9) verbessert, verschlechtert sich die Situation für alle zusammen um 5 (34–29) Punkte.

Wenn alle Beteiligten strategisch bewerten und im Extremfall ihrem präferierten Projekt die gesamte Punktezahl zuordnen, entspricht die Punktewahl der Wahl mit relativer Mehrheit der abgegebenen Stimmen.

4. Wahlentscheidungen versus Marktentscheidungen

Bei den bis jetzt untersuchten Entscheidungsverfahren haben alle Beteiligten das gleiche Stimmengewicht. Das ist im marktwirtschaftlichen Bereich vor allem wegen der stark differenzierten Einkommens- und Vermögensverteilung anders. Es ist deshalb möglich, daß die Entscheidungen, die bei den genannten Abstimmungsverfahren zustande kommen, von denen verschieden sind, die sich bei Zugrundelegung marktwirtschaftlicher Kriterien ergeben.

In Übersicht 4-5 wird unter a nochmals die Bewertung nach Punkten (vgl. Übersicht 4-4) angegeben, dazu unter b die Bewertung nach der Zahlungsbereitschaft, d. h. *in Form der in Geld ausgedrückten Wertschätzung*. Dabei werden der Einfachheit halber die Zahlen der Punktebewertung für A, B und C übernommen, für D und E zum Ausdruck besonders ausgeprägter Präferenzen und/oder höherer Einkommen mit 3 multipliziert. Wie man sieht, wird P_4, das im Rahmen der Punktebewertung gewinnt, mit 54 DM geringer bewertet als P_1 mit 61 DM. Die Durchführung von P_4 ist also allokationspolitisch nicht sinnvoll. Bei einem Verzicht auf P_4 zugunsten von P_1 ist es theoretisch möglich, alle Beteiligten besserzustellen.

Übersicht 4–5

Bewertung nach Punkten und nach der Zahlungsbereitschaft

Person	Projekt							
	P_1		P_2		P_3		P_4	
	a	b	a	b	a	b	a	b
A	1	1	2	2	0	0	17	17
B	6	6	7	7	5	5	2	2
C	6	6	7	7	2	2	5	5
D	9	27	1	3	2	6	8	24
E	7	21	5	15	6	18	2	6
Summe	29	61	22	34	15	31	34	54

a = Punktebewertung bei 20 Punkten pro Person.
b = Bewertung nach der Zahlungsbereitschaft.

Einer Übertragung des Bewertungsmaßstabes „Zahlungsbereitschaft" auf die Entscheidung über öffentliche Projekte stehen jedoch u. U. *normative Bedenken* entgegen, insbesondere wenn die Einkommensverteilung als unbefriedigend angesehen wird. Es ergeben sich aber auch *praktische Durchführungsprobleme*: Wenn der Bürger weiß, daß die Angaben über seine Wertschätzung nur der Auswahl des zu realisierenden Projekts, nicht aber auch einer anschließend vorzunehmenden Verteilung der Kosten dienen, besteht für ihn ein Anreiz, sein Lieblingsprojekt *überzubewerten*, um dessen Chance, ausgewählt zu werden, zu vergrößern. Werden, um das zu vermeiden, die Wertschätzungsangaben auch für die Verteilung der Kosten (der Steuern) herangezogen, besteht umgekehrt die Tendenz, sich uninteressiert zu zeigen und die Projekte *unterzubewerten*. Der Anreiz dazu ist um so stärker, je größer die Zahl der Abstimmungsbeteiligten, denn um so größer ist die Wahrscheinlichkeit, daß die eigenen falschen Angaben keinen spürbaren Einfluß auf die Projektwahl haben.

5. Entscheidungskriterium: qualifizierte Mehrheit

Speziell im Hinblick auf die Vermeidung von allokationspolitischen Fehlent-
scheidungen der oben genannten Art taucht die Frage auf, ob Budgetentscheidungen nicht besser mit *qualifizierten*, d. h. über die einfache Mehrheit hinausgehenden, Mehrheiten getroffen werden sollen: Je mehr zustimmen müssen,
um so geringer ist die Gefahr, daß die erwarteten Kosten die erwarteten Nutzen übersteigen; dies ist ganz ausgeschlossen, wenn *alle* zustimmen müssen.
Das sah schon WICKSELL, der forderte, durch eine entsprechende Verteilung der
Finanzierungslasten eine allgemeine Zustimmung zu vorgeschlagenen Ausgaben zu erreichen. Sollte dies nicht möglich sein, so liegt seiner Auffassung nach
„der einzig mögliche Beweis vor, daß die fragliche Staatstätigkeit der Gesamtheit doch nur einen, dem notwendigen Opfer nicht entsprechenden Nutzen
bringen würde und deshalb rationellerweise verworfen werden muss"[4].

Ein sehr hohes Mehrheitserfordernis bringt allerdings auch Nachteile mit sich.
Einmal steigen die *Kosten der Entscheidungsfindung* selbst, denn je mehr zur
Zustimmung gewonnen werden müssen, um so länger sind in der Regel die erforderlichen Beratungen. Ferner kann das, was als Schutz der Minderheit vor
der Mehrheit gedacht war, umgekehrt zu einem *Instrument der Ausbeutung der
Mehrheit durch eine Minderheit* werden. Angenommen, *A* hat ein großes Interesse daran, in einem ganz bestimmten Gebiet zu bauen, bedarf dazu allerdings
der Zustimmung aller Anlieger. Selbst wenn die Erschließung für alle einen
Vorteil mit sich bringen würde (etwa weil *A* die Kosten für die gesamte Straße zu
übernehmen bereit ist und alle Anlieger den durch die Straße erleichterten Zugang positiv bewerten), kann der Anlieger *B* trotzdem versuchen, in Kenntnis
davon, daß seine Zustimmung unbedingt erforderlich ist, sich geschädigt zu zeigen, um noch mehr für sich herauszuholen. Beide genannten Aspekte führen
dazu, daß der Status quo über Gebühr begünstigt wird.

Die optimale Entscheidungsregel läßt sich theoretisch als die bestimmen, bei
der die Summe aus Entscheidungskosten und den sog. externen Kosten, die die
im Entscheidungsprozeß überstimmten Bürger tragen müssen, am geringsten
wird[5].

6. Stimmentausch

In Abschnitt 4 wurde gezeigt, daß Mehrheitsentscheidungen nicht unbedingt
zu allokativ effizienten Ergebnissen führen müssen, weil die unterschiedliche
Betroffenheit der Bürger im Sinne der Bewertung mit der Zahlungsbereitschaft nicht zum Ausdruck kommt. Ändert sich an dieser Einschätzung etwas,

---

[4] K. WICKSELL: Finanztheoretische Untersuchungen nebst Darstellung und Kritik des Steuerwesens Schwedens, a.a.O., S. 113.

[5] Vgl. J. M. BUCHANAN und G. TULLOCK: The Calculus of Consent, a.a.O., S. 63–84.

Übersicht 4–6

Effizienzsteigernder Stimmentausch

Projekt	Wähler			Gesamter Nettovorteil
	A	*B*	*C*	
P_1	200	−50	−55	95
P_2	−40	150	−30	80
P_3	−120	−60	400	220

wenn die Möglichkeit von Abstimmungsabsprachen (Stimmentausch, logrolling) berücksichtigt wird?

Übersicht 4-6 zeigt die Bewertung dreier Projekte durch die Wähler *A*, *B* und *C*[6]. Alle diese Projekte sind vorteilhaft in dem Sinne, daß sie jeweils global einen positiven Nettovorteil aufweisen. Werden sie isoliert zur Abstimmung gestellt, findet aber kein Projekt eine Mehrheit, weil immer zwei Personen einen Nachteil haben, z. B. bei P_1 *B* und *C*, bei P_3 *A* und *B*. Hier kann Stimmentausch effizienzsteigernd wirken, wenn z. B. Wähler *A* Wähler *B* verspricht, P_2 zu unterstützen, sofern *B* seinerseits verspricht, für P_1 zu stimmen:

Gesamtvorteil für *A* = 200 − 40 = 160,

Gesamtvorteil für *B* = 150 − 50 = 100.

Der Vorteil für *A* und *B* ist mit zusammen 260 größer als der Nachteil für *C* in Höhe von 85.

Übersicht 4–7

Effizienzmindernder Stimmentausch

Projekt	Wähler			Gesamter Nettovorteil
	A	*B*	*C*	
P_1	200	−110	−105	−15
P_2	−40	150	−120	−10
P_3	−270	−140	400	−10

---

[6] Das Zahlenbeispiel stammt aus H. S. ROSEN und R. WINDISCH unter Mitarbeit von E. OBERDIECK: Finanzwissenschaft I, München–Wien 1992, S. 175–177.

Das muß aber nicht so sein. In Übersicht 4-7 weisen alle Projekte einen negativen Gesamtvorteil auf. Wenn A und B vereinbaren, beide für P_1 und P_2 zu stimmen, ergibt sich ein

Gesamtvorteil für A in Höhe von 200 – 40 = 160.

Gesamtvorteil für B in Höhe von 150 – 110 = 40.

Dem globalen Vorteil für A und B zusammen in Höhe von 200 steht jedoch ein Nachteil von C in Höhe von 225 gegenüber. Stimmentausch führt hier zur Realisierung allokationspolitisch ineffizienter Projekte.

7. Voraussetzungen rationaler Budgetentscheidungen

Bislang wurde in Kapitel 4 unterstellt, daß die Bürger Budgetentscheidungen unmittelbar selbst treffen. Damit diese Entscheidungen sinnvoll sein können, müssen die Bürger in der Lage sein, Einnahmen und Ausgaben zu bewerten, und im konkreten Entscheidungsfall die relevante Alternative kennen.

7.1. Die Bewertungsmöglichkeit

Soweit es um die Bewertung der empfangenen Transferzahlungen und der eigenen Steuerlast geht, ergeben sich keine Unterschiede zur Bewertung des verfügbaren privaten Einkommens. Die Zwangsabgaben z. B. werden mit dem Nutzenentgang angesetzt, der mit dem geringeren Konsum bzw. mit der geringeren privaten Vermögensbildung, u. U. auch mit der geringeren Freizeit verbunden ist. Schwierigkeiten können sich allerdings ergeben, wenn nicht klar ist, wer, unabhängig von der Steuer*zahlung*, durch einzelne Abgaben tatsächlich nach Ablauf von Überwälzungsprozessen *belastet* wird.

Was die staatlichen Realausgaben betrifft, so ist nicht einzusehen, warum die Bewertung von Parks, Straßenverbesserungen, von öffentlichen Theatern usw. nicht möglich sein soll, jedenfalls wenn man sich an diese Art von Fragestellungen gewöhnt hat. Gewiß werden die Probleme schwieriger, wenn man zu Bildungsausgaben oder gar zur Verteidigung und Entwicklungshilfe übergeht. Hier wird man auf Auskünfte von Sachverständigen angewiesen sein, die sich nicht selten widersprechen. Eine solche Abhängigkeit vom Rat der Fachleute ist allerdings keine Besonderheit kollektiver Entscheidungen, sondern gibt es auch bei privaten Dispositionen, z. B. beim Kauf technisch komplizierter Produkte oder von Arzneimitteln.

7.2. Die Kenntnis der relevanten Alternative

Es wurde bislang allgemein von Projekten gesprochen, deren Charakter aber nicht näher bestimmt. Es kann sich dabei um isolierte Einnahmen-, isolierte

Ausgaben- oder kombinierte Einnahmen-/Ausgabenentscheidungen handeln. Gerade in den beiden ersten Fällen zeigt sich ein großer Unterschied zwischen individuellen marktwirtschaftlichen und kollektiven finanzpolitischen Entscheidungen. Wenn ein Bürger eine Einheit eines privaten Gutes kauft, weiß er, daß ein bestimmter Preis zu zahlen ist, der sich letztlich in geringeren anderen Ausgaben, evtl. auch in geringerer persönlicher Freizeit, niederschlägt. Er hat die Möglichkeit, jede einzelne Ausgabe im Gesamtzusammenhang zu beurteilen.

Diese Möglichkeit besteht bei Abstimmungen meist nicht:
– Was ist die relevante Alternative zu einer bestimmten Ausgabenart, über die abgestimmt werden soll: Höhere andere Ausgaben? Geringere Zwangseinnahmen? Geringere Verschuldung?
– Was ist die relevante Alternative einer bestimmten Einnahmenart: Geringere Ausgaben? Höhere andere Einnahmen? Welche Ausgaben werden dann reduziert? Welche anderen Einnahmen werden dann erhöht bzw. eingeführt?
– Die finanzpolitische Entscheidung entspricht mehr der im privaten Bereich, wenn über Einnahmen und Ausgaben simultan entschieden wird, so daß der einzelne gewissermaßen sofort mit den Kosten konfrontiert wird. Selbst bei dieser Verknüpfung ist jedoch die relevante Alternative u. U. unklar, da man z. B. nicht weiß, ob und in welcher Form im Falle einer Ablehnung die zurückgewiesene Steuererhöhung mit anderen Ausgabenkategorien verbunden erneut zur Wahl gestellt wird.

Diese angeschnittenen Fragen sind bei isolierten Entscheidungen besonders gravierend, etwa wenn die Bürger nur gelegentlich mit einzelnen, jeweils für sich betrachteten Problemen konfrontiert werden. Die Alternativen können transparenter sein, wenn in kleineren Gremien im Zuge längerer Diskussionen die Präferenzen hervorgetreten sind, wie das bei Entscheidungen auf lokaler Ebene oder durch in bestimmte Gremien gewählte Vertreter der Fall ist.

§ 14. Entscheidungen durch gewählte Vertreter

In § 13 wurde unterstellt, daß die Bürger im öffentlichen Bereich selbst an den Abstimmungen teilnehmen und so gleichzeitig ihre Präferenzen darlegen und das Budget bestimmen. Diese Annahme ist unrealistisch. In aller Regel werden die Entscheidungen unmittelbar jedenfalls nur von einem Teil der Bevölkerung getroffen, in der demokratischen Staatsform von gewählten Vertretern, von Abgeordneten. Auch im Rahmen einer solchen institutionellen Regelung bleiben die in § 13 behandelten Probleme bedeutsam. Es treten aber noch andere hinzu. Auf einige soll im folgenden kurz eingegangen werden.

1. Die Abgeordneten als neutrale Repräsentanten ihrer Wähler

In der klassischen Theorie der Demokratie agieren diese Vertreter als Agenten, welche die Aufgabe haben, die Präferenzen der Wähler durchzusetzen. Die Abgeordneten verfolgen keine persönlichen Ziele. Auch in diesem Kontext bleiben die in § 13 behandelten Probleme relevant. Zusätzlich tauchen die Fragen auf, wie sichergestellt werden kann, daß die Vertreter die tatsächlichen Präferenzen der Wähler kennen, und wie sie sich entscheiden, wenn die Präferenzen der Wähler unterschiedlich sind. Angenommen, ein Parlament besteht aus fünf Abgeordneten, die jeweils 100 Wähler haben. Das Informationsproblem sei gelöst, die Abgeordneten 1–5 kennen die Präferenzstruktur ihrer Wähler, die bezüglich der Projekte 1 und 2 wie folgt aussieht:

Übersicht 4–8

Wählerpräferenzen

Abgeordnete	Zahl der Wähler für Projekt 1	Zahl der Wähler für Projekt 2
1	51	49
2	51	49
3	51	49
4	7	93
5	7	93
Summe	167	333

Wenn jeder Abgeordnete sich als Anwalt der Mehrheit der Wähler seines Wahlkreises (und nur seines Wahlkreises) betrachtet, wird mit 3:2 Stimmen das Projekt 1 gewählt, obgleich es bei direkter Wahl gegen Projekt 2 eindeutig mit 167 gegen 333 Stimmen unterliegen würde.

Im vorliegenden Fall ist also nicht gewährleistet, daß der Wille der Mehrheit zum Durchbruch kommt. Diese Gefahr ist um so größer, je uneinheitlicher die Präferenzen in den Wahlbezirken sind.

2. Die Abgeordneten als Stimmenmaximierer

Die Vorstellung, daß der Politiker stets bestrebt sei, den Willen der Wählermehrheit zu realisieren oder das Gemeinwohl zu verwirklichen, wurde von Schumpeter in seinem zuerst 1942 erschienenen Buch „Capitalism, Socialism and Democracy"[7] als unrealistisch zurückgewiesen. Abgeordnete seien heute

---

[7] 3. Aufl., London 1950; deutsch: Kapitalismus, Sozialismus und Demokratie, 4. Aufl., München 1975.

meist Berufspolitiker, deren Hauptmotiv darin bestehe, an die Macht zu kommen. Es ist „das erste und höchste Ziel jeder politischen Partei, über die andern den Sieg davonzutragen, um zur Macht zu gelangen oder an der Macht zu bleiben"[8].

Er zitiert einen Politiker, der gesagt haben soll: „Was die Geschäftsleute nicht verstehen, ist, daß ich genau so mit Stimmen handle, wie sie mit Öl handeln"[9], und schreibt dazu: „Eine derartige Ansicht wird manchmal als frivol oder zynisch mißbilligt. Ich finde es im Gegenteil frivol oder zynisch, Schlagwörtern Lippendienste zu leisten, für die man privat nur ein Augurenlächeln übrig hat. ... Sie schließt keineswegs Pflichtgefühl oder Ideale aus. Wiederum mag die Analogie mit dem Geschäftsmann dies klar machen. Wie ich an anderer Stelle gesagt habe, wird kein Ökonom, der irgendetwas von den Realitäten des Wirtschaftslebens weiß, auch nur für einen Augenblick behaupten, daß Pflichtgefühl und Ideale von Dienst am Kunden und Leistungsfähigkeit keine Rolle bei der Formung des Verhaltens der Geschäftsleute spielen. Und doch hat der gleiche Ökonom durchaus recht, wenn er seine Erklärung dieses Verhaltens auf ein System gründet, das auf dem Gewinnmotiv beruht."

Diesen Ansatz SCHUMPETERS haben in Amerika DOWNS[10], in Deutschland HERDER-DORNEICH[11] aufgegriffen. DOWNS, dessen Arbeit wesentlich umfassender und tiefergehend ist, geht von einem unsere Verhältnisse gut kennzeichnenden Regierungssystem aus[12]. Wahlen haben hier die Funktion, eine Regierung auszuwählen. Um diese Position bewerben sich die Parteien bzw. deren Mitglieder. „Wir nehmen an, daß sie nur handeln, um das Einkommen, das Prestige und die Macht zu erlangen, die mit öffentlichen Ämtern verbunden sind. Daher streben in unserem Modell die Politiker niemals ein öffentliches Amt an, weil es ihnen ermöglicht, bestimmte politische Konzepte zu verwirklichen; ihr einziges Ziel ist, die Vorteile zu genießen, die ein öffentliches Amt an sich bietet."[13]

Wie beim Unternehmer im Modell der Marktwirtschaft *ist die soziale Funktion das Nebenprodukt des individuellen Motivs*: Das soziale Ziel „optimale Bedürfnisbefriedigung" wird im privaten Bereich über das individuelle Ziel „Gewinn" (der vielleicht selbst wieder verkürzend für Macht, Prestige, Einkommen steht) verfolgt, im öffentlichen Bereich über das Ziel „Regierungsmacht" und die damit verbundenen Vorteile.

---

[8] J. A. SCHUMPETER: Kapitalismus, Sozialismus und Demokratie, a.a.O., S. 443.

[9] Ebenda, S. 453f.

[10] Vgl. A. DOWNS: An Economic Theory of Democracy, a.a.O.

[11] Vgl. PH. HERDER-DORNEICH: Theorie der Bestimmungsfaktoren finanzwirtschaftlicher Staatstätigkeit, Diss. Freiburg/Br. 1957; DERS. (auch unter dem Pseudonym F. O. HARDING): Politisches Modell zur Wirtschaftstheorie, Freiburg/Br. 1959.

[12] Vgl. A. DOWNS: Ökonomische Theorie der Demokratie, a.a.O., S. 37.

[13] Ebenda, S. 27.

Eine Partei gelangt nur dann an die Regierung, wenn sie die Stimmenmehrheit erringt. Um dieses Ziel zu erreichen, gestaltet sie ihr Programm (ihre Tätigkeit) so, daß sie möglichst viele Stimmen auf sich vereint: Sie betreibt *Stimmenmaximierung*. Angenommen, es gibt zwei finanzwirtschaftspolitische Instrumentenbündel, Ausgaben, die von den Begünstigten als angenehm, und Steuern, die von den Belasteten als unangenehm empfunden werden. Stimmenmaximierung im Bereich der öffentlichen Finanzwirtschaft bedeutet dann, das Budgetvolumen so lange zu erhöhen, bis der marginale Stimmengewinn durch Ausgaben dem marginalen Stimmenverlust durch Steuern entspricht. Dabei wird unterstellt, daß Ausgaben in der Reihenfolge abnehmender Stimmenattraktion vorgenommen, Steuern in der Reihenfolge zunehmender Stimmenverluste erhoben werden.

Downs' Stimmenmaximierungshypothese ist gewiß einseitig – wie allerdings auch die Vorstellung, daß die Abgeordneten lediglich als neutrale Präferenzübermittler, die keine eigenen Ziele verfolgen, oder als allein auf die Mehrung des Allgemeinwohls bedacht anzusehen seien. Je mehr eine Partei sich ihrer Mehrheit sicher ist, um so eher kann sie es sich leisten, zugunsten der Präferenzen ihrer Führungseliten oder Mitglieder auch zuweilen Stimmenverluste in Kauf zu nehmen. Immerhin ist Downs zu einigen interessanten Ergebnissen gelangt:

1) Es kann im Interesse der Stimmenmaximierung liegen, *Minderheiten zu Lasten von Mehrheiten zu befriedigen*. Voraussetzung für diesen Fall ist allerdings, daß die Minderheit an dem zur Entscheidung stehenden Aspekt weitaus mehr als die Mehrheit interessiert und engagiert ist, so daß der Stimmenverlust, der sich bei der Nichtberücksichtigung der Mehrheit ergibt, geringer als der Stimmengewinn bei Berücksichtigung der Minderheit ist.

Eine solche Politik muß kein Einzelfall sein, besonders dann nicht, wenn es sich um wechselnde Minderheiten und Mehrheiten handelt. Es besteht dann weniger die Gefahr, daß die Mehrheit intensiver reagiert, weil sie sich *dauernd* übergangen fühlt.

2) Aus dem Vorstehenden ist ableitbar: Es ist denkbar, daß die von Abgeordneten getroffenen Entscheidungen – theoretisch jedenfalls, vor allem ausreichende Kenntnis über die Präferenzen vorausgesetzt – dem Pareto-Optimum näherkommen als unmittelbare Volksabstimmungen mit Mehrheitsentscheid. Diese Abstimmungen haben nämlich den Nachteil, daß die Intensität der Präferenzen nicht zum Ausdruck kommt. Es ist möglich, daß die Mehrheit lediglich einen Vorteil von 100 hat, die Minderheit aber bei einer für sie günstigen Entscheidung einen Vorteil von 200 hätte. Solche Unterschiede können bei auf Stimmenmaximierung ausgerichteten Entscheidungen von Parteien berücksichtigt werden.

3) Auf der anderen Seite ist es so, daß *Mißstände u. U. keine politische Beachtung finden*, weil die Zahl der Betroffenen zu klein und deshalb politisch unin-

teressant ist, jedenfalls solange die Öffentlichkeit nicht so informiert und betroffen ist, daß diese Situation als ein Skandal gilt, der der Regierung angelastet wird.

4) Sich informieren und sich organisieren, um auf die Regierung einzuwirken, kosten Zeit und Geld. *Wirtschaftssubjekte tun dies am ehesten als Produzenten, als Einkommensbezieher, weitaus weniger als Konsumenten.* Dies beruht darauf, daß die meisten Bürger ihr Einkommen aus einer oder jedenfalls aus wenigen Quellen beziehen, der Ausfall einer Einkommensquelle sie also viel stärker tangiert als die Erhöhung des Marktpreises *eines* gekauften Gutes. Die Folge ist, daß die Regierung laufend unter Druck gesetzt wird, zur Einkommens- und Beschäftigungssicherung zu intervenieren – z.B. mit Zöllen, mit Mindestpreisen, mit Subventionen oder mit quantitativen Importbeschränkungen. Der Protest derjenigen, die höhere Preise zu zahlen haben, ist meist gering.

Kapitel 5
Kurzfristige Haushaltsplanung

Literatur

a) KITTERER, WOLFGANG, und PAUL SENF: Öffentlicher Haushalt I: Institutionen, in: Willi Albers u.a. (Hrsg.): Handwörterbuch der Wirtschaftswissenschaft, Bd. 5, Stuttgart u.a.O. 1980, S. 545–558.

b) ALBERS, WILLI: Anforderungen an eine moderne Haushaltswirtschaft, in: Heinz Haller u.a. (Hrsg.): Theorie und Praxis des finanzpolitischen Interventionismus. Fritz Neumark zum 70. Geburtstag, Tübingen 1970, S. 347–367.

DIEDERICH, NIELS, u.a.: Die diskreten Kontrolleure. Eine Wirkungsanalyse des Bundesrechnungshofs, Opladen 1990.

HEUN, WERNER: Staatshaushalt und Staatsleitung. Das Haushaltsrecht im parlamentarischen Regierungssystem des Grundgesetzes, Baden-Baden 1989.

HÖLSCHEIDT, SVEN: Der Haushaltsausschuß des Deutschen Bundestags, Rheinbreitbach 1988.

HORST, PATRICK: Haushaltspolitik und Regierungspraxis in den USA und der Bundesrepublik Deutschland, Frankfurt u.a.O. 1995.

MÄDING, HEINRICH (Hrsg.): Haushaltsplanung – Haushaltsvollzug – Haushaltskontrolle, Baden-Baden 1987.

NEUMARK, FRITZ: Theorie und Praxis der Budgetgestaltung, in: Wilhelm Gerloff und Fritz Neumark (Hrsg.): Handbuch der Finanzwissenschaft, 2.Aufl., Bd.1, Tübingen 1952, S.554–605.

PRESIDENT'S COMMISSION ON BUDGET CONCEPTS: Report, Washington 1967.

DIES.: Staff Papers and Other Materials Reviewed by the President's Commission, Washington 1967.

REHM, HANNES: Analyse und Kritik der Bundeshaushaltsreform, Baden-Baden 1975.

SCHMÖLDERS, GÜNTER: Finanzpolitik, 3.Aufl., Berlin–Heidelberg–New York 1970, S.60–145.

SENF, PAUL: Kurzfristige Haushaltsplanung, in: Fritz Neumark, Norbert Andel und Heinz Haller (Hrsg.): Handbuch der Finanzwissenschaft, 3.Aufl., Bd.1, Tübingen 1977, S.371–417.

STERN, KLAUS: Das Staatsrecht der Bundesrepublik Deutschland, Bd.II, München 1980, Abschnitt „Das Haushaltsverfassungsrecht", S.1186–1254.

STURM, ROLAND: Haushaltspolitik in westlichen Demokratien, Baden-Baden 1989.

ZAVELBERG, HEINZ GÜNTER (Hrsg.): Die Kontrolle der Staatsfinanzen: Geschichte und Gegenwart, 1714–1989. Festschrift zur 275. Wiederkehr der Errichtung der Preußischen General-Rechen-Kammer, Berlin 1989.

Finanzpolitische Entscheidungen werden in der Praxis ständig getroffen, pflegen sich allerdings in starkem Maße auf die Phasen der Planung und Verabschiedung des sog. *Haushaltsplans* zu konzentrieren. Dieser Haushaltsplan bildet den Gegenstand der folgenden Ausführungen. Dabei steht die Praxis des Bundes im Vordergrund, soweit auf konkrete Regelungen Bezug genommen wird. Sie deckt sich weitgehend mit der Praxis der Länder, was vor allem darauf zurückzuführen ist, daß das Haushaltsrecht beider Ebenen den im „Gesetz über die Grundsätze des Haushaltsrechts des Bundes und der Länder" (Haushaltsgrundsätzegesetz – HGrG) vom 19. August 1969[1] enthaltenen Grundsätzen entspricht, die für den Bund in der Bundeshaushaltsordnung (BHO) vom 19. August 1969[2] konkretisiert worden sind.

§ 15. Haushaltsplan: Charakterisierung

Im Mittelpunkt der *kurzfristigen Haushaltsplanung* steht der *Haushaltsplan*, synonym auch *Budget* genannt. Im Deutschen hat sich immer mehr die Be-

---

[1] In der neuesten Fassung abgedruckt in der vom BUNDESMINISTERIUM DER FINANZEN herausgegebenen Schrift: Haushaltsrecht des Bundes. Grundlagen einer einheitlichen Finanz- und Wirtschaftspolitik der öffentlichen Hand, Bonn 1998, S.40–73.

[2] Vgl. ebenda, S.74–126.

zeichnung „Haushaltsplan" durchgesetzt, allerdings findet sich der Ausdruck „Budget" vor allem noch in Wortverbindungen wie Budgetfunktion, Budgetgrundsätze, Budgetgliederung und Budgetkreislauf.

Hauptkennzeichen dieses Haushaltsplans sind[3]
– der Bezug auf einen künftigen Zeitraum,
– die systematische Gliederung,
– die zeitliche Regelmäßigkeit der Planerstellung,
– der Schätzungscharakter (besonders auf der Einnahmenseite),
– der verbindliche, normative Charakter auf der Ausgabenseite.

Was den Verbindlichkeitscharakter der Ausgabenansätze betrifft, so sind diese einmal rechtlich negativ verbindlich in dem Sinne, daß grundsätzlich über die Beträge nicht hinausgegangen und von den Zweckbindungen nicht abgewichen werden darf; sie sind darüber hinaus politisch verbindlich, weil die angekündigten Maßnahmen in aller Regel durchgeführt werden und die Bürger deshalb entsprechende Erwartungen bilden. Sie begründen allerdings keinen Rechtsanspruch, da es in § 3 Abs. 1 u. 2 HGrG ausdrücklich heißt: „Der Haushaltsplan ermächtigt die Verwaltung, Ausgaben zu leisten und Verpflichtungen einzugehen. Durch den Haushaltsplan werden Ansprüche oder Verbindlichkeiten weder begründet noch aufgehoben."

§ 16. Budgetfunktionen

Es ist üblich, bestimmte Budgetfunktionen zu unterscheiden, wobei diese Einteilung allerdings nicht einheitlich vorgenommen wird. Hier sollen die Aspekte Planung, Basis der administrativen Tätigkeit und Kontrolle hervorgehoben werden. Voraussetzung der Erfüllung dieser Funktionen ist, daß das Budget die hierzu notwendigen Informationen liefert.

1. Das Budget als Planungsinstrument

Geordnete und zieladäquate Finanzpolitik erfordert eine rechtzeitige Festlegung der finanzpolitischen Instrumente. Dabei ist das Budget unentbehrliches Hilfsmittel. Durch eine übersichtliche und klare Präsentation erleichtert es, einzelne Programme zu analysieren und gegeneinander abzuwägen. Darüber hinaus gestattet es, Einnahmen und Ausgaben global unter gesamtwirtschaftlichen Aspekten zu beurteilen.

---

[3] Vgl. F. Neumark: Theorie und Praxis der Budgetgestaltung, a.a.O., S. 555-558.

2. Das Budget als Basis der administrativen Tätigkeit

Das Budget ist eines der wichtigsten *Organisationsinstrumente der Exekutive,* weil es für deren Handeln oft unmittelbare Leitlinie, auf jeden Fall finanzielle Grundlage ist. Das Finanzministerium hat die Aufgabe, die finanzielle Durchführung der geplanten Aktionen sicherzustellen; die einzelnen Fachministerien haben die Schritte zu unternehmen, die notwendig sind, die geplanten Projekte speziell über die Ausgabenseite zu realisieren.

3. Das Budget als Kontrollinstrument

Das Budget ist der finanzwirtschaftliche Ausdruck der Regierungspolitik. Es stellt einen politischen Kompromiß zwischen den verschiedenen seine Gestaltung beeinflussenden Kräften dar. Bei der Kontrolle, ob dieser Kompromiß auch eingehalten wurde, ist das verabschiedete Budget unerläßlicher Bezugspunkt. In der klassischen Budgetliteratur, speziell in den jetzt zu behandelnden Budgetgrundsätzen, steht diese Kontrollfunktion im Mittelpunkt.

§ 17. Budgetgrundsätze

Die Budgetgrundsätze stellen „Regeln des Wohlverhaltens für den budgetären Willensbildungs- und Entscheidungsprozeß sowohl der Exekutive als auch der Legislative"[4] dar. Sie wurden vor allem im Hinblick auf die Funktion des Budgets als Kontrollinstrument konzipiert. Ihre praktische Bedeutung für die Budgetpolitik in der Bundesrepublik Deutschland beruht auf dem Umstand, daß sie weitgehend in das Grundgesetz aufgenommen worden sind. Sie spielen auch im Haushaltsgrundsätzegesetz eine wichtige Rolle, das zusammen mit bestimmten Vorschriften des Stabilitätsgesetzes von 1967 allerdings auch Abweichungen von traditionellen Grundsätzen brachte, die im Interesse der stabilitätspolitischen Aufgaben der öffentlichen Finanzwirtschaft als notwendig erachtet worden sind.

Die Budgetgrundsätze sind meist unmittelbar einleuchtende Voraussetzungen der Erfüllung der Budgetfunktionen; sie mögen dem Leser sogar zuweilen banal vorkommen. Wie jedoch ein Blick in die Praxis und wie insbesondere die Auseinandersetzungen bei den Budgetberatungen oft zeigen, ist die Versuchung für die Verantwortlichen sehr groß, sich an den Budgetgrundsätzen „vorbeizumogeln".

---

[4] P. Senf: Kurzfristige Haushaltsplanung, a.a.O., S. 391.

1. Der Grundsatz der Vollständigkeit

Nach dem Grundsatz der Vollständigkeit soll das Budget *alle* Einnahmen, *alle* Ausgaben und, soweit gesondert veranschlagt, *alle* Verpflichtungsermächtigungen[5] ausweisen[6]. Dieses Erfordernis ist evident, denn ein unvollständiges Budget wirkt partiell wie ein budgetloser Zustand.

Der Grundsatz der Vollständigkeit umfaßt das *Bruttoprinzip*[7], d.h. die Forderung, Einnahmen und Ausgaben gesondert und nicht lediglich saldiert auszuweisen. Die wichtigsten *Ausnahmen* vom Bruttoprinzip sind in der Bundesrepublik Deutschland die *Nettobudgetierung bei erwerbswirtschaftlichen Unternehmen und bei der Kreditaufnahme*.

Es ist nicht zweckmäßig, Betriebe der öffentlichen Hand brutto zu behandeln, einmal wegen der enormen Aufblähung, die damit für das Budget verbunden wäre, zum anderen auch deshalb, weil diese Unternehmen in Konkurrenz mit erwerbswirtschaftlichen privaten Unternehmen schnell reagieren müssen, also nicht an die Rigidität der Haushaltsplanung gebunden sein sollen. Deshalb heißt es in Art. 110 Abs. 1 GG: „bei Bundesbetrieben und bei Sondervermögen brauchen nur die Zuführungen oder die Abführungen eingestellt zu werden"[8]. Zu den Sondervermögen gehören in der Bundesrepublik u. a. das Bundeseisenbahnvermögen und der Erblastentilgungsfonds.

§ 12 Abs. 1 Satz 2 HGrG gibt die *Möglichkeit*, durch Gesetz zuzulassen, daß die Kreditaufnahme mit den Tilgungen der gleichen Periode saldiert, also lediglich die *Netto*kreditaufnahme ausgewiesen wird. In der BHO ist von dieser Möglichkeit in § 15 Abs. 1 Satz 2 Gebrauch gemacht worden. Dadurch soll verhindert werden, daß die jeweilige Wachstumsrate des Haushaltsvolumens von der Fristenwahl vergangener Schuldenaufnahmen abhängt. Die Neigung, gegen den Grundsatz der Vollständigkeit zu verstoßen, hat in den letzten Jahren zugenommen. Die „Flucht aus dem Budget"[9] beruht nicht nur auf dem Bemühen, aufgabenadäquate Organisationsformen zu wählen, sondern insbesondere auf der Absicht, das Ausmaß des Ausgaben- und Staatsschuldenwachstums zu kaschieren und sich der parlamentarischen Kontrolle zu entziehen.

---

[5] Verpflichtungsermächtigungen sind in § 5 HGrG und § 6 BHO definiert als „Ermächtigungen zum Eingehen von Verpflichtungen zur Leistung von Ausgaben in künftigen Jahren", bringen also im Gegensatz zu den Ausgaben im laufenden Jahr noch keine kassenmäßigen Belastungen mit sich.

[6] Vgl. Art. 110 Abs. 1 GG, § 8 Abs. 2 HGrG, § 11 Abs. 2 BHO.

[7] Vgl. Art. 110 Abs. 1 GG, § 12 Abs. 1 HGrG, § 15 Abs. 1 Satz 1 BHO.

[8] Vgl. auch § 18 Abs. 1 Satz 3 und Abs. 2 Satz 1 HGrG, § 26 Abs. 1 Satz 3 und Abs. 2 Satz 1 BHO.

[9] Vgl. CH. SMEKAL: Die Flucht aus dem Budget, Wien 1977; M. KILIAN: Nebenhaushalte des Bundes, Berlin 1993; M. GANTNER (Hrsg.): Budgetausgliederungen – Fluch(t) oder Segen?, Wien 1994.

2. Der Grundsatz der Klarheit

Der Grundsatz der Klarheit fordert, das Budget klar zu gliedern und die einzelnen Budgetposten so zu kennzeichnen, daß man sich über die Herkunft bzw. Zweckbestimmung ein genaues Bild machen kann[10].

Eine zu detaillierte Gliederung erschwert es, sich einen Gesamtüberblick zu verschaffen. Bei wenigen Globalziffern werden recht heterogene Posten zusammengefaßt, so daß dadurch für andere Fragen wichtige Informationen verlorengehen. Deshalb ist es erforderlich, das Budget *in mehreren Aggregationsgraden* darzustellen, wie das auch in der Bundesrepublik der Fall ist.

Unter politischen und administrativen Gesichtspunkten ist die traditionelle Budgetgliederung vornehmlich nach Ressorts *(Ministerialprinzip)* auch heute unerläßlich. Da die Aktivitäten der einzelnen Ressorts oft mehrere Funktionen tangieren, erfordert der Grundsatz der Klarheit auch eine *funktionale Gliederung*, bei der z.B. die Ausgaben für Forschung aller Ressorts zusammengefaßt werden.

3. Der Grundsatz der Einheit

Der Grundsatz der Einheit, der die gleiche Zielrichtung hat wie der Grundsatz der Klarheit, verlangt, die Einnahmen, Ausgaben und Verpflichtungsermächtigungen in *einem* Budget zusammenzufassen[11]. Nur so kann ohne viel Mühe ein Gesamtüberblick gewonnen werden.

4. Der Grundsatz der Genauigkeit

Nach dem Grundsatz der Genauigkeit sind die Einnahmen, Ausgaben und Verpflichtungsermächtigungen in der Höhe zu veranschlagen, in der sie in der jeweiligen Budgetperiode aller Voraussicht nach zu vereinnahmen, zu leisten bzw. in Anspruch zu nehmen sein werden. Divergenzen zwischen Ist und Soll beruhen entweder auf *objektiven Schätzungsschwierigkeiten* oder auf *subjektiver Unwilligkeit.*

Besonders die Steuereinnahmen hängen weitgehend von der oft nur schwer voraussehbaren konjunkturellen Entwicklung ab. Ferner erzwingen u.U. Naturkatastrophen, Kriege u.ä. unvorhersehbare Ausgaben. Dieser Fehlerspielraum ist um so größer, je länger vor Beginn der Budgetperiode die Schätzungen vorgenommen werden.

Die Regierung, vor allem der mit der finanziellen Deckung in erster Linie beauftragte Finanzminister, hat zuweilen die Tendenz, durch bewußt zu niedrig

---

[10] Vgl. § 12 Abs. 4 HGrG, § 17 BHO; ferner §§ 10, 11 HGrG, §§ 13, 14 BHO.
[11] Vgl. Art. 110 Abs. 1 Satz 1 GG, § 8 Abs. 1 HGrG, § 11 Abs. 1 BHO.

angesetzte Einnahmenschätzungen die Situation schlechter hinzustellen als zu erwarten ist, etwa um für „Notfälle" ein finanzielles Polster zu haben. Umgekehrt besteht besonders vor Wahlen die Neigung, die Situation zu beschönigen, etwa um Kritik der Opposition abzuwehren oder trotz sich schon abzeichnender Deckungsschwierigkeiten populäre Maßnahmen (Ausgabenerhöhungen und Steuersenkungen) durchbringen oder unpopuläre Maßnahmen (Ausgabensenkungen und Steuererhöhungen) verschieben zu können.

Um auf solchen Erwägungen beruhende Manipulationen wenn nicht auszuschalten, so doch jedenfalls einzuschränken, ferner auch in der Absicht, den Sachverstand mehrerer Stellen heranzuziehen, werden in der Bundesrepublik Deutschland die Steuerschätzungen nicht von der Bundesregierung oder gar vom Finanzminister allein vorgenommen, sondern vom *Arbeitskreis Steuerschätzung*[12], in dem das Bundesministerium der Finanzen, das Bundesministerium für Wirtschaft, die Finanzministerien der Länder, die Bundesvereinigung der kommunalen Spitzenverbände, die Deutsche Bundesbank, das Statistische Bundesamt, der Sachverständigenrat zur Begutachtung der gesamtwirtschaftlichen Entwicklung sowie fünf Wirtschaftsforschungsinstitute vertreten sind. Die Bundesregierung übernimmt die Steuerschätzung des Arbeitskreises unverändert in ihren Haushaltsplanentwurf. Allerdings hat sie insofern einen sehr stark präjudizierenden Einfluß, als der Arbeitskreis die Prognose der gesamtwirtschaftlichen Entwicklung (reales BSP, Inflationsrate) nicht selbst erstellt, sondern von der Bundesregierung übernimmt.

Mit dem Grundsatz der Genauigkeit unvereinbar sind sog. *globale Minderausgaben*. Darunter versteht man Beträge, um die lt. Haushaltsgesetz die tatsächlichen Ausgaben des Haushalts insgesamt oder einzelner Teile hinter den Haushaltsansätzen zurückbleiben sollen. Solche Regelungen zeigen, daß der Gesetzgeber seine Aufgaben nicht voll erfüllen konnte oder erfüllen wollte und statt dessen seine Kompetenzen partiell auf die Exekutive übertragen hat.

5. Der Grundsatz der Vorherigkeit

Nach dem Grundsatz der Vorherigkeit soll der Haushaltsplan *vor* Beginn der Periode aufgestellt werden, auf die er sich bezieht[13]. Diese Forderung ergibt sich aus dem Plancharakter des Budgets und aus dem Begriff der Planung, die auf die Gestaltung *künftigen* Geschehens abzielt. In der Bundesrepublik Deutschland dauerte es bis zum Jahre 1979, daß erstmals ein Bundeshaushaltsplan (für 1980) rechtzeitig verabschiedet werden konnte. Im Jahre 1972 gelang die Verabschiedung des Haushaltsplans für das laufende Jahr nach den

---

[12] Vgl. H.-H. HÄRTEL: Steuerschätzung, in: W. Albers u.a. (Hrsg.): Handwörterbuch der Wirtschaftswissenschaft, Bd. 7, Stuttgart u.a.O. 1977, S. 404f.
[13] Vgl. Art. 110 Abs. 2 GG, § 1 Satz 1 BHO, ferner § 30 BHO.

vorzeitig angesetzten Bundestagswahlen sogar erst kurz vor Jahresende. Diese sehr bedauerliche Praxis erschwerte eine effiziente Aufgabenerfüllung sowie eine rechtzeitige und gleichmäßige Vergabe öffentlicher Aufträge.

Für den Fall der nicht rechtzeitigen Verabschiedung des Budgets sind vor allem folgende Regelungen denkbar:

1) Man verlängert das letzte Budget, sei es unbeschränkt, sei es für jeweils einen Monat. Dafür spricht, daß von Jahr zu Jahr vergleichsweise wenige Posten reduziert oder gar gestrichen werden, so daß ganz überwiegend nur solche Ausgaben vorgenommen werden können, die später sowieso bewilligt werden.

2) Man erklärt den noch nicht verabschiedeten Haushaltsplanentwurf zur *vorläufigen Grundlage*. Hierfür spricht, daß in parlamentarischen Demokratien, in denen die Regierungsmitglieder und die Parlamentsmehrheit der gleichen Partei (den gleichen Parteien) angehören, der Regierungsentwurf weitgehend dem später verabschiedeten Haushaltsplan entspricht.

3) Man gewährt der Exekutive *einen globalen, begrenzten Spielraum*. Dieser Weg wird in Art. 111 Abs. 1 GG beschritten, in dem in der genannten Situation die Bundesregierung ermächtigt wird, „alle Ausgaben zu leisten, die nötig sind, a) um gesetzlich bestehende Einrichtungen zu erhalten und gesetzlich beschlossene Maßnahmen durchzuführen, b) um die rechtlich begründeten Verpflichtungen des Bundes zu erfüllen, c) um Bauten, Beschaffungen und sonstige Leistungen fortzusetzen oder Beihilfen für diese Zwecke weiter zu gewähren, sofern durch den Haushaltsplan eines Vorjahres bereits Beträge bewilligt worden sind".

Eine solche oder ähnliche Regelung ist notwendig, vermindert aber leider gleichzeitig auch den Druck zur rechtzeitigen Verabschiedung des Haushaltsplanentwurfs.

6. Der Grundsatz der Spezialität

Der Grundsatz der Spezialität hat drei Dimensionen. Er soll sicherstellen, daß öffentliche Ausgaben jeweils nur in der vorgesehenen Höhe *(quantitative Spezialität)*, nur für den jeweiligen Zweck *(qualitative Spezialität)* und ausschließlich innerhalb des Bewilligungszeitraums *(zeitliche Spezialität)* durchgeführt werden.

6.1. Der Grundsatz der quantitativen Spezialität

Der Grundsatz der quantitativen Spezialität verlangt, daß Ausgaben nur in der im Haushaltsplan vorgesehenen Höhe vorgenommen werden dürfen. Damit werden sowohl *außerplanmäßige*, d.h. im Haushaltsplan überhaupt nicht vorgesehene, als auch *überplanmäßige* Ausgaben, d.h. Ausgaben über den angesetzten Betrag hinaus, untersagt.

Es ist jedoch weder zweckmäßig noch immer praktisch möglich, im Verlaufe eines Haushaltsjahres ohne Planabweichungen auszukommen. Auf der Bundesebene wird auf drei Wegen für Flexibilität gesorgt:

1) Das unbedenklichste, aber auch aufwendigste Verfahren, über die Haushaltsansätze hinaus Ausgaben vorzunehmen, ist die Verabschiedung eines *Nachtragshaushalts*. Er ergänzt den ursprünglichen Plan und ist verfahrensmäßig wie der normale Haushaltsplan zu behandeln. Insbesondere muß er auch dem Grundsatz der Vorherigkeit genügen.

2) Art. 112 GG gibt die Möglichkeit, in bestimmten Fällen auf den Nachtragshaushalt zu verzichten. Überplanmäßige und außerplanmäßige Ausgaben bedürfen allerdings der Zustimmung des Bundesministers der Finanzen, die „nur im Falle eines unvorhergesehenen und unabweisbaren Bedürfnisses erteilt werden" darf. Die Problematik dieser Generalvollmacht liegt natürlich in der Interpretation dessen, was als „unvorhergesehen" und „unabweisbar" anzusehen ist. Im Interesse der Sicherung der parlamentarischen Befugnisse ist hier eine restriktive Auslegung erforderlich, denn über- und außerplanmäßige Ausgaben stellen eine Durchbrechung des parlamentarischen Bewilligungsrechts dar, die nicht auf die leichte Schulter genommen werden darf[14]. Dementsprechend heißt es in § 37 Abs. 1 BHO nach den beiden ersten fast wörtlich dem Art. 112 GG entnommenen Sätzen: „Als unabweisbar ist ein Bedarf insbesondere nicht anzusehen, wenn nach Lage des Einzelfalls ein Nachtragshaushaltsgesetz rechtzeitig herbeigeführt oder die Ausgabe bis zum nächsten Haushaltsgesetz zurückgestellt werden kann."

3) § 37 Abs. 1 Satz 4 BHO gestattet darüber hinaus Mehrausgaben ohne Nachtragshaushaltsgesetz, „wenn die Mehrausgabe im Einzelfall einen im Haushaltsgesetz festzulegenden Betrag nicht überschreitet oder wenn Rechtsverpflichtungen zu erfüllen sind". Seit Jahren wird dieser Betrag im Haushaltsgesetz mit 10 Mio. DM festgelegt.

6.2. Der Grundsatz der qualitativen Spezialität

Der Grundsatz der qualitativen Spezialität verlangt, daß die im Haushaltsplan eingesetzten Mittel *nur für den jeweils angegebenen Zweck* verwendet werden dürfen[15]. Es kommt eben nicht nur auf das Budget*volumen*, sondern auch auf dessen *Struktur* an, deren normativer Charakter gesichert werden soll.

Vom Grundsatz der qualitativen Spezialität kann abgewichen werden, wenn die Verwendung für andere Zwecke 1) von vornherein generell (z. B. nach § 20 Abs. 1 BHO zwischen einzelnen Formen der Personalausgaben) bzw. im Einzel-

---

14 Vgl. hierzu K. BIENERT, R. CAESAR und K.-H. HANSMEYER: Das Ausgabenbewilligungsrecht des Bundesfinanzministers nach Art. 112 GG. Historische Entwicklung, praktische Handhabung und finanzwirtschaftliche Bedeutung, Berlin 1982.
15 Vgl. § 27 Abs. 1 HGrG, § 45 Abs. 1 Satz 1 BHO.

fall im Haushaltsplan durch sog. *Deckungsfähigkeitsvermerke* gestattet ist (§ 20 Abs. 1 BHO) oder 2) in Form eines *Nachtragshaushalts* bestimmt wird (vgl. § 33 BHO).

6.3. Der Grundsatz der zeitlichen Spezialität

Nach dem Grundsatz der zeitlichen Spezialität dürfen Ausgaben nur innerhalb der Periode, für die sie bewilligt wurden, vorgenommen werden. Am Ende der Haushaltsplanperiode nicht verwendete Mittel verfallen[16].

Die zeitliche Spezialität kann sich auf verschiedene Stadien des Verausgabungsprozesses beziehen, vor allem auf den *Zahlungsvorgang* oder auf die *Verpflichtungsbegründung*. Im deutschen Haushaltsrecht werden Einnahmen und Ausgaben als tatsächliche Kassenbewegung verstanden; Verpflichtungsermächtigungen sind gesondert auszuweisen. Sowohl die Kassenausgaben als auch die Verpflichtungsermächtigungen sind dem Grundsatz der zeitlichen Spezialität unterworfen[17].

Dieser Grundsatz ist im Interesse einer klaren und planmäßigen Haushaltsführung geboten, wenngleich er zu unwirtschaftlicher Mittelverwendung verleiten kann, insbesondere wenn die Mittelbewirtschafter befürchten, daß Haushaltsreste als Indikator zu hoher finanzieller Ausstattung angesehen werden und dazu führen, daß künftig weniger Mittel zugewiesen werden. Um dem vorzubeugen, sind nach deutschem Haushaltsrecht bestimmte Ausgabenermächtigungen generell zeitlich übertragbar (insbesondere für Investitionen); darüber hinaus kann im Haushaltsplan die Übertragbarkeit im Einzelfall festgelegt werden, wenn es sich um Maßnahmen handelt, die sich über mehrere Jahre erstrecken[18].

Nicht in Anspruch genommene Ausgabenermächtigungen (Ausgabereste), die übertragen werden sollen, kommen zu den im Haushaltsplan des nächsten Jahres veranschlagten Mitteln hinzu, erhöhen also insoweit die dort festgelegten Ausgaben. Um auf Bundesebene zu verhindern, daß dadurch die Summe der im Haushaltsplan vorgesehenen Ausgaben überschritten und damit evtl. das budgetäre oder gesamtwirtschaftliche Gleichgewicht gefährdet wird, dürfen Ausgabereste nur in Anspruch genommen werden, wenn andere im Haushaltsplan vorgesehene Ausgaben nicht geleistet werden (Minderausgaben) oder wenn spezielle Mittel zur Deckung der Ausgabereste global im Haushaltsplan bereitgestellt worden sind. Außerdem ist die Zustimmung des Bundesministers der Finanzen erforderlich[19].

---

[16] Vgl. § 27 Abs. 1 Satz 1 HGrG, § 45 Abs. 1 Satz 1 BHO.
[17] Vgl. ebenda.
[18] Vgl. § 15 Abs. 1 HGrG, § 19 Abs. 1 BHO.
[19] Vgl. § 45 Abs. 3 BHO.

7. Der Grundsatz der Öffentlichkeit

Gemäß dem Grundsatz der Öffentlichkeit soll sich das gesamte Budgetverfahren so im Lichte der Öffentlichkeit abspielen, daß sich jeder Interessierte ein Bild davon machen kann. Hierbei handelt es sich eigentlich nicht um einen spezifischen Budgetgrundsatz, sondern eher um ein allgemeines Postulat, das in einer Demokratie generell für staatliches Handeln gilt.

In der Bundesrepublik Deutschland wird gegen den Grundsatz der Öffentlichkeit vor allem dadurch verstoßen, daß die *Ausschußberatungen* nicht öffentlich sind. Man begründet dies allgemein mit dem größeren Maß an Sachlichkeit der Beratungen und an Kompromißbereitschaft, das hierdurch erzielt werden kann. Ohne dieses Argument als irrelevant betrachten zu wollen, ist diese Nichtöffentlichkeit angesichts der Bedeutung der Ausschußberatungen gerade im budgetären Prozeß jedoch bedenklich, denn das Plenum übernimmt praktisch immer das Votum des Haushaltsausschusses.

8. Der Grundsatz der Nonaffektation

Der Grundsatz der Nonaffektation verlangt, daß *alle Einnahmen für alle Ausgaben zur Verfügung stehen*[20]. Das darin zum Ausdruck kommende *Verbot der Zweckbindung* soll die Haushaltsführung erleichtern und verhindern, daß je nach zugerechneter Steuer und je nach konjunktureller Entwicklung die einzelnen Ausgabekategorien in sachlich ungerechtfertigter Weise unterschiedlich vom Haushaltsplan abweichen.

9. Der Grundsatz der Jährlichkeit

Der Grundsatz der Jährlichkeit, d.h. die Forderung, *jedes Jahr für den Zeitraum eines Jahres* einen Haushaltsplan aufzustellen, ist eigentlich kein von den vorstehend genannten Grundsätzen unabhängiges und damit selbständiges Postulat, sondern eine besonders im Hinblick auf die Vollständigkeit und die Genauigkeit erwiesene Zweckmäßigkeit. Das gilt auch heute noch insbesondere dann, wenn der jeweilige jährliche Haushaltsplan in eine einen größeren Zeitraum umfassende mittelfristige Finanzplanung eingebettet ist.

In der Bundesrepublik Deutschland ist die Jährlichkeit in dem Sinne vorgeschrieben, daß für jedes Kalenderjahr ein eigener Haushaltsplan aufzustellen ist[21]. Die Möglichkeit, dies für zwei Jahre gleichzeitig zu tun, ist im deutschen

---

[20] Vgl. § 7 HGrG, § 8 BHO. In Satz 2 der genannten Bestimmungen heißt es: „Auf die Verwendung für bestimmte Zwecke dürfen Einnahmen nur beschränkt werden, soweit dies durch Gesetz vorgeschrieben ist oder Ausnahmen im Haushaltsplan zugelassen worden sind."

[21] Vgl. Art. 110 Abs. 2 GG, § 8 Abs. 1 HGrG, § 11 Abs. 1 BHO.

Haushaltsrecht ausdrücklich vorgesehen[22]. Von ihr haben bislang nicht der Bund, wohl aber einige Länder Gebrauch gemacht.

§ 18. Budgetdokumente

Bislang wurde allgemein von dem Budget bzw. dem Haushaltsplan gesprochen, ohne auf dessen Inhalt näher einzugehen. Das soll jetzt unter Bezugnahme auf den *Bundeshaushaltsplan* geschehen[23]. Dieser besteht aus den Einzelplänen und dem Gesamtplan; dazu kommen verschiedene Anlagen (vgl. Übersicht 5-1).

Übersicht 5–1

Die Gliederung des Haushaltsplans und seiner Anlagen

Die *Einzelpläne* (§ 10 Abs. 2 HGrG) enthalten	Der *Gesamtplan* (§ 10 Abs. 4 HGrG) enthält	Die *Anlagen* (§ 11 HGrG) enthalten
– Einnahmen – Ausgaben – Verpflichtungsermächtigungen Sie werden untergliedert in – Kapitel (umfaßt eine Verwaltungseinheit oder ein Sachgebiet) – Titel (umfaßt eine Ausgabenart dieser Verwaltungseinheit, z. B. Personalausgaben)	– *Haushaltsübersicht* = Zusammenfassung der Einnahmen, Ausgaben und Verpflichtungsermächtigungen der Einzelpläne – *Finanzierungsübersicht* = Berechnung des Finanzierungssaldos – *Kreditfinanzierungsplan* = Darstellung der Einnahmen aus Krediten und der Tilgungsausgaben	– *Gruppierungsübersicht* = Gruppierung der Einnahmen, Ausgaben und Verpflichtungsermächtigungen nach bestimmten Arten – *Funktionenübersicht* = Gliederung der Einnahmen, Ausgaben und Verpflichtungsermächtigungen nach bestimmten Aufgabengebieten – *Haushaltsquerschnitt* = Zusammenfassung von Gruppierungs- und Funktionenübersicht – *Übersicht über die durchlaufenden Posten* – *Übersicht über die Beamten-, Angestellten- und Arbeiterstellen*

---

[22] Vgl. § 9 Abs. 1 HGrG, § 12 Abs. 1 BHO.
[23] Dem Leser wird empfohlen, im Zusammenhang mit diesen Ausführungen einen Bundes-

1. Einzelpläne

Nach § 10 Abs. 2 HGrG, gleichlautend § 13 Abs. 2 BHO, enthalten die Einzelpläne „die Einnahmen, Ausgaben und Verpflichtungsermächtigungen eines einzelnen Verwaltungszweiges oder bestimmte Gruppen von Einnahmen, Ausgaben und Verpflichtungsermächtigungen". Im Bundeshaushalt werden die Einzelpläne überwiegend nach *institutionellen Gesichtspunkten* abgegrenzt, d. h. nach Verwaltungszweigen. Da hier der Zahl nach die Ministerien im Vordergrund stehen, spricht man vom *Ministerialprinzip*, obgleich es auch nach anderen Institutionen und nach Sachgebieten gebildete Einzelpläne gibt (vgl. Übersicht 5-2).

Die Einzelpläne werden in *Kapitel* und *Titel* unterteilt, wobei die Gliederung in Kapitel wiederum nach Institutionen oder nach Sachgebieten vorgenommen wird. Die Einteilung in Titel erfolgt nach einem für Bund und Länder einheitlichen *Gruppierungsplan*, für den in § 10 HGrG und § 13 BHO eine grobe Mindestgliederung vorgeschrieben ist, für die Ausgaben z. B. Personalausgaben, sächliche Verwaltungsausgaben, Zinsausgaben, Zuweisungen an Gebietskörperschaften, Zuschüsse an Unternehmen, Tilgungsausgaben, Schuldendiensthilfen, Ausgaben für Investitionen, Darlehen, Zuführungen an Rücklagen.

2. Gesamtplan

Es besteht ein Bedürfnis nicht nur nach einer weitgehend detaillierten Schilderung der Einzelpläne, sondern auch nach einer *Gesamtschau*[24]. Dies ermöglicht der *Gesamtplan*, der sich in Haushaltsübersicht, Finanzierungsübersicht und Kreditfinanzierungsplan gliedert.

2.1. Haushaltsübersicht

In der *Haushaltsübersicht* werden die Globalzahlen der Einzelpläne getrennt und insgesamt ausgewiesen. Die *Einnahmen* und *Ausgaben* sind dabei nur grob nach ökonomischen Kriterien untergliedert, auf der Ausgabenseite weitgehend entsprechend der oben erwähnten Mindestgliederung für den Gruppierungsplan, auf der Einnahmenseite in die Gruppen Steuern und steuerähnliche Abgaben, Verwaltungseinnahmen, übrige Einnahmen. Die *Verpflichtungsermächtigungen* werden nach den Kalenderjahren unterteilt, in denen sie voraussichtlich fällig werden.

Die Haushaltsübersicht kann z. B. zur Beantwortung der Frage herangezogen werden, welches Gewicht einem Einzelplan im Rahmen des gesamten Bundeshaushalts zukommt oder welches die personalkostenintensiven Bereiche sind.

---

haushaltsplan heranzuziehen. Dort findet er auf den ersten Seiten die hier behandelten Budgetdokumente.

[24] Vgl. die Ausführungen zum Grundsatz der Budgetklarheit oben S. 61.

Übersicht 5–2

Ausgaben- und Verpflichtungsermächtigungen für das Jahr 1998

Ein-zel-plan	Bezeichnung	Ausgabener-mächtigung in 1000 DM	Verpflichtungs-ermächtigung in 1000 DM	Verpflichtungs-ermächtigung in % der Aus-gabenermäch-tigung
01	Bundespräsident u. Bundespräsi-dialamt	42 363	2 050	4,8
02	Deutscher Bundestag	977 141	227 141	23,2
03	Bundesrat	26 600	130	0,5
04	Bundeskanzler u. Bundeskanzler-amt	996 156	18 635	1,9
05	Auswärtiges Amt	3 532 311	408 309	11,6
06	Bundesminister des Inneren	8 700 691	1 487 586	17,1
07	Bundesminister der Justiz	691 250	104 860	15,2
08	Bundesminister der Finanzen	7 888 655	833 630	10,6
09	Bundesminister für Wirtschaft	16 145 737	7 160 935	44,4
10	Bundesminister für Ernährung, Landwirtschaft und Forsten	11 537 364	1 659 533	14,4
11	Bundesminister für Arbeit und Sozialordnung	150 379 637	1 772 340	1,2
12	Bundesminister für Verkehr	42 590 481	35 556 328	83,5
13	Bundesminister für Post und Telekommunikation	—	—	—
14	Bundesminister der Verteidigung	46 679 484	49 426 795	105,9
15	Bundesminister für Gesundheit	718 153	88 875	12,4
16	Bundesminister für Umwelt, Naturschutz und Reaktor-sicherheit	1 212 408	530 035	43,7
17	Bundesminister für Familie, Senioren, Frauen und Jugend	11 720 260	424 060	3,6
19	Bundesverfassungsgericht	28 971	1 000	3,5
20	Bundesrechnungshof	116 013	—	—
23	Bundesminister für wirtschaft-liche Zusammenarbeit und Entwicklung	7 665 575	5 103 792	66,6
25	Bundesminister für Raumord-nung, Bauwesen und Städtebau	11 249 055	3 811 684	33,9
30	Bundesminister für Bildung, Wissenschaft, Forschung und Technologie	14 928 421	4 205 091	28,2
32	Bundesschuld	82 094 663	3 020	0,0
33	Versorgung	16 204 617	0	0,0
60	Allgemeine Finanzverwaltung	20 673 994	319 000	1,5
	Insgesamt	456 800 000	113 144 829	24,8

Quelle: Bundeshaushaltsplan für das Haushaltsjahr 1998, Bd. 1, S. 15f.

2.2. Finanzierungsübersicht

Im Rahmen der *Finanzierungsübersicht* wird der sog. *Finanzierungssaldo* ermittelt, der für die Frage der globalen Nachfragewirkungen des Budgets, d. h. ob es sich um ein gesamtwirtschaftlich expansives oder restriktives Budget handelt, gerne herangezogen wird und deshalb eine große Rolle spielt. Die saldodeckenden Einnahmen und Ausgaben setzen sich zusammen aus
– Nettoneuverschuldung[25] / Nettotilgung am Kreditmarkt,
– Einnahmen aus kassenmäßigen Überschüssen,
– Rücklagenbewegungen (= Entnahmen aus bzw. Zuführungen an Rücklagen),
– Münzeinnahmen (= Bruttoeinnahmen aus dem Verkauf von Scheidemünzen).

2.3. Kreditfinanzierungsplan

In der Finanzierungsübersicht wird nur der Gesamtbetrag der Bruttokreditaufnahme sowie der gleichzeitigen Tilgung zusammen mit dem sich dadurch ergebenden Saldo ausgewiesen, nicht jedoch, was im einzelnen hinter diesen beiden Globalposten steckt. Für Tilgungsausgaben können detailliertere Angaben dem Kreditfinanzierungsplan entnommen werden, in dem Ausgaben nach der Laufzeit grob in zwei Gruppen, darüber hinaus vornehmlich nach Schuldformen untergliedert werden.

3. Anlagen

Der Haushaltsplan hat folgende Anlagen:
– Gruppierungsübersicht,
– Funktionenübersicht,
– Haushaltsquerschnitt,
– Übersicht über die durchlaufenden Posten,
– Übersicht über die Personalstellen.

Auf die drei zuerst genannten Anlagen soll etwas näher eingegangen werden.

3.1. Gruppierungsübersicht

Wie oben dargelegt, werden die Einnahmen und Ausgaben innerhalb der Einzelpläne nach ökonomischen Kriterien untergliedert, wobei ein einheitlicher Gruppierungsplan zugrunde gelegt wird. Diese Gliederung, über alle Einzelpläne summiert, enthält die sog. *Gruppierungsübersicht*. Hier kann man z. B. sehen, wie hoch die Gebühren sind, die bei Bundesstellen entrichtet werden,

---

[25] Nettokreditaufnahme abzüglich Ausgaben zur Deckung kassenmäßiger Fehlbeträge und für Marktpflege.

auf welchen Betrag sich die Dienstbezüge oder die Darlehen an private Unternehmen insgesamt belaufen, ohne daß nach den zuständigen Ministerien unterschieden würde.

3.2. Funktionenübersicht

In einer weiteren Anlage, der *Funktionenübersicht*, werden die Ausgaben (und Einnahmen) nach Funktionen, nach Aufgaben, denen sie dienen, zusammengefaßt. Diese Gliederung entspricht weitgehend der in Übersicht 3-3[26].

Wie bereits im Zusammenhang mit der Gliederung der Ausgaben erwähnt, ermöglicht eine solche Funktionenübersicht z. B. Angaben über die Ausgaben für Forschung insgesamt, unabhängig davon, ob sie vom Wissenschafts-, Verteidigungs- oder Wirtschaftsministerium finanziert werden.

Die Beziehungen zwischen Einzelplan, Funktionenübersicht und Gruppierungsplan sollen am Beispiel der *„Zinszuschüsse zur Finanzierung von Aufträgen an die deutschen Schiffswerften"* erläutert werden. Sie werden im Einzelplan 09, Bundesministerium für Wirtschaft, ausgewiesen, das dafür verwaltungsmäßig zuständig ist. In der Funktionenübersicht erscheint dieser Betrag unter 634, Verarbeitende Industrien, weil die Zinszuschüsse der Förderung dieses Gewerbebereichs dienen. In der Gruppierungsübersicht werden sie unter 662, Schuldendiensthilfen an private Unternehmen, erfaßt, weil die Förderung in der Form von Schuldendiensthilfen erfolgt.

3.3. Haushaltsquerschnitt

Im *Haushaltsquerschnitt* werden Funktionen- und Gruppierungsübersicht verknüpft: Bei den Ausgaben z. B. werden in den Zeilen die Funktionen bzw. Aufgabenbereiche aufgeführt, in den Spalten die Arten der Ausgaben unterschieden: Man kann dann z. B. sehen, inwieweit die Förderung der Energiewirtschaft in Form von Krediten oder in Form von Zuschüssen erfolgt.

§ 19. Budgetkreislauf [27]

Der „Lebenslauf" eines Budgets ist bedeutend länger als die Periode, für die es verbindlicher Plan ist. Die Vorbereitungen beginnen nämlich lange zuvor, und die Kontrolle der Haushaltsrechnung wird vom Parlament oft erst Jahre danach abgeschlossen.

---

[26] Vgl. oben S. 34.

[27] Vgl. hierzu P. Horst: Haushaltspolitik und Regierungspraxis in den USA und der Bundesrepublik Deutschland, a.a.O., S. 219–450, sowie die immer noch lesenswerte Darstellung bei G. Schmölders: Finanzpolitik, a.a.O., S. 60–145.

Den Budgetkreislauf kann man in verschiedener Weise gliedern. Hier sollen die Erstellung des Budgetentwurfs, die parlamentarische Beratung und Verabschiedung, der Vollzug und die Kontrolle unterschieden werden.

1. Die Erstellung des Budgetentwurfs

Die *Budgetinitiative* liegt in der Bundesrepublik bei der Exekutive. Im Dezember eines jeden Jahres erläßt der Bundesfinanzminister ein sog. *Aufstellungsrundschreiben* an alle Ministerien und sonstigen Bundesbehörden mit eigenen Einzelplänen, in dem aufgefordert wird, unter Beachtung der angegebenen Richtlinien bis zum März des nächsten Jahres den Finanzbedarf (gegebenenfalls die Einnahmen) für das übernächste Jahr anzumelden. In den einzelnen Dienststellen, in denen intern wiederum ähnlich verfahren wird, ist mit dieser Aufgabe in der Regel ein sog. *Beauftragter für den Haushalt* betraut, der, gegebenenfalls zusammen mit dem Chef (Minister), eine interne Abstimmung vornimmt und dann die gebündelten Anforderungen an den Finanzminister weiterleitet (Planung „von unten nach oben").

Der Finanzminister ist nicht gehalten, diese Anforderungen einfach passiv zu addieren, sondern hat nach § 28 Abs. 1 BHO ein *Prüfungsrecht*. Zu den damit verbundenen Verhandlungen zwischen dem Finanzminister und den Ressorts werden auch die jeweiligen Prüfungsgebietsleiter des Bundesrechnungshofs herangezogen. Damit soll sichergestellt werden, daß aktuelle Prüfungserkenntnisse möglichst schnell bei neuen Entscheidungen genutzt werden[28]. Der Budgetentwurf des Finanzministers wird dem Kabinett zugeleitet. Dort konzentrieren sich die Beratungen auf die Punkte, bei denen es zwischen den Ressorts und dem Finanzminister zu keiner Einigung gekommen ist. Auch in dieser Phase *hat der Finanzminister eine besonders starke Stellung*, die sich vor allem darin zeigt, daß er nach § 26 Abs. 1 der Geschäftsordnung der Bundesregierung Beschlüsse in Angelegenheiten „von finanzieller Bedeutung" verhindern kann, sofern ihn nur der Bundeskanzler unterstützt.

2. Die parlamentarische Beratung und Verabschiedung

Der *Regierungsentwurf* wird, anders als andere Gesetzesvorlagen, zusammen mit dem *Finanzbericht* gleichzeitig mit der Zuleitung an den Bundesrat im Bundestag eingebracht (vgl. Art. 110 Abs. 3 GG). Der *Bundesrat* kann innerhalb von sechs Wochen Stellung nehmen, was er regelmäßig tut, nachdem in den einzelnen Bundesratsausschüssen die Fachleute den Entwurf speziell im Hinblick auf die Länderinteressen geprüft haben.

---

[28] Vgl. H. G. ZAVELBERG: Finanzkontrolle, staatliche, in: W. Wittmann u. a. (Hrsg.): Handwörterbuch der Betriebswirtschaft, 5. Aufl., Teilband 1, Stuttgart 1993, S. 1120.

Die sich anschließende *erste Lesung* im Bundestag wird durch die Haushaltsrede des Finanzministers eröffnet. Ihr folgt eine allgemeine Aussprache, bei der es sich weniger um eine im engeren Sinne finanzpolitische Fachdiskussion als um eine politische Generaldebatte handelt.

Die eigentliche fachliche Arbeit findet im *Haushaltsausschuß* statt, an den die Haushaltsvorlage nach der ersten Lesung überwiesen wird. Er hat wesentlichen Einfluß auf die Gestaltung des Haushaltsplanentwurfs, da ihm das Recht zusteht, diesen zu ändern. Wie alle Bundestagsausschüsse ist er entsprechend der Stärke der Parteien im Bundestag zusammengesetzt; er wird in der Regel von einem Mitglied der Opposition geleitet. Für jeden Einzelplan gibt es einen Bericht- und mehrere Mitberichterstatter aus unterschiedlichen Parteien. Die großen Fraktionen sind auf diese Weise bei der Prüfung aller Einzelhaushalte vertreten; kleine Fraktionen müssen sich aus personellen Gründen auf die für sie wichtigen Haushalte konzentrieren.

Zu den *Berichterstattergesprächen* mit den Vertretern des Finanzministeriums und der Fachressorts werden wiederum auch die zuständigen Prüfungsgebietsleiter des Bundesrechnungshofes herangezogen, um auch in dieser Phase eine schnelle Berücksichtigung der laufenden Prüfungsergebnisse zu gewährleisten. Die Berichterstatter sind in der Regel die einzigen Parlamentarier, die, jedenfalls auf ihrem engeren Zuständigkeitsgebiet, der Ministerialbürokratie in bezug auf Detailkenntnisse einigermaßen ebenbürtig sind. Sie leiten ihre Ergebnisse den Ausschußmitgliedern zu. „Soweit sich die Berichterstatter einig sind, haben sie faktisch das letzte Wort … Was bei ihnen nicht kontrovers geblieben ist, wird weder im Haushaltsausschuß noch gar im Bundestag weiter diskutiert."[29]

Die *Beschlußempfehlungen des Haushaltsausschusses*, bei denen auch die Stellungnahme des Bundesrates und die Gegenäußerung der Bundesregierung berücksichtigt sind, bilden die Grundlage der *zweiten Lesung*, in der jeder Einzelplan zur Debatte und zur Abstimmung gestellt wird. Die Abgeordneten können hier Änderungsvorschläge machen, die jedoch zumeist mit ihrer Fraktion zuvor abgestimmt werden. In den letzten Jahren ist die Parlamentsmehrheit in der zweiten Lesung immer den Beschlußempfehlungen des Haushaltsausschusses gefolgt.

Bei der *dritten Lesung* handelt es sich wieder um eine *politische Generaldebatte*, die zu keinen Änderungen an dem vorliegenden Entwurf, wie er aus der zweiten Lesung kam, führt.

Der in der dritten Lesung verabschiedete Entwurf geht nochmals an den *Bundesrat*, der nicht die Möglichkeit hat, ihn zu Fall zu bringen (es handelt sich nicht um ein Zustimmungsgesetz), sondern, sofern er nicht zustimmen will, le-

---

[29] S. HÖLSCHEIDT: Der Haushaltsausschuß des Deutschen Bundestages, a.a.O., S. 69.

diglich den *Vermittlungsausschuß* anrufen kann, der aus weisungsunabhängigen Mitgliedern des Bundestages und des Bundesrates besteht. Schlägt der Vermittlungsausschuß eine Änderung vor, so muß der Bundestag nochmals beraten und beschließen. Zu einer Anrufung des Vermittlungsausschusses ist es jedoch in dieser Phase in der Bundesrepublik noch nie gekommen.

Der Haushaltsplan hat dann schließlich seine endgültige Form gefunden. Er bildet einen *Anhang zum Haushaltsgesetz*, das im Bundesgesetzblatt veröffentlicht wird[30].

3. Der Vollzug

In der Phase des Haushaltsvollzugs hat der Finanzminister die Aufgabe, die finanzielle Durchführung der geplanten Aktionen sicherzustellen; die einzelnen Fachminister haben die Schritte zu unternehmen, die notwendig sind, die geplanten Projekte speziell über die Ausgabenseite zu realisieren. Dabei hat der Haushaltsplan für die Exekutive verbindlichen Charakter, der besonders in den Grundsätzen der Spezialität zum Ausdruck kommt. Dies gilt vor allem für die Ausgabenseite, während für die Erhebung der wichtigsten Einnahmen die einzelnen Steuergesetze relevant sind.

Die Ausgabenansätze sind *Höchstbeträge*, die ausgegeben werden können, nicht in jedem Fall ausgegeben werden müssen (vgl. §3 Abs.1 HGrG: „Der Haushaltsplan ermächtigt die Verwaltung, Ausgaben zu leisten und Verpflichtungen einzugehen."). Eine Ausnutzung der Ausgabenermächtigung kann u.U. den in §6 HGrG so genannten Grundsätzen der Wirtschaftlichkeit und Sparsamkeit widersprechen. Auf der anderen Seite wird man in der Regel insoweit von einer *Verpflichtung* (jedenfalls im politischen Sinne) zur Durchführung der Ausgaben ausgehen können, wie dies zur Erfüllung der ursprünglichen Zwecke erforderlich ist[31].

Die Exekutive, speziell der Finanzminister, hat jedoch einen *erheblichen Spielraum* beim Haushaltsvollzug:

– Wie bereits im Zusammenhang mit den Budgetgrundsätzen dargelegt wurde, können nach Art. 112 GG[32] *über-* und *außerplanmäßige Ausgaben* geleistet werden, sofern der Bundesminister der Finanzen zustimmt. Diese Zustimmung darf er allerdings nur im Falle eines unvorhergesehenen und unabweisbaren Bedürfnisses erteilen.

– Der Finanzminister kann es von seiner Einwilligung abhängig machen, ob Verpflichtungen eingegangen oder Ausgaben geleistet werden, sofern dies

---

[30] Vgl. Gesetz über die Feststellung des Bundeshaushaltsplanes für das Haushaltsjahr 1998, in: Bundesgesetzblatt I v. 22.12.1997, S.3256ff.
[31] Vgl. oben S.58.
[32] Vgl. auch §37 Abs.1 BHO.

„die Entwicklung der Einnahmen oder Ausgaben … erfordert" (§ 25 HGrG). § 41 BHO erfordert allerdings zusätzlich ein „Benehmen mit dem zuständigen Bundesminister". Es handelt sich um eine *fiskalisch motivierte Bremse*.

– Nach § 6 Abs. 1 StWG kann die Bundesregierung bei *Gefährdung des gesamtwirtschaftlichen Gleichgewichts* durch eine Nachfrageüberhitzung den Finanzminister ermächtigen, „die Verfügung über bestimmte Ausgabemittel, den Beginn von Baumaßnahmen und das Eingehen von Verpflichtungen zu Lasten künftiger Rechnungsjahre" von seiner Einwilligung abhängig zu machen. Diese Bestimmung ist eine *konjunkturpolitisch motivierte Bremse*.

– Schließlich ist zu beachten, daß die den Haushaltsansätzen zugrundeliegenden Gesetze bzw. die Bestimmungen des Haushaltsgesetzes selbst oft nur einen gewissen Rahmen setzen, der durch von der Verwaltung zu erlassende *Durchführungsverordnungen* ausgefüllt werden muß. Diese regeln keineswegs nur Nebensächlichkeiten, sondern sind oft von entscheidender Bedeutung.

4. Die Kontrolle

Das Budget kann seine Funktionen nur erfüllen, wenn sein verbindlicher Charakter gewahrt bleibt. Dies zu sichern, ist die primäre Aufgabe der Haushaltskontrolle. Von der verwaltungseigenen Kontrolle abgesehen, wird sie in der Bundesrepublik Deutschland auf Bundes- und Landesebene von den *Rechnungshöfen* ausgeübt, die Organe mit richterlicher Unabhängigkeit sind.

Der Bundesrechnungshof kontrolliert die finanzwirtschaftlichen Aktivitäten der Bundeseinrichtungen im Hinblick auf die *budgetmäßige Zulässigkeit*, die *rechnerische Richtigkeit* und die *Wirtschaftlichkeit*[33]. Grundlage dieser Kontrolle ist insbesondere die vom Bundesfinanzminister dem Bundestag vorzulegende *Haushalts- und Vermögensrechnung*, in der die Soll- und Ist-Beträge gegenübergestellt werden[34]. Das Ergebnis seiner Prüfungen enthält der Rechnungsprüfungsbericht[35], den der Bundesrechnungshof jährlich dem Bundestag, dem Bundesrat und der Bundesregierung zuleitet. An der folgenden politischen Kontrolle sind der *Rechnungsprüfungsausschuß* als Unterausschuß des Haushaltsausschusses, der Haushaltsausschuß selbst und, vor allem bei Fragen von grundlegender Bedeutung, das Parlament insgesamt beteiligt.

Der Rechnungsprüfungsausschuß befaßt sich so gut wie ausschließlich nur mit den Vorgängen, die der Rechnungsprüfungshof zum Gegenstand seiner „Be-

---

[33] Vgl. Art. 114 Abs. 2 GG.
[34] Vgl. Art. 114 Abs. 1 GG.
[35] Vgl. Bemerkungen des Bundesrechnungshofes 1997 zur Haushalts- und Wirtschaftsführung (einschließlich der Feststellungen zur Jahresrechnung des Bundes 1995 und 1996), Bundestagsdrucksache 13/8550 vom 8. 10. 1997.

merkungen" gemacht hat. Der Bundestag hat in der Vergangenheit in über 90% der Fälle die Ausführungen des Bundesrechnungshofes „zustimmend zur Kenntnis genommen", d. h., er hat sich dessen Auffassung zu eigen gemacht[36]. Mit der Erteilung der sog. *Entlastung* durch das Parlament ist der Budgetzyklus abgeschlossen.

In dem sog. *Ergebnisbericht* des Bundesrechnungshofs werden die Konsequenzen aufgezeigt, zu denen dessen „Bemerkungen" führten. Der Inhalt der einzelnen Bemerkungen wird kurz wiedergegeben, gegebenenfalls erläutert; es folgen der Beschluß des Rechnungsprüfungsausschusses, der Inhalt der Stellungnahme oder des Zwischenberichts der betroffenen Behörde sowie die Darlegung des jeweiligen Standes bzw. des abschließenden Ergebnisses[37].

§ 20. Mängel der traditionellen einjährigen Haushaltsplanung

1. Die kurze zeitliche Sicht

Die einjährige Sicht ist zeitlich zu kurz. Sie zwingt nicht, die finanzwirtschaftlichen *Konsequenzen in späteren Jahren* zu berücksichtigen. Man beschließt z. B. Maßnahmen, die das laufende Jahr vergleichsweise wenig belasten, weil sie hier vielleicht nur für wenige Monate wirksam sind oder weil das Leistungsniveau zunächst niedrig ist. Was die weitere Zukunft betrifft, so begnügt man sich oft mit der Hoffnung, daß das laufende Steuermehraufkommen zur Finanzierung schon ausreichen werde.

2. Die enge sachliche Sicht

Selbst in den Bereichen, in denen man sich schon lange nicht mehr mit einem Jahr begnügt (bei bestimmten größeren Investitionsprogrammen etwa), ist das traditionelle Verfahren unzureichend, weil man sich oft auf eine *zu enge sachliche Sicht* beschränkt, insbesondere nicht die *Folgekosten* einbezieht. Man plant vielleicht Hochschul- und Krankenhausbauten mittelfristig, berücksichtigt aber nicht die damit zwangsläufig verbundenen zusätzlichen Kosten, die beim laufenden Betrieb entstehen.

---

[36] Vgl. H. G. Zavelberg: Finanzkontrolle, staatliche, a.a.O., S. 1122.

[37] Vgl. Bundesrechnungshof: Ergebnisbericht des Bundesrechnungshofes (BRH) 1998, Frankfurt /M. 1998, der sich auf die Haushalts- und Vermögensrechnung 1996 bezieht und die Entwicklung bis zum 30. April 1998 berücksichtigt.

3. Der geringe finanzpolitische Spielraum

Im Rahmen der jährlichen Budgetberatungen ist der finanzpolitische Spielraum recht gering. Man spricht davon, daß 90 oder gar 95% des Budgetvolumens von vornherein durch frühere Beschlüsse festgelegt seien. Dabei wird allerdings die Möglichkeit, diese Beschlüsse zu revidieren, etwas voreilig ausgeschlossen.

4. Die mangelnde planende Prioritätensetzung

Die kurzfristige Betrachtung bei geringem finanziellen Spielraum bietet wenig Anreiz oder verhindert sogar, daß im öffentlichen Bereich sorgfältig geplante Prioritäten gesetzt werden, die als Leitlinien für die laufende Finanzpolitik gelten können. Statt dessen steht das Bemühen im Vordergrund, die gerade anstehenden Probleme ad hoc zu bewältigen.

5. Die ungenügende Zielbezogenheit

Die traditionelle Planung stellt die Ausgaben in den Vordergrund, sie ist *inputbezogen*. Man analysiert die nominellen Ausgaben, im Rahmen der Transformationsausgaben vielleicht auch noch die damit erstellten Infrastruktureinrichtungen. Man berücksichtigt aber zu wenig, daß es letztlich nicht auf die Infrastruktur als solche ankommt, sondern auf die damit induzierten Nutzungen.

6. Die geringe konjunkturpolitische Flexibilität

Mit dem geringen finanziellen Spielraum wird auch die ungenügende konjunkturpolitische Gestaltung des Haushalts zu beschönigen versucht, was aber nur z. T. zutreffend ist. Sicher ist allerdings richtig, daß die Fixierung auf ein Jahr dazu beiträgt, daß die Planungsarbeiten nicht vorausschauend so weit vorangetrieben werden, um im Bedarfsfall Ausgaben schnell vorziehen zu können.

7. Die mangelhafte Haushaltskontrolle

Der Haushaltskontrolle wird in der Bundesrepublik Deutschland ein sehr geringer Stellenwert beigemessen. Parlament und Öffentlichkeit lenken ihre Aufmerksamkeit viel lieber auf die laufende und auf die für die Zukunft geplante Finanzpolitik als auf Tätigkeiten, die Jahre zurückliegen. Speziell die Regierung und die sie tragende Parlamentsmehrheit haben überdies kein Interesse daran, daß aufgedeckte Mängel oder gar Verstöße gegen bestehende

Vorschriften große Publizität erhalten, jedenfalls soweit Perioden betroffen sind, für die sie die politische Verantwortung tragen.

Trotz der Tätigkeit der Rechnungshöfe fehlt im Haushaltsprozeß eine systematische Erfolgskontrolle. Sie hätte einzelne Aktivitäten daraufhin zu untersuchen, ob sie die angestrebten Zielbeiträge tatsächlich leisten und wie ihre Wirkungen im Hinblick auf die allgemeinen Ziele der Wirtschaftspolitik zu beurteilen sind, um diese Ergebnisse dann in der nächsten Budgetierungsperiode in der Planungs- und Bewilligungsphase zu berücksichtigen. Statt dessen besteht die Tendenz, einmal eingeführte Programme weitgehend ungeprüft beizubehalten und Umstrukturierungen auf Umschichtungen der Ausgabenzuwächse zu beschränken.

8. Der geringe Einfluß des Gesamtparlaments

Angesichts der bei der Regierung verankerten Initiative für die Erstellung des Budgetentwurfs, der Konzentration der Beratungen auf den Haushaltsausschuß und der lediglich marginalen Änderungen an der Regierungsvorlage[38] wird oft beklagend konstatiert, daß das Parlament im Vergleich zur Regierung kaum effektiven Einfluß auf die Budgetgestaltung ausübt. Diese Sicht der Dinge verkennt jedoch, daß in der Bundesrepublik die Regierung und die Parlamentsmehrheit (jedenfalls im Bundestag) von den gleichen Parteien getragen werden. Wichtige budgetäre Weichenstellungen erfahren die Abgeordneten der Regierungsparteien nicht erst im Plenum; sie haben vielmehr zuvor die Möglichkeit, darüber in den Arbeitsgruppen der Regierungsfraktionen zu beraten und auf Änderungen zu drängen. „Die Kontrolle und die Kritik der Regierung durch die Parlamentsmehrheit vollzieht sich deshalb unter Ausschluß der Öffentlichkeit intern in den Gremien der Mehrheitsfraktionen."[39] Geringfügige Änderungen an der Regierungsvorlage können dann zum Ausdruck bringen, daß den Wünschen der die Regierung tragenden Parlamentarier von Anfang an Rechnung getragen worden ist[40].

---

[38] In den Jahren 1982–1993 beliefen sich die Änderungen im Durchschnitt auf 0,5%, ohne das Jahr 1991 mit der nachträglichen Einarbeitung des Gemeinschaftswerks Aufschwung Ost auf 0,3% des Regierungsentwurfs; vgl. P. Horst: Haushaltspolitik und Regierungspraxis in den USA und der Bundesrepublik Deutschland, a.a.O., S. 359.

[39] Ebenda, S. 331 (im Original teilweise kursiv).

[40] Vgl. ebenda, S. 31, 329–335, 421.

Kapitel 6

Ansätze zur Reform der traditionellen kurzfristigen Haushaltsplanung

Literatur

a) HESSE, HELMUT: Nutzen-Kosten-Analyse I: Theorie, in: Willi Albers u. a. (Hrsg.): Handwörterbuch der Wirtschaftswissenschaft, Bd. 5, Stuttgart u. a. O. 1980, S. 361–382.
RÜRUP, BERT, und KARL-HEINRICH HANSMEYER: Staatswirtschaftliche Planungsinstrumente, 3. Aufl., Düsseldorf 1984, Kapitel 3: Das Programmbudget, und Kapitel 4: Neuere Techniken und Konzeptionen der Budgetierung: Cutback-Management, S. 55–103.
WILLE, EBERHARD: Die mehrjährige Finanzplanung. Chancen und Grenzen einer ausgabenorientierten Planung, in: Wirtschaftswissenschaftliches Studium, Jg. 8, 1979, S. 162–169.

b) ANDEL, NORBERT: Nutzen-Kosten-Analysen, in: Fritz Neumark, Norbert Andel und Heinz Haller (Hrsg.): Handbuch der Finanzwissenschaft, 3. Aufl., Bd. 1, Tübingen 1977, S. 475–518.
ARNOLD, VOLKER: Methoden der Entscheidungsfindung bei staatlichen Allokationsaktivitäten – ein kritischer Vergleich, in: Finanzarchiv, N. F. Bd. 33, 1974/75, S. 418–434.
DASGUPTA, PARTHA, AMARTYA SEN und STEPHEN MARGLIN: Guidelines for Project Evaluation, New York 1972.

DRÈZE, JEAN, und NICHOLAS STERN: The Theory of Cost-Benefit Analysis, in: Alan J. Auerbach und Martin Feldstein (Hrsg.): Handbook of Public Economics, vol. 2, Amsterdam u. a. O. 1987, S. 909–989.

GRAMLICH, EDWARD M.: Benefit-Cost Analysis of Government Programs, Englewood Cliffs 1981.

GROSSEKETTLER, HEINZ: Kürzungsordnung, Kürzungsgesetz und Kürzungsplan. Ein Vorschlag zur Technik der Kürzung von Staatsausgaben und zur Ergänzung des Haushaltsrechts, in: Finanzarchiv, N. F. Bd. 41, 1983, S. 14–51.

LANGNER, PETER: Zero-Base Budgeting und Sunset Legislation, Baden-Baden 1983.

LYDEN, FREMONT J., und ERNEST G. MILLER (Hrsg.): Public Budgeting. Program Planning and Implementation, 4. Aufl., Englewood Cliffs 1982.

REINERMANN, HEINRICH: Programmbudgets in Regierung und Verwaltung. Möglichkeiten und Grenzen von Planungs- und Entscheidungssystemen, Baden-Baden 1975.

SCHICK, ALLEN: A Death in the Bureaucracy: The Demise of Federal PPB, in: Robert H. Haveman und Julius Margolis (Hrsg.): Public Expenditure and Policy Analysis, 2. Aufl., Chicago 1977, S. 556–576.

WILLE, EBERHARD: Mittel- und langfristige Finanzplanung, in: Fritz Neumark, Norbert Andel und Heinz Haller (Hrsg.): Handbuch der Finanzwissenschaft, 3. Aufl., Bd. 1, Tübingen 1977, S. 427–474.

In der Bundesrepublik Deutschland hat man besonders in drei Richtungen versucht, jedenfalls einigen der oben aufgezeigten Mängel Rechnung zu tragen:
– Durch die *mittelfristige Finanzplanung*, die zunächst im Rahmen des Stabilitäts- und Wachstumsgesetzes von 1967, dann detaillierter im Haushaltsgrundsätzegesetz von 1969 geregelt worden ist, soll der Planungshorizont in zeitlicher und sachlicher Hinsicht erweitert und die bewußte, vorausschauende Prioritätensetzung verwirklicht werden.
– Im Rahmen des *Stabilitätsgesetzes* ist eine größere konjunkturpolitische Flexibilität sowie eine Abstimmung zwischen Bund und Ländern unter konjunkturpolitischen Aspekten angestrebt worden.
– Im Zuge der Haushaltsrechtsreform von 1969 ist die *Nutzen-Kosten-Analyse* ausdrücklich als Instrument der Haushaltsplanung eingeführt worden. In § 6 Abs. 2 HGrG und in § 7 Abs. 2 BHO heißt es gleichlautend: „Für geeignete Maßnahmen von erheblicher finanzieller Bedeutung sind Nutzen-Kosten-Untersuchungen anzustellen."

Im Ausland, speziell in den USA, wurde versucht, eine umfassendere Betrachtungsweise, eine bewußte, zielbezogene Schwerpunktsetzung und eine Berücksichtigung alternativer Strategien zur Zielverwirklichung im Rahmen der *Programmbudgetierung* zu verwirklichen. In ihr sind die mittelfristige Finanzplanung und die Nutzen-Kosten-Analyse eng verbunden mit einer outputbezogenen Budgetstruktur. Ebenfalls vor allem in den USA ist versucht worden, der Gefahr, ineffiziente Programme beizubehalten, durch die regelmäßige umfassende Bewertung auch aller bereits früher beschlossenen Programme (Zero-Base-Budgeting) und durch die zeitliche Begrenzung der Programmdauer (Sunset legislation) zu begegnen.

Im folgenden soll auf die *mittelfristige Finanzplanung*, die *Nutzen-Kosten-Analyse*, das *Programmbudget*, das *Zero-Base-Budgeting* und das *Sunset-Konzept* eingegangen werden. Die Probleme der Berücksichtigung konjunkturpolitischer Erfordernisse werden erst wieder im Rahmen des Kapitels 26 aufgegriffen.

§21. Die mittelfristige Finanzplanung

1. Ziele

1.1. Planende Prioritätensetzung

Die mittelfristige Finanzplanung soll die Regierung anhalten, sich *vorausschauend* über Ziele und Schwerpunkte Gedanken zu machen, um sich dann *unter Abwägung der Alternativen bewußt zu entscheiden.*

1.2. Umfassende Beurteilung der Einzelmaßnahmen

Die einzelnen finanzpolitischen Maßnahmen sollen dabei *längerfristig* und *umfassend* dargelegt und beurteilt werden. Wenn einmal ein mittelfristiger Finanzplan besteht, sollten keine Anträge auf neue Ausgaben mehr vorgelegt oder verabschiedet werden, die nur die finanzpolitischen Konsequenzen für das zur Diskussion stehende Jahr aufzeigen. Sie sollten vielmehr die Belastungen über einen längeren Zeitraum berücksichtigen, und zwar nicht nur durch die Ausgabenkategorie, über die gerade beschlossen werden soll, sondern auch in bezug auf die sog. *Folgekosten* in anderen Bereichen.

1.3. Größere konjunkturpolitische Flexibilität

Der längerfristige Plan soll helfen, die Haushaltspolitik besser auf die *konjunkturpolitischen Erfordernisse* abzustellen. Dies wird z. B. dadurch erreicht, daß die Planungen für künftige Investitionsprojekte so rechtzeitig in Gang gesetzt und abgeschlossen werden, daß „Schubladenprojekte" vorliegen, die jederzeit schnell ausgeschrieben werden können.

2. Gestaltung

Inwieweit die mittelfristige Finanzplanung den genannten Zielen entsprechen kann, hängt von ihrer konkreten Ausgestaltung ab.

2.1. Zeitraum

Was den zugrundegelegten Zeitraum betrifft, so soll die mittelfristige Finanz-
planung weiter in die Zukunft reichen als der jährliche Haushaltsplan. Zur
Vermeidung kurzsichtiger Ausgabenentscheidungen dürften mindestens zwei
Jahre erforderlich sein. Zur Prioritätensetzung ist ein längerer zusätzlicher
Spielraum erwünscht. Auf der anderen Seite ist zu bedenken, daß die Daten
um so spekulativer werden, je weiter man vorausgreift. So gesehen sollte der
Planungszeitraum fünf bis sechs Jahre nicht überschreiten. Das schließt nicht
aus, daß man in einzelnen Bereichen, in denen die Vorausplanung mehr Zeit in
Anspruch nimmt und die Einzelteile sorgfältig aufeinander abgestimmt sein
müssen, einen noch längeren Zeitraum zugrunde legt (z. B. bei der Verkehrswe-
geplanung).

2.2. Prognose von Einzel- versus Prognose von Trendwerten

Beim jährlichen Haushaltsplan wird versucht, tatsächliche Entwicklungen so
genau wie möglich zu antizipieren. Die dazu erforderliche Prognose der konjunkturellen Entwicklung bereitet schon kurzfristig große Schwierigkeiten;
längerfristig ist sie gar nicht zu bewältigen. Hier stellt sich die Frage, ob man
deshalb für den gesamten mittelfristigen Finanzplan nur von um konjunkturelle Schwankungen bereinigten Trendwerten ausgehen soll, wohl wissend,
daß sich später aus konjunkturellen Gründen Verschiebungen teils automatisch ergeben, teils bewußt im Zuge der aktiven Konjunkturpolitik herbeigeführt werden.

Die durchgehende Beschränkung auf Trendwerte ist nicht möglich, wenn der
jeweilige Haushaltsplan immer Teil der laufenden mittelfristigen Finanzplanung ist. Zumindest für dieses Jahr wird man eine möglichst genaue Prognose
anstreben, schon um eine Diskrepanz zwischen den Jahreszahlen des vorliegenden Haushaltsplans und der mittelfristigen Finanzplanung zu vermeiden.
Da dies aber für spätere Jahre nicht möglich ist, wird der mittelfristige Finanzplan wohl beide Elemente enthalten: möglichst genaue Prognosen für das erste
Jahr oder die beiden ersten Jahre, konjunkturbereinigte Trendwerte für die
spätere Zeit. Damit wird allerdings ein Bruch im Charakter der angesetzten
Daten in Kauf genommen.

2.3. Alternativpläne

Die jährlichen Haushaltspläne werden in aller Regel ohne Alternativen aufgestellt. Nur ausnahmsweise werden z. B. zusätzliche Eventualhaushalte fixiert
oder Sperrvermerke bei einzelnen Posten angebracht, deren Durchführung
bzw. Aufhebung etwa von der konjunkturellen Entwicklung abhängig gemacht
wird.

Die Frage der Planalternativen ist im Rahmen der mittelfristigen Finanzplanung bedeutsamer, insbesondere im Hinblick auf alternative Prognosen künftiger Entwicklungen. Die Gegner alternativer Pläne auf diesem Gebiet heben den damit verbundenen Verlust an Verbindlichkeit, die Kompliziertheit und Unübersichtlichkeit hervor. Gerade bei der Bedeutung der gesamtwirtschaftlichen Entwicklung für das Steueraufkommen sowie angesichts der je nach konjunktureller Situation in unterschiedlicher Richtung und in unterschiedlicher Stärke gewünschten globalen Budgeteffekte ist es jedoch geboten, sich frühzeitig auf alternative Entwicklungen einzustellen.

3. Mögliche Träger

Der Großteil der vorbereitenden Planung wird wohl stets in den einzelnen Ministerien und sonstigen Exekutivorganen abgewickelt werden. Wenn hier von Trägern gesprochen wird, so ist mehr an die darübergelagerte Ebene zu denken, die zwei Aufgaben zu erfüllen hat: einmal die Planung technisch zu koordinieren und zusammenzuführen, zum anderen die notwendigen Entscheidungen auf der Grundlage der vorgelegten Einzelplanungen zu treffen.

Sofern die mittelfristige Finanzplanung effektiv planerisch wirkt, muß sie letztlich von den Stellen entschieden werden, welche die Grundlinien der Politik festzulegen oder zu billigen haben. Das sind zum einen die Regierung in ihrer Gesamtheit oder der Kanzler (Premier, Präsident), zum anderen das Parlament, das über eingebrachte Gesetze zu befinden hat. Beide Institutionen sind aber in der Regel nicht so ausgestattet, daß sie die administrative Durchführung und Koordinierung der mittelfristigen Finanzplanung übernehmen könnten. Dafür bietet sich in der Regel der Finanzminister an.

4. Verbindlichkeitscharakter

4.1. Verlängerter Haushaltsplan

Bei der Frage, welche Verbindlichkeit die mittelfristige Finanzplanung haben soll, könnte man daran denken, den normativen Charakter des jährlichen Haushaltsplans zu übernehmen. Dies impliziert, daß der mittelfristige Finanzplan vom Parlament beraten wird, gegebenenfalls modifiziert werden kann und verabschiedet werden muß.

Ein solches Vorgehen ist jedoch nicht ratsam. Angesichts des langen Planungszeitraumes wird er zwangsläufig stark modifiziert werden müssen, was einem dem Haushaltsplan analogen Verbindlichkeitscharakter nicht recht entspricht. Noch bedeutsamer ist, daß es einer neuen Regierung möglich sein muß, andere Prioritäten zu setzen als ihre Vorgängerin.

4.2. Regierungserklärung

Deshalb ist es vorzuziehen, den mittelfristigen Finanzplan als *„Regierungserklärung in Zahlen"* zu betrachten[1]. Eine Regierungserklärung, die vor allem zu Beginn einer neuen Legislaturperiode üblich ist, hat nicht den Verbindlichkeitscharakter des jährlichen Haushaltsplans, ist aber auch nicht politisch völlig unverbindlich. Sie ist die Richtschnur, an der die Wähler und natürlich die Opposition die spätere tatsächliche Arbeit messen werden. In dieser Sicht mag es ausreichen, den mittelfristigen Finanzplan dem Parlament lediglich zur Kenntnis zu bringen.

4.3. Parlamentserklärung

Man könnte aber auch daran denken, daß das Parlament den mittelfristigen Finanzplan berät, eine Stellungnahme abgibt und u. U. Änderungen vornimmt, so daß schließlich aus der Regierungserklärung eine *Parlamentserklärung* wird, ohne daß man deshalb aus den früher genannten Gründen den dem Haushaltsplan eigenen Verbindlichkeitscharakter wählt.

5. Die Regelung in der Bundesrepublik Deutschland

5.1. Ausgestaltung

In der Bundesrepublik wurde die mittelfristige Finanzplanung zuerst im Stabilitätsgesetz, dann ausführlicher im Haushaltsgrundsätzegesetz für Bund und Länder geregelt[2]. In der Zwischenzeit sind auch die Gemeinden und Gemeindeverbände einbezogen.

Die mittelfristige Finanzplanung läuft im Prinzip wie die traditionelle Haushaltsplanung *„von unten nach oben"*, d. h. sie geht von den einzelnen Ressorts aus. Die Steuerschätzungen werden wiederum vom Arbeitskreis Steuerschätzung auf der Grundlage der von der Regierung vorgegebenen Eckwerte vorgenommen[3].

Der mittelfristige Finanzplan ist nach § 50 HGrG spätestens im Zusammenhang mit dem Entwurf des Haushaltsgesetzes für das nächste Jahr den gesetzgebenden Körperschaften vorzulegen. Deren Zustimmung ist nicht erforderlich; sie können jedoch die Vorlage von Alternativrechnungen verlangen, was bislang aber noch nicht geschehen ist.

---

[1] Im Finanzbericht 1968 wurde der Ausdruck „in Zahlen gekleidetes Regierungsprogramm" benutzt. Vgl. BUNDESMINISTERIUM DER FINANZEN (Hrsg.): Finanzbericht 1968, Bonn 1967, S. 106.

[2] Vgl. §§ 9 und 14 StWG sowie §§ 50–52 HGrG.

[3] Vgl. oben S. 62.

Die Aufgabe der Koordinierung der Finanzplanung von Bund, Ländern und Gemeinden obliegt dem *Finanzplanungsrat*, dem die Bundesminister der Finanzen (Vorsitzender) und für Wirtschaft, die für die Finanzen zuständigen Minister der Länder sowie vier Vertreter der Gemeinden und Gemeindeverbände angehören. Die Bundesbank kann an den Beratungen teilnehmen (vgl. § 51 Abs. 1 HGrG).

Aufgabe des Finanzplanungsrates ist es, *Empfehlungen für eine Koordinierung der Finanzplanungen* des Bundes, der Länder sowie der Gemeinden und Gemeindeverbände zu geben. Dabei sollen eine einheitliche Systematik, einheitliche volks- und finanzwirtschaftliche Annahmen sowie Schwerpunkte im Bereich der öffentlichen Aufgaben ermittelt werden (vgl. § 51 Abs. 2 HGrG).

Von diesen Aufgaben wurde nur die erste voll erfüllt. Auf die Empfehlung einheitlicher volks- und finanzwirtschaftlicher Annahmen konnte man sich nicht in allen Jahren einigen. Auf dem Gebiet der Schwerpunktermittlung ist noch nichts erreicht worden, was angesichts der Zusammensetzung des Gremiums und seiner Entfernung zum Parlament nicht überrascht.

Der mittelfristige Finanzplan erstreckt sich auf jeweils *fünf Jahre*. Das erste Jahr ist das laufende Kalenderjahr, das zweite das, auf den sich der zur Diskussion stehende Haushaltsplan bezieht. So umfaßte der 1997 vorgelegte mittelfristige Finanzplan die Jahre 1997 bis 2001[4]. Praktisch erweitert der mittelfristige Finanzplan im Vergleich zum traditionellen jährlichen Haushaltsplan den Planungshorizont also um drei Jahre.

5.2. Kritik

Kritisch ist zur mittelfristigen Finanzplanung des Bundes, die hier allein betrachtet werden soll, folgendes zu sagen:

1) *Bislang fehlt als Ausgangspunkt eine echte Aufgabenplanung*, die nicht input-, sondern outputbezogen sein müßte.

2) *Die Prioritäten werden nicht klar genug herausgestellt.* Um politische Widerstände zu vermeiden, wird der Eindruck erweckt, als wäre jeder Posten von hoher Priorität, während eine sinnvolle Planung natürlich impliziert, daß es auch Aufgaben geringer Priorität geben muß[5].

3) Während der Idee nach eigentlich der jährliche Haushaltsplan aus der mittelfristigen Finanzplanung abgeleitet werden soll, ist es in der Bundesrepublik umgekehrt so, daß der synchron mit dem jährlichen Haushaltsplan zu erstel-

---

[4] Vgl. BUNDESMINISTERIUM DER FINANZEN (Hrsg.): Der Finanzplan des Bundes 1997 bis 2001, Bonn 1997.

[5] Vgl. K. SCHMIDT und E. WILLE: Die mehrjährige Finanzplanung. Wunsch und Wirklichkeit, Tübingen 1970, S. 79–87.

lende mittelfristige Finanzplan eigentlich nur eine *Fortsetzung des jährlichen Haushaltsplans* ist, eine eher lästige Pflichtübung ohne spürbare Planungswirkung.

4) Die *Abweichungen* von früheren Plänen werden nicht systematisch aufgezeigt und begründet.

§ 22. Nutzen-Kosten-Analysen

Eine längerfristige Planungsperspektive ist nicht nur unter den oben genannten Aspekten vorteilhaft; sie gewährt auch den zeitlichen Spielraum, der zur gründlichen Beurteilung von Maßnahmen erforderlich ist. Insofern verbessert sie die Möglichkeiten des Einsatzes von Nutzen-Kosten-Analysen[6]. Dieses Instrument ist nicht neu. Trotzdem ist es gerechtfertigt, es im Zusammenhang mit Budgetreformen zu behandeln, zumal der Begriff erst mit der Haushaltsrechtsreform von 1969 in das deutsche Haushaltsrecht Eingang gefunden hat[7].

1. Begriff

Unter einer *Nutzen-Kosten-Analyse ist die unter gesamtwirtschaftlichen Aspekten vorgenommene systematische Bewertung von Maßnahmen im Hinblick auf bestimmte Ziele* zu verstehen. Der Begriff wird einerseits in einem engen Sinne verwendet und dann auf die Allokationseffizienzanalyse beschränkt, bei der Nutzen und Kosten in Geldeinheiten, genauer: in maximaler Zahlungsbereitschaft, ausgedrückt werden. Andererseits wird der Begriff aber auch weiter gefaßt und z.B. auf die *Kostenwirksamkeitsanalyse* ausgedehnt, bei der zwar meist die Kosten, nicht aber die Nutzen in Marktpreissummen bzw. maximaler Zahlungsbereitschaft ausgedrückt werden.

Während einzelwirtschaftliche Wirtschaftlichkeitsrechnungen in aller Regel an der Maximierung des einzelwirtschaftlichen Gewinns orientiert sind, dabei mit Marktpreisen bewerten und sich auf interne Effekte beschränken, ist die gesamtwirtschaftliche Nutzen-Kosten-Analyse breiter angelegt. Sie schließt nichtmarktliche Vorgänge ein, berücksichtigt auch Ziele wie gerechte Einkommensverteilung, Umweltschutz und gesamtwirtschaftliche Stabilität. Als Hauptproblem ergibt sich dabei die Notwendigkeit, Vorgänge zu bewerten, für die keine Marktpreise vorliegen. Aber selbst wenn dies der Fall ist, müssen diese Marktpreise oft korrigiert werden, wenn sie aufgrund von Marktunvollkom-

---

[6] Für eine umfassendere Darstellung der Probleme vgl. N. ANDEL: Nutzen-Kosten-Analysen, a.a.O.

[7] Vgl. § 6 Abs. 2 HGrG und § 7 Abs. 2 BHO.

menheiten kein adäquater Ausdruck für Nutzen und Opportunitätskosten sind[8].

2. Der relevante Vergleich

Jede Nutzen-Kosten-Analyse eines Projekts muß auf einem Vergleich beruhen zwischen
- der künftigen Entwicklung, die bei Verwirklichung des analysierten Projekts zu erwarten ist, und
- der künftigen Entwicklung, mit der im Falle der Nichtdurchführung des Projekts gerechnet wird.

Die genaue Festlegung des relevanten Vergleichs ist keineswegs immer leicht. Im Hinblick auf die Budgetparameter ist zu untersuchen, ob es im Einzelfall um
- die isolierte Variation des Einnahmen- oder Ausgabenvolumens,
- die betragsgleiche Variation des Einnahmen- und Ausgabenvolumens,
- die Ersetzung einer Einnahmen- bzw. Ausgabenkategorie durch eine betragsgleiche andere oder
- um eine Kombination der vorgenannten Fälle geht.

Die Festlegung des Entscheidungsspielraums, die am Beginn der Erstellung einer Nutzen-Kosten-Analyse vorgenommen werden muß, ist deshalb so wichtig, weil davon abhängt, was als Alternative mit dem analysierten Projekt zu vergleichen, d. h., was als Kosten anzusetzen ist. Die Erhöhung oder Senkung von Steuern kann im Rahmen der mittelfristigen Finanzplanung als Alternative angesehen werden, kaum dagegen bei einer auf untergeordneter Ebene angestellten Untersuchung, die vielleicht lediglich die Aufteilung der einem Ministerium zugewiesenen Mittel tangiert.

3. Die Zielbezogenheit der Nutzen und Kosten

Was von den Wirkungen, die im Rahmen des relevanten Vergleichs erwartet werden, als Nutzen und Kosten anzusehen ist, hängt von der Zielfunktion ab. *Nutzen sind die im Hinblick auf bestimmte Ziele als positiv, Kosten die im Hinblick auf die gleichen Ziele als negativ bewerteten Wirkungen der Durchführung eines Projekts.* Anders ausgedrückt: Kosten sind die verhinderten positiven Wirkungen, die mit der relevanten alternativen Situation verbunden sind (Opportunitätskosten).

---

[8] Vgl. unten S. 441.

4. Die zu berücksichtigenden Personen

Die Frage, welcher Personenkreis im Rahmen der gewählten Ziele zu berücksichtigen ist, hat vor allem eine regionale und eine zeitliche Komponente.

In *regionaler Sicht* wird in aller Regel auf die Einwohner des jeweiligen „Hoheitsgebietes" abgestellt. Diese regionale Begrenzung führt zu der Gefahr suboptimaler Entscheidungen wegen nicht berücksichtigter externer Effekte (Spillovers).

Was die *zeitliche Reichweite* betrifft, so gibt es keine grundsätzlichen Gründe für eine Begrenzung. Praktische Erwägungen legen dies allerdings nahe, da mit wachsendem zeitlichen Abstand die Prognoseschwierigkeiten zu groß werden und der Barwert der Nutzen und Kosten schließlich nicht mehr ins Gewicht fällt.

5. Die zu berücksichtigenden Ziele

Traditionell steht im Vordergrund der Nutzen-Kosten-Analyse das Allokationsziel, wenig glücklich auch als „Sozialproduktmaximierung" bezeichnet. Dieser Ansatz wurde insbesondere im Hinblick auf die Nichtberücksichtigung des *Verteilungsaspekts* schon lange als zu eng kritisiert. Es herrscht heute Einigkeit darüber, daß Verteilungswirkungen soweit wie möglich einzubeziehen sind.

Es ist wohl richtig, daß sich alle Ziele letztlich auf Effizienz und Verteilung zurückführen lassen[9]; gleichwohl werden praktische Probleme meist in Form einer Optimierung von Unterzielen in Angriff genommen. Es geht z. B. um bessere ärztliche Versorgung, größere militärische Sicherheit oder weniger Unfälle im Straßenverkehr. Hier ist die Effizienzanalyse zwar meist nicht irrelevant, aber allein auch nicht ausreichend, sei es, weil man die übliche Bewertung nicht durchführen *kann*, sei es, weil man sie für bestimmte Bereiche nicht übernehmen *will*.

6. Indikatoren der Zielerfüllung

Ziele wie die vorstehend unter 5 genannten sind in aller Regel sehr allgemein gehalten. Sie müssen für Zwecke der praktischen Nutzen-Kosten-Analyse konkretisiert werden. Nur so ist es möglich, *Indikatoren der Zielerfüllung* festzulegen, d. h. Größen, deren Veränderung Rückschlüsse auf den Grad der Zielerfüllung gestattet. Für die Allokationseffizienz mag dies die Summe der in einer Periode produzierten, mit der jeweiligen maximalen Zahlungsbereitschaft ge-

---

[9] Vgl. oben S. 18.

wichteten Güter und Dienste sein, für die Verteilungseffizienz ein Verteilungs-
maß à la LORENZ oder GINI.

Aus den bisherigen Überlegungen ergibt sich, daß es nicht möglich ist, ganz allgemein von *dem* Nutzen oder *den* Kosten eines Projektes zu sprechen. Dazu bedarf es vielmehr zuvor der Festlegung der Zielfunktion, der relevanten Alternative sowie der zu berücksichtigenden Personen.

7. Das Zinssatzproblem

Eines der schwierigsten Probleme im Rahmen von Nutzen-Kosten-Analysen
ist die Frage des zu verwendenden Zinssatzes. Sie spielt in zwei sachlich unterschiedlichen Zusammenhängen eine Rolle.

7.1. Der Zinssatz als Ausdruck der Zeitpräferenz

Wenn die auf der Nutzen- oder auf der Kostenseite einer Projektanalyse ermittelten Konsumgüter in unterschiedlichen Perioden anfallen, können sie nicht
einfach jeweils aufsummiert werden. Die betroffenen Wirtschaftssubjekte bewerten nämlich in aller Regel ein Gut um so höher, je eher es verfügbar ist, bzw.
um so geringer, je weiter es in der Zukunft liegt. Diese sog. *positive Zeitpräfe-
renz* kann auf mehreren Ursachen beruhen, vor allem auf der Unsicherheit, ob
künftige Ereignisse überhaupt eintreten oder jedenfalls erlebt werden, oder
auf der Erwartung eines im Zeitablauf steigenden Realeinkommens.

7.2. Der Zinssatz als Ausdruck der Faktorproduktivität

Die Vor- und Nachteile, die mit einem Projekt durch die Zurverfügungstellung
bzw. durch die Beanspruchung von Produktionsfaktoren verbunden sind, sind
um so größer, je früher Faktoren auf der Nutzenseite bereitgestellt bzw. auf der
Kostenseite beansprucht werden, denn um so eher können sie produktiv eingesetzt werden bzw. um so früher sind sie einer alternativen Verwendung entzogen. Dieser Effekt ist pro Periode um so größer, je höher die Faktorproduktivi-
tät ist. Wenn man den bewerteten Ertrag pro Periode auf den Wert des Faktors
bezieht, erhält man die wertmäßige Produktivitätsrate.

7.3. Die Festlegung der relevanten Zinssätze

Sofern Produktivitätsrate und Zeitpräferenzrate identisch sind, können Produktionsfaktoren mittels dieses gleichen Satzes auf einen einheitlichen Kalku-
lationszeitpunkt auf- oder abgezinst werden. Sofern beide Raten unterschiedlich sind, muß zunächst die Produktivitätsrate verwendet werden, um zu den
involvierten Konsumgütern zu gelangen, die anschließend mittels der Zeitpräferenzrate vergleichbar gemacht werden.

Die Bedingungen eines sog. vollkommenen Kapitalmarktes mit einem einheitlichen Zinssatz, der für marginale Änderungen gleichzeitig die intertemporale
Substitutions- und die intertemporale Transformationsrate repräsentiert, gibt
es in der Wirklichkeit nicht. Die relevanten Raten sind je nach betroffener Person oder je nach der verdrängten privaten Investition unterschiedlich und lassen sich im Einzelfall kaum feststellen. Die Zeitpräferenzrate z. B. ist empirisch generell sehr schwer zu ermitteln, zumal es keine Marktpreise gibt, die
sie in reiner Form repräsentieren. Geld- und Kapitalmarktzinssätze sind immer auch von *Risikoüberlegungen* beeinflußt, etwa bezüglich der Rückzahlung
durch den Schuldner oder der Preisniveauveränderung.

Diese Schwierigkeiten bei der Festlegung der relevanten Zinssätze sind bedau-
erlich. Von der Höhe des Zinssatzes hängt es nämlich ganz wesentlich ab, ob und
in welchem Ausmaß sich für ein Projekt ein Nettovorteil errechnen läßt; von der
Höhe des Zinssatzes hängt oft auch die Rangfolge der analysierten Projekte ab.

In dieser Lage ist es nicht verwunderlich, daß in der Praxis meist zu einfache-
ren Lösungen gegriffen wird, indem man „den" landesüblichen (nominalen
oder realen) Zinssatz für langfristige Staatsanleihen heranzieht, eventuell im
Rahmen einer Sensitivitätsanalyse zusätzlich untersucht, wie sich Vorteilhaftigkeit und Rangfolge verändern, wenn alternativ höhere oder niedrigere Zinssätze zugrundegelegt werden.

8. Entscheidungskriterien

Angenommen, die Nutzen und Kosten mehrerer Projekte seien geschätzt worden, so taucht die Frage nach dem Kriterium auf, das der dann schließlich
vorzunehmenden Auswahl zugrunde zu legen ist. Dieses Auswahlkriterium
ist so zu formulieren, daß bei seiner Verwendung innerhalb des gegebenen
Entscheidungsspielraums die Zielfunktion, d. h. die Differenz zwischen positiv und negativ bewerteten Wirkungen, zwischen Nutzen und Kosten, maximiert wird.

8.1. Eindimensionale Kriterien

Werden Konsumakte repräsentierende Nutzen (N_t) und Kosten (K_t) in den einzelnen Perioden in gleichen Einheiten (z. B. DM) bewertet und mittels einer
Zeitpräferenzrate r auf den Planungszeitpunkt bezogen, so sind, sofern keine
finanziellen oder anderen Schranken dem entgegenstehen, alle voneinander
unabhängigen Projekte mit einem positiven Kapitalwert durchzuführen, für
die gilt:

$$\sum_{t=0}^{n} (N_t - K_t)(1 + r)^{-t} > 0.$$

Sind Restriktionen vorgegeben, darf z. B. ein bestimmter Ausgabenbetrag nicht überschritten werden, ist der Kapitalwert innerhalb der jeweiligen Restriktion zu maximieren. Das bedeutet, daß u. U. nicht alle Projekte mit einem positiven Kapitalwert realisiert und bei Unteilbarkeiten auch nicht unbedingt in der Reihenfolge der Größe des Kapitalwerts ausgewählt werden können.

8.2. Mehrdimensionale Kriterien

Bei Nutzen-Kosten-Analysen wird es kaum möglich sein, sich auf *ein* Ziel bzw. *ein* Kriterium zu beschränken, jedenfalls dann nicht, wenn die Analyse im erforderlichen Maße umfassend angelegt wird, d. h. alle (wichtigen) tatsächlich verfolgten Ziele berücksichtigt. Die auf verschiedene Ziele bezogenen Nutzen und Kosten der einzelnen Programme werden dann zweckmäßigerweise in einer *Matrix* zusammengefaßt. Sofern für die einzelnen Ziele eindeutige Indikatoren des Zielerreichungsgrades vorliegen, läßt sich die Entscheidung u. U. schon aufgrund dieser Informationen ohne weiteres sofort fällen (Fall eines dominanten Projekts) oder einengen (Fall eines dominierten Projekts).

Meist wird es jedoch so sein, daß nicht ein Projekt bei allen Zielen am besten oder am schlechtesten abschneidet, so daß *Zielgewichte* eingeführt werden müssen. Für die Transparenz des Entscheidungsprozesses wäre es wünschenswert, wenn solche Gewichte unabhängig vom einzelnen Projekt festgelegt und dann generell angewendet würden. Praktisch wird sich das allerdings kaum verwirklichen lassen, einmal wegen der Vielzahl der zielrelevanten Aspekte und der teilweise fehlenden eindeutigen Indikatoren des Zielerreichungsgrades, zum anderen auch deshalb, weil Politiker kaum einer so weitgehenden Festlegung und damit Einschränkung ihrer Entscheidungsfreiheit zustimmen würden.

9. Beurteilung

Nutzen-Kosten-Analysen dürften kaum jemals dem Ideal entsprechen, nämlich die Nutzen und Kosten einer Maßnahme umfassend zu ermitteln, nach dem Kriterium der marginalen maximalen Zahlungsbereitschaft zu bewerten und zu eindeutigen Aussagen über die Vorteilhaftigkeit zu gelangen. Zu groß sind die Prognose- und die Bewertungsprobleme bei Unsicherheit. Gleichwohl sollten solche Analysen bei wichtigen budgetären Entscheidungen gefordert werden, und sei es nur, um die mit der planenden Vorbereitung und mit der letztlichen Entscheidung Betrauten zu zwingen, die Struktur der Probleme transparent zu machen, möglichst alle wichtigen relevanten Aspekte zu beachten, wenigstens der Analyse zugängliche Teilbereiche zu erhellen und ggf. implizite Bewertungen erkennbar zu machen.

§ 23. Das Programmbudget

1. Charakterisierung

Die traditionelle Budgetierung ist kosten-, d. h. *inputorientiert*: Im Vordergrund stehen Ausgabenbeträge oder eingesetzte Faktoren (z. B. Personal), die primär nach den administrativ zuständigen Behörden zusammengefaßt werden. Die langjährigen Bemühungen speziell in den USA, im Interesse der Erhöhung der Wirtschaftlichkeit zu einer zielverwirklichungsorientierten, d. h. *outputbezogenen Planung* zu gelangen[10], kulminierten in der Einführung des *Programmbudgets*, des Planning-Programming-Budgeting-System (PPBS), in den sechziger Jahren. Hier stehen nicht die Ausgabenbeträge einzelner Verwaltungseinheiten im Vordergrund, sondern die *Erfüllung bestimmter Ziele*, z. B. nicht die Ausgaben für Lehrpersonal, sondern die Ausbildungsleistung, ausgedrückt etwa als Zahl der Studenten einer bestimmten Ausbildungsqualität.

Die Programmbudgetierung läßt sich in folgende Schritte aufteilen:
– Festlegung der Ziele in operationalen Größen,
– Festlegung einer entsprechenden Programmstruktur,
– Aufsuchen von alternativen Methoden der Zielverwirklichung,
– systematischer Vergleich und Bewertung dieser Methoden,
– Auswahl der optimalen Methode und
– die Umsetzung in Budgetansätze.

In diesem Zusammenhang sind die bereits genannten Budgetreformansätze von Bedeutung: Die Nutzen-Kosten-Analyse im weiteren Sinne einschließlich der Kostenwirksamkeitsanalyse ist unerläßliches Instrument zur Bewertung und Auswahl von Alternativen; die mehrere Jahre umfassende zeitliche Perspektive soll dabei vor übereilten, auf zeitlich zu kurzen oder sachlich zu engen Analysen beruhenden Entscheidungen schützen.

2. Beurteilung

Der Grundidee des Programmbudgets kann nur zugestimmt werden, läuft es doch auf nichts anderes hinaus als auf die *Anweisung zur bewußten, informierten, zielbezogenen Entscheidung*. Es ist zu hoffen, daß es in diesem Sinne auch im Rahmen der traditionellen Budgetierung jedenfalls im Stadium der Planung auf der administrativen Ebene eine wichtige Rolle spielt.

Der Umstand, daß das PPBS in den USA als vorgeschriebenes Planungsinstrument auf der Bundesebene nach der spektakulären Einführung durch Präsi-

---

[10] Vgl. A. SCHICK: The Road to PPB: The Stages of Budget Reform, in: Public Administration Review, Bd. 26, 1966, S. 243–258.

dent Johnson unter Präsident Nixon 1971 abgeschafft worden ist, kann nicht als Beweis für seine generelle Unzweckmäßigkeit gelten. Man kann darin allenfalls einen Hinweis dafür sehen, daß seine Einführung langer, sorgfältiger Vorbereitung bedarf, nur allmählich und wohl nicht in allen Bereichen möglich ist und wie jede umfassende Reorganisation auf Widerstände stößt, die dann besonders groß sind, wenn die Verwaltung Anlaß hat, das Programmbudget als gegen sie gerichtet anzusehen.

§ 24. Zero-Base-Budgeting und Sunset legislation

Das traditionelle Budgetierungsverfahren ist durch die Dominanz bestehender Programme gekennzeichnet, die kaum in Frage gestellt werden. Variable ist im Regelfall eines expandierenden Haushaltsvolumens meist nur die Verteilung des Ausgaben*zuwachses*. Der damit verbundenen Gefahr der Beibehaltung ineffizienter Programme hat man u.a. dadurch zu begegnen versucht, daß auch bestehende Programme einer laufenden Überprüfung unterzogen werden oder Programme von vornherein zeitlich limitiert werden.

1. Charakterisierung

Der Grundgedanke des vor allem in den USA der späten siebziger Jahre propagierten Zero-Base-Budgeting (ZBB) besteht darin, bestehende Programme einem ähnlichen Rechtfertigungszwang zu unterwerfen wie vorgeschlagene neue Programme. Im Extremfall wird jeder Einzelposten völlig in Frage gestellt, also von der Basis Null her argumentiert. Es ist auch möglich, die Analyse einzuengen, etwa auf die Wirkung einer Budgetreduktion von 10 oder 20%.

Das ZBB weist insofern Verbindungen zum PPBS auf, als es bei einer outputbezogenen Budgetierung leichter durchzuführen ist als bei der traditionellen inputbezogenen Haushaltsplanung mit administrativer Gliederung nach der Zuständigkeit. Wie beim PPBS sind auch beim ZBB Nutzen-Kosten-Analysen unentbehrliches Instrument der Bewertung.

Die Grundidee der ebenfalls Ende der siebziger Jahre in den USA entwickelten Sunset legislation besteht darin, Programme von vornherein zeitlich zu begrenzen. Man will die Entscheidungsträger damit zwingen, tätig zu werden, wenn nach Ablauf der Frist Programme nicht eingestellt werden sollen. Um die Verlängerung nicht zur Routineangelegenheit werden zu lassen, wird gefordert, die anstehenden Programme zu überprüfen und diese Ergebnisse dem Entscheidungsprozeß im Parlament zugrunde zu legen.

2. Beurteilung

Der Grundgedanke, bestehende Programme nicht als sakrosankt zu betrachten, sondern laufend zu überprüfen, ist zu begrüßen. Allerdings werden die Planungskapazitäten weit überfordert, wenn dieser Gedanke alljährlich auf *alle* Budgetposten übertragen wird. Es ist unausweichlich, daß dem Überprüfungsgebot dann weitgehend nur formal oder jedenfalls sehr oberflächlich entsprochen wird und damit knappe Planungsressourcen verschwendet werden.

Die Forderung, Programme zeitlich zu beschränken, ist nicht neu. Sie wird schon seit langer Zeit regelmäßig für Subventionen erhoben. Neu ist am Sunset-Konzept, daß es systematisch auf das Gesamtbudget oder jedenfalls große Teile davon übertragen wird. Durch die zeitliche Staffelung, u.U. zusätzlich durch die selektive Anwendung, ist es administrativ viel eher zu bewältigen als das ZBB.

Kapitel 7

Zur optimalen Größe und Struktur des öffentlichen Haushalts

Literatur

a) DOWNS, ANTHONY: Why the Government Budget Is Too Small in a Democracy, in: World Politics, Bd. 12, 1960, S. 541–563; abgedruckt in: Edmund S. Phelps (Hrsg.): Private Wants and Public Needs, 2. Aufl., New York 1965, S. 76–95; deutsch: Warum das staatliche Budget in einer Demokratie zu klein ist, in: Bruno S. Frey und Werner Meißner (Hrsg.): Zwei Ansätze der Politischen Ökonomie. Marxismus und ökonomische Theorie der Politik, Frankfurt 1974, S. 105–126.

ENGELS, WOLFRAM: Privater Wohlstand – Öffentliche Armut?, in: Dieter Duwendag (Hrsg.): Der Staatssektor in der sozialen Marktwirtschaft, Berlin 1976, S. 149–159.

b) FOLKERS, CAY: Begrenzung von Steuern und Staatsausgaben in den USA. Eine Untersuchung über Formen, Ursachen und Wirkungen vorgeschlagener und realisierter fiskalischer Restriktionen, Baden-Baden 1983.

GALBRAITH, JOHN KENNETH: The Affluent Society, London 1958, Kapitel 11: The Dependence Effect, und Kapitel 18: The Theory of Social Balance; deutsch: Gesellschaft im Überfluß, München–Zürich 1959; in gekürzter Form sind die Ausführungen unter der Überschrift „The Dependence Effect and Social Balance" abgedruckt in: Edmund S. Phelps (Hrsg.): Private Wants and Public Needs, 2. Aufl., New York 1965, S. 13–36.

HAYEK, FRIEDRICH A.: The *Non Sequitur* of the „Dependence Effect", in: Edmund S. Phelps (Hrsg.): Private Wants and Public Needs, 2. Aufl., New York 1965, S. 37–42.

MUSGRAVE, RICHARD A.: Leviathan Cometh – Or Does He?, in: Helen F. Ladd und T. Nicolaus Tideman (Hrsg.): Tax and Expenditure Limitations, Washington 1981, S. 77–120, wiederabgedruckt in: Ders.: Public Finance in a Democratic Society, Bd. 2, Brighton 1986, S. 200–232.

NISKANEN, WILLIAM A., JR.: Bureaucracy and Representative Government, Chicago 1971.

SCHMIDT, KURT: Entwicklungstendenzen der öffentlichen Ausgaben im demokratischen Gruppenstaat, in: Finanzarchiv, N. F. Bd. 25, 1966, S. 213–241.
DERS.: Zur ordnungspolitischen Problematik wachsender Staatsausgaben, in: Herbert Timm und Heinz Haller (Hrsg.): Beiträge zur Theorie der öffentlichen Ausgaben, Schriften des Vereins für Socialpolitik, N. F. Bd. 47, Berlin 1967, S. 126–173.

Nach dem Überblick über Probleme kollektiver Willensbildung, über das Budgetverfahren und über Budgetreformmaßnahmen soll kurz auf die Frage eingegangen werden, wie das Ergebnis der Finanzpolitik zu bewerten ist, speziell ob das Angebot an staatlich bereitgestellten Gütern zu groß oder zu klein ist, ob, um die in dieser Literatur dominierende Sprachregelung zu übernehmen, der öffentliche Haushalt zu groß oder zu klein ist. Um es vorwegzunehmen: Eine eindeutige Antwort läßt sich darauf nicht geben. Der Zweck der folgenden Ausführungen kann nur darin bestehen, die Struktur des Problems zu erhellen und auf einige wichtige Aspekte hinzuweisen.

§ 25. Maßstäbe

Die Frage nach dem „zu groß" oder „zu klein" setzt einen Maßstab voraus, der zum Vergleich herangezogen wird. Ganz offensichtlich wird diese Vergleichsbasis unterschiedlich gewählt, so daß es schon aus diesem Grunde zu Auffassungsunterschieden kommt.

1. Die Bedürfnisse der Bürger nach öffentlichen Leistungen

In der Tagesdiskussion, aber auch in der nichtökonomischen sozialwissenschaftlichen Literatur wird oft aus dem Umstand, daß Bürger mehr Straßen, mehr öffentliche Sicherheit oder eine saubere Umwelt wünschen, gefolgert, daß von der öffentlichen Hand auf diesen Gebieten zu wenig getan werde, das Budget also zu klein ist.

Eine solche Schlußfolgerung ist in dieser Form nicht korrekt. Solange Knappheit herrscht, ist es nicht sinnvoll, auf bestimmten Gebieten das Güterangebot so lange zu steigern, bis alle Bedürfnisse gesättigt sind. Die Kosten in Form von entgangenen Nutzen alternativ produzierbarer Güter müssen vielmehr den Nutzen öffentlicher Leistungen gegenübergestellt werden. Die Unzulänglichkeit dieser einseitig von den unbefriedigten Bedürfnissen auf einem Teilsektor ausgehenden Argumentation erkennt man leicht daran, daß man sie unmittelbar auch verwenden kann, um zu „zeigen", daß der private Sektor zu klein ist: Wohl alle Bürger hätten nämlich gerne mehr private Güter.

2. Die Einbeziehung des Nutzens alternativer privater Güter

In der ökonomischen Diskussion wird die vorstehend aufgezeigte Einseitigkeit durch den Bezug auf die Opportunitätskosten vermieden. Der öffentliche Haushalt ist demnach nur dann zu klein, wenn die Vorteile zusätzlicher öffentlicher Ausgaben höher bewertet werden als die Nachteile eines geringeren Volumens privater Güter. Wird bei einer gegebenen Einkommensverteilung allokationspolitisch argumentiert, so reicht es nicht – um auf die oben angeführten Beispiele zurückzukommen –, daß Bürger mehr Straßen, mehr öffentliche Sicherheit oder eine saubere Umwelt wünschen; sie müssen auch bereit sein, die zur Finanzierung erforderlichen Belastungen auf sich zu nehmen.

Diese Verknüpfung mit der Kostenseite ist im marktwirtschaftlichen Sektor automatisch hergestellt: Als Nachfrager treten hier nur die Personen auf, welche die Güter höher bewerten als deren Kosten, die (mehr oder weniger exakt) durch den Preis repräsentiert werden. Aus der Sicht des einzelnen Bürgers oder einzelner Bürgergruppen besteht diese Verknüpfung im öffentlichen Bereich nicht. Hier ist die Forderung nach zusätzlichen öffentlichen Ausgaben meist mit der Erwartung verbunden, daß die Kosten in Form von höheren Steuern oder geringeren sonstigen öffentlichen Ausgaben von anderen getragen werden.

3. Die Bedürfnisse der Bürger ohne Informationsverzerrungen

Bislang wurde von den tatsächlich manifesten Bedürfnissen der Bürger her argumentiert, wie sie sich unter dem Einfluß partieller und darüber hinaus etwa durch Werbung verzerrter Informationen ergeben. Einige Autoren wählen deshalb als Vergleichsmaßstab die fiktive Situation vollkommener oder jedenfalls weniger einseitig verzerrter Information[1].

§ 26. Das globale Ungleichgewicht

1. Argumente für die These eines zu großen öffentlichen Haushalts

Im Zusammenhang mit der These eines zu großen öffentlichen Haushalts wird vor allem auf die fehlende Verknüpfung zwischen Ausgaben und Einnahmen, auf die Möglichkeit, Kosten auf Minderheiten abzuwälzen, auf die eher in Richtung auf zunehmende Ausgaben wirkende Zusammensetzung der Parlaments-

---

[1] Vgl. A. Downs: Warum das staatliche Budget in einer Demokratie zu klein ist, a.a.O., S. 110; J.K. Galbraith: The Affluent Society, a.a.O., Kapitel 11.

ausschüsse und Interessen der Bürokratie sowie auf die „Verschwendung" im öffentlichen Sektor hingewiesen.

1.1. Die fehlende Verknüpfung zwischen Ausgaben und Einnahmen

Die bereits erwähnte fehlende Verknüpfung von Ausgaben und Einnahmen führt leicht dazu, daß bei der Formulierung der Ausgabenforderungen die Kostenseite unberücksichtigt bleibt oder jedenfalls im Zuge der Annahme, die Kosten würden (primär) andere treffen, zu sehr in den Hintergrund tritt. Die Konsequenz kann sein, daß zu hohe Ausgaben beschlossen werden, sei es, weil die Bürger unmittelbar in Abstimmungen sich dafür aussprechen, sei es, weil sie einen entsprechenden Druck auf ihre Abgeordneten ausüben.

1.2. Die Möglichkeit, Kosten auf Minderheiten abzuwälzen

Selbst wenn die Ausgaben mit den Einnahmen verknüpft werden, ist es denkbar, daß es zu einem zu großen öffentlichen Haushalt kommt. Wie bereits WICKSELL[2] und später BUCHANAN/TULLOCK[3] gezeigt haben, ist es bei den in der Praxis vorherrschenden Mehrheitsentscheidungen möglich, daß sich für die Mehrheit nur dadurch ein Vorteil ergibt, daß diese der Minderheit mehr Kosten auferlegt, als sie ihr Nutzen der Ausgaben zukommen läßt. Die *Überexpansion durch die Beschlüsse der Mehrheit* beruht hier ähnlich wie im Falle der externen technologischen Kosten im Privatsektor auf der Möglichkeit, einen Teil der Kosten auf andere abzuwälzen.

1.3. Parlamentsausschüsse und Bürokratie

Die heute für die parlamentarische Willensbildung entscheidenden Ausschüsse sind in der Regel überwiegend mit Personen besetzt, die an einer Erhöhung der öffentlichen Ausgaben in den jeweiligen Bereichen interessiert sind. In den Sozialausschuß z.B. drängen die sozialpolitisch Engagierten, die auf eine Erhöhung des Leistungsniveaus hinarbeiten, in den Landwirtschaftsausschuß vor allem Vertreter der Interessen der Landwirtschaft und in den Verteidigungsausschuß eher die „Falken"[4]. Es kommt hinzu, daß auch die Bürokraten an steigenden Ausgaben interessiert sind, zumal Macht, Ansehen und Aufstiegsmöglichkeiten in einer Behörde mit wachsendem Budget (wachsendem Personal) zunehmen[5].

---

[2] Vgl. K. WICKSELL: Finanztheoretische Untersuchungen nebst Darstellung und Kritik des Steuerwesens Schwedens, a.a.O., S. 109f.

[3] Vgl. J.M. BUCHANAN und G. TULLOCK: The Calculus of Consent, a.a.O., S. 134–145; siehe aber auch R.A. MUSGRAVE: Leviathan Cometh–Or Does He?, a.a.O.

[4] Vgl. J. WEBER: Die Interessengruppen im politischen System der Bundesrepublik Deutschland, Stuttgart u.a.O. 1977, S. 289, Tabelle 13: Verbandsfärbung ausgewählter Ausschüsse des 7. Deutschen Bundestages.

[5] Vgl. W.A. NISKANEN, JR · Bureaucracy and Representative Government, a.a.O.

1.4. Die „Verschwendung" im öffentlichen Sektor

Der Hinweis auf die öffentliche Verschwendung als Indikator für ein zu groß
bemessenes Budget ist populär, aber bei näherer Betrachtung nicht unbedingt
überzeugend. Beruht er lediglich auf der Feststellung der Bürger, daß viele
Ausgaben für sie von keinem oder lediglich geringem Interesse sind, ist die
Schlußfolgerung voreilig, denn viele staatliche Aktivitäten richten sich nur an
bestimmte Bürgergruppen, so daß man allein aus der Perspektive der jeweils
nicht oder kaum Betroffenen kein globales Effizienzurteil fällen kann.

Wird mit Verschwendung sachlich ungerechtfertigter Verwaltungsaufwand
oder Fehlplanung gemeint, so kann es sich in der Tat um Konsequenzen von zu
reichlich bemessenen Mitteln handeln. Es ist allerdings auch nicht auszuschließen, daß es sich um im jeweiligen gesellschaftlichen Rahmen kaum vermeidbare „Unvollkommenheiten" handelt, um Kosten, die als Preis für die Bereitstellung der notwendigen öffentlichen Leistungen in Kauf genommen werden müssen. Eine Reduktion des Budgetvolumens mag dann weniger die unerwünschte Verschwendung als vielmehr effiziente Ausgaben treffen.

2. Argumente für die These eines zu kleinen öffentlichen Haushalts

Speziell in den sechziger und frühen siebziger Jahren stand freilich eher die
These vom zu kleinen öffentlichen Haushalt im Vordergrund der Diskussion.
Sie stützt sich insbesondere auf die Steuerwiderstände, die Schwierigkeiten,
die Vorteile öffentlicher Ausgaben abzuwägen, die einseitige Werbung für private Güter sowie auf den Druck zur Senkung „verschwenderischer" Ausgaben.

2.1. Die Steuerwiderstände

Die Trennung von Ausgaben und Einnahmen wurde oben als ein Faktor genannt, der zu einem zu großen Budget führt. Downs zieht die umgekehrte
Schlußfolgerung: Er schaut auf die Steuererhebung, die wegen der Trennung
von der Ausgabenseite großen Widerständen begegnet, weil sie „als direkte Beschlagnahmung privat produzierter Ressourcen"[6] angesehen würde. Diese Widerstände führten dazu, daß wegen der Finanzierungsschwierigkeiten das
Budget zu klein bleibe.

2.2. Die schwierige Bewertung vieler öffentlicher Ausgaben

Es komme hinzu, daß der Vorteil öffentlicher Ausgaben im Vergleich zu privaten Ausgaben in vielen Fällen nicht ohne weiteres evident sei, oft weit in der
Zukunft liege und in der Gegenwart tendenziell unterschätzt werde[7].

---

[6] A. Downs: Warum das staatliche Budget in einer Demokratie zu klein ist, a.a.O., S. 118.
[7] Vgl. ebenda, S. 117.

2.3. Die einseitige Werbung für private Güter

Für die relative Unterbewertung der öffentlichen Ausgaben wird nicht nur auf das größere individuelle Bewertungsproblem verwiesen, sondern auch auf die intensive Werbung für private Güter, der keine entsprechende Reklame für öffentliche Leistungen gegenüberstehe. Dieses Argument spielt bei GAILBRAITHS These von der „social imbalance" eine große Rolle[8].

2.4. Der Druck zur Senkung „verschwenderischer Ausgaben"

Aus dem bereits oben unter 1.4 erwähnten Umstand, daß die Bürger aus einer zu engen individuellen Sicht glauben, im Budget seien überflüssige Ausgaben enthalten, ergibt sich nach DOWNS ein ständiger Druck, die Ausgaben zu senken. Dies führe zu einem zu kleinen Budget[9].

3. Schlußfolgerungen

Die einzelnen referierten Argumente klingen durchaus plausibel. Selbst wenn sie sich widersprechen, mögen sie in jeweils anderen Situationen wirksam sein. Leider ist es nicht möglich, den Nettoeffekt eindeutig zu ermitteln; in der Literatur finden sich sehr unterschiedliche Mutmaßungen. DOWNS vergleicht das tatsächliche Budget mit dem, „das sich aus einem demokratischen Entscheidungsprozeß dann ergeben würde, wenn Bürger wie Parteien vollständige Informationen über tatsächliche oder mögliche Regierungsmaßnahmen besäßen"[10], und kommt zu dem Ergebnis, daß es in dieser Sicht zu klein ist[11]. Ökonomen pflegen sich an den Opportunitätskosten zu orientieren. Dabei vertreten BUCHANAN/TULLOCK und NISKANEN die Auffassung[12], daß das Budget zu groß ist, während MUSGRAVE/MUSGRAVE vermuten, daß es in etwa den Bürgerpräferenzen entspricht[13]. Der Verfasser neigt dazu, eher eine tendenzielle Überexpansion zu vermuten, insbesondere wenn man die durch die finanzwirtschaftlichen Aktivitäten im Privatsektor induzierten Verzerrungen berücksichtigt, die mit einem großen öffentlichen Sektor verbunden sind.

---

8 Vgl. J.K. GALBRAITH: The Affluent Society, a.a.O., Kapitel 18; siehe auch A. DOWNS: Warum das staatliche Budget in einer Demokratie zu klein ist, a.a.O., S. 117.

9 Vgl. A. DOWNS: Warum das staatliche Budget in einer Demokratie zu klein ist, a.a.O., S. 115f.

10 Ebenda, S. 110.

11 Vgl. ebenda, S. 124.

12 Vgl. J.M. BUCHANAN und G. TULLOCK: The Calculus of Consent, a.a.O., S. 169; W. A. NISKANEN, JR.: Bureaucracy and Representative Government, a.a.O.

13 R. A. MUSGRAVE und P. B. MUSGRAVE: Public Finance in Theory and Practice, 2. Aufl., New York u. a. O. 1976, S. 118f

§ 27. Das strukturelle Ungleichgewicht

Selbst wenn der öffentliche Haushalt *global* mehr oder weniger dem entspricht, was nach dem oben genannten zweiten oder dritten Maßstab optimal ist, kann es sein, daß er nach den gleichen Kriterien nicht optimal *strukturiert* ist, d. h. Bereiche mit zu hohen und Bereiche mit zu niedrigen Ausgaben aufweist. Ein solches *strukturelles Ungleichgewicht* legen viele der Argumente nahe, die oben im Zusammenhang mit dem globalen Ungleichgewicht genannt wurden, da sie oft nicht auf alle Ausgaben in gleicher Weise zutreffen. Die Bewertungsschwierigkeiten beziehen sich z. B. mehr auf Ausgaben für Rüstung, Forschung und Entwicklungshilfe als auf Ausgaben für Altersrenten; der Ausgabendruck durch Interessengruppen, einseitig besetzte Ausschüsse oder Bürokratie ist nicht überall so stark wie im Agrarbereich.

§ 28. Die Begrenzung der Einnahmen und Ausgaben

Angesichts des starken Anstiegs der Staatsquote[14] sowie der weitverbreiteten Auffassung, daß das Budget zu groß sei und sein Wachstum offensichtlich mit den bisherigen Formen der Budgetfestlegung nicht im angestrebten Ausmaß reduziert werden könne, wurde der Ruf nach zusätzlichen Maßnahmen laut. Man versucht, die Ausgaben und Einnahmen unmittelbar zu begrenzen oder mittelbar durch verfahrensmäßige Änderungen.

4.1. Quantitative Begrenzungen[15]

Besonders in den USA gibt es starke Bestrebungen, den Weg der unmittelbaren quantitativen Begrenzung zu gehen. In der kalifornischen „Proposition 13"[16] wurde 1978 der maximale Steuersatz der Property tax auf 1% des Verkehrswerts und der maximale jährliche Anstieg der Bemessungsgrundlage auf 2% fixiert. In der Zwischenzeit gibt es Beschränkungen dieser Art in den meisten Staaten der USA. Gleichzeitig wurde versucht, die Kreditfinanzierung einzuschränken. Am weitestgehenden sind die u. a. von BUCHANAN[17] unterstützten Bemühungen, den jährlichen Budgetausgleich in der Verfassung vorzuschreiben und die Kreditaufnahme in nur extrem eng begrenzten Fällen zuzulassen. Eine entsprechende Initiative fand im März 1995 im Repräsentantenhaus die erforderliche Mehrheit, scheiterte aber ganz knapp im Senat.

---

[14] Vgl. unten S. 192.

[15] Vgl. dazu auch § 126 „Schuldenbegrenzung", S. 415f.

[16] Vgl. C. FOLKERS: Begrenzung von Steuern und Ausgaben in den USA, a.a.O., S. 139f.

[17] Vgl. J.M. BUCHANAN und R.E. WAGNER: Democracy in Deficit. The Political Legacy of Lord Keynes, New York–San Francisco–London 1977, S. 173–185.

In der Bundesrepublik Deutschland ist es zu vergleichbaren Gesetzesinitiativen bislang nicht gekommen. Der WISSENSCHAFTLICHE BEIRAT BEIM BUNDESMINISTERIUM DER FINANZEN befaßte sich in zwei Gutachten mit den Problemen der Schuldenbegrenzung. Seine Mitglieder forderten einmütig, die in Art. 115 Abs. 1 GG an die Investitionen gebundene Begrenzung der Kreditaufnahme bundesgesetzlich zu präzisieren, wie in Art. 115 Abs. 1 Satz 3 GG gefordert, und zwar entsprechend dem Zweck dieser Bestimmung in restriktiver Richtung[18]. Sehr unterschiedlich waren allerdings die Auffassungen über Form und Umfang der künftigen Begrenzung staatlicher Schuldenaufnahme.

Nachdem auch das Bundesverfassungsgericht 1989 das Gesetz nach Art. 115 Abs. 1 Satz 3 angefordert hatte[19], reagierte der Bundesgesetzgeber mit einer Änderung des § 14 Abs. 3 Ziff. 2 BHO, ging dabei aber nur teilweise auf die vom Bundesverfassungsgericht aufgeworfenen Punkte ein[20]. Eine allerdings nicht primär auf globale Budgetbeschränkungen zielende partielle Steuerbegrenzung hat das Bundesverfassungsgericht in seinem Urteil vom 22. Juni 1995 vorgenommen, als es überraschend eine Obergrenze für die Gesamtbesteuerung der Vermögenserträge durch Einkommen-, Ertrag- und Vermögensteuer von etwa 50% dekretierte[21].

4.2. Verfahrensmäßige Beschränkungen

Begrenzungen können auch durch neue Verfahrensregeln für die legislative Beschlußfassung vorgenommen werden. Die „Proposition 13" verlangt für Beschlüsse über Erhöhungen der Steuerbelastung eine Zweidrittelmehrheit in beiden Häusern (neue Wertsteuern auf Grundvermögen sind gänzlich untersagt). Ähnlich weitreichende Maßnahmen werden in der Bundesrepublik Deutschland kaum erwogen. Hier wird allerdings von vielen Seiten ein Abbau der Politikverflechtung, insbesondere der Mischfinanzierung[22] und des Umfangs der Gemeinschaftsteuern gefordert zugunsten von mehr Eigenständigkeit und damit auch Eigenverantwortlichkeit der einzelnen Gebietskörper-

---

[18] Vgl. WISSENSCHAFTLICHER BEIRAT BEIM BUNDESMINISTERIUM DER FINANZEN: Gutachten zum Begriff der öffentlichen Investitionen – Abgrenzungen und Folgerungen im Hinblick auf Art. 115 Grundgesetz –, Schriftenreihe des Bundesministeriums der Finanzen, Heft 29, Bonn 1980, S. 42–52; DERS.: Gutachten zu den Problemen einer Verringerung einer öffentlichen Netto-Neuverschuldung, Schriftenreihe des Bundesministeriums der Finanzen, Heft 34, Bonn 1984, S. 50–54. Beide Gutachten sind auch abgedruckt in: WISSENSCHAFTLICHER BEIRAT BEIM BUNDESMINISTERIUM DER FINANZEN: Gutachten und Stellungnahmen 1974–1987, hrsg. vom Bundesministerium der Finanzen, Tübingen 1988, S. 313–362 bzw. 455–511.
[19] BUNDESVERFASSUNGSGERICHT: Entscheidungen des Bundesverfassungsgerichts, Bd. 79, Tübingen 1989, S. 355f.
[20] Vgl. E. FRICKE: Kreditbegrenzung im Staatshaushalt. Eine vertane Chance des Bundesgesetzgebers, in: Finanzarchiv, N.F. Bd. 48, 1990, S. 222–241.
[21] Vgl. BUNDESVERFASSUNGSGERICHT: Entscheidungen des Bundesverfassungsgerichts, Bd. 93, Tübingen 1996, S. 121, 138.
[22] Vgl. unten S. 530f.

schaft gegenüber dem Wähler[23]. Man erwartet, daß dies über den Wettbewerb, den größeren Begründungszwang und durch die klarere Verantwortlichkeit den Ausgabenanstieg bremst.

Der vom WISSENSCHAFTLICHEN BEIRAT BEIM BUNDESMINISTERIUM DER FINANZEN[24] gemachte Vorschlag, die Bundesregierung zu verpflichten, eine geplante Kreditaufnahme, die über die Begrenzung des Art. 115 Abs. 1 GG hinausgeht, zu begründen und insbesondere die Vereinbarkeit mit der gesamtwirtschaftlichen Entwicklung darzulegen, hat das Bundesverfassungsgericht in der oben zitierten Entscheidung aufgegriffen. Darin wird der Haushaltsgesetzgeber im Falle einer die Investitionen übersteigenden Kreditaufnahme verpflichtet darzulegen, daß dies zur Abwehr einer Störung des gesamtwirtschaftlichen Gleichgewichts geeignet ist, und ob er dabei mit den gesetzlich verankerten Organen der finanz- und wirtschaftspolitischen Meinungs- und Willensbildung (Finanzplanungsrat, Sachverständigenrat zur Begutachtung der gesamtwirtschaftlichen Entwicklung, Deutsche Bundesbank) übereinstimmt oder aus welchen Gründen er abweicht[25]. § 18 Abs. 1 BHO wurde daraufhin entsprechend ergänzt. Es ist allerdings fraglich, ob davon wirklich eine zusätzliche begrenzende Wirkung ausgehen wird.

---

[23] Vgl. WISSENSCHAFTLICHER BEIRAT BEIM BUNDESMINISTERIUM DER FINANZEN: Gutachten zum Länderfinanzausgleich in der Bundesrepublik Deutschland, Schriftenreihe des Bundesministeriums der Finanzen, Heft 47, Bonn 1992, S. 92–108; DERS.: Einnahmenverteilung zwischen Bund und Ländern. Probleme und Lösungsmöglichkeiten, Schriftenreihe des Bundesministeriums der Finanzen, Heft 56, Bonn 1995, S. 38–42. Vgl. auch unten S. 529–531.

[24] Vgl. WISSENSCHAFTLICHER BEIRAT BEIM BUNDESMINISTERIUM DER FINANZEN: Gutachten zu den Problemen einer Verringerung der öffentlichen Netto-Neuverschuldung, a.a.O., S. 50.

[25] Vgl. BUNDESVERFASSUNGSGERICHT: Entscheidungen des Bundesverfassungsgerichts, Bd. 79, a.a.O., S. 345.

Teil III

Die Wirkungen finanzwirtschafts- politischer Instrumente

Bei dem bisher gegebenen kurzen Überblick über die Ziele, die Instrumente und die Planung des Instrumenteneinsatzes wurde davon abstrahiert,
- daß die einzelnen aufgeführten Instrumente in sehr unterschiedlicher Weise ausgestaltet werden können,
- daß die Zusammenhänge zwischen den Instrumenten einerseits und den Zielen andererseits, also die Wirkungen der Instrumente, nicht eindeutig bekannt sind, sondern allenfalls geschätzt werden können.

Probleme, die mit der Ermittlung der Wirkungen finanzwirtschaftspolitischer Instrumente verbunden sind, werden hier in Teil III behandelt; in den folgenden Teilen IV und V wird die zieladäquate Ausgestaltung der wichtigsten finanzwirtschaftspolitischen Instrumente untersucht.

Kapitel 8

Grundlagen der Wirkungsanalyse

§ 29. **Die Stellung der Wirkungsanalyse**

§ 30. **Das hypothetische Element der Wirkungsanalyse**

§ 31. **Die Gliederung der Wirkungen**
   1. Gliederung nach den Instrumenten
   2. Gliederung nach den Hauptaspekten

§ 32. **Zu einigen Begriffen der Wirkungslehre**
   1. Begriffe der allgemeinen Steuerlehre
   2. Die Übertragung der Begriffe der allgemeinen
      Steuerlehre auf die Ausgaben

§ 33. **Hauptwirkungsverläufe**
   1. Unmittelbare Einkommensänderung
   2. Substitution
   3. Überwälzung
   4. Kapitalisierung
   5. Weitere Wirkungsaspekte

§ 34. **Methodische Aspekte**
   1. Induktive und deduktive Methode
   2. Mikro- und Makroanalyse
   3. Partial- und Totalanalyse
   4. Statische und dynamische Analyse
   5. Formen induktiver Wirkungsanalyse

Literatur

a) RECKTENWALD, HORST CLAUS: Steuerüberwälzungslehre. Theoretische und empirische Verteilung von Abgaben und Kosten, 2. Aufl., Berlin 1966, S. 30–81.
SHOUP, CARL S.: Public Finance, Chicago 1969, S. 7–19.

b) HANSEN, BENT: The Economic Theory of Fiscal Policy, London 1958, S. 90–100.
MUSGRAVE, RICHARD A.: The Theory of Public Finance. A Study in Public Economy, New York–Toronto–London 1959, S. 205–231; deutsch: Finanztheorie, 2. Aufl., Tübingen 1969, S. 151–182.
POHMER, DIETER: Wirkungen finanzpolitischer Instrumente, in: Fritz Neumark, Norbert Andel und Heinz Haller (Hrsg.): Handbuch der Finanzwissenschaft, 3. Aufl., Bd. 1, Tübingen 1977, S. 199–213.
PREST, ALAN R.: The Budget and Interpersonal Distribution, in: Public Finance, Bd. 23, 1968, S. 80–98.

§ 29. Die Stellung der Wirkungsanalyse

Der Anstoß zum finanzwirtschaftspolitischen wie zum wirtschaftspolitischen Handeln allgemein kommt aus einer Diskrepanz zwischen der prognostizierten und der gewünschten künftigen Entwicklung. Um diese Diskrepanz zu beseitigen oder doch wenigstens zu reduzieren, werden Instrumente eingesetzt. Diese optimal auszuwählen, setzt voraus, daß man ihre Wirkungen kennt. So gesehen handelt es sich bei der Wirkungslehre, die sich mit der Ermittlung der Wirkungen finanzwirtschaftspolitischer Instrumente befaßt, um ein ganz *zentrales Kapitel der Finanzwissenschaft*.

Um zu diesen Wirkungen zu gelangen, darf man sich nicht damit begnügen festzustellen, von wem die einzelnen Einnahmen erhoben werden oder wem die Ausgaben zunächst zufließen, obgleich dies natürlich der Ausgangspunkt ist. Man muß darüber hinaus wissen, wie sich die Wirtschaftssubjekte an einzelne finanzwirtschaftspolitische Maßnahmen anpassen und welche Wirkungen diese Anpassungen ihrerseits induzieren:
– Führt z.B. die Erhebung der Einkommensteuer dazu, daß weniger konsumiert, weniger gespart, mehr oder vielleicht auch weniger gearbeitet wird?
– Analoge Probleme entstehen auf der Ausgabenseite: Angenommen, der Staat gewährt Zuschüsse für bestimmte Investitionen: Werden diese dann steigen? Wenn ja: um den Zuschußbetrag? Um den Gesamtbetrag der bezuschußten Investitionen? Wenn die Steigerung hinter dem Betrag der Zuschüsse zurückbleibt: Was geschieht mit den Mitteln, die bei den Investoren durch die staatlichen Zuschüsse freigeworden sind?

Entsprechend der früheren einseitigen Ausrichtung der Finanzwissenschaft ist die finanzwissenschaftliche Wirkungslehre vor allem als *Steuer*wirkungslehre entwickelt worden. Diese bildet die Basis der folgenden Ausführungen, die aber auf eine auch die Ausgaben einschließende *allgemeine* Wirkungslehre abzielen.

§ 30. Das hypothetische Element der Wirkungsanalyse

Aussagen über die Wirkungen finanzwirtschaftspolitischer Instrumente beruhen immer auf einem Vergleich zweier Zustände, von denen mindestens einer hypothetischer Natur, also nicht konkret beobachtbar ist.

Beispiel: Wie hat die im Dezember 1974 durch das „Gesetz zur Förderung von Investitionen und Beschäftigung" eingeführte Investitionszulage in Höhe von 7,5% für die Anschaffung oder Herstellung bestimmter Wirtschaftsgüter, die nach dem 30. 11. 1974 und vor dem 1. 7. 1975 bestellt worden sind oder mit deren Herstellung im gleichen Zeitraum begonnen worden ist, gewirkt? Es ist bekannt, wie der tatsächliche Verlauf unter dem Einfluß der Investitionszulage war; den Verlauf ohne diese Maßnahme kann man nicht in gleicher Weise beobachten, sondern nur zu konstruieren versuchen.

Gerade im Planungsstadium spielen Vergleiche mehrerer hypothetischer Situationen eine wichtige Rolle, etwa wenn zu entscheiden ist, ob zur Reduktion der gesamtwirtschaftlichen Nachfrage im Boom die Einkommensteuer oder die Mehrwertsteuer erhöht oder bestimmte Ausgaben gesenkt werden sollen.

Diese hypothetische Situation herauszuarbeiten, ist im konkreten Fall sehr schwierig. Die Versuchung ist deshalb nur allzugroß, statt dessen jedenfalls bei Ex-post-Aussagen zwei aufeinanderfolgende beobachtbare Zustände gegenüberzustellen, also in den *intertemporalen Vergleich* zu flüchten.

Beispiel: „Die Investitionszulage von 1974/75 war beschäftigungspolitisch wirkungslos, denn die Arbeitslosenquote ist 1975 im Vergleich zu 1974 nicht nur nicht gefallen, sondern im Gegenteil von jahresdurchschnittlich 2,6% 1974 auf 4,7% 1975 gestiegen.“[1] Richtig ist daran lediglich, daß der Effekt jedenfalls nicht stark genug war, diesen Anstieg der Arbeitslosenquote zu vermeiden. Zur Beantwortung der Frage, wie sich die Investitionszulage auf den Beschäftigungsstand ausgewirkt hat, darf man sich jedoch nicht mit dem intertemporalen Vergleich begnügen. Man kommt nicht umhin, die beobachtbare, tatsächliche Arbeitslosenquote im Jahre 1975 mit der *hypothetischen* des *gleichen Jahres* zu vergleichen, die sich ergeben hätte, wenn auf die Investitionszulage verzichtet worden wäre.

§ 31. Die Gliederung der Wirkungen

Bis jetzt wurde nur ganz allgemein von Wirkungen gesprochen. Es ist erforderlich, diese nun eingehender zu differenzieren.

1. Gliederung nach den Instrumenten

Es liegt nahe, die Wirkungen zunächst nach den sie auslösenden Instrumenten zu gliedern. Wenn man sich auf die beiden Gruppen Einnahmen und Ausgaben beschränkt, kann man, einen Vorschlag Musgraves verallgemeinernd[2], unterscheiden:

---

[1] Die Zahlen wurden dem Monatsbericht der Deutschen Bundesbank, November 1976, Jg. 28, S. 65*, entnommen.
[2] Vgl. R. A. Musgrave: The Theory of Public Finance, a.a.O., S. 211–217; Finanztheorie, a.a.O., S. 158–165.

- *spezifische Einnahmewirkungen* = Wirkungen der Erhöhung (einschließlich Einführung) oder Senkung (einschließlich Abschaffung) einer Einnahmenart. Beispiel: Konjunkturzuschlag zur Einkommen- und Körperschaftsteuer, wobei das Aufkommen der Konjunkturausgleichsrücklage zuzuführen ist, also nicht zur Finanzierung von Staatsausgaben verwendet wird.
- *spezifische Ausgabewirkungen* = Wirkungen der Erhöhung oder Senkung einer Ausgabenart. Beispiel: Erhöhung der Subventionen an die Landwirtschaft zu Lasten des Guthabens des Bundes bei der Bundesbank (d.h. ohne daß gleichzeitig zur Finanzierung dieser Ausgaben die Einnahmen erhöht werden).
- *differentielle Einnahmewirkungen* = Wirkungen der Ersetzung einer Einnahmenkategorie durch eine betragsgleiche andere. Beispiel: Abschaffung der Gewerbesteuer bei gleichzeitiger betragsgleicher Erhöhung der Mehrwertsteuer. Die Ausgabenseite wird dabei konstant gehalten.
- *differentielle Ausgabewirkungen* = Wirkungen der Ersetzung einer Ausgabenkategorie durch eine betragsgleiche andere. Beispiel: Reduktion der Ausgaben für den Bau von Autobahnen bei gleichzeitiger betragsgleicher Erhöhung der Ausgaben für Investitionen im öffentlichen Nahverkehr. Die Einnahmenseite wird dabei konstant gehalten.
- *Budgetniveauwirkungen* = Wirkungen der betragsgleichen Variation der Einnahmen und Ausgaben. Beispiel: Erhöhung der Kfz-Steuer zur Finanzierung zusätzlicher Straßenbauausgaben.

2. Gliederung nach den Hauptaspekten

Der Einsatz einzelner finanzwirtschaftspolitischer Instrumente führt zu einer Vielzahl von Wirkungen. Man muß sich entscheiden, welche als relevant gelten und deshalb nach Möglichkeit in die Untersuchung einbezogen werden sollen.

Ganz allgemein und ohne Berücksichtigung praktischer Verifizierungsschwierigkeiten sind folgende Wirkungen bedeutsam[3]: ·
- *Ausbringungswirkungen* = Änderungen der mengenmäßigen Ausbringung,
- *Faktorverbrauchswirkungen* = Änderungen des mengenmäßigen Faktorverbrauchs,
- *Faktorausstattungswirkungen* = Änderungen der mengenmäßigen Faktorausstattung,
- *Preiswirkungen* = Änderungen der Preise,
- *Einkommenswirkungen* = Änderungen des Einkommens,
- *Vermögenswirkungen* = Änderungen des Vermögens,

---

[3] Vgl. N. ANDEL: Subventionen als Instrument des finanzwirtschaftlichen Interventionismus, Tübingen 1970, S.9.

– *Zahlungsbilanzwirkungen* = Änderungen der außenwirtschaftlichen Transaktionen.

Bei den einzelnen Wirkungsarten kann jeweils zwischen *Niveau-* und *Struktureffekt* unterschieden werden. Das Kriterium für die strukturelle Gliederung hängt von der Fragestellung ab; es kann sich z. B. auf Personen, Regionen oder Wirtschaftszweige beziehen.

Traditionell stehen in der Steuerwirkungslehre die *Preis-* und die *Einkommenswirkungen* im Vordergrund. Bei den *Vermögensänderungen* handelt es sich nicht nur um laufende Ersparnisse und Investitionen, sondern auch um Wertzuwächse und Wertverluste früher gebildeter Vermögen, die durch öffentliche Ausgaben und Einnahmen (vor allem Steuern) induzierte Rentabilitätsänderungen bestehender Anlagen widerspiegeln. Sie hängen eng mit den Einkommenswirkungen zusammen, unterscheiden sich von diesen aber durch ihren einmaligen Charakter.

Zwischen *Faktorverbrauchs-* und *Faktorausstattungswirkungen* bestehen enge Beziehungen, doch muß die Entwicklung nicht unbedingt völlig parallel verlaufen. Eine Ausbringungserhöhung kann u. U. durch Vergrößerung des Personalbestandes oder durch erhöhte Arbeitsleistung (z. B. in Form von Überstunden) einer unveränderten Zahl von Arbeitskräften erreicht werden.

Der Ausdruck „*Inzidenz*", der meist auf Verteilungswirkungen bezogen wird, wurde in der vorstehenden Gliederung mit Absicht vermieden. Vertrautheit, Kürze und leichte Verbindungsmöglichkeit (Steuer-, Ausgabeninzidenz) wiegen nicht die Nachteile auf, die sich aus der unterschiedlichen Interpretation dieses Wortes ergeben.

§ 32. Zu einigen Begriffen der Wirkungslehre

Es ist zweckmäßig, an dieser Stelle auf die Terminologie der allgemeinen Steuerlehre, speziell der Steuerwirkungslehre, einzugehen, um sie dann auf die Ausgaben sinngemäß zu übertragen. Damit soll die traditionelle Steuerwirkungslehre in Richtung auf eine allgemeine Lehre von den Wirkungen finanzwirtschaftspolitischer Instrumente erweitert werden.

1. Begriffe der allgemeinen Steuerlehre

– *Steuergegenstand* (Steuerobjekt, Steuertatbestand) = die Sache, Person oder Handlung, auf welche die Steuer abzielt, z. B. das erzielte Einkommen bei der Einkommensteuer, das Halten eines Kfz bei der Kfz-Steuer, die Flasche Sekt bei der Sektsteuer.
– *Steuergläubiger* = der Staat bzw. die Körperschaft, die kraft staatlicher Dele

gation zur Steuererhebung berechtigt ist. Bei der Sektsteuer ist das z. B. der Bund, bei der Grundsteuer die Gemeinde.

– *Steuerschuldner* (auch Steuerpflichtiger genannt) = die natürliche oder juristische Person, die zur Leistung der Steuer verpflichtet ist.
– *Steuerzahler* = die natürliche oder juristische Person, die die Steuer an den Fiskus abführt.
– *Steuerdestinatar* = die Personengruppe, die nach dem Willen des Gesetzgebers durch die Steuer belastet werden soll.
– *Steuerträger* = die Personengruppe, die durch die Steuer effektiv belastet wird. Das kann der Steuerdestinatar sein, muß es aber nicht.
– *Steuerbemessungsgrundlage* = die Größe, nach der sich der Steuerbetrag bemißt. Sie kann mit dem Steuergegenstand identisch sein, muß es aber nicht.
– *Steuertarif* = die systematische Darstellung des Zusammenhangs zwischen Steuerbemessungsgrundlage und Steuerschuld.

In dem Maße, wie sich Steuerschuldner und Steuerträger nicht entsprechen, finden Überwälzungsvorgänge[4] statt. Soweit Steuerdestinatar und Steuerträger nicht identisch sind, werden die Ziele der Finanzpolitik nicht verwirklicht.

2. Die Übertragung der Begriffe der allgemeinen Steuerlehre auf die Ausgaben

Die dargelegten Begriffe der allgemeinen Steuerlehre lassen sich auch auf die Ausgabenseite übertragen, besonders leicht und hier durchgehend auf Transferzahlungen, z. B. auf Subventionen, die in der Literatur zuweilen auch als negative Steuern bezeichnet werden. Unter dem Subventionsgegenstand ist dann z. B. die Sache, Person oder Handlung zu verstehen, an welche die Subvention anknüpft; unter dem Subventionsberechtigten die natürliche oder juristische Person, die zum Empfang der Subvention berechtigt ist[5]. Die Übertragung der Begriffe der Steuerwirkungslehre auf die Realausgaben ist weniger einfach. Hier gibt es zum einen zwei Wirkungsphasen: die Phase der Leistungserstellung und die Phase der Nutzung der Einrichtungen, die mittels der Realausgaben geschaffen werden. Zum anderen wird für die Nutzungsphase nicht immer die gezielte Begünstigung bestimmter Personengruppen angestrebt, wie das bei Transferzahlungen der Fall ist.

---

[4] Zum Begriff der Überwälzung vgl. unten S. 113f.
[5] Vgl. N. ANDEL: Subventionen als Instrument des finanzwirtschaftlichen Interventionismus, a.a.O., S. 7.

§ 33. Hauptwirkungsverläufe

Die Reaktion der Bürger auf finanzwirtschaftspolitische Maßnahmen kann sehr unterschiedlich sein. Sofern der Tatbestand zwar erfüllt, der Finanzverwaltung aber nicht mitgeteilt wird (Steuerhinterziehung, Nichtinanspruchnahme von Steuerbegünstigungen oder Subventionen), unterbleibt die angestrebte finanzpolitische Transaktion. Kommt es zur intendierten Verknüpfung zwischen Tatbestand und finanzpolitischer Maßnahme, so sind folgende in der Übersicht 8-1 dargestellte Wirkungsverläufe möglich[6]:

Übersicht 8–1

Wirkungsschema finanzwirtschaftspolitischer Maßnahmen

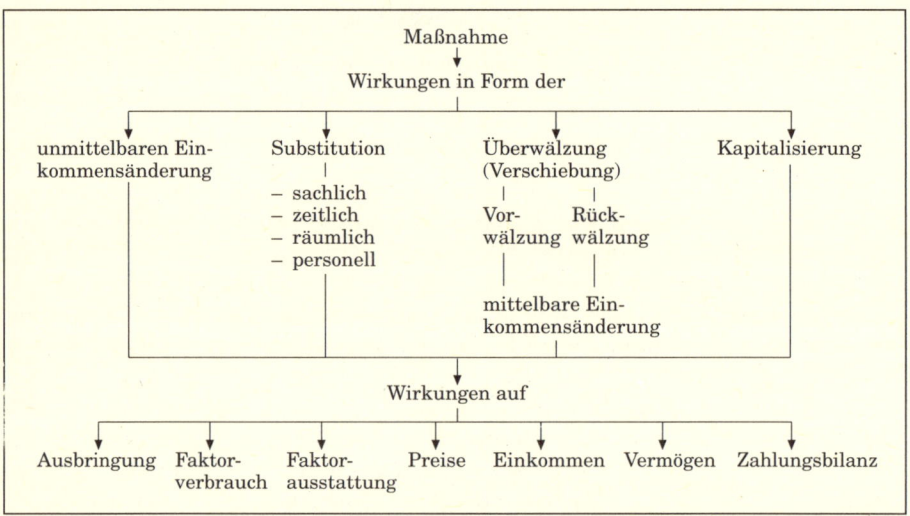

1. Unmittelbare Einkommensänderung

Eine unmittelbare Einkommensänderung ergibt sich, soweit die durch Steuern oder Transferausgaben bewirkte Einkommenssenkung oder Einkommenserhöhung direkt an der Stelle des Einsatzes der finanzwirtschaftspolitischen Instrumente entsteht, soweit also z. B. Steuerschuldner und Steuerträger, Subventionsempfänger und Subventionsbegünstigter übereinstimmen.

---

[6] Bei der Übersicht 8-1 handelt es sich um eine verallgemeinerte Modifikation des Steuerwirkungsschemas von RECKTENWALD. Vgl. H. C. RECKTENWALD: Steuerüberwälzungslehre, a.a.O., S. 40.

Bei Ausgaben für Güter und Dienste ist es weniger eindeutig, was als unmittelbare Einkommensänderung anzusehen ist. Man kann an die Einkommenserhöhung denken, die dem Unternehmer und den von ihm beschäftigten Faktoren durch den staatlichen Auftrag erwächst, aber auch an die Realeinkommenserhöhung bei den Bürgern, die unmittelbar Nutznießer der Staatsleistungen sind, die mittels dieser Aufträge erstellt werden (z. B. Aufträge an Bauunternehmen versus zur Benutzung mit dem privaten Personenfahrzeug zur Verfügung gestellte Straßen).

2. Substitution

Bei vielen finanzwirtschaftspolitischen Maßnahmen besteht für die Bürger die Möglichkeit, einer Belastung dadurch auszuweichen, daß sie den Steuertatbestand vermeiden (Steuervermeidung, Steuerausweichung), oder den Vorteil aus einer Begünstigung dadurch zu erhöhen, daß begünstigte Tatbestände zusätzlich geschaffen werden. Zu solchen Substitutionen kommt es in sachlicher, zeitlicher, räumlicher und personeller Hinsicht:

— *Sachliche Substitution:* Vermeidung des Verbrauchs von Gütern, die mit Spezialverbrauchsteuern belegt sind, zugunsten unbelasteter Güter (Sekt vs. Wein); Verbrauch von subventionierter deutscher Kohle anstelle von Heizöl oder importierter Kohle.
— *Zeitliche Substitution:* Vorratskäufe von Tabakwaren, um zumindest vorübergehend einer angekündigten Tabaksteuererhöhung zu entgehen; Vorziehen von Investitionen, um ein auslaufendes Subventionsprogramm noch in Anspruch nehmen zu können.
— *Räumliche Substitution:* Verlagerung des Wohnsitzes aus der Bundesrepublik Deutschland nach Monaco, um weniger Einkommensteuer zahlen zu müssen; Verlagerung der Produktionsstätte in höher subventionierte Regionen.
— *Personelle Substitution:* Übertragung von Vermögensteilen innerhalb der Familie, etwa auf Kinder, um Einkommen- und Erbschaftsteuer zu sparen.

Die Substitutionsvorgänge sind finanzpolitisch teils erwünscht, teils unerwünscht. Sie sind erwünscht im Falle einer Lenkungssteuer, die in der Absicht erhoben wird, Substitutionseffekte zu erzielen; sie sind unerwünscht im Falle fiskalisch motivierter Steuern, wenn die Substitution die Steuerbemessungsgrundlage reduziert und damit das fiskalische Ziel beeinträchtigt.

3. Überwälzung

Sofern an der Einsatzstelle nicht unmittelbar Einkommensänderungen beim Empfänger von Ausgaben oder beim Abgabeleistenden bewirkt werden, kommt es zu sog. Vor- oder Rückwälzungen. Als *Vorwälzung* werden Veränderungen von Absatzpreisen bezeichnet. Von *Rückwälzung* spricht man bei Preisänderungen für bezogene Faktorleistungen.

Zu Überwälzungen kann es nicht nur bei Steuern kommen, auf die der Ausdruck ursprünglich allein bezogen war, sondern auch bei Ausgaben. Das ist z. B. dann der Fall, wenn bessere Straßen zu niedrigeren Tarifen im Güterverkehr führen oder ein Ausbau der Universitäten zu einer Reduktion des Arbeitsentgelts für Universitätsabsolventen. Rein sprachlich würde man auf der Ausgabenseite besser von *Verschiebungen* oder von *Weitergabe* sprechen.

Gerade im Hinblick auf Überwälzungserscheinungen unterscheidet man in der deutschen finanzwissenschaftlichen Literatur zwischen Verteilung der *Steuerzahllast* und Verteilung der *Steuertraglast*, wobei sich die Zahllast auf die Steuerschuld (Steuerzahlung), die Traglast auf die effektive Steuerbelastung nach evtl. Überwälzungsprozessen bezieht. Dieser Unterscheidung entspricht Musgraves Begriffspaar „impact incidence/effective incidence", das in der deutschen Übersetzung mit „Inzidenz des Steueranstoßes" bzw. „effektiver Inzidenz" wiedergegeben wird[7].

4. Kapitalisierung

Wenn selektive finanzwirtschaftspolitische Maßnahmen begünstigender oder belastender Art nicht überwälzt werden, kann sich der Wert der Rechte verändern, die sich auf die begünstigten oder belasteten Vorgänge erstrecken. Wenn z. B. auf bebaute Grundstücke eine Grundsteuer eingeführt wird, so kann diese Belastung bei einem freien Wohnungsmarkt kurzfristig nicht überwälzt werden. Es sinkt die Nettorendite (Rendite nach Steuer) eines Mietshauses im Vergleich zu anderen Vermögensanlagen, so daß ein Käufer nur einen geringeren Preis zu zahlen bereit ist. Er versucht, den Kapitalwert der antizipierten nichtüberwälzten Belastung abzusetzen. In der allgemeinen Steuerlehre wurde insbesondere früher die geschilderte Änderung des Vermögenswerts als *Steueramortisation, Steuertilgung, Steuerdekapitalisation* oder *Steuerdekapitalisierung* bezeichnet[8].

Überwälzung und Kapitalisierung sind sich ausschließende Alternativen. Wenn nämlich die Steuererhöhung in gestiegenen Mieten überwälzt wird, gibt es keinen Anlaß zur Kapitalisierung, da diese voraussetzt, daß nicht voll überwälzt wird. Überwälzung und Kapitalisierung haben allerdings gemeinsam, daß sie sich über Marktpreisänderungen vollziehen.

---

[7] Vgl. R. A. Musgrave: The Theory of Public Finance, a.a.O., S. 230; Finanztheorie, a.a.O., S. 180 f.

[8] Vgl. F. K. Mann: Die Grundformen der Steuerabwehr, in: Jahrbücher für Nationalökonomie und Statistik, Bd. 120, 1923, S. 498; O. v. Mering: Die Steuerüberwälzung, Jena 1928, S. 90 f.

Vermögenswertänderungen können sich auch durch *selektive Begünstigungen* ergeben. Der Preis von landwirtschaftlich genutztem Boden, jedenfalls soweit er nicht durch andere Verwendungsmöglichkeiten bestimmt wird, wäre z. B. in der Bundesrepublik Deutschland ohne die versteckten steuerlichen Begünstigungen und ohne die offenen Subventionen an die Landwirtschaft niedriger. Wenn baufällige Häuser abgerissen und durch städtische Grünanlagen ersetzt werden, steigt der Marktpreis der anliegenden Häuser, jedenfalls sofern ein freier Wohnungsmarkt besteht.

In der allgemeinen Steuerlehre wird die durch selektive steuerliche Begünstigungen induzierte Vermögenswerterhöhung als Steuerkapitalisierung bezeichnet. Heute besteht die Tendenz, der hier gefolgt wird, Vermögenswertänderungen sowohl aufgrund selektiver steuerlicher Begünstigungen als auch selektiver steuerlicher Belastungen mit dem Ausdruck „Kapitalisierung" zu belegen. Unter diesen Begriff werden darüber hinaus in diesem Buch Wertänderungen subsumiert, die durch selektive Maßnahmen auf der Ausgabenseite hervorgerufen werden.

5. Weitere Wirkungsaspekte

Mit diesen vier Wirkungsgruppen – unmittelbare Einkommensänderung, Überwälzung, Kapitalisierung und Substitution – ist die Analyse noch nicht abgeschlossen. Angenommen, das Einkommen eines Wirtschaftssubjekts sei mittel- oder unmittelbar durch steuerliche Maßnahmen reduziert worden. Es ist dann zu fragen, wie darauf reagiert wird: ob durch geringeren Verbrauch oder durch geringere Ersparnis, wobei letztere u. U. gleichzeitig auch weniger Investitionen bedeutet.

Es ist auch möglich, daß die Steuer zu einem höheren *Leistungsangebot* führt mit der Absicht, die Steuerzahlung (ganz oder teilweise) aus dem dadurch erzielten Mehreinkommen zu leisten. Dieser Effekt wird als *Steuereinholung* bezeichnet. Wird umgekehrt auf eine Belastung durch geringere Leistung reagiert, weil man meint, die Anstrengungen lohnten sich jetzt nicht mehr, müssen Konsum und/oder Ersparnis noch über das Maß der Steuerleistung hinaus eingeschränkt werden.

§ 34. Methodische Aspekte

Die Finanzwissenschaft versucht auf verschiedene Weise, zu Aussagen über die Wirkungen finanzwirtschaftspolitischer Instrumente zu gelangen.

1. Induktive und deduktive Methode

Bei der *induktiven Methode* geht man von der Beobachtung konkreter Wirtschaftsabläufe aus und versucht, Regelmäßigkeiten festzustellen, um so zu allgemeinen Aussagen zu gelangen. Das Hauptproblem dieser Methode besteht darin, die Wirkungen finanzwirtschaftspolitischer Instrumente von den gleichzeitig auftretenden und sich überdies ändernden Wirkungen anderer Faktoren zu trennen, was ja durch einen intertemporalen Vergleich allein nicht möglich ist. Die induktiv ermittelten Aussagen sind insofern nur beschränkt gültig, als sie sich auf eine bestimmte historische Situation beziehen.

Die *deduktive Methode* geht von bestimmten Annahmen, etwa über die Verhaltensweisen und Produktionsmöglichkeiten aus, von denen auf die den finanzwirtschaftspolitischen Instrumenten zuzurechnenden Wirkungen geschlossen wird. Die Isolierung dieser Wirkungen von anderen bereitet hier keine Schwierigkeit, weil sich im Modell Zustände bzw. Abläufe einmal ohne, einmal mit finanzwirtschaftlichen Parametern ermitteln lassen; die Differenz ergibt die gesuchte Wirkung. Das verwendete Modell muß keineswegs ein genaues Abbild der Wirklichkeit sein, aber die für die jeweiligen Problemstellungen relevanten Zusammenhänge erfassen.

2. Mikro- und Makroanalyse

Wirkungsanalysen können auf der mikroökonomischen oder auf der makroökonomischen Ebene vorgenommen werden. In der Mikroanalyse wird das Handeln eines einzelnen Wirtschaftssubjekts (Entscheidungseinheit) betrachtet. Die Makroanalyse dagegen beschäftigt sich mit aggregierten Größen, mit Gruppen von Entscheidungssubjekten. Der Aggregationsgrad kann dabei unterschiedlich sein; es können z. B. alle Unternehmungen zusammengefaßt werden oder nur jeweils die, welche gleichartige Produkte herstellen.

Geschickte Aggregation reduziert die Zahl der Größen, macht die Wirklichkeit bzw. das Modell übersichtlicher, bringt allerdings auch die Gefahr mit sich, daß sich hinter einem Durchschnitt recht heterogene Einzelphänomene verbergen.

3. Partial- und Totalanalyse

Nach der sachlichen Reichweite ist zwischen Partial- und Totalanalyse zu unterscheiden. Im Rahmen der *Partialanalyse* wird lediglich ein Ausschnitt des Wirtschaftslebens untersucht, der von den übrigen Wirtschaftsbereichen mit der *Ceteris-paribus-Klausel* abgehoben wird. Man geht z. B. vom Sektmarkt mit gegebenen Nachfrage- und Angebotsbedingungen aus und untersucht, wie sich die Erhöhung der Sektsteuer auf Ausbringungsmenge und Marktpreis auswirkt, wobei die anderen, nicht genannten Einflußfaktoren, z. B. die Preise anderer Alkoholika, als fix angenommen werden.

Bei der *Totalanalyse* wird dagegen die Gesamtwirtschaft betrachtet. Man berücksichtigt die Interdependenz, die zwischen den Teilen besteht, die Tatsache z. B., daß Preisänderungen auf einem Teilmarkt zu parallelen Aktionen auf einem zweiten konkurrierenden Teilmarkt führen, was wiederum die Nachfrage auf dem ersten Teilmarkt beeinflußt. „Total" bezieht sich lediglich auf den Bereich der Variablen, die in der ökonomischen Analyse erklärt werden.

Die finanzwissenschaftliche Wirkungslehre dieses Jahrhunderts beschränkte sich lange Zeit, MARSHALLschen Spuren folgend, auf die Partialanalyse. Erst nach KEYNES' „General Theory"[9] wurde wieder stärker mit makroökonomischen gesamtwirtschaftlichen Modellen operiert, wie das zuvor z. B. der Klassiker RICARDO getan hatte.

4. Statische und dynamische Analyse

Sowohl die partialanalytischen, vorwiegend auf Preis- und Mengeneffekte beschränkten Modelle als auch die einfachen Multiplikatormodelle zur Erklärung der Höhe des Volkseinkommens sind meist *statischen Charakters*, d. h. ihre Größen sind nicht zeitlich indiziert, nicht zeitlich verknüpft. In den vorherrschenden Gleichgewichtsmodellen wird von einem Gleichgewichtszustand ausgegangen. Dieser wird durch die Variation eines finanzwirtschaftspolitischen Instruments gestört, dann unmittelbar der neue Gleichgewichtszustand aufgezeigt (komparativ-statische Analyse). Nicht dargestellt wird der Pfad der Anpassung zum neuen Gleichgewicht.

Dynamische Modelle mit zeitlich indizierten Größen, welche die Entwicklung im Zeitablauf darstellen, fanden nur allmählich Eingang in die ökonomische Analyse, nicht zuletzt wegen der damit verbundenen größeren technischen Schwierigkeiten.

---

[9] Vgl. J. M. KEYNES: The General Theory of Employment, Interest and Money, London 1936.

5. Formen induktiver Wirkungsanalyse

In den Kapiteln 9 und 10 wird der Leser mit der deduktiven Methode im Rahmen der komparativ-statischen Wirkungsanalyse näher vertraut gemacht. Da induktive Methoden hier nicht selbst dargestellt, sondern lediglich mit deren Hilfe ermittelte empirische Ergebnisse mitgeteilt werden, ist es angebracht, an dieser Stelle einen kurzen Überblick über induktive Methoden zu geben. Sie sind von sehr unterschiedlicher Art und werden dem Etikett „induktiv" in unterschiedlichem Ausmaß gerecht. Hier sollen vier Methoden unterschieden werden: Der einfache intertemporale Vergleich, die Befragung der Entscheidungsträger, die Ermittlung der Konsequenzen bestimmter Wirkungshypothesen und schließlich ökonometrische Studien.

5.1. Einfacher intertemporaler Vergleich

Es wurde bereits oben auf die Notwendigkeit und Schwierigkeit hingewiesen, für Wirkungsanalysen die jeweils *hypothetisch alternative Situation* zu konstruieren. Dabei wird in der wirtschaftspolitischen Tagesdiskussion sehr oft, in der Literatur gelegentlich die Flucht in den *intertemporalen Vergleich* angetreten, indem die Entwicklung unter dem Einfluß bestimmter finanzwirtschaftspolitischer Instrumente mit einer zeitlich früheren Situation ohne solche Instrumente oder mit einem niedrigeren Niveau des Instrumenteneinsatzes verglichen wird. Es wird dabei z. B. auf eine Überwälzung der Körperschaftsteuer geschlossen, wenn trotz steigender Körperschaftsteuersätze der Anteil der Nettogewinne am Volkseinkommen oder die Nettogesamt- bzw. Nettoeigenkapitalrendite im Vergleich zu einer bestimmten Ausgangssituation konstant bleibt[10]. Der Einwand gegen solche Studien liegt auf der Hand: Was rechtfertigt die Annahme, daß ohne Erhöhung der Körperschaftsteuer die genannten Größen konstant geblieben wären? Gibt es nicht zahlreiche simultane Änderungen im ökonomischen System, etwa den technischen Fortschritt, die fortschreitende Konzentration oder die wachsende Kapitalintensität, die möglicherweise von sich aus die Gewinnquote oder die Eigenkapitalrendite beeinflussen?

5.2. Befragung der Entscheidungsträger

Die Methode der *Befragung der Entscheidungsträger*, sei es durch Interviews, sei es mittels Fragebogen, beruht auf der Idee, sich unmittelbar an die Personen zu wenden, welche die mutmaßlich durch die finanzwirtschaftspolitischen

---

[10] Vgl. M. A. ADELMAN: The Corporate Income Tax in the Long Run, in: Journal of Political Economy, Bd. 65, 1957, S. 151–157; E. M. LERNER und E. S. HENDRIKSEN: Federal Taxes on Corporate Income and the Rate of Return on Investment in Manufacturing, 1927 to 1952, in: National Tax Journal, Bd. 9, 1956, S. 193–202.

Instrumente beeinflußten Entscheidungen treffen, „denn die müssen es ja schließlich wissen". Auf diese Weise wird z. B. versucht zu ermitteln, welche Bedeutung Steuern bei Investitionsentscheidungen der Unternehmen[11] haben oder wie Selbständige mit ihrem Arbeitsangebot auf Steuern reagieren[12].

Solche Untersuchungen können nützlich sein, sofern sie mit der erforderlichen methodischen Sorgfalt durchgeführt werden; allerdings muß man die begrenzte Reichweite der möglichen Erkenntnisse beachten. Im günstigsten Fall erhält man eine partialanalytische Information über die primäre Reaktion auf ein finanzwirtschaftspolitisches Instrument. Damit ist jedoch noch nicht die Frage nach den gesamtwirtschaftlichen Wirkungen und den dadurch ausgelösten Rückwirkungen beantwortet.

5.3. Ermittlung der Konsequenzen bestimmter Wirkungshypothesen

Die sog. Budgetinzidenzuntersuchungen sind sowohl sehr anspruchsvoll als auch in lediglich beschränktem Maße wirklich empirischer Natur. Gemeint sind hier Studien wie die von GERLOFF und WARTENBERG, um aus der umfangreichen Literatur nur eine Pionierstudie und eine umfassende spätere Arbeit zu zitieren[13]. Hier werden *scheinbar* die Verteilungswirkungen des gesamten Steuersystems oder gar des gesamten Budgets einschließlich der Ausgabenseite auf empirischem Weg ermittelt. In Wirklichkeit handelt es sich lediglich um den Versuch, auf empirischem Wege die *Konsequenzen bestimmter Wirkungshypothesen* zu ermitteln. Es wird z. B. nicht empirisch bestimmt, *ob* die Tabaksteuer überwälzt wird, sondern lediglich, wer von der Tabaksteuer belastet wird unter der *Annahme, daß sie überwälzt wird.* Dabei stützt man sich auf Statistiken über das Verhältnis von Ausgaben für mit Tabaksteuer belastete Waren zu Einkommen in Abhängigkeit von der Einkommenshöhe.

Untersuchungen dieser Art sind darüber hinaus aus folgendem Grund methodisch sehr problematisch: Wenn die Wirkungen der Steuern oder des gesamten öffentlichen Haushalts auf die personelle Verteilung untersucht werden, wird in den hier betrachteten Studien von einer bestimmten Ausgangseinkommensverteilung ausgegangen, auf welche die Wirkungshypothesen bezogen werden. Die dabei implizierte Annahme, daß die Bruttofaktoreinkommensverteilung von der Höhe und Struktur des öffentlichen Haushalts unabhängig ist, ist je-

---

[11] Vgl. E. GUTENBERG: Untersuchungen über die Investitionsentscheidungen industrieller Unternehmen, Köln–Opladen 1959.

[12] Vgl. G. F. BREAK: Income Taxes and Incentives to Work: An Empirical Study, in: American Economic Review, Bd. 47, 1957, S. 529–549.

[13] Vgl. W. GERLOFF: Verbrauch und Verbrauchsbelastung kleinerer und mittlerer Einkommen in Deutschland um die Wende des 19. Jahrhunderts, Jena 1907; U. WARTENBERG: Verteilungswirkungen staatlicher Aktivitäten. Ein Beitrag zur Untersuchung der personellen Budgetinzidenz, Berlin 1979.

denfalls bei dem heute üblichen Staatsanteil völlig unhaltbar[14]. In der (schwer vorstellbaren) Situation ohne Staat wäre zumindest die Struktur der Nachfrage anders, was natürlich nicht ohne Rückwirkung auf die Bruttoeinkommensverteilung bleiben kann. Deshalb sind Arbeiten wie die hier erwähnten schon aus methodischen Gründen nicht in der Lage, auch nur die Auswirkungen bestimmter Wirkungshypothesen aufzuzeigen, sofern es sich um den Gesamthaushalt oder jedenfalls gesamtwirtschaftlich ins Gewicht fallende Teile davon handelt.

Dieser Einwand verliert an Bedeutung, wenn das Anspruchsniveau wesentlich reduziert wird, z. B. nicht der Verteilungseffekt des *Gesamt*budgets, sondern lediglich eines kleinen Teiles davon untersucht wird, wenn es also gewissermaßen nur um marginale Änderungen geht.

5.4. Ökonometrische Studien

Wesentlich näher am Kern des Überwälzungsproblems und methodisch viel anspruchsvoller als die zuvor genannten Verfahren sind ökonometrische Untersuchungen, in denen Wirkungsaussagen mittels ökonometrischer Schätzmethoden abgeleitet werden. Dabei sind zwei Ansätze zu unterscheiden:

1) Einmal wird so vorgegangen, daß *einzelne Größen*, z. B. die privaten Konsumausgaben oder die Unternehmensgewinne eines Jahres, *als von bestimmten anderen Größen abhängig angenommen werden* und die Art dieses Zusammenhangs etwa mit Hilfe der multiplen Regressionsanalyse untersucht wird. So betrachten Krzyzaniak und Musgrave[15] in einer damals viel beachteten und viel kritisierten Studie über die kurzfristige Überwälzung der US-Körperschaftsteuer die Bruttogewinnrate als Funktion mehrerer Makrogrößen.

2) Zum anderen werden *umfassende Modelle mit empirisch geschätzten Parametern* benutzt, die nicht auf einzelne Wirkungsrichtungen abstellen, sondern die allgemeine Interdependenz zwischen den Größen des ökonomischen Systems berücksichtigen. Hier kann man in einer bestimmten Ausgangssituation einzelne finanzwirtschaftspolitische Instrumente ändern und dann untersuchen, wie sich dadurch die Entwicklung des Systems im Zeitlauf ändert; die jeweiligen Unterschiede sind dann die dem Instrumenteneinsatz zuzuschreibenden Wirkungen. Solche Modelle liegen auch für die Bundesrepublik Deutschland vor, z. B. das Frankfurter Modell des Sonderforschungsbereichs 3[16].

---

[14] Vgl. A. R. Prest: The Budget and Interpersonal Distribution, a.a.O., S. 88.

[15] Vgl. M. Krzyzaniak und R. A. Musgrave: The Shifting of the Corporation Income Tax. Baltimore 1963.

[16] Vgl. R. Hujer, H.-J. Hansen und E. Klein: The Contribution of Macroeconometric Models to the Evaluation of Tax Policies – Problems of Application Exemplified by the Frankfurt Model and the West German Tax Reform of 1990 –, in: J. K. Brunner und H.-G. Petersen (Hrsg.): Simulation Models in Tax and Transfer Policy, Reihe Wirtschaftswissenschaft, Bd. 11, Frankfurt–New York 1990, S. 150–168.

Kapitel 9

Partialanalyse

Literatur

a) Brown, Edgar C.: Tax Incentives for Investment, in: American Economic Review, Bd. 52, 1962, Papers and Proceedings, S. 335–345; deutsch in: Horst Claus Recktenwald (Hrsg.): Finanztheorie, 2. Aufl., Köln–Berlin 1970, S. 366–375.
Musgrave, Richard A.: The Theory of Public Finance. A Study in Public Economy, New York–Toronto–London 1959, S. 232–290; deutsch: Finanztheorie, 2. Aufl., Tübingen 1969, S. 183–251.

b) American Economic Association (Hrsg.): Readings in the Economics of Taxation, London 1959, besonders die Artikel von Rolph/Break, Little, Shoup, Domar/Musgrave, E. C. Brown und Cooper.

ATKINSON, ANTHONY B., und JOSEPH E. STIGLITZ: Lectures on Public Economics, Maidenhead 1980, Lectures 2–5.

BREAK, GEORGE F.: The Incidence and Economic Effects of Taxation, in: Alan S. Blinder u. a.: The Economics of Public Finance, Washington 1974, S. 119–237.

DANZIGER, SHELDON, ROBERT HAVEMAN und ROBERT PLOTNICK: How Income Transfer Programs Affect Work, Savings, and the Income Distribution: A Critical Review, in: Journal of Economic Literature, Bd. 19, 1981, S. 975–1028.

MUSGRAVE, RICHARD A.: The Theory of Public Finance. A Study in Public Economy, New York–Toronto–London 1959, S. 290–311; deutsch: Finanztheorie, 2. Aufl., Tübingen 1969, S. 251–274.

SCHNEIDER, DIETER: Investition und Finanzierung, 5. Aufl., Wiesbaden 1980, insb. Abschnitt C.

SIEVERT, OLAF, u. a.: Steuern und Investitionen, 2 Bände, Frankfurt u. a. O. 1989.

WALKER, DAVID: The Direct-Indirect Tax Problem: Fifteen Years of Controversy, in: Public Finance, Bd. 10, 1955, S. 153–176.

§ 35. Charakterisierung

Die Untersuchung der Wirkungen finanzwirtschaftspolitischer Instrumente soll zunächst im Rahmen der Partialanalyse fortgeführt werden. Wie bereits dargelegt, wird dabei jeweils nur ein Wirtschaftsausschnitt unter Verwendung der Ceteris-paribus-Klausel betrachtet. Die damit implizierten Annahmen sind um so realistischer,

– je geringer die Variation der betrachteten Einnahmen oder Ausgaben ist,
– auf je mehr Märkte sich die im analysierten Bereich freigesetzten oder zusätzlich eingesetzten Produktionsfaktoren verteilen,
– je geringer die Kreuzpreiselastizität der Nachfrage in bezug auf die Güter der ausgeklammerten Sektoren ist.

Die hier verwendete Partialanalyse ist *deduktiv* und *komparativ-statisch*, d. h. es werden Gleichgewichtszustände mit und ohne Einsatz des analysierten Instrumentes verglichen. Sie ist ferner überwiegend *mikroökonomischer Art*, teilweise wird allerdings bis zu Teilmärkten aggregiert. Es wird vollkommene Information unterstellt.

Die Ausführungen werden nach Entscheidungsbereichen gegliedert in
– Entscheidungen über Konsum und Sparen,
– Entscheidungen über das Arbeitsangebot,
– Entscheidungen über Preis und Ausbringung,
– Entscheidungen über Investitionen,
innerhalb derer die Wirkungen einzelner finanzwirtschaftspolitischer Instrumente untersucht werden.

§ 36. Die Wirkungen auf Konsum und Ersparnis

Zur Untersuchung des Einflusses finanzwirtschaftspolitischer Maßnahmen auf die Konsum- und Sparentscheidungen eines einzelnen privaten Haushalts wird angenommen, daß das am Markt erzielte Faktoreinkommen fix ist, die Produktpreise vorgegeben und von den Handlungen der betrachteten Wirtschaftssubjekte unabhängig sind und alle Steuern und Transfers unmittelbar beim Haushalt erhoben bzw. an den Haushalt ausgezahlt werden.

Ganz allgemein kann man die Wirkungen finanzwirtschaftspolitischer Maßnahmen unterteilen in Veränderungen des Dispositionsspielraums, in Veränderungen der relativen Preise der Elemente dieses Dispositionsspielraums und in Reaktionen der Entscheidungseinheiten auf diese Veränderungen. Wenn der Einfluß finanzwirtschaftspolitischer Maßnahmen auf die Konsum- und Sparentscheidungen privater Haushalte bei gegebenem Einkommen untersucht wird, kann spezieller formuliert werden: Veränderungen des Realeinkommens, Veränderungen der relativen Preise der einzelnen Formen der Einkommensverwendung und Reaktionen auf diese Veränderungen.

1. Einperiodenmodell ohne Ersparnis

1.1. Ausgangsgleichgewicht ohne finanzwirtschaftspolitische Instrumente

Es sei zunächst ein Einperiodenmodell ohne Ersparnis betrachtet, in dem das gesamte als fix angenommene verfügbare Einkommen für den Kauf von zwei Gütern x_1 und x_2 mit den Preisen p_1 und p_2 verwendet wird. Die realisierbaren und mit der Annahme über das Sparen kompatiblen Kombinationen von x_1 und x_2 werden durch die Budgetrestriktion

(9-1) $\qquad y = p_1 x_1 + p_2 x_2$

angegeben. Bei der Zielsetzung der Nutzenmaximierung wählt der Haushalt die Kombination, bei der seine Nutzenfunktion

(9-2) $\qquad u = u(x_1, x_2)$

ihr Maximum erreicht. Die notwendigen Marginalbedingungen lassen sich unter Verwendung der Lagrange-Methode ermitteln, wobei (9-2) unter der Nebenbedingung (9-1) maximiert wird:

(9-3) $\qquad F = u(x_1, x_2) + \lambda(y - p_1 x_1 - p_2 x_2) \overset{!}{=} \max.$

Aus den partiellen Ableitungen nach x_1, x_2 und λ ergibt sich die Gleichgewichtsbedingung

(9-4) $\qquad \dfrac{u_{x_2}}{u_{x_1}} = \dfrac{p_2}{p_1}\,,$

wobei u_{x_1} und u_{x_2} die Grenznutzen der beiden Güter bezeichnen.

Abbildung 9–1

Haushaltsgleichgewicht ohne finanzwirtschaftspolitische Instrumente

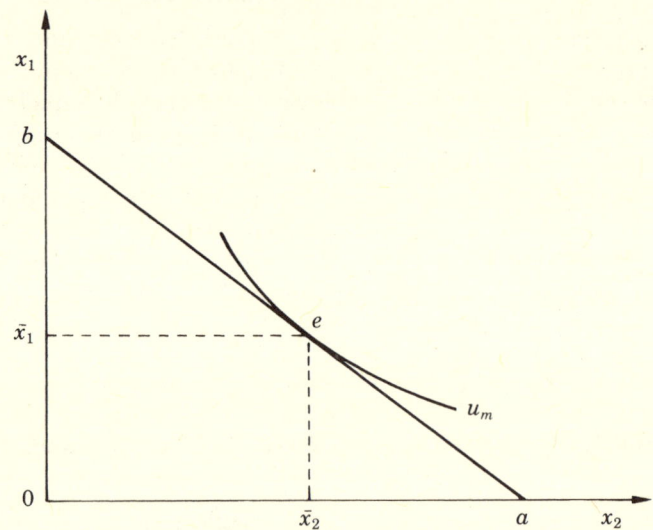

In Abb. 9-1 mit den Gütern x_1 und x_2 auf den Koordinaten, ab als Budgetgerade, wobei $ob = y / p_1$ und $oa = y / p_2$, ist dieses Gleichgewicht in Punkt e gegeben. Hier tangiert die Budgetgerade die höchste erreichbare Indifferenzkurve. Die Verbindung zwischen Punkt e und Gleichung (9-4) erhält man, wenn man berücksichtigt, daß für Bewegungen entlang der Indifferenzkurve u_m gilt

(9-5) $\qquad du = u_{x_1}\,dx_1 + u_{x_2}\,dx_2 = 0,$

für Bewegungen entlang der Budgetgeraden ab

(9-6) $\qquad dy = p_1\,dx_1 + p_2\,dx_2 = 0$

und daß in e die Steigung der Budgetgeraden und der Indifferenzkurve gleich sind.

Aus (9-5) erhält man $u_{x_2}/u_{x_1} = -\,dx_1/dx_2$, aus (9-6) $p_2 / p_1 = -\,dx_1/dx_2$ und für e

(9-7) $\qquad -\dfrac{dx_1}{dx_2} = \dfrac{p_2}{p_1} = \dfrac{u_{x_2}}{u_{x_1}}\,.$

Wenden wir uns nun der Frage zu, wie sich das Gleichgewicht unter dem Ein-

fluß finanzwirtschaftspolitischer Instrumente verändert, wobei das Bruttoeinkommen als gegeben betrachtet wird.

1.2. Wirkungen einer Fixsteuer

Im Fall einer Steuer, die von den Variablen x_1 und x_2 unabhängig ist, z. B. einer
Kopfsteuer k, lautet die Budgetgleichung (Budgetrestriktion)

(9-8) $y - k = p_1 x_1 + p_2 x_2.$

Wenn (9-2) unter der Nebenbedingung (9-8) maximiert wird, erhält man wieder
(9-4), d.h., die Einführung einer allgemeinen Einkommensteuer hat keinen
Einfluß auf die Optimalbedingung.

Abbildung 9–2

Verschiebung des Gleichgewichts durch Erhebung einer Einkommensteuer
(Kopfsteuer, allgemeinen Verbrauchsteuer)

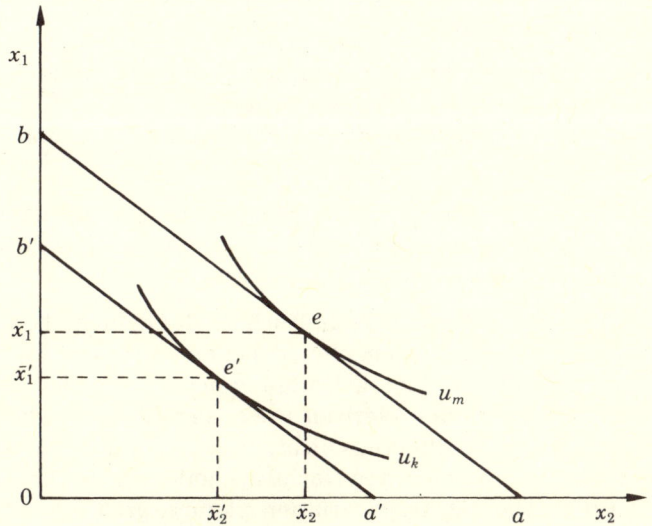

In der Abb. 9-2 zeigt sich die Erhebung einer Fixsteuer als parallele Verlagerung der Budgetgeraden nach links, wobei für den Steuerbetrag k gilt:

$$k = b'b \cdot p_1 = a'a \cdot p_2.$$

Diese Verschiebung ist Ausdruck der *Einschränkung des Dispositionsspiel-*
raums (= Reduktion des verfügbaren Einkommens). In dem Umstand, daß die
Neigung der neuen Budgetgeraden ($a'b'$) der der alten (ab) entspricht, zeigt
sich, daß die Erhebung der Fixsteuer in dem vorliegenden Entscheidungskon-

text die relativen Preise nicht verändert: Nach wie vor kann entsprechend dem Verhältnis p_1/p_2 zwischen x_1 und x_2 substituiert werden.

Das neue Gleichgewicht ist durch e' gekennzeichnet, in dem die neue Budgetgerade $a'b'$ die Indifferenzkurve u_k tangiert, die das höchste erreichbare Wohlfahrtsniveau repräsentiert. Da beide Güter als superior (Einkommenselastizität > 0) angenommen werden, wird von beiden weniger nachgefragt. Weil die Bewegung von e nach e' in Abb. 9-2 die Reaktion des Haushalts auf die Verringerung des Dispositionsspielraums (Einkommens) darstellt, wird sie als *Dispositionsspielraumeffekt* (Einkommenseffekt) bezeichnet.

Die vorstehende Analyse ist unmittelbar übertragbar auf
- die *Einkommensteuer* mit der neuen Budgetrestriktion $y(1 - t_e) = p_1x_1 + p_2x_2$, wobei t_e für den durchschnittlichen Einkommensteuersatz[1] steht,
- die *allgemeine Verbrauchsteuer*, die beide Güter mit dem einheitlichen Steuersatz t_v belastet, mit der neuen Budgetrestriktion $y = (1 + t_v)\,p_1x_1 + (1 + t_v)\,p_2x_2$, die umgeformt werden kann in $y/(1 + t_v) = p_1x_1 + p_2x_2$. Die von y nach $y/(1 + t_v)$ veränderte linke Seite bringt die Reduktion des Dispositionsspielraums (des Einkommens) zum Ausdruck, die unveränderte rechte Seite unveränderte relative Preise.

Die Analyse ist mit umgekehrtem Vorzeichen übertragbar auf
- ungebundene, frei verfügbare *Sozialtransfers*,
- die *Senkung* der vorstehend genannten *Einkommen-, Fix-* und *allgemeinen Verbrauchsteuer*.

In diesen Fällen muß in Abb. 9-2 $a'b'$ als Budgetgerade im Ausgangspunkt betrachtet werden, ab als Budgetgerade nach Zahlung des Sozialtransfers bzw. nach Senkung einer der drei genannten Steuern.

Alle bis jetzt genannten finanzwirtschaftlichen Maßnahmen bewirken lediglich eine Einkommensveränderung, ohne dabei eine Art der Einkommensverwendung zu begünstigen oder zu diskriminieren; sie verändern den Dispositionsspielraum, nicht aber die relativen Preise der Elemente dieses Dispositionsspielraums. Das heißt allerdings nicht, daß von der über die Variation des verfügbaren Einkommens bewirkten Nachfrageänderung alle Güter gleichmäßig tangiert würden. Die Nachfragevariation ist um so größer, je größer die Einkommenselastizität der Nachfrage nach einem Gut ist.

1.3. Wirkungen einer speziellen Verbrauchsteuer

Wird eine sog. spezielle, d.h. nicht alle, sondern nur einzelne Güter treffende, Verbrauchsteuer erhoben, etwa nur auf x_1, so lautet die Budgetgerade im Falle

---

[1] Zu den Begriffen durchschnittlicher Steuersatz und Grenzsteuersatz vgl. unten S. 303.

einer Wertsteuer, deren Bemessungsgrundlage das Produkt aus Menge und Preis darstellt,

(9-9) $y = (1 + t_{v_1})\, p_1 x_1 + p_2 x_2,$

wobei t_{v_1} den auf den Nettopreis (Preis ohne Steuer) bezogenen Steuersatz bezeichnet. Mit Hilfe des Lagrange-Ansatzes erhält man als notwendige Bedingung des Nutzenmaximums

(9-10) $\dfrac{p_2}{(1 + t_{v_1})\, p_1} = \dfrac{u_{x_2}}{u_{x_1}}.$

In Abb. 9-3 drückt sich die Erhebung einer speziellen Verbrauchsteuer auf x_1 in einer Drehung der Budgetgeraden von ab nach ab' aus, wobei $b'b\,/\,ob' = t_{v_1}$. Die Steuererhebung wirkt sich wie eine Erhöhung des Marktpreises von x_1 aus. Der Dispositionsspielraum wird um die Kombinationen im Dreieck abb' verringert. In der veränderten Neigung der Budgetgeraden zeigt sich die Änderung der relativen Preise: x_1 ist teurer geworden.

Abbildung 9–3

Verschiebung des Gleichgewichts durch Erhebung einer speziellen Verbrauchsteuer auf x_1

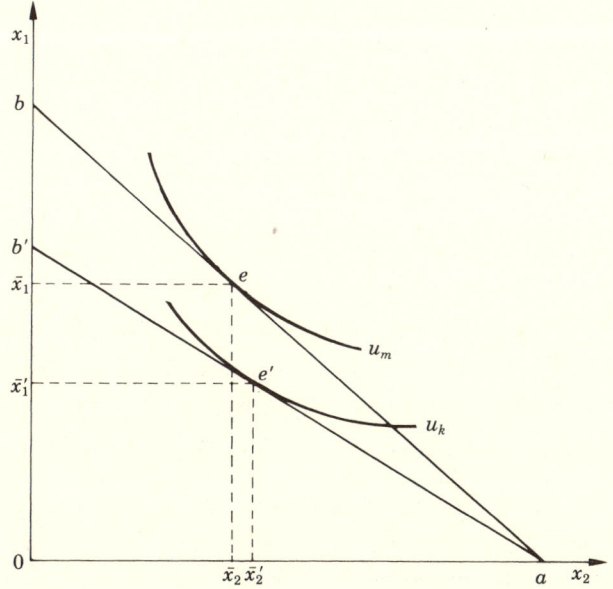

In Abb. 9-3 ist das neue Gleichgewicht in e' erreicht. Von x_2 wird mehr, von x_1 weniger konsumiert. Dieses Ergebnis ist allerdings nicht zwingend. Die Verringerung des Dispositionsspielraums wirkt in Richtung auf eine Einschränkung

des Verbrauchs von sowohl x_1 als auch x_2; die Veränderung der relativen Preise macht es vorteilhaft, x_1 durch x_2 zu substituieren. Bei x_1 induzieren die Änderungen sowohl des Dispositionsspielraums als auch der relativen Preise eine Einschränkung des Verbrauchs; bei x_2 gilt dies nur für den ersten Effekt, während der zweite in Richtung auf eine Verbrauchserhöhung wirkt. Sicher ist also nur, daß e' unter e liegt; ob rechts oder links davon, hängt von der relativen Stärke der beiden Effekte ab.

Abbildung 9–4

Die Verschiebung des Gleichgewichts als Kombination aus Dispositionsspielraum-
(Einkommens)effekt und Substitutionseffekt

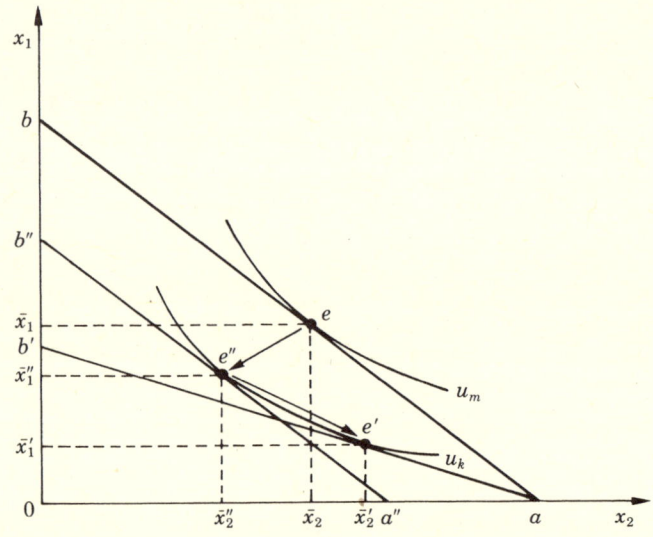

In Abb. 9-4, einer Erweiterung der Abb. 9-3, wird die Verlagerung der optimalen Kombination in einen Dispositionsspielraumeffekt (Bewegung von e nach e'') und in einen Substitutionseffekt (Bewegung von e'' nach e') zerlegt.

Die gleiche Analyse läßt sich unmittelbar für eine *zweckgebundene Transferzahlung* verwenden, d.h. für eine Transferzahlung, die z.B. nur für den Kauf von x_1, nicht aber von x_2 gewährt wird, und für eine Senkung der partiellen Verbrauchsteuer auf x_1. Beide wirken wie eine Senkung von p_1. Interpretiert man ab' als Ausgangsbudgetgerade, so verschiebt sich diese nach ab.

Punkt e'' bestimmt man, indem die Budgetgerade bei konstanter Neigung so lange zum Ursprung verschoben wird, bis die Indifferenzkurve u_k tangiert wird. Die Verlagerung von ab nach $a''b''$ entspricht im Rahmen der gemachten Annahme der Erhebung einer Fixsteuer, einer Einkommensteuer oder einer allgemeinen Verbrauchsteuer mit einem Aufkommen in Höhe von $b''b$ Einheiten von x bzw. in Höhe von $(b''b)\,p_1$. Die verwirklichten Nutzenniveaus in e' und e'' sind identisch, da die Punkte auf der gleichen Indifferenzkurve liegen. Das Aufkommen, das sich bei der speziellen Verbrauchsteuer auf x_1 ergibt, ist jedoch kleiner als bei den anderen Steuerformen, wie sich an dem horizontalen oder vertikalen Abstand zur ursprünglichen Budgetgerade ab zeigt.

2. Zweiperiodenmodell mit temporärer Ersparnis

Die Untersuchung soll jetzt um die Ersparnis erweitert werden. Zur Vereinfachung wird angenommen, daß in der Periode t_0 ein fixes Einkommen y_0 bezogen wird, das auf den Konsum c_0 in t_0 und auf die Ersparnis s_0, die in t_1 für c_1 verwendet wird, aufzuteilen ist.

2.1. Ausgangsgleichgewicht ohne finanzwirtschaftspolitische Instrumente

Die zu maximierende Nutzenfunktion lautet jetzt

(9-11) $u = u(c_0, c_1),$

die Budgetbeschränkung für den Fall, daß auf die Ersparnisse keine Zinsen erzielt werden,

(9-12) $y_0 = c_0 + s_0 = c_0 + c_1,$

für den im folgenden zugrundegelegten Fall eines positiven Zinssatzes von i

(9-13) $y_0 = c_0 + s_0 = c_0 + c_1/(1 + i).$

Mit Hilfe des Lagrange-Ansatzes erhält man über

(9-14) $F = u(c_0, c_1) + \lambda[y_0 - c_0 - c_1/(1 + i)] \overset{!}{=} \max$

als notwendige Gleichgewichtsbedingung

(9-15) $\dfrac{u_{c_0}}{u_{c_1}} = 1 + i\,.$

In der Abb. 9-5 mit $i = bb'/ob$ ist die Bedingung im Tangentialpunkt e der Indifferenzkurve u_i mit der Budgetgeraden ab' erfüllt. Hier entspricht die Steigung der intertemporalen Budgetgeraden der Zeitpräferenzrate, so daß gilt: $1 + i = -\,dc_1/dc_0$.

Wenden wir uns jetzt wieder der Analyse einzelner finanzwirtschaftspolitischer Instrumente zu.

Abbildung 9–5

Zweiperiodenmodell mit temporärer Ersparnis:
Ausgangsgleichgewicht ohne finanzwirtschaftspolitische Instrumente

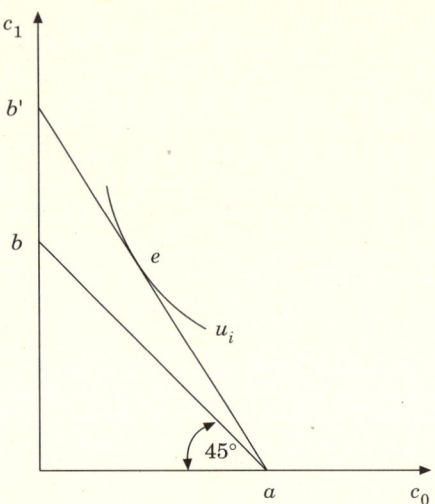

2.2. Wirkungen einer Fixsteuer

Wird eine Steuer erhoben, die von den Variablen des Modells (c_0, s_0 und c_1) unabhängig ist (z. B. eine Kopfsteuer, in dem speziellen Fall *gegebenen* Einkommens in t_0 allerdings auch eine Einkommensteuer auf y_0, nicht aber auf $i \cdot s_0$), so bewirkt dies in Abb. 9-5 eine (dort nicht eingezeichnete) Verschiebung der Budgetgeraden ab' nach links, ohne daß sich deren Neigung verändert. Der Zinsertrag wird nämlich nicht besteuert, damit auch nicht der Anstieg der intertemporalen Budgetgeraden $- dc_1/dc_0 = 1 + i$ tangiert, d. h. die Möglichkeit, c_0 in c_1 zu transformieren. Die Reduktion von s_0 und c_0 entsprechend der marginalen Spar- bzw. Konsumquote ist lediglich Ausdruck des Dispositionsspielraumeffekts. Das neue Gleichgewicht liegt also links unterhalb von e, wenn man realistischerweise davon ausgeht, daß die Elastizität der Nachfrage sowohl nach c_0 als auch nach c_1 in bezug auf das verfügbare Einkommen positiv ist.

Wiederum läßt sich die Analyse mit umgekehrtem Vorzeichen auf *frei verfügbare Sozialtransferzahlungen* übertragen.

2.3. Wirkungen einer einheitlichen allgemeinen Verbrauchsteuer auf c_0 und c_1

Eine allgemeine Verbrauchsteuer, die mit gleichem Steuersatz auf c_0 und c_1 erhoben wird, verschiebt wie im Falle 1.2 die intertemporale Budgetgerade parallel nach links. Zwar kann man jetzt – im Unterschied zur vorstehend geschilderten Fixsteuer – in t_0 der Steuer durch Sparen ausweichen, muß dann aber dafür in t_1 mehr Steuern zahlen, wenn die Zinsen auf den in t_0 gesparten Einkommensteil konsumtiv verwendet werden. Der Gegenwartswert der zu zahlenden Steuer ist also von der Einkommensverwendung unabhängig. Unter den hier gemachten Annahmen eines gegebenen Einkommens wirkt die einheitliche allgemeine Verbrauchsteuer auf c_0 und c_1 prinzipiell wie eine fixe Steuer. Die Budgetrestriktion lautet

(9-16) $y_0 = (1 + t_v) c_0 + (1 + t_v) c_1/(1 + i)$ bzw.

     $y_0/(1 + t_v) = c_0 + c_1/(1 + i)$.

Wie im Falle der Fixsteuer liegt das neue Gleichgewicht links und unterhalb von e. Die genaue Lage hängt von der marginalen Konsum- bzw. marginalen Sparquote ab.

2.4. Wirkungen einer allgemeinen Verbrauchsteuer lediglich auf c_0

Wird eine allgemeine Verbrauchsteuer nur in t_0 erhoben, so steigen die Preise einschließlich Steuern in t_0 im Vergleich zu den Preisen in t_1. Die Budgetrestriktion lautet jetzt

(9-17) $y_0 = (1 + t_{v_0}) c_0 + c_1/(1 + i)$,

wobei t_{v_0} für den Steuersatz auf c_0 steht. Für die Steigung der intertemporalen Budgetgeraden gilt jetzt

(9-18) $-\dfrac{dc_1}{dc_0} = (1 + t_{v_0}) (1 + i)$.

Die Preise einschließlich Verbrauchsteuern steigen in t_0 im Vergleich zu t_1. In Abb. 9-6 drückt sich dies in einer Verlagerung der Budgetgeraden von ab' nach $a'b'$ aus. Das Dreieck aba' ist Ausdruck des reduzierten Dispositionsspielraums. Der im Vergleich zu ab' steilere Anstieg von $a'b'$ zeigt, daß die auf t_0 beschränkte Verbrauchsbesteuerung wie eine *Erhöhung des Zinssatzes* wirkt.

Die Änderung sowohl des Dispositionsspielraums als auch der Steigung der intertemporalen Budgetgeraden wirken in Richtung auf eine Reduktion von c_0. In bezug auf c_1 wirken beide Effekte in entgegengesetzter Richtung. In Abb. 9-6 liegt das neue (nicht eingetragene) Gleichgewicht links von e; ob ober- oder unterhalb davon, hängt von der relativen Stärke der beiden Effekte ab.

Abbildung 9–6

Zweiperiodenmodell mit temporärer Ersparnis:
Wirkung einer Verbrauchsteuer auf c_0

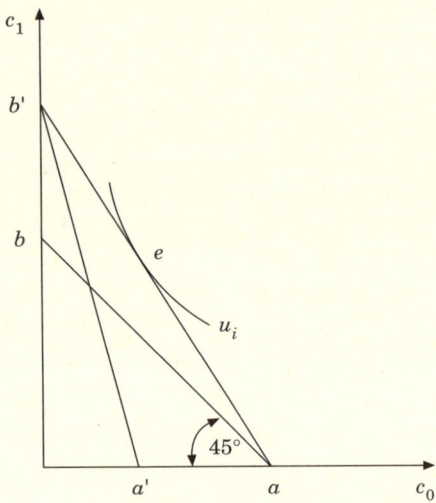

Die gleiche Analyse kann mit umgekehrtem Vorzeichen für eine *Senkung der Verbrauchsteuer* auf c_0 oder für eine für c_0 *zweckgebundene Transferzahlung* verwendet werden. In Abb. 9-6 ist dann $a'b'$ die Ausgangsbudgetgerade, ab' die Budgetgerade nach Senkung der Verbrauchsteuer bzw. nach Gewährung der als Prozentsatz von c_0 festgelegten Transferzahlung.

2.5. Wirkungen einer allgemeinen Verbrauchsteuer lediglich auf c_1

Eine mit dem Steuersatz t_{v_1} erhobene allgemeine Verbrauchsteuer mit der Budgetrestriktion

(9-19) $$y_0 = c_0 + \frac{1 + t_{v_1}}{1 + i} c_1$$

und der Steigung der intertemporalen Budgetgeraden

(9-20) $$-\frac{dc_1}{dc_0} = \frac{1 + i}{1 + t_{v_1}}$$

bewirkt sowohl über die Einschränkung des Dispositionsspielraums als auch über die Veränderung des intertemporalen Preisverhältnisses eine Reduktion von c_1; in bezug auf c_0 wirken beide Änderungen in entgegengesetzter Richtung. In Abb. 9-5 muß das dort nicht eingetragene neue Gleichgewicht also unterhalb von e liegen; ob rechts oder links davon, hängt von der relativen Stärke beider Effekte ab.

Diese Analyse kann mit umgekehrtem Vorzeichen für eine *Senkung der allgemeinen Verbrauchsteuer nur auf* c_1, für eine auf s_0 bezogene *Sparprämie* oder für eine für c_1 *zweckgebundene Transferzahlung* verwendet werden.

2.6. Wirkungen einer Einkommensteuer

Die Wirkungen einer Einkommensteuer können im vorliegenden Modell als Kombination von Änderungen des Dispositionsspielraums (wie im Falle 2.2) und der Steigung der intertemporalen Budgetgeraden (wie im Falle 2.5) interpretiert werden. Die Einkommensteuer reduziert nämlich einmal in t_0 das disponible Einkommen (den Dispositionsspielraum), zum anderen aber auch den Kapitalertrag $i \cdot s_0$. Wollte man dies in Abb. 9-5 berücksichtigen, müßte man die Budgetgerade ab' nach links verschieben und gleichzeitig ihren Anstieg reduzieren.

Im Falle eines proportionalen Steuersatzes t_e gilt für die Budgetgerade

(9-21) $(1 - t_e) y_0 = c_0 + c_1 / [1 + (1 - t_e) i]$ und

(9-22) $-\dfrac{dc_1}{dc_0} = 1 + (1 - t_e) \, i$.

Im Falle einer progressiven Einkommensteuer wird die ausdrückliche Unterscheidung zwischen durchschnittlichem Steuersatz $t_e = T_e / y$ und marginalem Steuersatz $t'_e = dT_e / dy$ erforderlich; in 9-22 wird dann t_e durch t'_e ersetzt.

Die Änderung sowohl des Dispositionsspielraums als auch der Steigung der intertemporalen Budgetgeraden bewirkt eine Einschränkung von c_1; in bezug auf c_0 wirken beide Effekte in entgegengesetzter Richtung. In Abb. 9-5 liegt das (dort nicht eingezeichnete) neue Gleichgewicht unterhalb von e; ob rechts oder links davon, hängt von der relativen Stärke der beiden Effekte ab.

2.7. Zusammenfassung

In dem bisher zugrundegelegten Zweiperiodenmodell sind neutral in dem Sinne, daß sie nur den Dispositionsspielraum, nicht aber die Steigung der intertemporalen Budgetgeraden verändern, die Fixsteuer, frei verfügbare, d.h. nicht für c_0 oder c_1 zweckgebundene, Transferzahlungen an private Haushalte sowie mit einem einheitlichen Steuersatz sowohl auf c_0 als auch auf c_1 erhobene allgemeine Verbrauchsteuern. Nicht neutral sind Verbrauchsteuern nur auf c_0 oder nur auf c_1, für c_0 oder c_1 zweckgebundene Transferzahlungen, die Einkommensteuer sowie Sparprämien. Diese Liste könnte noch um die hier nicht analysierten Vermögensteuern erweitert werden.

Der Leser sei daran erinnert, daß diese Ergebnisse unter der Annahme eines *gegebenen* Einkommens, d. h. bei gegebenen Lohnsätzen: eines *fixen Arbeitsangebots*, abgeleitet worden sind. Wie in § 37 gezeigt werden wird, verlieren außer der Fixsteuer alle genannten finanzpolitischen Instrumente ihren neutralen Charakter, wenn das Arbeitsangebot variabel ist.

3. Die Einbeziehung permanenter Ersparnisse

Nur ein Teil der Ersparnisse stellt temporären Konsumverzicht dar. Unternehmer, die betriebliche Investitionen mit Eigenmitteln finanzieren, haben in der Regel nicht die Absicht, später für Konsumzwecke zu desinvestieren. Wenn man diese permanente Akkumulation einbezieht, verliert auch die allgemeine Verbrauchsteuer auf c_0 und c_1 ihren neutralen Charakter.

4. Die Bedeutung der Veränderung der Realverzinsung

Die vorstehenden Ausführungen zur Konsum-Spar-Entscheidung zeigen, wie sich die *Wahlmöglichkeiten* eines privaten Haushaltes unter dem Einfluß alternativer finanzpolitischer Maßnahmen ändern und in welcher Richtung die Anpassungen bei Nutzenmaximierung erfolgen. Wenn man von den üblichen stetig gekrümmten Indifferenzkurven ausgeht, wird um so weniger gespart, je stärker die Steuer die Ersparnis diskriminiert. Die Frage ist, welche *tatsächliche Bedeutung* diesem Aspekt zukommt. Veränderungen der Steigung der intertemporalen Budgetgeraden sind Veränderungen der Realverzinsung. Lange Zeit wurde, wohl unter der Dominanz der KEYNESschen Konsumfunktion, die Ersparnis als zinsunabhängig oder allenfalls als sehr schwach zinsabhängig angesehen. In einer Welt der Unsicherheit wird ja auch der Vorteil der Ersparnis nicht so sehr in dem konkreten höheren künftigen Konsum, sondern in dem abstrakten vergrößerten Sicherheitspotential gesehen, das mit der Ersparnis unmittelbar und nicht erst durch künftige Zinserträge geschaffen wird. In der theoretischen Literatur wird heute besonders im Lager der angebotsorientierten Neoklassiker in der Regel von einer beträchtlichen Zinselastizität ausgegangen.

Die Antworten, die empirische, meist auf die USA bezogene Untersuchungen ergeben, sind nicht einhellig, was angesichts der unterschiedlichen Daten und der vielfältigen Probleme, die mit dem Versuch, die Zinselastizität zu isolieren, verbunden sind, nicht überrascht. „It is not easy to give a summary characterization of the empirical work which has been done in this area"[2], meint SANDMO am Ende eines Literaturüberblicks und fährt dann fort: „It certainly seems to indicate that the relative price effects could be rather substantial and that the

---

[2] A. SANDMO: The Effects of Taxation on Savings and Risk Taking, in: A. J. Auerbach und M. Feldstein (Hrsg.): Handbook of Public Economics, Bd. 1, Amsterdam–New York–Oxford 1985, S. 282.

consequence of taxation for saving incentives clearly go beyond those of a pure reduction of real disposable income." Für die Bundesrepublik Deutschland kommt HANSEN[3] zu dem Ergebnis, daß der private Verbrauch bzw. als Spiegelbild die private Ersparnis langfristig zinsunelastisch ist.

5. Mikro- versus makroökonomische Analyse

Aus den vorstehenden Bemerkungen, die sich auf die Analyse eines *einzelnen* Haushalts beziehen, darf man nicht schließen, daß es für die Sparquote privater Haushalte insgesamt irrelevant wäre, ob man eine Mehrwert- oder eine Einkommensteuer wählt. Der Übergang von einer Abgabe zur anderen bringt nämlich nicht nur Unterschiede in bezug auf die Änderungen des Anstiegs der intertemporalen Budgetgeraden mit sich, sondern auch in der Verteilung der Steuerlast[4]. Eine Einkommensteuer, schon gar eine progressive, geht in stärkerem Maße als eine allgemeine Verbrauchsteuer zu Lasten der Ersparnis, aber weniger wegen der Tatsache, daß die Einkommensteuer via Reduktion des Kapitalertrags den individuellen Sparanreiz verringert, sondern weil sie stärker die Personen belastet, die überhaupt oder besonders viel sparen.

§ 37. Die Wirkungen auf das Arbeitsangebot

Bislang wurde von einem fixen Arbeitsangebot ausgegangen. Diese Annahme soll jetzt aufgehoben und der Einfluß finanzwirtschaftspolitischer Instrumente auf das optimale Arbeitsangebot eines Individuums betrachtet werden. Arbeitsangebot und Arbeitsnachfrage werden dabei als homogen unterstellt.

1. Ausgangsgleichgewicht ohne finanzwirtschaftspolitische Instrumente

Die Frage nach dem optimalen Arbeitsangebot wird in der Literatur in der Regel als Optimierungsaufgabe zwischen Arbeitszeit und Freizeit (f) aufgefaßt, wobei zur Vereinfachung vom Nichtarbeitseinkommen abgesehen wird. Wenn der Haushalt eine Nutzenfunktion

$$(9\text{-}23) \qquad u = u(y, f)$$

unter der Nebenbedingung

---

[3] Vgl. H.-J. HANSEN: Der Einfluß der Zinsen auf den privaten Verbrauch in Deutschland, Diskussionspapier 3/96 der Volkswirtschaftlichen Forschergruppe der Deutschen Bundesbank, Frankfurt/M. 1996.
[4] Vgl. R. A. MUSGRAVE: The Theory of Public Finance, a.a.O., S. 268–272; Finanztheorie, a.a.O., S. 225–230.

$$(9\text{-}24) \qquad a = f + y/w$$

mit a = gesamte für f und y disponible Zeit und w = Lohnsatz maximiert, erhält man über

$$F = u\,(y, f) + \lambda(a - f - y/w) \overset{!}{=} \max$$

die notwendige Marginalbedingung

$$(9\text{-}25) \qquad u_f/u_y = w.$$

Im Optimum entspricht der Lohnsatz dem Verhältnis der Grenznutzen von Freizeit und Einkommen.

Abbildung 9–7

Das optimale Arbeitsangebot ohne finanzwirtschaftspolitische Instrumente

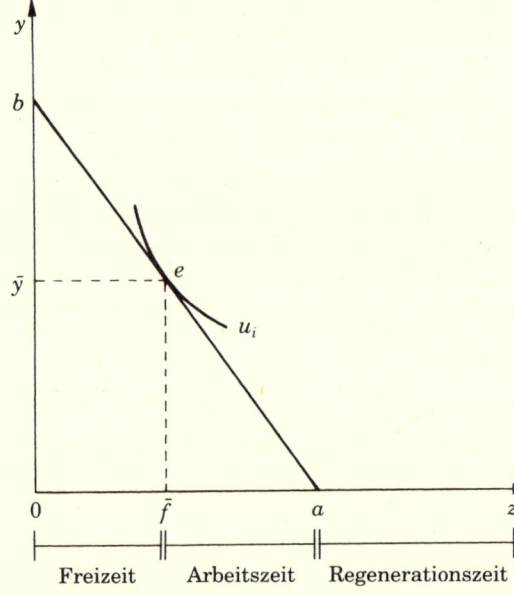

In Abb. 9-7 bezeichnet oa die maximal mögliche Freizeit; die Zeit rechts davon steht als biologisch notwendige Regenerationszeit nicht zur Disposition. Einer Bewegung von o nach a entsprechen steigende Freizeit bzw. abnehmende Arbeitszeit. Die Möglichkeit, Freizeit über Arbeitszeit in Arbeitseinkommen zu transformieren, ist durch den Lohnsatz w bestimmt. Das Arbeitseinkommen erreicht mit ob sein mögliches Maximum mit $f = 0$, die Freizeit bei $f = ao$ mit $y = 0$. ab ist die Budgetgerade, die für eine gegebene disponierbare Zeit oa und den gegebenen Lohnsatz ob/oa alle möglichen Kombinationen von Freizeit und Arbeitseinkommen anzeigt.

Die optimale Kombination ist durch Punkt e gekennzeichnet, in dem die Budgetgerade ab die höchste erreichbare Indifferenzkurve tangiert.

2. Wirkungen einer Einkommensteuer

2.1. Proportionale Einkommensteuer

Eine proportionale Einkommensteuer, bei der das Verhältnis Einkommensteuerbetrag zu Einkommen konstant ist, verändert die Nutzenfunktion in:

(9-26) $u = u[(1 - t_e)\,y, f]$

und die Marginalbedingung für das Optimum in

(9-27) $\dfrac{u_f}{u_y} = (1 - t_e)\,w.$

In Abb. 9-8 dreht die Einkommensteuer die Budgetgerade ab nach unten, und zwar nach ab' für $t_e = b'b/ob$. Damit wird der Dispositionsspielraum um das Dreieck $b'ba$ kleiner; zudem sinken die Opportunitätskosten der Freizeit von w auf $(1 - t_e)w$.

Abbildung 9–8

Die Wirkung einer proportionalen Einkommensteuer

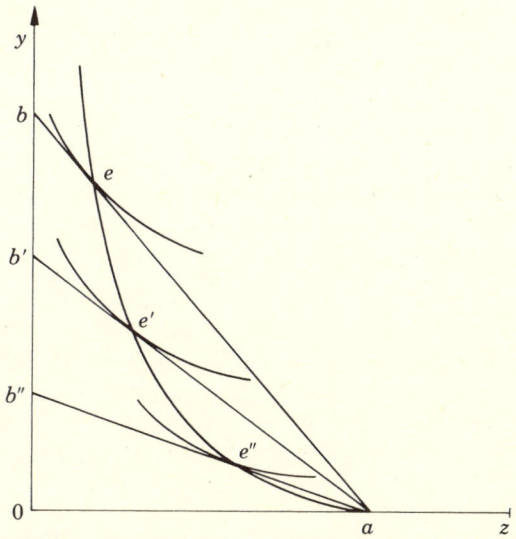

Diese Dispositionsspielraumänderung bewirkt, daß die Nachfrage sowohl nach Arbeitseinkommen als auch nach Freizeit zurückgeht, da beide in bezug auf den hier betrachteten, Arbeitseinkommen und Freizeit umfassenden Dispositionsspielraum superior sind, zumal sie teilweise in einem komplementären Verhältnis zueinander stehen.

Die Einkommensteuer belastet lediglich die Erzielung von Arbeitseinkommen, nicht jedoch die Freizeit. Wenn man das alternativ erzielbare Einkommen als Preis der Freizeit betrachtet, ist durch die Einkommensteuer die Freizeit billiger geworden, was in der oben dargelegten Veränderung des Nettolohnsatzes zum Ausdruck kommt. Sofern die Nachfrage nach Freizeit in diesem Sinn preiselastisch ist, ergibt sich ein Substitutionseffekt in Richtung auf weniger Arbeitseinkommen und mehr Freizeit.

Die Dispositionsspielraum- und die Nettolohnsatzänderung wirken beide in Richtung auf eine geringere Nachfrage nach Arbeitseinkommen (bzw. nach den damit erwerbbaren Gütern), während bei der Nachfrage nach Freizeit die beiden Änderungen in unterschiedliche Richtungen wirken. In Abb. 9-8 liegt das neue Optimum unter e; ob rechts oder links davon, läßt sich mit Hilfe des hier verwendeten Instrumentariums nicht eindeutig sagen.

2.2. Progressive Einkommensteuer

Bei einer progressiven Einkommensteuer ist die durchschnittliche Belastung, die die Nachfrage nach Freizeit reduziert, kleiner als die marginale Belastung, die wegen der Veränderung der relativen Preise die Nachfrage nach Freizeit erhöht. Daraus wird im allgemeinen gefolgert, daß das individuelle Arbeitsangebot geringer ist, wenn ein Wirtschaftssubjekt einen gegebenen Steuerbetrag unter einer progressiven statt einer proportionalen Steuer aufbringen muß. In Abb. 9-9 wird dies bestätigt, wenn man die proportionale Einkommensteuer mit der Budgetgeraden ab' und dem Gleichgewichtspunkt e' mit der progressiven Steuer mit der Budgetlinie ab''' und dem Gleichgewichtspunkt e'' vergleicht. e' und e'' liegen auf einer Parallelen $a'b''$ zur ursprünglichen Budgetgeraden ab, führen also zum gleichen Steueraufkommen.

Bei einer Anpassungskurve von der in Abb. 9-8 dargestellten Art gibt es allerdings in Abb. 9-9 auf der Linie $a'b''$ rechts von e'' noch eine weitere (hier nicht eingezeichnete) proportionale Steuer mit einem höheren Steuersatz, die bei gleichem Steueraufkommen mit einem geringeren Arbeitsangebot verbunden ist als die betrachtete progressive Steuer[5]. Im Vergleich zu ihr ist dann lediglich die aufkommensgleiche proportionale Steuer des niedrigeren Steuersatzes mit einem höheren Arbeitsangebot verbunden.

Es ist allerdings fraglich, ob der Anpassungspfad insbesondere im unteren Teil den in Abb. 9-8 bezeichneten Verlauf hat. Wenn es um den Kauf eines einzelnen

---

[5] Vgl. J. G. Head: A Note on Progression and Leisure: Comment, in: American Economic Review, Bd. 56, 1966, S. 172–179

Abbildung 9–9

Die Wirkung proportionaler und progressiver Einkommensteuern im Vergleich

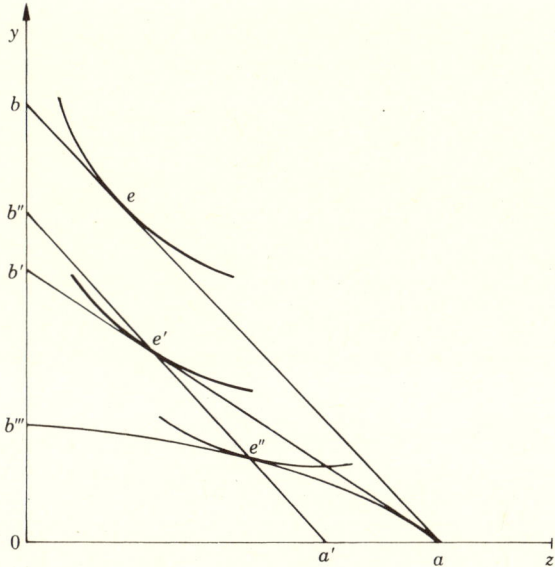

Gutes geht, ist es vorstellbar, daß es bei extrem hohen Steuersätzen völlig substituiert wird. Das ist bei der Freizeit-Arbeitszeit-Wahl aber anders. Spätestens wenn man sich dem Existenzminimum nähert, werden zusätzliche Belastungen doch wohl dazu führen, daß weniger Freizeit nachgefragt, also mehr Arbeitszeit angeboten wird. Es ist durchaus vorstellbar und jedenfalls im unteren Bereich realistisch, daß der Anpassungspfad den in Abb. 9-10 angegebenen Verlauf hat.

Wie oben im Fall der Konsum-Spar-Entscheidung[6] ist auch hier vor der Übertragung von Ergebnissen einzelwirtschaftlicher Untersuchungen auf die Gesamtwirtschaft zu warnen. Selbst wenn man davon ausgeht, daß das Arbeitsangebot in den einzelnen Haushalten kleiner ist, wenn ein gegebener Steuerbetrag mit einer progressiven statt mit einer proportionalen Steuer erhoben wird, darf man nicht verallgemeinernd davon ausgehen, daß die aufkommensgleiche Substitution einer proportionalen durch eine progressive Steuer das gesamtwirtschaftliche Arbeitsangebot reduziert[7]. Eine solche Maßnahme bedeutet nämlich immer gleichzeitig eine Umverteilung der Steuerlast von den Bezie-

---

[6] Vgl. oben S. 135.
[7] Vgl. R. A. MUSGRAVE: The Theory of Public Finance, a.a.O., S. 243–246; Finanztheorie, a.a.O., S. 195–198.

Abbildung 9–10

Alternativer Verlauf der Arbeitsangebotskurve

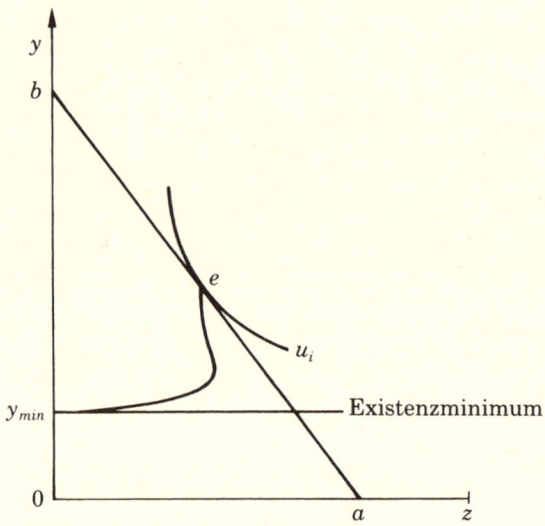

hern niedriger zu den Beziehern hoher Einkommen, und es kann nicht ausgeschlossen werden, daß die einzelnen Gruppen auf Steuerveränderungen unterschiedlich reagieren.

2.3. Die Anpassungsmöglichkeiten

Das hier skizzierte Modell mit der optimalen Wahl zwischen Arbeitszeit und
Freizeit wird oft als irrelevant bezeichnet, weil faktisch die Möglichkeit der Ar-
beitsangebotsvariation nicht gegeben sei. In der Tat ist für die Masse der unselbständig Beschäftigten die Arbeitszeit recht fix, allerdings sollte man nicht
übersehen,
– daß teilweise die Möglichkeit besteht, freiwillig Überstunden zu leisten,
– daß die Arbeitsintensität variiert werden kann (z. B. bei Akkordarbeit),
– daß die Zahl der arbeitenden Familienmitglieder ebenfalls eine Variable ist,
– daß es Teilzeitbeschäftigungen gibt,
– daß ferner die Möglichkeit besteht, in der Urlaubszeit zu arbeiten,
– daß der Zeitpunkt der Pensionierung oft, jedenfalls innerhalb gewisser
  Grenzen, variabel ist,
– daß im Bereich der Selbständigen die Anpassungsflexibilität allgemein sehr
  groß ist, zusätzlich zu den genannten Punkten auch in bezug auf die Möglichkeit, eigene Arbeitskraft durch fremde Arbeitskräfte zu substituieren,
  und schließlich

– daß die tarifliche Arbeitszeit durch die Tarifpartner geändert werden kann.

So gesehen ist es nicht gerechtfertigt, die hier vorgenommene Analyse des optimalen Arbeitsangebots unter Hinweis auf institutionelle Starrheiten als irrelevant zu bezeichnen.

2.4. Ergebnisse empirischer Untersuchungen

Auch, aber nicht nur wegen der theoretischen Unbestimmtheit des Einflusses von Steuern auf das Arbeitsangebot besteht ein großes Interesse an empirischen Arbeiten auf diesem Gebiet. Sie liegen vor allem für angelsächsische Länder vor, nicht für die Bundesrepublik Deutschland. Während die ersten Arbeiten, die sich überwiegend der Interview-Methode bedienten, übereinstimmend zu dem Ergebnis gelangten, daß der einkommensteuerliche Einfluß vernachlässigt werden kann, wird in jüngeren ökonometrischen Studien eher ein bedeutsamer negativer Einfluß festgestellt[8].

3. Wirkungen von Verbrauchsteuern

Man kann Verbrauchsteuern zunächst wiederum mit den in unterschiedlicher Richtung wirkenden Änderungen des Dispositionsspielraums einerseits, des Nettolohnsatzes andererseits ganz analog der Vorgehensweise bei der Einkommensteuer untersuchen. Die steuerliche Belastung ist, auf das Nominaleinkommen bezogen, progressiv, proportional oder regressiv, je nachdem, ob die Einkommenselastizität der Nachfrage in bezug auf die besteuerten und dadurch teurer gewordenen Güter größer als 1, gleich 1 oder kleiner als 1 ist.

Die Reduktion der marginalen Opportunitätskosten der Freizeit ist im Vergleich zur Reduktion des Dispositionsspielraums (Einkommens) vergleichsweise stark bei Verbrauchsteuern auf Luxusgüter, deren Anteil mit wachsendem Einkommen steigt. Bei Grundnahrungsmitteln ist es umgekehrt: Die Belastung des Gesamteinkommens ist höher als die der marginalen Einkommensänderung, Dispositionsspielraum- und Nettolohnsatzänderung stehen hier in einem Verhältnis, das sich im Rahmen der Einkommensteuer nur durch eine regressive Lastverteilung erzielen ließe, also durch einen Tarif, bei dem die durchschnittliche Belastung mit steigendem Einkommen abnimmt.

Zwischen Verbrauch- und Einkommensteuern können bei gleicher realer Belastung wegen der unterschiedlichen *Merklichkeit* Wirkungsunterschiede bestehen, wenn Wirtschaftssubjekte der Geldillusion unterliegen und wenn man berücksichtigt, daß in der Realität Verbrauchsteuern nicht direkt beim Konsu-

---

[8] Vgl. die Literaturübersichten in A. B. ATKINSON und J. E. STIGLITZ: Lectures on Public Economics, a.a.O., S. 48–61, und in J. A. HAUSMAN: Taxes and Labor Supply, in: A. J. Auerbach und M. Feldstein (Hrsg.): Handbook of Public Economics, Bd. 1, a.a.O., S. 238–243.

menten, sondern auf vorgelagerten Stufen erhoben und nicht für den Konsumenten erkennbar ausgewiesen werden. Auf eine gegebene reale Einkommensreduktion wird dann stärker reagiert, wenn sie – wie im Falle der Einkommensteuer – durch Reduktion des Nominaleinkommens anstatt durch verbrauchsteuerbedingt erhöhte Preise bei gleichbleibendem Nominaleinkommen bewirkt wird.

4. Wirkungen einer Kopfsteuer

Im Rahmen des oben in § 36 betrachteten Modells mit fixem Arbeitsangebot und der Wahl zwischen zwei Konsumgütern in einer Periode verändern die allgemeine Einkommensteuer und die allgemeine Verbrauchsteuer im Gegensatz zu speziellen Verbrauchsteuern die relativen Konsumgüterpreise nicht. Diese Neutralität besteht allerdings im Rahmen der Sparanalyse nicht mehr, weil die Einkommensteuer die Realverzinsung reduziert bzw. die allgemeine Verbrauchsteuer die permanente Ersparnis begünstigt.

Abbildung 9–11

Die Wirkung einer Kopfsteuer auf das optimale Arbeitsangebot

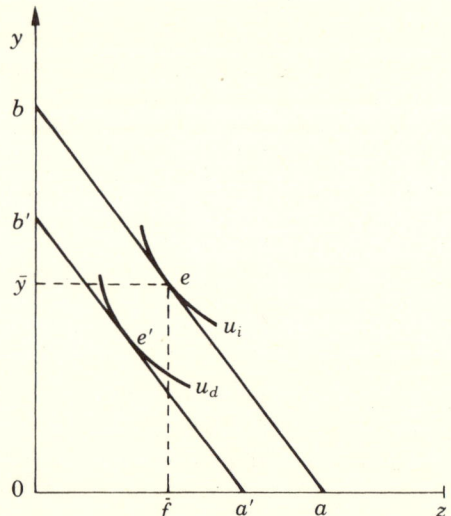

Neutralität besteht auch dann nicht mehr, wenn das Arbeitsangebot als Variable eingeführt und damit die Optimierungsaufgabe um das Gut „Freizeit" erweitert wird. Einkommen-, allgemeine und spezielle Verbrauchsteuern sind dann spezielle Steuern auf die Arbeitszeit bzw. deren Ergebnis, welche die Freizeit relativ verbilligen. Ohne Einfluß auf die Opportunitätskosten der Freizeit bleiben dann lediglich fixe Abgaben von der Art der oft zitierten Kopfsteuer, weil sie von der Wahl zwischen Freizeit und Einkommen bzw. von der Art der Einkommensverwendung unabhängig sind. Beträgt der Pro-Kopf-Betrag $b'b$, so verschiebt sich die Budgetgerade in Abb. 9-11 von ab nach $a'b'$. Es muß $a'a$ an Arbeitszeit aufgebracht werden, um bei dem bestehenden Lohnsatz die Kopfsteuer zahlen zu können. Erst bei darüber hinausgehendem Arbeitsangebot ergibt sich ein positives Nettoeinkommen. Sind Freizeit und durch Arbeitseinkommen erworbene Güter superior, liegt das neue Gleichgewicht e' unter und links von e.

5. Wirkungen von Transferzahlungen

Transferzahlungen werden oft als negative Steuern bezeichnet. Speziell was die Dispositionsspielraumveränderung betrifft, könnte man es bei einem kurzen Hinweis auf die „umgedrehte" Steueranalyse belassen: Der vergrößerte Dispositionsspielraum (das gestiegene Einkommen) führt zu einer Mehrnachfrage nach Freizeit und zu einer Reduktion des Arbeitsangebots. Oder anders ausgedrückt: Das gestiegene Einkommen führt dazu, daß beim ursprünglichen Arbeitsangebot der Grenznutzen der Freizeit höher als der Grenznutzen des Einkommens ist. Einkommen wird dann so lange durch Freizeit substituiert, bis der Nettolohn wieder dem Verhältnis u_f/u_y entspricht.

Allerdings ergeben sich bei Transferzahlungen oft Besonderheiten. Während z. B. die Einkommensteuer die marginale Belastung immer unter 100% läßt, so daß zumindest ein schwacher pekuniärer Anreiz zur Arbeit bestehen bleibt, sind einige Transferprogramme so an das sonstige Einkommen geknüpft, daß sich „*implizite marginale Steuersätze*"[9] von 100 und mehr Prozent ergeben. Angenommen, es besteht eine staatliche Einkommensgarantie von 10 000 DM im Jahr. Die Differenz zwischen 10 000 DM und dem tatsächlichen niedrigeren Einkommen wird durch staatliche Transferzahlungen aufgefüllt. Sofern jemand als Einkommen lediglich eine Altersrente von 8000 DM erzielt, erhält er vom Staat 2000 DM Transferzahlung. Wenn er nun, etwa weil sich die Arbeitsmarktlage gebessert hat, über Teilzeitbeschäftigung Arbeitseinkommen beziehen kann, so verbleibt ihm von den ersten 2000 DM netto nichts: Transfereinkommen wird lediglich durch Arbeitseinkommen ersetzt. Der implizite marginale Steuersatz beträgt also 100%. Erst jenseits von 2000 DM Arbeitseinkommen bleibt ein effektiver Vorteil.

Der implizite marginale Steuersatz kann sogar über 100% liegen, wenn Transferzahlungen bis zu einer bestimmten Einkommensgrenze in unveränderter Höhe geleistet werden, jenseits davon aber völlig entfallen. Wenn hier keine besonderen Vorkehrungen getroffen werden, kann eine kleine Arbeitseinkom-

---

[9] Zu dieser Terminologie vgl. C. S. Shoup: Negative Taxes, Welfare Payments, and Subsidies, in: Rivista di Diritto Finanziario e Scienza delle Finanze, Bd. 26, 1967, S. 552–569, hier S. 560.

menssteigerung dazu führen, daß ein Vielfaches davon an Transferzahlungen entfällt.

§ 38. Die Wirkungen auf Produktionsmenge und Produktpreis bei gegebener Kapazität

Nach der Analyse der Reaktionen auf finanzwirtschaftspolitische Instrumente in privaten Haushalten sollen nun die Reaktionen im Unternehmenssektor untersucht werden, und zwar zunächst in bezug auf Produktionsmenge und Produktpreis bei gegebener Kapazität, im anschließenden § 39 in bezug auf Investitionsentscheidungen.

1. Ausgangsgleichgewicht ohne finanzwirtschaftspolitische Instrumente

Die folgende Untersuchung beschränkt sich auf das Ziel „Gewinnmaximierung" und auf zwei Marktformen: den *homogenen atomistischen Wettbewerb* und das *Angebotsmonopol*.

1.1. Wettbewerbsfall

Im Falle des homogenen atomistischen Wettbewerbs (kurz Wettbewerbsfall genannt) bietet eine Vielzahl von Anbietern einer Vielzahl von Nachfragern ein

Abbildung 9–12

Gleichgewicht im Wettbewerbsfall ohne finanzwirtschaftspolitische Instrumente

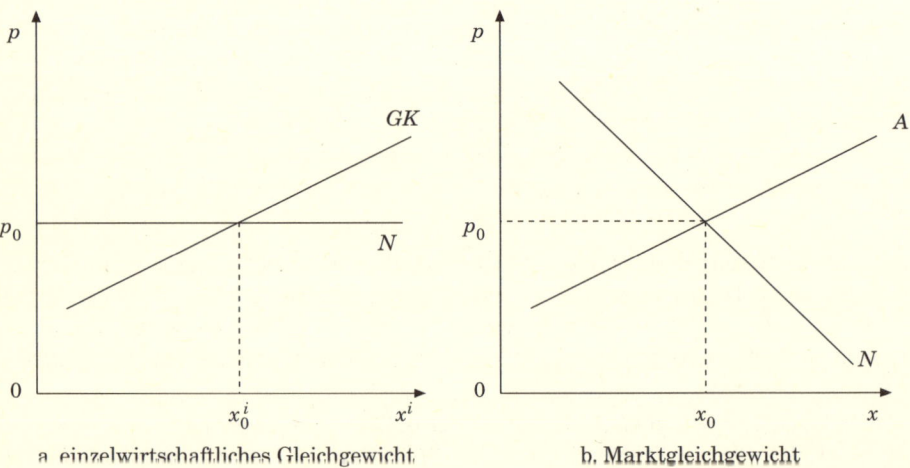

a. einzelwirtschaftliches Gleichgewicht   b. Marktgleichgewicht

homogenes Gut an. Der einzelne Anbieter sieht sich einer völlig elastischen Nachfrage gegenüber und verhält sich deshalb als Mengenanpasser; seine Absatzmenge hat keinen spürbaren Einfluß auf den Marktpreis, der für ihn sowohl Durchschnitts- als auch Grenzerlös darstellt. In Abb. 9-12 ist das Gewinnmaximum mit p_0 und x_0^i durch den Schnittpunkt der Grenzkostenkurve *GK* mit der Preisgeraden bestimmt.

1.2. Angebotsmonopolfall

Im Angebotsmonopol bietet ein Anbieter einer Vielzahl von Nachfragern, die sich als Mengenanpasser verhalten, ein homogenes Gut an. Der Anbieter rechnet nicht damit, daß seine Aktionen Produzenten anderer Güter zu Reaktionen veranlassen, die zur Verschiebung der für ihn relevanten Nachfragekurve führen.

Der Grenzerlös liegt unter dem Preis, weil jede zusätzliche Produktionsmenge nur zu einem niedrigeren Preis verkauft werden kann und dieser niedrigere Preis gleichbedeutend ist mit einer Reduktion des Durchschnittserlöses für die intramarginalen Einheiten. Die gewinnmaximale Ausbringung ist in Abb. 9-13 durch den Schnittpunkt von Grenzerlöskurve *GE* und Grenzkostenkurve *GK* gekennzeichnet. Der dazugehörige Preis ist auf der Höhe des sog. COURNOT-*schen Punktes* abzulesen.

Es ist nun zu untersuchen, wie sich einzelne finanzwirtschaftspolitische Maßnahmen auf die gewinnmaximale Produktion und den dazugehörigen Preis in den beiden Fällen auswirken.

Abbildung 9–13

Gleichgewicht im Angebotsmonopolfall ohne finanzwirtschaftspolitische Instrumente

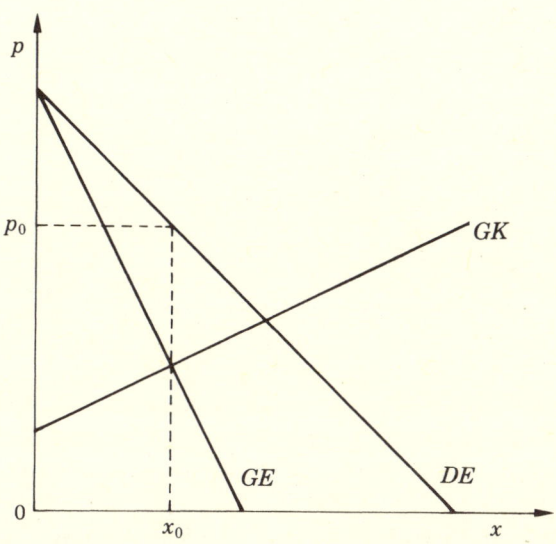

2. Bemessungsgrundlage: Ausbringungsmenge

Angenommen, der Fiskus wählt die Produktionsmenge als Bemessungsgrundlage wie z. B. bei der deutschen Sektsteuer in Höhe von 2,– DM pro Normalflasche (Stücksteuer) oder bei der sog. Beihilfe für Magermilchpulver in Höhe von 33 Pf pro kg im Wirtschaftsjahr 1968/69 (Stücksubvention).

2.1. Wettbewerbsfall

Die Erhebung einer Stücksteuer pro Ausbringungseinheit kann entweder als Erhöhung der Grenzkosten oder als Senkung des Grenzerlöses interpretiert werden. Hier soll aus darstellungstechnischen Gründen der erste Weg beschritten werden (vgl. die Verschiebung von GK nach GK_{t_s} bzw. von A nach A_{t_s} in Abb. 9-14). Bei zunächst unverändertem Marktpreis sinkt die gewinnmaximale Produktionsmenge des in Abb. 9-14a betrachteten Einzelunternehmens von x_0^i auf x_2^i. Die parallele Aktion aller Produzenten führt jedoch zu einer spürbaren Verringerung des Marktangebots und damit zu einer Erhöhung des Marktpreises. Dies ist in Abb. 9-14b dargestellt, in der die Stücksteuer zu einer Verschiebung der Marktangebotskurve nach oben (von A nach A_{t_s}), zu einer Reduktion der Ausbringungsmenge von x_0 auf x_1 und zu einer Erhöhung des Marktpreises von p_0 nach p_1 führt. Diese Marktpreiserhöhung bewirkt, daß der in Abb. 9-14a betrachtete einzelne Unternehmer seine Produktion nicht von x_0^i auf x_2^i, sondern nur auf x_1^i einschränkt.

Der *Produktionsmengen-* und der *Preiseffekt* hängen im Einzelfall vom Verlauf der Angebots- und der Nachfragekurve ab, wie man leicht sieht, wenn man die

Abbildung 9–14

Stücksteuer im Wettbewerbsfall

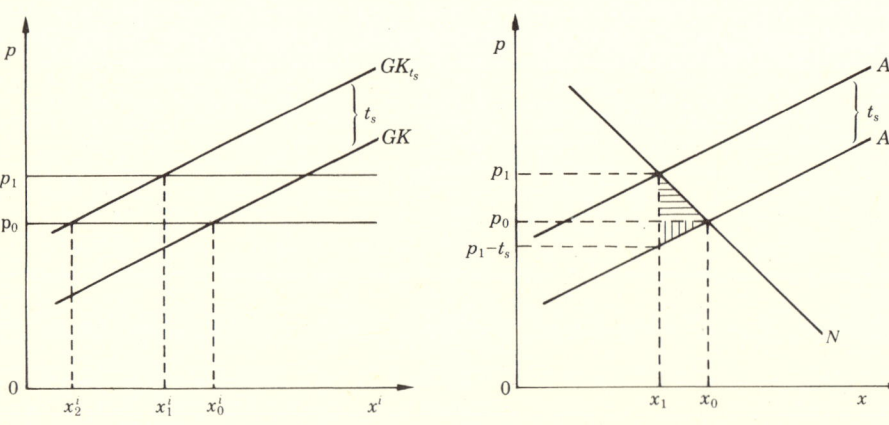

a. einzelwirtschaftliche Gleichgewichtsänderung   b. Marktgleichgewichtsänderung

Kurven im ursprünglichen Schnittpunkt fixiert und steiler bzw. flacher werden läßt. Der Produktionsmengeneffekt ist um so kleiner, je steiler Angebots- und Nachfragekurve sind. Der Preiseffekt, d. h. der überwälzte Teil der Steuer, ist um so größer, je steiler die Nachfrage- und je flacher die Angebotskurve sind[10].

Die Erhebung einer Produktionsstücksteuer führt zunächst marginal zu einem Verlust, der dadurch abgebaut wird, daß mit der Produktionseinschränkung der Marktpreis steigt. Diese Entlastung wird von der Kostenseite noch unterstützt, wenn es sich um steigende Grenzkosten handelt. In Abb. 9-14 b wird die Stücksteuer in Höhe von $p_1 - p_0$ überwälzt und in Höhe von $p_0 - (p_1 - t_s)$ durch Senkung der Grenzkosten aufgefangen. Das Steueraufkommen $T = x_1 \cdot t_s$ geht in Höhe von $x_1(p_1 - p_0)$ zu Lasten der Konsumentenrente, in Höhe von $x_1[p_0 - (p_1 - t_s)]$ zu Lasten der Produzentenrente. Die Steuererhebung führt durch die Produktionseinschränkung von x_0 auf x_1 zu einem *Wohlfahrtsverlust* (schraffierte Fläche), der im Falle linearer Angebots- und Nachfragekurven in Höhe von $0{,}5(p_1 - p_0)(x_0 - x_1)$ die Konsumentenrente und in Höhe von $0{,}5[p_0 - (p_1 - t_s)](x_0 - x_1)$ die Produzentenrente reduziert.

Vier extreme Fälle lassen sich unterscheiden, wobei in den Abb. 9-15 a und 9-15 b voll, in den Abb. 9-15 c und 9-15 d überhaupt nicht überwälzt wird. In den Fällen a und d kommt es zu keinem Wohlfahrtsverlust, da Mengeneffekte nicht auftreten. Hier muß die Steuer immer voll von der Marktseite getragen werden, die nicht reagiert. Der Fall b kann als Situation eines sehr kleinen Landes als Nachfrager auf dem Weltmarkt, Fall c als Situation eines sehr kleinen Landes als Anbieter auf dem Weltmarkt interpretiert werden.

Es ist zu beachten, daß in den betrachteten Fällen die Bedingung der völligen Elastizität bzw. der völligen Unelastizität (des völlig horizontalen bzw. völlig vertikalen Kurvenverlaufs) nur innerhalb bestimmter Bereiche gegeben sein muß. In Abb. 9-15 a und 9-15 b verändern sich z. B. die Gleichgewichtswerte auch nicht, wenn Nachfrage- bzw. Angebotskurven statt des ausgezogenen den gepunkteten Verlauf haben.

Diese Analyse der Stücksteuer läßt sich mit umgekehrtem Vorzeichen auf eine auf die Ausbringungsmenge bezogene Stücksubvention übertragen. Diese bewirkt eine Reduktion der Grenzkosten und damit eine marginale Gewinnerhöhung, die zur Produktionsausdehnung anreizt. Dieser Anreiz entfällt erst dann, wenn durch Preissenkung und/oder Grenzkostenerhöhung die Subvention marginal absorbiert worden ist.

---

[10] Analytisch lassen sich für den Gesamtmarkt Preis- und Mengeneffekte ableiten, indem man die Gleichgewichtsbedingung $p(x) - s(x) - t_s = 0$ mit $p(x) =$ Nachfragefunktion, $s(x) =$ Angebotsfunktion vor Steuern, $t_s =$ Stücksteuer nach t_s differenziert und die Ableitung Null setzt: $p'(x) \cdot dx/dt_s - s'(x) \cdot dx/dt_s - 1 = 0$. Nach Umformungen ergibt sich als Mengeneffekt: $dx/dt_s = 1/[p'(x) - s'(x)]$. Der Preiseffekt ist definitionsgemäß $dp/dt_s = p'(x) \cdot dx/dt_s$, also $dp/dt_s = p'(x)/[p'(x) - s'(x)]$.

Abbildung 9–15

Vier extreme Fälle der Stücksteuerwirkungen im Wettbewerbsfall

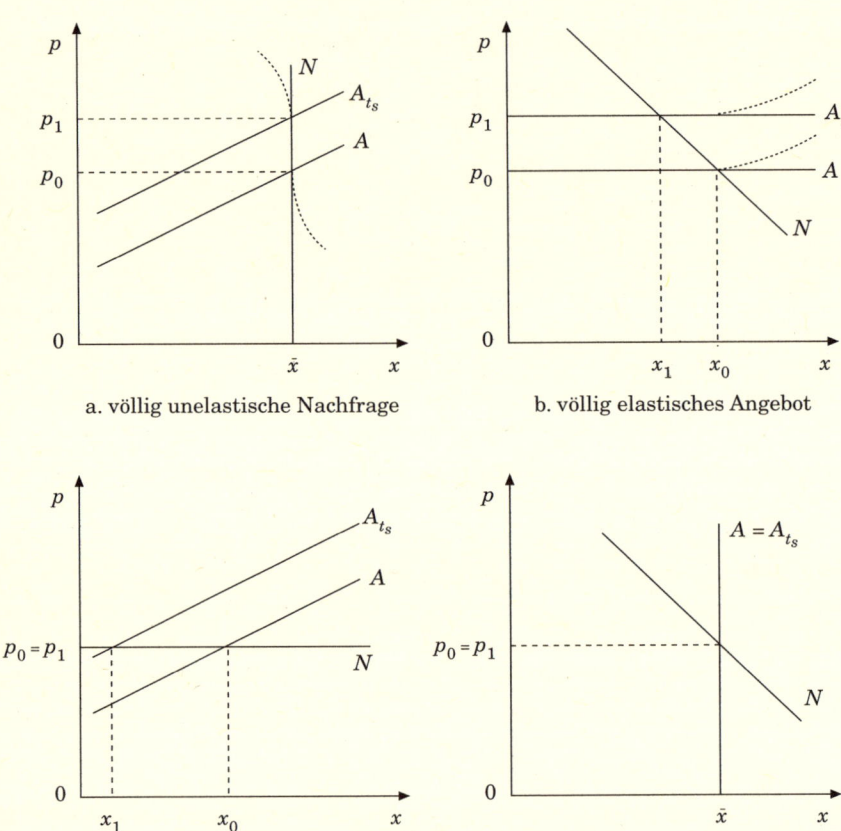

a. völlig unelastische Nachfrage   b. völlig elastisches Angebot

c. völlig elastische Nachfrage   d. völlig unelastisches Angebot

2.2. Angebotsmonopolfall

In Abb. 9-16 führt die Stücksteuer zur Verlagerung der Grenzkostenkurve von GK nach GK_{t_s}. Nach der Steuererhebung ergibt sich im ursprünglichen Gleichgewicht x_0 ein marginaler Verlust in Höhe des Stücksteuerbetrags. Durch die Einschränkung der Produktion wird dieser marginale Verlust sowohl durch die Erhöhung des Grenzerlöses als auch durch die Reduktion der Grenzkosten abgebaut, bis er schließlich im neuen Gleichgewicht mit der geringeren Produktionsmenge x_1 und dem höheren Preis p_1 verschwindet. Der Anpassungsmechanismus ist im Prinzip der gleiche wie im Wettbewerbsfall. Allerdings ist folgendes zu beachten: Da die Grenzerlösverbesserung entlang der steileren Grenzerlöskurve erfolgt, ist von dieser Seite her die Erlösverbesserung pro Einheit reduzierter Produktion stärker als im Wettbewerbsfall.

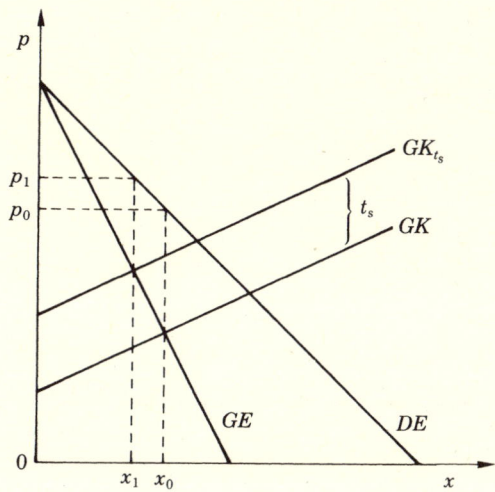

Abbildung 9–16

Stücksteuer im Angebotsmonopolfall

Auch im Monopolfall sind Produktionsmengen- und Preiseffekte vom Verlauf der Angebots- und Nachfragekurve abhängig. Wenn man wiederum den ursprünglichen Gleichgewichtspunkt fixiert, sieht man, daß der Mengeneffekt um so kleiner ist, je steiler die Grenzkostenkurve verläuft. Nicht so leicht ist jetzt die Abhängigkeit von der Neigung der Nachfrage- bzw. Grenzerlöskurve zu zeigen, weil man über x_0 nicht die Neigung der Grenzerlöskurve variieren kann, ohne auch den Ausgangspreis zu verändern. Da aber die Stücksteuer von der Höhe des Ausgangspreises unabhängig ist, gilt auch hier, daß der Mengeneffekt um so kleiner ist, je steiler die Grenzerlös- und die Nachfragekurve sind.

Der Preiseffekt ist um so geringer, je steiler die Grenzkostenkurve, denn um so mehr kann die Steuer über die gesunkenen Grenzkosten aufgefangen werden, um so geringer ist also die erforderliche Preiserhöhung. Der Preiseffekt ist um so größer, je steiler die Nachfrage- und damit die Grenzerlöskurve ist.

Vergleicht man die Effekte auf den beiden hier unterschiedenen Märkten, wobei gleiche Grenzkosten und gleiche Nachfrage unterstellt seien, so zeigt sich, daß sie im Angebotsmonopolfall geringer sind als im Wettbewerbsfall, weil hier im Zuge der Produktionseinschränkung pro Einheit die Grenzerlöserhöhung größer ist. Bei konstanten Grenzkosten sind die Preis- und Mengenwirkungen im Wettbewerbsfall doppelt so groß wie im Angebotsmonopolfall (vgl. in Abb. 9–17 $(p_1^w - p_0^w)$ und $(p_1^m - p_0^m)$ bzw. $(x_0^w - x_1^w)$ und $(x_0^m - x_1^m)$).

Abbildung 9–17

Stücksteuer im Angebotsmonopolfall und Wettbewerbsfall im Vergleich

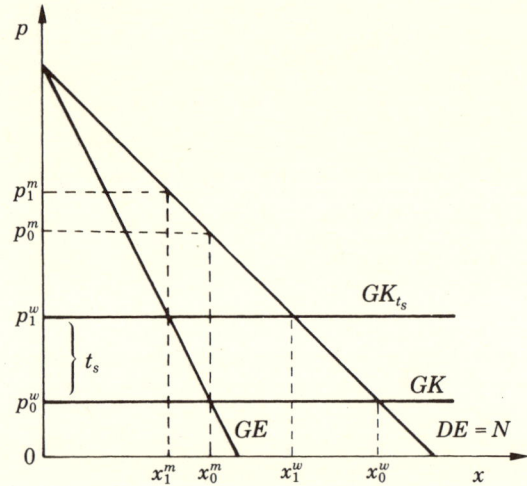

Auch im Monopolfall kann die Analyse der Stücksteuer wiederum zur Analyse der *Stücksubvention* verwendet werden, indem die um die Stücksteuer nach oben verschobene Grenzkostenkurve als Ausgangspunkt genommen wird, die durch die Gewährung einer Stücksubvention auf die ursprüngliche Grenzkostenkurve ohne finanzwirtschaftspolitische Instrumente verschoben wird.

3. Bemessungsgrundlage: Umsatz

Im folgenden soll eine *Wertsteuer* mit der Bemessungsgrundlage *Umsatz* betrachtet werden. Steuern dieses Typs werden allerdings in der Regel als allgemeine, nicht auf einen einzelnen Sektor beschränkte Abgabe erhoben und haben deshalb eine gesamtwirtschaftliche Bedeutung, für welche die Partialanalyse eigentlich nicht mehr geeignet ist. Die Annahme, daß die Nachfrage- und Angebotskurven durch den Besteuerungs- und Verausgabungsprozeß nicht verändert werden, ist dann extrem restriktiv.

3.1. Wettbewerbsfall

Interpretiert man die Steuer auf den Umsatz als *Reduktion des dem Produzenten verbleibenden Nettoerlöses*, so verschiebt sich N nicht parallel nach unten, sondern dreht sich in Abb. 9-18, die sich auf den Gesamtmarkt bezieht, bei einem angenommenen Steuersatz von $t_w = b'b/ob$ nach $(1 - t_w)N$. Man sieht, daß der Betrag pro Stück mit steigendem Preis zunimmt, allerdings relativ zum jeweiligen Preis konstant bleibt.

Nach der Einführung der Steuer ergibt sich im alten Gleichgewicht ein marginaler Verlust. Die mit der folgenden Produktionseinschränkung verbundene Marktpreiserhöhung schlägt sich nicht in vollem Umfang, sondern nur in Höhe von $(1 - t_w)$ bzw. – absolut – in Höhe von $(1 - t_w) \, dp$ als Erlösverbesserung nie-

Abbildung 9–18

Steuer auf den Umsatz im Wettbewerbsfall

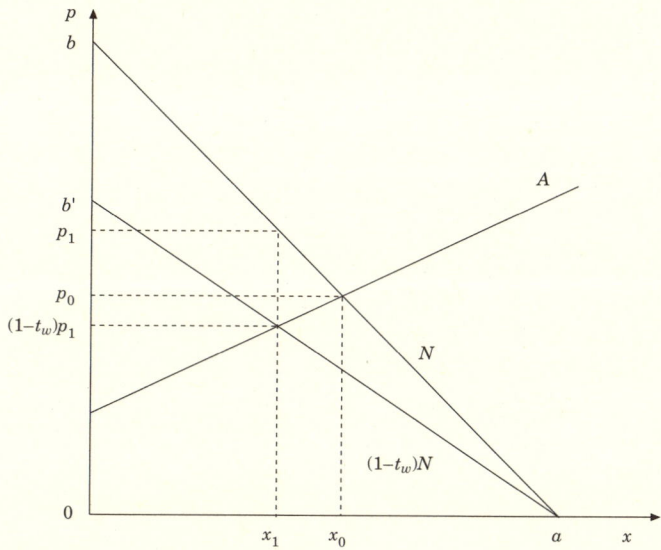

der, weil die Steuerlast pro Stück mit steigendem Preis zunimmt. Davon abgesehen ist die Abhängigkeit der Preis- und Ausbringungseffekte von den Neigungen der Angebots- und Nachfragekurven die gleiche wie bei der Stücksteuer pro Ausbringungseinheit.

Auch hier kann die Steueranalyse wiederum auf die *Subventionsanalyse* übertragen werden, indem ab' als die Marktnachfrage interpretiert wird. Die Kurve des Gesamterlöses (= Nachfragepreis plus Subvention) verschiebt sich nach ab.

3.2. Angebotsmonopol

In Abb. 9-19 ist die Wirkung der Steuer auf den Umsatz im Angebotsmonopolfall dargestellt. Die Steuererhebung führt zu einer Drehung der Nettonachfra-

ge(Nettodurchschnittserlös)geraden von DE nach $(1 - t_w)DE$, der Nettogrenz-
erlöskurve von GE nach $(1 - t_w)GE$ mit $t_w = b'b/ob$. Die Produktion wird von x_0
auf x_1 eingeschränkt. Der Preis erhöht sich von p_0 auf p_1.

Abbildung 9–19

Steuer auf den Umsatz im Angebotsmonopolfall

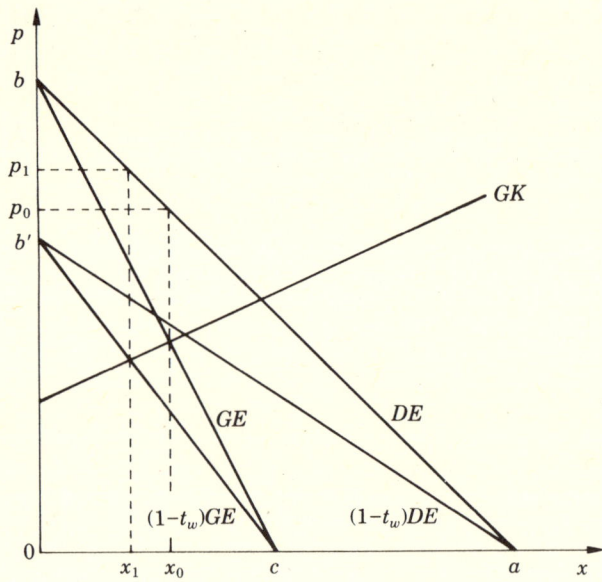

4. Bemessungsgrundlage: einzelne Kostenbestandteile

Die Analyse der als parallele Verschiebung der Grenzkostenkurve interpretier-
ten Stücksteuer kann prinzipiell auf Steuern und Subventionen übertragen
werden, die an *einzelne Kostenbestandteile* anknüpfen, z. B. Steuern auf ver-
brauchtes Mineralöl oder Subventionen auf verstromte Steinkohle. Wenn pro
Ausbringungseinheit 1 Liter Mineralöl mit einer Belastung von 50 Pf Mineralölsteuer verbraucht wird, so wirkt das zunächst wie eine Stücksteuer von 50 Pf.
Allerdings ist auf folgende zwei mögliche Unterschiede hinzuweisen:

1) Durch die Besteuerung oder Subventionierung wird ein *Substitutionsanreiz*
geschaffen mit der Konsequenz, daß nach erfolgter Anpassung die Kostenerhö-
hung u. U. kleiner bzw. die Kostensenkung größer ist als bei der ursprünglichen
Inputstruktur, weil die besteuerten bzw. nichtsubventionierten Faktoren substituiert werden.

2) Es ist durchaus denkbar, daß die an einzelne Kostenbestandteile anknüp-

fende Maßnahme sich nicht über die gesamte Produktion hinweg auf alle Einheiten gleichmäßig auswirkt, etwa wenn Maschinen unterschiedlicher Qualität benutzt werden oder sich bei Überstunden oder intensitätsmäßiger Anpassung eine Veränderung der Inputstruktur ergibt.

5. Bemessungsgrundlage: Erlöse minus Kosten

5.1. Gewinn- und Einkommensteuern

Auch für die Gewinn- und Einkommensteuern gilt, was bereits oben zu den Umsatzsteuern gesagt wurde: Steuern dieses Typs werden in der Regel in der gesamten Wirtschaft erhoben und haben damit eine gesamtwirtschaftliche Bedeutung, die den Rahmen der Partialanalyse sprengt. Die Annahme, daß die Nachfrage- und Grenzkostenkurven durch den Besteuerungs- und Verausgabungsprozeß nicht verändert werden, ist dann extrem restriktiv.

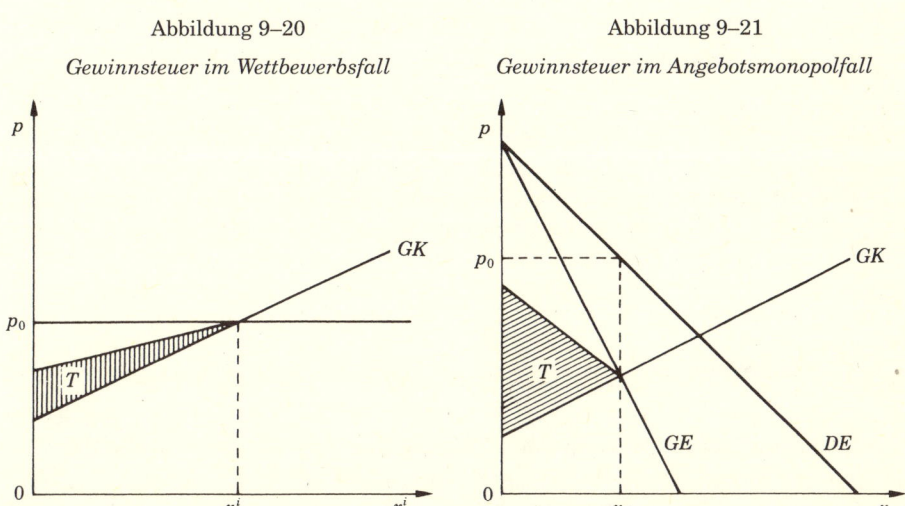

Abbildung 9–20

Gewinnsteuer im Wettbewerbsfall

Abbildung 9–21

Gewinnsteuer im Angebotsmonopolfall

Nach der klassischen These verändern Gewinnsteuern nicht die Bedingungen für das kurzfristige Gewinnmaximum, sofern man von der in der Regel realistischen Annahme ausgeht, daß der marginale Steuersatz unter 100% liegt. In Abb. 9-20, die sich auf einen einzelnen Anbieter im Wettbewerbsfall bezieht und bei der unterstellt wird, daß keine fixen Kosten anfallen, wird der Gewinn durch eine Gewinnsteuer in Höhe von 50% halbiert; der Nettogewinn erreicht aber nach wie vor sein Maximum bei x_0^i. Entsprechendes gilt auch für den Angebotsmonopolisten bei x_0 (vgl. Abb. 9-21).

Die klassische These ist in ihrem Rahmen unangreifbar. Einwände können sich höchstens auf die Relevanz der Annahmen oder auf zusätzliche Aspekte beziehen. Auf folgende drei soll eingegangen werden[11]:

1. Einwand: Die Gewinnsteuern werden wie Kosten behandelt. Gegeneinwand: Wie die Abb. 9-20 und 9-21 zeigen, verändert auch die Gleichsetzung von Gewinnsteuern und Kosten nicht die gewinnmaximale Ausbringung, wenn man diese Steuern zu den Kosten addiert bzw. vom Bruttoerlös subtrahiert und ansonsten strenge Gewinnmaximierung unterstellt. Preis- und Mengeneffekte können sich allerdings ergeben, wenn unterstellt wird, daß der Angebotspreis eines Unternehmens im Rahmen einer Zuschlagskalkulation durch die um einen Gewinnzuschlag erhöhten durchschnittlichen Gesamtkosten (einschl. Gewinnsteuern) bestimmt wird.

2. Einwand: Die Gewinnsteuern erstrecken sich auch auf Kostenelemente. Die klassische These, so wird hier behauptet, sei richtig für eine Steuer auf den Profit im engeren Sinne, nicht aber für die in der Praxis erhobenen Abgaben, die auch Kostenelemente etwa im Sinne des kalkulatorischen Eigenkapitalzinses erfassen und insofern wie Kostensteuern wirken. Gegeneinwand: Jedenfalls bei einer allgemeinen Gewinnsteuer werden auch die alternativen Erträge steuerlich erfaßt, die ja in den kalkulatorischen Posten zum Ausdruck kommen.

3. Einwand: Die Grenzkosten sind nicht unbedingt von der Gewinnsituation unabhängig. Eine steuerlich bewirkte Reduktion der Gewinne verringert die Bereitschaft der Unternehmen zu Lohnzugeständnissen, u. U. auch die Forderungen der Gewerkschaften. Es ist dann möglich, daß Gewinnsteuern zu niedrigeren Grenzkosten führen und damit die gewinnmaximale Ausbringung erhöhen.

5.2. Verlustsubventionen

Subventionen auf der Basis eines Betriebsverlustes verändern bei gegebener Nachfrage- und Kostenkurve nicht die gewinnmaximale (verlustminimale) Ausbringung, wenn der Subventionssatz weniger als 100% beträgt. Ein Subventionssatz von 100% der Verluste bedeutet, daß für die Subventionsempfänger alle Faktoren frei sind. Es gibt dann so lange kein eindeutiges Gleichgewicht, wie es nicht gelingt, in den Bereich positiver Gewinne vorzustoßen. Eine solche Subvention ist höchstens bei strenger Ausgabenkontrolle durch den Subventionsgeber vorstellbar. Wenn auch eine Verlustsubvention von weniger als 100% nicht zu einer *marginalen* Anpassung der Produktionsmenge führt, so kann sie doch u. U. für die Entscheidung bedeutsam sein, ob *überhaupt* weiterproduziert werden soll. Das ist z. B. denkbar, wenn die Verlustphase als vorübergehend angesehen wird, aber aus eigener Kraft nicht überbrückt werden kann.

---

[11] Vgl. auch R. A. MUSGRAVE: The Theory of Public Finance, a.a.O., S. 278–282; Finanztheorie, a.a.O., S. 236–241.

6. Bemessungsgrundlage: ausbringungsunabhängige Größen

Steuern und Transferzahlungen, die nicht mit der Ausbringung variieren (fixe Betriebskonzessionsgebühr, Steuern auf das Anlagekapital) bieten jedenfalls unmittelbar keinen Anlaß, im Hinblick auf das Gewinnmaximum den Preis oder die Ausbringung marginal zu ändern, da sie weder den Grenzerlös noch die Grenzkosten tangieren. Sie können allerdings wiederum über die Variation des Gesamtgewinns bzw. Gesamtverlusts die Entscheidung über Produktionsaufnahme und Produktionseinstellung berühren oder mittelbar Änderungen der Grenzkosten induzieren, soweit z. B. vereinbarte Lohnerhöhungen von der Gewinnsituation des Unternehmens abhängig sind.

§ 39. Die Wirkungen auf private Investitionen

1. Relevante Effekte

In § 38 wurde im Rahmen eines gegebenen realen Kapitalbestandes argumentiert. Jetzt sollen die Einflüsse finanzwirtschaftspolitischer Maßnahmen auf Entscheidungen über Investitionen, also über Veränderungen dieses Kapitalbestandes, untersucht werden, die über den *Liquiditäts-*, den *Rentabilitäts-* und den *Auslastungsgradeffekt* wirken.

1.1. Liquiditätseffekt

Investitionen müssen finanziert werden. Insoweit wird der Investitionsspielraum durch die *verfügbaren finanziellen Mittel* beschränkt. Finanzwirtschaftspolitische Instrumente bewirken teils positive, teils negative Veränderungen dieses Dispositionsspielraums.

Steuern bedeuten im Zeitpunkt der Zahlung an den Fiskus einen Liquiditätsverlust, der durch eine Überwälzung, eine Reduktion der Ausschüttung (Entnahmen) oder die Aufnahme externer Mittel kompensiert werden kann. Eine Überwälzung ist um so eher möglich, je allgemeiner und gleichmäßiger die Steuer und je unelastischer die Nachfrage ist. Sie gelingt also bei allgemeinen Verbrauchsteuern leichter als bei speziellen Verbrauchsteuern oder personenbezogenen Einkommen- und Vermögensteuern, bei Gütern des Grundbedarfs leichter als bei Gütern mit Luxuscharakter. Bei Verbrauchsteuern bemüht sich der Staat, auch durch die Einräumung bestimmter *Fristen* zwischen dem Verkauf verbrauchsteuerbelasteter Güter und der Steuerabführung, die an den mittleren Zahlungsfristen ausgerichtet sind, Liquiditätsbelastungen zu vermeiden.

Die Reduktion der Ausschüttungen (Entnahmen) verhindert, daß die Selbstfinanzierungsmittel und darüber hinaus die davon abhängigen Fremdmittel geringer werden; sie erschwert allerdings andererseits die Aufnahme von externem Eigenkapital.

Auf der anderen Seite erhöhen zahlreiche staatliche Maßnahmen den Liquiditätsspielraum, sei es durch unmittelbare *Zuführung von Liquidität* (nicht überwälzte Subventionen, staatliche Kredite), durch die *Erleichterung der Kreditaufnahme* (Bürgschaften, Garantien) oder durch *öffentliche Realausgaben*, die betriebliche Ausgaben ersparen (öffentliche, nicht angelastete Erschließungskosten, verbilligt zur Verfügung gestellte Grundstücke).

Dieser Liquiditätsaspekt dürfte bei restriktiver Geldpolitik und bei kleinen Unternehmen vergleichsweise gewichtiger sein als bei expansiver Geldpolitik und damit verbundenen relativ leichten externen Finanzierungsmöglichkeiten sowie bei großen Unternehmen mit leichtem Zugang zu zahlreichen in- und ausländischen Finanzierungsquellen.

1.2. Rentabilitätseffekt

Nicht überwälzte finanzwirtschaftspolitische Maßnahmen verändern nicht nur den finanziellen Dispositionsspielraum, die *Möglichkeit*, Investitionen zu finanzieren, sondern auch die Rentabilität, die *Vorteilhaftigkeit* dieser Investitionen und damit den Anreiz, den gegebenen finanziellen Spielraum auch tatsächlich auszuschöpfen. Steuern und andere Abgaben haben dann einen negativen, Subventionen und kostensenkende Realausgaben einen positiven Einfluß auf die Nettogewinne. Dieser Aspekt ist um so bedeutsamer, je weniger der finanzielle Dispositionsspielraum und je mehr die Zahl der gewinnversprechenden Projekte das Investitionsvolumen begrenzt. Der Rentabilitätseffekt wird besonders bei Einkommen- und Gewinnsteuern sowie bei Investitionsprämien betont, ist grundsätzlich aber auch bei Verbrauchsteuern relevant – von extremen Fällen vollkommener Überwälzung bei gleichbleibendem Absatz abgesehen.

1.3. Auslastungsgradeffekt

Soweit finanzwirtschaftspolitische Maßnahmen den Absatz und damit den *Auslastungsgrad* eines Unternehmens verändern, sei es unmittelbar durch die eigene Nachfrage des Staates, sei es mittelbar durch über Steuern und Transferzahlungen induzierte Änderungen der privaten Nachfrage, ergibt sich ein zusätzlicher investitionsrelevanter Effekt. Es spricht nämlich einiges dafür anzunehmen, daß ceteris paribus mit steigendem Auslastungsgrad die Investitionsneigung zunimmt. Mangelnde Lieferfähigkeit bedeutet nämlich u. U. nicht nur einen kurzfristigen Verzicht auf gewinnbringende Aufträge, sondern den dauernden Verlust von Kunden.

2. Der Vergleich einer Einkommen- und Gewinnsteuer mit einer Teilhaberschaft

Im folgenden soll der Einfluß von Einkommen- und Gewinnsteuern auf die Investitionsentscheidungen eingehender betrachtet werden, zum einen, weil die Finanzpolitik vor allem über die Variation dieses Instruments die privaten Investitionen zu beeinflussen sucht, zum anderen aber auch deshalb, weil hier die interessantesten Probleme zu finden sind.

Um die Aspekte der staatlichen Zwangsbeteiligung in Form dieser Abgaben besser herausarbeiten zu können, soll sie mit einer *Teilhaberschaft* verglichen werden. Ein Teilhaber muß im gleichen Verhältnis an den Gewinnen, an den Verlusten und an der Eigenkapitalfinanzierung beteiligt sein[12]. Eine solche Teilhaberschaft kann für den Unternehmer vorteilhaft sein, wenn sie es ihm gestattet, seine Eigenkapitalrendite zu erhöhen, etwa weil sich seine Marktmacht verbessert oder weil er Projekte höherer Rentabilität in Angriff nehmen kann, die sonst außerhalb seines Dispositionsspielraums lägen. Sie kann für ihn allerdings auch Nachteile mit sich bringen, wenn er es mit einer beschränkten Zahl von Projekten mit abnehmender Rendite zu tun hat, so daß die Rendite seines Kapitalanteils durch die Aufnahme eines Teilhabers sinkt.

Angenommen, ein Unternehmen führt eine *zusätzliche* Investition durch. Wie verhält sich der steuerliche Teilhaber im Hinblick auf die oben genannten Aspekte?

1) *Beteiligt sich der Staat an den Gewinnen?* Ja, in Höhe des marginalen Steuersatzes auf die mit dem zusätzlichen Projekt verbundene Gewinnerhöhung pro Periode.

2) *Beteiligt sich der Staat an den Verlusten?* Das kommt darauf an. Sofort jedenfalls dann, wenn aus sonstigen Tätigkeiten genügend Gewinne (Einkommen) fließen, so daß ein Verlust im Zusammenhang mit dem betrachteten marginalen Projekt sofort abgezogen werden kann. Diese Möglichkeit besteht vor allem für Großunternehmen mit breitgestreuten Tätigkeiten. Sofern auch nach einem evtl. Verlustrücktrag[13] ein Nettoverlust entsteht, bleibt die Möglichkeit des Ausgleichs innerhalb der Verlustvortragsperiode, was aber keine vollwertige Verlustbeteiligung darstellt.

Sofern ein progressiver Tarif besteht, findet ferner im Gewinnfall ein höherer Grenzsteuersatz Anwendung als im Verlustfall.

3) *Beteiligt sich der Staat an der Aufbringung des Kapitals?* Nur soweit die steuerliche Abschreibung über die ökonomische hinausgeht und ausreichend

---

[12] Es wird angenommen, daß Unterschiede in der persönlichen Arbeitsleistung durch marktgerechte Entlohnung kompensiert werden.

[13] Zum Begriff vgl. unten S. 324.

Gewinne aus anderen Tätigkeiten zur Verfügung stehen. Dies soll anhand der Übersicht 9-1 erläutert werden. Die Spalten b und c zeigen die Ausgangssituation, die Spalten d–h die zunächst isoliert betrachteten Folgen einer zusätzlichen Investition in Höhe von 100 und die Spalten k–n die Konsequenzen, die sich aus der Ausgangssituation und der zusätzlichen Investition zusammen ergeben.

Die Ausgangssituation ist durch einen jährlich gleichen Gewinn vor Steuer in Höhe von 100 gekennzeichnet (Spalte b), was bei einem angenommenen proportionalen Steuersatz von 50% einer Steuerschuld in Höhe von 50 entspricht (Spalte c).

In Periode 1 wird jetzt eine zusätzliche Investition in Höhe von 100 durchgeführt. In dieser Periode fallen noch keine Einzahlungsüberschüsse und noch keine ökonomischen Abschreibungen an; der ökonomische Gewinn beträgt also null, ebenso die darauf bezogene hypothetische Steuer (Spalte g). Da sich die steuerlichen Abschreibungen jedoch im ersten Jahr auf 50% der Investitionsausgaben belaufen (Spalte f), ergibt sich eine „negative Steuer" in Höhe von –25 (Spalte h). In den folgenden fünf Perioden fallen pro Jahr Einzahlungsüberschüsse in Höhe von 24 (Spalte d) an, die sich hier aus 20 ökonomischer Abschreibung (Spalte e) und 4 ökonomischem Gewinn zusammensetzen. Da die steuerlichen Abschreibungen in den Perioden 2–6 wegen der hohen Anfangsabschreibung nur 10 betragen (Spalte f), beläuft sich der steuerliche Gewinn auf 14 (Spalte d minus Spalte f); die Steuerschuld von 7 (Spalte h) liegt also um jeweils 5 höher als die hypothetische Steuerschuld bei ökonomischer Abschreibung (Spalte g).

Die staatliche Finanzierungsbeteiligung (Spalte n) ergibt sich in der ersten Periode aus der Differenz zwischen der hypothetischen Steuerschuld bei ökonomischer Abschreibung (Spalte k) und der tatsächlichen Steuerschuld bei steuerlicher Abschreibung (Spalte l); in der ersten Periode beträgt sie 25. Das Unternehmen muß also zur Finanzierung der Investitionen nicht 100, sondern nur 75 aufbringen. Da in den folgenden Perioden der steuerliche Gewinn um jeweils 10 höher als der ökonomische ist, wird die Steuerdifferenz ab der zweiten Periode positiv (Spalte m). In Höhe dieser Differenz von 5 wird die staatliche Finanzierungsbeteiligung in den Perioden 2–6 jeweils reduziert, so daß sie am Schluß null beträgt.

Wie die Verlustbeteiligung unter 2) setzt die Finanzierungsbeteiligung unter 3) voraus, daß ausreichende Gewinne aus anderen Aktivitäten vorhanden sind, damit die Differenz zwischen steuerlicher und ökonomischer Abschreibung sofort gewinn- und damit steuermindernd geltend gemacht werden kann.

Im vorliegenden Beispiel beteiligt sich der Fiskus zwar an der Kapitalaufbringung, aber in einem geringeren Ausmaß als am Gewinn. Diese Diskrepanz verschwindet erst, wenn die Investitionen sofort in voller Höhe abgeschrieben

Übersicht 9–1

Staatliche Finanzierungsbeteiligung in Form beschleunigter Abschreibungen

	Ausgangssituation			Zusätzliche Investition $\Delta I = 100$ in Periode 1 bewirkt zusätzliche					Ausgangssituation und $\Delta I = 100$			
Periode	Gewinn vor Steuer	Steuerschuld	Einzahlungsüberschüsse	ökonomische Abschreibung	steuerliche Abschreibung	Steuerschuld bei ökonom. Abschreibung	Steuerschuld bei steuerl. Abschreibung	Steuerschuld bei ökonom. Abschreibung	Steuerschuld bei steuerl. Abschreibung	Steuerschulddifferenz	Staatliche Finanzierungsbeteiligung
a	b	c	d	e	f	g	h	k	l	m	n
1	100	50			50	0	-25	50	25	-25	25
2	100	50	24	20	10	2	7	52	57	+ 5	20
3	100	50	24	20	10	2	7	52	57	+ 5	15
4	100	50	24	20	10	2	7	52	57	+ 5	10
5	100	50	24	20	10	2	7	52	57	+ 5	5
6	100	50	24	20	10	2	7	52	57	+ 5	0
			120	100	100	10	10	310	310		

Zur Erläuterung: $c = 0{,}5b$; $g = 0{,}5(d-e)$; $h = 0{,}5(d-f)$; $k = c+g$; $l = c+h$; $m = l-k$; $n_1 = -m$; $n_1 = n_{i-1} - m$; für $i = 2, \ldots 6$.

werden können (Sofortabschreibung). In Verbindung mit einem im Zeitablauf konstanten proportionalen Steuersatz und einem sofortigen unbeschränkten Verlustausgleich wird dann aus der einkommen*steuerlichen* Beteiligung eine Zwangs*teilhaberschaft*.

3. Einkommen- und Gewinnsteuern im Kapitalwertmodell

Differenziertere Einsichten über den Einfluß von Einkommen- und Gewinnsteuern auf die Vorteilhaftigkeit von Investitionen lassen sich im Rahmen des Kapitalwertmodells gewinnen, das hier kurz skizziert werden soll[14]. Dabei wird angenommen, daß die Zahlungsströme bekannt und von der Erhebung der Gewinnsteuer unabhängig sind. Es wird ferner ein konstanter proportionaler Steuersatz und sofortiger Verlustausgleich unterstellt, sei es, daß Verluste, die bei einem betrachteten zusätzlichen Investitionsobjekt in einer Periode auftreten, mit gleichzeitigen Gewinnen aus anderen Projekten verrechnet werden können, sei es, daß sich der Fiskus direkt in Form einer „negativen Steuer" an den Verlusten beteiligt.

In einer Situation ohne Gewinnsteuer ergibt sich der Kapitalwert einer zusätzlichen Investition aus der Differenz zwischen der Summe der Barwerte der Periodenüberschüsse Q_t und des Restverkaufserlöses (Liquidationserlöses) R_n einerseits und den Investitionsausgaben I andererseits:

$$(9\text{-}28) \qquad K_0 = \sum_{t=1}^{n} Q_t(1+i)^{-t} + R_n(1+i)^{-n} - I.$$

Ein Projekt ist um so vorteilhafter, je größer K_0. Der Zinssatz drückt dabei die Rendite einer alternativen Investition aus oder den Zinssatz für die zur Investitionsfinanzierung aufzunehmenden Kredite.

Im Falle der Erhebung einer Gewinnsteuer reduziert sich der Periodenüberschuß um $s(Q_t - A_t)$, wobei s für den Steuersatz und A_t für die laufende steuerlich zulässige Abschreibung stehen. Im letzten Nutzungsjahr ergibt sich darüber hinaus ein zu versteuernder Veräußerungsgewinn, wenn der Restverkaufserlös R_n größer als der Restbuchwert W_n ist, im umgekehrten Fall eine Steuerentlastung durch einen Veräußerungsverlust.

Da die Schuldzinsen von der Steuerbemessungsgrundlage abzugsfähig sind bzw. da im Falle einer allgemeinen Einkommen- oder Gewinnsteuer auch die Erträge des alternativen Investitionsprojekts besteuert werden, lautet jetzt der Abzinsungsfaktor $[1 + (1-s)i]^{-t}$, im folgenden $(1 + i_s)^{-t}$.

---

[14] Vgl. D. SCHNEIDER: Investition und Finanzierung, a.a.O., S. 178–182.

Als Kapitalwert einer einmaligen Investition in Höhe von I erhält man also im Steuerfall:

(9-29) $\qquad K_s = \sum_{t=1}^{n} [Q_t - s(Q_t - A_t)] (1 + i_s)^{-t} + [R_n - s(R_n - W_n)] (1 + i_s)^{-n} - I.$

Für manche Fragestellung ist es günstiger, Gleichung (9-29) so umzuformen, daß die abschreibungsbedingten Steuererleichterungen zusammengefaßt werden:

(9-30) $\qquad K_s = (1-s) \left[\sum_{t=1}^{n} Q_t (1 + i_s)^{-t} + R_n (1 + i_s)^{-n} \right] - I$

$\qquad\qquad + s \left[\sum_{t=1}^{n} A_t (1 + i_s)^{-t} + W_n (1 + i_s)^{-n} \right].$

Daraus läßt sich folgendes ableiten:

1) Da bei Projekten mit einem positiven Kapitalwert und bei auf die Anschaffungsausgaben beschränkten Abschreibungen (was die Regel ist) gilt:

$$s \sum_{t=1}^{n} Q_t > s \sum_{t=1}^{n} A_t \, ,$$

bewirkt die Gewinnbesteuerung trotz der Abschreibungen, daß die Einnahmenüberschüsse geringer werden.

2) Dieser Nachteil ist ceteris paribus um so geringer, je schneller abgeschrieben werden kann.

3) Im Rahmen des Kapitalwertmodells werden Projekte im Vergleich zu Alternativen bewertet, die im Kalkulationszinssatz zum Ausdruck kommen. Dessen steuerbedingte Reduktion wirkt sich um so stärker kapitalwerterhöhend aus, je höher der Kalkulationszinssatz vor Steuern ist und je mehr die Einnahmenüberschüsse in der Zukunft liegen.

Je nach Einzelfall ist es möglich, daß die Gewinnsteuer die *relative* Vorteilhaftigkeit, wie sie im Kapitalwert zum Ausdruck kommt, senkt, konstant läßt oder sogar erhöht. Es läßt sich zeigen, daß die Gewinnbesteuerung die Kapitalwerte dann unverändert läßt, wenn unter Verwendung von i_s der Barwert der steuerlichen Abschreibungen dem Barwert der Ertragswertabschreibungen entspricht (JOHANSSON-SAMUELSON-Theorem)[15]. Da im Falle der positiven Kapitalwerte die Ertragswerte über den Investitionsausgaben liegen, die Summe der nicht diskontierten Ertragswertabschreibungen also größer ist als die Summe der Investitionsausgaben, kann es nur dann zu steuerbedingten Kapitalwert-

---

[15] Vgl. ebenda, S. 275–285.

erhöhungen kommen, wenn die steuerliche Abschreibung wesentlich schneller vorgenommen werden darf, als nach Maßgabe der ökonomischen Abschreibung erforderlich ist, oder wenn die Abschreibungsbemessungsgrundlage größer ist als die ursprünglichen Investitionsausgaben. Letzteres ergibt sich z. B., wenn vorweg im Jahre der Investitionsdurchführung eine Sonderabschreibung eingeräumt wird, welche die Bemessungsgrundlage für die normalen Abschreibungen unverändert läßt (investment allowance).

Kapitel 10
Totalanalyse

Literatur

a) GANDENBERGER, OTTO: Öffentliche Verschuldung II: Theoretische Grundlagen, in: Willi Albers u. a. (Hrsg.): Handwörterbuch der Wirtschaftswissenschaft, Bd. 5, Stuttgart u. a. O. 1980, S. 480–504.

RICHTER, WOLFRAM F., und WOLFGANG WIEGARD: Zwanzig Jahre „Neue Finanzwissenschaft", Teil II: Steuern und Staatsverschuldung, in: Zeitschrift für Wirtschafts- und Sozialwissenschaften, Bd. 113, 1993, S. 365–386.

STOBBE, ALFRED: Volkswirtschaftslehre III: Makroökonomik, 2. Aufl., Berlin u. a. O. 1987, S. 74–90.

b) ANDEL, NORBERT: Probleme der Staatsschuldentilgung, Berlin 1964.

DERS.: Zur These von den unsozialen Verteilungswirkungen öffentlicher Schulden, in: Public Finance, Bd. 24, 1969, S. 69–77.

BARRO, ROBERT J.: Are Government Bonds Net Wealth?, in: Journal of Political Economy, Bd. 82, 1974, S. 1095–1117.

DERS.: The Ricardian Approach to Budget Deficits, in: Journal of Economic Perspectives, Bd. 3, 1989, S. 37–54.

BERNHEIM, B. DOUGLAS: A Neoclassical Perspective on Budget Deficits, in: Journal of Economic Perspectives, Bd. 3, 1989, S. 55–72.

BROWN, HARRY G.: The Incidence of a General Output or a General Sales Tax, in: Journal of Political Economy, Bd. 47, 1939, S. 254–262; abgedruckt in: American Economic Association (Hrsg.): Readings in the Economics of Taxation, Homewood/Ill. 1959, S. 330–339.

DIAMOND, PETER A.: National Debt in a Neoclassical Growth Model, in: American Economic Review, Bd. 55, 1965, S. 1126–1150.

FERGUSON, JAMES M. (Hrsg.): Public Debt and Future Generations, Chapel Hill 1964.

FÖHL, CARL: Das Steuerparadoxon, in: Finanzarchiv, N. F. Bd. 17, 1956/57, S. 1–37, insb. S. 1–9.

GANDENBERGER, OTTO: Theorie der öffentlichen Verschuldung, in: Fritz Neumark, Norbert Andel und Heinz Haller (Hrsg.): Handbuch der Finanzwissenschaft, 3. Aufl., Bd. 3, Tübingen 1980, S. 3–49.

DERS.: Thesen zur Staatsverschuldung, in: Karl-Heinrich Hansmeyer (Hrsg.): Staatsfinanzierung im Wandel, Schriften des Vereins für Socialpolitik, N. F. Bd. 134, Berlin 1983, S. 843–865.

GRASSL, WERNER: Die These der Staatsschuldneutralität, Berlin 1984.

HARBERGER, ARNOLD C.: Taxation and Welfare, Chicago–London 1974.

HUBER, BERND: Staatsverschuldung und Allokationseffizienz: Eine theoretische Analyse, Baden-Baden 1990.

McLURE, CHARLES E., JR.: General equilibrium incidence analysis. The Harberger model after ten years, in: Journal of Public Economics, Bd. 4, 1975, S. 125–161.

SCHLESINGER, HELMUT, MANFRED WEBER und GERHARD ZIEBARTH: Staatsverschuldung ohne Ende? Zur Rationalität und Problematik des öffentlichen Kredits, Darmstadt 1993.

SEATER, JOHN J.: Ricardian Equivalence, in: Journal of Economic Literature, Bd. 31, 1993, S. 142–190.

§ 40. Partial- versus Totalanalyse in der Finanzwissenschaft

Die finanzwissenschaftliche Wirkungslehre war in der ersten Hälfte dieses Jahrhunderts ganz überwiegend partialanalytischer Natur. Das änderte sich im Zuge der Rezeption der KEYNESschen Lehre und der Entwicklung der nachfrageorientierten Fiscal Policy. Speziell auf dem Gebiet der Steuerwirkungslehre waren es die Arbeiten von H. G. BROWN, C. FÖHL und A. C. HARBERGER sowie die dadurch ausgelösten Diskussionen, die zu einem besseren Verständnis der Eigenarten der beiden Analysemethoden beigetragen haben.

1. Browns Analyse der Überwälzung allgemeiner indirekter Steuern

H. G. BROWN[1], dessen Gedanken 1952 von E. R. ROLPH[2] wieder aufgegriffen worden sind, wendet sich dagegen, die Überwälzung einer allgemeinen Produktions- oder Verbrauchsteuer auf die Produktpreise im Wege der Verallgemeinerung der partialanalytischen Wirkungen einer speziellen Produktions- oder speziellen Verbrauchsteuer zu deduzieren. Eine allgemeine Preisniveauerhöhung bei unverändertem Sozialprodukt setze eine Erhöhung der Geldmenge voraus, die aber durch die Einführung einer allgemeinen indirekten Steuer selbst noch nicht erfolge. Daß die Produktion generell auf das reale Maß eingeschränkt werde, das bei gegebener Geldmenge und steuerbedingt erhöhtem Preisniveau monetär bewältigt werden kann, sei mit Märkten, auf denen Wettbewerb herrscht, nicht kompatibel. Im Rahmen einer Partialanalyse könnten

---

[1] Vgl. H. G. BROWN: The Incidence of a General Output or a General Sales Tax, a.a.O.

[2] Vgl. E. R. ROLPH: A Proposed Revision of Excise-Tax Theory, in: Journal of Political Economy, Bd. 60, 1952, S. 102–117.

Produktionseinschränkungen und Entlassungen bei gegebenem Preisniveau unterstellt werden, aber nicht im Rahmen einer Totalanalyse für die gesamte Wirtschaft. Der Wettbewerb werde vielmehr die Faktoranbieter und die Unternehmer veranlassen, mit niedrigeren Faktorpreisen und Gewinnen vorlieb zu nehmen. Aufgrund dieser Überlegungen kommt BROWN zu dem Ergebnis, daß eine allgemeine indirekte Steuer nicht über Produktpreiserhöhungen weitergewälzt, sondern *über Faktorpreissenkungen rückgewälzt* wird, wobei das durchschnittliche Preisniveau aller Transaktionen konstant bleibt.

BROWNS Analyse führt zu interessanten Fragen der Abgrenzung der Wirkungen von Instrumenten und der Definition einer „gegebenen Geld- und Kreditpolitik", Fragen, die auch im Zuge der Monetarismusdebatte diskutiert wurden. Ohne darauf einzugehen, sei hervorgehoben, daß es ein Verdienst BROWNS ist, auf die *monetären Voraussetzungen* einer Überwälzung von gesamtwirtschaftlich ins Gewicht fallenden Abgaben aufmerksam gemacht zu haben. Wenn bei Aufrechterhaltung des Beschäftigungsgrades überwälzt werden soll, muß die Gesamtnachfrage steigen und in der Regel die Geldmenge wachsen, um das bisherige reale Volumen auch bei dem erhöhten Preisniveau umsetzen zu können. Heute sieht man diese Voraussetzung klarer, hält sie allerdings angesichts der Elastizität des Kreditangebots meist für gegeben, zumal man davon ausgehen kann, daß die Notenbanken eine steuerlich bewirkte (einmalige) Preisniveauerhöhung anders betrachten als endogene Preisniveauerhöhungsprozesse.

2. Föhls Analyse der Überwälzung allgemeiner progressiver Einkommensteuern

In der deutschen Literatur ist der Unterschied zwischen Partial- und Totalanalyse besonders im Zuge der von FÖHLS „Kritik der progressiven Einkommensbesteuerung"[3] ausgelösten Diskussion klarer geworden. FÖHL geht von einer Wirtschaft mit unelastischem Angebot aus. Es gibt zwei Klassen: die Unternehmer, die investieren, und die Nichtunternehmer, die konsumieren. Vom Außenhandel wird abgesehen.

FÖHL nimmt an, daß die Erhebung der progressiven Einkommen- bzw. Gewinnsteuern die Ausgaben der Unternehmer nicht reduziert. In Verbindung mit der vollen Verausgabung durch den Staat ergibt sich also eine Erhöhung der effektiven Nachfrage um den Steuerbetrag. Bei angenommenem unelastischen Angebot und konstanten Kosten schlägt sich diese als erhöhter Gewinn bei den

---

[3] Vgl. C. FÖHL: Kritik der progressiven Einkommensbesteuerung, in: Finanzarchiv, N.F. Bd. 14, 1953/54, S. 88–109. Dem Leser wird das Verständnis durch die Lektüre der ersten Seiten des zweiten, im ersten Teil die Diskussion zusammenfassenden Artikels von C. FÖHL: Das Steuerparadoxon, a.a.O., hier S. 1-9, erleichtert.

Unternehmen nieder. Nach Ablauf der Multiplikatorprozesse ist im FÖHLschen Beispiel die Gewinnsteuer voll in dem Sinne überwälzt, daß der Nettogewinn dem Gewinn in der Ausgangssituation entspricht.

Diese Aussage von der Überwälzung einer progressiven Einkommensteuer war für in der traditionellen Partialanalyse geschulte Finanzwissenschaftler überraschend, ja schockierend: „Hier haben wir also unser Steuerparadoxon. Zwei wohlbegründete und scheinbar lückenlose Beweisführungen stehen einander mit diametralen Schlußfolgerungen gegenüber."[4]

In diesem Zusammenhang geht es nicht darum, an Einzelheiten der FÖHLschen Argumentation Kritik zu üben, etwa an den extremen Annahmen speziell in bezug auf das Ausgabeverhalten oder daran, daß auf die Progression eigentlich gar nicht eingegangen wird. Wichtig ist hier, daß es sich um ein ganz anderes Modell handelt als das klassische partialanalytische, in dem von *gegebener Nachfragekurve* ausgegangen wird. Die Überwälzung in der kreislauftheoretischen gesamtwirtschaftlichen Analyse FÖHLS kommt gerade dadurch zustande, daß die Budgeterhöhung zu einer gleich großen Erhöhung der effektiven Nachfrage führt, die Nachfragekurve also gerade nicht unverändert bleibt.

Anders als bei BROWN wurden die monetären Voraussetzungen dieser Überwälzung nicht von FÖHL selbst, sondern erst später im Zuge der anschließenden Diskussion aufgezeigt.

3. Harbergers neoklassisches Zweisektorenmodell

Sehr einflußreich und wegweisend für die Entwicklung der modernen totalanalytischen Wirkungslehre war das neoklassische Zweisektorenmodell von A.C. HARBERGER[5], das seit 1962 in verschiedenen Ausprägungsformen vorgestellt worden ist. In zwei Sektoren X und Y werden die Güter x und y unter Einsatz von Arbeit A ($A = A_x + A_y$) und Kapital K ($K = K_x + K_y$) produziert. Unterstellt werden vollkommener Wettbewerb, substitutionale Produktionsfunktionen mit konstanten Skalenerträgen, Entlohnung nach dem Grenzprodukt, eine Verwendung der Steuereinnahmen, welche Struktur und Niveau der gesamtwirtschaftlichen Nachfrage unverändert läßt, eine langfristig vollkommene Faktormobilität sowie ein fixer Faktorbestand.

Eine lediglich auf K_x erhobene Gewinnsteuer[6] senkt zunächst den Kapitalertrag in X. Langfristig wandert Kapital von X nach Y ab mit der Konsequenz,

---

[4] DERS.: Das Steuerparadoxon, a.a.O., S.3.

[5] Vgl. A.C. HARBERGER: Taxation and Welfare, a.a.O., sowie CH.E. McLURE, JR.: General equilibrium incidence analysis, a.a.O.

[6] Hier wird nicht ausdrücklich auf die ursprünglich von HARBERGER untersuchte Körperschaftsteuer eingegangen, da diese aus mehreren Gründen nicht unbedingt eine Diskriminierung implizieren muß.

daß die Bruttoerträge in X so lange steigen und in Y so lange sinken, bis sich die Nettoerträge wieder ausgeglichen haben (Faktorsubstitutionseffekt). Soweit die Steuer auf die Erträge von K_x wirklich den Faktor Kapital belastet, gilt dies sowohl für K_x als auch für K_y.

Die Erhöhung des Faktorpreises von K_x führt dazu, daß die Produktionskosten und die Preise für x steigen, und zwar um so mehr, je höher der Anteil der Kapitalkosten an den gesamten Faktorkosten und je geringer die Faktorsubstitutionselastizität in X. Dadurch verschiebt sich die Nachfrage von x zu y (Outputeffekt).

Sowohl die unmittelbar steuerinduzierten Wanderungen des Faktors Kapital von X nach Y als auch die kosten- und preisinduzierten Substitutionseffekte bewirken Veränderungen der Nachfrage nach Kapital und Arbeit. Während der Faktorsubstitutionseffekt lediglich zu einer Weitergabe der Steuerbelastung auf den Faktor Kapital im nichtbesteuerten Sektor führt, kann es aufgrund des Outputeffekts sogar zu einer (partiellen) Überwälzung der Steuerbelastung vom Faktor Kapital auf den Faktor Arbeit kommen, wenn im besteuerten Sektor X arbeitsintensiver als in Y produziert wird, da in diesem Fall die in X freigesetzte Menge an Arbeit in Y nur bei sinkendem Lohn absorbiert werden kann. Die Möglichkeit einer derartigen Überwälzung ist um so größer, je größer die Differenz zwischen den Kapitalintensitäten in X und Y, je kleiner die Faktorsubstitutionselastizitäten in X und Y und je höher die Preiselastizität der Nachfrage für x[7].

Das HARBERGER-Modell zeigt, daß die Steuerbelastung nicht auf den Sektor beschränkt bleiben muß, in dem die Faktorsteuer erhoben wird. Es zeigt außerdem, daß über Faktorwanderungen sowie über Faktor- und Produktsubstitution die Belastung auf den in beiden Sektoren unbesteuerten Faktor (teilweise) überwälzt werden kann. Wirkungsanalytische Aussagen werden komplizierter, wenn man von der Partial- zur Totalanalyse übergeht.

§ 41. Wirkungen der öffentlichen Verschuldung

Die Abhängigkeit der gesamtwirtschaftlichen Wirkungen finanzpolitischer Instrumente von der Geldpolitik ist besonders kennzeichnend für die Analyse der öffentlichen Verschuldung, die traditionell totalanalytisch vorgenommen wird. Hier soll dieser Tradition gefolgt werden, wobei die Analyse nach den Phasen Schuldenaufnahme, Schuldenstand und Schuldentilgung untergliedert wird.

---

[7] Vgl. hierzu ausführlicher R. W. BOADWAY und D. E. WILDASIN: Public Sector Economics, 2. Aufl., Boston–Toronto 1984, S. 366f.

1. Wirkungen der Schuldenaufnahme

1.1. Spezifische, differentielle und Budgetniveauwirkungen

Aussagen über die Wirkungen der Schuldenaufnahme leiden nicht selten darunter, daß die verglichenen Situationen nicht präzisiert werden. Man spricht z. B. von der expansiven Wirkung der Aufnahme öffentlicher Schulden, was vor dem Hintergrund der folgenden Analyse nicht verständlich ist, wenn man darunter allein den Akt der Schuldenaufnahme versteht. In Wirklichkeit basiert diese Wirkungsaussage nicht, wie der Wortlaut nahelegt, auf einer Analyse der spezifischen Wirkungen, sondern der differentiellen oder der Budgetniveauwirkungen[8].

1.2. Nachfragewirkungen

1.2.1. Spezifische Wirkungen

Es soll zunächst der Einfluß der Schuldenaufnahme auf die gesamtwirtschaftliche Nachfrage untersucht werden. Bei dem Kreditgeber findet im Zuge der Schuldenaufnahme ein *Aktivtausch* statt: Forderungen an den Staat treten an die Stelle von Kasse oder Bankguthaben. Dieser Aktivtausch reduziert in aller Regel die Liquidität des Kreditgebers, und zwar um so mehr, je geringer die Sicherheit ist, die Forderungen im Bedarfsfall ohne Verlust veräußern zu können. Diese Liquiditätseinbuße ist z. B. bei langfristigen Papieren größer als bei kurzfristigen. Beim Staat ergibt sich eine Bilanzverlängerung: Schulden und Bankguthaben erhöhen sich. Wenn der Staat seine Guthaben bei der Zentralbank unterhält, ist die Schuldenaufnahme für den Bankensektor mit einem *Verlust an Zentralbankgeld* verbunden, es sei denn, die Mittel werden aus nicht bei den Banken gehaltenen Kassenbeständen aufgebracht, was aber heute allenfalls für einen sehr kleinen Teil zutreffen mag.

Wie wirken sich die dargestellten Vorgänge auf die effektive Nachfrage aus? Es ist zweckmäßig, hier nach Kreditgebergruppen zu differenzieren.

Wenn *private Haushalte* staatliche Schuldtitel kaufen, dürfte dies in der Regel deren Nachfrage nicht tangieren. Private Haushalte sparen nicht etwa, um öffentliche Anleihen zeichnen zu können; sie erwerben vielmehr solche Titel, weil sie bei *gegebenem* Sparverhalten über entsprechende Mittel verfügen, für die die öffentlichen Schuldtitel eine passende Anlage zu bieten scheinen. Würde sich nicht die öffentliche Hand verschulden, würden die privaten Haushalte ähnlich ausgestattete andere Papiere kaufen, etwa Pfandbriefe der Hypothekenbanken.

---

[8] Zu diesen Begriffen vgl. oben S. 109.

Noch weniger als bei privaten Haushalten kann die Kreditaufnahme bei *Kapitalsammelstellen* zu einer Reduktion der Konsumnachfrage führen. Allerdings ist hier mit einer Einschränkung der Kredite an andere Investoren zu rechnen: Es werden z.B. weniger Hypothekarkredite an private Bauherren gewährt oder weniger andere festverzinsliche Wertpapiere ins Portefeuille genommen.

Im Gegensatz zu den Kapitalsammelstellen ist bei den *Banken* der Kreditspielraum nicht so eng begrenzt. Hier muß der Kauf von Staatsschuldtiteln nicht unbedingt zu einer gleich großen Einschränkung der Kredite an anderer Stelle führen, sofern die Banken über einen entsprechend hohen Liquiditätsspielraum verfügen. Mit einer solchen zusätzlichen Kreditgewährung ist um so eher zu rechnen, je liquider die Banken sind und je höher die Liquidität der Staatsschulden ist.

Abbildung 10–1

Kreditangebot und Kreditnachfrage

a. in der Rezession   *b. in der Hochkonjunktur*

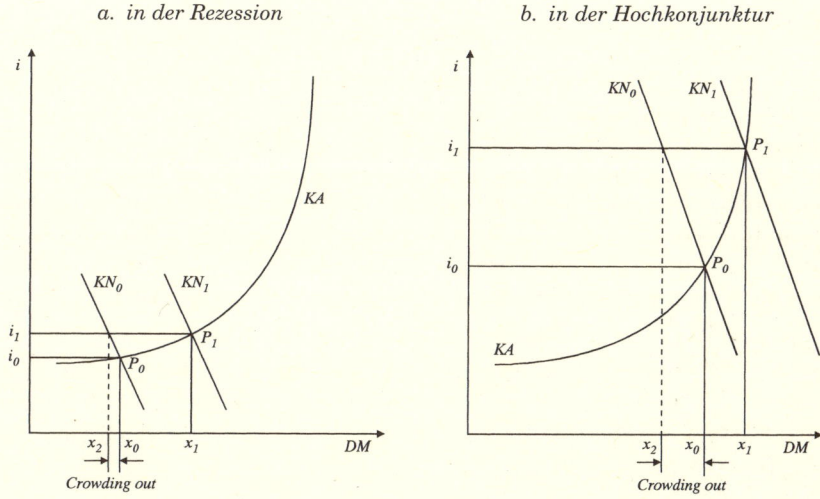

Als Ergebnis ist festzustellen, daß die Schuldenaufnahme im Inland die effektive Nachfrage nur über eine Erschwerung der Kreditbeschaffung Dritter reduziert. Zu einem solchen, dann ganz überwiegend die Investitionen treffenden *Crowding out* kommt es um so eher, je angespannter die Liquiditätslage und je geringer der Liquiditätsgrad der staatlichen Papiere. Da typischerweise der Kreditsektor sowohl von der privaten Kreditnachfrage her als auch durch die Aktionen der Zentralbank im Boom liquiditätsmäßig sehr angespannt ist, in der Rezession dagegen über einen großen Liquiditätsspielraum verfügt, kann davon ausgegangen werden, daß die Zurückdrängung anderer Nachfrager, die mit der Schuldenaufnahme verbunden ist, im Boom stark, in der Rezession sehr schwach ist. In Abb. 10-1 führt bei gegebenem Kreditangebot *KA* die betragsgleiche Erhöhung der staatlichen Kreditnachfrage, die in der Verschiebung von KN_0 nach KN_1 zum Ausdruck kommt, in der Rezession zu einer geringen, in der Hochkonjunktur dagegen zu einer sehr hohen Verdrängung der privaten Kreditnachfrage[9].

Nimmt die öffentliche Hand im Ausland Kredite auf, so wird dies in der Regel die Nachfrage nach DM erhöhen. Bei flexiblen Wechselkursen bewirkt dies eine DM-Aufwertung, was den Leistungsbilanzsaldo reduziert (Crowding out im Außenbeitrag). Bei fixen Wechselkursen kommt es zu einer Erhöhung des Zentralbankgelds, soweit die Zentralbank die vom Ausland mehr nachgefragten DM-Beträge gegen ausländische Devisen abgibt. Dadurch induzierte Mengen- und Preiseffekte reduzieren ebenfalls tendenziell den Außenbeitrag.

Die aufgezeigten Effekte können auch indirekt durch die öffentliche Verschuldung im Inland induziert werden, wenn die durch die staatliche Kreditaufnahme verdrängten privaten Nachfrager vom Inlands- auf den Auslandskapitalmarkt ausweichen.

1.2.2. Differentielle Wirkungen

Sowohl im wissenschaftlichen Schrifttum als auch in der finanzpolitischen Diskussion spielt die Frage der differentiellen Wirkungen der öffentlichen Schuldenaufnahme eine zentrale Rolle, wobei als alternative Finanzierungsinstrumente Steuern herangezogen werden. Die Frage lautet dann: Wie wirkt bei gegebenen Ausgaben eine Substitution von Steuern durch Anleihen?

1) Während praktisch alle Steuern zumindest *auch* den Konsum in der Erhebungsphase verringern, kann damit, wie oben dargelegt, bei einer Anleihefinanzierung im Normalfall nicht gerechnet werden. Wenn die Aufnahme der Staatsschulden die effektive Nachfrage verringert, dann praktisch ausschließlich die Investitionsnachfrage.

2) Das Ausmaß, in dem eine Steuer zu Lasten des Konsums geht, ist je nach Art der Steuer sehr unterschiedlich. Es ist um so größer, je mehr Bezieher niedriger Einkommen belastet werden, die nicht oder nur in vertraglich fixierten Formen sparen. Wenn man von Steuern auf Güter des Grundbedarfs zur allgemeinen Verbrauchsteuer, zur linearen Erhöhung der Einkommensteuer und schließlich zur Erhöhung der Spitzensätze der Einkommensteuer übergeht, dürfte die anteilige Verbrauchsreduktion immer mehr zurückgehen, ja schließlich vielleicht nur noch die Ersparnis tangiert werden.

---

[9] Vgl. O. GANDENBERGER: Theorie der öffentlichen Verschuldung, a.a.O., S. 18.

3) Soweit Steuern die Ersparnis reduzieren, ist zu unterscheiden zwischen den Fällen, in denen die Ersparnis von Personen und Institutionen reduziert wird, die nicht selbst real investieren, sondern ihre Ersparnis am Kapitalmarkt anlegen, und der Verringerung der Eigenmittel derjenigen, die selbst real investieren. Im ersten Fall kommt es nicht unmittelbar, sondern höchstens mittelbar über eine Verengung des Kapitalmarktes und steigende Zinssätze zu einer Reduktion der effektiven Nachfrage. Mit solchen Effekten ist vor allem bei sowieso schon angespannter Kapitalmarktsituation zu rechnen, etwa bei wirksam restriktiver Notenbankpolitik. Die Wirkung ist hier ganz ähnlich wie bei der Schuldenaufnahme am Kapitalmarkt: Dort entzieht der Staat unmittelbar Liquidität, verringert die Kreditverfügbarkeit für andere und bewirkt tendenziell Zinssteigerungen; im Falle von Steuererhöhungen zu Lasten der am Kapitalmarkt angebotenen Ersparnisse ergibt sich der in gleicher Richtung wirkende Effekt dadurch, daß weniger Mittel angeboten werden. Im zweiten Fall, bei der Reduktion der Eigenmittel der real Investierenden, ergeben sich zwei Wirkungen: Einmal wird die *Fähigkeit*, Investitionen finanziell durchzuführen, tangiert, was um so bedeutsamer ist, je weniger die Kapitalmarktsituation einen Ausgleich über die externe Finanzierung gestattet. Zum anderen mag die Investitions*neigung* reduziert werden, soweit steuerbedingt die erwarteten Nettogewinne sinken bzw. soweit die Investitionsneigung ceteris paribus größer ist, wenn die Finanzierung mit eigenen Mitteln anstatt durch Aufnahme fremder Mittel bewältigt werden kann. Soweit die Steuererhebung zu Lasten der Ersparnis geht, ist der restriktive Effekt also je nach Geld- und Kapitalmarktsituation unterschiedlich. Wenn Boomphasen mit wirksam restriktiver, Rezessionsphasen mit expansiver Notenbankpolitik einhergehen, dürfte er antizyklisch variieren.

Faßt man unter Berücksichtigung des Abschnitts 1.2.1 die Analyse beider Instrumente zusammen, ist als Ergebnis festzustellen, daß die Substitution der Steuern durch Anleihen tendenziell zu einer Erhöhung der Konsumnachfrage führt. Die Wirkung auf die Investitionsnachfrage variiert sehr stark antizyklisch: Im Boom mit wirksam restriktiver Geldpolitik führt die stärkere Nettobelastung der Kapitalmärkte zu einem Crowding out bei den Investitionen. In der Rezession ist damit nicht zu rechnen; über die höhere Konsumnachfrage kann der Einfluß auf die privaten Investitionen sogar positiv sein. In dieser Phase kann mit großer Sicherheit davon ausgegangen werden, daß die Substitution von Steuern durch öffentliche Schuldenaufnahme die gesamtwirtschaftliche Nachfrage erhöht. Damit ist auch zu rechnen, wenn in der Boomphase das Kreditangebot elastisch ist.

1.2.3. Budgetniveauwirkungen

Für die Analyse der Wirkungen einer parallelen Erhöhung von Einnahmen aus Staatsverschuldung und Staatsausgaben für Güter folgt daraus, daß diese

Kombination in der Rezession mit reichlicher Zentralbankgeldversorgung in hohem Maße expansiv wirkt[10]. Hier dürften nämlich die privaten Investitionen durch die verstärkte öffentliche Inanspruchnahme des Kapitalmarktes wenn überhaupt, dann nur in geringem Umfang reduziert werden; außerdem ergeben sich positive gegenläufige Wirkungen über die Erhöhung des Auslastungsgrads durch die zusätzlichen Staatsausgaben.

1.3. Wirkungen auf die Produktionskapazität

Wenn man die vorstehende Analyse unter dem Aspekt betrachtet, daß Investitionen, nicht aber Konsumausgaben zur Erhöhung der Produktionskapazität führen, kommt man zu der Feststellung, daß die Substitution von Steuern durch Anleihen die Produktionskapazität reduziert, soweit die Geld- und Kreditmarktsituation in Höhe der zusätzlichen Nettobelastung des Kapitalmarktes zu einer Verdrängung (Crowding out) von Investitionen führt. Dieser Effekt muß sich nicht ergeben, ja er kann sich in sein Gegenteil umkehren, wenn etwa in einer Situation der Unterbeschäftigung das Kreditangebot nahezu völlig elastisch ist und die private Investitionstätigkeit durch die steuersenkungsbedingte zusätzliche Konsumnachfrage angeregt wird. Ein solcher positiver Effekt auf die Produktionskapazität via nachfrageinduzierte private Investitionen läßt sich in der gleichen konjunkturellen Situation über schuldenfinanzierte zusätzliche öffentliche Ausgaben für Güter bewirken. Dabei ergibt sich über die Ausgabenseite u. U. ein zusätzlicher kapazitätserhöhender Effekt, wenn die zusätzlichen öffentlichen Ausgaben investiven Charakter haben.

1.4. Die These von der Staatsschuldenneutralität

Die bislang dargelegte Analyse wäre nicht zutreffend, wenn die Bürger in ihrer Eigenschaft als Steuerzahler im Falle der Staatsverschuldung die künftigen Steuern zur Finanzierung des Schuldendienstes in vollem Umfang kapitalisieren würden. Schulden- und Steuerfinanzierung hätten dann ähnliche, u. U. gleiche Wirkungen. Auf diese Möglichkeit (ja eigentlich: Notwendigkeit) hat bereits RICARDO[11] hingewiesen, aber in realistischer Einschätzung gemeint, daß diese Antizipation in Wirklichkeit nicht vorgenommen werde, der Bürger insofern einer *„Schuldenillusion"* unterliege.

Es blieb zeitgenössischen Ökonomen, speziell BARRO[12], vorbehalten, unter dem Etikett „rationale Erwartungen" die These von der „Staatsschuldenneutrali-

---

[10] Für eine ökonometrische Analyse der Bundesrepublik Deutschland vgl. G. DIECKHEUER: Staatsverschuldung und wirtschaftliche Stabilisierung, Baden-Baden 1978, S. 240, 308.

[11] Vgl. D. RICARDO: On the Principles of Political Economy and Taxation (1817), in: P. Sraffa, (Hrsg.): The Works and Correspondence of David Ricardo, Bd. 1, Cambridge 1951, S. 247.

[12] Vgl. R. J. BARRO: Are Government Bonds Net Wealth?, a.a.O., S. 1095–1117.

tät" neu zu entdecken und zur Grundlage wirtschaftspolitischer Analysen und Empfehlungen zu machen. Dieser These wird hier nicht gefolgt, da sie sowohl praktischen Erfahrungen als auch theoretischen Überlegungen widerspricht. Die Zweifel beginnen schon damit, daß die Zinsenfinanzierung nicht unbedingt über höhere Steuern erfolgen muß, sondern auch über niedrigere sonstige Ausgaben bewältigt werden kann. Der Bürger dürfte kaum in der Lage sein, sich ein Bild von den relevanten Alternativen zu machen, sowohl was die Hauptoptionen als auch (noch mehr) was die konkrete Spezifizierung betrifft. Wegen dieser großen Ungewißheit ist zu erwarten, daß er im allgemeinen die schuldendienstbedingten sonstigen Budgetänderungen bei seinen Entscheidungen nicht berücksichtigt. Angenommen, er antizipiere wirklich höhere künftige Steuern, dann dürfte dies allenfalls insoweit geschehen, wie diese Steuern *von ihm selbst* zu zahlen sind, also nicht etwa erst nach seinem Tod erhoben werden.

Diese Auffassung kann nicht mit dem Hinweis auf die verbreitete Praxis, Kindern Erbschaften zu hinterlassen, als widerlegt angesehen werden. Nachlässe können auf gesellschaftlichen Konventionen beruhen, bei denen die künftige Einkommenssituation der Kinder kaum eine Rolle spielt, auf der Unsicherheit über die eigene Lebensdauer, ja auf egoistischem Kalkül, um bestimmte gewünschte Verhaltensweisen der Erben sicherzustellen[13].

Die empirischen Arbeiten zur Schuldenäquivalenztheorie führen zu recht unterschiedlichen Ergebnissen. In einem sehr umfassenden Überblick über die (vor allem US-amerikanische) Literatur kommt J.J. SEATER[14] zu dem Resultat: „Ricardian equivalence holds as a close approximation. Although there is much empirical evidence appearing to reject Ricardian equivalence, a dispassionate reading of the literature leads to the stated conclusion." Für die Bundesrepublik liegen keine vergleichbaren Untersuchungen vor. Allerdings deutet der Umstand, daß seit der Wiedervereinigung die Sparquote der privaten Haushalte trotz extremer Zuwächse der Schuldenstände (und trotz der heftigen Diskussion über die Probleme der Rentenversicherung) ständig gefallen ist, eher auf eine Widerlegung der Schuldenäquivalenzthese.

1.5. Die These von der Indikatorwirkung öffentlicher Schuldenaufnahme

Auch wenn man die These von der generellen Schuldenneutralität ablehnt, ist es durchaus denkbar, daß jedenfalls in *bestimmten Situationen* die in 1.2 geschilderten expansiven Wirkungen ausbleiben oder sich sogar restriktive Ef-

---

[13] Für Problemübersichten aus unterschiedlichen Positionen vgl. R.J. BARRO: The Ricardian Approach to Budget Deficits, a.a.O., und B.D. BERNHEIM: A Neoclassical Perspective on Budget Deficits, a.a.O.
[14] J.J. SEATER: Ricardian Equivalence, a.a.O., S.143.

fekte einstellen. Das mag der Fall sein, wenn ein hoher Verschuldungszuwachs nicht als lediglich kurzfristige bewußte konjunkturpolitische Maßnahme aufgefaßt wird, sondern als Indikator ungelöster ökonomischer, ja politischer Probleme allgemein[15]. Damit ist um so eher zu rechnen, je länger die Phase der hohen Nettoneuverschuldung andauert, je stärker die Budgetbelastung durch den Zinsendienst zunimmt und je weniger mit den politisch schmerzhaften Maßnahmen gerechnet werden kann, die für eine Umkehr unumgänglich sind.

2. Wirkungen des Schuldenstandes

Wirkungen der öffentlichen Schulden beschränken sich nicht auf die Phase der Schuldenaufnahme, sondern ergeben sich auch während der folgenden Phase des Schuldenstandes. Sie hängen vor allem mit dem Zinsendienst und dem Umstand zusammen, daß öffentliche Schulden Aktiva des Privatsektors darstellen.

2.1. Die Budgetbelastung

Staatsschulden führen im Zuge des Schuldendienstes zu laufenden Budgetbelastungen. Selbst wenn – wie heute weitgehend üblich – fällig werdende Titel nicht netto getilgt, sondern nur mit Einnahmen aus gleichzeitiger Neuverschuldung zurückgezahlt werden, bleibt die Aufgabe, die laufenden Zinszahlungen zu finanzieren. Dies zwingt dazu, bei gegebenen Einnahmen andere Ausgaben zurückzustellen, was je nach konkreter Situation zu Abstrichen bei der Verfolgung allokations-, distributions-, vielleicht auch stabilitätspolitischer Ziele führt. Sofern man dem durch Steuererhöhungen zu begegnen versucht, ergeben sich zusätzliche Transferkosten. Diese entstehen einmal durch die Bindung volkswirtschaftlicher Ressourcen zur technischen Durchführung des Zwangstransfers, zum anderen durch verzerrende Wirkungen, die sich insbesondere bei sehr hohen marginalen Einkommensteuersätzen ergeben.

Man muß sich allerdings vor der Annahme hüten, daß der Budgetspielraum im Sinne der Differenz zwischen Gesamteinnahmen und Zinsausgaben generell in Höhe der Zinsausgaben größer wäre, wenn man in der Vergangenheit auf die Schuldenaufnahme verzichtet und statt dessen die Steuern erhöht oder die Ausgaben gesenkt hätte. Soweit mit der Verschuldung z. B. expansive Prozesse in Rezessionsphasen induziert worden sind, haben sich auch positive Rückwirkungen auf die Einnahmen ergeben, die nicht unberücksichtigt bleiben dürfen; soweit durch die Schuldenaufnahme die Investitionen und damit die Produktionskapazität reduziert worden sind, kann sich der budgetäre Spielraum um mehr als die Zinsausgaben vermindert haben.

---

[15] Vgl. O. GANDENBERGER· Thesen zur Staatsverschuldung, a.a.O., S. 855f.

2.2. Die zinsverbundene Einkommensumverteilung

Die mit den Zinszahlungen verbundenen Verteilungswirkungen wurden lange Zeit im Rahmen des sogenannten *Transferansatzes* als verteilungspolitisch bedenklich angesehen. Man vermutete nämlich, daß die Progression der Titelverteilung sehr viel stärker ist als die des Gesamtsteuersystems, die Bezieher niedriger Einkommen also anteilig mehr Steuern zahlen, als sie Zinsen erhalten, die Bezieher hoher Einkommen umgekehrt anteilig weniger Steuern abführen, als ihnen Zinsen zufließen. Nach dieser Vorstellung ergibt sich also per Saldo ein Nettotransfer von den Armen zu den Reichen.

Die vorstehend skizzierte These beruht auf zwei Annahmen, von denen die eine ganz überwiegend falsch, die andere wohl nicht realistisch, auf keinen Fall zwingend ist[16]. Ganz überwiegend falsch ist die implizit gemachte Annahme, daß das Einkommen der Staatstiteleigentümer ohne Staatsverschuldung um die darauf entfallenden Zinsen geringer wäre. Den Zeichnern, insbesondere soweit es sich um private Haushalte und Kapitalsammelstellen handelt, fließt das Kapitaleinkommen in aller Regel nicht nur deshalb zu, weil sich der Staat verschuldet hat, sondern weil sie zum Zeitpunkt der Kreditaufnahme bereits so vermögend bzw. so liquide waren, daß sie Kredite geben konnten. Hätte sich der Staat nicht verschuldet, so hätten die Gläubiger andere Papiere erworben, vielleicht Schuldverschreibungen von Banken mit ganz ähnlicher Verzinsung.

Die andere Annahme, daß, wenn der Staat sich nicht verschuldet hätte, alle Steuern proportional niedriger wären, ist zwar theoretisch möglich, allerdings sehr unwahrscheinlich, keinesfalls zwingend. Man könnte ebenso eine Veränderung der relativen Belastungsverteilung unterstellen oder auch annehmen, daß die alternative Situation nicht in niedrigeren Steuern, sondern in höheren sonstigen Ausgaben besteht.

Wenn man in der angedeuteten Weise zu Aussagen über die Verteilungswirkungen gelangen will, muß man *relevante Alternativen* vergleichen, und deren gibt es viele. Dabei zeigt sich, daß man die Betrachtung nicht auf die Phase des Schuldenstandes beschränken kann, sondern auch die *Alternativen zum Zeitpunkt der Schuldenaufnahme* berücksichtigen muß. Wenn man, um die Analyse einzuengen, einmal unterstellt, zum Zeitpunkt der Staatsverschuldung habe es sich lediglich um die Frage gehandelt, ob ein gegebenes Ausgabevolumen mit mehr Steuern oder mit mehr Anleihen finanziert werden soll, und wenn man annimmt, daß im Falle der stärkeren Verschuldung die späteren Zinszahlungen zu Steuererhöhungen führen, müßte man vergleichen:
– die Verteilung der Traglast der Steuern, die alternativ zur Schuldenaufnahme erhöht worden wären, mit

---

[16] Vgl. N. ANDEL: Zur These von den unsozialen Verteilungswirkungen öffentlicher Schulden, a.a.O.

– der Verteilung der Traglast der Steuererhöhung, die auf die Finanzierung des Zinsendienstes zurückzuführen ist.

Mit Traglast ist hier die effektive Belastung gemeint, die von der Zahllast, der Steuerabführung, dann abweicht, wenn es zu Überwälzungen kommt.

Die relevante Frage lautet also: *Wie ist die Verteilung der Traglast der Steuern, die die Gesamtheit der Steuerzahler durch die Anleihe vermeidet, im Vergleich zur Verteilung der fiskalischen „Vermeidungskosten" in Form der Steuern für den Zinsendienst während des Schuldenstandes?* Erforderlich ist also eine zeitlich versetzte differentielle Einnahmenanalyse, deren Teile sich – im Gegensatz zum üblichen Begriff der differentiellen Wirkungen – auf unterschiedliche Perioden beziehen, die durch die Kreditaufnahme verknüpft sind.

Darin erschöpft sich der mit den Zinszahlungen verbundene Umverteilungseffekt nicht, z. B. wenn die Staatsverschuldung den Marktzinssatz verändert[17] und sich dadurch Einkommensvorteile für die Kapitalanleger ergeben. Diese Wirkung wird dann zwar durch die Staatsverschuldung ausgelöst, ist aber wegen der Interdependenz der Teilmärkte nicht auf den Staatsschuldenmarkt beschränkt.

Es sei nochmals betont, daß die Alternative zur Schuldenaufnahme und die Finanzierungsquelle für den Zinsendienst nicht notwendigerweise in der Erhebung zusätzlicher Steuern besteht. Es ist durchaus denkbar, daß die ursprüngliche Alternative geringere sonstige Ausgaben war und der Schuldendienst über geringere sonstige Ausgaben bestritten wird.

2.3. Der Einfluß auf die Kreditpolitik

Hohe Schuldenstände und damit verbundene hohe Zinsbelastungen des öffentlichen Haushalts können dazu führen, daß darauf verzichtet wird, die Geldpolitik in dem stabilitätspolitisch erforderlichen Ausmaß restriktiv zu gestalten. Die Versuchung, auf diese Weise zusätzliche Budgetprobleme zu vermeiden, ist besonders groß, wenn die Regierung selbst die Geldpolitik wesentlich festlegen kann. Die Auseinandersetzungen zwischen Treasury und Federal Reserve Board in den USA während der Nachkriegsjahre ist ein besonders prominentes Beispiel für diesen Konflikt zwischen Budget- und Geldpolitik[18].

2.4. Der Einfluß auf den privaten Konsum

Im Vergleich zur Steuerfinanzierung erhöht die Kreditaufnahme das private Vermögen, da sich die unterlassene Steuererhöhung teilweise in höheren Er-

---

[17] Vgl. O. GANDENBERGER: Öffentlicher Kredit und Einkommensverteilung, in: Finanzarchiv, N. F. Bd. 29, 1970, S. 9f.

[18] Vgl. N. ANDEL: Probleme der Staatsschuldentilgung, a. a. O., S. 48–51; vgl. auch R. DORNBUSCH: Debt and Monetary Policy: The Policy Issues, NBER Working Paper 5573, Cambridge/Mass. 1996.

sparnissen niederschlägt, wenn, wie hier unterstellt, künftige Schuldendienst-
steuern nicht in der Gegenwart antizipiert werden. Eine Vermögenserhöhung
ergibt sich auch im Falle des Crowding out, wenn öffentliche Schulden an die
Stelle privater treten. Wenn der private Konsum mit wachsendem Vermögen
steigt, weil zusätzliche Vorsorge dann als weniger dringend erachtet wird, wirken öffentliche Schulden in der Phase des Schuldenstandes konsumerhöhend.
Die empirische Relevanz dieses Zusammenhangs ist allerdings umstritten[19].

3. Wirkungen der Schuldentilgung

Die Schuldentilgung bedarf keiner eingehenden Analyse, weil es sich um die
Umkehrung der Wirkungen der Schuldenaufnahme handelt. Der Leser sei deshalb auf § 41, Abschnitt 1 verwiesen[20]. Hier soll lediglich hervorgehoben werden, daß speziell in den Fällen, in denen die Schuldentilgung zu dem vereinbarten Fälligkeitstermin vorgenommen (und nicht etwa zeitlich vorgezogen) wird,
die Titel unmittelbar vor Fälligkeit unabhängig von der ursprünglichen Laufzeit zum Zeitpunkt der Schuldenaufnahme sehr liquide sind. Aus diesen Gründen ist für den Kreditgeber die mit der Tilgung verbundene Liquiditätserhö-
hung wesentlich geringer als der zuvor mit der Kreditgewährung verknüpfte
Liquiditätsverlust.

§ 42. Das Volkseinkommensbestimmungsmodell

Der Einfluß finanzwirtschaftspolitischer Instrumente auf die gesamtwirtschaftliche Nachfrage steht im Mittelpunkt des Volkseinkommensbestim-
mungsmodells KEYNESscher Prägung. Für welche Güter und zu welchen Zwek-
ken Staatsausgaben verwendet werden, welche Güter durch die Steuererhebung weniger gekauft werden, ist dabei für sich genommen uninteressant und
wird allenfalls in einer detaillierten Analyse insoweit behandelt, wie dies für
die induzierten Nachfrageeffekte bedeutsam ist. Da dieses Modell im Rahmen
der nachfrageorientierten Stabilisierungspolitik eine wichtige Rolle spielt, soll
hier darauf eingegangen werden.

---

[19] Einen positiven Einfluß des Vermögens auf den Konsum finden z. B. F. MODIGLIANI: Monetary Policy and Consumption: Linkages via Interest Rate and Wealth Effects in the FMP
Model, in: Federal Reserve Bank of Boston (Hrsg.): Consumer Spending and Monetary Policy:
The Linkages, Boston 1971, S. 14; H. KÖNIG: Konsumfunktionen, in: W. Albers u. a. (Hrsg.):
Handwörterbuch der Wirtschaftswissenschaft, Bd. 4, Stuttgart u. a. O. 1978, S. 523, Tab. 4.
[20] Zur umfassenderen Analyse der Tilgungswirkungen vgl. N. ANDEL: Probleme der Staatsschuldentilgung, a.a.O., insbesondere S. 61–141.

1. Vollkommen elastisches Güter- und Geldangebot

Ausgangspunkt ist ein Modell mit völlig preiselastischem Güter- und zinsela- stischem Geldangebot; d.h. *expansive Prozesse werden weder von der Produk- tionskapazität noch von der monetären Seite her beschränkt.* Das Volkseinkom- men ist dann durch die effektive Nachfrage bestimmt, in einer geschlossenen Wirtschaft durch die private Konsumnachfrage (C), die private Investitions- nachfrage (I) und die staatliche Nachfrage nach Gütern (G):

(10-1) $Y = C + I + G.$

Y und C werden in allen im folgenden untersuchten Fällen als endogene Grö- ßen behandelt, d.h. als durch das Modell bestimmt.

1.1. Fall 1: autonome Investitionen ($\bar{I}$); Steuerbetrag (T), Transferausgaben (Z), Staatsausgaben für Güter (G) als Aktionsparameter

In einem ersten Fall soll unterstellt werden, daß die privaten Investitionen au- tonom und fix vorgegeben sind; ferner, daß der Staat T, Z und G *betragsmäßig* fixiert, nicht etwa nur die Sätze und die Bemessungsgrundlagen:

(10-2) $Y = C + \bar{I} + G.$

Wenn man den privaten Konsum als lineare Funktion des verfügbaren Ein- kommens ansieht

(10-3) $C = \bar{C} + c(Y - T + Z)$

mit $\bar{C}$ als autonomer Komponente und c als marginaler Konsumquote, ergibt sich

(10-4) $Y = (\bar{C} - cT + cZ + \bar{I} + G) \dfrac{1}{1-c} = (\bar{C} + \bar{I} + G) \dfrac{1}{1-c} + (Z - T) \dfrac{c}{1-c}.$

Wie wirkt es sich nun auf das Volkseinkommen aus, wenn der Staat seine fi- nanzwirtschaftspolitischen Parameter variiert?

1.1.1. Änderung von G

(10-5) $\Delta Y = \Delta G \dfrac{1}{1-c}.$

Die Erhöhung der Staatsausgaben für Güter und Dienste erhöht das Volksein- kommen, denn $1/(1-c)$ ist positiv, da $0 < c < 1$. $1/(1-c)$, der reziproke Wert der marginalen Sparquote, ist der sog. *Realausgabenmultiplikator.* Er ist größer als 1, d.h. die Veränderung des Volkseinkommens ist größer als die sie auslö- sende Veränderung der Staatsausgaben für Güter. Dies beruht auf dem Um- stand, daß im Beispiel der Übersicht 10-1 $\Delta G = 100$ in der ersten Periode das Volkseinkommen um den gleichen Betrag erhöht; da T und Z konstant gehal-

Übersicht 10–1

Wirkung einer Erhöhung der Staatsausgaben für Güter in Höhe von 100 bei c = 0,8

Periode	ΔG	ΔC			$\Delta Y = \Delta G + \sum \Delta C$
1	100				100
2	100	80			180
3	100	80	64		244
4	100	80	64	51	295
.	.	.		...	.
.	.		.	...	.
.				...	.
∞	.			...	500

ten werden, erhöht sich in gleicher Höhe das verfügbare private Einkommen, was wegen (10-3) in der nächsten Periode zu einer Erhöhung des privaten Konsums führt, z. B. um 80, wenn $c = 0,8$. Das wiederum induziert $\Delta C = 0,8 \cdot 80 = 64$ usw. Gleichung (10-5) läßt sich in zweierlei Weise interpretieren:

1) Der Multiplikator bezeichnet die Relation $\Delta Y / \Delta G$, die sich ergibt, wenn man die Wirkungen einer *einmaligen* Erhöhung von G über (streng genommen: unendlich) viele Perioden aufsummiert (vgl. in Übersicht 10-1 z. B. $\Delta G = 100$ in Periode 1 plus $\Delta C = 80$ in Periode 2 plus $\Delta C = 64$ in Periode 3 usw.). Am Ende aller Perioden ist dann das Volkseinkommen wieder auf sein Ausgangsniveau zurückgefallen.

2) Der Multiplikator gibt die Relation $\Delta Y / \Delta G$ an, die bei einer *anhaltenden* (nicht nur einmaligen) Erhöhung um ΔG nach (streng genommen: unendlich) vielen Perioden erreicht wird. Am Ende ist das Volkseinkommen pro Periode um $\Delta Y = 500$ höher als in der Ausgangssituation (vgl. Übersicht 10-1, 3. Spalte).

Die isolierte Erhöhung der staatlichen Ausgaben für Güter und Dienste wirkt also expansiv, und zwar zunächst über ΔG selbst, dann über die Kette der induzierten Erhöhungen des privaten Konsums. Umgekehrt ist es, wenn die Ausgaben gesenkt werden, ΔG also negativ ist.

1.1.2. Änderung von T

Aus (10-4) ergibt sich:

$$(10\text{-}6) \qquad \Delta Y = - \Delta T \frac{c}{1 - c} .$$

Der induzierte Effekt ist negativ. Die Erhöhung von T reduziert das Volkseinkommen, weil über das geschrumpfte verfügbare private Einkommen die privaten Konsumausgaben sinken. Absolut genommen ist der Effekt geringer als bei einer Variation von G, da dort in der ersten Periode $\Delta Y = \Delta G$, hier aber wegen der positiven marginalen Sparquote der privaten Haushalte $\Delta Y = -c \cdot \Delta T$. Umgekehrt wirkt eine Senkung von T expansiv, weil über das erhöhte verfügbare Einkommen private Konsumausgaben induziert werden.

1.1.3. Betragsgleiche Änderung von T und G

Um die Wirkung einer simultanen betragsgleichen Änderung von T und G, also einer Budgetniveauerhöhung ΔB, zu erhalten, werden die oben ausgewiesenen spezifischen Effekte addiert.

$$(10\text{-}7) \qquad \Delta Y = \Delta G \frac{1}{1-c} - \Delta T \frac{c}{1-c} \,.$$

Da $\Delta G = \Delta T = \Delta B$, folgt:

$$(10\text{-}8) \qquad \Delta Y = \Delta B \left(\frac{1}{1-c} - \frac{c}{1-c} \right) = \Delta B \frac{1-c}{1-c} = \Delta B \,.$$

Gleichhohe Veränderungen von Steuereinnahmen und von Staatsausgaben für Güter wirken also nicht neutral. Im Falle der Budgetniveauerhöhung ($\Delta B > 0$) ergibt sich ein expansiver Effekt, im Falle der Budgetreduktion ($\Delta B < 0$) ein restriktiver. Dieses Ergebnis ist in der Literatur als *HAAVELMO-Theorem* (balanced-budget theorem) bekannt[21]. Es beruht auf dem Umstand, daß unter den gemachten Annahmen die Erhöhung der Staatsausgaben für Güter in der ersten Periode voll, die Erhebung der Steuern nur im Ausmaß der marginalen Konsumquote nachfragewirksam ist.

1.1.4. Änderung von Z

Aus (10-4) erhält man:

$$(10\text{-}9) \qquad \Delta Y = \Delta Z \frac{c}{1-c} \,.$$

Transferzahlungen wirken auf die Höhe des Volkseinkommens positiv. Allerdings ist der Multiplikator kleiner als für Realausgaben, da in der ersten Periode der expansive Effekt nur $c\Delta Z$ beträgt. Absolut gesehen entspricht der Multiplikator für Transferausgaben dem Steuermultiplikator.

---

[21] Vgl. T. HAAVELMO: Multiplier Effects of a Balanced Budget, in: Econometrica, Bd. 13, 1945, S. 311–318.

1.1.5. Betragsgleiche Änderung von T und Z

Addiert man die Effekte (10-6) und (10-9), erhält man:

(10-10) $\Delta Y = -\Delta T \dfrac{c}{1-c} + \Delta Z \dfrac{c}{1-c} = 0$,

da annahmegemäß $\Delta B = \Delta T = \Delta Z$.

1.1.6. Zusammenfassung

a) Realausgabenmultiplikator: $\dfrac{\Delta Y}{\Delta G} = \dfrac{1}{1-c}$

b) Fixsteuermultiplikator: $\dfrac{\Delta Y}{\Delta T} = -\dfrac{c}{1-c}$

c) Kombination von a und b:
   Budgetniveaumultiplikator I: $\dfrac{\Delta Y}{\Delta B} = 1$

d) Fixtransferausgabenmultiplikator: $\dfrac{\Delta Y}{\Delta Z} = \dfrac{c}{1-c}$

e) Kombination von b und d:
   Budgetniveaumultiplikator II: $\dfrac{\Delta Y}{\Delta B} = 0$.

Die Änderungen, die sich im Rahmen der folgenden Fälle ergeben, werden beispielhaft auf die Variationen der Realausgaben bezogen.

1.2. Fall 2: wie Fall 1, jedoch T als endogene Variable mit Steuersatz t und Bemessungsgrundlage als Aktionsparameter

Wird nicht der Steuerbetrag, sondern werden der Steuersatz und die Bemessungsgrundlage als Aktionsparameter angesehen, so ergibt sich der Steuerbetrag als endogene Variable durch Multiplikation des Steuersatzes mit der gleichbleibend definierten, aber in aller Regel größenmäßig mit Y variierenden Bemessungsgrundlage. Für den Fall einer proportionalen Einkommensteuer ohne Freibeträge mit dem Steuersatz t erhält man, sofern Z steuerfrei bleibt:

(10-11) $C = \bar{C} + c[(1-t)Y + Z]$,

(10-12) $Y = \bar{C} + c[(1-t)Y + Z] + \bar{I} + G$,

(10-13) $Y = (\bar{C} + cZ + \bar{I} + G)\dfrac{1}{1-c(1-t)}$.

Für eine Variation der Staatsausgaben für Güter erhält man

(10-14) $\Delta Y = \Delta G \dfrac{1}{1 - c(1 - t)}$.

Vergleicht man (10-14) mit (10-5), sieht man, daß die Einführung einkommensabhängiger Steuern den Multiplikator reduziert. Eine Einkommensänderung wird proportional zum Steuersatz absorbiert, wodurch sich in diesem Ausmaß die induzierte Nachfrageänderung verringert (automatischer Stabilisator).

1.3. Fall 3: unterschiedliche marginale Konsumquoten

Wenn man von variablen, etwa mit steigendem individuellen verfügbaren Einkommen sinkenden marginalen Konsumquoten ausgeht, ist der Multiplikator für zusätzliche steuerfinanzierte Ausgaben größer oder kleiner als 1 (Realausgaben) bzw. größer oder kleiner als Null (Transferausgaben), je nachdem, ob der Transfer mit den anschließenden Wirkungen von Personen mit niedrigem zu Personen mit hohem c erfolgt oder umgekehrt. In dieser Situation ist es auch möglich, bei gleichbleibendem Budgetvolumen lediglich durch Steuerlastumverteilung expansive oder restriktive Effekte zu erzielen, expansive etwa, wenn die Steuerlast von den Beziehern niedriger zu den Beziehern hoher Einkommen umverteilt wird.

1.4. Fall 4: Einführung von Verbrauchsteuern

Soweit Verbrauchsteuern nicht überwälzt, sondern von Produzenten oder Händlern getragen werden, ergeben sich im Vergleich zu den Einkommensteuern keine Unterschiede. Soweit sie zu Preisniveauerhöhungen bei Konsumgütern führen, wird das Realeinkommen der Konsumenten reduziert. Dadurch sinkt die reale Konsumnachfrage, ganz sicherlich bei den Wirtschaftssubjekten, die nicht mit einer Reduktion der Sparquote reagieren können. Was den Einfluß auf die reale effektive Nachfrage betrifft, besteht also zwischen Einkommen- und Verbrauchsteuern kein grundsätzlicher Unterschied.

1.5. Fall 5: Einführung des Außenhandels

Wenn man die außenwirtschaftlichen Beziehungen miteinbezieht, wirkt nicht die gesamte von Inländern ausgeübte Nachfrage expansiv auf das Volkseinkommen, sondern nur der Teil, der sich auf die inländische Wertschöpfung erstreckt. Auf der anderen Seite tritt zur inländischen effektiven Nachfrage die des Auslandes hinzu, soweit sie sich in Exporten von Gütern niederschlägt. Die Volkseinkommensgleichung lautet dann also:

(10-15) $Y = C + \bar{I} + G + (Ex - Im)$.

Unter der Annahme eines exogen bestimmten, in bezug auf die Größe des hier betrachteten Modells also fixen Exports ($\overline{Ex}$) und einer von Y linear abhängigen Importfunktion $Im = mY$ ergibt sich

$$Y = \overline{C} + c[(1-t)Y + Z] + \overline{I} + G + \overline{Ex} - mY$$

bzw.

(10-16) $$Y = (\overline{C} + cZ + \overline{I} + G + \overline{Ex}) \frac{1}{1 - c(1-t) + m}.$$

Für die wiederum beispielhaft herausgegriffene Veränderung der staatlichen Ausgaben für Güter erhält man

(10-17) $$\Delta Y = \Delta G \frac{1}{1 - c(1-t) + m}.$$

Im Fall 2 ergibt sich für die geschlossene Wirtschaft bei $c = 0{,}8$ und $t = 0{,}5$ ein Realausgabenmultiplikator von 1,67. In der offenen Wirtschaft mit $m = 0{,}2$, verringert er sich auf 1,25. Die Importe reduzieren also den Multiplikator, wirken insofern in gleiche Weise wie die Ersparnisse und die einkommensabhängigen Steuern.

1.6. Fall 6: wie Fall 5, jedoch private Investitionen als partiell endogene Variable

Das bislang untersuchte Modell ist im Hinblick auf die konstant gehaltenen privaten Investitionen sehr unrealistisch. Variationen der Staatsausgaben sowie dadurch oder durch Steuervariationen hervorgerufene Veränderungen der Konsumnachfrage beeinflussen auch die Investitionsentscheidungen. Man kann davon ausgehen, daß durch die Einbeziehung dieser induzierten Investitionen die oben aufgezeigten Wirkungen auf die Höhe des Volkseinkommens tendenziell verstärkt werden, und zwar sowohl über den Rentabilitäts- als auch über den Liquiditäts- und den Auslastungsgradeffekt[22].

Im Rahmen eines sehr einfachen Ansatzes kann man diese Zusammenhänge berücksichtigen, indem man neben den autonomen Investitionen induzierte Investitionen einführt, die als Funktion der Höhe des Volkseinkommens betrachtet werden:

$$I = \overline{I} + I(Y), \text{ wobei } I(Y) = eY.$$

Die Einkommensbestimmungsgleichung lautet dann:

(10-18) $$Y = \overline{C} + c[(1-t)Y + Z] + \overline{I} + eY + G + \overline{Ex} - mY$$

bzw.

---

[22] Vgl. oben S. 155f.

(10-19) $Y = (\bar{C} + cZ + \bar{I} + G + \overline{Ex}) \dfrac{1}{1 - c(1 - t) - e + m}$.

Für eine Variation der Ausgaben für Güter erhält man

(10-20) $\Delta Y = \Delta G \dfrac{1}{1 - c(1 - t) - e + m}$.

Man sieht, daß sich der Multiplikator durch die Einführung der induzierten Investitionen vergrößert. Allerdings ist die Annahme einer linearen Abhängigkeit der Investitionen von Y nicht sehr realistisch. Diese Relation dürfte im Konjunkturverlauf beträchtlich schwanken und eher von ΔY als von Y abhängen.

2. Nicht vollkommen elastisches Güterangebot

Wenn das Güterangebot nicht vollkommen elastisch ist, schlagen sich Veränderungen der effektiven Nachfrage nicht oder jedenfalls nicht ausschließlich in Veränderungen des realen Volkseinkommens nieder. Je höher der inländische Auslastungsgrad bzw. je geringer die Angebotselastizität allgemein, um so größer die Wahrscheinlichkeit, daß nur die nominalen Größen verändert werden.

3. Die Berücksichtigung der Budgetbeschränkung und eines nicht völlig elastischen Geldangebots

In Abschnitt 1 wurden mit der Annahme eines völlig elastischen Geldangebots mehrere Probleme ausgeklammert, auf die jetzt zumindest teilweise eingegangen werden soll.

3.1. Die Berücksichtigung der Budgetrestriktion

Zusätzliche öffentliche Ausgaben müssen finanziert werden. Dieser Aspekt wurde bislang nur im Falle der simultanen Veränderung von T und G bzw. T und Z implizit berücksichtigt. Bei der isolierten Erhöhung von G und Z blieb die Finanzierungsfrage offen. Läßt man die Steuern beiseite, kommen vor allem drei Finanzierungsquellen in Frage: die Zentralbankgeldschöpfung, der Abbau von bei Geschäftsbanken gehaltenen Guthaben und die Verschuldung am Kapitalmarkt.

Die *Zentralbankgeldschöpfung* induziert nicht nur keinen Restriktionseffekt, sondern wirkt im Gegenteil expansiv, weil sie zum einen die Geldmenge (in welcher Definition auch immer) unmittelbar erhöht, zum anderen über eine größere Geldbasis zu zusätzlichen Bankkrediten führen kann. Die Zentralbankgeldschöpfung kann in der Form erfolgen, daß der Fiskus seine bei der Zentralbank gehaltenen Guthaben abbaut, daß die Zentralbank dem Fiskus unmittelbar

Kredite gewährt oder daß die Zentralbank öffentliche Schuldtitel am Markt aufkauft, etwa im Zuge der Offenmarktpolitik.

Der *Abbau von bei Geschäftsbanken gehaltenen Guthaben* tangiert nicht die Geldmenge, sondern lediglich deren Verteilung auf den staatlichen und den nichtstaatlichen Sektor.

Die *Kreditaufnahme am Kapitalmarkt* wirkt tendenziell zinssteigernd und kurssenkend. Dies reduziert die Investitionen und den privaten Konsum, soweit diese zins- oder vermögensabhängig sind.

Symmetrisch ist bei Steuererhöhungen ohne gleichzeitige Ausgabenerhöhungen die Art der *Mittelverwendung* zu berücksichtigen. Werden die Steuereinnahmen auf Konten der Zentralbank gehalten, bewirkt die Steuererhebung eine Geldvernichtung, einmal unmittelbar in Höhe des Steuerbetrages, u. U. aber auch darüber hinaus, soweit die Reduktion der monetären Basis die Geschäftsbanken zu Krediteinschränkungen veranlaßt.

Werden die Steuereinnahmen bei Geschäftsbanken gehalten, bleibt die Geldmenge konstant; es verändert sich lediglich die Aufteilung auf den staatlichen und den nichtstaatlichen Sektor. Da die Geldbasis unverändert bleibt, kann es von dieser Seite nicht zu einer induzierten Geldmengenverringerung kommen.

3.2. Die Berücksichtigung der Finanzierung des induzierten Volkseinkommenswachstums

Ein Finanzierungsbedarf entsteht nicht nur im Hinblick auf die erhöhten Staatsausgaben, sondern auch in bezug auf dadurch induzierte Nachfrage- bzw. Volkseinkommenserhöhungen. Unter Berücksichtigung realistischer Größenordnungen für den Ausgabenmultiplikator einerseits, die Geldumlaufgeschwindigkeit andererseits kann davon ausgegangen werden, daß eine Ausgabenfinanzierung durch Zentralbankgeldschöpfung den wachstumsinduzierten Geldbedarf mehr als deckt. In den anderen Fällen ist eine zusätzliche Geldexpansion erforderlich.

3.3. Die Analyse im Rahmen des IS/LM-Diagramms

Die hier angeschnittenen Probleme lassen sich z. T. in formalisierter Weise im *IS/LM*-Diagramm mit dem Zinssatz und dem Volkseinkommen auf den Achsen darstellen (vgl. Abb. 10-2). Die *IS*-Kurve repräsentiert Punkte möglicher Gleichgewichte auf dem Gütermarkt mit den Ausgabefunktionen

$$C = \bar{C} + c(Y - \bar{T} + \bar{Z}),$$
$$I = \bar{I} + I(r),$$
$$G = \bar{G}$$

Abbildung 10–1

Die Wirkungen zusätzlicher Staatsausgaben für Güter

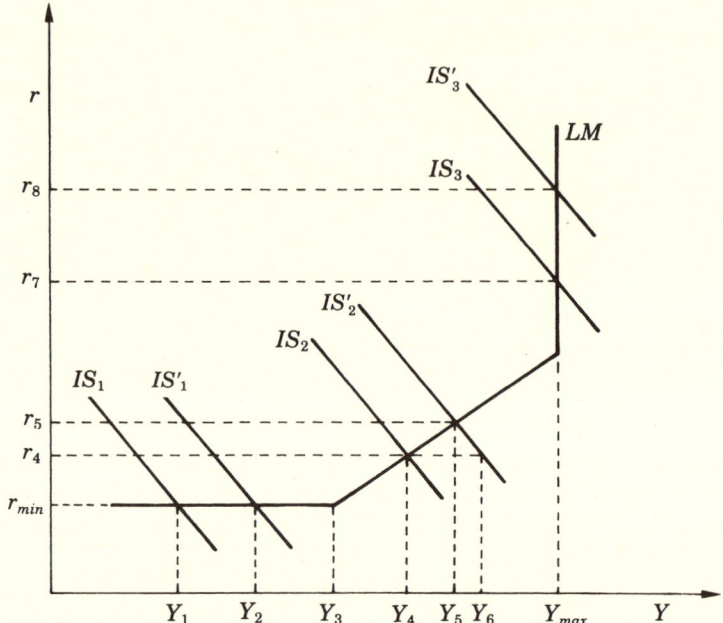

(wobei $I(r)$ für die zinsabhängigen Investitionen steht) und der Gleichgewichtsbedingung $Y = C + I + G$.

Die *LM*-Kurve stellt mögliche Gleichgewichte auf dem Geldmarkt dar mit der Geldnachfragefunktion für Transaktions- und Spekulationskasse $L = L(Y,r)$, der Geldangebotsfunktion $M = \bar{M}$ und der Gleichgewichtsbedingung $\bar{M} = L$.

Die mit einem Querstrich versehenen Größen sind wieder autonom vorgegeben, also nicht endogen durch das Modell bestimmt.

Eine Erhöhung der Staatsausgaben um ΔG führt zu einer Verschiebung der *IS*-Kurve parallel um $\Delta G/(1-c)$ nach rechts. Im vollkommen zinselastischen Bereich der *LM*-Kurve mit $Y < Y_3$ ergibt sich eine gleichgroße Erhöhung des Volkseinkommens. Im Bereich zwischen Y_3 und Y_{max} kommt es aufgrund der Zinssatzsteigerung zur Reduktion der zinsabhängigen Investitionen, die z.B. dazu führt, daß ΔG das Volkseinkommen von Y_4 nicht auf Y_6, sondern nur auf Y_5 erhöht. $(Y_6 - Y_5) = \Delta I/(1-c)$ ist der Effekt des zinserhöhungsbedingten Crowding out. Ist Y_{max} erreicht, kann durch Zinssatzsteigerungen nicht mehr die Transaktionskasse zu Lasten der Spekulationskasse erhöht werden. Zusätzliche Staatsausgaben führen im gleichen Ausmaß zu einer Verdrängung von Investitionsausgaben; das Crowding out ist vollständig.

Teil IV

Die öffentlichen Ausgaben

Die öffentlichen Ausgaben wurden bislang nur kurz im Rahmen der übersichtsartigen Gliederung der finanzwirtschaftspolitischen Instrumente, global bei der Darstellung des budgetären Prozesses und lediglich partiell bei der Analyse der Budgetwirkungen behandelt. Einer Betrachtung des spezifisch deutschen Beitrags zur Ausgabenanalyse, der sog. Ausgabengesetze von A. WAGNER, J. POPITZ und A. BRECHT, folgen Ausführungen zu Personalausgaben, zur Vergabe öffentlicher Aufträge und zu Transferausgaben, letztere untergliedert nach den Empfängern in Sozialtransfers und Subventionen.

Kapitel 11
Die Ausgabengesetze

Literatur

a) LITTMANN, KONRAD: Ausgaben, öffentliche II: Die „Gesetze" ihrer langfristigen Entwicklung, in: Willi Albers u. a. (Hrsg.): Handwörterbuch der Wirtschaftswissenschaft, Bd. 1, Stuttgart u. a. O. 1977, S. 349–363.

b) ALBERS, WILLI: Das Popitzsche Gesetz der Anziehungskraft des übergeordneten Haushalts, in: Fritz Neumark (Hrsg.): Strukturwandlungen einer wachsenden Wirtschaft, Schriften des Vereins für Socialpolitik, N. F. Bd. 30/II, Berlin 1964, S. 835–858.

ANDIC, SUPHAN, und JINDRICH VEVERKA: The Growth of Government Expenditure in Germany since the Unification, in: Finanzarchiv, N. F. Bd. 23, 1963/64, S. 169–278.

BECK, MORRIS: Government Spending. Trends and Issues, New York 1981.

BRECHT, ARNOLD: Internationaler Vergleich der öffentlichen Ausgaben, Leipzig–Berlin 1932.

FABRICANT, SOLOMON: The Trend of Government Activity in the United States since 1900, New York 1952.

GEMMELL, NORMAN (Hrsg.): The Growth of the Public Sector. Theories and International Evidence, Aldershot 1993.

HANSMEYER, KARL-HEINRICH, und KLAUS ZIMMERMANN: Das Popitzsche Gesetz und die Entwicklung der Ausgabenverteilung zwischen Bund und Ländern in den 60er und 70er Jahren, in: Walter A. S. Koch und Hans-Georg Petersen (Hrsg.): Staat, Steuern und Finanzausgleich. Probleme nationaler und internationaler Finanzwirtschaften im zeitlichen Wandel. Festschrift für Heinz Kolms zum 70. Geburtstag, Berlin 1984, S. 219–314.

JESSEN, JENS: Das „Gesetz der wachsenden Ausdehnung des Finanzbedarfs", in: Schmollers Jahrbuch, Jg. 67, 1943, S. 155–174.

Kohl, Jürgen: Staatsausgaben in Westeuropa. Analysen zur langfristigen Entwicklung der öffentlichen Finanzen, Frankfurt 1984.

Peacock, Alan T., und Jack Wiseman: The Growth of Public Expenditure in the United Kingdom, 2. Aufl., London 1967.

Dies.: Approaches to the Analysis of Government Expenditure Growth, in: Public Finance Quarterly, Bd. 7, 1979, S. 3–23.

Popitz, Johannes: Der Finanzausgleich, in: Wilhelm Gerloff und Franz Meisel (Hrsg.): Handbuch der Finanzwissenschaft, Bd. 2, Tübingen 1927, S. 338–375.

Sandmo, Agnar (Hrsg.): Nobel Symposium on the Growth of Government, in: Journal of Public Economics, Bd. 28, 1985, S. 273–399.

Schmidt, Kurt: Zu einigen Theorien über die relative Ausdehnung der öffentlichen Ausgaben, in: Finanzarchiv, N. F. Bd. 24, 1965, S. 193–208.

Timm, Herbert: Das Gesetz der wachsenden Staatsausgaben, in: Finanzarchiv, N. F. Bd. 21, 1961, S. 201–247.

Wagner, Adolph: Grundlegung der politischen Oekonomie, 3. Aufl., Erster Theil, Grundlagen der Volkswirthschaft, zweiter Halbband, Leipzig 1893.

Ders.: Staat in nationalökonomischer Sicht, in: Handwörterbuch der Staatswissenschaften, 3. Aufl., Bd. 7, Jena 1911, S. 727–739.

Noch in einer Zeit, als sich die Finanzwissenschaft kaum mit öffentlichen Ausgaben, sondern ganz überwiegend mit den öffentlichen Einnahmen befaßte, wurde von deutschen Autoren auf drei Tendenzen hingewiesen, die teils von ihnen selbst, teils erst später als sog. „Gesetze" über die Entwicklung der öffentlichen Ausgaben formuliert wurden: Wagners „Gesetz der wachsenden Ausdehnung der öffentlichen und speziell der Staatstätigkeit", Popitz' „Gesetz von der Anziehungskraft des größten Etats", Brechts „Gesetz von der progressiven Parallelität von Ausgaben und Bevölkerungsmassierung". Es handelt sich in allen drei Fällen nicht um Gesetze im naturwissenschaftlichen Sinne, sondern um „Tendenzgesetze", die keinen streng determinierten, sondern einen lediglich tendenziell festzustellenden Zusammenhang angeben.

§ 43. Wagners „Gesetz der wachsenden Ausdehnung der öffentlichen und speziell der Staatstätigkeit"

1. Darstellung und Begründung

A. Wagner formulierte zum ersten Mal 1863 sein „Gesetz der wachsenden Ausdehnung der öffentlichen und speziell der Staatstätigkeit"[1], das sich finanziell in dem wachsenden Staatsbedarf bzw. in den wachsenden Staatsausgaben niederschlägt. Man kann also alternativ vom Gesetz der wachsenden Staatstätigkeit, des wachsenden Staatsbedarfs oder der wachsenden Staatsausgaben sprechen. In einer späteren Formulierung führt Wagner aus: „Beobachtungs-

---

[1] Vgl. A. Wagner: Die Ordnung des österreichischen Staatshaushaltes mit besonderer Rücksicht auf den Ausgabe-Etat und die Staatsschuld, Wien 1863, S. 4 f. Die hier verwendete Formulierung findet sich in seiner Grundlegung der politischen Oekonomie, a.a.O., S. 895.

mäßig, historisch und statistisch nachweisbar zeigt sich im Staate eine deutliche Tendenz zur Ausdehnung der öffentlichen bzw. Staatstätigkeiten mit dem Fortschritt der Volkswirtschaft und Kultur auf den Gebieten der beiden organischen Staatszwecke. Diese Ausdehnung erscheint als etwas so Regelmäßiges und läßt sich so deutlich auf ihre inneren Ursachen und Bedingungen zurückführen, daß es statthaft erscheint, von einem ‚Gesetz‘ der wachsenden Ausdehnung der öffentlichen (inkl. kommunalen usw.), besonders der Staatstätigkeiten zu sprechen, in dem Sinne, in welchem dieser Ausdruck auf dem Gebiete der sozialen und wirtschaftlichen Erscheinungen gebraucht wird." WAGNER betont hier ausdrücklich, daß dieses Gesetz „absolut und selbst relativ wachsende Ausdehnung der öffentlichen, besonders der staatlichen gemeinschaftlichen Organisationsform neben und statt der privatwirtschaftlichen" bedeutet[2]. Er begründet seine These zum einen mit dem *„Rechts- und Machtzweck"*, zum anderen mit dem *„Kultur- und Wohlfahrtszweck"*.

Was die neuen Bedürfnisse und Tätigkeiten im Zusammenhang mit dem Rechts- und Machtzweck betrifft, so weist er auf die immer weitergehende Arbeitsteilung und Konzentration der Bevölkerung hin und die dadurch komplizierteren Verkehrs- und Rechtsverhältnisse, auf den Übergang vom Repressivprinzip (Wiedergutmachung einer eingetretenen Rechtsstörung) zum Präventivprinzip (Vermeidung des Eintritts von Rechtsstörungen)[3]. Dies schlage sich in steigenden Ausgaben für die Verwaltung, die Polizei, das Heer, die Flotte und den Diplomatischen Dienst nieder.

Der Staat könne sich aber nicht auf die traditionellen Tätigkeiten des Rechtsstaates beschränken, sondern übernehme immer mehr Aufgaben auch auf dem Gebiet des „Kultur- und Wohlfahrtszweckes". WAGNER erwähnt hier recht heterogene Aspekte, einmal das Unterrichts-, Bildungs-, Gesundheits- und Fürsorgewesen, dann aber auch die Konjunkturphänomene, die anonymen Aktiengesellschaften sowie die Schwierigkeiten, die ungeheuren Kapitalien des modernen Produktionsprozesses richtig zu verwalten.

Es ist das Verdienst WAGNERs, mit seinem Hinweis auf die wachsende Ausdehnung der öffentlichen und speziell der Staatstätigkeit bereits sehr früh einen Prozeß erkannt und auf ihn aufmerksam gemacht zu haben, der speziell die westlichen kapitalistischen Länder während der letzten 100 Jahre und ganz besonders nach dem Zweiten Weltkrieg in sehr starkem Maße geprägt hat und dessen Problematik eigentlich erst in jüngerer Zeit aufgegriffen worden ist. Dies verdient nicht zuletzt deshalb hervorgehoben zu werden, weil in den letzten Jahren eher die Kritik an WAGNER im Vordergrund steht, die leicht verges-

---

[2] Vgl. A. WAGNER: Staat in nationalökonomischer Sicht, a.a.O., S. 734.

[3] Die Beurteilung dieses Faktors scheint sich bei A. WAGNER im Laufe der Zeit geändert zu haben. Während er 1893 (Grundlegung der politischen Oekonomie, a.a.O., S. 911) die Prävention mit einem „immer größeren regelmäßigen Finanzbedarf" verbindet, heißt es 1911 (Staat in nationalökonomischer Sicht, a.a.O., S. 737), daß das Präventivsystem nicht zu einer Steigerung des Finanzbedarfs führe.

sen läßt, daß auch jüngere Erklärungsversuche trotz des Vorteils der Ex-post-Perspektive nicht gerade immer sehr erfolgreich und überzeugend sind.

2. Kritik

Die Kritik an WAGNER[4] konzentriert sich insbesondere auf drei Punkte:

1) Bei seiner Analyse handelt es sich oft um etwas vorschnelle Verallgemeinerungen vereinzelter empirischer Beobachtungen.

2) Die Faktoren, die aufgeführt werden, machen zwar ein absolutes Ansteigen der Staatsausgaben, meist aber nicht ein relatives im Sinne einer Erhöhung der Staatsquote (Staatsausgaben zu BIP oder Volkseinkommen) plausibel.

3) Bei WAGNER scheinen sich in großem, kaum entwirrbaren Ausmaß Wunsch und Wirklichkeit, sozialpolitisches Postulat und wissenschaftliche Analyse zu vermengen[5]. Man muß wissen, daß WAGNER ein sog. Kathedersozialist war, der aus weltanschaulichen Gründen für eine größere Staatstätigkeit eintrat. Man hat häufig den Eindruck, daß der Politiker dem Wissenschaftler die Feder führte.

3. Empirischer Befund

Wie dem auch sei: Empirisch wird das WAGNERsche Gesetz sehr eindrucksvoll bestätigt. Dies gilt nicht nur, wenn man die Nachkriegsperiode mit der Situation um die Jahrhundertwende oder noch früher vergleicht, sondern auch für die Entwicklung nach 1950. Wie Übersicht 11-1 zeigt, hat sich in den entwickelten Industriestaaten Westeuropas und Nordamerikas der Anteil der öffentlichen Ausgaben (einschl. Sozialversicherung) am BIP zu laufenden Preisen von zwischen 19,4 und 32,8% 1950 auf zwischen 35,1 und 68,0% 1994 erhöht, wobei der Anstieg in Schweden von 23,6 auf 68,0% und in den Niederlanden von 25,7 auf 55,0% am stärksten war. Interessant ist auch, daß in allen Ländern die Quote der Transferausgaben stärker als die Ausgabenquote insgesamt gestiegen ist. Dies dürfte vor allem der starken Expansion des Sozialversicherungssektors zuzuschreiben sein.

4. Weiterführende Arbeiten

Im Jahre 1961 erschienen zwei Arbeiten, in denen, ausgehend von der als nicht überzeugend empfundenen Begründung des WAGNERschen Gesetzes durch WAGNER selbst, versucht wird, Erklärungen für die tatsächliche Entwicklung zu geben.

---

[4] Mehr hierzu bei H. TIMM: Das Gesetz der wachsenden Staatsausgaben, a.a.O., S. 218–225.
[5] Vgl. ebenda, S. 220.

Übersicht 11–1

Öffentliche Ausgaben insgesamt (G)ᵃ und öffentliche Transferausgaben (Gt)ᵇ in % des BIP zu laufenden Preisen in ausgewählten Staaten

Land	1950	1960	1970	1980	1990	1994[c]
Österreich						
G/BIP	24,0%	29,6%	37,0%	46,2%	47,1%	50,6%
Gt/BIP	9,7%	12,0%	17,3%	22,3%	22,8%	25,1%
Kanada						
G/BIP	22,1%	28,1%	34,4%	38,7%	45,9%	47,4%
Gt/BIP	6,0%	9,0%	9,2%	12,8%	14,9%	17,0%
Frankreich						
G/BIP	28,1%	32,4%	37,7%	43,9%	47,3%	52,0%
Gt/BIP	12,8%	16,1%	20,1%	22,7%	24,9%	27,6%
Deutschland						
G/BIP	29,7%	31,0%	36,6%	45,9%	44,7%	49,7%
Gt/BIP	13,4%	13,9%	15,9%	21,0%	21,6%	23,8%
Niederlande						
G/BIP	25,7%	33,0%	44,2%	56,7%	55,9%	55,0%
Gt/BIP	8,1%	11,7%	20,2%	31,6%	33,5%	32,9%
Schweden						
G/BIP	23,6%	30,5%	42,6%	59,7%	59,5%	68,0%
Gt/BIP	8,6%	9,8%	13,6%	23,7%	26,0%	32,3%
Schweiz[d]						
G/BIP	19,4%	20,3%	21,3%	29,3%	41,1%	48,4%
Gt/BIP	5,7%	7,3%	9,3%	14,7%	23,5%	29,8%
Großbritannien						
G/BIP	32,8%	30,8%	36,6%	42,6%	39,2%	43,3%
Gt/BIP	9,4%	8,5%	11,5%	15,6%	14,1%	17,3%
USA						
G/BIP	21,4%	27,5%	31,4%	32,5%	35,5%	35,1%
Gt/BIP	6,3%	5,5%	8,9%	11,5%	12,1%	13,6%

[a] Laufende Ausgaben (nach Abgrenzung der OECD) zzgl. Nettoinvestitionen (falls Angaben vorhanden).
[b] Laufende Transferausgaben zzgl. Subventionen nach Abgrenzung der OECD.
[c] Aktuellere Daten sind nicht für alle Länder vollständig verfügbar.
[d] Daten für die Schweiz liegen erst ab 1990 in der Abgrenzung der neuen SNA vor.

Quelle: OECD: National Accounts, vol. II, Detailed Tables, Paris, diverse Jahrgänge.

Timm[6] nennt vier Faktoren, vier zeitliche Verzögerungen (sog. Lags), die es seines Erachtens gestatten, die von Wagner prognostizierte Entwicklung der

---

[6] Vgl. ebenda, S. 234–238.

(nicht kriegsbedingten) Staatsausgaben zu erklären, „nachträglich zu prognostizieren".

Der *natürliche Lag*: Zunächst stehe die Befriedigung elementarer Bedürfnisse im Vordergrund. „Superiore" Bedürfnisse, etwa nach besserer Erziehung und Ausbildung, nach besserer Gesundheits- und Altersvorsorge, stünden zurück, bis ein gewisses Einkommen erreicht sei.

Der *systembedingte Lag*: Die globale Einkommenserhöhung schlage sich im kapitalistischen Entwicklungsprozeß zunächst bei einer relativ kleinen Zahl von Personen mit Vermögenseinkommen nieder. Erst wenn dieser durch das kapitalistische System bedingte Lag überwunden sei, die Einkommenserhöhung breite Schichten erfaßt habe, würden die Bedürfnisse nach superioren Gütern von einer genügend großen Zahl von Bürgern empfunden und deren Befriedigung durch den Staat gefordert.

Der *institutionelle Lag*: Die Befriedigung des Wunsches nach superioren Gütern auf breiter Ebene setze eine Bereitschaft zur Umverteilung in der Form voraus, daß der breiten Masse der Begünstigten weniger an Abgaben abverlangt werde, als ihr über die Staatsleistungen zugute komme. Die Bereitschaft dazu sei zunächst sowohl hinter der Entwicklung zum Verfassungsstaat als auch hinter der Einkommenserhöhung zurückgeblieben.

Der *ideologisch begründete Lag*: Lange Zeit habe die – pointiert von J. B. Say vertretene – finanzklassizistische Vorstellung vorgeherrscht, daß es vorteilhaft sei, das Budget möglichst klein zu halten, was zunächst die Expansion aller Staatsausgaben gebremst habe.

Nachdem diese Lags ihre Wirksamkeit verloren hatten, „stiegen die Staatsausgaben nicht nur vorübergehend, um dann später wieder – gewissermaßen nach Deckung eines Nachholbedarfs – zu fallen. Vielmehr war das Ende der ‚lags' darauf zurückzuführen, daß die Umstände und Widerstände, die die ‚lags' verursachten, ihre Kraft verloren, womit sich die Abhängigkeit der Staatsausgaben von der Einkommensexpansion sowie von der Expansion der Wirtschaftsaktivität und insbesondere der industriellen Expansion ungehinderter und in einem im Vergleich zur ersten Phase gestiegenen Anteil der Staatsausgaben am Volkseinkommen geltend machte"[7].

International viel beachtet wurde die Arbeit von Peacock und Wiseman[8]. Diese Autoren stellen bei der Begründung der Entwicklung der Staatsausgaben speziell in Großbritannien auf die Finanzierungsseite ab, die von Wagner eher beiläufig erwähnt wurde. In normalen, ruhigen Zeiten stoße eine spürbare Erhö-

---

[7] Ebenda, S. 239. – Zur Kritik an den Ausführungen von H. Timm vgl. K. Schmidt: Zu einigen Theorien über die relative Ausdehnung der öffentlichen Ausgaben, a.a.O., S. 200–207.
[8] Vgl. A. T. Peacock und J. Wiseman: The Growth of Public Expenditure in the United Kingdom, a.a.O.

hung der Staatsausgaben an eine durch die Steuerzahlungsbereitschaft der
Bürger gegebene Grenze. Diese Bereitschaft werde in Perioden sozialer Krisen,
z. B. Kriegen, unter dem Druck der Ereignisse nach oben verschoben. Zwar gingen die Ausgaben nach Abschluß der Krise (des Krieges) wieder zurück, aber
nicht auf das Ausgangsniveau. Es verbleibe ein erhöhter Spielraum für die
Ausdehnung bestehender oder die Einführung neuer ziviler Ausgabenpro-
gramme[9]. In der folgenden Abbildung 11-1 ist dieser Gedankengang graphisch
dargestellt, wobei auf der Ordinate die Staatsausgabenquote und auf der Abszisse die Zeit abgetragen sind[10].

Abbildung 11–1

„Displacement Effect"

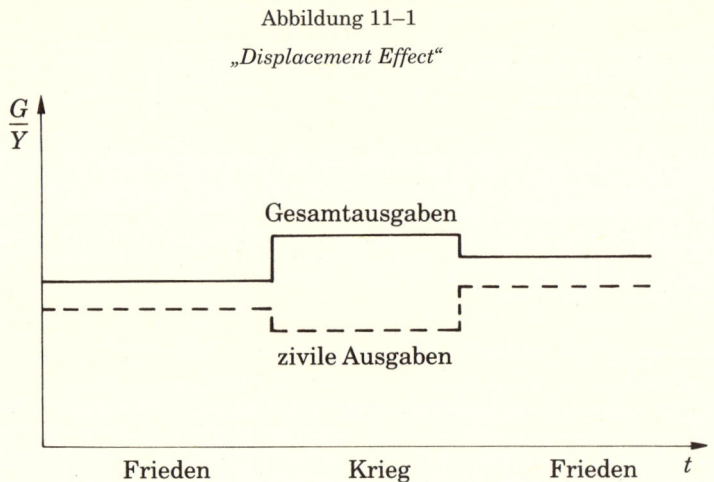

Die Bedeutung dieses von PEACOCK/WISEMAN so genannten „displacement effect" ist in zahlreichen Arbeiten untersucht worden, ohne daß sich eine einhel-
lige Beurteilung ergeben hätte[11].

---

[9] Dieser Gedanke findet sich bereits klar in der Arbeit von J. JESSEN: Das „Gesetz der wachsenden Ausdehnung des Finanzbedarfs", a.a.O., worauf PEACOCK/WISEMAN im Vorwort zur
zweiten Auflage (S. XIII) selbst hinweisen.

[10] Vgl. R. A. MUSGRAVE: Fiscal Systems, New Haven–London 1969, S. 88.

[11] Vgl. J. DIAMOND: Econometric Testing of the „Displacement Effect": A Reconsideration, in:
Finanzarchiv, N. F. Bd. 35, 1976/77, S. 387–404, und die dort angegebene Literatur.

§ 44. Popitz' „Gesetz der Anziehungskraft des größten Etats"

1. Darstellung und Begründung

Während sich das WAGNERsche Gesetz auf die Relation Staatssektor zu gesamter wirtschaftlicher Tätigkeit bezieht, betrifft das sog. POPITZsche Gesetz die Relation innerhalb des öffentlichen Sektors zwischen Zentralstaat einerseits und den untergeordneten Körperschaften andererseits. POPITZ konstatiert eine Gewichtsverlagerung „nach oben", eine „Anziehungskraft des größten Etats"[12]. Als Gründe nennt er die größere finanzielle Flexibilität des zentralen Staates, der neue große Aufgaben besser bewältigen könne, insbesondere wenn die Gliedstaaten nach Größe und Leistungsfähigkeit sehr heterogen seien. Hinzu komme, „daß die politischen Anschauungen überhaupt dazu führen, daß manche Fragen, die bisher örtlich gelöst wurden, zu Massenforderungen führen: Örtliche Wohlfahrtspflege verwandelt sich in gesetzlich geregelte Versorgung"[13]. POPITZ hält diese Anziehungskraft des Zentralstaates für unvermeidbar. Er selbst wählt allerdings den Ausdruck „Gesetz" nicht.

POPITZ hat die Gültigkeit seines Gesetzes nicht ausdrücklich eingeschränkt, scheint aber ganz überwiegend das Verhältnis zwischen Reich und Ländern nach dem Ersten Weltkrieg in Deutschland vor Augen gehabt zu haben, also eine Situation, in der nach einer Phase, in der das Reich Kostgänger der Länder war, im Zuge der ERZBERGERschen Steuerreform sowie der kriegsbedingten Ausgaben und des Ausbaus der Sozialversicherung das Reich in starkem Maße an finanzwirtschaftspolitischem Gewicht gewann.

2. Kritik

Gewiß hat POPITZ auf den einen oder anderen sehr gewichtigen Faktor hingewiesen, etwa auf die Sozialausgaben oder auf die Heterogenität der Gliedstaaten. Allerdings hat man wie bei WAGNER auch bei ihm den Eindruck, daß sich Analyse und Wertung mischen. Man darf nicht übersehen, daß POPITZ Staatssekretär im Reichsfinanzministerium war und den Ausbau der Reichssteuern maßgeblich mitgestaltete. Er war überzeugter Zentralist, der später sogar so weit ging, die Abschaffung der Länder zu fordern. Die Verlagerung zum zentralen Staat entsprach in vollem Umfang seiner politischen Überzeugung.

---

[12] J. POPITZ: Der Finanzausgleich, a.a.O., S. 348. Den gleichen Zusammenhang haben später PEACOCK/WISEMAN, anscheinend in Unkenntnis der Arbeiten POPITZ', als „concentration process" bezeichnet. Vgl. A. T. PEACOCK und J. WISEMAN: The Growth of Public Expenditure in the United Kingdom, a.a.O., S. 24–30, 96–120.

[13] J. POPITZ: Der Finanzausgleich, a.a.O., S. 349.

3. Empirischer Befund

Wenn man versucht, das Popitzsche Gesetz zu verifizieren, tauchen beträchtliche Probleme auf. Popitz spricht von „Aufgaben" und „Zuständigkeiten". Ist damit die Gesetzgebungs-, die Verwaltungs- oder die Finanzierungshoheit gemeint? Was ist, wenn diese Kompetenzen auf unterschiedliche Ebenen verteilt sind?

Die Formulierung „Anziehungskraft des größten Etats" legt nahe, von der Ausgabenseite an das Problem heranzugehen: Wie haben sich die Ausgabenanteile entwickelt? Dabei taucht die Frage auf, wem die Transferzahlungen (Zuweisungen) zuzurechnen sind, dem Zahler oder dem Empfänger. Für die Zwecke der Überprüfung des Popitzschen Gesetzes wäre es am zweckmäßigsten, darauf abzustellen, wer letztlich die Verwendung festlegt. Demnach müßten ungebundene Transferzahlungen beim Empfänger, gebundene beim Zahler erfaßt werden.

Hansmeyer und Zimmermann kommen auf der Basis der sog. Nettoausgaben, bei denen die Transferzahlungen generell dem Zahler zugerechnet werden, zu dem Ergebnis, daß in der Bundesrepublik Deutschland in den Jahren 1964–1978 ein signifikanter Rückgang des Bundesanteils und ein ebenfalls signifikanter Anstieg des Länderanteils festzustellen ist, während der Gemeindeanteil praktisch unverändert blieb[14].

§ 45. Brechts „Gesetz der progressiven Parallelität von Ausgaben und Bevölkerungsmassierung"

1. Darstellung und Begründung

A. Brecht fand aufgrund statistischer Arbeiten eine positive Korrelation zwischen Bevölkerungsdichte und Ausgaben pro Kopf der Bevölkerung, und zwar bei einem Vergleich sowohl zwischen Ländern als auch – hier pointierter – zwischen Gemeindegrößenklassen.

Brecht liefert keine umfassende Kausalanalyse, sondern stellt vor allem darauf ab, „daß fast alle öffentlichen Aufwendungen in den großen Städten erheblich teurer sind als draußen"[15].

---

[14] Vgl. K.-H. Hansmeyer und K. Zimmermann: Das Popitzsche Gesetz und die Entwicklung der Ausgabenverteilung zwischen Bund und Ländern in den 60er und 70er Jahren, a.a.O.

[15] A. Brecht: Internationaler Vergleich der öffentlichen Ausgaben, a.a.O., S. 8.

2. Kritik

Der Ausdruck „teurer" ist vielschichtig und kann sich auf durchaus verschiedene Aspekte beziehen. Es ist zweckmäßig, folgende zu unterscheiden:

1) Steigende Kosten pro Inputeinheit: Grundstückspreise und Löhne sind in Großstädten höher als in Landgemeinden.

2) Steigender Input zur Kompensation negativer Verstädterungserscheinungen: Wegen der mit zunehmender Bevölkerungsdichte wachsenden Kriminalität steigen die Kosten bei gleichem Sicherheitsstandard; Spazieren im Grünen kann man auf dem Lande fast überall, in Städten müssen dazu teure Parks angelegt werden.

3) Steigendes Leistungsniveau: Ein sehr wichtiger Faktor ist die Tatsache, daß mit steigender Gemeindegrößenklasse Umfang und Vielfalt der öffentlichen Leistungen zunehmen, die allerdings teilweise überregionale Bedeutung haben: öffentlicher Verkehr, Museen, Theater, Orchester, Opernhäuser.

3. Empirischer Befund

Wie Übersicht 11-2 zeigt, ist für das Jahr 1996 in der Bundesrepublik Deutschland das BRECHTsche Gesetz auf der Gemeindeebene statistisch eindeutig belegt.

Übersicht 11–2

Kommunalausgaben in Abhängigkeit von Gemeindegröße und Bevölkerungsdichte im Jahre 1996[a]

Gemeindegröße	Einwohner/km^2	Ausgaben/Einwohner (DM)[b]
500 000 und mehr	2712	7099
200 000 – 500 000	1706	5861
100 000 – 200 000	1206	5040
50 000 – 100 000	759	4525
20 000 – 50 000	403	3637

[a] Ohne die Stadtstaaten Berlin, Hamburg und Bremen (einschließlich Bremerhaven).
[b] Haushaltsansatz 1996.

Quelle: DEUTSCHER STÄDTETAG (Hrsg.): Statistisches Jahrbuch Deutscher Gemeinden, 83. Jg., 1996, Köln o.J., S. 26, 27 und 30.

Kapitel 12

Personalausgaben

Literatur

a) ANDREAE, CLEMENS-AUGUST, HUBERT BÜCHEL und CORNELIA WILFINGSEDER: Öffentlicher Dienst II: Besoldung, in: Willi Albers u. a. (Hrsg.): Handwörterbuch der Wirtschaftswissenschaft, Bd. 5, Stuttgart u. a. O. 1980, S. 532–545.

b) Bericht der Bundesregierung über die im Kalenderjahr 1993 erbrachten Versorgungsleistungen im öffentlichen Dienst sowie über die Entwicklung der Versorgungsausgaben in den nächsten 15 Jahren – Versorgungsbericht, Bundestagsdrucksache 13/5840 v. 17. 10. 1996.
BRANDES, WOLFGANG, u. a.: Der Staat als Arbeitgeber. Daten und Analysen zum öffentlichen Dienst in der Bundesrepublik, Frankfurt/M.–New York 1990.
BUNDESMINISTER DES INNERN: Aktionsprogramm zur Dienstrechtsreform, Bonn 1976.
ELLIOTT, R. F., und J. L. FALLICK: Pay in the Public Sector, London–Basingstoke 1981.
ERBSLAND, MANFRED: Die öffentlichen Personalausgaben. Eine empirische Analyse für die Bundesrepublik Deutschland, Frankfurt/M. u. a. O. 1991.
FÄRBER, GISELA: Revision der Personalausgabenprojektion der Gebietskörperschaften bis 2030, Speyerer Forschungsberichte, Nr. 110, 3. Aufl., Speyer 1995.
HAVEMAN, ROBERT H. (Hrsg.): Public Finance and Public Employment – Finances Publiques et Emploi Public, Detroit 1982.

HEER, VOLKER: Entwicklung, Struktur, Problematik und Theorie der Beamtenbesoldung in der Bundesrepublik Deutschland, Frankfurt–Zürich 1974.

METTELSIEFEN, BERND, LOTHAR PELZ und BERND RAHMANN: Verdienstdynamik im öffentlichen Sektor, Göttingen 1986.

ORGANISATION FOR ECONOMIC CO-OPERATION AND DEVELOPMENT: Trends in Public Sector Pay in OECD Countries, Paris 1995.

RUDOLF, WALTER: Der öffentliche Dienst im Staat der Gegenwart, in: Erhard Denninger u. a.: Verfassungstreue und Schutz der Verfassung – Der öffentliche Dienst im Staat der Gegenwart, Veröffentlichungen der Vereinigung der Deutschen Staatsrechtslehrer, Heft 37, Berlin–New York 1979, S. 175–214.

SIEDENTOPF, HEINRICH (Hrsg.): Bewertungssysteme für den öffentlichen Dienst. Zur Problematik einer leistungs- und funktionsgerechten Bezahlung in der öffentlichen Verwaltung, Baden-Baden 1978.

STEGMÜLLER, MANFRED: Entwicklungstendenzen bei den Personalausgaben der öffentlich-rechtlichen Gebietskörperschaften, in: Finanzarchiv, N. F. Bd. 46, 1988, S. 433–464.

STUDIENKOMMISSION FÜR DIE REFORM DES ÖFFENTLICHEN DIENSTRECHTS: Bericht der Kommission, Baden-Baden 1973.

WAGENER, FRIDO: Der öffentliche Dienst im Staat der Gegenwart, in: Erhard Denninger u. a.: Verfassungstreue und Schutz der Verfassung – Der öffentliche Dienst im Staat der Gegenwart, Veröffentlichungen der Vereinigung der Deutschen Staatsrechtslehrer, Heft 37, Berlin–New York 1979, S. 215–266.

§ 46. Die Bedeutung der Personalausgaben

Die Personalausgaben sind sowohl wegen ihres Umfangs als auch wegen ihrer geringen Flexibilität von großer finanzpolitischer Bedeutung. Nach der Abgrenzung der deutschen Finanzstatistik umfassen sie vor allem die Entgelte der öffentlich Bediensteten sowie deren Versorgungsbezüge, daneben die Aufwendungen für Abgeordnete, ehrenamtlich Tätige, Angehörige des Zivilschutzkorps, für Beihilfen und Unterstützungen sowie personalbezogene Sachausgaben. Sie beliefen sich 1996 in der rechnungsmäßigen Abgrenzung auf 367,3 Mrd. DM; das waren 31,0% der Gesamtausgaben des öffentlichen Gesamthaushalts[1].

Es gehört zu den Merkwürdigkeiten der Problemauswahl und Schwerpunktsetzung der Finanzwissenschaft, daß diese heute (im Gegensatz zu früher[2]) den Personalausgaben trotz der großen finanzwirtschaftspolitischen Bedeutung kaum Aufmerksamkeit schenkt. Die seit den 50er Jahren zu beobachtende systematischere Einbeziehung der Ausgabenseite in die finanzwissenschaftliche Analyse sparte diesen Bereich weitgehend aus[3].

---

[1] Vgl. SACHVERSTÄNDIGENRAT ZUR BEGUTACHTUNG DER GESAMTWIRTSCHAFTLICHEN ENTWICKLUNG: Wachstum, Beschäftigung, Währungsunion – Orientierungen für die Zukunft, Jahresgutachten 1997/98, Stuttgart 1997, S. 352.

[2] Vgl. z. B. W. GERLOFF (Hrsg.): Die Beamtenbesoldung im modernen Staat, Schriften des Vereins für Sozialpolitik, Bd. 184/I, München–Leipzig 1932.

[3] So nimmt es denn auch nicht wunder, daß man anscheinend im politischen Raum von der

§ 47. Arten der Personalbedarfsdeckung

Die Durchführung der vielfältigen öffentlichen Aufgaben erfordert den Einsatz von Personal. Diesen Personalbedarf können die öffentlichen Körperschaften auf drei Wegen decken[4], und zwar ehrenamtlich, zwangswirtschaftlich oder marktwirtschaftlich.

Der heutige Personalbedarf kann lediglich in Ausnahmefällen durch *unentgeltlich* tätige Personen befriedigt werden. Nur ein vergleichsweise geringer Teil der Ämter wäre ohne Bezahlung attraktiv. Unabhängig davon wäre es in einem demokratischen Gemeinwesen nicht vertretbar, wenn Spitzenpositionen nur von Personen übernommen werden könnten, die entweder selbst wohlhabend sind oder aber von wohlhabenden Dritten dazu in die Lage versetzt werden.

Die *zwangswirtschaftliche* Personalbedarfsdeckung durch Anordnung ohne bzw. ohne adäquate Bezahlung gibt es heute insbesondere im Rahmen der Wehrpflicht bzw. des Zivildienstes. Sie spielt darüber hinaus bei zahlreichen sog. ehrenamtlichen Tätigkeiten eine Rolle, die nicht oder nur in bestimmten Fällen abgelehnt werden können (z.B. Schöffe).

Der Personalbedarf kann heute in entwickelten Staaten effizient und in Übereinstimmung mit den Grundnormen demokratischer Gemeinwesen in aller Regel nur *marktwirtschaftlich* gedeckt werden. Das erfordert, daß Entgelte und Arbeitsbedingungen geboten werden, welche die öffentliche Beschäftigung im Vergleich zu anderen Tätigkeiten in ausreichendem Maße attraktiv machen.

§ 48. Personalausgaben und finanzwirtschaftspolitische Ziele

Personalausgaben sind für alle finanzwirtschaftspolitischen Ziele relevant. Dies gilt einmal in dem Sinne, daß Finanzpolitik ganz allgemein eine personelle Infrastruktur voraussetzt, aber auch insofern, als Personalausgaben gezielt in den Dienst der Allokations-, Distributions- und Stabilisierungspolitik gestellt werden (können).

Finanzwissenschaft keine Hilfe erwartet, wenn es um die Reform des öffentlichen Dienstes geht. In die 1970 eingesetzte Studienkommission für die Reform des öffentlichen Dienstrechts jedenfalls berief man zwar Professoren der politischen Wissenschaft und der Soziologie, nicht aber der Finanzwissenschaft. Vgl. STUDIENKOMMISSION FÜR DIE REFORM DES ÖFFENTLICHEN DIENSTRECHTS: Bericht der Kommission, a.a.O., S. 1–4.

[4] Vgl. R. NÖLL VON DER NAHMER: Lehrbuch der Finanzwissenschaft, Bd. 1: Allgemeine Finanzwissenschaft, a.a.O., S. 178f.

1. Das Allokationsziel

Allokationspolitisch ist es erwünscht, daß ein nach Volumen und Qualität bestimmter Personalbedarf zu möglichst geringen gesamtwirtschaftlichen Kosten gedeckt wird, d. h. mit einer möglichst geringen Produktionseinbuße im Privatsektor verbunden ist. Dies verlangt, daß der Fiskus den Zugang zum öffentlichen Dienst für möglichst viele qualifizierte Personen offenhält und keine höheren Entgelte zahlt als erforderlich, weil davon auszugehen ist, daß im allgemeinen die alternative Produktivität im Privatsektor mit steigendem Entgelt zunimmt.

Um den Personalbedarf decken zu können, ist es erforderlich, die Höhe und Struktur der Vergütung an den Marktbedingungen zu orientieren. Das bedeutet nicht unbedingt, daß für gleiche Qualifikation (Leistung) im öffentlichen und im Privatsektor das gleiche Entgelt gezahlt werden muß, z. B. dann nicht, wenn die Tätigkeit im öffentlichen Dienst wegen des geringeren Beschäftigungsrisikos oder wegen eines geringeren Leistungsdrucks präferiert wird. Allokationspolitisch ist die Vergütung zu niedrig, wenn die gewünschte Leistung nicht zu bekommen ist; sie ist zu hoch, wenn ein beträchtlicher Angebotsüberhang besteht bzw. wenn viele Bewerber überqualifiziert sind.

Auch wenn das Qualifikationsprofil im öffentlichen Dienst in der üblichen Weise – wohl zwangsläufig – vornehmlich nach den Kriterien Ausbildung und Berufserfahrung festgelegt wird, ist die Qualität der öffentlich Bediensteten vom Vergütungsniveau nicht unabhängig. Ein höheres allgemeines Vergütungsniveau macht die öffentlichen Arbeitsplätze attraktiver, erhöht das Angebot und ermöglicht es, in den einzelnen formal gekennzeichneten Positionen qualifiziertere und leistungsfähigere (leistungsbereitere) Personen einzustellen.

Inwieweit das tatsächliche Leistungspotential nach Qualität und Quantität effektiv eingesetzt wird, hängt auch davon ab, ob die Leistung Rückwirkungen auf die Vergütung hat. Allokationspolitisch ist deshalb ein System *leistungsbezogener Entlohnung* günstig.

2. Das Verteilungs- und Gerechtigkeitsziel

Im Rahmen der Entlohnungspolitik kann die öffentliche Hand auch verteilungspolitische Ziele verfolgen. Dieser Spielraum ergibt sich aus dem Umstand, daß auch auf den Ebenen der untergeordneten Gebietskörperschaften keine den Verhältnissen im Privatsektor vergleichbare Existenzgefährdung besteht: Man kann es sich hier eher leisten, niedrigere Lohngruppen höher zu bezahlen, als es die Marktsituation erfordert, Führungspositionen relativ schlechter als im privatwirtschaftlichen Sektor zu dotieren oder bedarfsbezogene Elemente (Familienstand, Kinderzahl, außergewöhnliche Belastungen) zu berücksichtigen.

Verteilungspolitische Faktoren können auch in die Kriterien für die *Auswahl der Bewerber* eingehen. Das ist z. B. der Fall, wenn nicht allein die im Hinblick auf die zu erbringende Leistung relevante Qualifikation entscheidend ist, sondern ethnische oder religiöse Faktoren eine Rolle spielen, u. U. mit dem Argument, entsprechende Diskriminierungen im Privatsektor kompensieren zu wollen.

Die öffentliche Entlohnungspolitik wirkt über den öffentlichen Sektor hinaus. So hat das sog. *Alimentationsprinzip*, dem zufolge Beamten eine angemessene Lebenshaltung auch für Perioden zugesichert wird, in denen sie keine Arbeitsleistungen erbringen (können), auch die Lohn- und Gehaltspolitik im marktwirtschaftlichen Bereich beeinflußt, allerdings meist mit Hilfestellung des Gesetzgebers: Betriebsrenten, Lohnfortzahlung im Krankheitsfall, Leistungen im Rahmen der durch die Arbeitgeberbeiträge mitfinanzierten Sozialversicherungen.

3. Das Stabilisierungsziel

Öffentliche Personalausgaben können über allgemeine Nachfrageeffekte in den Dienst der Stabilisierungspolitik gestellt werden. Nachteilig wirkt es sich allerdings aus, daß sie wenig flexibel sind, im Bedarfsfall also nur schwer gesenkt werden können.

Die stabilitätspolitische Wirkung der Entlohnungspolitik erschöpft sich nicht in diesen unmittelbaren Effekten, wenn die Lohnerhöhungen der öffentlich Bediensteten die Lohnabschlüsse in anderen Bereichen beeinflussen. Sie haben dann gewissermaßen (partiell) die Wirkung von Lohnleitlinien.

§ 49. Regelungen in der Bundesrepublik Deutschland

1. Hauptmerkmale des deutschen öffentlichen Dienstes

1.1. Die Gliederung in Beamte, Angestellte und Arbeiter

Der öffentliche Dienst der Bundesrepublik Deutschland ist durch die Gliederung in Beamte, Angestellte und Arbeiter gekennzeichnet. Das Beamtenrecht ist einseitig hoheitlich durch Gesetz geregelt; das individuelle Beamtenverhältnis wird durch einen *Hoheitsakt* begründet. Das Recht der Angestellten und Arbeiter ist durch das allgemeine Arbeitsrecht, insbesondere aber durch Tarifverträge geregelt. Das Rechtsverhältnis wird im Einzelfall durch *privaten Dienstvertrag* begründet.

1.2. Die weitgehende Einheitlichkeit der Regelungen

Obgleich die Bundesrepublik Deutschland einen föderalistischen Staat mit eigener Rechtssetzungsmöglichkeit und beträchtlicher haushaltswirtschaftlicher Autonomie der Länder und Gemeinden darstellt, ist der öffentliche Dienst ganz weitgehend einheitlich geregelt. Dies beruht vor allem darauf, daß der Bund seine entsprechenden Kompetenzen im Rahmen der konkurrierenden Gesetzgebung bzw. der Rahmengesetzgebung[5] in Anspruch genommen hat und daß für die Angestellten und Arbeiter die Gebietskörperschaften nicht individuell und getrennt, sondern weitgehend gemeinsam mit den zuständigen Gewerkschaften verhandeln.

1.3. Das öffentlich-rechtliche Dienst- und Treueverhältnis

Das Beamtenverhältnis ist ein *gegenseitiges öffentlich-rechtliches Treueverhältnis*. Den weitgehenden Dienstpflichten des Beamten steht die Sorgeverpflichtung des Dienstherrn gegenüber, d. h. die Pflicht, für das Wohl des Beamten und seiner Familie, auch für die Zeit nach Beendigung der aktiven Dienstzeit, zu sorgen sowie ihn bei seiner amtlichen Tätigkeit und in seiner Stellung als Beamter zu schützen (§ 48 Beamtenrechtsrahmengesetz).

1.4. Die Unkündbarkeit

Beamte auf Lebenszeit sind immer unkündbar, Angestellte nach einer Beschäftigungszeit von 15 Jahren und in der Regel frühestens nach Vollendung des 40. Lebensjahres. Speziell bei den Beamten soll damit für die Ausübung hoheitlicher Funktionen Unabhängigkeit der Amtsträger gewährleistet werden. Daraus ergibt sich ein *Spannungsverhältnis zum Leistungsprinzip*, insbesondere wenn im Hinblick auf die Wahrung dieser Unabhängigkeit auch auf andere Sanktionen (z. B. Herabstufung) verzichtet wird.

2. Grundgesetzliche Regelungen

Die Väter des Grundgesetzes erachteten einige Aspekte des öffentlichen Dienstes für so bedeutsam, daß sie in Art. 33 mehrere darauf bezogene Grundsätze festlegten. Nach Abs. 2 hat jeder Deutsche „nach seiner Eignung, Befähigung und fachlichen Leistung gleichen Zugang zu jedem öffentlichen Amte" – eine wegen der so häufig praktizierten Begünstigung vor allem nach parteipolitischen Gesichtspunkten wohl besonders oft verletzte Bestimmung. Nach Abs. 3 sind die Zulassung zu öffentlichen Ämtern und die im öffentlichen Dienst erworbenen Rechte unabhängig von dem religiösen Bekenntnis. Das Berufsbeamtentum

---

[5] Vgl. dazu unten S. 515.

wird besonders verankert: „Die Ausübung hoheitsrechtlicher Befugnisse ist als ständige Aufgabe in der Regel Angehörigen des öffentlichen Dienstes zu übertragen, die in einem öffentlich-rechtlichen Dienst- und Treueverhältnis stehen" (Abs. 4). „Das Recht des öffentlichen Dienstes ist unter Berücksichtigung der hergebrachten Grundsätze des Berufsbeamtentums zu regeln" (Abs. 5).

3. Regelungen für Beamte

Im Rahmen des gegenseitigen öffentlich-rechtlichen Treueverhältnisses übernehmen Beamte bestimmte im Beamtenrechtsrahmengesetz (BRRG, §§ 35–44 b) festgelegte Verpflichtungen, insbesondere
– die Aufgaben unparteiisch und gerecht zu erfüllen,
– sich zu der freiheitlichen demokratischen Grundordnung im Sinne des Grundgesetzes zu bekennen und für deren Erhaltung einzutreten (§ 35 Abs. 1),
– über die bei der amtlichen Tätigkeit bekanntgewordenen Angelegenheiten Verschwiegenheit zu bewahren (§ 39 Abs. 1),
– über die regelmäßige Arbeitszeit hinaus Dienst zu tun, wenn dies zwingende dienstliche Verhältnisse erfordern (§ 44 Abs. 1 Satz 1).

Die korrespondierende Sorgepflicht des Dienstherrn manifestiert sich insbesondere in der Besoldung und in der Versorgung, die im Bundesbesoldungsgesetz (BBesG) und im Beamtenversorgungsgesetz (BeamtVG) geregelt sind. Unter finanzpolitischen Aspekten bedeutsam ist, daß
– die Beamtenbesoldung einseitig durch Gesetz, nicht durch Tarifvertrag geregelt wird,
– die Besoldung funktionsgerecht differenziert sein soll (§ 18 BBesG),
– die Besoldungsanpassung „entsprechend der Entwicklung der allgemeinen wirtschaftlichen und finanziellen Verhältnisse" (§ 14 BBesG) erfolgt,
– im Falle von bestimmten Veränderungen der Besitzstand zu wahren ist (§ 13 BBesG),
– das Ruhegehalt im Normalfall erst nach einer Dienstzeit von mindestens fünf Jahren gewährt wird, für jedes Jahr der ruhegehaltsfähigen Dienstzeit 1,875% der ruhegehaltsfähigen Bezüge beträgt, insgesamt mindestens 35%, höchstens 75% (§ 4 Abs. 1 und § 14 Abs. 1 und 4 BeamtVG).
– das Ruhegehalt um 3,6% für jedes Jahr reduziert wird, um das der Beamte vor Vollendung des 65. Lebensjahres in den Ruhestand versetzt wird (§ 14 Abs. 3 BeamtVG),
– das Witwengeld 60% des Ruhegehalts des Verstorbenen (§ 20 Abs. 1 BeamtVG) und
– das Waisengeld 12% für Halbwaisen, 20% für Vollwaisen (§ 24 Abs. 1 BeamtVG) beträgt.

Die Beamtenversorgung hat auch für die anderen Beschäftigungsbereiche als

Vorbild gedient und dadurch die gesetzliche Rentenversicherung und bestimmte tarifvertraglich vereinbarte Leistungen beeinflußt.

4. Regelungen für Angestellte und Arbeiter

Für die Ausgestaltung des durch privaten Dienstvertrag begründeten Dienstverhältnisses der Angestellten und Arbeiter sind neben dem allgemeinen Arbeitsrecht Tarifverträge maßgeblich, die zwischen den Gewerkschaften und den Vertretern der öffentlichen Arbeitgeber vereinbart werden. Am bedeutsamsten sind der *Bundesangestelltentarif* (BAT)[6], der sich auf die Angestellten aller drei Gebietskörperschaftsebenen bezieht, und die *Manteltarifverträge* je für die Arbeiter des Bundes[7], der Länder und der Gemeinden.

Auch die für die Höhe der Personalausgaben wichtigen jährlichen Anpassungen erfolgen in Form von Tarifverträgen, die zwischen der Bundesrepublik Deutschland (vertreten durch den Bundesminister des Innern), der Tarifgemeinschaft der deutschen Länder und der Vereinigung der kommunalen Arbeitgeber einerseits, den Gewerkschaften (ÖTV, DAG und andere) andererseits abgeschlossen werden.

§ 50. Die Entwicklung der Personalausgaben

1. Die Entwicklung der Ausgaben

Die Personalausgaben des öffentlichen Gesamthaushalts sind während der letzten dreieinhalb Jahrzehnte nicht nur absolut (von 27,4 Mrd. DM 1962 auf 367,3 Mrd. DM 1996), sondern überwiegend auch relativ sehr stark gestiegen. Die Erhöhung ihres Anteils an den Gesamtausgaben ist zuerst 1975 auf der Bundesebene, ab 1978 auf allen Ebenen gestoppt worden. Die Entwicklung danach war nicht einheitlich; außerdem ergab sich ein Bruch im Zuge der Wiedervereinigung.

Das relative Gewicht ist auf den einzelnen Gebietskörperschaftsebenen sehr unterschiedlich: am größten bei den Ländern mit 1996 rd. 39%, gefolgt von den Gemeinden mit rd. 31% und dem Bund mit rd. 12%. Vergleichsweise niedrig ist der Anteil der Personalausgaben an den Gesamtausgaben der Sozialversicherungen mit rd. 3%.

---

[6] Vgl. J. Crisolli und L. Rahmdohr: Das Tarifrecht der Angestellten im öffentlichen Dienst, Kommentar, Neuwied, Loseblattsammlung.

[7] Vgl. O. Scheuring u. a.: Manteltarifvertrag für Arbeiterinnen und Arbeiter des Bundes und der Länder (MTArb), Kommentar, München 1998, Loseblattsammlung.

Übersicht 12–1

Der Anteil der Personalausgaben an den Gesamtausgaben in %[a]

	1962	1965	1970	1975	1980	1985	1989	1991	1996
Bund[c]	13,1	14,2	16,5	16,0	14,9	14,3	14,3	12,1	11,6
Länder[d]	32,2	34,9	40,8	42,6	41,9	42,6	41,9	37,6	39,1
Gemeinden/GV[e]	24,3	23,7	26,9	30,0	29,5	31,5	31,2	32,4	31,4
Öffentlicher Gesamthaushalt[b]	25,7	26,8	31,3	32,8	31,8	31,7	31,4	30,0	31,0

[a] Ab 1991 einschließlich der neuen Bundesländer.
[b] Bund, Länder, Gemeinden, EU-Anteile, LAF, ERP, FDE, KAF, BEV, EF, ELF und ASS. Um Doppelzählungen zu vermeiden, wurden die hier zugrundegelegten Ausgaben des öffentlichen Gesamthaushaltes um die Zuweisungen zwischen den Gebietskörperschaften bereinigt.
[c] Ohne Sonderrechnungen.
[d] Einschließlich staatlicher Krankenhäuser und Sonderrechnungen.
[e] Einschließlich kommunaler Krankenhäuser.

Quelle: SACHVERSTÄNDIGENRAT ZUR BEGUTACHTUNG DER GESAMTWIRTSCHAFTLICHEN ENTWICKLUNG: Jahresgutachten 1991/92, Stuttgart 1991, S. 338f.; DERS.: Jahresgutachten 1997/98, Stuttgart 1997, S. 352f.

Der Anstieg der Personalausgaben ist auf die Erhöhung der Zahl der Beschäftigten, auf die allgemeinen jährlichen Besoldungserhöhungen und auf die sog. strukturellen Veränderungen zurückzuführen.

2. Die Entwicklung der Zahl der Beschäftigten

Die Zahl der in der öffentlichen Verwaltung der Gebietskörperschaften Beschäftigten hat sich von 1,9 Mio. 1960 auf 4,4 Mio. 1996 erhöht, bei den Ländern relativ stärker als beim Bund und bei den Gemeinden. Ihr Anteil an der Gesamtzahl der Erwerbspersonen ist von 7,3% 1960 auf 11,1% 1996 gestiegen (vgl. Übersicht 12-2).

Schwerpunkte des Personaleinsatzes sind beim Bund die Funktionsbereiche „Verteidigung" (1996 43,5% der Bundesbediensteten) und „Politische Führung und zentrale Verwaltung, auswärtige Anlegenheiten" (25,6%), bei den Ländern „Bildungswesen, Wissenschaft, Forschung, kulturelle Angelegenheiten" (1996 50,7% der Landesbediensteten), „Öffentliche Sicherheit und Ordnung" (13,4%) sowie „Politsche Führung und zentrale Verwaltung, auswärtige Angelegenheiten" (13,3%) (vgl. Übersicht 12-3).

Schwerpunkt der Personalerhöhung bei den Ländern waren seit 1970 die Bereiche „Bildungswesen, Wissenschaft, Forschung, kulturelle Angelegenheiten" sowie „Öffentliche Sicherheit und Ordnung". Von 1970 bis 1996 erhöhte sich hier die Zahl der Landesbediensteten um rd. 568250 (106,0%) bzw. um rd. 146400 (100,3%); das waren zusammen rd. 79% des gesamten Zuwachses an Landesbediensteten in diesem Zeitraum (vgl. Übersicht 12-3).

Übersicht 12–2

Beschäftigte der Gebietskörperschaften (in 1000)[a]

		2.10.1960	2.10.1970	30.6.1980	30.6.1989	30.6.1991	30 6.1996
Bund[b]							
	absolut	214,1	312,1	329,7	331,9	394,7	342,4
	in %	11,1	12,2	10,0	9,4	8,0	7,7
Länder							
	absolut	1003,8	1334,3	1823,5	1911,5	2572,0	2429,9
	in %	52,0	52,0	55,1	54,9	51,8	54,7
Gemeinden/GV							
	absolut	713,8	920,2	1156,6	1276,4	1995,9	1671,5
	in %	37,0	35,9	34,9	36,3	40,2	37,6
Zusammen		1931,7	2566,6	3309,8	3519,8	4962,5	4443,8
in % aller Erwerbspersonen		7,3	9,6	11,8	11,8	12,4	11,1

[a] Ab 1991 einschließlich der neuen Bundesländer.
[b] Ohne Soldaten.

Quelle: STATISTISCHES BUNDESAMT (Hrsg.): Fachserie 14: Finanzen und Steuern, Reihe 6: Personal des öffentlichen Dienstes, lfd.; DASS. (Hrsg.): Statistisches Jahrbuch, lfd.

3. Die Entwicklung der Stellenstruktur

Die tatsächlichen Personalausgaben pro Kopf der öffentlichen Bediensteten haben sich stärker erhöht als die Tarifverdienste. Das kann z. T. darauf zurückzuführen sein, daß der Anteil der Posten mit überdurchschnittlichem Entgelt gestiegen ist. Der Grund liegt aber wohl vor allem in dem Umstand, daß es in der Vergangenheit in beträchtlichem Umfang zur Höherstufung von Stellen (z. B. bei Lehrern) und zu im Vergleich zu früher schnelleren Beförderungen gekommen ist.

Entsprechend hat sich zwischen 1960 und 1996 der sog. Stellenkegel geändert, der die Struktur der Beschäftigten nach Laufbahngruppen wiedergibt: Während die Zahl der vollbeschäftigten Beamten und Angestellten der Gebietskörperschaften insgesamt zwischen 1960 und 1996 um 130,2% gestiegen ist, nahm sie beim einfachen Dienst ab (−31,7%), erhöhte sich beim mittleren Dienst um

Übersicht 12–3

Beschäftigte[a] *nach Aufgabenbereichen*

Aufgabenbereiche	Bund[b]				Länder[c]			
	1970	1980	1996	Verän-derung 1970/96 in %	1970	1980	1996	Verän-derung 1970/96 in %
1. Politische Führung u. zentrale Verwaltung, auswärtige Angelegenheiten	71 419	72 357	85 096	19,2	190 617	229 279	290 915	52,6
2. Verteidigung	172 847	176 195	144 317	−16,5	—	—	—	—
3. Öffentliche Sicherheit und Ordnung	21 641	29 157	44 362	105,0	145 978	207 441	292 396	100,3
4. Rechtsschutz	1 723	2 051	4 435	157,5	109 248	130 956	181 861	66,5
5. Bildungswesen, Wissenschaft, Forschung, kulturelle Angelegenheiten	7 608	9 809	16 029	110,7	536 079	815 255	1 104 331	106,0
6. Soziale Sicherung, soziale Kriegsfolgeaufgaben, Wiedergutmachung	747	1 121	4 551	508,9	49 257	56 637	71 619	45,4
7. Gesundheit, Sport, Erholung	95	568	1 934	1 927,5	63 755	75 138	77 046	20,8
8. Ernährung, Landwirtschaft, Forsten	547	607	351	−35,9	20 982	22 623	26 999	28,7
9. Wohnungswesen, Raumordnung, kommunale Gemeinschaftsdienste	—	—	—	—	30 067	30 658	27 172	−9,6
10. Energie-, Wasserwirtschaft, Gewerbe, Dienstleistungen	4 051	3 663	2 044	−49,6	13 684	12 144	12 119	−11,4
11. Verkehrs- und Nachrichtenwesen	23 885	24 749	28 135	17,8	42 427	41 566	47 362	11,6
Zusammen	304 564	320 276	331 254	8,8	1 202 093	1 621 697	2 131 821	77,3
12. Wirtschaftsunternehmen	4 365	3 598	46	−98,9	61 855	59 519	28 357	−54,2
13. Sonderrechnungen	—	—	647	—	—	—	19 321	—
Insgesamt	308 929	323 874	331 947	7,5	1 263 947	1 681 216	2 179 498	72,4

[a] Vollzeitbeschäftigte und Teilzeitbeschäftigte mit mindestens der Hälfte der regelmäßigen Wochenarbeitszeit. Die Teilzeitbeschäftigten wurden in Vollzeitäquivalente umgerechnet (Faktor 0,6). [b] Ohne Soldaten. [c] Einschließlich Personal der Krankenhäuser.

Quelle: STATISTISCHES BUNDESAMT (Hrsg.): Fachserie 14: Finanzen und Steuern, Reihe 6: Personal des öffentlichen Dienstes 1980, Wiesbaden 1982, S. 32,33,37,38,47,53,57,61; DASS. (Hrsg.): Fachserie 14: Finanzen und Steuern, Reihe 6: Personal des öffentlichen Dienstes 1996, Wiesbaden 1998, S. 19, 52, 54, 80, 82, 84.

Übersicht 12–4

*Vollzeitbeschäftigte Beamte und Angestellte der Gebietskörperschaften nach
Laufbahngruppen*

Laufbahngruppe	1960 in %	1996 in %	Zu- (+) bzw. Abnahme (−) der Bediensteten in %
Höherer Dienst	12,2	17,9	+ 242,9
Gehobener Dienst	32,0	35,5	+ 154,9
Mittlerer Dienst	48,7	44,5	+ 109,6
Einfacher Dienst	7,1	2,1	− 31,7
Insgesamt	100	100	+ 130,2

Quelle: STATISTISCHES BUNDESAMT (Hrsg.): Fachserie L: Finanzen und Steuern, Reihe 4: Personal von Bund, Ländern und Gemeinden 1960, Stuttgart–Mainz 1961, S. 5; DASS. (Hrsg.): Fachserie 14: Finanzen und Steuern, Reihe 6: Personal des öffentlichen Dienstes 1996, Stuttgart 1998, S. 29 und Auskunft des STATISTISCHEN BUNDESAMTES.

109,6%, beim gehobenen Dienst um 154,9% und beim höheren Dienst schließlich um 242,9% (vgl. Übersicht 12-4).

4. Die Entwicklung des Entlohnungsgefüges

Die Praxis, neben einheitlichen linearen Anpassungen fixe Sockel- und Mindestbeträge festzulegen, die dazu führen, daß die prozentuale Gehaltserhöhung mit steigendem Einkommen fällt, aber auch laufbahnrechtliche Änderungen haben das Entlohnungsgefüge egalisierend beeinflußt. Damit hat sich eine Entwicklung fortgesetzt, die bereits im letzten Jahrhundert beobachtet worden ist.

Betrachtet man die Grundgehälter der Beamten in der jeweils höchsten Dienstaltersstufe einschl. Ortszuschlag für Ledige, Stellenzulage (ab 1.5.1971) und vermögenswirksamen Leistungen (ab 1.1.1970), so verringerte sich zwischen dem 1.1.1960 und dem 1.7.1997 die Besoldungsspanne beim mittleren Dienst (A8:A5) von 1,44 auf 1,24, beim gehobenen Dienst (A12:A9) von 1,5 auf 1,38, beim höheren Dienst (A16:A13) von 1,48 auf 1,37, in der B-Besoldung (B11:B1) von 2,34 auf 2,20. Beim einfachen Dienst (A4:A1 bzw. A2) hat sich die Relation von 1,09 vorübergehend erhöht, ist dann aber 1990 wieder auf den Ausgangswert zurückgefallen[8].

---

[8] Vgl. Bundesbesoldungsgesetz (BBesG) in der jeweiligen Fassung.

5. Die Entwicklung der Pensions- und Zusatzversorgungslasten[9]

Die Kosten, die mit der starken Ausweitung des Personals der Gebietskörperschaften verbunden sind, schlagen sich unterschiedlich schnell in den Budgets
der Gebietskörperschaften nieder. Bei Arbeitern und Angestellten sind die
Beiträge zur gesetzlichen Renten- und Krankenversicherung nämlich laufend
bis zum Ausscheiden aus der aktiven Tätigkeit zu entrichten; bei den Beamten
fallen die Kosten für die Altersversorgung erst nach der Pensionierung an, die
Kosten für die Beteiligung am Krankheitsrisiko im Rahmen der Beihilfe[10]
während der gesamten aktiven und Ruhestandsphase. Die zeitliche Verteilung
der Ausgaben für die Zusatzversorgung[11] der Angestellten entspricht der der
Ruhestandsversorgung der Beamten, da sie ganz überwiegend durch eine laufende Umlage der öffentlichen Arbeitgeber finanziert werden. Deshalb wird
die starke Expansion der Zahl der öffentlich Bediensteten, vor allem der Beamten, die in den sechziger und dann verstärkt in den siebziger Jahren erfolgte, erst voll budgetwirksam, wenn die Erstbesetzer der damals neu errichteten
Stellen aus der Erwerbstätigkeit ausscheiden. Die Ausgaben für Pensionen
und Zusatzversorgungsleistungen sind in den letzten Jahren aber nicht nur
wegen der vorausgegangenen Erhöhung der Personalstellen gewachsen. Wie
in der GRV wirken sowohl die gestiegene Lebenserwartung als auch die Tendenz zur vorgezogenen Aufgabe der Berufstätigkeit belastungserhöhend. 1993
lag das Durchschnittsalter zum Zeitpunkt des Pensionsbeginns bei den Beamten (ohne Berufssoldaten) bei 58,9 Jahren, zum Zeitpunkt des Rentenbeginns
der Angestellten und Arbeiter im öffentlichen Dienst bei 58,8 Jahren[12].

Im Gegensatz zu den schon lange diskutierten Finanzierungsproblemen der
Rentenversicherung ist der finanzpolitischen Problematik der Versorgungsleistungen erst recht spät Aufmerksamkeit geschenkt worden, vor allem durch
die Arbeiten von K. LITTMANN und G. FÄRBER[13]. FÄRBER schätzt auf der Basis der

---

[9] Detaillierte Angaben insbesondere statistischer Art enthält der „Bericht der Bundesre-
gierung über die im Kalenderjahr 1993 erbrachten Versorgungsleistungen im öffentlichen
Dienst sowie über die Entwicklung der Versorgungsausgaben in den nächsten 15 Jahren –
Versorgungsbericht", a.a.O.

[10] Beamte sind von der Versicherungspflicht der GKV befreit. Im Rahmen der Beihilfe werden ihnen die notwendigen krankheitsbedingten Aufwendungen in Abhängigkeit vom Familienstand und der Kinderzahl in der Regel zu zwischen 50 und 70% erstattet. Angestellte im
öffentlichen Dienst, deren Einkommen über der Versicherungspflichtgrenze (vgl. unten
S. 248) liegt, haben ein Wahlrecht zwischen Beihilfe und Arbeitgeberanteil zur Krankenversicherung.

[11] Im Rahmen der tarifvertraglich vereinbarten Zusatzversorgung werden die GRV-Renten
für Arbeiter und Angestellte des öffentlichen Dienstes so aufgestockt, daß sich eine den Beam-
tenpensionen ähnliche Gesamtversorgung ergibt.

[12] Vgl. Bericht der Bundesregierung über die im Kalenderjahr 1993 erbrachten Versorgungsleistungen im öffentlichen Dienst sowie über die Entwicklung der Versorgungsausgaben in den nächsten 15 Jahren – Versorgungsbericht, a.a.O., S. 14.

[13] Vgl. G. FÄRBER und K. LITTMANN; Bevölkerungsentwicklung und Staatsfinanzen, in: H. C.

Bevölkerungs- und Sozialproduktsprognose des Statistischen Bundesamtes von 1994 und der Pensionseintrittsverhältnisse des Jahres 1990, daß sich die Zahl der Versorgungsempfänger von 0,81 Mio. im Jahre 1990 über 1,15 Mio. 2010 auf 1,33 Mio. im Jahre 2040 erhöhen wird, der Anteil der Versorgungsausgaben am BIP von 1,3% im Jahre 1990 über 2,1% 2010 auf 3,2% im Jahre 2040[14]. Diese Zahlen dokumentieren einen dringenden Handlungsbedarf. Der von Rheinland-Pfalz und Schleswig-Holstein gewählte Weg, Pensionslastenfonds als Sondervermögen aufzubauen, um später aus deren Erträgen Teile der Pensionslasten zu finanzieren, bringt keine Entlastung, wenn die Fondszuweisungen durch zusätzliche Kreditaufnahmen finanziert werden; Leistungsbegrenzungen von der Art, wie sie z. B. im Zusammenhang mit der finanziellen Entlastung der gesetzlichen Rentenversicherung durchgeführt wurden und erwogen werden, sind unausweichlich. Einige hat der Gesetzgeber zunächst im Dienstrechtsreformgesetz, weitere im Versorgungsreformgesetz beschlossen.

Nach dem Gesetz zur Reform des öffentlichen Dienstrechts[15] wird künftig die vorzeitige Versetzung in den Ruhestand wegen Dienstunfähigkeit erschwert, die Antragsaltersgrenze von 62 auf 63 Jahren angehoben (§ 26 Abs. 4 Satz 1 Nr. 1 BRRG) und die Zahl der für die Versorgung maximal anrechenbaren Ausbildungsjahre von 7 auf 3 reduziert (§ 12 Abs. 1 Satz 1 BeamtVG). Die wichtigsten Maßnahmen des Versorgungsreformgesetzes[16] sind die Bildung von Versorgungsrücklagen beim Bund und bei den Ländern (§ 1 BBesG). Sie werden aus den Mitteln gespeist, die dadurch frei werden, daß in den Jahren 1999– 2013 die Besoldungs- und Versorgungsanpassungen um durchschnittlich 0,2% reduziert werden. Dadurch wird das Niveau um insgesamt 3% gesenkt. Die Rücklagenmittel dürfen nur zur Finanzierung künftiger Versorgungsausgaben verwendet werden.

6. Der Einfluß der Privatisierung

Die vorstehend skizzierte Entwicklung der Personalausgaben wurde begleitet von einem Prozeß der Privatisierung in dem Sinne, daß einzelne Leistungen nicht mehr im öffentlichen Sektor selbst erstellt, sondern im Wege der Auftragsvergabe an Private übertragen werden. Dies betrifft z. B. die Gebäudereinigung oder die Pflege von Parkanlagen. Statistisch bedeutet dies eine Erhöhung der Sachausgaben zu Lasten der Personalausgaben. Daraus folgt,

---

Recktenwald (Hrsg.): Der Rückgang der Geburten – Folgen auf längere Sicht, Düsseldorf 1989, S. 101–129; G. FÄRBER: Revision der Personalausgaben – Projektion der Gebietskörperschaften bis 2030, a.a.O.

[14] Vgl. G. FÄRBER: Revision der Personalausgaben – Projektion der Gebietskörperschaften bis 2030, a.a.O., S. 98, 104.

[15] Vgl. Bundesgesetzblatt I, 1997, S. 322–347.

[16] Vgl. Gesetz zur Umsetzung des Versorgungsberichts (Versorgungsreformgesetz 1998 – VReformG), Bundesgesetzblatt I, 1998, S. 1666–1691.

– daß zwar die quantitative Bedeutung der im öffentlichen Sektor zu beobachtenden Starrheit der Personalausgaben reduziert worden ist, aber nicht unbedingt im gleichen Ausmaß die Abhängigkeit vom preissteigerungsanfälli-
gen Inputfaktor Arbeit,
– daß die Entwicklung der Beschäftigten nach Aufgabenbereichen nicht unbedingt der Entwicklung der Struktur des gesamten Arbeitsinputs entspricht,
– daß die relative Abnahme des Anteils der im einfachen Dienst Beschäftigten
vielleicht z. T. lediglich die überproportional hohe Betroffenheit durch die
Privatisierung reflektiert.

§ 51. Die Reform des öffentlichen Dienstes

Die Reform des öffentlichen Dienstes ist ein Gegenstand permanenter Diskussion, die lange Zeit recht folgenlos geblieben war. Das galt sowohl für die Arbeit
der STUDIENKOMMISSION FÜR DIE REFORM DES ÖFFENTLICHEN DIENSTRECHTS[17] als
auch für die Auseinandersetzung im Gefolge des Vollzugs der deutschen Wiedervereinigung. Mit dem Dienstrechtsreformgesetz von 1997[18] wird versucht,
die Besoldung leistungsbezogener und den Personaleinsatz flexibler zu gestalten sowie der Teilzeitarbeit mehr Raum zu geben; die Versorgung berührende
Maßnahmen wurden bereits oben erwähnt.

Das Grundgehalt steigt nicht mehr automatisch nach jetzt zwischen 2 und 4
Jahren gestaffelten Stufen, sondern unterbleibt, wenn „die Leistung … nicht
den mit dem Amt verbundenen durchschnittlichen Leistungen entspricht",
oder kann „bei dauerhaft herausragenden Leistungen" nach Ablauf der halben
Zeit vorgezogen werden (§ 27 Abs. 3 BBesG). Es ist möglich, ein Amt mit leiten-
den Funktionen zunächst im Beamtenverhältnis auf Probe oder auf Zeit zu
übertragen (§§ 12a, 12b BRRG) und Beamte unter weniger restriktiven Bedingungen an andere Dienststellen abzuordnen (§§ 17, 18 BRRG). Das Bundesbe-
amtengesetz gewährt allen Beamten voraussetzungslos die Möglichkeit, einen
Antrag auf Teilzeitbeschäftigung bis zur Hälfte der regelmäßigen Arbeitszeit
zu stellen; er kann nur abgelehnt werden, wenn dienstliche Belange entgegenstehen (§ 72a Abs. 1 BBG).

---

[17] Vgl. STUDIENKOMMISSION FÜR DIE REFORM DES ÖFFENTLICHEN DIENSTRECHTS: Bericht der Kommission, a.a.O.
[18] Vgl. Gesetz zur Reform des öffentlichen Dienstrechts (Reformgesetz), a.a.O.

Kapitel 13
Die Vergabe öffentlicher Aufträge

Literatur

a) GANDENBERGER, OTTO: Öffentliche Auftragsvergabe, in: Willi Albers u. a. (Hrsg.): Handwörterbuch der Wirtschaftswissenschaft, Bd. 5, Stuttgart u. a. O. 1980, S. 405–412.
DEUTSCHER VERDINGUNGSAUSSCHUSS FÜR LEISTUNGEN – AUSGENOMMEN BAULEISTUNGEN – (DVAL): Verdingungsordnung für Leistungen – ausgenommen Bauleistungen – (VOL), Köln 1997.

b) DIEDERICH, HELMUT: Der Kostenpreis bei öffentlichen Aufträgen, Heidelberg 1961.
FRICKE, WERNER: Zentralisierung und Dezentralisierung des öffentlichen Einkaufs. Grundfragen der Organisation des Beschaffungswesens, Heidelberg 1961.
GANDENBERGER, OTTO: Die Ausschreibung. Organisierte Konkurrenz um öffentliche Aufträge, Heidelberg 1961.
GUTOWSKI, ARMIN: Konstruktions- und Entwicklungsaufträge. Ein Beitrag zur Beschaffungspolitik der öffentlichen Hand, Heidelberg 1960.
HANSEN, ANNEMARIE: Öffentliche Aufträge für Forschung und Entwicklung. Eine ökonomische Analyse am Beispiel der US Luft- und Raumfahrtindustrie, Frankfurt 1973.

MILGROM, PAUL: Auctions and Bidding: A Primer, in: Journal of Economic Perspectives, Bd. 3, 1989, Nr. 3, S. 3–21.

PIETZCKER, JOST: Der Staatsauftrag als Instrument des Verwaltungshandelns, Tübingen 1978.

PRIESS, HANS-JOACHIM: Das öffentliche Auftragswesen in der Europäischen Union, Köln u. a. O. 1994.

SCHÄFER, PETER W.: Grundzüge des öffentlichen Auftragswesens, in: Betriebs-Berater, Beilage 12 zu Heft 28/29, 1996, S. 1*–18*.

THALER, RICHARD H.: Anomalies. The Winner's Curse, in: Journal of Economic Perspectives, Bd. 2, 1988, Nr. 1, S. 191–202.

VICKREY, WILLIAM: Counterspeculation, Auctions and Competitive Sealed Tenders, in: Journal of Finance, Bd. 16, 1961, S. 8–37.

WELTER, ERICH: Der Staat als Kunde, Heidelberg 1960.

§ 52. Öffentliche Aufträge und finanzwirtschaftspolitische Ziele

Personal wird nicht allein, sondern in Kombination mit Sachmitteln eingesetzt. Soweit es sich nicht um Grundstücke im öffentlichen Eigentum handelt, werden diese Sachmittel in aller Regel im marktwirtschaftlichen Sektor gekauft bzw. gemietet oder gepachtet. Teilweise kauft der Fiskus auch Dienstleistungen von Unternehmen, etwa von Architektenbüros, Reinigungs-, Transport- oder Gartenbauunternehmen.

In all diesen Fällen taucht die Frage auf, wie bei solchen Käufen zu verfahren ist. Es überrascht, daß diese Probleme in der Finanzwissenschaft bis in die Gegenwart sehr stark vernachlässigt, ja in den meisten Lehrbüchern nicht einmal erwähnt werden[1], obgleich es sich nicht etwa um rein technische Fragen ohne größere wirtschaftspolitische Problematik handelt. Ganz im Gegenteil ergeben sich enge Beziehungen zu den oben analysierten finanzwirtschaftspolitischen Zielen.

1. Das Allokationsziel

Unter allokationspolitischen Gesichtspunkten ist es erforderlich sicherzustellen, daß ein Auftrag an das Unternehmen vergeben wird, das die von der öffentlichen Hand gewünschten Güter *mit den geringsten gesamtwirtschaftlichen Kosten* herzustellen vermag. Immer wenn dies nicht erreicht wird, aber durch die Wahl zweckmäßigerer Vergabemethoden sichergestellt werden könnte, entsteht gesamtwirtschaftlich eine Zusatzlast (vgl. unten S. 434–438).

---

[1] Bezeichnenderweise sind die Pionierarbeiten auf diesem Gebiet überwiegend nicht von Finanzwissenschaftlern veranlaßt bzw. geschrieben worden, sondern von Wirtschaftswissenschaftlern, die aus allgemeinen wirtschaftsordnungspolitischen Gesichtspunkten die öffentlichen Aufträge untersuchen (vgl. H. DIEDERICH, W. FRICKE, A. GUTOWSKI, E. WELTER).

2. Das Verteilungs- und Gerechtigkeitsziel

Öffentliche Aufträge sind ferner unter dem Verteilungs- und Gerechtigkeitsaspekt bedeutsam. Dies ist nicht in dem Sinne gemeint, daß sie nach Maßgabe der „Bedürftigkeit" der Betriebe, was immer das bedeuten mag, vergeben werden sollten; vielmehr ist sicherzustellen, daß nicht persönliche Beziehungen, illegale Zuwendungen oder das Beharrungsvermögen der Verwaltung für die Wahl der Lieferanten maßgeblich sind. Die Öffnung der öffentlichen Aufträge für möglichst alle potentiellen Anbieter und die Entscheidung nach Kriterien der objektiven Leistungsfähigkeit sind darüber hinaus von sehr großer rechtsstaatlicher und staatspolitischer Bedeutung, was sich in den Gemeinwesen zeigt, in denen gegen dieses Postulat in starkem Maße laufend verstoßen wird.

Mit dem Gerechtigkeitsziel entstehen meist sehr schnell Konflikte, wenn versucht wird, die Vergabe öffentlicher Aufträge über die kostengünstigste Beschaffung hinaus mit zusätzlichen Zielen zu befrachten. Regionale Präferenzen von der früher in der Bundesrepublik Deutschland verwendeten Art[2] helfen nicht allen, welche die gleichen regionalen Merkmale aufweisen, sondern nur denjenigen, die zufällig als Produzenten der vom Staat benötigten Güter tätig sind. Unter dem Gerechtigkeitsaspekt ist dies kein überzeugendes Abgrenzungskriterium.

3. Das Stabilitätsziel

Eine Variation der öffentlichen Aufträge bedeutet eine Variation der gesamtwirtschaftlichen Nachfrage nach Gütern. Es sollte deshalb sichergestellt werden, daß einerseits allokationspolitisch motivierte Aufträge möglichst wenig der Stabilisierungsfunktion entgegenwirken oder diese sogar unterstützen, soweit das mit der Allokationsaufgabe und der möglichst gleichen Zugangschance für alle Unternehmen vereinbar ist, und daß andererseits stabilitätspolitisch motivierte Aufträge rasch vergeben werden können.

4. Das sog. fiskalische Ziel

Das Ziel, eine gegebene Leistung von dem kostengünstigsten Anbieter erstellen zu lassen, ist nicht nur unmittelbar allokationspolitisch, sondern auch rein fiskalisch und damit mittelbar für alle vorstehend erwähnten Ziele potentiell bedeutsam. Das betrifft z. B. wiederum den Allokationsaspekt, wenn andernfalls wegen Budgetbeschränkungen vorteilhafte Projekte nicht durchgeführt werden können oder infolge höherer Steuern zusätzliche allokative Verzerrungen eintreten.

---

[2] Vgl. unten S. 221f.

§ 53. Unterschiede zwischen öffentlicher und privater Auftragsvergabe

Zwischen der privaten und der öffentlichen Auftragsvergabe gibt es charakteristische Unterschiede, deren Kenntnis das Verständnis für die finanzwirtschaftspolitische Problematik erleichtert.

1. Der größere Regelungsbedarf bei öffentlichen Aufträgen

Im öffentlichen Bereich besteht eine größere Notwendigkeit als im privaten, die Auftragsvergabe zu regeln. Während private Unternehmen ein Eigeninteresse haben, möglichst billig einzukaufen, weil davon u. U. ihre Existenz, auf jeden Fall die Höhe des Gewinns abhängt, ist das bei Behördenleitern und öffentlichen Beschaffungsbeamten anders, da diese durch günstige Einkäufe keinen unmittelbaren materiellen Vorteil haben (wenn man einmal davon absieht, daß bei anhaltend krassem Versagen ihre Aufstiegschancen nicht gerade gefördert werden). Im Gegenteil: Mitteleinsparungen können zu Etatkürzungen führen, was dem Prestige und dem Einfluß der jeweiligen Behörde eher abträglich ist. Auch der einzelne staatliche Einkäufer wird es vorziehen, nicht an bestimmte transparente Verfahren oder unbedingt an das billigste Angebot gebunden zu sein. Er weiß, daß er um so mehr umworben ist, je mehr er über diskretionäre Entscheidungsspielräume verfügt.

Man sollte allerdings die Unterschiede auch nicht überbetonen. Wenn man von der Betrachtung eines vom Eigentümer geleiteten Kleinunternehmens zum Großunternehmen übergeht, vermindern sich die Unterschiede. Es kann durchaus auch im persönlichen Interesse eines angestellten privaten Einkäufers liegen, nicht immer und unbedingt das für das Unternehmen günstigste Angebot zu wählen.

2. Die geringere Flexibilität der öffentlichen Hand

Staatliche Einkäufer sind im Vergleich zu privaten meist weniger flexibel. Das ist einmal die Konsequenz des vorstehend begründeten größeren Regulierungsbedarfs, der zu Vorschriften führt, welche die Handlungsfreiheit und Handlungsschnelligkeit einschränken. Zum anderen liegt es auch an den festen Etatansätzen, an die Beschaffungsbeamte in der Regel gebunden sind.

3. Der Druck der „einheimischen" Produzenten

Im öffentlichen Bereich besteht auf allen Ebenen eine ausgeprägte Neigung, die Produzenten des eigenen Hoheits- bzw. Verwaltungsbereichs zu begünstigen. Dies beruht einmal darauf, daß die Produzenteninteressen immer vergleichsweise besser organisiert sind[3], aber auch auf der recht breiten Zustimmung, die diese Praxis in der Öffentlichkeit findet, zum Teil unter dem Einfluß neomerkantilistischer Gedanken. Es scheint vielen einzuleuchten, daß es besser sei, das Geld „im Lande zu lassen". Diese Tendenz, ob offiziell proklamiert („Buy American") oder lediglich informell praktiziert, ist weit verbreitet[4].

4. Die größere Marktmacht des Staates

Besonders dem Bund und den Ländern kommt eine im Vergleich zum durchschnittlichen Privatunternehmen größere Marktmacht zu. Zuweilen ist der Staat der weitaus wichtigste oder gar einzige inländische Käufer, etwa in bezug auf zahlreiche vom Verteidigungsministerium oder (früher) von der Bahn und der Post benötigte Güter. Daraus ergibt sich eine besondere Verantwortung für die Funktionsfähigkeit des Wettbewerbs in diesen Bereichen.

§54. Formen der Vergabe öffentlicher Aufträge

Es ist in der deutschen Literatur üblich, drei Hauptformen der Vergabe öffentlicher Aufträge zu unterscheiden: die öffentliche Ausschreibung, die beschränkte Ausschreibung und die freihändige Vergabe.

1. Die öffentliche Ausschreibung

1.1. Charakterisierung

Bei der öffentlichen Ausschreibung wird öffentlich ein unbegrenzter Kreis von Lieferanten zur Abgabe von Angeboten für gewünschte Leistungen aufgefordert. Sie ist durch folgende Merkmale gekennzeichnet[5]:

1) Die geforderte Leistung wird genau (konstruktiv oder funktionell) beschrieben.

---

[3] Vgl. oben S. 55.

[4] Vgl. die Erläuterung einer Landesversicherungsanstalt, für den Beschluß ihres Vorstandes, vom Grundsatz der öffentlichen Ausschreibung abzuweichen, sei maßgeblich, „daß die Aufträge in der Regel an die Unternehmer vergeben werden sollten, die innerhalb des Verwaltungsbereichs der Landesversicherungsanstalt ihren Sitz haben und Sozialversicherungsbeiträge für ihre Arbeitnehmer an unsere Anstalt abführen" (Bemerkungen des Bundesrechnungshofes zu der Bundeshaushaltsrechnung (einschließlich der Bundesvermögensrechnung) für das Haushaltsjahr 1970, Bundestagsdrucksache 7/8, S. 29, Ziff. 92).

[5] Vgl. O. GANDENBERGER: Die Ausschreibung, a.a.O., S. 35–47.

2) Die eingehenden Angebote werden bis nach Ablauf der Angebotsfrist versiegelt aufbewahrt, um zu verhindern, daß Anbieter die Konkurrenzangebote erfahren.

3) Die Öffnung erfolgt öffentlich.

4) Bei der Angebotsprüfung werden *ungeeignete Angebote* und *ungeeignete Anbieter* ausgeschaltet. Angebote sind ungeeignet, wenn sie nicht den geforderten Eigenschaften entsprechen. Zusätzliche, in der Beschreibung nicht erwähnte Eigenschaften dürfen nicht berücksichtigt werden, da sonst die Transparenz des Verfahrens verlorengeht. Wird diese zusätzliche Eigenschaft für sehr wichtig gehalten, ist neu auszuschreiben und dieser Aspekt in die Ausschreibung mit aufzunehmen. Anbieter sind ungeeignet, wenn sie aufgrund ihres bisherigen Verhaltens erwarten lassen, daß sie die geforderte Leistung nicht erbringen (können). Es handelt sich hier um einen sehr kritischen Punkt, da die Gefahr nicht ausgeschlossen ist, daß dadurch einzelne Lieferanten ungerechtfertigt diskriminiert werden.

5) Von den verbleibenden Angeboten wird das mit dem niedrigsten Preis berücksichtigt. Nachverhandlungen sind ausgeschlossen, um zu verhindern, daß von vornherein höhere Preise angegeben werden, etwa in der Erwartung, später sowieso heruntergehen zu müssen oder in der Zwischenzeit Kenntnis von Preisforderungen der Konkurrenz zu erlangen.

1.2. Beurteilung

Die Vorteile der öffentlichen Ausschreibung liegen in der sich ergebenden großen Markttransparenz für die Vergabebehörde, in der sehr weitgehenden Einschränkung möglicher sachfremder Ermessensspielräume, in der damit verbundenen weitgehenden Gleichbehandlung der Anbieter und in der Sicherung der Ausnutzung von Kostenvorteilen.

Gegen die öffentliche Ausschreibung wird immer wieder eingewendet, sie sei teuer und zeitraubend, wobei man an die Kosten und den Zeitbedarf des Ausschreibungsverfahrens denkt. Gewiß läßt sich die freihändige Vergabe schneller und mit weniger Aufwand im Zuge des Vergabeprozesses selbst durchführen. Es bleibt aber zu befürchten, daß dann die Kosten des reduzierten Wettbewerbs noch größer sind.

1.3. Ausnahmen

So sehr der öffentlichen Ausschreibung im Interesse der oben genannten Zielsetzungen der Vorzug gebührt, so ist doch offensichtlich, daß sie z. B. in den folgenden Fällen kaum geeignet ist:
– wenn die Aufträge möglichst geheim gehalten werden sollen (Verteidigungsbereich),

- wenn unvorhergesehener dringender Bedarf schnell zu decken ist (Naturkatastrophen),
- wenn die Leistungsbeschreibung oder die Angebotskalkulation nicht möglich sind (etwa im Forschungsbereich),
- wenn im Verhältnis zum Auftragsvolumen die Kosten des Ausschreibungsverfahrens zu hoch sind,
- wenn durch Angebotskartelle der Wettbewerb auf der Angebotsseite vereitelt wird (Submissionskartelle).

2. Die beschränkte Ausschreibung

Im Rahmen der beschränkten Ausschreibung wendet sich die Beschaffungsstelle nur an eine bestimmte Zahl von Produzenten, vor allem an solche, mit denen sie bereits früher zufriedenstellend zusammengearbeitet hat oder die aus anderen Gründen bekannt sind. Ansonsten entspricht das Verfahren dem der öffentlichen Ausschreibung.

Von den Praktikern wird die beschränkte Ausschreibung, neben dem Hinweis auf die Kosten und den Zeitbedarf der öffentlichen Ausschreibung, vor allem damit zu rechtfertigen versucht, es würden sich sowieso immer nur die gleichen Firmen beteiligen bzw. bei speziellen Anforderungen käme sowieso nur ein kleiner Kreis mit entsprechenden Erfahrungen in Betracht. Wenn dies auch kurzfristig richtig sein mag, so sollte doch nicht die *Gefahr der Wettbewerbsbeschränkung* und des *Einflusses persönlicher Präferenzen* übersehen werden, die mit einem Übergang von der öffentlichen zur beschränkten Ausschreibung verbunden ist. Es ist für Außenseiter und neue Konkurrenten dann nämlich viel schwieriger, ins Geschäft zu kommen.

Um die Gefahr der Wettbewerbsbeschränkung einzuengen, ist es angebracht, eine *Mindestzahl der zur Ausschreibung aufzufordernden* (voneinander unabhängigen) *Unternehmen* anzugeben. Diese Zahl könnte mit steigendem Auftragsvolumen erhöht werden.

3. Die Vickrey-Regel

Bei der öffentlichen Ausschreibung und bei der beschränkten Ausschreibung ist jeder Bieter vor die Wahl gestellt, durch niedrige Angebotspreise mit größerer Wahrscheinlichkeit einen kleinen Gewinn oder durch hohe Angebotspreise mit geringerer Wahrscheinlichkeit einen großen Gewinn zu erzielen. Sofern der kostengünstigste Produzent den Auftrag nicht erhält, weil sein Gewinnzuschlag um mehr als die Kostendifferenz höher ist als der des erfolgreichen Konkurrenten, ergibt sich eine allokative Zusatzlast in Höhe der Differenz der Kosten beider Bieter.

Dies ließe sich durch die Übernahme eines Vorschlags von VICKREY[6] vermeiden. Danach erhält der Bieter den Zuschlag, der den niedrigsten Preis fordert, aber zu dem höheren Preis des Angebots des zweitgünstigsten Bieters. Bei dieser Regelung besteht für jeden Bieter ein Anreiz, den Angebotspreis in Höhe seiner Opportunitätskosten festzulegen, da dies seine Chance maximiert, zum Zuge zu kommen, ohne den von seinem Angebot unabhängigen Zuschlagspreis zu tangieren.

In der Praxis ist der Vickrey-Vorschlag bislang nicht aufgegriffen worden, wohl weil befürchtet wird, dann unnötig hohe Preise zu zahlen. Dazu muß es aber nicht kommen, denn es ist durchaus denkbar, daß der preissenkende Effekt des Anreizes, zu den Opportunitätskosten (ohne Gewinnzuschlag) zu bieten, größer ist als der preiserhöhende Effekt, der sich durch die Wahl des Preises des zweitgünstigsten Bieters ergibt.

4. Die freihändige Vergabe

Bei der freihändigen Vergabe gibt es kein förmliches Auswahlverfahren, sondern die Beschaffungsbehörde wendet sich unmittelbar an die ihr geeignet erscheinenden Lieferanten. Dabei hat sie natürlich allgemeine Grundsätze der Sorgfalt und Wirtschaftlichkeit zu beachten.

Die Vorteile der freihändigen Vergabe liegen vor allem in der Schnelligkeit, mit der die Aufträge vergeben werden können; ihre Nachteile sind gerade dort zu sehen, wo die Vorteile der öffentlichen Ausschreibung anzutreffen sind: *keine Garantie für Markttransparenz* und *für die Ausschaltung persönlicher Präferenzen*.

§ 55. Preisvereinbarungen auf Kostenbasis[7]

Öffentliche Aufträge werden in der Regel zu festen Preisen vergeben (von Lohngleitklauseln bei längerfristigen Bauvorhaben abgesehen). Es taucht aber immer wieder der Gedanke auf, besonders im Rahmen der freihändigen Vergabe die Abschlüsse auf Kostenbasis plus Gewinnzuschlag vorzunehmen. Dabei steht meist der Wunsch im Vordergrund, als „ungerechtfertigt" oder „übertrieben" bezeichnete Gewinne zu vermeiden. Dazu ist jedoch folgendes zu bemerken:

1) Die Kosten sind außerordentlich schwierig zu ermitteln, besonders kalkulatorische Kosten und Gemeinkosten. Aufträge auf Kostenbasis führen also

---

[6] Vgl. W. VICKREY: Counterspeculation, Auctions and Competitive Sealed Tenders, a.a.O., S. 20f.

[7] Vgl. hierzu H. DIEDERICH: Der Kostenpreis bei öffentlichen Aufträgen, a.a.O.

zwangsläufig zu Auseinandersetzungen zwischen Auftraggeber und Produzent.

2) Sofern sich der Staat verpflichtet, die mit der Produktion der von ihm bestellten Güter verbundenen Kosten neben einem absolut fixierten Gewinn voll zu vergüten, besteht kein unmittelbarer finanzieller Anreiz für die Unternehmer, Kosten zu sparen. Kostengüter werden für sie freie Güter. Als – freilich nicht unbedingt ausreichende und zuverlässige – Bremse kann hier die Angst wirken, im Falle sehr hoher Kosten beim nächsten Auftrag nicht mehr berücksichtigt zu werden.

3) Steigende Kosten führen sogar zu einer Gewinnerhöhung, wenn der Auftrag auf der Basis der Kosten und eines einen bestimmten Prozentsatz davon ausmachenden Gewinnzuschlags vergeben wird[8].

§ 56. Bevorzugte Bewerber

Von dem Grundsatz, daß bei öffentlichen Aufträgen aus der Gruppe der geeigneten Bewerber mit den Leistungserfordernissen entsprechenden Angeboten das mit dem niedrigsten Preis oder das wirtschaftlichste Angebot zu wählen ist, gibt es (auch) offizielle Ausnahmen zugunsten sog. *bevorzugter Bewerber*. Aus regionalpolitischen Überlegungen erhalten Bieter aus Fördergebieten (in der Bundesrepublik Deutschland z. B. früher aus dem Zonenrandgebiet, aus West-Berlin oder später aus den neuen Bundesländern) auch dann den Zuschlag, wenn ihr Angebot nur innerhalb bestimmter Grenzen über dem günstigsten liegt. Oder es wird den bevorzugten Bewerbern die Möglichkeit eingeräumt, nachträglich ihr Angebot so an das günstigste anzupassen, daß ihnen der Auftrag erteilt werden kann.

Bestimmungen dieser Art sind *zwiespältig*. Für sie spricht, daß der „Mitnahmeeffekt" geringer ist als bei allgemeinen regionalpolitischen Begünstigungen, u. U. beträgt er sogar Null. Dagegen ist die Beschränkung der Begünstigung auf den Kreis der potentiellen Lieferanten vom Staat benötigter Güter im Hinblick sowohl auf die regionalpolitische Zielsetzung als auch auf das Postulat der Gleichbehandlung sehr unbefriedigend. Auch ist zu beanstanden, daß der trotz günstigsten Angebots übergangene Bieter quasi einer Sonderbelastung unterworfen wird.

Ganz ähnlich problematisch sind Vorschläge, die auf einen Ausschluß von Bietern hinauslaufen, die sich nicht in einem bestimmten politisch gewünschten

---

[8] Zu US-amerikanischen Versuchen, in Aufträge auf Kostenbasis Incentive-Aspekte einzubauen, vgl. A. HANSEN: Öffentliche Aufträge für Forschung und Entwicklung, a.a.O., S. 136–162.

Sinne verhalten (z.B. keine Lehrlinge ausbilden) oder gegen gesetzliche Bestimmungen verstoßen (z.B. Steuern hinterzogen) haben. Eine Sanktionierung ohne Rechtsverstoß bzw. eine auf den Kreis der (sonst erfolgreichen) Bewerber um Staatsaufträge beschränkte (zusätzliche) Sanktionierung ist weder rechtspolitisch noch unter allokativen Gesichtspunkten oder unter dem Aspekt der Gleichbehandlung akzeptabel.

§57. Einige Regelungen in der Bundesrepublik Deutschland

1. Überblick

Zu den Formen der Vergabe öffentlicher Aufträge in dem hier behandelten Sinne sagen sowohl das Haushaltsgrundsätzegesetz als auch die Bundeshaushaltsordnung recht wenig. Es heißt lediglich in §30 HGrG und §55 Abs. 1 BHO übereinstimmend: „Dem Abschluß von Verträgen über Lieferungen und Leistungen muß eine öffentliche Ausschreibung vorausgehen, sofern nicht die Natur des Geschäfts oder besondere Umstände eine Ausnahme rechtfertigen." Damit wird für Bund und Länder die öffentliche Ausschreibung als Regelform der Vergabe öffentlicher Aufträge festgelegt. Entsprechende Bestimmungen finden sich in den Gemeindehaushaltsverordnungen der einzelnen Länder.

Detailliertere Bestimmungen sind in Verwaltungsrichtlinien enthalten, insbesondere in der „Verdingungsordnung für Leistungen – ausgenommen Bauleistungen – (VOL)"[9], in der „Verdingungsordnung für Bauleistungen (VOB)"[10], in der „Verdingungsordnung für freiberufliche Leistungen (VOF)"[11] und in der „Verordnung über die Preise bei öffentlichen Aufträgen"[12]. Diese drei Richtlinien sind insofern mit §55 BHO in besonderer Weise verknüpft, als insbesondere sie nach den vom Bundesfinanzministerium erlassenen „Vorläufigen Verwaltungsvorschriften zur Bundeshaushaltsordnung"[13] zu §55 bei der Vergabe von Lieferungen und Leistungen anzuwenden sind.

Um weitverbreitete protektionistische Praktiken auf dem Gebiet der öffentlichen Aufträge abzubauen und den Gemeinsamen Markt auch für den Bereich

---

[9] Deutscher Verdingungsausschuss für Leistungen – ausgenommen Bauleistungen – (DVAL): Verdingungsordnung für Leistungen – ausgenommen Bauleistungen – (VOL), a.a.O.

[10] Deutscher Verdingungsausschuss für Bauleistungen (DVA): Verdingungsordnung für Bauleistungen: Teil A – (VOB/A) (1992), Teil B – (VOB/B) (1996), Köln 1996.

[11] Hauptausschuss zur Erarbeitung der Verdingungsordnung für freiberufliche Leistungen: Verdingungsordnung für freiberufliche Leistungen (VOF), Köln 1997.

[12] Vgl. Bundesanzeiger Nr. 244 vom 18. Dezember 1953, S. 1–4, zuletzt geändert durch Bundesanzeiger Nr. 76 vom 23. 4. 1986, S. 5046.

[13] Vgl. Ministerialblatt des Bundesministers der Finanzen und des Bundesministers für Wirtschaft, Jg. 24, 1973, S. 191–292, hier S. 268f.

der öffentlichen Nachfrage zu verwirklichen, haben Rat und Kommission der EU mehrere Richtlinien erlassen.

2. Die Verdingungsordnung für Leistungen – ausgenommen Bauleistungen

Ausgehend vom Grundsatz „Leistungen sind in der Regel im Wettbewerb zu vergeben" (§ 2 Abs. 1) wird in der VOL die *öffentliche Ausschreibung* als Regel gefordert: „Öffentliche Ausschreibung muß stattfinden, soweit nicht die Natur des Geschäfts oder besondere Umstände eine Ausnahme rechtfertigen" (§ 3 Abs. 2).

Beschränkte Ausschreibung soll nur in besonderen Fällen stattfinden, u. a. wenn
— die Leistung nach ihrer Eigenart nur von einem beschränkten Kreis von Unternehmen in geeigneter Weise ausgeführt werden kann, besonders wenn außergewöhnliche Fachkunde oder Leistungsfähigkeit oder Zuverlässigkeit erforderlich ist,
— die öffentliche Ausschreibung für den Auftraggeber oder die Bewerber einen Aufwand verursachen würde, der zu dem erreichbaren Vorteil oder dem Wert der Leistung im Mißverhältnis stehen würde,
— eine öffentliche Ausschreibung aus anderen Gründen (z. B. Dringlichkeit, Geheimhaltung) unzweckmäßig ist.

Auf die *freihändige Vergabe* soll nur zurückgegriffen werden, wenn u. a.
— für die Leistung aus besonderen Gründen nur *ein* Unternehmen in Betracht kommt,
— bei geringfügigen Nachbestellungen im Anschluß an einen bestimmten Vertrag kein höherer Preis als für die ursprüngliche Leistung gefordert wird und von einer Ausschreibung kein wirtschaftlicheres Ergebnis zu erwarten ist,
— die Leistung besonders dringlich ist,
— dies aus Gründen der Geheimhaltung erforderlich ist.

Soweit zweckmäßig, soll den Fällen der nichtöffentlichen Ausschreibung eine öffentliche Aufforderung vorangehen, sich um die Teilnahme zu bewerben (§ 3 Abs. 1 Unterziff. 4). Außerdem wird verlangt, aktenkundig zu machen, weshalb von einer öffentlichen oder beschränkten Ausschreibung abgesehen worden ist (§ 3 Abs. 5).

Inländische und ausländische Bewerber sind gleich zu behandeln. Im Interesse der Offenhaltung des Lieferantenkreises sind bei öffentlicher Ausschreibung die Unterlagen an alle Bewerber abzugeben, die sich gewerbsmäßig mit der Ausführung von Leistungen der ausgeschriebenen Art befassen. Bei beschränkter Ausschreibung sollen mehrere – im allgemeinen mindestens drei – Bewerber zur Abgabe eines Angebots aufgefordert werden; hier und bei freihändiger Vergabe soll nach Möglichkeit unter den Bewerbern gewechselt werden (§ 7).

Der Zuschlag ist dem „unter Berücksichtigung aller Umstände wirtschaftlichsten Angebot zu erteilen. Der niedrigste Angebotspreis allein ist nicht entscheidend" (§ 25 Abs. 3).

3. Die Harmonisierungsrichtlinien der EU

Die Neigung, einheimische Anbieter gegenüber gebietskörperschaftsfremden zu bevorzugen, ist im Verhältnis zum Ausland besonders ausgeprägt. Die europäische Kommission hat sich deshalb seit 1965 bemüht, durch die Vorlage von Richtlinienentwürfen an den Europäischen Rat und in Form einer eigenen Richtlinie[14] darauf hinzuwirken, daß sich der Gemeinsame Markt nicht nur auf die private, sondern auch auf die öffentliche Nachfrage erstreckt. Mittlerweile sind Liefer-, Bau-, Dienstleistungs- und Rechtsmittelrichtlinien erlassen worden, die vor allem auf eine größere Transparenz und den Abbau von Diskriminierungen abzielen[15]. Sie gelten nur für Aufträge oberhalb bestimmter Schwellenwerte.

In der Bundesrepublik, in der traditionellerweise der Bereich der öffentlichen Aufträge privatrechtlich geregelt ist, war die Umsetzung dieser Richtlinien umstritten. Sie erfolgte meist nicht innerhalb der gesetzten Fristen und entsprach nicht immer den Vorgaben. Die Bundesregierung beschränkte sich zunächst auf die Anpassung der Verdingungsordnungen VOB und VOL, die lediglich den Charakter von internen Verwaltungsrichtlinien haben. Dann ging sie zur haushaltsrechtlichen Lösung[16] über, indem sie in das Haushaltsgrundsätzegesetz die §§ 57 a–c einfügte, die Verordnungen VOB und VOL für verbindlich erklärte und Einzelheiten für das Nachprüfungsverfahren festlegte, allerdings ohne den Betroffenen Rechte auf Einhaltung der Regelungen und gerichtlichen Rechtsschutz einzuräumen. Insbesondere dies war für den Europäischen Gerichtshof Anlaß, 1995 das deutsche Vergaberecht für europarechtswidrig zu erklären.

Im Mai 1998 wurde die haushaltsrechtliche Lösung durch das Vergaberechtsänderungsgesetz[17] abgelöst, das im Gesetz gegen Wettbewerbsbeschränkun-

---

[14] Nach Art. 189 EU-Vertrag ist „die Richtlinie für jeden Mitgliedstaat, an den sie gerichtet wird, hinsichtlich des zu erreichenden Zieles verbindlich, überläßt jedoch den innerstaatlichen Stellen die Wahl der Form und der Mittel".

[15] Für eine kurze Zusammenfassung vgl. P. W. SCHÄFER: Grundzüge des öffentlichen Auftragswesens, a.a.O.; ausführlich H.-J. PRIEß: Das öffentliche Auftragswesen in der Europäischen Union, a.a.O.

[16] Vgl. Entwurf eines Zweiten Gesetzes zur Änderung des Haushaltsgrundsätzegesetzes, Bundestagsdrucksache 12/4636 vom 25. 3. 1993.

[17] Vgl. Gesetz zur Änderung der Rechtsgrundlagen für die Vergabe öffentlicher Aufträge

gen einen neuen Teil „Vergabe öffentlicher Aufträge" einfügte. In § 106 werden
dabei unter anderem folgende Grundsätze formuliert:

– „Die Teilnehmer an einem Vergabeverfahren sind gleich zu behandeln, es sei
  denn, eine Benachteiligung ist auf Grund dieses Gesetzes ausdrücklich geboten oder gestattet."
– „Aufträge werden an fachkundige, leistungsfähige und zuverlässige Unternehmen vergeben; andere oder weitergehende Anforderungen dürfen an
  Auftragnehmer nur gestellt werden, wenn dies durch Bundes- oder Landes-
  gesetz vorgesehen ist."
– „Der Zuschlag wird auf das wirtschaftlichste Angebot erteilt."
– „Die Unternehmen haben Anspruch darauf, daß der Auftraggeber die Bestimmungen über das Vergabeverfahren einhält."

§ 126 gewährt die Möglichkeit, beim Oberlandesgericht Rechtsmittel gegen
Entscheidungen der verwaltungsinternen Vergabekammern einzulegen.

4. Die faktische Bedeutung der einzelnen Vergabearten

Ein Blick in die oben in Abschnitt 1 angeführten Bestimmungen kann leicht
den Eindruck erwecken, als ob in der Bundesrepublik die unbeschränkte Ausschreibung die regelmäßig verwendete Form der Auftragsvergabe wäre. Zwar
gibt es keine Statistik auf diesem Gebiet, doch kann man sagen, daß dies allenfalls für Bauaufträge auf Bundes- und Landesebene zutrifft. Sonst überwiegen
vermutlich die beschränkte Ausschreibung und die freihändige Vergabe. Das
ist in vielen Fällen sicherlich objektiv gerechtfertigt, speziell bei wertmäßig
kleinen Aufträgen; doch spielen darüber hinaus persönliche Präferenzen der
Vergabebeamten und der Politiker eine wesentliche Rolle. Die Gründe dafür
reichen von dem (u. U. harmlosen) Wunsch, beim Auftragnehmer interessant
zu sein, über Trägheit und Bequemlichkeit bis hin zur Bestechung. So ist es
auch kein Zufall, daß in den Bemerkungen des Bundesrechnungshofes zur
Bundeshaushaltsrechnung immer wieder über die Verwendung unnötig einge-
schränkter Formen der Auftragsvergabe Klage geführt wird[18].

(Vergaberechtsänderungsgesetz – VrRÄG) vom 26. August 1998, in: Bundesgesetzblatt I,
1998, S. 2512–2520.
[18] Vgl. z. B. Bemerkungen des Bundesrechnungshofes 1997 zur Haushalts- und Wirtschaftsführung (einschließlich der Feststellungen zur Jahresrechnung des Bundes 1995 und 1996),
Bundestagsdrucksache 13/8550 vom 8. 10. 1997, S. 120.

Kapitel 14
Sozialtransfers

Literatur

a) LAMPERT, HEINZ: Lehrbuch der Sozialpolitik, 4. Aufl., Berlin u. a. O. 1996, S. 220–305.

b) ALBERS, WILLI: Transferzahlungen an Haushalte, in: Fritz Neumark, Norbert Andel und Heinz Haller (Hrsg.): Handbuch der Finanzwissenschaft, 3. Aufl., Bd. 1, Tübingen 1977, S. 861–957.

BUNDESMINISTERIUM FÜR ARBEIT UND SOZIALORDNUNG (Hrsg.): Übersicht über das Sozialrecht, 5. Aufl., Bonn 1998.

FACHINGER, UWE, und HEINZ ROTHGANG (Hrsg.): Die Wirkungen des Pflege-Versicherungsgesetzes, Berlin 1995.

HAUSER, RICHARD, unter Mitarbeit von IRENE BECKER, GABI GUTBERLET und KARSTEN WENDORFF: Ziele und Möglichkeiten einer sozialen Grundsicherung, Baden-Baden 1996.

HELDMANN, ELANIE: Kinderlastenausgleich in der Bundesrepublik Deutschland. Darstellung, kritische Würdigung und Analyse alternativer Reformmöglichkeiten, Frankfurt–New York 1986.

KITTERER, WOLFGANG (Hrsg.): Sozialhilfe und Finanzausgleich, Heidelberg 1990.

MITSCHKE, JOACHIM: Steuer- und Transferordnung aus einem Guß. Entwurf einer Neugestaltung der direkten Steuern und Sozialtransfers in der Bundesrepublik Deutschland, Baden-Baden 1985.

OBERHAUSER, ALOIS: Familie und Haushalt als Transferempfänger. Situation, Mängel und Reformansätze, Frankfurt–New York 1989.

ROLF, GABRIELE, P. BERND SPAHN und GERT WAGNER (Hrsg.): Sozialvertrag und Sicherung. Zur ökonomischen Theorie staatlicher Versicherungs- und Umverteilungssysteme, Frankfurt–New York 1988.

SACHVERSTÄNDIGENKOMMISSION FÜR DIE SOZIALE SICHERUNG DER FRAU UND DER HINTERBLIEBENEN: Vorschläge zur sozialen Sicherung der Frau und der Hinterbliebenen, Stuttgart u. a. O. o. J. (1979).

SACHVERSTÄNDIGENRAT FÜR DIE KONZERTIERTE AKTION IM GESUNDHEITSWESEN: Gesundheitsversorgung und Krankenversicherung 2000. Eigenverantwortung, Subsidiarität und Solidarität bei sich ändernden Rahmenbedingungen, Sachstandsbericht, Baden-Baden 1994.

DERS.: Gesundheitsversorgung und Krankenversicherung 2000. Mehr Ergebnisorientierung, mehr Qualität und mehr Wirtschaftlichkeit, Sondergutachten, Baden-Baden 1995.

SACHVERSTÄNDIGENRAT ZUR BEGUTACHTUNG DER GESAMTWIRTSCHAFTLICHEN ENTWICKLUNG: Reformen voranbringen. Jahresgutachten 1996/97, Stuttgart 1996, Kap. 5: Reform der Sozialen Sicherung, S. 223–262.

SANDMO, AGNAR: Economists and the welfare state, in: European Economic Review, Bd. 35, 1991, S. 213–239.

SIEBERT, HORST (Hrsg.): Sozialpolitik auf dem Prüfstand. Leitlinien für Reformen, Tübingen 1996.

TRANSFER-ENQUÊTE-KOMMISSION: Das Transfersystem in der Bundesrepublik Deutschland, Stuttgart u. a. O. 1981.

Siehe auch die Literaturangaben zu Kap. 25, Budgetäre Verteilungspolitik, S. 446f.

§ 58. Charakterisierung

Bei den in den Kapiteln 12 und 13 untersuchten Ausgaben erwirbt der Staat unmittelbar Produktionsfaktoren und Güter, die somit der Disposition des Privatsektors entzogen sind. Dagegen handelt es sich bei den in diesem und im folgenden Kapitel zu analysierenden Transferausgaben um einseitige Kaufkraftübertragungen, wobei die reale Disposition bei den Empfängern im nichtstaatlichen Bereich liegt[1].

Allerdings sind beide Merkmale unterschiedlich ausgeprägt. Was die reale Disposition betrifft, so liegt die Entscheidung im Falle allgemeiner Einkommenshilfen mit freier Verwendungsmöglichkeit in der Tat allein beim privaten Haushalt; das ist bei zweckgebundenen Hilfen anders. Der einseitige Charak-

---

[1] Vgl. oben S. 26 die Ausführungen zur ökonomischen Gliederung der öffentlichen Ausgaben nach der realen Disposition.

ter der Transferzahlung ist bei Leistungen aus allgemeinen Haushaltsmitteln etwa zur Deckung eines sozialen Existenzminimums am ausgeprägtesten; er ist geringer, wenn die Leistung nach Maßgabe früher gezahlter Beiträge differenziert wird. Gleichwohl rechtfertigen es Zwangs- und Umverteilungselemente, sie hier in die Betrachtung einzubeziehen.

§ 59. Ziele

Die Ziele, die mit Transferzahlungen an private Haushalte verfolgt werden, lassen sich in zwei Gruppen untergliedern: Einmal geht es um die *Vermeidung sozialer Härten*, zum anderen um die *Begünstigung bestimmter Tätigkeiten*, die als besonders förderungswürdig erachtet werden.

1. Vermeidung sozialer Härten

Im Vordergrund der Sozialtransfers steht die Verhinderung von Notlagen; diese können sich einmal von der *Einkommenserzielungs-*, zum anderen von der *Ausgabenbelastungsseite* her ergeben.

Die meisten Familien bestreiten ihren Lebensunterhalt ganz überwiegend aus Arbeitseinkommen. Sozialtransfers haben hier die Funktion, den Lebensunterhalt auch dann zu gewährleisten, wenn das Arbeitseinkommen entfällt, z. B. wegen Krankheit oder Arbeitslosigkeit.

Selbst ohne Ausfall des Arbeitseinkommens können sich Notlagen durch besondere Belastungen mit Ausgaben ergeben, insbesondere im Zusammenhang mit zu versorgenden Familienangehörigen (Kindern, nicht berufstätigem Ehepartner) oder Krankheit. Auch hier kann durch auf solche Belastungstatbestände bezogene Sozialtransfers Abhilfe geschaffen werden.

2. Förderung bestimmter Aktivitäten

Mit Transferzahlungen an private Haushalte wird auch versucht, bestimmte Aktivitäten, bestimmte Formen der Einkommensverwendung zu fördern, z. B. das Bausparen durch Prämien oder die Nutzung von Wohnungen durch Wohngeld. Man sieht bereits hier, daß sich teilweise Überschneidungen mit dem zuerst genannten Motiv ergeben: Dient das Wohngeld der Förderung einer bestimmten Art der Einkommensverwendung, der Vermeidung sozialer Härten im Fall besonders hoher Mietbelastungen oder beidem? Die gleiche Frage läßt sich beim Kindergeld oder bei Zuschüssen zu den Kosten der weiterführenden Schul- und Hochschulbildung stellen.

§ 60. Prinzipien sozialer Sicherung

Die soziale Sicherung der privaten Haushalte kann sehr unterschiedlich gestaltet sein. Auf einer mehr allgemeinen, grundsätzlichen Ebene werden drei Prinzipien bzw. Prinzipiengruppen unterschieden:

1. Subsidiaritätsprinzip

Das *Subsidiaritätsprinzip* verlangt als Recht und Pflicht, daß die Aufgaben, wo immer möglich, vom einzelnen oder von der kleineren Gemeinschaft zu erfüllen sind. Die größere Gemeinschaft darf nur in dem Maße tätig werden, wie dies zur Vermeidung von Überforderungen geboten ist[2].

2. Final- und Kausalprinzip[3]

Beim *Finalprinzip* steht eine bestimmte Situation im Vordergrund, die angestrebt wird, ganz unabhängig davon, welche Faktoren im Einzelfall Transferzahlungen erforderlich machen, um diese Situation zu gewährleisten. Beim *Kausalprinzip* wird dagegen auf einzelne Ursachen abgestellt, die dazu führen können, daß Notlagen entstehen. Entsprechend werden die Transferzahlungen von den einzelnen Ursachen her aufgebaut.

Das Kausalprinzip gestattet es, die Kosten z. B. nach den einzelnen Ursachen unterschiedlich zu verteilen, u. U. auch die Leistungen nach den Ursachen zu differenzieren. Allerdings sind mit ihm auch Nachteile verbunden: Die Kumulation voneinander unabhängig gewährter Transferzahlungen kann zu einer Überversorgung führen; andererseits können sich auch Notlagen ergeben, wenn für eine bestimmte Ursache kein Vorsorgesystem existiert. Gleichwohl dominiert das Kausalprinzip im deutschen System der Sozialtransfers, speziell im Rahmen der Sozialversicherungen, die z. B. Krankengeld, Arbeitslosengeld, Berufsunfähigkeits- oder Altersrenten gewähren, je nachdem, ob der Ausfall des Arbeitseinkommens auf vorübergehender Krankheit, Arbeitslosigkeit, Berufsunfähigkeit oder auf dem Erreichen einer bestimmten Altersgrenze beruht. Dem Finalprinzip folgt die Sozialhilfe, deren Aufgabe darin besteht, ein bestimmtes soziales Existenzminimum zu sichern, aus welchem Grund auch immer Maßnahmen dazu notwendig sind.

---

[2] Vgl. O. von Nell-Breuning: Subsidiaritätsprinzip, in: Görres-Gesellschaft (Hrsg.): Staatslexikon, 6. Aufl., Bd. 7, Freiburg 1962, Sp. 827.

[3] Vgl. W. Albers: Möglichkeiten einer stärker final orientierten Sozialpolitik, Göttingen 1976, S. 2–6.

3. Versicherungs-, Versorgungs- und Fürsorgeprinzip

In der deutschen sozialpolitischen Literatur wird traditionell zwischen Versicherungs-, Versorgungs- und Fürsorgeprinzip[4] unterschieden.

3.1. Versicherungsprinzip

Beim reinen Versicherungsprinzip erfolgt die Vorsorge gegen Notlagen dadurch, daß eine einem bestimmten Risiko unterliegende Gruppe *entsprechend dem individuellen Risiko gestaffelte Beiträge* zahlt, die dazu dienen, an die Personen Leistungen zu erbringen, bei denen der Risikofall eingetreten ist. Dieses Prinzip liegt den privaten Lebensversicherungen und Krankenkassen zugrunde. Es wird auch im Rahmen der Sozialversicherungen verwendet, hier allerdings in sehr stark modifizierter Ausprägung. Die Modifikationen beruhen auf dem Bestreben, über die sich bei prinzipiell risikoproportionalen Beiträgen ergebende, lediglich ex post feststellbare sog. *versicherungsimmanente Umverteilung*[5], z. B. von den Gesunden zu den Kranken, hinaus nach sozialen Gesichtspunkten Umverteilungseffekte zu erzielen. Das geschieht z. B. in besonders ausgeprägter Form im Rahmen der deutschen gesetzlichen Krankenversicherung, deren Beiträge nicht nach der Höhe des übernommenen Krankheitsrisikos (einschließlich desjenigen der mitversicherten Familienangehörigen), sondern allein nach der Höhe des Bruttoeinkommens differenziert sind.

3.2. Versorgungsprinzip

Anders beim Versorgungsprinzip: Basis der empfangenen Leistungen sind hier nicht vorausgegangene Beitragszahlungen, sondern allgemein Opfer, die als vom Staat zu kompensieren angesehen werden, insbesondere weil sie von diesem verursacht bzw. erzwungen worden sind. Dies gilt in der Bundesrepublik Deutschland vor allem für die Kriegsopferversorgung und die soziale Sicherung der Wehr- und Zivildienstleistenden, aber auch für die Beamtenversorgung.

3.3. Fürsorgeprinzip

Leistungen nach dem Fürsorgeprinzip sind *subsidiär*, d. h. sie werden nur dann erbracht, wenn Notlagen nicht anders (z. B. durch unterhaltspflichtige Verwandte oder durch Ansprüche gegen Versicherungen) begegnet werden kann. Sie sind umfassend und individuell, d. h. sie beschränken sich nicht auf einige ausgewählte Leistungen, sondern erstrecken sich prinzipiell auf alle

---

[4] Vgl. SOZIALENQUÊTE-KOMMISSION: Soziale Sicherung in der Bundesrepublik Deutschland, Stuttgart u. a. O. o. J. (1966), S. 60f.

[5] Vgl. unten S. 466.

Maßnahmen, die erforderlich sind. Die Finanzierung der Fürsorgeleistungen erfolgt aus allgemeinen öffentlichen Mitteln. In der Bundesrepublik Deutschland ist die Sozialhilfe (früher Fürsorge genannt) nach dem Fürsorgeprinzip gestaltet.

§ 61. Grundprobleme der Gestaltung von Sozialtransfers

Bei der Gestaltung eines Systems der Sozialtransfers geht es vor allem um vier Fragen:
– Welche Risiken sollen berücksichtigt werden?
– Welche Personen sollen einbezogen werden?
– Wie hoch soll das Leistungsniveau sein?
– Wie sollen die Ausgaben finanziert werden?

1. Zu berücksichtigende Tatbestände

1.1. Einkommenssicherung

Im Vordergrund der Sozialtransfers stehen die *Lohnersatzleistungen*, d.h. Transferzahlungen, die vorgenommen werden, wenn das Arbeitseinkommen ganz oder teilweise entfällt, sei es durch Arbeitsunfähigkeit wegen Invalidität, Krankheit, Mutterschaft oder Alter, sei es durch Arbeitslosigkeit, d.h. durch fehlende Beschäftigungsmöglichkeit trotz gegebener Arbeitsfähigkeit. Inwieweit diese Tatbestände durch Transferzahlungen zu berücksichtigen sind, hängt auch von arbeitsrechtlichen Bestimmungen ab. Gerade bei individuell vorübergehenden Tatbeständen wie Krankheit oder Schwangerschaft kann man daran denken, einen Bedarf für Lohnersatzleistungen dadurch zu vermeiden, daß der Arbeitgeber zur Lohnfortzahlung verpflichtet wird. Diese sog. *arbeitsrechtliche Lösung* bringt jedoch die Gefahr mit sich, daß Personen mit hoher Wahrscheinlichkeit des Risikoeintritts am Arbeitsmarkt dadurch Nachteile haben, daß sie weniger leicht einen Arbeitsplatz finden oder sich mit einem niedrigeren Lohn begnügen müssen, wobei die Lohndifferenz die Risikoprämie repräsentiert.

Ein an die Berufstätigkeit anknüpfendes System der sozialen Sicherung schützt nicht unmittelbar Personen, die keinen Beruf ausüben, sei es, daß sie noch zu jung sind, sei es, daß ihre Tätigkeit nicht marktlich entlohnt wird (traditioneller Anknüpfungspunkt der Sozialversicherungen) wie im Falle der Hausfrau. Diese Personen können indirekt gesichert werden, wenn ihr Unterhalt durch Erwerbstätige gewährleistet wird, deren Anspruch auf Sozialleistungen auch die Bedürfnisse der mitzuversorgenden Familienangehörigen berücksichtigt. Ohne diese „abgeleitete Sicherung" müßte die traditionelle berufsbezogene Begrenzung erweitert werden, wie z. B. bei dem Vorschlag einer eigenen Hausfrauenrente[6].

1.2. Kompensation von Ausgabenbelastungen

Je höher das durchschnittliche Einkommensniveau, und das heißt *auch*: je höher das Niveau der Lohnersatzzahlungen, um so eher kann auf Transferzahlungen zur Kompensation von bestimmten Belastungen auf der Ausgabenseite verzichtet werden, denn um so geringer ist die Gefahr, daß zusätzliche Belastungen sofort zu einschneidenden Härten führen. Trotz des in der Zeit nach dem Zweiten Weltkrieg zu beobachtenden starken Einkommensanstiegs besteht allerdings eher eine Tendenz zur Ausweitung als zum Abbau dieser kompensierenden Transferzahlungen. Das beruht einmal darauf, daß z. B. bei den Kosten der Krankheitsbehandlung der Kostenanstieg über den Einkommensanstieg hinausging, so daß das *relative* Risiko nicht gefallen, sondern gestiegen ist. Noch wichtiger ist, daß in immer mehr Bereichen das Einkommen als nachfragebeschränkender Faktor nicht mehr akzeptiert wird, z. B. in den Sektoren Gesundheit und Ausbildung.

Zu den „klassischen" Ausgabenbereichen, die schon lange im Rahmen von Sozialversicherungen abgedeckt werden, gehören die Kosten der Krankheitsbehandlung und die Unterhaltskosten für mitzuversorgende Familienangehörige ohne eigenes Einkommen. Diese können auch anders als in Form von Transferzahlungen berücksichtigt werden, etwa innerhalb der Einkommensteuer (Freibeträge, außergewöhnliche Belastungen, Sonderausgaben)[7] oder durch kostenlos bzw. verbilligt abgegebene staatliche Leistungen (z. B. im Ausbildungssektor). Auf dem ersten Weg kann man allerdings nur Bürger mit einem entsprechenden steuerpflichtigen Einkommen erreichen, auf dem zweiten nur einen Teil der Kosten übernehmen, so daß zumindest ergänzend andere Maßnahmen hinzutreten müßten.

1.3. Förderungswürdige Aktivitäten

Es wurde schon darauf hingewiesen, daß die Trennung zwischen Kompensation von Ausgabenbelastungen einerseits und Förderung bestimmter Aktivitäten andererseits nicht immer eindeutig möglich ist. Mehrere Maßnahmen, z. B. das Wohn- und Kindergeld, können mit beiden Motiven in Verbindung gebracht werden[8]. Immer wenn ein Substitutionseffekt erwünscht ist, wenn ein reiner Mitnahmeeffekt ohne Substitution als Fehlschlag des Programms gewertet wird, steht der Förderaspekt im Vordergrund. Er dominiert z. B. bei Prämien für das Bausparen.

---

[6] Vgl. unten S. 247.
[7] Vgl. unten S. 325 f. und 329.
[8] Vgl. oben S. 228.

2. Einbezogene Personen

Die Notwendigkeit, durch Sozialtransfers gegen Notfälle abgesichert zu werden, ist nicht für alle Bürger in gleicher Weise gegeben. Da das Subsidiaritätsprinzip verlangt, individuell-freiwillige Sicherung nur dort durch kollektiv-zwangsmäßige zu ersetzen oder zu ergänzen, wo sie nicht ausreicht oder nicht zumutbar ist, muß geprüft werden, wie die einzubeziehenden Personen abzugrenzen sind und wie das Leistungsniveau festzulegen ist.

2.1. Abgrenzung nach der Stellung im Beruf

Speziell im Bereich der Sozialversicherungen wurde die Grenze zunächst überwiegend nach der *Stellung im Beruf* gezogen. Als schutzbedürftig galten die unselbständig Beschäftigten, besonders die Arbeiter. Im Zuge der Kündigungsschutzmaßnahmen und der lange Zeit gesicherten Vollbeschäftigung entsprach dies immer weniger den tatsächlichen Gegebenheiten, da nämlich im Bereich der Selbständigen umfangreiche Gruppen einem größeren Risiko ausgesetzt sind als große Teile der unselbständig Beschäftigten. Man trug dem dadurch Rechnung, daß die Versicherungspflicht auf die Selbständigen allgemein oder auf bestimmte Teile dieser Gruppe ausgedehnt bzw. diesen zumindest die Möglichkeit der freiwilligen Mitgliedschaft eingeräumt wurde.

2.2. Abgrenzung nach der Einkommens- oder Vermögenshöhe

Man kann daran denken, alternativ oder zusätzlich nach der *Einkommens- oder Vermögenshöhe* abzugrenzen, wobei unterstellt wird, daß für einzelne Risiken ab einer bestimmten Einkommens- oder Vermögenshöhe die Vorsorge aus eigener Entscheidung und aus eigenen Mitteln möglich ist.

Einkommens- bzw. Vermögensabhängigkeit kann zweierlei bedeuten: daß Personen jenseits dieser Grenzen überhaupt nicht in den Schutz einbezogen werden oder daß man sie zwar einbezieht, aber Transferzahlungen dann nicht vorgenommen werden, wenn dies zum Zeitpunkt des Risikoeintritts im Hinblick auf das vorhandene Vermögen bzw. auf vorhandene Vermögenseinkünfte als nicht erforderlich erscheint.

Die erste Variante ist im Hinblick auf „Katastrophenfälle" bereits bei Krankheitskostenversicherungen nicht unbedenklich und schließlich ausgesprochen problematisch im Hinblick auf die künftige Unterhaltssicherung, speziell im Alter. Ein gegenwärtig hohes Einkommen muß sich noch lange nicht in die Zukunft erstrecken; wenn es erst kurze Zeit bezogen worden ist, kann es auch noch nicht als Indikator für bereits gebildetes hohes Vermögen gelten; selbst wenn das vorhandene Vermögen recht groß ist, ist es gefährdet, z. B. durch Inflation oder durch geschäftlichen Mißerfolg. Die zweite Variante ist am ehesten bei aus allgemeinen Haushaltsmitteln geleisteten Zahlungen denkbar.

Die Abgrenzung nach der Einkommens- und Vermögenshöhe ist besonders naheliegend bei Sparförderungsmaßnahmen. Mit steigender Einkommenshöhe wächst nämlich die Fähigkeit zur Vermögensbildung; mit steigendem Vermögen sinkt die Notwendigkeit dazu im Hinblick sowohl auf die breitere Kapitaleinkommens- und Vermögensstreuung als auch im Hinblick auf die individuelle Vorsorge.

3. Absicherungsniveau

Sind die einbezogenen Risiken und Personen festgelegt, bleibt zu bestimmen, in welchem Ausmaß einzelne Risiken durch staatliche Transferzahlungen abzudecken sind. Dieses Problem soll an den Beispielen Rentenzahlungen, Kosten der Krankheitsbehandlung und Kindergeld analysiert werden, die teils ausschließlich auf das Ziel „Vermeidung sozialer Härten" bezogen sind, teils auch Überschneidungen mit dem Ziel „Förderung bestimmter Aktivitäten" aufweisen.

3.1. Rentenzahlungen

Bei Rentenzahlungen wie bei Lohnersatzzahlungen allgemein kann man typisierend zwei Niveaukonzeptionen unterscheiden: die *Sicherung des Existenzminimums* und die *Sicherung eines bestimmten Prozentsatzes des zuvor bezogenen Arbeitseinkommens*.

Die erste Konzeption stellt auf die Gewährleistung eines zu sichernden (physischen oder sozio-kulturellen) Existenzminimums ab. Dies wird bei durch arbeitseinkommensproportionale Beiträge finanzierten Lohnersatzleistungen in aller Regel als völlig unbefriedigend angesehen, sowohl wegen des niedrigen Absicherungsniveaus als auch wegen der implizierten Umverteilungseffekte. Eine solche Regelung ist ganz und gar inakzeptabel, wenn das Existenzminimum bereits in Form eines nach dem Bedürftigkeitsprinzip operierenden steuerfinanzierten „untersten sozialen Auffangnetzes" gesichert wird.

Renten werden heute in der Regel an der Höhe des zuvor bezogenen Arbeitseinkommens orientiert. Damit wird die Differenzierung des Arbeitseinkommens während der Erwerbstätigkeit auf die Phase des Rentenbezugs übertragen. Inwieweit damit auch der Anschluß an die vorangegangene Erwerbsphase und an die Personen, die weiterhin berufstätig sind, gewahrt bleibt, hängt von der gewählten Basis (z. B. Entgelt des letzten Erwerbsjahres oder Durchschnittsentgelt aller Erwerbsjahre) und von dem fixierten Ausgleichsniveau bei Rentenbeginn ab.

Wenn man die Rentenversicherung möglichst allen Erwerbstätigen ohne Gesundheitsprüfung, wie sie in der privaten Lebensversicherung üblich ist, öffnen will, ist es im Interesse der Vermeidung des Mißbrauchs notwendig, das angestrebte Absicherungsniveau von Beitragszahlungen während der vollen normalen Berufstätigkeit abhängig zu machen und bei kürzerer Beitragszeit bzw. früherem Rentenbeginn entsprechende Abschläge vorzunehmen. Um den Anreiz für eigene freiwillige Vorsorge und für die Vermeidung der frühen Verrentung (ohne versicherungsäquivalente Kürzungen) zu stärken, ist es geboten, das mit „normaler" Pensionierungszeit oder zuvor erreichbare Absicherungsniveau deutlich unter dem zuvor bzw. alternativ erzielbaren Einkommen zu fixieren.

Sehr wichtig ist die Frage der *Anpassung im Zeitablauf*. Eine Rente, die unmittelbar nach dem Ausscheiden aus dem Erwerbsleben zunächst dem angestrebten Absicherungsniveau entspricht, wird bei Inflation und realem Wirtschaftswachstum bald ungenügend sein, wenn sie nicht im Zeitablauf erhöht wird. Nur einen *Inflationsausgleich* vorzunehmen, ist eine unbefriedigende Minimallösung, weil dann Renten real im Vergleich zu den laufenden Arbeitsentgelten immer mehr zurückfallen. Dies wird durch eine Erhöhung entsprechend der laufenden oder nur kurze Zeit zurückliegenden Steigerung des durchschnittlichen Nominallohns vermieden; sofern die Rentner im Prinzip den gleichen Abgaben unterliegen wie die Aktiven, sollte der Anstieg des Bruttolohns maßgeblich sein; soweit sie befreit sind, ist es sinnvoller, auf eine auf Nettobasis ermittelte Steigerung zurückzugreifen.

3.2. Kosten der Krankheitsbehandlung

Was das Risiko des krankheitsbedingten Ausfalls von Arbeitseinkommen betrifft, so gelten die vorstehenden Ausführungen zu den Lohnersatzzahlungen. Hier geht es nur noch um die Krankheitskosten in Form von Ausgaben für ärztliche Leistungen, Krankenhausaufenthalt, Arzneimittel usw. Mehrere Gründe sprechen dagegen, die Behandlungskosten generell voll abzudecken:

1) Was im Einzelfall an Leistungen erforderlich ist, kann sehr oft nicht objektiv festgelegt werden.

2) Die Behandlungskosten enthalten zuweilen ausgeprägte Konsumelemente, insbesondere bei Kuren, Brillen, Krankenhausaufenthalten (Art der Unterbringung).

3) Gleiche Leistungen werden von vielen Anbietern zu unterschiedlichen Preisen bereitgestellt.

Im Hinblick auf diese Aspekte kann eine *Selbstbeteiligung*, etwa in der Form, daß der Kranke einen bestimmten Prozentsatz der Kosten unmittelbar selbst tragen muß, dazu anhalten, von der Inanspruchnahme unnötiger oder unnötig teurer Leistungen Abstand zu nehmen. Die Beteiligungsquote müßte differenziert werden: Sie könnte bei kleinen Beträgen pro Abrechnungsperiode 100% ausmachen (z. B. für Arzneimittel bis zu einem gewissen Höchstbetrag), relativ

hoch sein bei Aufwendungen mit hohem Konsumanteil (Kuren, teure Brillen-
gestelle), schließlich auf Null sinken bei großen Belastungen im Zusammenhang mit längerem Krankenhausaufenthalt oder Operationen (von Mehrko-
sten für eine Unterbringung im Einzelzimmer u. ä. abgesehen).

3.3. Kindergeld

Die Gestaltung von auf zu versorgende Kinder bezogenen Transferzahlungen
hängt von der verfolgten Zielsetzung ab. Folgende Aspekte lassen sich unterscheiden[9]:

Primär *aus der Perspektive der Eltern* kann das Kindergeld als Instrument des
Ausgleichs der mit den Kindern verbundenen Ausgaben der Eltern angesehen
werden. Die obere Grenze bilden dann die tatsächlichen Aufwendungen, die
mit steigendem Einkommen zunehmen, mit steigender Ordnungszahl der Kinder pro Kind in der Regel abnehmen (d. h. z. B. für das zweite Kind geringer als
für das erste sind). Wenn man aus Gründen der Selbstverantwortung der Eltern eine Selbstbeteiligung fordert, die nach der Leistungsfähigkeit zu staffeln
ist, muß das Kindergeld bis zum Bereich des sozio-kulturellen Existenzminimums den tatsächlichen Ausgaben voll entsprechen, kann dann mit wachsendem Einkommen zurückgehen und schließlich u. U. ganz entfallen. Mit wachsender Ordnungszahl muß der Prozentsatz der abgedeckten Ausgaben zunehmen.

Aus der Perspektive der Kinder kann das Kindergeld als ein Instrument angesehen werden, das deren sozio-kulturelles Existenzminimum bzw. ein Mindest-
maß an Chancengleichheit trotz unterschiedlicher Einkommen der Eltern gewährleisten soll. Hier darf das Kindergeld mit zunehmendem Einkommen auf
keinen Fall steigen, sondern muß umgekehrt abnehmen. Aber auch dann
kommt das Kindergeld nicht in voller Höhe nur den Kindern zugute, sondern
lediglich anteilig nach Maßgabe der Partizipation am gestiegenen Familieneinkommen.

Schließlich kann man das Kindergeld als eine Anerkennung der Leistung sehen, welche die Eltern mit der Kinderbetreuung für die Gemeinschaft erbringen und die alternativ von der Gemeinschaft übernommen werden müßte. Unter dem Aspekt dieser von der Allgemeinheit gesparten Kosten mag dann ein fixer Betrag pro Kind als Kindergeld abgeleitet werden[10]. Allerdings ist es auch
denkbar, die Anerkennung auf die tatsächlich erbrachten Aufwendungen der
Eltern zu beziehen.

---

[9] Vgl. WISSENSCHAFTLICHER BEIRAT FÜR FAMILIENFRAGEN BEIM BUNDESMINISTERIUM FÜR JUGEND,
FAMILIE UND GESUNDHEIT: Zur Reform des Familienlastenausgleichs, hrsg. vom Bundesministerium für Jugend, Familie und Gesundheit, Bonn 1971, S. 5f.

[10] Vgl. ebenda, S. 28.

4. Finanzierung

In diesem Buch werden im allgemeinen im Rahmen der detaillierteren Instrumentenanalyse (Teile IV und V) die Einnahmen und Ausgaben getrennt behandelt. Dies entspricht der Dominanz des Grundsatzes der Nonaffektation[11] und der Tatsache, daß jedenfalls in den Haushalten der Gebietskörperschaften die Verwirklichung des Äquivalenzprinzips[12] eher die Ausnahme bildet. Das ist bei den Sozialtransfers anders. Hier steht nicht nur die Finanzierung aus allgemeinen Haushaltsmitteln zur Verfügung, sondern auch die Bildung spezieller Sozialversicherungsfonds mit eigenen Beiträgen vor allem der Arbeitgeber und Arbeitnehmer. Überdies besteht speziell im Falle der Altersvorsorge die Wahl zwischen Kapitalstock- und Umlageverfahren.

4.1. Die Finanzierung mit speziellen Beiträgen[13]

Die Finanzierung mit speziellen Beiträgen ist erforderlich, wenn das (reine oder sozialpolitisch modifizierte) Versicherungsprinzip bzw. das Kausalprinzip verwirklicht werden soll. Eine solche Regelung erleichtert die Etablierung und Beibehaltung von Transferprogrammen, weil am Äquivalenzprinzip orientierte Beiträge in der Regel als (relativ) gerecht empfunden werden und in geringerem Maße auf Widerstände stoßen als Steuern. In der Bundesrepublik bieten sie darüber hinaus einen gewissen Schutz gegen gesetzgeberische Eingriffe in erworbene Leistungsansprüche, denen das Bundesverfassungsgericht einen eigentumsähnlichen Charakter beimißt[14].

Die Beiträge der Arbeitgeber werden oft mit einer besonderen Fürsorgepflicht ihren Arbeitnehmern gegenüber gerechtfertigt. Wenn sie, wie meist unterstellt, zu Lasten des Bruttolohns gehen, ist die Aufteilung auf Arbeitgeber- und Arbeitnehmerbeitrag für die effektive Lastenverteilung allerdings irrelevant.

Die Bildung vom allgemeinen Haushalt gesondert geführter und evtl. von den Sozialpartnern selbstverwalteter spezieller Fonds wird oft mit dem Bestreben gerechtfertigt, die bestimmungsgemäße Verwendung der Mittel zu sichern. Eine solche Wirkung dürfte es in der Tat geben, wenngleich der Schutz in Krisenzeiten nicht verläßlich ist, wie gerade jüngst die Belastung der deutschen Sozialversicherung im Zuge der Wiedervereinigung mit versicherungsfremden Leistungen gezeigt hat[15].

---

[11] Vgl. oben S. 66.

[12] Vgl. unten S. 291.

[13] Vgl. hierzu H.F. ZACHER (Hrsg.): Die Rolle des Beitrags in der sozialen Sicherung, Schriftenreihe für Internationales und Vergleichendes Sozialrecht, Bd. 4, Berlin 1980, insbesondere die Beiträge von W. RÜFNER, M. PFAFF und M. SCHNEIDER, D. SCHÄFER sowie von G. HEDTKAMP.

[14] Vgl. BUNDESVERFASSUNGSGERICHT: Entscheidungen des Bundesverfassungsgerichts, Bd. 53, Tübingen 1980, S. 257, 289–299.

[15] In dem genannten Beispiel verblieben die Mittel formal den Fonds, mußten aber zugunsten von Personen verwendet werden, für die keine Beiträge entrichtet worden sind.

Die genannten Vorteile spezieller Sozialversicherungsbeiträge sind um so größer, je mehr sich die gezahlten Beiträge und die erhaltenen Leistungen versicherungsmathematisch entsprechen. Wenn Umverteilungseffekte über die versicherungsimmanente Umverteilung[16] hinaus eine Rolle spielen, etwa in Form einer Mindestsicherung oder des Familienlastenausgleichs, nehmen Sozialversicherungsbeiträge teilweise den Charakter von Steuern an, die aber nur von den Versicherten und auch von ihnen nur nach Maßgabe des Arbeitseinkommens bis zur Beitragsbemessungsgrenze erhoben werden. Während dies früher in der Regel als selbstverständlicher und positiv hervorgehobener Aspekt der Sozialversicherung betrachtet wurde, besteht in den letzten Jahren angesichts der Finanzierungsnöte eher die Tendenz, den Bereich der als versicherungsfremd angesehenen Leistungen zumindest teilweise auch auf diese Umverteilungseffekte zu erstrecken.

4.2. Die Wahl zwischen Umlage- und Kapitalstockverfahren[17]

Speziell für die Finanzierung der Rentenversicherung besteht die Möglichkeit, zwischen Kapitalstock- und Umlageverfahren zu wählen. Beim Kapitalstockverfahren (auch Anwartschaftsdeckungsverfahren genannt) werden die Beiträge der einzelnen Versicherten ertragbringend angelegt und so bemessen, daß aus ihnen unter Berücksichtigung des zwischenzeitlich erzielbaren Kapitalertrags die späteren Leistungen im Durchschnitt finanziert werden können. Beim Umlageverfahren dagegen werden über ein gewisses Liquiditätspolster hinausgehende Vermögensbestände nicht angesammelt, vielmehr die eingehenden Beiträge unmittelbar für die Rentenzahlungen der gleichen Periode an frühere Beitragszahler verwendet. Im Rahmen von vereinfachten Modellanalysen entspricht die Rendite bei der Umlagefinanzierung der durchschnittlichen Erhöhung der Lohnsumme[18]. Die Einführung einer umlagebasierten Alterssicherung ist dann PARETO-effizient, wenn das durchschnittliche Wachstum der Lohnsumme höher ist als der durchschnittliche Kapitalmarktzins. Im umgekehrten Fall, mit dem insbesondere bei schrumpfender Bevölkerung zu rechnen ist, können nur Bürger in der Einführungsphase bessergestellt werden, in der die zeitliche Diskrepanz zwischen individuellem Erwerb von Versicherungsansprüchen durch Beitragszahlung und individuellem Zufluß von Versicherungsleistungen temporär die Möglichkeit bietet, Leistungen zu gewähren, für die keine äquivalenten Beiträge entrichtet worden sind. Dem stehen später die Nachteile der langfristigen Beitragszahler gegenüber, deren Rendite unter der durchschnittlichen Kapitalmarktverzinsung liegt.

---

[16] Vgl. unten S. 466.

[17] Vgl. F. BREYER: Ökonomische Theorie der Alterssicherung, München 1990; ST. HOMBURG: Theorie der Alterssicherung, Berlin–Heidelberg 1988.

[18] Vgl. F. BREYER: Ökonomische Theorie der Alterssicherung, a.a.O., S. 22; ST. HOMBURG: Theorie der Alterssicherung, a.a.O., S. 20.

In der Bundesrepublik wird gegenwärtig vor allem die Frage diskutiert, ob das im Rahmen der Rentenversicherung praktizierte Umlageverfahren ganz oder teilweise durch das Kapitalstockverfahren abgelöst werden soll. Befürworter betonen die erwartete höhere Rendite, die Erhöhung der volkswirtschaftlichen Sparquote in der Aufbauphase des Kapitalstocks und das dadurch (im Rahmen neoklassischer Analysen) erwartete höhere Produktionspotential, die vermuteten geringeren Finanzierungsprobleme bei schrumpfender Bevölkerung, den besseren Schutz vor staatlichen Eingriffen sowie die dann künftig niedrigeren Lohnnebenkosten. Befürworter des Umlageverfahrens bezweifeln die Möglichkeit, das jetzige Sicherungsniveau im Alter über den (nationalen) Kapitalmarkt sicherzustellen, weisen auf die höhere Belastung in der Übergangsphase hin, halten im Falle schrumpfender Bevölkerung die makroökonomischen Anpassungsprobleme im Rahmen des Umlageverfahrens für eher bewältigbar und betonen die mögliche Sicherung vor Inflation.

In der politischen Praxis ist der Appeal des Umlageverfahrens wegen der sofortigen Verfügbarkeit der Einnahmen für die Gewährung von Leistungen offensichtlich unwiderstehlich und läßt ökonomische Überlegungen politisch nahezu irrelevant werden. Meist wurden neue Systeme nach dem Umlageverfahren konzipiert, selbst wenn dessen Probleme bei schrumpfender Bevölkerung schon offensichtlich waren wie bei der Einführung der Pflegeversicherung 1995. Soweit Systeme auf dem Kapitalstockverfahren basierten, wurde der Übergang zum Umlageverfahren oft, wie in der deutschen Rentenversicherung in der Nachkriegszeit, mehr oder weniger schnell vollzogen – bis hin zu sehr knapp bemessenen (und schließlich teilweise nicht mehr liquiden) Liquiditätsreserven.

4.3. Die Finanzierung aus allgemeinen Haushaltsmitteln

Sozialtransfers sind zweckmäßigerweise aus allgemeinen Haushaltsmitteln zu finanzieren, wenn es um die Kompensation einzelner Belastungen auf der Ausgabenseite außerhalb des Versicherungsprinzips geht (z. B. allgemeines Kindergeld), um die Förderung bestimmter Formen der Einkommensverwendung (z. B. Bausparen) oder um umfassende Maßnahmen im Rahmen des Versorgungsprinzips (z. B. für Kriegsopfer) und des Fürsorgeprinzips (z. B. Sozialhilfe). Dies gilt auch für Ansprüche, die ohne entsprechende Beiträge im Rahmen der Sozialversicherung zuerkannt werden. Aus Haushaltsmitteln sind dann entweder die Beiträge nachzuentrichten oder die Ausgaben für beitragslos erworbene Ansprüche zu finanzieren.

Ob allerdings die effektive Belastung, die mit dem Rückgriff auf allgemeine Haushaltsmittel verbunden ist, wirklich mehr dem Leistungsfähigkeitsprinzip entspricht als die Beitragsfinanzierung, ist nicht so sicher, wie oft unterstellt wird. Die übliche Analyse verkennt oft, daß die relevante Alternative nicht in einer proportionalen Erhöhung aller (Steuer-)Einnahmearten oder auch nur der wichtigsten bestehen muß, sondern u. U. mit Veränderungen der Belastungsstruktur verbunden ist oder in niedrigeren anderen Ausgaben bestehen kann.

§ 62. Sozialtransfers in der Bundesrepublik Deutschland

Transferzahlungen an private Haushalte werden in der Bundesrepublik Deutschland ganz überwiegend im Rahmen der Sozialversicherungen geleistet. Dazu kommen zahlreiche Programme, die aus allgemeinen Haushaltsmitteln finanziert werden. Die folgenden Ausführungen beziehen sich auf Rentenzahlungen der gesetzlichen Rentenversicherung (beschränkt auf die Angestellten- und die Arbeiterrentenversicherung), das Krankengeld und die Sachleistungen der gesetzlichen Krankenversicherung, das Arbeitslosengeld und die Arbeitslosenhilfe, die Sozialhilfe, Leistungen nach dem Bundesausbildungsförderungs- und nach dem Pflege-Versicherungsgesetz, das Erziehungs- und das Wohngeld (vgl. Übersicht 14-1). Damit sollen die wichtigsten traditionellen Bereiche der Sozialversicherung, aber auch die vor allem wegen der gewählten Finanzierungsart sehr umstrittene jüngste Ergänzung in Form der Pflegeversicherung, die nach dem Finalprinzip gestaltete Sozialhilfe als allgemeine Mindestsicherung sowie drei erst nach Kriegsende eingeführte Leistungen betrachtet werden, die enger fokussiert sind.

Zur vertiefenden Lektüre wird in den einzelnen Abschnitten in der Regel auf die entsprechenden Passagen in dem Lehrbuch von H. LAMPERT und in der „Übersicht über das Sozialrecht" verwiesen[19].

1. Rentenzahlungen der gesetzlichen Rentenversicherung[20]

1.1. Charakterisierung

Die Rentenzahlungen haben Lohnersatzfunktion nach dem Ausscheiden aus dem Erwerbsleben; sie bieten damit den Versicherten und den von ihnen abhängigen Angehörigen Schutz gegen alters- oder invaliditätsbedingten Wegfall des Arbeitseinkommens. Sie sind weitgehend von den während der aktiven Zeit geleisteten Beiträgen abhängig und somit nach dem Äquivalenzprinzip ausgestaltet; dieses Prinzip wird allerdings in beträchtlichem Umfang durch

---

[19] Vgl. H. LAMPERT: Lehrbuch der Sozialpolitik, a.a.O.; BUNDESMINISTERIUM FÜR ARBEIT UND SOZIALORDNUNG (Hrsg.): Übersicht über das Sozialrecht, a.a.O. – Die „Übersicht über das Sozialrecht" ist nicht im Buchhandel erhältlich; sie wird gegen eine Schutzgebühr in Höhe von DM 17,– zuzügl. Versandkosten vom Bundesministerium für Arbeit und Sozialordnung, Referat Öffentlichkeitsarbeit, Bonn, abgegeben.

[20] Vgl. H. LAMPERT: Lehrbuch der Sozialpolitik, a.a.O., S. 250–267; BUNDESMINISTERIUM FÜR ARBEIT UND SOZIALORDNUNG (Hrsg.): Übersicht über das Sozialrecht, a.a.O., S. 243–388.

Übersicht 14–1

Ausgewählte Sozialtransfers 1996 (in Mio. DM)

Ausgezahlte Renten einschl. Beiträge zur KVdR und PVdR[a]			361 086
davon:			
– Arbeiter-RV		181 163	
– Angestellten-RV		154 035	
– Knappschaftliche RV		25 888	
Leistungsausgaben der GKV[b]			235 306
davon:			
– Krankengeld		18 218	
Leistungen der Sozialen Pflegeversicherung[c]			20 047
davon:			
– Pflegegeld		8 684	
– Vollstationäre Pflege		5 270	
Arbeitslosenversicherung[d]			136 885
davon:			
– Arbeitslosengeld (einschl. Konkursausfallgeld)		57 959	
– Unterstützungen aus Arbeitslosenhilfe		24 245	
Sozialhilfe[e]			49 791
davon:			
– Hilfe zum Lebensunterhalt		19 413	
– Hilfe in besonderen Lebenslagen		30 378	
BAföG-Leistungen[f]			2 725
davon:			
– Schülerförderung		653	
– Studentenförderung		2 072	
davon:			
– Zuschüsse	1 050		
– Darlehen	1 021		
Erziehungsgeld[e]			6 950
Wohngeld[e]			6 146

Quelle:
[a] Bundesarbeitsblatt, 1997, Nr. 10, S. 124 f., 127 f., 130 f.
[b] Bundesarbeitsblatt, 1997, Nr. 6, S. 123 f., 126 f.
[c] Auskunft des Bundesministeriums für Arbeit und Sozialordnung.
[d] Bundesarbeitsblatt, 1997, Nr. 11, S. 118 f.
[e] Auskunft des Statistischen Bundesamtes.
[f] Statistisches Bundesamt (Hrsg.): Fachserie 11: Bildung und Kultur, Reihe 7: Ausbildungsförderung nach dem Bundesausbildungsförderungsgesetz (BAföG) 1996, Stuttgart 1997, S. 11.

Maßnahmen des sozialen Ausgleichs modifiziert. Durch die jährliche Rentenanpassung wird angestrebt, daß sich Löhne und Gehälter einerseits und Renten andererseits im Zeitablauf ähnlich entwickeln.

1.2. Träger

Träger der gesetzlichen Rentenversicherung sind die Arbeiterrentenversicherung (23 Landesversicherungsanstalten und 2 Sonderanstalten), die Angestelltenversicherung (Bundesversicherungsanstalt für Angestellte) sowie die Knappschaftliche Rentenversicherung (Bundesknappschaft), auf deren Besonderheiten hier allerdings nicht eingegangen wird.

1.3. Einbezogene Personen

Rentenversicherungspflichtig sind alle Arbeiter und Angestellten einschließlich der Lehrlinge, soweit sie nicht lediglich geringfügig beschäftigt sind, Bezieher von Lohnersatzleistungen, Wehr- und Ersatzdienstleistende, Pflegepersonen, ferner einige Selbständige wie z.B. Lehrer, Erzieher, Künstler, Handwerker und Krankenschwestern. Darüber hinaus können sich *freiwillig* praktisch alle Deutschen sowie Ausländer mit Wohnsitz oder gewöhnlichem Aufenthalt im Bundesgebiet nach Vollendung des 16. Lebensjahres versichern.

1.4. Finanzierung

Die gesetzliche Rentenversicherung beruht auf dem *Umlageverfahren*. Die Finanzierung erfolgt ganz überwiegend durch laufend erhobene Beiträge. Der Bundeszuschuß[21] deckt gegenwärtig gut 20% der Rentenausgaben. Er wird jährlich nach Maßgabe der relativen Veränderung der durchschnittlichen Bruttolohn- und -gehaltssumme je durchschnittlich beschäftigten Arbeitnehmer und des Beitragssatzes angepaßt. Damit wird der Bund, was die relative Veränderung der Belastung im Zeitablauf betrifft, gewissermaßen wie ein durchschnittlicher Beitragszahler behandelt.

Beitragsbemessungsgrundlage ist das Bruttoarbeitseinkommen bis zur *Beitragsbemessungsgrenze*. Diese erhöht sich jährlich entsprechend dem Anstieg des durchschnittlichen Bruttoarbeitsentgelts aller Versicherten im vorangegangenen Jahr. Sie beträgt ab 1. 1. 1998 in den alten Bundesländern 8400 DM/ Monat, in den neuen 7000 DM/Monat. Freiwillig Versicherte können innerhalb des Bereichs bis zur Beitragsbemessungsgrenze die Höhe des Beitrags selbst wählen.

Der *Beitragssatz* ist von der Bundesregierung zum 1. Januar eines Jahres zu verändern, soweit dies erforderlich ist, damit die Schwankungsreserve am En-

---

[21] Funktion und anzustrebende Höhe des Bundeszuschusses sind umstritten. Vgl. K. MACKSCHEIDT, G. BÖTTGER und K. GRETSCHMANN: Der Finanzausgleich zwischen dem Bund und der Rentenversicherung. Historische und systematische Bemerkungen zum Bundeszuschuß, in: Finanzarchiv, N.F. Bd.39, 1981, S.383–407; W. SCHMÄHL: Funktionsgerechte Finanzierung der Sozialversicherung: Ein zentrales Element einer Entwicklungsstrategie für den deutschen Sozialstaat – Begründung und quantitative Dimension, in: Deutsche Rentenversicherung, 1995, S.601–618.

de des gleichen Jahres die Höhe der durchschnittlichen Ausgaben aus eigenen Mitteln für einen Monat nicht unter- bzw. für eineinhalb Monate nicht überschreitet. Um Beitragssatzschwankungen auf das erforderliche Maß zu beschränken, soll der neue Beitragssatz so festgelegt werden, daß er während der drei folgenden Jahre voraussichtlich zur Finanzierung der eigenen Ausgaben und zur Einhaltung der Grenzen der Schwankungsreserve ausreicht.

Im Falle der Pflichtversicherten wird der Beitrag in der Regel je zur Hälfte vom Arbeitgeber und vom Arbeitnehmer gezahlt. Die Arbeitnehmerbeiträge werden im Quellenabzugsverfahren einbehalten. Der Bund entrichtet den Beitrag für Wehr- und Zivildienstleistende, die Bundesanstalt für Arbeit für Bezieher von Arbeitslosengeld und -hilfe. Beim Bezug vom Krankengeld werden die Beiträge etwa zu je 50% von der Krankenkasse und dem Versicherten geleistet.

1.5. Leistungen

Anlaß für Rentenzahlungen sind Erwerbsminderung, Alter und Tod des Versicherten, die zu Erwerbsminderungs-, Alters- bzw. Hinterbliebenenrenten führen.

Renten wegen Erwerbsminderung nach der zum 1. 1. 2000 in Kraft tretenden Neuregelung werden bis zur Vollendung des 65. Lebensjahres gewährt, sofern der Versicherte die Wartezeit von 5 Jahren erfüllt und in den letzten 5 Jahren vor Eintritt der Erwerbsminderung 3 Jahre Pflichtbeiträge für eine versicherte Beschäftigung oder Tätigkeit entrichtet hat und teilweise oder voll erwerbsgemindert ist. Teilweise (voll) erwerbsgemindert ist, wer wegen Krankheit oder Behinderung auf nicht absehbare Zeit außerstande ist, unter den üblichen Bedingungen des allgemeinen Arbeitsmarktes mindestens sechs (drei) Stunden täglich erwerbstätig zu sein. Dabei ist die jeweilige Arbeitsmarktlage nicht zu berücksichtigen (sog. abstrakte Betrachtungsweise).

Altersrenten (Altersruhegeld) können allgemein nach Vollendung des 65. Lebensjahres bezogen werden (Regelaltersrenten), von langjährig Versicherten ab dem vollendeten 63., von schwerbehinderten und erwerbsgeminderten Versicherten ab dem vollendeten 60. Lebensjahr. Unter bestimmten Voraussetzungen ist für Frauen und Arbeitslose ein Rentenbezug mit dem vollendeten 60. Lebensjahr möglich. In allen Fällen sind bestimmte Wartezeiten zu erfüllen, d. h. der Versicherte muß für eine bestimmte Zahl von Jahren (z. B. 5 Jahre für Regelaltersrenten) in einem versicherungspflichtigen Verhältnis gestanden haben.

Die vorgezogenen Altersgrenzen für Frauen und langjährig Versicherte werden ab dem 1. 1. 2000, für Arbeitslose seit dem 1. 1. 1997 pro Monat um einen Monat hinausgeschoben, so daß in den drei genannten Fällen am 1. 1. 2005, 2002 bzw. 2000 auch hier die Regelaltersgrenze von 65 Jahren erreicht sein wird. Die Altersgrenze für Schwerbehinderte soll vom Jahre 2000 an in Stufen auf das vollendete 63. Lebensjahr heraufgesetzt werden. Nach Ablauf bestimmter Vertrauensschutzregelungen wird es ab dem Jahre 2012 nur noch für langfristig Versicherte mit 35 Jahren rentenrechtlich relevanter Zeiten nach Vollendung des 62. Lebensjahres möglich sein, die Altersrente vorzeitig mit einer Rentenreduktion von 0,3% pro vorgezogenem Monat zu beziehen. Für Schwerbehinderte gilt dies ab dem Jahre 2003 mit vollendetem 60. Lebensjahr.

Nach dem Tod des Versicherten werden *Hinterbliebenenrenten* an die Witwe (den Witwer) und an die Kinder gezahlt, hier generell bis zur Vollendung des 18. Lebensjahres, unter bestimmten Voraussetzungen bis zur Vollendung des 27. Lebensjahres und darüber hinaus (insbesondere bis zum Abschluß der Schul- und Berufsausbildung).

Die *individuelle Monatsrente* unmittelbar nach dem Ausscheiden aus dem Erwerbsleben bemißt sich seit der Rentenreform zum 1. 1. 1992 nach der Formel

$$\text{Monatsrente} = EP \cdot ZF \cdot RAF \cdot AR.$$

EP = Entgeltpunkte: Sie werden vor allem durch Beiträge nach Maßgabe der Zahl der Beitragsjahre und der jeweiligen Einkommensposition, gemessen an dem Verhältnis von versicherungspflichtigem Bruttoarbeitsentgelt des einzelnen Versicherten zum durchschnittlichen Bruttoarbeitsentgelt aller Versicherten, erworben. Ein Entgeltpunkt entspricht dem Jahresbeitrag für ein durchschnittliches Bruttoarbeitsentgelt. Entgeltpunkte gibt es aber auch für *beitragsfreie Zeiten*, in denen der Versicherte keine Beschäftigung gegen Entgelt ausüben konnte: Anrechnungszeiten im Falle von Krankheit, Schwangerschaft, Mutterschaft, Arbeitslosigkeit, Schul-, Fachschul-, Hochschulausbildung, *Ersatzzeiten* für den Ausfall der Beiträge aus kriegsbedingten Gründen, *Zurechnungszeiten* für die Zeit zwischen dem Eintritt des Versicherungsfalls und der Vollendung des 60. Lebensjahres.

ZF = Zugangsfaktor: Er soll die zu erwartende unterschiedliche Bezugsdauer von Renten berücksichtigen. Er beträgt 1,0, wenn der Rentenbeginn mit dem Zeitpunkt der jeweils maßgeblichen Altersgrenze identisch ist. Er wird um 0,005 (0,003) pro Monat erhöht (vermindert), um den der Rentenbeginn gegenüber der maßgeblichen Altersgrenze hinausgeschoben (vorgezogen) wird. Das Produkt aus Entgeltpunkten und Zugangsfaktor wird als persönliche Entgeltpunkte bezeichnet.

RAF = Rentenartfaktor: Er drückt die mit den einzelnen Rentenarten verfolgten unterschiedlichen Absicherungsziele aus. Er variiert zwischen 1,0 (z.B. für Altersrenten und Renten wegen voller Erwerbsminderung) und 0,1 (Halbwaisenrenten). Bei Renten wegen teilweiser Erwerbsminderung beträgt er 0,5.

AR = aktueller Rentenwert: Es handelt sich um einen DM-Betrag, der das allgemeine Rentenniveau bestimmt. Er entspricht dem Monatsrentenbetrag, der beim Zugangsfaktor 1,0 aktuell für einen Beitrag in Höhe eines jährlichen

Durchschnittsentgelts erworben wird. Der Betrag wird jährlich zum 1. Juli entsprechend dem Rentenanpassungssatz verändert. Am 1. 7. 1998 wurde er auf 47,65 DM (alte Bundesländer) bzw. 40,87 DM (neue Bundesländer) angehoben.

Angenommen, ein Versicherter in einem alten Bundesland hat 45 Jahre lang vor Vollendung des 65. Lebensjahres im Herbst 1998 ein Bruttoeinkommen in Höhe von 75% des durchschnittlichen Bruttoarbeitsentgelts aller Versicherten bezogen und entsprechende Beiträge geleistet, ohne darüber hinaus beitragsfreie Zeiten geltend machen zu können, so beläuft sich sein monatlicher Rentenbetrag auf $(0{,}75 \cdot 45) \cdot 1{,}0 \cdot 1{,}0 \cdot 47{,}65$ DM = 1608,20 DM.

Die *Witwen- und Witwerrenten* betragen im Falle der sog. „großen" Witwen- und Witwerrente 60% der Versichertenrente, d. h. der vom verstorbenen Ehepartner zuvor tatsächlich bezogenen Rente oder auf den Todestag des Verstorbenen berechneten Erwerbsminderungsrente. Sie setzt voraus, daß der Berechtigte das 45. Lebensjahr vollendet hat oder erwerbsgemindert ist oder mindestens ein waisenrentenberechtigtes Kind erzieht bzw. versorgt.

Die *Halbwaisenrente* beträgt 10%, die *Vollwaisenrente* 20% der Versichertenrente. Die Hinterbliebenenrenten werden allerdings um bestimmte eigene Nettoeinkünfte der Hinterbliebenen (Arbeitseinkünfte, Lohnersatzleistungen) gekürzt, soweit sie bestimmte Freibeträge übersteigen.

Um die Rentner nicht nur vor der inflationären Aushöhlung der realen Kaufkraft der Renten zu schützen, sondern auch am steigenden realen Lebensstandard teilhaben zu lassen, werden die Renten jährlich entsprechend der allgemeinen Lohn- und Gehaltsentwicklung angepaßt. Diese Anpassung orientierte sich bis einschließlich 1991 in der Regel an der Entwicklung der *Brutto*arbeitsentgelte aller Versicherten. Seit 1992 erfolgt sie netto in dem Sinne, daß sich *Netto*arbeitsentgelte (nach direkten Steuern und Sozialversicherungsbeiträgen) und *Netto*renten (nach direkten Steuern und Krankenversicherungsbeitrag, gemessen an der Situation des Eckrentners[22]), parallel verändern. Ab 1999 soll der so ermittelte Anpassungssatz um den sog. *demographischen Faktor* gekürzt werden. Er errechnet sich als die Hälfte der prozentualen Erhöhung der durchschnittlichen Lebenserwartung der 65jährigen im um 8 Jahre zurückliegenden Kalenderjahr im Vergleich zum Vorjahr. Von dieser Korrektur wird vorübergehend abgesehen, wenn sich dadurch in einem Jahr eine Rentenherabsetzung ergeben würde; auf sie soll – jedenfalls nach heutiger Rechtslage – ganz verzichtet werden, wenn das am Eckrentner gemessene Nettorentenniveau auf 64% gefallen ist.

---

[22] Dies ist ein Versicherter mit 45 anrechnungsfähigen Versicherungsjahren und einem Arbeitsentgelt, das immer dem Durchschnitt aller Versicherten entsprach.

1.5. Beurteilung und Reformmaßnahmen

Die Sozialversicherungsrenten sind im Zuge der Dynamisierung stark gestiegen. Die sog. Eckrente erhöhte sich in den alten Bundesländern von monatlich 270,70 DM 1960 auf 2100,15 DM 1996. Bezogen auf das durchschnittliche Nettoarbeitsentgelt aller Versicherten stieg das Rentenniveau des Eckrentners im gleichen Zeitraum von 63,2 auf 70,1%[23].

Im Jahre 1995 bezogen 89% der Männer und 70% der Frauen ab 65 Jahren in den alten Bundesländern eine eigene GRV-Rente; in den neuen Bundesländern waren es je 99%. Von den Witwen dieser Altersgruppe erhielten in den alten Ländern 83% eine abgeleitete Rente, 96% eine eigene und/oder eine abgeleitete Rente; in den neuen Bundesländern waren es 98% bzw. 100%[24].

Die durchschnittliche Höhe der eigenen Rente für Personen ab 65 Jahre belief sich im selben Jahr nach Angaben des Alterssicherungsberichts 1997 in den alten Bundesländern auf 2115 DM bei den Männern und auf 803 DM bei den Frauen; für die neuen Bundesländer waren es 1959 DM bzw. 1119 DM. Dies entsprach bei den Männern in den alten Bundesländern 66,8%, bei den Frauen 43,9% der jeweiligen Bruttoeinkommen. In den neuen Bundesländern lagen diese Werte mit 91,1% bzw. 67,1% erheblich höher[25].

Die deutsche Rentenversicherung hat bislang den Rentnern mit normaler vollberuflicher Tätigkeit ein auch im internationalen Vergleich recht hohes Absicherungsniveau geboten. Ihr ist es zu verdanken, daß die Altersarmut in Deutschland eine geringe Rolle spielt. Allerdings zeichnen sich durch den Geburtenrückgang und durch die gestiegene Lebenserwartung schon seit vielen Jahren für die Zukunft Finanzierungsprobleme ab; durch den Anstieg der Arbeitslosigkeit und – damit verbunden – durch die steigende Frühverrentung traten sie schneller ein als zunächst erwartet.

Der Gesetzgeber hat vor diesem Hintergrund vorgetragene Vorschläge für eine radikale Systemänderung, etwa in Richtung auf einen Übergang zu einer einheitlichen Grundrente oder zum Kapitalstockverfahren, nicht übernommen, sondern sich auf systemimmanente Reformmaßnahmen zur finanziellen Entlastung der Rentenversicherungsträger beschränkt. Im 1989 beschlossenen, 1992 in Kraft getretenen „Rentenreformgesetz 1992" wurde der Übergang zur *Nettoanpassung*, die zeitlich gestaffelte *Anhebung der Altersgrenzen* bei Altersrenten für Frauen und Arbeitslose, Berufs- und Erwerbsunfähige von 60 Jah-

---

[23] Vgl. BUNDESMINISTER FÜR ARBEIT UND SOZIALORDNUNG (Hrsg.): Statistisches Taschenbuch 1997, Arbeits- und Sozialstatistik, Bonn 1997, Tab. 7.11. – Allerdings hat sich im Zeitablauf wegen der verschlechterten Arbeitsmarktsituation und wegen zahlreicher Gesetzesänderungen (z.B. Reduktion der maximal anrechenbaren Ausbildungszeit von 13 auf 3 Jahre) die Chance verschlechtert, dem Eckrentner entsprechende Entgeltpunkte tatsächlich zu erwerben.

[24] Vgl. BUNDESMINISTER FÜR ARBEIT UND SOZIALORDNUNG (Hrsg.): Alterssicherung in Deutschland 1995 (ASID '95), Schnellbericht, Bonn 1997, S. 9.

[25] Vgl. Alterssicherungsbericht 1997, Bundestagsdrucksache 13/9570, S. 160f.

ren sowie für langjährig Versicherte von 63 Jahren auf die Regelgrenze des vollendeten 65. Lebensjahres (auf das vollendete 63. Lebensjahr im Falle Schwerbehinderter), die Einführung einer *allgemeinen flexiblen Altersgrenze* ab dem vollendeten 62. Lebensjahr mit 0,3% Abschlag pro vorgezogenem Monat, die Reduktion der maximal anrechenbaren *Ausbildungszeit* von 13 auf 7 Jahren sowie die *Erhöhung des Bundeszuschusses* beschlossen.

Zu der mit der Rentenreform von 1992 angestrebten längerfristigen „Ruhe an der Rentenfront" ist es nicht gekommen, insbesondere wegen der anhaltenden Verschlechterung der Arbeitsmarktsituation und des weiteren Anstiegs der Frühverrentung. Angesichts drohender Beitragssatzerhöhungen wurden 1996 im „Wachstums- und Beschäftigungsförderungsgesetz" und insbesondere 1997 im „Rentenreformgesetz 1999" weitere Maßnahmen zur finanziellen Entlastung der GRV beschlossen. Im Zentrum steht die *Reduktion des Rentenniveaus* über die Einfügung eines Demographiefaktors, die *Neuordnung der Renten wegen verminderter Erwerbsfähigkeit*, die auch das Arbeitslosigkeitsrisiko wieder stärker auf die Arbeitslosenversicherung zurückverlagern soll, die *Beschleunigung des Übergangs zu angehobenen Altersgrenzen*, die *Erhöhung des Bundeszuschusses* zur Vermeidung der Anhebung des Beitragssatzes, die als Reduktion der versicherungsfremden Lasten der GRV interpretiert werden kann, sowie die weitere Kürzung der anrechenbaren Ausbildungszeiten u. a. auf max. 3 Jahre.

Gleichzeitig wurde aber auch die Bewertung von Kindererziehungszeiten in Stufen von bislang 75 auf 100% des Durchschnittsentgelts bis 1. 7. 2000 angehoben und zudem als additive Leistung umgestaltet, die auch bei gleichzeitig erzieltem Arbeitseinkommen zu gewähren ist. Weiter verschoben wurde die längst fällige Reform der Hinterbliebenenversorgung[26].

Die Turbulenzen, denen die umlagefinanzierte GRV während der letzten Jahre ausgesetzt war, dürfte die Neigung verstärkt haben, zumindest einen partiellen Übergang zum Kapitalstockverfahren ernsthaft ins Auge zu fassen[27].

2. Leistungen der gesetzlichen Krankenversicherung[28]

2.1. Charakterisierung

Die gesetzliche Krankenversicherung bietet den Versicherten und ihren mitversicherten Ehegatten und Kindern einen Schutz gegen Risiken, die Erkran-

---

[26] Vgl. dazu G. ROLF und G. WAGNER: Ziele, Konzepte und Detailausgestaltung des „Voll Eigenständigen Systems" der Altersvorsorge, in: Sozialer Fortschritt, 41. Jg., 1992, S. 281–291.

[27] Vgl. dazu WISSENSCHAFTLICHER BEIRAT BEIM BUNDESMINISTERIUM FÜR WIRTSCHAFT: Grundlegende Reform der gesetzlichen Rentenversicherung, BMWi-Studienreihe, Nr. 99, April 1998.

[28] Vgl. H. LAMPERT: Lehrbuch der Sozialpolitik, a.a.O., S. 231–247; BUNDESMINISTERIUM FÜR ARBEIT UND SOZIALORDNUNG (Hrsg.): Übersicht über das Sozialrecht, a.a.O., S. 131–241.

kungen in bezug auf Ausgaben zur Wiederherstellung der Gesundheit und den Wegfall des Arbeitseinkommens mit sich bringen. Der Äquivalenzaspekt ist hier weitaus weniger ausgeprägt als bei der Rentenversicherung, da den einkommensabhängigen Beiträgen weitgehend einkommensunabhängige Leistungen gegenüberstehen. Dies impliziert eine beträchtliche Umverteilung von den Beziehern hoher zu den Beziehern niedriger Arbeitseinkommen sowie von den Versicherten ohne zu den Versicherten mit mitversicherten Familienangehörigen, damit auch einen bedeutsamen Familienlastenausgleich.

2.2. Träger

Die gesetzliche Krankenversicherung umfaßte im März 1998 609 Kassen, die sich in Orts-, Betriebs- und Innungskrankenkassen, Ersatzkassen sowie die Seekrankenkasse und die Bundesknappschaft gliedern. Durch Zusammenschlüsse hat sich die Zahl der Kassen in den letzten Jahren stark reduziert[29].

2.3. Einbezogener Personenkreis

Versicherungspflichtig sind vor allem Arbeitnehmer, soweit deren regelmäßiges Arbeitsentgelt 75% der Beitragsbemessungsgrundlage der gesetzlichen Rentenversicherung nicht übersteigt (diese *Versicherungspflichtgrenze* beträgt am 1. 1. 1998 6300 DM in den alten, 5250 DM in den neuen Bundesländern), zu ihrer Berufsausbildung gegen Entgelt Beschäftigte, Arbeitslose, land- und forstwirtschaftliche Unternehmer und ihre mitarbeitenden Familienangehörigen, Künstler und Publizisten, Studenten, die an staatlichen oder staatlich anerkannten Hochschulen eingeschrieben sind, bis zum Ende des 14. Fachsemesters, längstens bis zur Vollendung des 30. Lebensjahres, Rentner (sofern sie bestimmte Versicherungszeiten in der GKV zurückgelegt haben) und Altenteiler in der Landwirtschaft. Darüber hinaus besteht die Möglichkeit, sich *freiwillig* zu versichern, in der Regel nur nach vorheriger Mitgliedschaft in der GKV.

2.4. Finanzierung

Die gesetzliche Krankenversicherung finanziert sich nach dem Umlageverfahren durch Beiträge. *Beitragsbemessungsgrundlage* ist das Bruttoarbeitseinkommen bis zur *Beitragsbemessungsgrenze*, die im Falle der Krankenversicherung mit der Versicherungspflichtgrenze identisch ist. Der Beitragssatz ist je nach Krankenkasse unterschiedlich hoch. Nachdem zum 1. 1. 1994 ein umfassender Risikostrukturausgleich im Hinblick auf die Höhe der Beitragsbemessungsgrundlage (Grundlöhne), das Alter und Geschlecht der Versicherten sowie die Zahl der mitversicherten Familienangehörigen eingeführt wurde, sind

---

[29] Vgl. Bundesarbeitsblatt, 1998, Nr. 7 8, S. 130, 132.

die Beitragssatzunterschiede geringer geworden. Im Juni 1998 betrug der Beitragssatz in den alten (neuen) Bundesländern durchschnittlich 13,5% (13,9%); die Extremwerte lagen bei 9,0% bzw. 15,4% (9,5% bzw. 14,5%).

Im Falle der Pflichtversicherten ist der Beitrag in der Regel je zur Hälfte vom Arbeitgeber und vom Arbeitnehmer zu zahlen. Der Bund entrichtet den Beitrag für Wehr- und Zivildienstleistende, die Bundesanstalt für Arbeit für Bezieher von Arbeitslosengeld und Arbeitslosenhilfe. Eine *generelle Kostenbeteiligung* durch die Versicherten gibt es bei mehreren Leistungsarten (Zahnersatz, Kuren, Krankenhauspflege, verordnete Verband-, Arznei-, Heil- und Hilfsmittel, Fahrtkosten). Härtefallregelungen stellen sicher, daß auf Zuzahlungen bei niedrigen Einkommen ganz verzichtet wird und bei höheren Einkommen bestimmte Belastungsgrenzen (2 bzw. 4% des Familienbruttoeinkommens) nicht überschritten werden.

2.5. Leistungen

Der weit überwiegende Teil der Ausgaben der gesetzlichen Krankenversicherung entfällt auf Sachleistungen zur Wiederherstellung der Gesundheit. Über die gesetzlich vorgeschriebenen sog. Regelleistungen hinaus können die einzelnen Kassen zusätzliche Leistungen beschließen.

Die gesetzlich Versicherten haben eine weitgehende Wahlmöglichkeit zwischen dem Sachleistungsprinzip und dem Kostenerstattungsprinzip. Beim *Sachleistungsprinzip* erhält der einzelne Versicherte die Leistungen natural, ohne im Einzelfall den Preis zu entrichten. Ärzte, Apotheker und andere Leistungserbringer rechnen mit der Krankenversicherung ab. Beim *Kostenerstattungsprinzip* tritt der Versicherte in ein direktes Vertragsverhältnis mit dem Erbringer der Leistungen und entrichtet auch den Preis zunächst selbst; anschließend erstattet die Krankenkasse die Kosten innerhalb des festgelegten Rahmens. Das Kostenerstattungsprinzip ist für Zahnersatzleistungen und Kieferorthopädie obligatorisch vorgeschrieben.

Neben den Sachleistungen erbringen die Krankenkassen *Geldleistungen* als *Krankengeld, Mutterschaftsgeld* und *Sterbegeld*. Quantitativ am bedeutsamsten ist das Krankengeld, das Lohnersatzfunktion hat. Seit der 1969 auch für Arbeiter beschlossenen Einführung der Lohnfortzahlung im Krankheitsfall durch den Arbeitgeber während der ersten 6 Wochen hat es sehr an Bedeutung verloren, da es jetzt in aller Regel erst ab der 7. Woche der krankheitsbedingten Arbeitsunfähigkeit gewährt wird. Es beträgt 70% des wegen Arbeitsunfähigkeit entgangenen regelmäßigen Arbeitsentgelts im Bereich bis zur Beitragsbemessungsgrenze. Auf keinen Fall darf das (steuerfreie) Krankengeld höher sein als 90% des bisherigen Nettolohns.

2.6. Beurteilung und Reformmaßnahmen

Durch die gesetzliche Krankenversicherung haben fast 90% der Wohnbevölkerung in der Bundesrepublik Deutschland weitgehend unabhängig vom individuellen Einkommen leichten Zugang zu modernen medizinischen Behandlungsmethoden. Dieser Bereich der Sozialversicherung ist aber auch wie kein anderer seit langem Gegenstand ständiger Kritik und immer neuer Regulierungsversuche, um der viel beklagten „Kostenexplosion im Gesundheitswesen" Herr zu werden und vermutete Verschwendung von Ressourcen abzustellen.

Diese Entwicklung ist eigentlich nicht erstaunlich, denn das Gesundheitswesen ist im Bereich der gesetzlichen Krankenversicherung unter ökonomischem Aspekt ein Ausnahmebereich: Die Versicherten können hier die Leistungen unentgeltlich (im Hinblick auf die oben erwähnte Selbstbeteiligung: fast unentgeltlich) erwerben, denn wenn der Beitrag einmal entrichtet ist, fallen private Grenzkosten allenfalls in Höhe der Selbstbeteiligung an. Auch der die Leistungen verordnende Arzt hat in der Regel kein Interesse daran, die Inanspruchnahme seiner eigenen Leistungen zu limitieren, da dies sein Einkommen mindern würde; auch eine Limitierung der Leistung anderer, z.B. über die Verschreibung von Arzneimitteln, bringt ihm allenfalls Nachteile, soweit dadurch Patienten abwandern. Wenn man dazu noch das gestiegene Gesundheitsbewußtsein der Bevölkerung berücksichtigt, kann es den Ökonomen nicht überraschen, daß es in der gesetzlichen Krankenversicherung auf dem Gebiet der Sachleistungen zu einer Kostenexplosion gekommen ist, bedingt sowohl durch Mengen- als auch durch Preiserhöhungen.

Nach einer Periode sehr starker Ausgaben- und Beitragssatzsteigerungen wird in der Bundesrepublik Deutschland seit 1977 eine Politik der Beitragssatzstabilisierung durch eine „einnahmenorientierte Ausgabengestaltung" verfolgt, die auch in den §§ 71 und 141 Abs. 2 SGB V verankert worden ist. Sie führte zu immer neuen administrativen Eingriffen (Krankenversicherungs-Kostendämpfungsgesetz 1977, Kostendämpfungs-Ergänzungsgesetz und Krankenhaus-Kostendämpfungsgesetz 1982, Haushaltsbegleitgesetz 1983, Gesundheits-Reformgesetz 1989, Gesundheitsstrukturgesetz 1992 sowie GKV-Neuordnungsgesetz 1997) bis hin zur Einschränkung der Niederlassungsfreiheit der Ärzte und zur Festlegung von Ausgabenobergrenzen für einzelne Bereiche im Gesundheitsstrukturgesetz. Alle diese Maßnahmen konnten den Ausgaben- und Beitragssatzanstieg allenfalls kurzfristig aufhalten.

Auf Dauer ist eine Politik der Festschreibung von Gesamt- oder Teilquoten bei im wesentlichen unverändertem Leistungskatalog für den Gesundheitssektor, der alle Kennzeichen einer Wachstumsbranche aufweist, ökonomisch nicht sinnvoll. Dies läßt sich allenfalls kurzfristig vertreten, wenn von einer Situation vermuteter übermäßiger Leistungsinanspruchnahme sowie ungenutzter Rationalisierungsreserven ausgegangen wird und Zeit gewonnen werden soll für den Übergang zu anreizkompatibleren Strukturen. Solche Maßnahmen sind unausweichlich, wenn im Bereich der GKV gleichzeitig eine bedarfsgerechte Versorgung sichergestellt und Beitragssätze von über 25% vermieden werden sollen, die unter Status-quo-Bedingungen für das Jahr 2030 geschätzt wurden. Mehr Spielraum für die einzelne Krankenkasse beim Vertragsabschluß mit den Leistungsanbietern, mehr Wettbewerb unter den Leistungsanbietern, leichterer Wechsel der Krankenkasse, anreizkompatiblere Vergütungssysteme, Beschränkungen des Leistungskatalogs auf gravierende Risiken, Wahltarife, eine höhere Selbstbeteiligung der Versicherten, neue Formen der Organisation medizinischer Leistungen (Managed care) und möglicherweise der Ausschluß stark beeinflußbarer Risiken werden dabei wichtige Rollen spielen[30]. Vieles davon ist in dem Entwurf eines Gesetzes zur Weiterentwicklung der Strukturreform in der gesetzlichen Krankenversicherung aufgegriffen und im Rahmen des 1. und 2. GKV-Neuordnungsgesetzes umgesetzt worden[31].

3. Arbeitslosengeld und Arbeitslosenhilfe[32]

3.1. Charakterisierung

Arbeitslosengeld und Arbeitslosenhilfe sollen die Versicherten und deren abhängige Angehörige gegen das Risiko des Verlustes von Arbeitseinkommen durch Arbeitslosigkeit absichern. *Arbeitslosengeld* wird zeitlich beschränkt nach dem sozial modifizierten Versicherungsprinzip, *anschließende Arbeitslosenhilfe* zeitlich unbegrenzt gewährt, wobei sich hier Aspekte des Fürsorge- und Versicherungsprinzips vermengen.

3.2. Träger

Sowohl Arbeitslosengeld als auch Arbeitslosenhilfe werden von der Bundesanstalt für Arbeit mit ihren Arbeitsämtern abgewickelt.

---

[30] Vgl. die auf Erhöhung der Allokationseffizienz gerichteten Vorschläge bei F. BREYER und P. ZWEIFEL: Gesundheitsökonomie, a.a.O., insbesondere Kapitel 12: Wirtschaftspolitische Schlußfolgerungen, S. 429–437; K.-D. HENKE: Alternativen zur Weiterentwicklung der Sicherung im Krankheitsfall, in: K.-H. Hansmeyer (Hrsg.): Finanzierungsprobleme der sozialen Sicherung II, a.a.O., S. 135–164; SACHVERSTÄNDIGENRAT FÜR DIE KONZERTIERTE AKTION IM GESUNDHEITSWESEN: Sondergutachten 1995. Gesundheitsversorgung und Krankenversicherung 2000. Mehr Ergebnisorientierung, mehr Qualität und mehr Wirtschaftlichkeit, a.a.O.; ORGANISATION FÜR WIRTSCHAFTLICHE ZUSAMMENARBEIT UND ENTWICKLUNG: OECD Wirtschaftsbericht 1996/1997, Deutschland, Paris 1997, Teil III: Reform des Gesundheitswesens: Mehr Effizienz durch stärkere Anreize, S. 76–138 (mit internationalen Vergleichen).

[31] Eine gut lesbare Darstellung der zahlreichen Änderungen durch die GKV-Gesetze 1997 findet der Leser in dem Beitrag „Neuordnung der Gesetzlichen Krankenversicherung" in: PRESSE- UND INFORMATIONSAMT DER BUNDESREGIERUNG: Sozialpolitische Umschau, Ausgabe 11/1997 vom 24. März 1997, S. 3–48, insbesondere 14–48.

[32] Vgl. H. LAMPERT: Lehrbuch der Sozialpolitik, a.a.O., S. 269–273; BUNDESMINISTERIUM FÜR ARBEIT UND SOZIALORDNUNG (Hrsg.): Übersicht über das Sozialrecht, a.a.O., S. 87–101.

3.3. Einbezogener Personenkreis

Versicherungspflichtig sind alle Arbeiter, Angestellte, zur Berufsausbildung Beschäftigte sowie (unter bestimmten Voraussetzungen) Wehr- und Zivildienstleistende. Lediglich solche Arbeitnehmer sind ausgenommen, die in vergleichbaren anderen Sicherungssystemen einbezogen sind (z. B. Beamte) oder bei denen anzunehmen ist, daß die jeweilige Beschäftigung nicht die Lebensgrundlage bildet (geringfügige Beschäftigung).

3.4. Finanzierung

Das Arbeitslosen*geld* wird aus den auf Beiträgen beruhenden Eigenmitteln der Bundesanstalt für Arbeit finanziert. Der Bund trägt die Kosten der Arbeitslosen*hilfe* in voller Höhe; darüber hinaus ist er verpflichtet, an die Bundesanstalt Darlehen und Zuschüsse zu leisten, soweit deren Ausgaben nicht aus den laufenden Einnahmen und durch Auflösung von Rücklagen finanziert werden können.

Beitragsbemessungsgrundlage ist das Bruttoarbeitsentgelt bis zur *Beitragsbemessungsgrenze*, die der der Rentenversicherung entspricht. Der Beitragssatz ist im Zuge der Erweiterung der Aufgaben der Bundesanstalt für Arbeit und der verschlechterten Arbeitsmarktsituation mehrmals angehoben worden. Gegenwärtig beträgt er 6,5%.

3.5. Leistungen

Anspruch auf *Arbeitslosengeld* haben Versicherte, die arbeitslos im Sinne des § 118 Sozialgesetzbuch III sind (d. h. vorübergehend nicht in einem Beschäftigungsverhältnis stehen und eine versicherungspflichtige Beschäftigung suchen), beim Arbeitsamt als arbeitslos gemeldet sind und die Anwartschaft (12 Monate versicherungspflichtiger Tätigkeit während der der Arbeitslosmeldung vorangehenden drei Jahre) erfüllt haben. *Arbeitslosenhilfe* wird nach dem Fürsorgeprinzip im Falle der arbeitslosigkeitsbedingten Bedürftigkeit gewährt, wenn kein Anspruch (mehr) auf Arbeitslosengeld besteht (sog. Anschlußarbeitslosenhilfe) oder wenn der Versicherte ohne vorherigen Bezug von Arbeitslosengeld während des vorangegangenen Jahres mindestens 5 Monate beschäftigt war (sog. originäre Arbeitslosenhilfe).

Das Arbeitslosengeld und die Arbeitslosenhilfe werden im Rahmen eines schematisierten Verfahrens als Prozentsatz des gewöhnlichen Nettoarbeitsentgelts festgelegt. Dieser Prozentsatz beträgt beim Arbeitslosengeld im Falle eines Kindergeldanspruchs 67%, sonst 60%, bei der Arbeitslosenhilfe 57 bzw. 53%.

Die maximale Bezugsdauer von Arbeitslosengeld (vgl. Übersicht 14-2) erhöht sich von 6 Monaten in Sprüngen um je 2 Monate pro zusätzliche 4 Monate Versicherungspflichtverhältnis innerhalb einer erweiterten Rahmenfrist von

7 Jahren. Über 12 Monate hinaus ist sie überdies an Altersgrenzen gebunden, die von 45 bis 57 Jahre steigen. Die maximale Bezugsperiode von 32 Monaten setzt ein Versicherungspflichtverhältnis von mind. 64 Monaten und das vollendete 57. Lebensjahr voraus. Die Zahlung von Anschlußarbeitslosenhilfe ist zeitlich nicht limitiert und von einer Bedürftigkeitsprüfung abhängig, bei der auch das Vermögen und Einkommen nicht nur des Versicherten, sondern auch des nicht dauernd getrennt lebenden Ehegatten oder einer Person, die mit dem Arbeitslosen in eheähnlicher Gemeinschaft lebt, berücksichtigt werden.

Übersicht 14–2

Die Dauer des Anspruchs auf Arbeitslosengeld beträgt

nach Versicherungspflichtverhältnissen mit einer Dauer von insgesamt mindestens ... Monaten	und nach Vollendung des ... Lebensjahres	... Monate
12		6
16		8
20		10
24		12
28	45.	14
32	45.	16
36	45.	18
40	47.	20
44	47.	22
48	52.	24
52	52.	26
56	57.	28
60	57.	30
64	57.	32

Quelle: § 127 Abs. 2 SGB III.

Arbeitslosengeld und Arbeitslosenhilfe werden einerseits jährlich entsprechend der Veränderung der Bruttolohn- und -gehaltssumme je durchschnittlich beschäftigten Arbeitnehmer angepaßt. Das der Berechnung des Arbeitslosengeldes zugrunde liegende Arbeitsentgelt wird andererseits jährlich um 3% reduziert, um pauschal zu berücksichtigen, daß mit zunehmender Dauer der Arbeitslosigkeit die Wiederbeschäftigung schwieriger, auf dem früheren Verdienstniveau nahezu unmöglich wird. Diese Anpassung unterbleibt, wenn das Arbeitsentgelt dadurch 50% des durchschnittlichen Bruttoarbeitsentgelts aller Rentenversicherten unterschreiten würde.

Bezieher von Arbeitslosengeld und -hilfe sind verpflichtet, zumutbare Beschäftigungen anzunehmen. Eine Beschäftigung ist nicht allein nur deshalb unzumutbar, weil sie eine getrennte Haushaltsführung fordert oder nicht zu den Beschäftigungen gehört, für die der Versicherte ausgebildet ist oder die er bisher ausgeübt hat. Unzumutbarkeit wegen zu niedrigen Entgelts liegt erst dann vor, wenn das neue Arbeitsentgelt während der ersten drei Monate der Arbeitslosigkeit um mehr als 20%, in den folgenden 3 Monaten um mehr als 30% unter dem Arbeitsentgelt liegt, das der Bemessung des Arbeitslosengeldes zugrunde liegt, bzw. ab dem 7. Monat nach Abzug der beschäftigungsbedingten Aufwendungen niedriger ist als das Arbeitslosengeld.

3.6. Beurteilung und Reformmaßnahmen[33]

Der ständige Anstieg der Arbeitslosigkeit seit 1981 hat dazu geführt, daß sich die Ausgaben für Arbeitslosengeld und -hilfe von 10 Mrd. DM 1980 auf 79,9 Mrd. DM 1996 erhöht haben. Bezogen auf das BIP ist das eine Erhöhung von 0,7 auf 2,3%[34]. Die überwiegend restriktiven Maßnahmen des Gesetzgebers während der letzten Jahre waren primär fiskalisch motiviert, haben aber auch manche Ungereimtheit beseitigt und die Anreizstruktur verbessert. Sozialpolitisch bedenklich ist, daß wieder einmal prozyklisch reagiert wurde, d. h. die Leistungen gerade dann beschnitten wurden, als ihre Dringlichkeit besonders hoch war.

Systematisch und unter Gerechtigkeitsgesichtspunkten ist das Nebeneinander von Sozialhilfe und Arbeitslosenhilfe, die beide nach dem Bedürftigkeitsprinzip aus allgemeinen Haushaltsmittel finanziert werden, aber unter Umständen beträchtliche Niveauunterschiede aufweisen, nicht vertretbar. Jedenfalls für Bezieher hoher Einkommen ist die Arbeitslosenhilfe so etwas wie eine „Sozialhilfe erster Klasse", so zynisch das klingen mag.

4. Sozialhilfe[35]

4.1. Charakterisierung

In einem System der sozialen Sicherung, das überwiegend an die Erwerbstätigkeit anknüpft, nach dem Kausalprinzip gestaltet ist und Leistungen teilweise nach der Versicherungszeit staffelt, also für kurze Versicherungszeiten ein niedriges Sicherungsniveau aufweist, bleiben immer Lücken, die auf andere,

---

[33] Vgl. R. EISEN: Reformüberlegungen zur Arbeitslosenversicherung, in: R. Hauser (Hrsg.): Reform des Sozialstaats I, Schriften des Vereins für Socialpolitik, N.F. Bd. 251/I, Berlin 1997, S. 45–75.

[34] Vgl. BUNDESMINISTERIUM FÜR ARBEIT UND SOZIALORDNUNG (Hrsg.): Statistisches Taschenbuch 1997, a.a.O., Tab. 1.1 und 8.14. Dabei ist nicht berücksichtigt, daß die Arbeitsmarktsituation zu einem starken Anstieg der Frühverrentung führte, die Kosten der Arbeitslosigkeit insofern teilweise auf die GRV verschoben worden sind.

[35] Vgl. H. LAMPERT: Lehrbuch der Sozialpolitik, a.a.O., S. 296–305; BUNDESMINISTERIUM FÜR ARBEIT UND SOZIALORDNUNG (Hrsg.): Übersicht über das Sozialrecht, a.a.O., S. 663–690; W. KITTERER (Hrsg.): Sozialhilfe und Finanzausgleich, a.a.O.

flexible Weise geschlossen werden müssen. Diese Funktion eines sozialen Auffangnetzes kommt in der Bundesrepublik Deutschland der *Sozialhilfe* (früher *Fürsorge* genannt) zu. Nach § 1 Abs. 2 des Bundessozialhilfegesetzes ist es deren Aufgabe, „dem Empfänger der Hilfe die Führung eines Lebens zu ermöglichen, das der Würde des Menschen entspricht. Die Hilfe soll ihn soweit wie möglich befähigen, unabhängig von ihr zu leben; hierbei muß er nach seinen Kräften mitwirken". Die Sozialhilfe ist nachrangig, d. h. sie wird nicht gewährt, wenn der Unterhalt von Trägern anderer Sozialleistungen oder von unterhaltspflichtigen Angehörigen zu decken ist.

4.2. Träger

Örtliche Träger der Sozialhilfe sind die kreisfreien Städte und Kreise. Bestimmte Aufgaben, die von über den örtlichen Bereich hinausgehender Bedeutung oder mit besonderen finanziellen Aufwendungen verbunden sind, werden überörtlichen Trägern (z. B. in Hessen dem Landeswohlfahrtsverband) übertragen. Nach § 100 des Sozialhilfegesetzes gehören zu diesen Aufgaben etwa die Betreuung Geisteskranker, die Blindenhilfe und die Tuberkulosenhilfe.

4.3. Einbezogener Personenkreis

Sozialhilfe erhalten alle Personen, denen es ohne diese Hilfe nicht möglich ist, ihren normalen Lebensunterhalt zu bestreiten oder Probleme zu bewältigen, die sich aus besonderen Lebenslagen ergeben. Dies schließt auch Ausländer ein, die sich in der Bundesrepublik Deutschland aufhalten, es sei denn, sie fielen unter das Asylbewerberleistungsgesetz.

4.4. Finanzierung

Die Finanzierung der Sozialhilfe erfolgt im Durchschnitt zu etwa 75% über die kommunalen Haushalte; der Rest entfällt überwiegend auf die Länder; der Bund ist nur geringfügig beteiligt. Im einzelnen ist die Abgrenzung zwischen kommunaler und überregionaler Aufgabenerfüllung sowie die Berücksichtigung der Sozialhilfeausgaben im Rahmen des kommunalen Finanzausgleichs in den einzelnen Bundesländern sehr unterschiedlich geregelt. In der alten Bundesrepublik ist der Anteil der Nettoausgaben der Gemeinden für Sozialhilfe (nach Absetzung sozialhilfebedingter Einnahmen von Dritten) an deren Gesamtausgaben von 8,1% 1985 auf 11,1% 1994 gestiegen[36].

---

[36] Vgl. Bundesministerium der Finanzen (Hrsg.): Finanzbericht 1997, Bonn 1996, S. 150; Dass. (Hrsg.): Finanzbericht 1998, a.a.O., S. 154, 157.

4.5. Leistungen

Die Leistungen der Sozialhilfe umfassen die Hilfe zum Lebensunterhalt und die Hilfe in besonderen Lebenslagen.

Die *Hilfe zum Lebensunterhalt* bezieht sich auf Ernährung, Unterkunft, Kleidung, Körperpflege, Hausrat, Heizung und private Bedürfnisse des täglichen Lebens. Sie wird überwiegend in Form von Barzahlungen geleistet, für welche die einzelnen Länder sog. *Regelsätze* festlegen. Ab 1. Juli 1998 belaufen sie sich in den alten Bundesländern für den Haushaltsvorstand auf 540 oder 541 DM; in Bayern sind sie entsprechend den Lebenshaltungskosten regional differenziert. In den neuen Bundesländern bewegen sich die Beträge zwischen 515 und 520 DM – von den 540 DM für Berlin abgesehen. Die Beträge für Haushaltsangehörige sind nach dem Alter differenziert, in Hessen z. B. zwischen 271 und 487 DM. Die Mietkosten werden außerhalb der Regelsätze unter Einbezug des Wohngeldanspruchs berücksichtigt. Dazu kommen die Hausbrandbeihilfe, Bekleidungsbeihilfen im Bedarfsfall und Weihnachtsbeihilfen, deren Höhe jedoch im Ermessen der Kommunen steht.

Die *Hilfe in besonderen Lebenslagen* bezieht sich auf spezielle Situationen und umfaßt in größerem Umfang von dem Träger der Sozialhilfe bestimmte Realleistungen; sie fällt insofern eigentlich nur teilweise in den Abschnitt „Transferzahlungen". In § 27 Abs. 1 Bundessozialhilfegesetz werden im Rahmen eines weitere Fälle nicht ausschließenden Katalogs z. B. Hilfe zum Aufbau oder zur Sicherung der Lebensgrundlage, Hilfe für werdende Mütter und Hilfe zur Pflege genannt.

Die Hilfe zum Lebensunterhalt wird nur gewährt, soweit das eigene Einkommen, das Einkommen des nicht getrennt lebenden Ehegatten, der Eltern (im Falle minderjähriger unverheirateter Kinder) oder der Kinder nicht ausreichen. Bei der Hilfe in besonderen Lebenslagen wird der Einsatz des Einkommens in unterschiedlichem Ausmaß zugemutet. Der geforderte Einsatz des Vermögens ist sowohl nach der Art der Hilfe als auch nach der Art des Vermögens differenziert.

Die Aufwendungen für Sozialhilfe[37] sind sehr stark gestiegen. In den Jahren 1992 und 1993 erhöhten sie sich noch um 14,1 bzw. 14,8%. Die geringere Änderung in den folgenden Jahren (1,7% 1994, 4,9% 1995, – 4,1% 1996) beruhte darauf, daß Ende 1993 0,45 Mio. Personen aus der Zuständigkeit des Bundessozialhilfegesetzes herausgenommen und dem Asylbewerberleistungsgesetz unterstellt wurden und daß 1995 die erste, 1996 die zweite Stufe des Pflege-Versicherungsgesetzes in Kraft getreten ist, das zum Teil die Hilfe zur Pflege im Rahmen der Sozialhilfe ersetzt hat. 1996 beliefen sich die Sozialhilfeausgaben

---

[37] Die folgenden Angaben beruhen auf dem Beitrag: Die Ausgaben für Sozialhilfe seit Mitte der achtziger Jahre, in: DEUTSCHE BUNDESBANK: Monatsbericht April 1996, S. 35–52, sowie auf schriftlichen Auskünften des STATISTISCHEN BUNDESAMTES .

auf insgesamt 49,8 Mrd. DM (41,0 Mrd. DM nach Abzug der Einnahmen aus Leistungen Unterhaltspflichtiger, Erstattungen anderer Sozialleistungsträger u. ä.). Davon entfielen 19,4 (16,4) Mrd. DM auf Hilfe zum Lebensunterhalt und 30,4 (24,6) Mrd. DM auf Hilfe in besonderen Lebenslagen.

Am Jahresende 1996 erhielten in Deutschland 3,3% der gesamten Bevölkerung, 2,8% der deutschen und 8,5% der ausländischen Bevölkerung laufende Hilfe zum Lebensunterhalt. Wie Abb. 14-1 zeigt, sind die Sozialhilfequoten für die einzelnen Altersgruppen sehr unterschiedlich. Sie sinken tendenziell mit steigendem Alter; in den hohen Altersgruppen findet allerdings eine Trendwende statt, die sich im Zeitablauf jedoch immer weiter in Richtung höhere Altersgruppen verschoben hat. Während im Vergleich zu 1980 die Sozialhilfequoten für alle Personen im Alter bis 65 Jahren gestiegen sind, sind sie in den darüberliegenden Altersgruppen gefallen. Dies spiegelt wohl in erster Linie eine umfassender gewordene Alterssicherung im Rahmen der GRV.

4.6. Beurteilung und Reformmaßnahmen

Die ursprünglich gehegte Erwartung, daß die Sozialhilfe im Laufe der Zeit eine immer geringere Rolle spielen werde, wurde nicht bestätigt. Vor allem die verschlechterte Arbeitsmarktsituation mit dem Anstieg der Langzeitarbeitslosigkeit, der starke Zustrom von Aussiedlern und Ausländern (Asylbewerbern), der geringer gewordene familiäre Zusammenhalt sowie die gestiegene Zahl von Pflegebedürftigen haben das verhindert.

Die übergeordneten Systeme haben darauf zunächst wenig reagiert. Es war die Sozialhilfe, die diese Mängel zumindest partiell ausgeglichen und für die Betroffenen erträglicher gemacht hat. Unbefriedigend ist, daß sie sich im Zuge dieser Entwicklung von einem punktuellen „Lückenbüßer" zu einem Regelsystem bei Pflegebedarf und anhaltender Arbeitslosigkeit gewandelt hat. Unbefriedigend ist auch die damit verbundene Verteilung der Finanzierungslast, die zu regionalen Ungleichgewichten führt, da die Sozialhilfeausgaben im Länderfinanzausgleich überhaupt nicht, in den einzelnen kommunalen Finanzausgleichssystemen der Länder nur partiell und sehr unterschiedlich berücksichtigt werden.

Die auch im Hinblick auf die bundesgesetzliche Regelung erhobene Forderung, die Finanzierung der Sozialhilfe weitgehend auf den Bund zu verlagern, ist finanzausgleichspolitisch verständlich, angesichts der Entscheidungsspielräume der gemeindlichen Sozialarbeiter aber unter Anreizgesichtspunkten sehr problematisch. Bedenkenswert ist der Vorschlag, in die Arbeitslosenhilfe eine Mindestsicherung in Höhe der Sozialhilfe einzubauen und dabei die unsystematische Verknüpfung von Bedürftigkeitsprüfung einerseits, aber nichtbedürftigkeitsbezogener Leistungen andererseits aufzugeben[38].

---

[38] Vgl. R. HAUSER: Sozioökonomische Aspekte der Sozialhilfe, in: W. Kitterer (Hrsg.): Sozialhilfe und Finanzausgleich, a.a.O., S. 40.

Abbildung 14–1

*Anteil der Empfänger(innen) laufender Hilfe zum Lebensunterhalt außerhalb von
Einrichtungen am Jahresende an der Bevölkerung*

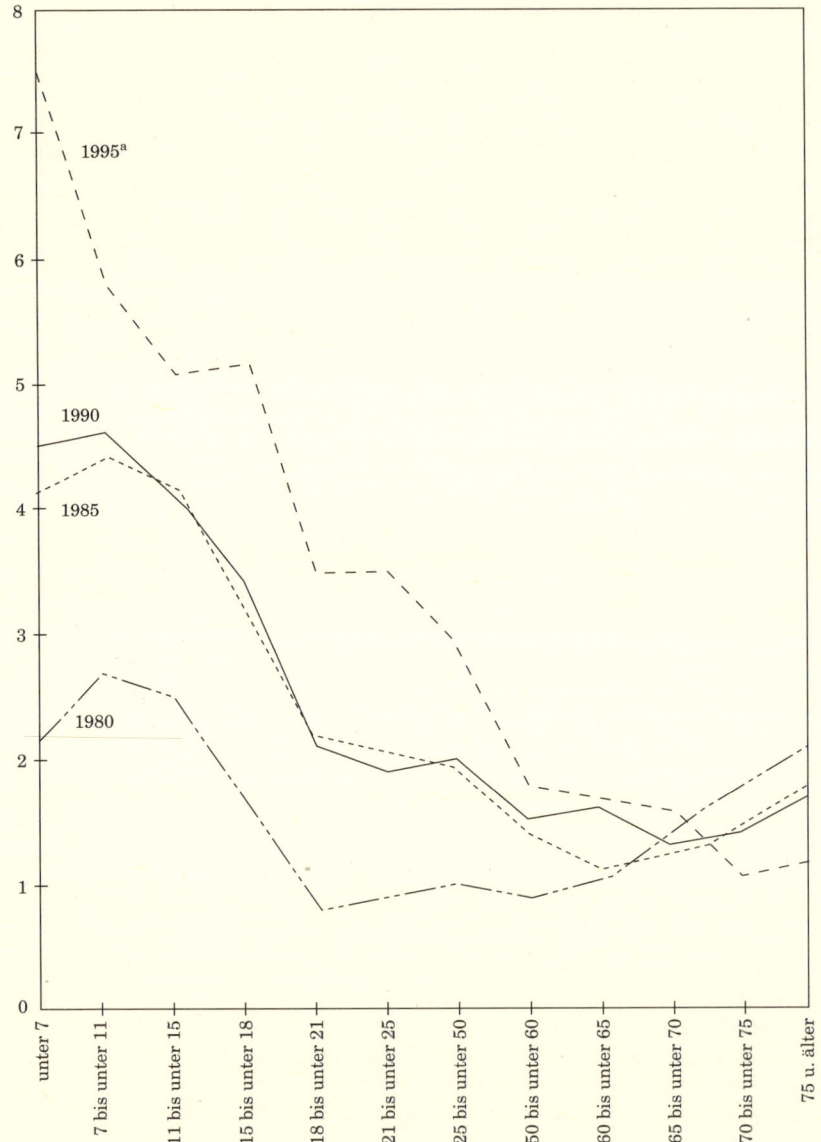

^a Einschließlich der neuen Bundesländer.

Quelle: Statistisches Bundesamt.

Die enormen Haushaltsprobleme der Gebietskörperschaften, der überproportionale Anstieg der Sozialhilfeausgaben sowie die vom Bundesverfassungsgericht[39] erzwungene Ausrichtung der einkommensteuerlichen Freibeträge zur Deckung des Existenzminimums des Steuerpflichtigen und seiner von ihm abhängigen Angehörigen an den Regelsätzen der Sozialhilfe haben den Druck auf die Sozialhilfe verstärkt. Dies prägte auch die Reform von 1996, die als Übergangsregelung die Anhebung der Regelsätze um 1% zum 1. 7. 1996 und für die folgenden 2 Jahre nach Maßgabe der Erhöhung der Nettolohn- und -gehaltssumme je durchschnittlich Beschäftigten vorsieht. Damit wird die ursprüngliche Zielsetzung – die Sicherung eines menschenwürdigen Lebens – jedenfalls in der bisherigen Interpretation aufgegeben.

Auch die danach vorgesehene Neufestsetzung der Regelsätze wird nicht allein den Sozialpolitikern überlassen. Die Vorschriften über Inhalt und Aufbau der Regelsätze sowie ihrer Bemessung und Fortschreibung sind vom Bundesministerium für Gesundheit im Einvernehmen (nicht: im Benehmen) nicht nur mit dem Bundesministerium für Arbeit, sondern auch mit dem Bundesministerium für Finanzen zu erlassen; sie bedürfen überdies der Zustimmung des Bundesrates[40].

5. Leistungen der sozialen Pflegeversicherung[41]

5.1. Charakterisierung

1994 wurde nach langen und ungewöhnlich scharfen Auseinandersetzungen das Pflege-Versicherungsgesetz verabschiedet, durch das als neuer eigenständiger Zweig der Sozialversicherung die soziale Pflegeversicherung (SPV) zur sozialen Absicherung des Risikos der Pflegebedürftigkeit in organisatorischer Anlehnung an die GKV errichtet wurde. Bei ihr sind die Pflichtmitglieder der GKV (§ 20 SGB XI) sowie einige weitere, in § 21 SGB XI genannte Personengruppen versicherungspflichtig. Freiwillige Mitglieder der GKV können auf Antrag von der Versicherungspflicht in der SPV befreit werden, wenn sie eine entsprechende private Versicherung nachweisen[42].

---

[39] Vgl. unten S. 327.

[40] Vgl. Gesetz zur Reform des Sozialhilferechts vom 23. Juli 1996, Artikel 1, Ziff. 10 (betr. § 22 Abs. 5 des Bundessozialhilfegesetzes), in: Bundesgesetzblatt I, 1996, S. 1069.

[41] Vgl. K. Jung unter Mitarbeit von R. Schweitzer: Die neue Pflegeversicherung. Sozialgesetzbuch XI. Das Recht der sozialen und privaten Pflegeversicherung, Bonn 1995, S. 40–45 (als kurzen Überblick); Bundesministerium für Arbeit und Sozialordnung (Hrsg.): Übersicht über das Sozialrecht, a.a.O., S. 461–525.

[42] Personen, die bei einer PKV versichert sind, sind verpflichtet, dort (oder bei einer anderen PKV) einen Pflegeversicherungsvertrag abzuschließen. Der Pflegeversicherung unterliegt also praktisch die gesamte Bevölkerung, wobei Beamte im Hinblick auf die Beihilfe nur eine Teilversicherung abschließen müssen.

Die SPV gewährt Leistungen für häusliche und stationäre Hilfe. Die Finanzierung erfolgt nach dem Umlageverfahren durch Beiträge der Versicherten und der Arbeitgeber.

5.2. Träger

Träger der SPV sind die Pflegekassen, die unter dem Dach der gesetzlichen Krankenversicherung errichtet sind.

5.3. Einbezogener Personenkreis

Pflichtmitglieder der SPV sind die Pflichtmitglieder der GKV sowie einige weitere in § 21 SGB XI genannte Personengruppen. Freiwillige Mitglieder der GKV können auf Antrag von der Versicherungspflicht in der SPV befreit werden, wenn sie eine entsprechende private Versicherung nachweisen.

5.4. Finanzierung

Obwohl die Vertreter der Wissenschaft angesichts der sich ohnehin abzeichnenden Finanzierungsprobleme im Rahmen der GRV nahezu einmütig dafür plädierten, der SPV ein Kapitalstockverfahren zugrunde zu legen, entschieden sich die Bundesregierung und der Bundesgesetzgeber erneut für das Umlageverfahren. Maßgeblich war der Wunsch, so den bereits bei der Einführung der SPV Pflegebedürftigen sofort Leistungen zukommen lassen und damit auch die Kommunen entlasten zu können. Seit dem 1. 7. 1996 beträgt der Beitragssatz 1,7%. Die Beitragsregelung entspricht ansonsten ganz weitgehend der der GKV.

5.5. Leistungen

Die SPV gewährt Leistungen sowohl für die *häusliche* als auch für die *stationäre Pflege*. Allerdings heißt es in § 3 SGB XI ausdrücklich: „Die Pflegeversicherung soll mit ihren Leistungen vorrangig die häusliche Pflege und die Pflegebereitschaft der Angehörigen und Nachbarn unterstützen, damit die Pflegebedürftigen möglichst lange in ihrer häuslichen Umgebung bleiben können."

Die Leistungen für die häusliche Pflege sind nach dem Grad der Pflegebedürftigkeit gestaffelt. Für *Sachleistungen* (etwa von Sozialstationen) stehen je nach Grad der Pflegebedürftigkeit pro Monat zwischen 750 und 2800 DM, in besonderen Härtefällen bis 3750 DM zur Verfügung, für *Geldleistungen*, die der Pflegebedürftige z. B. an verwandte Pflegepersonen weiterzahlen kann, zwischen 400 und 1300 DM. Für Pflegepersonen, die Pflegebedürftige in ihrer häuslichen Umgebung mindestens 14 Stunden pro Woche nicht erwerbsmäßig pflegen, in der Regel Angehörige oder Nachbarn, übernimmt die Pflegeversicherung Beiträge zur Rentenversicherung, sofern sie nicht mehr als 30 Stunden wöchentlich erwerbstätig sind. Diese Beiträge belaufen sich im Jahr 1998 in Abhängigkeit von der Pflegestufe und des zeitlichen Umfangs der Pflegetätigkeit auf zwischen 197 und 704 DM im Monat. Pflegepersonen sind darüber hinaus beitragsfrei in den Schutz der gesetzlichen Unfallversicherung einbezogen.

Für die stationäre Pflege in Pflegeheimen belaufen sich die monatlichen Leistungen auf bis zu 2800 DM, in besonderen Härtefällen 3300 DM. Sie sollen der Idee nach die Pflegekosten decken, während die Kosten für Unterkunft und Verpflegung von den Pflegebedürftigen selbst bzw., sofern die eigenen Mittel nicht ausreichen, von den unterstützungsverpflichteten Angehörigen oder von der Sozialhilfe aufzubringen sind.

Der Versicherungsschutz erstreckt sich auch auf die Ehegatten und die Kinder, soweit sie sich im Inland aufhalten und nicht selbständig versichert sind. Im Jahr 1996 beliefen sich die Ausgaben der SPV auf insgesamt 21,2 Mrd. DM. Davon entfielen 8,7 Mrd. DM auf Pflegegeld, 5,3 Mrd. DM auf vollstationäre Pflege, 3,0 Mrd. DM auf Pflegesachleistungen und 1,8 Mrd. DM auf die soziale Sicherung der Pflegepersonen. Ohne Ausschaltung von Mehrfachleistungen gab es im 2. Halbjahr 1996 1,56 Mio. Leistungsfälle, davon 0,94 Mio. für Pflegegeld, 0,10 Mio. für Pflegeleistungen, 0,14 Mio. für Kombination von Pflege- und Sachleistungen und 0,36 Mio. für stationäre Pflege[43].

5.6. Beurteilung[44]

Ohne Zweifel bestand auf dem Gebiete der Pflegeversicherung großer Handlungsbedarf, zumal wegen des in der Regel weit in der Zukunft liegenden Risikoeintritts und wegen der „kostenlosen" Sozialhilfe der Anreiz zum Abschluß privater Versicherungen sehr gering ist. Leider wurde die Chance zu einer behutsamen Änderung der Struktur des Systems der sozialen Sicherung in Richtung auf Kapitalstockverfahren und mehr private Versicherung zugunsten kurzfristiger politischer Vorteile vertan. Damit wurden die sich ohnehin schon abzeichnenden künftigen Probleme im Rahmen des Umlagesystems vergrößert, zumal das Risiko einer Ausgabenexplosion in der SPV sehr groß ist.

Gleichzeitig sind die Enttäuschungen schon jetzt absehbar, weil ein großer Teil der in Heimen untergebrachten Personen weiterhin auf Sozialhilfe angewiesen

---

[43] Vgl. Bundesarbeitsblatt, Juni 1997, S. 142.
[44] Vgl. W. BUCHHOLZ und W. WIEGARD: Allokative Überlegungen zur Reform der Pflegevorsorge, in: Jahrbücher für Nationalökonomie und Statistik, Bd. 209, 1992, S. 441–457; U. FACHINGER und H. ROTHGANG (Hrsg.): Die Wirkungen des Pflege-Versicherungsgesetzes, a.a.O.; W. GREINER und J. M. GRAF V. D. SCHULENBURG: Leitlinien für eine Systemkorrektur in der Pflegeversicherung, in: H. Siebert (Hrsg.): Sozialpolitik auf dem Prüfstand, a.a.O., S. 111–147.

ist und dieser Teil schnell steigen wird, da eine Dynamisierung der Leistungen bis jetzt nicht vorgesehen ist[45].

6. Leistungen nach dem Bundesausbildungsförderungsgesetz[46]

6.1. Charakterisierung

Ziel des Bundesausbildungsförderungsgesetzes ist es, „eine der Neigung, Eignung und Leistung entsprechende Ausbildung" auch dann zu ermöglichen, „wenn dem Auszubildenden die für seinen Lebensunterhalt und seine Ausbildung erforderlichen Mittel anderweitig nicht zur Verfügung stehen"[47]. Die Förderung erfolgt teils als Zuschuß, teils als rückzuzahlendes Darlehen.

6.2. Träger

Das BAföG wird im Wege der Bundesauftragsverwaltung von den Ländern ausgeführt über die „Ämter für Ausbildungsförderung", die in den Kreisen, kreisfreien Städten und in den staatlichen Hochschulen eingerichtet sind. Die Verwaltung und Einziehung der unverzinslichen Staatsdarlehen erfolgt zentral durch das Bundesverwaltungsamt in Köln, die Einziehung der verzinslichen Bankdarlehen durch die Deutsche Ausgleichsbank in Bonn.

6.3. Einbezogener Personenkreis

Der Anspruch auf Förderung nach dem BAföG setzt voraus eine *förderungsfähige Ausbildung* im Inland (im Einzelfall wird auch die Ausbildung im Ausland gefördert), die *deutsche Staatsangehörigkeit* (davon wird in bestimmten Fällen abgesehen, etwa bei deutscher Staatsangehörigkeit eines Elternteils), die *Eignung* zur angestrebten Ausbildung, ein Alter *unter dem vollendeten 30. Lebensjahr* bei Beginn der Ausbildung (mit Ausnahmemöglichkeiten), die Unterschreitung bestimmter *Einkommens-* und *Vermögensgrenzen* beim Auszubildenden selbst, seinem Ehegatten und seinen Eltern.

Förderungsfähig ist der Besuch von weiterführenden allgemeinbildenden Schulen und Berufsfachschulen ab Klasse 10 sowie Fach- und Fachoberschulklassen, deren Besuch eine abgeschlossene Berufsausbildung nicht voraussetzt, sofern

---

[45] BUNDESREGIERUNG: Entwurf eines Gesetzes zum Inkrafttreten der 2. Stufe der Pflegeversicherung, Bundestagsdrucksache 13/3811 v. 16. 2. 1996, S. 4.

[46] Vgl. BUNDESMINISTERIUM FÜR ARBEIT UND SOZIALORDNUNG (Hrsg.): Übersicht über das Sozialrecht, a.a.O., S. 617–638.

[47] § 1 BAföG in der Fassung vom 6. Juni 1983, in: Bundesgesetzblatt I, 1983, S. 645 ff., berichtigt auf S. 1680, zuletzt geändert durch Artikel 9 des Sozialreformgesetzes vom 23. Juli 1996, in: Bundesgesetzblatt I, 1996, S. 1008, 1098.

der Auszubildende nicht bei seinen Eltern wohnt und von der Wohnung der Eltern eine entsprechende zumutbare Ausbildungsstätte nicht erreichbar ist, einen eigenen Haushalt führt und verheiratet war oder ist bzw. mit mindestens einem Kind zusammen lebt; von bestimmten Klassen anderer berufsbezogener Schulen, von Abendhauptschulen, Berufsaufbauschulen, Abendrealschulen, Abendgymnasien und Kollegs, von höheren Fachschulen und Akademien und von Hochschulen. Förderungsfähig ist ebenfalls die Teilnahme an vergleichbaren Fernunterrichtslehrgängen.

„Die Ausbildung wird gefördert, wenn die Leistungen des Auszubildenden erwarten lassen, daß er das angestrebte Ausbildungsziel erreicht" (§ 9 Abs. 1 BAföG). Für die Ausbildung an einer höheren Fachschule, Akademie oder Hochschule ist die Fortführung der Förderung in späteren Semestern vom Bestehen von Zwischenprüfungen oder von einer Bescheinigung darüber, daß der Auszubildende „die bei geordnetem Verlauf seiner Ausbildung bis zum Ende des jeweils erreichten Fachsemesters üblichen Leistungen erbracht hat" (§ 48 Abs. 1 Ziff. 2 BAföG).

6.4. Finanzierung

Die mit dem BAföG verbundenen Finanzierungskosten werden zu 65% vom Bund und zu 35% von den Ländern getragen. Entsprechend werden auch die Darlehensrückflüsse beim Bundesverwaltungsamt aufgeteilt.

6.5. Leistungen

Die Leistungen für BAföG richten sich nach Pauschalsätzen, die vor allem nach Ausbildungsstätten und Unterkunftsart differenziert sind. Sie werden gekürzt nach Maßgabe des anrechenbaren Einkommens und Vermögens des Auszubildenden selbst, seiner Eltern und seines Ehegatten.

Die BAföG-Leistung erfolgt für Schüler als Zuschuß, für Studierende an höheren Fachschulen, Akademien und Hochschulen zu je 50% als Zuschuß und als Darlehen. Bei der Förderung innerhalb der Regelstudienzeit besteht die Darlehenskomponente aus zinslosen Staatsdarlehen. Nach Überschreitung der Förderungshöchstdauer oder für eine Zweit-, Vertiefungs- oder Ergänzungsausbildung wird nur in Form verzinslicher Darlehen der Deutschen Ausgleichsbank gefördert.

Die Leistungsdauer streckt sich bei Schülern auf die gesamte Ausbildungsperiode; bei Studenten ist sie nach Art der Ausbildungsstätte und des Studiengangs zwischen 6 Semestern und 12 Semestern plus 3 Monate differenziert.

Die *unverzinslichen Darlehen* sind nach einer Karenzzeit von fünf Jahren nach Ende der Förderungshöchstdauer in Abhängigkeit von der Familien- und Einkommenssituation zurückzuzahlen. In bestimmten Fällen (z. B. Kinderbetreuung) ist eine Aussetzung der Rückzahlung möglich. Um einen Anreiz zum zügigen Studienabschluß zu bieten, werden 5000 DM erlassen, wenn das Studium mindestens vier Monate vor dem Ende der Förderungshöchstdauer abgeschlossen ist. Auch in Fällen vorzeitiger Rückzahlung und überdurchschnittlicher Examensleistungen werden Teile der Darlehenssumme erlassen. Die Rückzahlung der *verzinslichen* Darlehen muß mit einem monatlichen Mindestbetrag von 200 DM 6 Monate nach der letzten Auszahlung beginnen und innerhalb von 20 Jahren abgeschlossen sein.

Im Jahre 1996 beliefen sich die BAföG-Ausgaben auf insgesamt 2,7 Mrd. DM. Davon entfielen 1,0 Mrd. auf Darlehen.

6.6. Beurteilung

Die BAföG-Leistungen haben dazu beigetragen, Schülern und Studenten unabhängig von der Einkommenssituation der Eltern eine ihrer „Neigung, Eignung und Leistung" entsprechende Ausbildung zu ermöglichen und damit mehr Chancengleichheit herzustellen. Dieses Ziel wurde aber im Zeitablauf immer weniger verwirklicht, weil sowohl die Bedarfssätze als auch die Einkommensfreibeträge der Eltern nur ungenügend angehoben wurden.

Von 1980 bis 1996
– stieg die Zahl der Studenten insgesamt von 1,0 auf 1,8 Mio.,
– stieg die Zahl der dem Grunde nach anspruchsberechtigten Studenten von 0,7 auf 1,1 Mio.,
– sank die Berechtigtenquote (dem Grunde nach anspruchsberechtigte Studenten in Prozent der Studenten insgesamt) von 74,0 auf 61,0%,
– sank die Förderungsquote (tatsächlich geförderte Studenten zu dem Grunde nach anspruchsberechtigten Studenten) von 47,2 auf 24,7%,
– sanken die Ausgaben für BAföG insgesamt von 3,7 auf 2,7 Mrd. DM,
– stagnierten die BAföG-Ausgaben für Studenten bei 2,0 Mrd. DM[48].

Die partielle Umstellung der BAföG-Leistungen für Studenten auf Darlehensbasis ist ein Schritt in die richtige Richtung. Sowohl unter allokativen Gesichtspunkten (Annäherung der privaten Kosten der Ausbildung an die volkswirtschaftlichen) als auch unter distributiven Aspekten (spätere Einkommen der Studenten dürften typischerweise überdurchschnittlich hoch sein) wäre eine reine Darlehensfinanzierung noch vorteilhafter.

---

[48] Vgl. Fünfter Bericht der Bundesregierung nach §35 des Bundesausbildungsförderungsgesetzes, Bundestagsdrucksache 10/835 vom 21. 12. 1983, S. 7, 17; Sechster Bericht der Bundesregierung nach §35 des Bundesausbildungsförderungsgesetzes, Bundestagsdrucksache 10/4617 vom 2. 2. 1986, S. 8: Zwölfter Bericht der Bundesregierung nach §35 des Bundesausbildungsförderungsgesetzes, Bundestagsdrucksache 13/9515 vom 18. 12. 1997, S. 10, 33; BUNDESMINISTERIUM FÜR ARBEIT UND SOZIALORDNUNG (Hrsg.): Übersicht über das Sozialrecht, a.a.O., S. 629–635.

7. Erziehungsgeld[49]

7.1. Charakterisierung

Das Erziehungsgeld wurde zum 1. 1. 1986 eingeführt. Es soll einem Elternteil ermöglichen oder jedenfalls erleichtern, sich der Betreuung und Erziehung eines Kindes zu widmen, indem die kindbedingten Kosten in Form des (zeitweiligen) Verzichts auf die Erzielung von Arbeitseinkommen (teilweise) kompensiert werden. Die Finanzierung erfolgt zu Lasten des Bundes. Die administrative Abwicklung obliegt den Ländern, die damit unterschiedliche Behörden betraut haben.

7.2. Leistungen

Der Anspruch auf Erziehungsgeld setzt normalerweise voraus, daß der Antragsteller seinen Wohnsitz oder gewöhnlichen Aufenthalt in der Bundesrepublik hat, ein Kind betreut und während der Zeit der Kinderbetreuung keiner bzw. keiner vollen Erwerbstätigkeit nachgeht. Das Erziehungsgeld beträgt während der ersten 6 Monate einheitlich 600 DM/Monat, wenn das Einkommen (nach § 6 BErzGG) bei nicht dauernd getrennt lebenden Verheirateten 100 000 DM, bei anderen Berechtigten 75 000 DM nicht übersteigt. Ab dem 7. Monat mindert es sich um den zwölften Teil von 40% des Einkommens, das 29 400 DM (nicht dauernd getrennt lebend Verheiratete), 23 700 DM (andere Berechtigte) zuzüglich 4200 DM für jedes weitere Kind übersteigt. Der Anspruch auf Erziehungsgeld ist ausgeschlossen für Empfänger von Lohnersatzleistungen (ausgenommen Arbeitslosenhilfe), denen ein Arbeitsentgelt für eine wöchentliche Beschäftigung von mehr als 19 Stunden zugrunde liegt. Im Jahre 1997 wurde Erziehungsgeld von 0,8 Mio. Personen bezogen. Die damit verbundenen Ausgaben beliefen sich auf 7,1 Mrd. DM.

7.3. Beurteilung und Reformmaßnahmen

Mit dem Erziehungsgeld wird anerkannt, daß in dem Maße, wie die Berufstätigkeit beider Ehepartner zur Norm wird, der Kinderlastenausgleich sich nicht mehr auf die Ausgaben für das Kind selbst beschränken kann, sondern auch die Opportunitätskosten in Form entgangener Arbeitsentgelte berücksichtigen muß. Allerdings hat die personelle Reichweite des Erziehungsgeldes im Zeitablauf abgenommen. Seit der Einführung ist zwar die maximale Bezugsperiode von 10 auf 24 Monate erhöht worden; gleichzeitig wurden aber der Monatsbe-

---

[49] Vgl. BUNDESMINISTERIUM FÜR ARBEIT UND SOZIALORDNUNG (Hrsg.): Übersicht über das Sozialrecht, a.a.O., S. 610–616. – In diesem Abschnitt wird nur auf das Bundeserziehungsgeld eingegangen, nicht auf ähnliche Leistungen, die zusätzlich in Baden-Württemberg, Bayern, Mecklenburg-Vorpommern, Rheinland-Pfalz, Sachsen und Thüringen aus Landesmitteln gewährt werden.

trag pro Kind und die Einkommensgrenzen nicht, wie sonst üblich, entsprechend der Einkommensentwicklung oder der Inflationsrate angepaßt. Im Gegenteil sind die Leistungen auch nominal einkommensabhängig eingeschränkt worden. Zurecht konstatiert der WISSENSCHAFTLICHE BEIRAT FÜR FAMILIENFRAGEN hier einen Anpassungsbedarf[50].

8. Wohngeld[51]

8.1. Charakterisierung

Das Wohngeld bezieht sich auf *eine bestimmte Art der Einkommensverwendung*, auf Aufwendungen für Wohnungsnutzung, sei es in Form von Mietzahlungen im Falle des Mieters (der weitaus überwiegende Fall), sei es in Form von Kapitaldienst und Bewirtschaftungskosten im Falle des Eigentümers. Der Zweck wird in § 1 Abs. 1 des Wohngeldgesetzes nicht sehr präzise mit der „wirtschaftlichen Sicherung angemessenen und familiengerechten Wohnens" umschrieben. Man kann davon ausgehen, daß es eine *doppelte Zielsetzung* hat: zunächst und vor allem die unterschiedliche Belastung durch Wohnraumausgaben partiell auszugleichen, darüber hinaus einen gewissen Anreiz zur Benutzung eines größeren und/oder qualitativ besseren Wohnraums zu geben.

Die für die Abwicklung des Wohngeldes zuständigen Behörden werden nach Landesrecht bestimmt. In der Regel sind es die Gemeinde- und Landkreisverwaltungen. Bund und Länder tragen die Kosten zu je 50%.

8.2. Leistungen

Das Wohngeld wird nur innerhalb gewisser Grenzen des Familieneinkommens gewährt, das nach besonderen Vorschriften zu ermitteln ist. Diese Grenzen erhöhen sich mit steigender Haushaltsgröße. Innerhalb der Gruppe der Wohngeldberechtigten werden nur bestimmte Höchstbeträge der Aufwendungen berücksichtigt, die sich mit steigender Haushaltsgröße, steigender Wohnungsqualität und steigender Gemeindegrößenklasse erhöhen. Im berücksichtigungsfähigen Bereich steigt das Wohngeld mit steigender Haushaltsgröße, steigenden Wohnraumausgaben und sinkendem Familieneinkommen.

Das Wohngeld wird teils direkt (sog. spitz berechnetes Wohngeld), teils indirekt in pauschalierter Form über die Träger der Sozialhilfe ausgezahlt. Am 31.

---

[50] Vgl. WISSENSCHAFTLICHER BEIRAT FÜR FAMILIENFRAGEN: Zur Weiterentwicklung des Familienlastenausgleichs nach der Entscheidung des Bundesverfassungsgerichts seit 1990, Schriftenreihe des Bundesministeriums für Familien, Senioren, Frauen und Jugend, Bd. 104, Stuttgart u. a. O. 1995, S. 10.

[51] Vgl. BUNDESMINISTERIUM FÜR ARBEIT UND SOZIALORDNUNG (Hrsg.): Übersicht über das Sozialrecht, a. a. O., S. 639–661.

Dezember 1995 erhielten in den alten Bundesländern insgesamt 6,4% aller privaten Haushalte Wohngeld, in den neuen Bundesländern 9,7%. Von den Empfängern spitz berechneten Wohngelds waren 22,9% (35,4%) Arbeitslose. Das spitz berechnete Wohngeld pro Monat belief sich im Durchschnitt auf 134 DM (148 DM) und deckte damit 21,4% (31,0%) der Wohnkosten (der berücksichtigungsfähigen Wohnkosten)[52].

8.3. Beurteilung[53]

Da die Belastung mit Mietausgaben sehr stark streut, einmal allgemein regional, sodann insbesondere in Abhängigkeit davon, ob man eine Wohnung des sozialen Wohnungsbaus oder gemeinnütziger Unternehmen erhalten hat oder auf den freien Wohnungsmarkt angewiesen ist, kann dieser Teil der Lebenshaltungskosten nur schwer im Rahmen allgemeiner Transferzahlungen adäquat berücksichtigt werden. Hier gibt das Wohngeld die Möglichkeit, flexibel zu differenzieren. Es ist auch zielsicherer als objektbezogene Förderungen mit der bekannten Fehlbelegungsproblematik, führt nicht zu dirigistischen Markteingriffen mit der Folge der Marktspaltung und dürfte im Ergebnis gleichmäßiger wirken als objektgebund ene Förderungen mit diskretionären Zuteilungen, bei denen oft andere Umstände als die Bedürftigkeit ausschlaggebend sind.

Wie alle nicht dynamisierten Transferzahlungen leidet das Wohngeld unter der aus fiskalischen Gründen oft unzureichend vorgenommenen Anpassung im Zeitablauf. Was die Struktur betrifft, sind insbesondere der Tarifverlauf (in Abhängigkeit von der Höhe der Mietausgaben), die regionale Differenzierung zugunsten von Ballungsräumen, das Ausmaß der Berücksichtigung des Mehrbedarfs für Kinder sowie die negativen Anreize für die Arbeitsaufnahme und die Erzielung höherer Arbeitseinkommen allgemein Gegenstand der Reformdiskussion. Diese negativen Anreize können sich gegenwärtig dadurch ergeben, daß die Leistungen für Bezieher von Sozialhilfe teilweise beträchtlich höher sind.

---

[52] Vgl. H. SEEWALD: Wohngeld im früheren Bundesgebiet 1995, in: Wirtschaft und Statistik, 1997, S. 851–856; DERS.: Wohngeld in den neuen Ländern und Berlin-Ost 1995, in: Wirtschaft und Statistik, 1997, S. 114–119.

[53] Zur genaueren Darstellung und Beurteilung des Wohngeldes sowie zur Reformdiskussion vgl. EXPERTENKOMMISSION WOHNUNGSPOLITIK: Wohnungspolitik auf dem Prüfstand, Tübingen 1995, S. 206–212, 224–234; F. HUBERT: Zur Reform des Wohngeldes, in: Zeitschrift für Wirtschafts- und Sozialwissenschaften, Bd. 116, 1996, S. 503–529; H. H. NACHTKAMP und P. R. HUDELMAIER: Subjektförderung 2000 – Eine ökonomische Analyse des geltenden Wohngeldsystems mit Vorschlägen für eine effiziente Gestaltung, Schriften des GdW, Bd. 41, Köln 1993.

§63. Die negative Einkommensteuer

In der Bundesrepublik in der jüngsten Vergangenheit realisierte und gegenwärtig diskutierte Reformmaßnahmen auf dem Gebiet der Sozialtransfers wurden in §62 jeweils im Zusammenhang mit der Darstellung der einzelnen Leistungsarten behandelt. Diese Vorgehensweise ist im Hinblick auf die sog. negative Einkommensteuer nicht zweckmäßig, da sie jedenfalls potentiell mehrere Transfers betrifft und hier außerdem eine enge Verknüpfung mit der Einkommensteuer besteht. Aus diesem Grund soll sie gesondert behandelt werden[54].

1. Der Grundgedanke

Die negative Einkommensteuer wurde in den sechziger Jahren in den USA entwickelt. Der Grundgedanke besteht darin, die Besteuerung nach der Leistungsfähigkeit im Rahmen der Einkommensteuer durch (1) eine Transferzahlung zur Sicherung des Existenzminimums zu ergänzen, die (2) mit der Definition des Existenzminimums der Einkommensteuer abgestimmt sein soll. Dabei ist (3) zu entscheiden, in welchem Ausmaß eigene Einkünfte auf die Transferzahlung anzurechnen sind.

Wenn man die Grundsicherung Y_B durch Transferzahlungen sicherstellt, gleichzeitig solche Transferzahlungen aber nur an Bezieher von Einkommen Y gewähren will, das unter Y_B liegt, bedeutet das, daß der implizite marginale Steuersatz (der marginale Entzugssatz) 100% beträgt (vgl. Transfer S in Abb. 14-2). Ein finanzieller Anreiz zur Erzielung zusätzlicher eigener Einkünfte besteht dann nicht, solange die eigenen Einkünfte niedriger als Y_B bleiben:

$$(14\text{-}1) \qquad Tr = Y_B - Y,$$

$$(14\text{-}2) \qquad \frac{dTr}{dY} = -1 \qquad\qquad \text{für } Y < Y_B.$$

Will man dies verhindern und den Entzugssatz z. B. auf 50% reduzieren, verdoppelt sich der Bereich mit Transferanspruch von Y_B auf $2Y_B$, wenn die Grundsicherung unverändert bleibt (vgl. Transfer B in Abb. 14-2):

$$(14\text{-}3) \qquad Tr = 0{,}5(2Y_B - Y),$$

---

[54] Vgl. R. HAUSER unter Mitwirkung von I. BECKER, G. GUTBERLET und K. WENDORFF: Ziele und Möglichkeiten einer sozialen Grundsicherung, a.a.O.; B. KALTENBORN: Modelle der Grundsicherung: Ein systematischer Vergleich, Schriftenreihe des ZEW, Bd. 4, Baden-Baden 1995; J. MITSCHKE: Steuer- und Transferordnung aus einem Guß. Entwurf einer Neugestaltung der direkten Steuern und Sozialtransfers in der Bundesrepublik Deutschland, a.a.O.

Abbildung 14–2

Integrierter Steuer- und Transfertarif

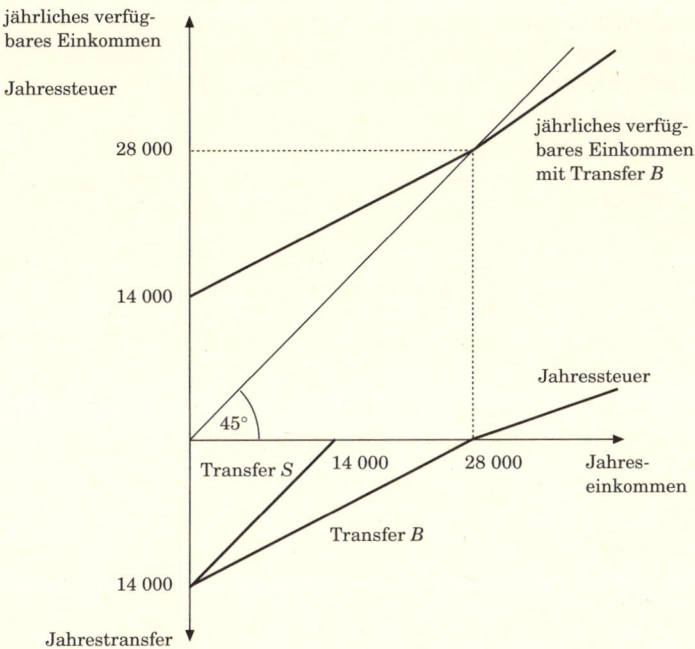

Quelle: In Anlehnung an KRONBERGER KREIS: Bürgersteuer – Entwurf einer Neuordnung von direkten Steuern und Sozialleistungen, Bad Homburg 1986, S. 19.

$$(14\text{-}4) \qquad \frac{dTr}{dY} = -0,5 \qquad\qquad \text{für } Y < 2Y_B \, .$$

Die Verdoppelung der Transfergrenze von Y_B auf $2Y_B$ ist fiskalisch teuer, weil im Einkommensbereich unter Y_B die einzelnen Transferbeträge größer werden, zwischen Y_B und $2Y_B$ zusätzliche Transferansprüche entstehen und darüber hinaus die Steuern in diesem Bereich entfallen. Der Transferunterschied kommt in Abb. 14-2 in dem Dreieck zum Ausdruck, das durch die Transfer S-, Transfer B- und Jahreseinkommensgeraden gebildet wird.

2. Die Diskussion in Deutschland

In Deutschland stieß das Konzept der negativen Einkommensteuer zunächst auf relativ geringes Interesse, wohl deshalb, weil hier im Gegensatz zu den

USA dem dominierenden Zielaspekt der allgemeinen Sicherung des Existenzminimums durch die Sozialhilfe bereits Rechnung getragen war. Die gedankliche Verknüpfung von Einkommensteuer und Sozialhilfe wurde üblicher, als in den achtziger und neunziger Jahren die Kritik an den viel zu niedrig bemessenen Grundfreibeträgen der Einkommensteuer stieg und die Unzulänglichkeit der steuerlichen Regelung mit dem Hinweis auf die viel höheren Leistungen der Sozialhilfe belegt wurde. Wachsende Aufmerksamkeit wurde der negativen Einkommensteuer auch deshalb zuteil, weil sie Gelegenheit bietet, gleichzeitig eine Grundsicherung zu gewähren, die Arbeitsanreize zu wahren und auf arbeitsplatzgefährdende Lohnsteigerungen in den unteren Lohngruppen zur Sicherung des Existenzminimums zu verzichten.

Die negative Einkommensteuer wird gegenwärtig in der Bundesrepublik insbesondere in Form des Bürgergeldes intensiv diskutiert, wie es von J. MITSCHKE und, ihm folgend, vom KRONBERGER KREIS propagiert wird[55]. Sie wird dort mit einer umfassenden Steuerreform verknüpft. Davon wird hier abgesehen, sondern, wie dies auch MITSCHKE im Rahmen seiner aktuell verfolgten Varianten tut, unterstellt, daß die Einkommensteuer in der gegenwärtigen Form beibehalten wird.

Die wichtigsten Aspekte des Bürgergeldes sind:

1. Alle steuerfinanzierten personen- und objektbezogenen Umverteilungsmaßnahmen (z. B. Sozialhilfe, Kindergeld, Ausbildungsförderung, Wohngeld, Sozialer Wohnungsbau) werden in das Bürgergeld überführt und über das Finanzamt abgewickelt.

2. Die Sozialversicherungen werden streng nach dem Versicherungsprinzip gestaltet, die Umverteilungsaspekte also eliminiert.

3. Im Zentrum des Bürgergeldes steht ein Grundsicherungsbetrag (Basisgeld) in Abhängigkeit von der Zahl und dem Alter der Familienmitglieder.

4. Dieses Basisgeld ist so bemessen, daß es für den Bürger ohne eigenes Einkommen das sozio-kulturelle Existenzminimum sichert, wie das heute die Sozialhilfe im Rahmen der Hilfe zum Lebensunterhalt tut.

5. Die Steuerbemessungsgrundlagen werden nicht mehr um die Komponenten gekürzt, die im Bürgergeld berücksichtigt sind (Grundfreibetrag, Kinderfreibetrag).

---

[55] Vgl. W. ENGELS, J. MITSCHKE und B. STARKLOFF: Staatsbürgersteuer. Vorschlag zur Reform der direkten Steuern und persönlichen Subventionen durch ein integriertes Personalsteuer- und Subventionssystem, Wiesbaden 1973; J. MITSCHKE: Steuer- und Transferordnung aus einem Guß. Entwurf einer Neugestaltung der direkten Steuern und Sozialtransfers in der Bundesrepublik Deutschland, a.a.O.; KRONBERGER KREIS: Bürgersteuer – Entwurf einer Neuordnung von direkten Steuern und Sozialleistungen, Bad Homburg 1986.

6. Steuer- und Bürgergeldbeträge werden saldiert, so daß der einzelne Bürger entweder Steuern entrichtet oder Bürgergeld empfängt.

7. Um trotz Bürgergeld einen Anreiz zu sichern, eigenes Einkommen zu erzielen, beträgt der implizite marginale Steuersatz (die marginale Entzugsrate) 50%. Wird bei einem Ein-Personen-Haushalt z. B. das Basisgeld mit 14 000 DM festgelegt, so bedeutet das, daß unterhalb von 28 000 DM Einkommen für jede zusätzlich selbstverdiente D-Mark das Basisgeld nur um 50 Pfennige gekürzt wird (vgl. Transfer *S*-Gerade in Abb. 14-2).

Die Vertreter des Bürgergeldes sehen die Hauptvorteile ihres Vorschlags
— in der Abstimmung von Steuer- und Transfersystemen,
— in der Verwaltungsvereinfachung, die sie sich von der Konzentration der Abwicklung positiver und negativer Transfers beim Finanzamt erhoffen,
— im Abbau verzerrender Wirkungen objektbezogener Umverteilungsmaßnahmen,
— in der Sicherung des Arbeitsanreizes durch eine auf 50% reduzierte Entzugsrate (im Vergleich zu bis 100% im Rahmen der gegenwärtigen Sozialhilfe).

Ohne Zweifel ist der Gedanke eines integrierten Steuer-Transfer-Systems von der Art des Bürgergelds sehr attraktiv, zumal wie zur Zeit der Einsetzung der Transfer-Enquête-Kommission immer noch ein großer Bedarf an einer besseren Abstimmung der staatlichen Transferzahlungen an private Haushalte sowie zwischen staatlichen Transferzahlungen einerseits und Steuern und Abgaben andererseits besteht[56]. Allerdings divergieren die Schätzungen der budgetären Konsequenzen beträchtlich[57]. Schwierig abzuschätzen ist, inwieweit die Reduktion der Transferentzugsrate das Arbeitsangebot wirklich erhöht und inwieweit ein erhöhtes Arbeitsangebot angesichts der gegebenen Arbeitsmarktsituation auch zu einer größeren Gesamtbeschäftigung führt. Umstritten ist, in welchem Umfang existierende Verwaltungen wirklich abgebaut werden können, da einige Transferzahlungen mit begleitenden Betreuungen verbunden sind, die sicherlich nicht auf das Finanzamt übertragen werden können (Beratungen beim Sozialamt sowie Beratungen und Kontrollen beim Arbeitsamt).

Die Realisierung des Bürgergeldvorschlags würde eine sehr große Zahl der Elemente des deutschen Finanzausgleichs (im Sinne der Verteilung der Aufgaben,

---

[56] Vgl. Transfer-Enquête-Kommission: Das Transfersystem in der Bundesrepublik Deutschland, a.a.O., S. 10.

[57] Vgl. I. Becker: Das Bürgergeld als alternatives Grundsicherungssystem: Darstellung und kritische Würdigung einiger empirischer Kostenschätzungen, in: Finanzarchiv, N.F. Bd. 52, 1995, S. 306–338; M. Hüther: Integrierte Steuer-Transfer-Systeme für die Bundesrepublik Deutschland. Normative Konzeption und empirische Analyse, Berlin 1990, S. 153–252; R. Hauser unter Mitarbeit von I. Becker, G. Gutberlet und K. Wendorff: Ziele und Möglichkeiten einer Sozialen Grundsicherung, a.a.O., Abschnitt VII; Deutsches Institut für Wirtschaftsforschung (Hrsg.): Auswirkungen der Einführung eines Bürgergeldes. Neue Berechnungen des DIW, in: DIW-Wochenbericht, Jg. 63, 1996, S. 533–543.

Ausgaben und der Einnahmen)[58] verändern. Die Erfahrungen, die bei der Änderung des kinderbezogenen Teils des Familienlastenausgleichs oder gar des Länderfinanzausgleichs während der letzten Jahre gemacht worden sind, sowie die gravierenden Haushaltsprobleme auf allen Ebenen lassen es als sehr unwahrscheinlich erscheinen, daß der Bürgergeldvorschlag in absehbarer Zeit politisch realisierbar ist – trotz des großen Interesses, auf das er gegenwärtig stößt. Eine 1995 eingesetzte Experten-Kommission „Alternative Steuer-Transfer-Systeme" hatte die Aufgabe, „alternative Systeme zur Integration von Einkommensbesteuerung und steuerfinanzierten Sozialleistungen einschließlich des Bürgergeldsystems zu prüfen". In ihrem 1996 vorgelegten Bericht hat sie sich gegen die Einführung eines Bürgergeldes und gegen die Übertragung der Verwaltung von steuerfinanzierten Sozialtransfers auf die Finanzbehörden ausgesprochen[59].

---

[58] Vgl. unten S. 504.

[59] Vgl. EXPERTEN-KOMMISSION „ALTERNATIVE STEUER-TRANSFER-SYSTEME": Probleme einer Integration von Einkommensbesteuerung und steuerfinanzierten Sozialleistungen, Schriftenreihe des Bundesministeriums der Finanzen, Heft 59, Bonn 1996, S. 128.

Kapitel 15
Subventionen

Literatur

a) Boss, Alfred, und Astrid Rosenschon: Subventionen in Deutschland, Kieler Diskussionsbeiträge Nr. 320, Kiel 1998.

Andel, Norbert: Subventionen, in: Willi Albers u. a. (Hrsg.): Handwörterbuch der Wirtschaftswissenschaft, Bd. 7, Stuttgart u. a. O. 1977, S. 491–510.

b) Andel, Norbert: Subventionen als Instrument des finanzwirtschaftlichen Interventionismus, Tübingen 1970.

Bundesministerium der Finanzen (Hrsg.): Bericht der Bundesregierung über die Entwicklung der Finanzhilfen des Bundes und der Steuervergünstigungen für die Jahre 1995 bis 1998 (Sechzehnter Subventionsbericht), Bonn 1997 (gleichzeitig Bundestagsdrucksache 13/8420 vom 29. August 1997).

Fritzsche, Bernd, u. a.: Subventionen. Probleme der Abgrenzung und Erfassung. Eine Gemeinschaftspublikation der an der Strukturberichterstattung beteiligten Institute, München 1988.

Hansmeyer, Karl-Heinrich: Transferzahlungen an Unternehmen (Subventionen), in: Fritz Neumark, Norbert Andel und Heinz Haller (Hrsg.): Handbuch der Finanzwissenschaft, 3. Aufl., Bd. 1, Tübingen 1977, S. 959–996.

NIEDER-EICHHOLZ, MARKUS: Die Subventionsordnung. Ein Beitrag zur finanzwirtschaftlichen Ordnungspolitik, Berlin 1995.
ORGANISATION FOR ECONOMIC CO-OPERATION AND DEVELOPMENT: Transparency for Positive Adjustment. Identifying and Evaluating Government Intervention, Paris 1983.
WHITING, ALAN (Hrsg.): The Economics of Industrial Subsidies, London 1976.
ZIMMERMANN, HORST: Subventionen und Verteilung. Zur empirischen Erfaßbarkeit von Subventionswirkungen auf die personale Einkommensverteilung, in: Wilhelmine Dreißig (Hrsg.): Öffentliche Finanzwirtschaft und Verteilung IV, Schriften des Vereins für Socialpolitik, N. F. Bd. 75/IV, Berlin 1976, S. 9–57.

§ 64. Charakterisierung

Wie bei den Transferzahlungen an private Haushalte handelt es sich auch bei den Transferzahlungen an Unternehmen um einseitige Kaufkraftübertragungen *ohne Gegenleistung*; die *reale Disposition* liegt bei den Empfängern im nichtstaatlichen Bereich.

Im Einzelfall sind beide Aspekte allerdings in unterschiedlichem Maße ausgeprägt. Sie sind es am stärksten, wenn als Subventionsbemessungsgrundlagen Größen gewählt werden, die der Subventionsempfänger nicht variieren kann (z. B. Daten zurückliegender Jahre). Wenn es dagegen nur dadurch zur Subventionszahlung kommt, daß der Subventionsempfänger zum Zwecke des Subventionserhalts erst den Subventionstatbestand schafft bzw. die Bemessungsgrundlage vergrößert, ist die reale Disposition staatlicherseits zumindest mitbeeinflußt. Zwar liegt auch dann noch keine Entgeltlichkeit im marktlichen Sinne vor, aber doch eine „Gegenleistung" dergestalt, daß sich der Subventionsempfänger unter Inkaufnahme von Kosten anders verhält und dadurch Tatbestände schafft, die (in der Regel) vom Subventionszahler gewünscht sind[1].

Die in diesem Kapitel im Vordergrund stehende enge *instrumentbezogene* Definition findet sich besonders in finanzwissenschaftlichen Arbeiten. Meist wird der Subventionsbegriff jedoch in einer *problembezogenen* Sicht weiter gefaßt im Sinne gezielt differenzierender begünstigender Eingriffe in den Unternehmenssektor allgemein. Dann zählen zu den Subventionen z. B. auch die *Steuersubventionen*, d. h. Begünstigungen in Form von partiellen steuerlichen Erleichterungen, oder die *Beschaffungssubventionen*, d. h. Begünstigungen im Zusammenhang mit der Vergabe von öffentlichen Aufträgen an Unternehmen, die nicht das günstigste Angebot abgegeben haben. Konsequent wird so in der von C. S. SHOUP maßgeblich beeinflußten Publikation „The Economics of Federal Subsidy Programs" des JOINT ECONOMIC COMMITTEE verfahren: „For the purpose of this study, a subsidy is defined as the provision of Federal economic assi-

---

[1] SCHMÖLDERS spricht davon, daß „an Stelle einer marktwirtschaftlichen Gegenleistung in der Regel bestimmte Verhaltensweisen gefordert oder doch erwartet werden". G. SCHMÖLDERS: Finanzpolitik, a.a.O., S. 232.

stance, at the expense of others in the economy, to the private sector producers or consumers of a particular good, service or factor of production. The Government receives no equivalent compensation in return, but conditions the assistance on a particular performance by the recipient – a quid pro quo – that has the effect of altering the price or costs of the particular good, service, or factor to the subsidy recipient, so as to encourage or discourage the output, supply, or use of these items and the related economic behavior"[2].

Der Ausdruck „Subvention" ist negativ wertbeladen; ihm hängt das Odium des Versagens am Markt, der nicht leistungsbegründeten Unterstützung an. Deshalb bevorzugt die Praxis oft alternative Ausdrücke wie Prämien, Zuschüsse, Zuwendungen oder Beihilfen.

§ 65. Ziele

Die mit Subventionen verfolgten Ziele sind sehr vielfältig. Auch hier ist die Gliederung in *Vermeidung sozialer Härten* einerseits und *Förderung bestimmter Aktivitäten* andererseits sehr nützlich. Hinzu kommt der Aspekt der *Konfliktmilderung*.

1. Vermeidung sozialer Härten

Die wirtschaftliche Entwicklung erfaßt nicht die gesamte Volkswirtschaft gleichmäßig, und sie ist mit ständigen strukturellen Veränderungen verbunden. Daraus ergeben sich insbesondere dann Schwierigkeiten, wenn der Rückgang des Arbeitskräftebedarfs in schrumpfenden Sektoren den natürlichen Abgang übersteigt und die freigesetzten Arbeitskräfte in anderen Sektoren keine Beschäftigung finden oder die Arbeitslosigkeit allgemein in bestimmten Regionen beträchtlich über dem nationalen Durchschnitt liegt. Zwar mag dann durch ein hohes Niveau an Sozialtransferzahlungen persönliche materielle Not weitgehend vermieden werden; nicht verhindert wird ein relativer Einkommensrückgang im Vergleich zur Erwerbstätigkeit, nicht verhindert werden auch sonstige individuelle und soziale Nachteile größerer, längerer Arbeitslosigkeit. Ein sehr großer Teil der Subventionen in der Bundesrepublik Deutschland findet hier seine Erklärung (Landwirtschaft, Kohlenbergbau, Schiffbau).

In den vorstehend genannten Fällen steht die Förderung des Einsatzes von Faktoren, speziell des Faktors Arbeit, im Vordergrund. Subventionen können aber auch verwendet werden, um die Abnehmer zu begünstigen, und zwar über

---

[2] US CONGRESS, JOINT ECONOMIC COMMITTEE: The Economics of Federal Subsidy Programs. A Staff Study prepared for the Use of the Joint Economic Committee, Washington 1972, S. 18; siehe auch C. S. SHOUP: Public Finance, a.a.O., S. 43 und 149–153.

durch Subventionszahlungen gesenkte Absatzpreise. Faktisch war und ist dies vor allem für Grundnahrungsmittel und Wohnungsnutzungen der Fall.

2. Förderung bestimmter Aktivitäten

Außerhalb der sozialpolitischen Zielsetzung dienen Subventionen dazu, unter dem Allokationsaspekt bestimmte Tätigkeiten zu fördern. Subventionen eignen sich dazu deshalb, weil sie beim Empfänger wie eine Preiserhöhung für Produkte bzw. wie eine Preissenkung für Faktoren wirken, ohne daß damit gleichzeitig – wie bei echten Marktpreisänderungen – Belastungen für den Produktkäufer oder für den Faktoranbieter verbunden wären. Im Gegenteil: Soweit Subventionen weitergegeben (überwälzt) werden[3], entstehen auch Vorteile für Abnehmer und Faktoranbieter.

In diesem Sinne werden Subventionen eingesetzt, um die Entwicklung neuer Technologien zu fördern, die Auslandsabhängigkeit in „sensitiven" Bereichen zu reduzieren oder Anreize für Aktivitäten mit externen Erträgen zu schaffen.

3. Konfliktmilderung[4]

Subventionen sind nicht nur ein Instrument, das unmittelbar zur Verwirklichung der offiziell proklamierten wirtschaftspolitischen Ziele eingesetzt wird. Sie sind daneben in starkem Maße auch ein Mittel der Konfliktmilderung und des politischen Kompromisses, das Parteien und Regierungen die Bildung eines Konsenses erleichtert. Mit Subventionen kann man gezielt und differenziert auf Unzufriedenheiten reagieren, potentielle Träger von Protestaktionen besänftigen, die Liste der ergriffenen wirtschaftspolitischen Maßnahmen verlängern und damit Aktivität auch dann zeigen, wenn man sich über die langfristig-grundsätzlichen Entscheidungen noch nicht zu einigen vermochte.

Für diese Auffassungen gibt es verschiedene Anhaltspunkte: So ist es überraschend, in welchem Maße die Parlamentarier die Verteilung der Subventionen der Exekutive überlassen. Man hat oft den Eindruck, daß es ihnen genügt, vorzeigen zu können, daß eine bestimmte Hilfe beschlossen wurde, wobei diese selbst im Vordergrund steht, nicht die damit zusammenhängenden distributions- und allokationspolitischen Wirkungen.

---

[3] Zu den Faktoren, von denen das Ausmaß der Weitergabe im Einzelfall abhängt, vgl. oben die Ausführungen auf S. 144–155.

[4] Siehe auch K.-H. HANSMEYER: Transferzahlungen an Unternehmen (Subventionen), a.a.O., S. 986–989.

§ 66. Grundprobleme der Gestaltung von Subventionen

Bei der Subventionsgestaltung sind mehrere technische Fragen zu klären: Wo soll die Subvention ansetzen? Welche Größe soll als Bemessungsgrundlage gewählt werden? Wie ist der Tarif zu gestalten?

1. Einsatzstelle

Die Wahl der Einsatzstelle, d.h. der Stelle, an der die Subvention ausgezahlt wird, ist deshalb eine Variable, weil man ein Unternehmen nicht nur durch Zahlungen an dieses selbst, sondern auch an dessen Lieferanten oder Kunden fördern kann. Im letzten Fall wird der Destinatar dadurch zum effektiv Begünstigten, daß der Subventionsempfänger subventionsbedingt seine mengenmäßige Nachfrage erhöht bzw. sich im Zuge der Nachfragesteigerung Preiserhöhungen ergeben.

Im allgemeinen ist es ratsam, *die Einsatzstelle möglichst nahe beim Subventionsdestinatar zu wählen*. Dadurch wird die Gefahr verringert, daß die Subvention versickert, d.h. den Destinatar gar nicht erreicht. Speziell wenn die Zahl der Destinatare im Vergleich zu der Zahl der Lieferanten oder Abnehmer sehr groß ist, kann es allerdings unter dem Aspekt der Kosten der administrativen Abwicklung vorteilhaft sein, eine im Produktionsprozeß vor- oder nachgelagerte Stelle zu wählen. Als Beispiele seien einerseits die Handelsdüngersubventionen genannt, die an die Erzeuger bzw. Händler von Handelsdünger gezahlt wurden, andererseits die Milchsubventionen, für welche die Molkereien Zahlungsempfänger waren.

2. Bemessungsgrundlage

Ähnliche Überlegungen gelten bei der Wahl der Bemessungsgrundlage. *Sie sollte möglichst weitgehend mit dem zu fördernden Tatbestand zusammenfallen*, um überflüssige Substitutions- und damit Versickerungseffekte zu vermeiden. Wenn die Produktion eines bestimmten Gutes gefördert werden soll, ist es zweckmäßig, die Produktion selbst oder die gesamten Kosten, nicht aber lediglich einzelne Kostenfaktoren als Bemessungsgrundlage zu wählen. Wenn die Beschäftigung in einer bestimmten Region erhöht werden soll, müßte die Subvention mit der Zahl der Beschäftigten oder der Bruttolohn- und -gehaltssumme variieren, nicht aber etwa mit den Investitionen.

In der Praxis ist es oft anders. Die Bemessungsgrundlage „Investitionen" hat nämlich den Vorteil, weniger sog. „Rucksackbetriebe", die vielleicht schnell wieder abwandern, sondern eher kapitalintensivere Arbeitsplätze anzulocken, die weniger leicht aufgegeben werden können und überdies höhere Löhne bieten. Für solche Betriebe haben investitionsbezogene Subventionen den Vorteil, daß der Mittelzufluß sicherer und auf einen Zeitpunkt besonderer finanzieller Anspannung konzentriert ist.

3. Tarif

Der Subventionstarif gibt den Zusammenhang zwischen der Subventionsbemessungsgrundlage und dem Subventionsbetrag an. Im Gegensatz zu manchen Steuertarifen[5] ist er ganz überwiegend sehr einfach konstruiert.

Der Finanzpolitiker kann oft zwischen *spezifischer Subvention* (Stücksubvention), die als Subventionsbetrag pro spezifische Mengeneinheit der Bemessungsgrundlage festgelegt ist, und *Wertsubvention*, die als Prozentsatz des Wertes der Bemessungsgrundlage fixiert ist, wählen. Bei einigen Bemessungsgrundlagen, etwa bei Investitionen oder Verlusten, kommen jedoch nur Wertsubventionen in Frage.

Je nachdem, ob der Stücksubventionsbetrag oder der auf die Wertsumme bezogene Subventionssatz mit steigender Bemessungsgrundlage konstant ist, steigt oder fällt, ist der Subventionstarif proportional, progressiv oder regressiv[6].

§ 67. Subventionskritik

Subventionen gehören zu den wohl am meisten kritisierten öffentlichen Ausgaben; gleichwohl wachsen sie ständig. Offensichtlich ist es relativ einfach, sich in abstrakt-allgemeiner Weise gegen Subventionen auszusprechen oder gegen solche zu sein, die andere begünstigen; dagegen ist es sehr schwer, Abstinenz zu üben, wenn man selbst (direkt oder indirekt) Subventionsbegünstigter ist.

Die Subventionskritik bezieht sich vor allem auf die mangelhafte Zielgenauigkeit, den Verlust an Allokationseffizienz und die fehlende Regelgebundenheit der Subventionsgewährung.

1. Die mangelhafte Zielgenauigkeit

Die Gewährung einer Subvention kann, wie die partialanalytischen Untersuchungen gezeigt haben, zu Mengen- und Preisveränderungen sowohl auf der Ausbringungs- als auch auf der Faktoreinsatzseite führen mit im Einzelfall ganz unterschiedlichen Einkommensverteilungseffekten (vgl. Abb. 9-14 b, oben

---

[5] Siehe dazu unten S. 303–310.
[6] Darauf wird unten im Zusammenhang mit den Steuertarifen näher eingegangen.

S. 146, wenn A_{t_s} als die ursprüngliche, A als die subventionsbedingt verschobene Angebotskurve interpretiert werden). Diese Wirkungen sind in lediglich beschränktem Maße – etwa durch die Wahl der Bemessungsgrundlage – steuerbar. Aus diesem Grund führen Subventionen zumindest *auch* zu Wirkungen, die nicht angestrebt werden oder gar unerwünscht sind. Speziell unter dem Verteilungsaspekt heißt das: Ein gegebener Subventionsbetrag schlägt sich nur zum (u. U. kleinen) Teil beim eigentlichen Subventionsdestinatar als effektive Einkommenserhöhung nieder.

2. Der Verlust an Allokationseffizienz

Verteilungspolitisch motivierte Subventionen verfälschen den Preismechanismus. Soweit sie verhindern, daß Faktoren in Bereiche höherer Produktivität abwandern oder daß kostengünstigere Produkte nachgefragt werden, ergibt sich eine Verminderung der Allokationseffizienz. In Abb. 9-14b kommt sie in der Fläche zwischen A_{t_s} und N im Bereich $(x_0 - x_1)$ zum Ausdruck, wenn A_{t_s} als die ursprüngliche Angebotskurve interpretiert wird.

3. Die fehlende Regelgebundenheit der Subventionsgewährung

Während sich der Gesetzgeber bei Transferzahlungen an private Haushalte zumindest *bemüht*, eine möglichst weitgehende Gleichbehandlung gleicher Tatbestände zu verwirklichen, ist für Subventionen eher die Ungleichmäßigkeit, ja Willkür kennzeichnend. Das betrifft zum einen die Anlässe, die zur Etablierung einzelner Subventionsprogramme führen, zum anderen aber auch die Behandlung der Unternehmer, die innerhalb eines einzelnen Subventionsprogramms grundsätzlich die Subventionsvoraussetzungen erfüllen.

Was den ersten Punkt betrifft, so gibt es nebeneinander Branchen, denen starke Schrumpfungen und Strukturwandlungen als selbst zu lösende Marktanpassungsaufgaben überlassen bleiben (Einzelhandel, Unterhaltungselektronik), und solche, die jahrzehntelang in hohem Maße unterstützt werden (Landwirtschaft, Bergbau, Schiffbau). Der zweite Punkt, der besonders in der rechtswissenschaftlichen Diskussion berücksichtigt wird, ergibt sich aus dem Fehlen eingehender Rechtsgrundlagen, aus dem daraus folgenden größeren Entscheidungsspielraum der Exekutive und aus der fehlenden Subventionspublizität. Der Rechtswissenschaftler ZACHER konstatiert eine „Unerträglichkeit des Ordnungsdefizits" und bezeichnet das Subventionswesen als „graue(n) Markt unseres demokratischen und sozialen Rechtsstaates"[7].

---

[7] H. F. ZACHER: Verwaltung durch Subventionen, in: Otto Kimminich u. a.: Das Staatsoberhaupt in der parlamentarischen Demokratie – Verwaltung durch Subventionen, Veröffentlichungen der Vereinigung der Deutschen Staatsrechtslehrer, Heft 25, Berlin 1967, S. 396.

§ 68. Subventionsregelungen

Die deutsche Abgabenordnung findet auf der Ausgabenseite keine Entsprechung in Form einer Subventions- oder Zuwendungsordnung. Auch die Finanzwissenschaft hat sich zwar mit Steuer- und Haushaltsgrundsätzen befaßt, solche Normen aber nicht systematisch für Transferzahlungen entwickelt; allenfalls wird punktuell eine zeitliche Befristung und eine zeitlich degressive Staffelung gefordert – abgesehen von der Präferenz für offene gegenüber versteckten Subventionen im Rahmen eines weiten Subventionsbegriffs[8].

Bescheidene Ansätze zu Subventionsregelungen finden sich in der Bundesrepublik Deutschland im *Haushaltsgrundsätzegesetz* und den darauf aufbauenden *Haushaltsordnungen*, ferner im *Stabilitätsgesetz*. Von sehr unterschiedlichem Erfolg waren Bemühungen auf internationaler Ebene, durch Subventionsbeschränkungen den internationalen Handel vor Wettbewerbsverzerrungen zu schützen. Für die Bundesrepublik Deutschland ist in diesem Zusammenhang vor allem der *EG-Vertrag* bedeutsam.

1. Das Haushaltsrecht

§ 14 HGrG, der in entsprechenden Bundes-, Landes- und Gemeindehaushaltsordnungen seinen Niederschlag gefunden hat, bestimmt, daß *Zuwendungen* („Ausgaben und Verpflichtungsermächtigungen für Leistungen an Stellen außerhalb der Verwaltung" der jeweiligen Gebietskörperschaft „zur Erfüllung bestimmter Zwecke") nur veranschlagt werden dürfen, wenn an der Erfüllung durch solche Stellen ein erhebliches Interesse besteht, „das ohne die Zuwendungen nicht oder nicht im notwendigen Umfang befriedigt werden kann". Eine effektive Beschränkung der Subventionspolitik dürfte diese Vorschrift ebensowenig darstellen wie § 26 HGrG, der sich auf den Verwendungsnachweis und das Prüfungsrecht beim Zuwendungsempfänger bezieht, also auf die Sicherung bereits beschlossener Subventionsmaßnahmen.

2. Das Stabilitätsgesetz

Diese Feststellung der effektiv geringen Einschränkung der Subventionspolitik gilt auch für § 12 Abs. 1 StWG, dem zufolge Bundesmittel, die für bestimmte Zwecke an Stellen außerhalb der Bundesverwaltung gegeben werden, insbesondere Finanzhilfen, so zu gewähren sind, daß es den Zielen des Stabilitätsgesetzes nicht widerspricht. Indirekt dürfte das StWG allerdings über § 12

---

[8] Eine interessante Ausnahme bildet die Arbeit von M. NIEDER-EICHHOLZ: Die Subventionsordnung, a.a.O., insbesondere S. 192–278.

Abs. 2–4 von Einfluß sein, da der dort geregelte Subventionsbericht sehr wesentlich die Transparenz in diesem Bereich erhöht und die Sensibilität für die Subventionsproblematik gefördert hat. Dieser Bericht ist von der Bundesregierung alle zwei Jahre mit dem Entwurf des Bundeshaushaltsplans vorzulegen. Er enthält die Finanzhilfen und Steuervergünstigungen, untergliedert nach den Zielsetzungen Erhaltung, Anpassung an neue Bedingungen oder Förderung des Produktivitätsfortschritts und des Wirtschaftswachstums, ferner die jeweiligen Rechtsgründe, Angaben über den vorgesehenen Zeitpunkt der Beendigung der Maßnahme sowie Vorschläge der Bundesregierung für eine frühere Beendigung oder einen in Stufen vorgenommenen Abbau der Verpflichtungen.

3. Die Art. 92–94 EWG-Vertrag

Die Vorschriften über „Staatliche Beihilfen" in den Artikeln 92–94 EWG-Vertrag sind von beträchtlicher effektiver Bedeutung in dem Sinne, daß sie faktisch die Subventionspolitik der Mitgliedstaaten beschränken. Im Interesse der Sicherung eines verzerrungsfreien und „fairen" Wettbewerbs im innergemeinschaftlichen Handel werden in Art. 92 „staatliche oder aus staatlichen Mitteln gewährte Beihilfen gleich welcher Art, die durch die Begünstigung bestimmter Unternehmen oder Produktionszweige den Wettbewerb verfälschen oder zu verfälschen drohen", als mit dem Gemeinsamen Markt unvereinbar bezeichnet, „soweit sie den Handel zwischen Mitgliedstaaten beeinträchtigen". Teils diesen Grundsatz präzisierend, teils in Abweichung davon werden in Abs. 2 Beihilfen vor allem sozialer Art genannt, die generell als mit dem Gemeinsamen Markt vereinbar angesehen werden, in Abs. 3 solche, die als vereinbar angesehen werden können. Darüber hinaus eröffnet Art. 93 Abs. 2 Satz 3 die Möglichkeit, daß der Rat auf Antrag eines Mitgliedstaates einstimmig beschließt, daß eine eigentlich vertragswidrige Subvention als mit dem Gemeinsamen Markt vereinbar gilt, „wenn außergewöhnliche Umstände eine solche Entscheidung rechtfertigen".

Der Kommission der EU ist es aufgrund der in Art. 93 EWG-Vertrag eingeräumten Kompetenzen durch zähe Kleinarbeit gelungen, daß im gewerblichen Bereich vor allem Exportsubventionen innerhalb der EWG abgebaut und Beihilfen mit regionaler und sektoraler Zielsetzung besser auf die Ziele des Gemeinsamen Marktes ausgerichtet worden sind[9].

---

[9] Vgl. die Darstellung und Analyse von M. ROSENSTOCK: Die Kontrolle und Harmonisierung nationaler Beihilfen durch die Kommission der europäischen Gemeinschaften, Finanzwissenschaftliche Schriften, Bd. 71, Frankfurt/M. 1995.

4. Das Subventionsabkommen der Welthandelsorganisation[10]

In dem „Agreement on Subsidies and Countervailing Measures", das auf der
Uruguay-Runde des GATT ausgehandelt worden ist, werden Industriesubven-
tionen[11] im Sinne von öffentlichen finanziellen Beiträgen an einzelne Unternehmen oder Branchen (Art. 1, 2) ganz ähnlich wie im EWG-Vertrag in erlaub-
te, verbotene und „angreifbare" unterteilt. Erlaubt sind (1) Subventionen, die
nicht auf einzelne Unternehmen oder Branchen beschränkt sind, (2) Subventionen bis zur Höhe von 75 (50)% der Forschungs-(Entwicklungs-)Kosten, (3)
allgemeine (nicht spezifische) Regionalsubventionen zugunsten von Gebieten
mit niedrigem Pro-Kopf-Einkommen und hoher Arbeitslosigkeit, (4) Subventionen für die Anpassung industrieller Anlagen an neue Umweltbestimmungen
(Art. 8, 9). Verboten sind Subventionen für Exporte und den Verbrauch inländi-
scher statt importierter Güter. Angreifbar, d. h. nur unter bestimmten Voraussetzungen erlaubt, sind Subventionen, die Interessen anderer Mitglieder im
Sinne des Art. 5 beeinträchtigen. Eine solche Beeinträchtigung wird generell
unterstellt bei Subventionsanteilen am Produktionswert von über 5%, bei Ver-
lustausgleichssubventionen sowie bei Schuldenerlassen. Diese Vermutungen
können allerdings durch den subventionierenden Staat widerlegt werden.

Das Abkommen enthält sehr detaillierte Regelungen über nationale Subventionsprogramme, über die Prüfungsverfahren und über den Einsatz von gegebenenfalls zu ergreifenden Gegenmaßnahmen etwa in Form von Ausgleichszöl-
len (Art. 10–26). Für Entwicklungsländer enthält Art. 27 großzügigere Regelungen.

§ 69. Subventionen in der Bundesrepublik Deutschland

Es ist nicht einfach, einen Überblick über Subventionen in der Bundesrepublik
Deutschland zu gewinnen. Daten der VGR scheiden aus, weil dort eine zu enge
Begriffsabgrenzung zugrunde gelegt wird, nach der z. B. Steuersubventionen,
Darlehen und Investitionszuschüsse nicht erfaßt werden. Der Subventionsbericht der Bundesregierung hat zwar, speziell was die Steuersubventionen betrifft, eine Pionierfunktion erfüllt, weist aber mehrere Nachteile auf[12]: Er ist
z. B. ganz überwiegend auf Bundessubventionen beschränkt; er enthält auch

---

[10] Vgl. GATT: Final Act Embodying the Results of the Uruguay Round of Multilateral Trade Negotiations, Genf 1993, MTN/FA II-13: Agreement on Subsidies and Countervailing Measures.

[11] Landwirtschaftliche Subventionen sind in einem separaten Abkommen geregelt, auf das
hier nicht eingegangen wird.

[12] Für eine umfassendere Kritik vgl. M. NIEDER-EICHHOLZ: Die Subventionsordnung, a.a.O.,
S. 168–182, und die dort angegebene Literatur.

(zweckgebundene) Transferzahlungen an private Haushalte, die üblicherweise eher als Sozialtransfers bezeichnet werden (ca. ein Drittel des Gesamtvolumens); das Ausmaß der Subventionierung in den neuen Bundesländern wird durch die Ausklammerung der Treuhandanstalt und ihrer Nachfolgegesellschaften viel zu niedrig ausgewiesen; im Vordergrund steht die einperiodische Betrachtung der Ausgaben und (hypothetischen) Mehreinnahmen: Verlorene Zuschüsse, gewährte Darlehen und Einnahmenminderungen durch subventionistische Abschreibungsbeschleunigungen werden gleichbehandelt, obwohl in den beiden letzten Fällen in späteren Perioden mit Rückflüssen zu rechnen ist.

Die auf Subventionen bezogene Arbeiten der Wirtschaftsforschungsinstitute sind sehr verdienstvoll, führen aber auch zu voneinander beträchtlich abweichenden Ergebnissen. Erst Ende 1988 einigte man sich auf eine einheitliche Abgrenzung, die für 1985 zu einem Subventionsvolumen von 118 Mrd. DM führte im Vergleich zu 72 Mrd. im Elften Subventionsbericht[13]. Diese Diskrepanzen können nicht überraschen, denn die Ermittlung von Subventionen ist schon konzeptionell schwierig, weil sie eine Norm voraussetzt, die auf verschiedenen Gebieten nicht zweifelsfrei festgelegt werden kann. Wo endet z. B. die *allgemeine* Infrastrukturpolitik oder die *allgemeine* Förderung von Wissenschaft und Technik, wo beginnt die *partielle* subventionistische Begünstigung? Diese Festlegung der Norm ist auf dem Gebiet der Steuersubventionen besonders bedeutsam und gleichzeitig auch besonders schwierig: Was ist die richtige Abschreibung, die als Maßstab für die Bestimmung subventionistischer Abschreibungsbegünstigungen herangezogen werden soll? Die Bundesregierung orientiert sich hier zum Teil am Kreis der Betroffenen: Regelungen, welche die Mehrzahl der Steuerpflichtigen begünstigen, werden nicht als Subventionen aufgefaßt.

Nach den Angaben des Sechzehnten Subventionsberichts ist das Gesamtvolumen der Subventionen von Bund, Ländern, Gemeinden, ERP und EU von 31,4 Mrd. DM 1970 über 60,4 Mrd. DM 1980 und 78,9 Mrd. DM 1990 auf 115,2 Mrd. DM (Soll) 1997 gestiegen. Von den Subventionen (Finanzhilfen und Steuervergünstigungen) des Bundes, die sich 1996 auf 42,0 Mrd. DM beliefen, entfielen 18,6% auf regionale Strukturmaßnahmen, 11,6% auf die Landwirtschaft, 23,4% auf das Wohnungswesen, 23,7% auf den Bergbau und 1,3% auf Sparförderung und Vermögensbildung[14]. Relativ in bezug auf das Haushaltsvolumen und das Bruttoinlandsprodukt sind die Subventionen des Bundes von

---

[13] Vgl. B. Fritzsche u. a.: Subventionen. Probleme der Abgrenzung und Erfassung, a.a.O., S. 22. Die Zahl von 72 Mrd. DM wird im Subventionsbericht aber nur an einer Stelle global genannt. Ansonsten beziehen sich die dort gemachten Angaben auf Teile davon, insbesondere auf die auf den Bund entfallenden Subventionen.

[14] Vgl. Bundesministerium der Finanzen (Hrsg.): Bericht der Bundesregierung über die Entwicklung der Finanzhilfen des Bundes und der Steuervergünstigungen für die Jahre 1995 bis 1998, a.a.O., S. 12, 13, 21.

15,9 (2,1)% 1970 über 12,6 (1,9)% 1975, 11,4 (1,7)% 1980, 10,7 (1,5)% 1985 und 7,8 (1,2)% 1990 auf 9,2 (1,2)% 1996 zurückgegangen[15].

Die globalen Zahlen verdecken, daß die Entwicklung in den alten und neuen Bundesländern unterschiedlich war. Das Gesamtvolumen der Subventionen von Bund, Ländern, Gemeinden, ERP und EU stieg in den neuen Bundesländern von 24,7 Mrd. DM 1991 auf 38,6 Mrd. DM 1997 (Soll, ohne Marktordnungsausgaben); im gleichen Zeitraum fiel es in den alten Ländern von 77,6 auf 69,7 Mrd. DM (ohne Verstromungshilfe)[16]. Es sei nochmals daran erinnert, daß die Angaben für die neuen Bundesländer nicht die über die Treuhandanstalt finanzierten Subventionen enthalten.

Übersicht 15-1

Subventionen des Bundes je Erwerbstätigen in ausgewählten Wirtschaftsbereichen in DM[a]

Wirtschaftsbereich	1970	1980	1990	1994
Landwirtschaft, Fischerei, Forsten	2 102	2 618	5 793	6 965
Steinkohlenbergbau	2 130	14 052	25 511	29 447
Schiffbau	368	4 379	10 583	6 986
Luft- und Raumfahrttechnik	3 659	6 889	17 182	4 362
Nachrichtlich: Alle Wirtschaftsbereiche				
– alte Länder	526	907	1 058	776
– neue Länder	—	—	—	2 087

[a] Alte Bundesländer.

Quelle: BUNDESMINISTERIUM DER FINANZEN (Hrsg.): Bericht der Bundesregierung über die Entwicklung der Finanzhilfen des Bundes und der Steuervergünstigungen für die Jahre 1995 bis 1998 (Sechzehnter Subventionsbericht), Bonn 1997, S. 16.

Für die eigentliche Subventionsproblematik informativer sind Angaben über die *Subventionen (Finanzhilfen und Steuervergünstigungen) pro Erwerbstätigen* in den einzelnen Wirtschaftssektoren. Wie der Übersicht 15-1 zu entnehmen ist, ergaben sich für 1994 für den Bereich der Bundessubventionen nach den Angaben des Sechzehnten Subventionsberichts 29 447 DM für den Steinkohlenbergbau, 4 362 DM für die Luft- und Raumfahrttechnik, 6 986 DM für

---

[15] Vgl. ebenda, S. 12f.; BUNDESMINISTERIUM DER FINANZEN (Hrsg.): Finanzbericht 1998, a.a.O., S. 102, 187–189. Ohne die Verstromungshilfe für Steinkohle, die bis einschließlich 1995 außerhalb des Bundeshaushalts finanziert wurde, ergibt sich für 1996 ein Rückgang auf 7,6 (1,0)%.

[16] Vgl. BUNDESMINISTERIUM DER FINANZEN (Hrsg.): Bericht der Bundesregierung über die Entwicklung der Finanzhilfen des Bundes und der Steuervergünstigungen für die Jahre 1995 bis 1998, a.a.O., S. 11, 21.

den Schiffbau sowie 6 965 für Landwirtschaft, Fischerei und Forsten – alles Bereiche, die schon seit langer Zeit hoch subventioniert werden. Dabei ist zu berücksichtigen, daß die Unterstützung der Landwirtschaft überwiegend über die EU (Gesamthaushalt, Hochpreispolitik) erfolgt. 1994 standen Bundessubventionen an den Bereich Landwirtschaft, Fischerei und Forsten in Höhe von 7 Mrd. DM Marktordnungs- und Agrarstrukturausgaben der EU für Deutschland in Höhe von 13 Mrd. DM gegenüber.

Teil V

Die öffentlichen Einnahmen

Die öffentlichen Einnahmen, die lange Zeit sehr einseitig im Mittelpunkt der Finanzwissenschaft standen, wurden bislang nur knapp im Rahmen der übersichtartigen Gliederung der finanzwirtschaftspolitischen Instrumente, eher am Rande bei der Darstellung des budgetären Prozesses und lediglich in einigen Grundformen im Rahmen der Wirkungsanalyse behandelt. Sie sollen jetzt eingehender untersucht werden. Dabei ist allerdings die Beschränkung auf eine Auswahl erforderlich. Angesichts der heutigen Dominanz der Steuern muß diese Einnahmenkategorie im Vordergrund stehen und dabei wiederum die wichtigsten Einzelsteuern, insbesondere die Einkommensteuer einschließlich Körperschaftsteuer und die Umsatzsteuer (allgemeine indirekte Verbrauchsteuer). Kürzer werden die vermögensbezogenen Steuern, die persönliche allgemeine Verbrauchsteuer sowie die Steuern auf spezielle Güter, ausführlicher wiederum die Einnahmen aus öffentlicher Verschuldung behandelt. Auf die Sozialversicherungsbeiträge ist bereits im Zusammenhang mit den Sozialtransfers eingegangen worden.

Kapitel 16

Allgemeine Probleme der Besteuerung

Literatur

a) KOLMS, HEINZ: Finanzwissenschaft II, 4. Aufl., Berlin–New York 1974, S. 32–52.

NEUMARK, FRITZ: Steuern I: Grundlagen, in: Willi Albers u. a. (Hrsg.): Handwörterbuch der Wirtschaftswissenschaft, Bd. 7, Stuttgart u. a. O. 1977, S. 295–309.

b) BLUM, WALTER J., und HARRY KALVEN, JR.: The Uneasy Case for Progressive Taxation, Chicago 1953.

HALLER, HEINZ: Die Steuern. Grundlinien eines rationalen Systems öffentlicher Abgaben, 3. Aufl., Tübingen 1981.

HOMBURG, STEFAN: Allgemeine Steuerlehre, München 1997.

KRAUSE-JUNK, GEROLD: Steuern IV: Verteilungslehre, in: Willi Albers u. a. (Hrsg.): Handwörterbuch der Wirtschaftswissenschaft, Bd. 7, Stuttgart u. a. O. 1977, S. 332–356.

LITTMANN, KONRAD: Ein Valet dem Leistungsfähigkeitsprinzip, in: Heinz Haller u. a. (Hrsg.): Theorie und Praxis des finanzpolitischen Interventionismus. Fritz Neumark zum 70. Geburtstag, Tübingen 1970, S. 113–134.

MUSGRAVE, RICHARD A.: The Theory of Public Finance, New York–Toronto–London 1959, S. 61–115; deutsch: Finanztheorie, 2. Aufl., Tübingen 1969, S. 51–89.

NEUMARK, FRITZ: Grundsätze gerechter und ökonomisch rationaler Steuerpolitik, Tübingen 1970.

POHMER, DIETER, und GISELA JURKE: Zur Geschichte und Bedeutung des Leistungsfähigkeitsprinzips unter besonderer Berücksichtigung der Beiträge im Finanzarchiv und der Entwicklung der deutschen Einkommensbesteuerung, in: Finanzarchiv, N.F. Bd. 42, 1984, S. 445–489.

POLLAK, HELGA: Steuertarife, in: Fritz Neumark, Norbert Andel und Heinz Haller (Hrsg.): Handbuch der Finanzwissenschaft, 3. Aufl., Bd. 2, Tübingen 1980, S. 239–266.

SCHEER, CHRISTIAN: Steuerpolitische Ideale – gestern und heute, in: Gerold Krause-Junk: Steuersysteme der Zukunft, Schriften des Vereins für Socialpolitik, N.F. Bd. 256, Berlin 1998, S. 155–198.

SCHMIDT, KURT: Grundprobleme der Besteuerung, in: Fritz Neumark, Norbert Andel und Heinz Haller (Hrsg.): Handbuch der Finanzwissenschaft, 3. Aufl., Bd. 2, Tübingen 1980, S. 119–171.

SCHMÖLDERS, GÜNTER, und KARL-HEINRICH HANSMEYER: Allgemeine Steuerlehre, 5. Aufl., Berlin 1980.

SCHNEIDER, DIETER: Bezugsgrößen steuerlicher Leistungsfähigkeit und Vermögensbesteuerung, in: Finanzarchiv, N.F. Bd. 37, 1979, S. 26–49.

Es ist üblich, die Steuerlehre in einen allgemeinen und einen speziellen Teil zu trennen. Im Rahmen der *allgemeinen Steuerlehre*, der dieses Kapitel gewidmet ist, werden Aspekte behandelt, die für mehr oder weniger alle Steuern bedeutsam sind, während im Rahmen der *speziellen Steuerlehre* (Kapitel 17–22) mit den einzelnen Steuerarten verbundene spezielle Probleme analysiert werden.

Die Steuerwirkungslehre wird üblicherweise als Teil der allgemeinen Steuerlehre betrachtet. In diesem Lehrbuch werden die damit verbundenen Probleme im Teil III „Die Wirkungen finanzpolitischer Instrumente", S. 105–186, behandelt.

§ 70. Definition

Was sind die charakteristischen Eigenschaften einer Steuer, die in einer Definition enthalten sein sollten?
– Die Steuer ist eine *Zwangsabgabe*.
– Mit ihr ist *kein Anspruch auf Gegenleistung* verbunden.
– Sie wird nach vom Staat festgelegten *allgemeinen Normen*
– *zugunsten des Staates* oder einer von ihm bestimmten Körperschaft erhoben.
– Sie ist in der Regel *in Geld* zu leisten[1].

Diese Aspekte finden sich in der per 1. 1. 1977 in Kraft getretenen neuen Abgabenordnung, in deren § 3 es heißt: „Steuern sind Geldleistungen, die nicht eine Gegenleistung für eine besondere Leistung darstellen und von einem öffentlich-rechtlichen Gemeinwesen zur Erzielung von Einnahmen allen auferlegt werden, bei denen der Tatbestand zutrifft, an den das Gesetz die Leistungspflicht knüpft; die Erzielung von Einnahmen kann Nebenzweck sein. Zölle und Abschöpfungen sind Steuern im Sinne dieses Gesetzes."

---

[1] Vgl. F. NEUMARK: Vom Wesen der Besteuerung, in: F. Voigt (Hrsg.): Beiträge zur Finanzwissenschaft und Geldtheorie. Festschrift für R. Stucken, Göttingen 1953, S. 20, abgedruckt in: DERS.: Wirtschafts- und Finanzprobleme des Interventionsstaates, Tübingen 1961, S. 335–348.

Es ist nicht angebracht, den Zweck der Steuererhebung in die Steuerdefinition aufzunehmen, wie das in §3 der AO mit dem Hinweis auf die Einnahmenerzielung, die dort allerdings auch lediglich Nebenzweck sein kann, geschieht. Steuern dienen ganz allgemein den Zielen der Wirtschaftspolitik. Allokations-, verteilungs- und stabilitätspolitische Ziele können einmal unmittelbar über die Veränderung der Preise (der relativen Vorteilhaftigkeit von Investitionen) und dadurch ausgelöste Substitutionseffekte verfolgt werden oder mittelbar, indem das Steueraufkommen entsprechend verwendet wird. Die konkrete Mischung im Einzelfall ist für den Steuercharakter einer Abgabe irrelevant.

Eine kürzere, dafür aber wohl einprägsamere Formel könnte lauten: *Steuern sind nach Maßgabe allgemeiner Rechtsnormen an öffentliche Körperschaften zu leistende Zwangsabgaben ohne Anspruch auf Gegenleistung.*

§ 71. Die Stellung der Steuern auf der Einnahmenseite

Die Steuer war ursprünglich, als der öffentliche Aufwand überwiegend aus den Domäneneinkünften bestritten wurde, eine *außerordentliche Einnahme*, die etwa im Zuge kriegerischer Ereignisse erhoben wurde. Sie hat sich im Laufe der wirtschaftlichen Entwicklung dann immer mehr zur weitaus wichtigsten Einnahmenkategorie entwickelt, so daß heute den Ausgaben zuweilen nicht die Einnahmen allgemein, sondern die Steuern gegenübergestellt werden. In der Bundesrepublik Deutschland machten im Jahre 1996 Steuern und steuerähnliche Abgaben beim Bund 92,4% und bei den Ländern 77,7% der laufenden Einnahmen aus. Lediglich bei den Gemeinden lag der Prozentsatz mit 36,0% unter der 50-Prozent-Marke[2].

§ 72. Besteuerungsgrundsätze

Die Frage, wie die öffentlichen Einnahmen allgemein, die Steuern speziell zu gestalten sind, insbesondere nach welchen Grundsätzen die damit verbundene Last verteilt werden soll, hat in der Finanzwissenschaft eine lange Tradition[3]. Im Zentrum stehen zwei „Grundprinzipien" (WICKSELL), zwei „Fundamental-

---

[2] Vgl. STATISTISCHES BUNDESAMT (Hrsg.): Fachserie 14: Finanzen und Steuern, Reihe 2: Vierteljährliche Kassenergebnisse der öffentlichen Haushalte, 4. Vierteljahr und Jahr 1996, Stuttgart 1997, S. 56f.

[3] Vgl. F. K. MANN: Steuerpolitische Ideale. Vergleichende Studien zur Geschichte der ökonomischen und politischen Ideen und ihres Wirkens in der öffentlichen Meinung 1600–1935, Jena 1937 (Neudruck Stuttgart–New York 1978).

prinzipien" (HALLER)[4]: das *Äquivalenzprinzip* und das *Leistungsfähigkeitsprinzip*. Darüber hinausgehende, detailliertere und konkretere Forderungen sind in Form der *Steuergrundsätze* formuliert worden.

1. Äquivalenzprinzip

1.1. Darstellung und Formen

Das Äquivalenzprinzip, auch Nutzenprinzip, Vorteilsprinzip, Interessenprinzip, englisch benefit principle genannt, verknüpft beide Budgetseiten, indem *die Verteilung der Steuern der Verteilung der Ausgaben folgt*. Ganz offensichtlich ist dieses Prinzip an marktmäßigen Transaktionen orientiert. Es tritt in zwei Hauptausprägungsformen auf: Je nachdem, ob auf der Ausgabenseite von der Verteilung der Nutzen auf die Begünstigten oder von der Verteilung der Kosten staatlicher Maßnahmen ausgegangen wird, spricht man vom *nutzenmäßigen* (marktmäßigen) oder vom *kostenmäßigen Äquivalenzprinzip*. In beiden Fällen besteht wiederum die Möglichkeit, entweder an marginale Größen (Grenzwertschätzung, Grenzkosten) oder an Durchschnitts- bzw. Gesamtgrößen anzuknüpfen.

Das Äquivalenzprinzip wird teils unter dem Gerechtigkeits-, teils unter dem Allokationsaspekt als vorteilhaft angesehen. Es mag *gerecht* erscheinen, weil der einzelne Bürger nur in dem Maße zur Zahlung verpflichtet wird, wie ihm auch Gegenleistungen zukommen. Diese Argumentation verliert an Überzeugungskraft, wenn die vorgefundene Verteilung selbst als korrekturbedürftig angesehen wird.

Das Äquivalenzprinzip wird als *allokationspolitisch vorteilhaft* angesehen, weil durch die Verknüpfung von Leistung und Kosten Budgetentscheidungen im allgemeinen rationaler werden bzw. weil nach der marginalen Wertschätzung im Optimum differenzierte Steuern[5] dazu führen, daß die Bürger auf die Bereitstellung der allokationspolitisch optimalen Menge öffentlicher Leistungen drängen.

1.2. Prinzipielle Anwendungsgrenzen

Auf das Äquivalenzprinzip kann am ehesten im Zusammenhang mit allokativ motivierten Aktivitäten zurückgegriffen werden. Zur Finanzierung von inter-

---

[4] Vgl. K. WICKSELL: Finanztheoretische Untersuchungen nebst Darstellung und Kritik des Steuerwesens Schwedens, a.a.O., S. 76, und H. HALLER: Die Steuern, a.a.O., S. 9. Der Leser findet eine sehr ausführliche, auch dogmenhistorische Behandlung dieser Prinzipien bei R. A. MUSGRAVE: The Theory of Public Finance, a.a.O., S. 61–115 (stark gekürzt in: Finanztheorie, a.a.O., S. 51–89).

[5] Vgl. S. 423.

personell redistributiven Maßnahmen ist es ganz offensichtlich ungeeignet, wenn man die damit verbundenen Vorteile am Mittelzufluß mißt: Der Empfänger müßte dann mit der linken Hand als Steuer zahlen, was er in die rechte z. B. als Transferzahlung erhält. Das ist lediglich beim Konzept der sog. *PARETO-optimalen Umverteilung* anders, d. h. wenn die Verteilung als öffentliches Gut behandelt wird mit der Konsequenz, daß eine Verbesserung der Verteilungssituation nicht nur von denen positiv bewertet wird, die unmittelbar Umverteilungsbegünstigte sind[6], sowie bei Maßnahmen der intertemporalen Umverteilung (der Umverteilung der Lebenseinkommen).

Es ist auch nicht wahrscheinlich, daß das Äquivalenzprinzip zur Verteilung stabilitätspolitisch motivierter Steuerlastveränderungen geeignet ist. Es dürfte kaum als akzeptabel angesehen werden, die Bezieher (absolut oder relativ) fixer Nominaleinkommen allein oder im besonderen Maße im Boom zur Steuer, die der Kaufkraftabschöpfung dient, mit der Begründung heranzuziehen, daß gerade diese Gruppen von einer Inflationseindämmung besonders begünstigt werden.

1.3. Technische Durchführungsprobleme

Aber selbst innerhalb der allokationspolitisch motivierten Aktivität bereitet die Verwirklichung des Äquivalenzprinzips große Schwierigkeiten, wenn man den Bereich der gemeindlichen Versorgungsunternehmen und ähnlicher Einrichtungen verläßt, in dem auf das Ausschlußprinzip zurückgegriffen werden kann. Es fehlen dann die beim Preissystem gewissermaßen automatisch anfallenden und dort durch effektives Handeln belegten Angaben über Mindestgrößen der Wertschätzung. Diese Angaben durch Befragungen der Bürger zu ermitteln, dürfte auf die bereits genannten Schwierigkeiten stoßen: Bei kollektiven Gütern besteht ein großer Anreiz, im Interesse der Verringerung der eigenen Steuerbelastung die Wertschätzung zu gering anzugeben (Free-rider-Verhalten).

Die Probleme sind beim kostenmäßigen Äquivalenzprinzip nicht geringer, jedenfalls soweit es sich um kollektive Güter handelt. In diesem Falle gibt es nämlich keine individuell verursachten oder sonst individuell zurechenbaren Kosten, da alle Kosten den Charakter von Gemeinkosten haben. Allenfalls lassen sich für ausgewählte Aktivitäten die tatsächlich oder auch nur vermutlich Begünstigten schematisch abgrenzen und die zur Deckung der Kosten erforderlichen Steuern nach gewissen Indikatoren umlegen (partielle gruppenmäßige kostenmäßige Äquivalenz im Sinne HALLERS[7]). Die Indikatoren, auf die dabei zurückgegriffen wird, haben meist einen Bezug sowohl zur Kosten- als

---

[6] Vgl. H. M. HOCHMAN und J. D. RODGERS: Pareto Optimal Redistribution, in: American Economic Review, Bd. 59, 1969, S. 542–557.

[7] Vgl. H. HALLER: Die Steuern, a.a.O., S. 14.

auch zur Nutzenverteilung (vgl. die Bemessungsgrundlagen Gewicht, Hubraum und Benzinverbrauch bei der Kraftfahrzeugbesteuerung, die Länge der Straßenfront bei den Anliegerbeiträgen). Durch die Wahl der Indikatoren lassen sich u. U. die beiden Aspekte unterschiedlich gewichten. Wenn z. B. die Grundstückserschließungskosten auf die Anlieger nach Maßgabe der Grundstücksbreite an der Straße umgelegt werden, so kann dies sowohl als Ausfluß der Kostenverursachung als auch der Nutzenverteilung interpretiert werden. Wird zusätzlich die Grundstücksfläche herangezogen, bedeutet dies eine stärkere Gewichtung des Nutzenaspekts.

In der Bundesrepublik Deutschland wird das Äquivalenzprinzip vor allem im Rahmen kommunaler Versorgungsunternehmen, der Gemeinde- und Sozialversicherungsabgaben (hier allerdings in sehr stark umverteilungspolitisch modifizierter Form) sowie der Belastung des Straßenverkehrs herangezogen. Nach den früher gegebenen Definitionen handelt es sich hier allerdings meist nicht um Steuern, sondern um Gebühren und Beiträge.

2. Leistungsfähigkeitsprinzip

2.1. Charakterisierung

Das Leistungsfähigkeitsprinzip (ability-to-pay-principle) verknüpft nicht Einnahmen und Ausgaben des Staates als solche, sondern stellt bei der Bemessung der Finanzierungsbeiträge allein auf die *wirtschaftliche Leistungsfähigkeit* ab. Dabei werden öffentliche Ausgaben allenfalls in dem Umfang berücksichtigt, wie sie sich in der Leistungsfähigkeit des Empfängers niederschlagen.

2.2. Indikatoren der wirtschaftlichen Leistungsfähigkeit

„Leistungsfähigkeit" ist ein sehr abstrakter Begriff. Er muß für steuerliche Zwecke konkretisiert werden. Allgemein kann man sagen, daß Leistungsfähigkeit positiv von den verfügbaren Gütern, negativ von dem Bedarf an Gütern beeinflußt wird. Als Indikator der Verfügungsmacht über Güter wird vor allem das Einkommen angesehen. Auch Kredite und Vermögen erlauben eine Disposition über Güter. Allerdings steht dem im ersten Fall ein kompensierender Effekt in Form der Rückzahlungsverpflichtung gegenüber; im zweiten Fall ergäbe sich eine unvertretbare Doppelbelastung, soweit das Vermögen aus versteuertem Einkommen gebildet worden ist. Seit den 70er Jahren wird wieder stärker der Konsum entweder anstelle des Einkommens oder als zusätzlicher, ergänzender Indikator erwähnt. Allerdings repräsentiert der Konsum eher eine Form der Verwendung wirtschaftlicher Leistungsfähigkeit als diese Leistungsfähigkeit selbst. In der Regel wird er nicht als im Vergleich zum Einkommen grundsätzlich besserer Leistungsfähigkeitsindikator angesehen, sondern le-

diglich als der im Hinblick auf die Bewertungsprobleme bei der Einkommens-
und Vermögensermittlung praktikablere und mit geringeren negativen Anreizwirkungen auf Investition und Ersparnis verbundene.

Negativ wird die Leistungsfähigkeit von dem Ausgabenbedarf der Bürger tangiert. Er ergibt sich vor allem durch die Aufwendungen zur Sicherung der eigenen Existenz und die der mitzuversorgenden Familienangehörigen, aber auch
durch außerordentliche Belastungen im Gefolge von Krankheiten, Unfällen
etc.

2.3. Interpretation des Leistungsfähigkeitsprinzips[8]

Es ist üblich, drei opfertheoretische Varianten des Leistungsfähigkeitsprinzips
zu unterscheiden: gleiches absolutes, gleiches relatives und gleiches marginales
les Opfer. Bezeichnet man mit $U(L)$ das Nutzenniveau vor Steuer in Abhängigkeit von den in L zusammengefaßten Indikatoren der Leistungsfähigkeit, mit
$U(L - T)$ das Nutzenniveau nach Besteuerung, müssen folgende Ausdrücke für
alle Steuerpflichtigen gleich sein:

$$U(L) - U(L - T) \quad \text{im Falle } \textit{gleichen absoluten} \text{ Opfers,}$$

$$\frac{U(L) - U(L - T)}{U(L)} \quad \text{im Falle } \textit{gleichen relativen} \text{ Opfers,}$$

$$\frac{dU(L - T)}{dT} \quad \text{im Falle } \textit{gleichen marginalen} \text{ Opfers.}$$

Entsprechend dem Postulat des gleichen absoluten Opfers soll der steuerbedingte Nutzenentgang für alle Personen *absolut* gleich sein; nach der Konzeption des gleichen relativen Opfers soll die Nutzenminderung für alle Personen
relativ gleich sein, das Opfer also absolut mit steigendem Ausgangsnutzen so
steigen, daß die relativen Positionen der Besteuerten unverändert bleiben. Im
Falle des gleichen marginalen Opfers wird verlangt, daß die steuerbedingte
marginale Nutzenreduktion für alle Personen gleich ist, so daß keine Möglichkeit mehr besteht, durch eine Umverteilung der Steuerlast den globalen Nut-
zenverlust zu mindern.

Während früher das Leistungsfähigkeitsprinzip eher als gleiches absolutes
Opfer interpretiert wurde, steht heute fast wie selbstverständlich das gleiche
relative Opfer im Vordergrund, das oft mit dem Postulat der gerechten Besteuerung identifiziert wird[9]. Auf einer anderen Ebene steht das Postulat des
gleichen marginalen Opfers. Hier geht es nicht um die auf die Leistungsfähig-

---

[8] Vgl. hierzu die ausführlichere Behandlung bei R. A. MUSGRAVE: The Theory of Public Finance, a.a.O., S. 90–115; Finanztheorie, a.a.O., S. 74–89.

[9] Vgl. dazu die unten S. 296f. wiedergegebene Interpretation von NEUMARK.

keit bezogene, als Konsequenz der gerechten Besteuerung geforderte personale Gleichbehandlung, sondern um Effizienzaspekte, um die Verwirklichung eines *sozialen Optimums* durch die Minimierung des steuerbedingten Gesamtopfers.

Das Leistungsfähigkeitsprinzip ist als Leitlinie und als Schlagwort sehr populär. In der Bundesrepublik ist es überdies normativ bedeutsam, weil es nach ständiger Rechtsprechung des Bundesverfassungsgerichts „ein grundsätzliches Gebot der Steuergerechtigkeit (ist), daß die Besteuerung nach der wirtschaftlichen Leistungsfähigkeit ausgerichtet wird"[10]. Es vermag allerdings keine *wissenschaftliche* Basis für eine konkrete Steuerverteilung zu sein: Es ist kaum möglich, wissenschaftlich nachprüfbar alle Teilindikatoren auf einen Nenner zu bringen; es ist nicht möglich, auf wissenschaftliche Weise anzugeben, wie U von L bzw. von $(L - T)$ abhängt; und selbst wenn diese Abhängigkeit bekannt wäre, wäre sie nicht für alle Steuerpflichtigen gleich, so daß ein einheitlicher Tarif die Besteuerung nach der Leistungsfähigkeit nicht verwirklichen könnte.

Aus diesem Grunde ist es auch nicht möglich, aus den Prinzipien eines gleichen absoluten oder gleichen relativen Opfers einen bestimmten Progressionsverlauf abzuleiten.

3. Steuergrundsätze nach Neumark

Die Finanzwissenschaft hat sich nicht auf die Formulierung relativ abstrakter, allgemeiner Prinzipien von der Art der gerade behandelten beschränkt, sondern speziell in der Zeit, als sie noch vornehmlich Steuerlehre war, darüber hinaus konkretere Besteuerungsgrundsätze formuliert, die mehr Ziele berücksichtigten als die beiden primär auf die Verteilung der Steuerlast bezogenen Fundamentalprinzipien. Am bekanntesten sind die vier „tax canons" von A. SMITH: *Gleichmäßigkeit* (equality), *Bestimmtheit* (certainty), *Bequemlichkeit* (convenience) und *Billigkeit* (economy) sowie die Gruppierungen in finanzpolitische Prinzipien, volkswirtschaftliche Prinzipien, Prinzipien der Gerechtigkeit und Steuerverwaltungsprinzipien, die A. WAGNER[11] vorgenommen und F. NEUMARK aufgegriffen hat, wenn er vier Gruppen von Steuergrundsätzen unterscheidet: fiskalisch-budgetäre, ethisch-sozialpolitische, wirtschaftspolitische sowie steuerrechtliche und steuertechnische[12].

---

[10] BUNDESVERFASSUNGSGERICHT: Entscheidungen des Bundesverfassungsgerichts, Bd. 66, Tübingen 1984, S. 223.

[11] Vgl. A. WAGNER: Finanzwissenschaft, Zweiter Theil: Theorie der Besteuerung, Gebührenlehre und allgemeine Steuerlehre, a.a.O., S. 304.

[12] NEUMARK hat seine Grundsätze an drei Stellen in unterschiedlicher Abgrenzung, Formulierung und Breite dargelegt. Hier wird an die jüngste Arbeit angeknüpft: Steuern I: Grundlagen, a.a.O., S. 303–306; vgl. auch: Grundsätze der Besteuerung in Vergangenheit und Gegenwart, Wiesbaden 1965, sowie: Grundsätze gerechter und ökonomisch rationaler Steuerpolitik, a.a.O.

3.1. Fiskalisch-budgetäre Grundsätze

Im Rahmen der fiskalisch-budgetären Steuergrundsätze verlangt der

(1) Grundsatz der *Ausreichendheit* der Steuererträge,

das Steuersystem so zu gestalten, daß auf allen Ebenen die Deckung der steuerlich zu finanzierenden Ausgaben gewährleistet wird, der

(2) Grundsatz der *Steigerungsfähigkeit* des Steueraufkommens,

daß die Erträge im Bedarfsfall kurzfristig so gesteigert werden können, wie das zur Finanzierung eines außerordentlichen Mehrbedarfs erforderlich ist.

Diese Grundsätze mögen trivial erscheinen – damit wird aber nicht weniger gefordert, als daß von seiten der Steuern als dem heute wichtigsten Finanzierungsinstrument die gewünschte Aufteilung zwischen privatem und öffentlichem Sektor (einschl. Umverteilungszahlungen) ebensowenig verhindert werden soll wie eine stabilitätskonforme Finanzierung.

3.2. Ethisch-sozialpolitische Grundsätze

Im Mittelpunkt dieses Grundsätzebündels steht das Postulat der gerechten Besteuerung. NEUMARK trennt allerdings zwischen Gerechtigkeitspostulaten einerseits und dem Grundsatz der steuerlichen Umverteilung andererseits.

(1) *Gerechtigkeitspostulate*

Nach NEUMARK erfordert eine gerechte Besteuerung die Beachtung der Grundsätze der Allgemeinheit, Gleichmäßigkeit und Verhältnismäßigkeit, die in teilweise unterschiedlicher Interpretation im Schrifttum immer wieder auftauchen. Der Grundsatz der *Allgemeinheit* verlangt, *alle* Personen, die über steuerliche Leistungsfähigkeit verfügen, zur Steuerleistung heranzuziehen. Nach dem Grundsatz der *Gleichmäßigkeit* sind dabei alle Personen in gleichen oder gleichartigen steuerlich relevanten Umständen *gleich*, in unterschiedlichen Umständen *adäquat differenziert* zu behandeln. Entsprechend dem Grundsatz der *Verhältnismäßigkeit* ist die Verteilung der Steuerlast entsprechend der individuellen Leistungsfähigkeit so vorzunehmen, daß diese bei allen Steuerpflichtigen *in relativ gleichem Maße* reduziert wird.

NEUMARK stellt hier unter dem Gerechtigkeitsaspekt ganz eindeutig auf die Leistungsfähigkeit ab, nicht auf die Äquivalenz. Seine Dreiteilung in Allgemeinheit, Gleichmäßigkeit und Verhältnismäßigkeit ist aber nicht sehr hilfreich, da der Grundsatz der Allgemeinheit in den Gleichmäßigkeits- und Verhältnismäßigkeitsgrundsätzen enthalten ist und der zweite Teil der Formulierung des Gleichmäßigkeitsgrundsatzes schon auf den Verhältnismäßigkeitsgrundsatz weist. Zweckmäßiger wäre es, die drei Postulate als Grundsatz der Besteuerung nach der Leistungsfähigkeit zusammenzufassen, der verlangt, gleiche Leistungsfähigkeit repräsentierende Tatbestände gleich, unterschiedliche Leistungsfähigkeit darstellende Tatbestände so adäquat differenziert zu behandeln, daß die Leistungsfähigkeit bei allen Steuerpflichtigen in relativ gleichem Maße reduziert wird. Diese Aspekte werden in der Literatur auch mit horizontaler und vertikaler Gerechtigkeit bezeichnet.

Zu den ethisch-sozialpolitischen Besteuerungsgrundsätzen zählt NEUMARK neben den genannten Gerechtigkeitspostulaten den

(2) Grundsatz der steuerlichen *Umverteilung* von Einkommen und Vermögen,

dem zufolge die Steuerlast über das Erfordernis des Verhältnismäßigkeitspostulats hinaus progressiv zu verteilen ist im Sinne einer Verringerung der Einkommens-, Vermögens- bzw. allgemein der Leistungsfähigkeitsunterschiede. Die Forderung der Besteuerung nach der Leistungsfähigkeit respektiert gewissermaßen die vorgefundenen relativen Positionen, wenngleich sich statistisch schon eine gewisse Umverteilung der Einkommen ergibt, wenn, wie heute üblich, angenommen wird, daß die Leistungsfähigkeit mit steigendem Einkommen überproportional wächst. Das Umverteilungsprinzip dagegen fordert, daß die Leistungsfähigkeitsdifferenzierung nach Besteuerung geringer ist.

3.3. Wirtschaftspolitische Grundsätze

Die wirtschaftspolitischen Grundsätze hat NEUMARK unterschiedlich abgegrenzt und formuliert. 1977 erwähnt er die der aktiven und passiven Steuerflexibilität sowie der wachstumspolitischen Ausrichtung; hier soll zusätzlich der früher genannte Grundsatz der Wettbewerbsneutralität berücksichtigt werden.

(1) Grundsatz der *aktiven Steuerflexibilität*

Gemäß dem Grundsatz der aktiven Steuerflexibilität soll es möglich sein, mittels *diskretionärer Maßnahmen* das Steueraufkommen rasch den sich ändernden konjunkturpolitischen Erfordernissen anzupassen, sei es in Form von Steuersenkungen, sei es in Form von Steuererhöhungen. Entsprechend dem

(2) Grundsatz der *passiven Steuerflexibilität*

soll das Steuersystem möglichst so gestaltet sein, daß es durch eine *automatische antizyklische Variation des Entzugseffekts* (built-in flexibility) stabilisierend wirkt. Während sich diese beiden Grundsätze auf den Stabilitätsaspekt beziehen, verlangt der

(3) Grundsatz der *wachstumspolitischen Ausrichtung*,

daß von der Besteuerung möglichst keine wachstumshemmenden Wirkungen ausgehen, im Gegenteil wachstumsfördernde, wenn dies im Hinblick auf eine als unbefriedigend angesehene Wachstumsrate erwünscht ist. Entsprechend dem

(4) Grundsatz der *Wettbewerbsneutralität*

soll der Besteuerungsprozeß den Wettbewerb sowohl zwischen In- und Ausland als auch zwischen inländischen Sektoren und Unternehmen nicht verfälschen.

3.4. Steuerrechtliche und steuertechnische Grundsätze

Die Gruppe der steuerrechtlichen und steuertechnischen Grundsätze steht eigentlich nicht mit den beiden zuletzt behandelten Gruppen auf einer Ebene, sondern ist diesen eher untergeordnet. Der

(1) Grundsatz der *Steuertransparenz*

verlangt, daß die steuerlichen Bestimmungen möglichst *allgemeinverständlich* und *eindeutig* sind. Dieser Grundsatz ist vor allem für die ethisch-sozialpolitischen Grundsätze der Allgemeinheit und Gleichmäßigkeit über die Vermeidung von Willkür von Bedeutung, daneben für den gleich zu behandelnden Grundsatz der Wohlfeilheit der Besteuerung. Nach dem

(2) Grundsatz der *Praktikabilität*

sollen die steuerlichen Regelungen in möglichst hohem Grade den Neigungen und Fähigkeiten der am Besteuerungsprozeß Beteiligten entsprechen. Es ist z. B. unsinnig, in einem Entwicklungsland mit umfangreichem primitiven, vornehmlich der Eigenversorgung dienenden Agrarsektor, hohem Anteil an Analphabeten und kaum entwickelter Verwaltung eine echte Einkommensteuer einführen oder sie gar zur Hauptquelle des Steuersystems machen zu wollen. Nach dem

(3) Grundsatz der *Stetigkeit des Steuerrechts*

sollen steuerliche Normen nach Möglichkeit nur in größeren Abständen und im Rahmen systematischer Steuerreformen durchgeführt werden. Hier besteht eine enge Beziehung zum Grundsatz der Transparenz und zum

(4) Grundsatz der *Wohlfeilheit,*

der fordert, die Besteuerung so zu gestalten, daß die Kosten der Erhebung bei den Steuerpflichtigen und bei der Verwaltung nicht höher sind, als im Hinblick auf die verfolgten Ziele unerläßlich ist. Der

(5) Grundsatz der *Widerspruchslosigkeit* der Besteuerung

verlangt schließlich, daß einzelne steuerliche Maßnahmen nicht zueinander in Widerspruch stehen und insgesamt nicht einzelne Zielaspekte zu Lasten anderer überbetonen. Dieser Grundsatz hat – streng logisch genommen – keinen selbständigen Zielaspekt[13], sondern stellt eher eine Anleitung zur Abwägung konfligierender Besteuerungsgrundsätze dar.

---

[13] Dies klingt auch bei NEUMARK an (vgl. Grundsätze gerechter und ökonomisch rationaler Steuerpolitik, a.a.O., S. 335).

§ 73. Das rationale Steuersystem

Welche Steuern entsprechen heute in einem Staat wie der Bundesrepublik Deutschland am besten den Zielen der Wirtschaftspolitik in der Konkretisierung durch die dargelegten Steuergrundsätze? Oder anders ausgedrückt: *Welche Steuern sollten Bestandteil eines im Hinblick auf dieses Zielsystem rationalen Steuersystems sein?* Die Antwort auf diese Frage kann eigentlich erst am Ende einer langen, sorgfältigen Untersuchung möglicher Steuern und ihrer Wirkungen gegeben werden, die hier jedoch nicht vorgenommen werden kann[14]. Es ist vielmehr notwendig, das Ergebnis vorwegzunehmen, dann allerdings zu begründen und später bei der Auswahl der näher zu untersuchenden Einzelsteuern (Kap. 17–22) mit zu berücksichtigen.

1. Die Unzulänglichkeit eines Einsteuersystems

Sicherlich kann heute eine einzelne Steuer den verfolgten Zielen nicht in optimaler Weise entsprechen. Das folgt schon daraus, daß angesichts des hohen Finanzbedarfs die Steuersätze extrem hoch sein müßten. Die Folgen wären große Schwierigkeiten bei der Vermeidung von Steuerhinterziehung, große Substitutionseffekte und damit hohe Zusatzlasten.

2. Hauptsteuern

In Deutschland bestand lange Zeit im finanzwissenschaftlichen Schrifttum ebenso wie in der praktischen Steuerpolitik Einigkeit darüber, daß die Hauptsäulen eines rationalen Steuersystems in einer entwickelten Volkswirtschaft aus der Einkommensteuer (einschließlich einer darauf abgestimmten Körperschaftsteuer) und einer allgemeinen indirekten Verbrauchsteuer bestehen sollte. Beide Abgaben sind schon aus rein fiskalischen Gründen erforderlich. Speziell die Einkommensteuer ist ferner unter Leistungsfähigkeits- und Umverteilungsgesichtspunkten unentbehrlich. Beide Abgaben verfügen über ein – allerdings bei der Einkommensteuer stärker ausgeprägtes – hohes Maß an automatischer Flexibilität, sind also unter diesem Aspekt (unter bestimmten, in Kapitel 26 näher dargelegten Voraussetzungen) auch für die Stabilitätspolitik vorteilhaft.

Seit den 70er Jahren wird im In- und Ausland speziell von Finanztheoretikern dafür plädiert, das Gewicht von der Besteuerung des Einkommens auf eine direkte Besteuerung des Konsums zu verlagern. Anfangs wollte man dies mit der

---

[14] Eine solche breit angelegte Untersuchung findet der Leser in H. HALLER: Die Steuern, a.a.O.

Einführung einer persönlichen allgemeinen Verbrauchsteuer[15] erreichen; in den letzten Jahren wird eher dafür plädiert, den Mantel der Einkommensteuer beizubehalten und das Ziel eher indirekt zu verwirklichen durch eine Steuerbefreiung der Kapitalerträge auf der Haushaltsebene in Kombination mit einer Steuerbefreiung der Körperschaftsteuergewinne in Form einer sog. Normalverzinsung[16].

3. Nebensteuern

Die Hauptsteuern können durch Nebensteuern wesentlich geringeren fiskalischen Gewichts ergänzt werden. Dabei ist vor allem an die *Erbschaftsteuer* und an die *Steuern auf den Straßenverkehr* zu denken.

Für die Einbeziehung der Erbschaftsteuer ist das Umverteilungsziel und speziell der Aspekt der Startchancengleichheit ausschlaggebend, bei der Kraftfahrzeugbesteuerung (Kfz-Steuer, Mineralölsteuer) der Wunsch, im Interesse optimaler Allokation die Kosten des Baus und der Unterhaltung der Straßen den Benutzern anzulasten, zumal eine unentgeltliche Zurverfügungstellung auch nicht verteilungspolitisch begründet werden kann. Es handelt sich im letzten Fall dann aber eigentlich weniger um eine Steuer als um einen *Beitrag nach dem Kostenverursachungsprinzip*. In den letzten Jahren ist die allokative Begründung durch die Einbeziehung anderer externer Kosten (insbesondere Umweltbelastung) erweitert worden.

HALLER erwähnt im Rahmen seiner Analyse des rationalen Steuersystems noch drei weitere Abgaben[17]: Die laufende allgemeine *Vermögensteuer* und spezielle *Verbrauchsteuern auf Spirituosen und Tabakwaren*. Die Vermögensteuer zielt auf eine bessere Erfassung der Leistungsfähigkeit ab. Mit den Abgaben auf Spirituosen und Tabakwaren ist beabsichtigt, den gesundheitsschädlichen Konsum dieser Güter zu reduzieren oder damit verbundene externe Effekte zu internalisieren. Unter dem zweiten Aspekt werden im Zuge wachsender Umweltbelastung immer mehr sog. Ökosteuern in Erwägung gezogen.

§ 74. Das historische Steuersystem

Wenn man zu dem konkreten Bündel von Abgaben übergeht, das in der Bundesrepublik oder in irgendeinem anderen Land erhoben wird – man bezeichnet es

---

[15] Vgl. unten Kap. 21.

[16] Vgl. M. ROSE: Konsumorientierung des Steuersystems – theoretische Konzepte im Lichte empirischer Erfahrungen, in: Gerold Krause-Junk (Hrsg.): Steuersysteme der Zukunft, Schriften des Vereins für Socialpolitik, N.F. Bd. 256, Berlin 1998, S. 247–278.

[17] Vgl. H. HALLER: Finanzpolitik, 5. Aufl., Tübingen 1972, S. 263 f.; ausführlicher in: Die Steuern, a.a.O., S. 355–364.

in Abhebung vom rationalen Steuersystem oft als historisches Steuersystem –, so fallen die große Zahl der Einzelabgaben und die offensichtliche *Systemlosigkeit* auf, die sich besonders in Überschneidungen, Widersprüchen und gelegentlichen Lücken manifestiert. Ein konkretes Steuersystem ist in der Regel von den Ideen und Zufälligkeiten verschiedener Epochen geprägt, zumal selbst sog. große Steuerreformen nie völlig reinen Tisch machen. Das Beharrungsvermögen ist hier sehr ausgeprägt: Steuern werden eingeführt, oft erhöht, seltener gesenkt (Ausnahme: neuerdings die Einkommensteuer), kaum abgeschafft – auch wenn sie ursprünglich nur vorübergehend erhoben werden sollten.

Was die *Überschneidungen* betrifft, so sind in der Bundesrepublik vor allem die Ertragsteuern und hier wieder ganz besonders die Gewerbesteuer ein Ärgernis. Diese Abgaben sind historisch überholt; sie lassen sich nach Einführung einer Einkommensteuer jedenfalls unter Leistungsfähigkeitsgesichtspunkten nicht mehr rechtfertigen und sind in der gegenwärtig praktizierten Form auch unter Äquivalenzaspekten sehr problematisch. Ihre Beibehaltung erklärt sich vor allem mit dem damit verbundenen ungelösten Finanzausgleichsproblem.

Steuerlücken in Form fehlender, steuersystematisch aber gebotener Abgaben (im Gegensatz zur subventionistischen Erosion von Bemessungsgrundlagen bereits eingeführter Steuern) sind weitaus seltener als Steuerüberschneidungen. Das fiskalische Interesse macht den Fiskus nur allzusehr bereit, Lücken dieser Art zu schließen. Immerhin ist in der Bundesrepublik das Fehlen einer Weinsteuer angesichts der Besteuerung aller anderen alkoholischen Getränke als eine solche Lücke anzusehen.

§ 75. Steuertechnische Aspekte

1. Steuergegenstand

Für jede Steuer ist die genaue Bestimmung des *Steuergegenstandes*, d.h. des Tatbestandes, der steuerlich erfaßt werden soll, und der *Bemessungsgrundlage*, d.h. der Größe, an der sich die Höhe der Steuerschuld konkret ausrichtet, von zentraler Bedeutung. Je enger hier abgegrenzt wird, um so größer ist die Gefahr der Substitution, der Steuerausweichung. Um den fiskalischen Erfolg zu sichern, kommt es dann nicht selten zu neuen, immer umfassenderen Definitionen oder, wenn auf andere Güter mit ähnlichen Eigenschaften ausgewichen wird, die schon aus sprachlichen Gründen nicht so recht in die bestehende Regelung einbezogen werden können, zu sog. *Folgesteuern*. So wird die Teesteuer als Folgesteuer der Kaffeesteuer oder die Schenkungsteuer als Folgesteuer der Erbschaftsteuer angesehen.

Für die ständige Ausweitung der Definition des Steuergegenstandes in Reaktion auf Substitutionsbemühungen der Produzenten und Konsumenten ist die deutsche *Sektsteuer* in der Nachkriegszeit ein gutes Beispiel. Ihr unterlag zunächst nur Schaumwein in einer bestimmten, vornehmlich auf Weintrauben, Most oder Wein einerseits und einen Mindestkohlensäuredruck andererseits abstellenden Definition. Um in beide Richtungen unternommene Steuerumgehungen abzuschneiden, wurde die Steuerpflicht später auf „schaumweinähnliche Getränke" und schließlich auf „Getränke, die als Schaumwein gelten", ausgedehnt. Eine gewisse Meisterleistung der gesetzlichen fiskalischen Absicherung gegen Substitutionsvorgänge stellt § 1 Abs. 2 des deutschen Tabaksteuergesetzes dar, in dem es heißt: „Zigaretten, Zigarren und Rauchtabak sind auch dann Tabakerzeugnisse im Sinne dieses Gesetzes, wenn sie anstelle von Tabak teilweise andere Stoffe enthalten oder nur aus anderen Stoffen als Tabak bestehen."

2. Steuerbemessungsgrundlage

Die Bemessungsgrundlage kann in Wertgrößen (z. B. Einkommen, Vermögen, Umsatz) oder in spezifischen Einheiten (z. B. Flaschen Sekt, ccm Motorhubraum) ausgedrückt werden. Entsprechend unterscheidet man zwischen *Wertsteuern* und *spezifischen Steuern* (Stücksteuern). Spezifische Steuern sind für den Fiskus besonders in inflationären Perioden von Nachteil, da die Inflation hier nur die Kaufkraft der Steuereinnahmen reduziert, ohne gleichzeitig die Bemessungsgrundlage zu erhöhen.

3. Steuerzugriff

Parallel zu den Ausführungen über die Ansatzpunkte bei Subventionszahlungen könnte man dafür plädieren, die Steuern im Interesse der Zielsicherung, d. h. im Interesse der Vermeidung einer Divergenz von Steuerträger und Steuerdestinatar, *möglichst beim Steuerdestinatar* zu erheben. Dies leuchtet ein, solange unterstellt wird, daß zwischen dem Ausmaß der Steuerhinterziehung und der Wahl der Einsatzstelle kein Zusammenhang besteht. In Wirklichkeit ist es jedoch anders, und zwar sowohl bei den indirekten als auch bei den direkten Steuern. Gerade bei mit Sonderverbrauchsteuern hoch belasteten Gütern setzt man deshalb auf vor dem Verbrauch oder sogar vor dem Handel liegenden Stufen an, nämlich bei der oft kleinen Zahl von leichter kontrollierbaren Produzenten (Mineralölsteuer, Tabaksteuer, Branntweinsteuer).

Ähnlich ist es bei den direkten Steuern, z. B. bei der Lohnsteuer oder bei der Kapitalertragsteuer. Hier wird die Steuer mehr oder weniger pauschal durch Arbeitgeber, Zinsschuldner oder Bankinstitute einbehalten und an den Fiskus abgeführt. Für diesen liegen die damit verbundenen Vorteile in der *Erschwe-*

rung der Steuerhinterziehung, in den *geringeren staatlichen Verwaltungsaus-gaben* und in dem *schnelleren Steuereingang*, d.h. in dem geringeren zeitlichen Abstand zwischen Entstehung und Begleichung der Steuerschuld.

4. Pauschbeträge, Freibeträge und Freigrenzen

Um Verwaltung und Steuerzahler von fiskalisch unergiebigen Arbeiten zu be-freien, werden bestimmte bei der Ermittlung der Steuerbemessungsgrundlage abzugsfähige Beträge oft pauschaliert[18]. Solche *Pauschbeträge* können dann ohne Nachweis der tatsächlichen Aufwendungen in Anspruch genommen wer-den. Speziell wenn der Abzug steuersystematisch voll gerechtfertigt ist, muß allerdings daneben die Möglichkeit gegeben sein, auch über diese Beträge hin-ausgehende Aufwendungen abzusetzen, sofern diese belegt werden.

Eine ähnliche Funktion haben oft auch Freibeträge und Freigrenzen[19]. Wäh-rend *Freibeträge* unabhängig von der Höhe der Bemessungsgrundlage abgezo-gen werden können, ist dies bei *Freigrenzen* nur möglich, solange die Bemes-sungsgrundlage die Freigrenze nicht übersteigt. Um die bei Überschreitung der Freigrenzen auftretenden hohen Grenzbelastungen zu verringern, werden diese in der Regel innerhalb einer Zone des sog. Grenzausgleichs allmählich ab-gebaut.

Soweit diese Maßnahmen administrativ motiviert sind, besteht ein *Konflikt zwischen dem Grundsatz der Wohlfeilheit der Besteuerung*, der dafür spricht, die Grenzen eher höher zu setzen, *und den Gerechtigkeitspostulaten*: Je höher die Grenze, desto größer der damit im Vergleich zur exakten steuerlichen Er-fassung mögliche Vorteil, um so größer also auch der Spielraum für Abweichun-gen von dem Grundsatz der Gleichmäßigkeit der Besteuerung.

5. Steuertarif

Der Steuertarif gibt den *Zusammenhang zwischen Steuerbetrag (T) und Steu-erbemessungsgrundlage (B)* an. Die Kenntnis der *Steuerbetragsfunktion T = T(B)* gestattet es, für alternative Größen der Bemessungsgrundlage die durch-schnittliche Steuerbelastung T/B (*Durchschnittssteuersatz*) und die marginale Steuerbelastung dT/dB (*Grenzsteuersatz*) zu ermitteln.

---

[18] Seltener wird die Steuerbemessungsgrundlage unmittelbar durch pauschale Ansätze er-mittelt wie im Falle der sog. Durchschnittssatzbesteuerung im Rahmen der Einkommensteu-er (vgl. unten S. 322f.).
[19] Speziell Freibeträge im Rahmen persönlicher, auf die Leistungsfähigkeit bezogener Steuern haben noch eine andere Funktion, nämlich das Existenzminimum freizustellen (vgl. unten S. 327).

5.1. Tarifverläufe

Je nachdem, wie sich die Relation T/B mit wachsendem B ändert, kann man proportionale, progressive und regressive Tarife unterscheiden.

5.1.1. Proportionaler Tarif

Für den *proportionalen Tarif* gilt:

$$\frac{T}{B} = \frac{dT}{dB} = \text{const}; \quad \text{d.h.} \; \frac{d\frac{T}{B}}{dB} = 0 \; \text{ und } \; \frac{d\frac{dT}{dB}}{dB} = 0 \, .$$

Die Durchschnittsbelastung entspricht immer der Grenzbelastung; beide sind konstant, ändern sich also nicht mit B (vgl. Abb. 16-1 und 16-2).

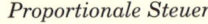

Proportionale Steuer

Abbildung 16–1   Abbildung 16–2

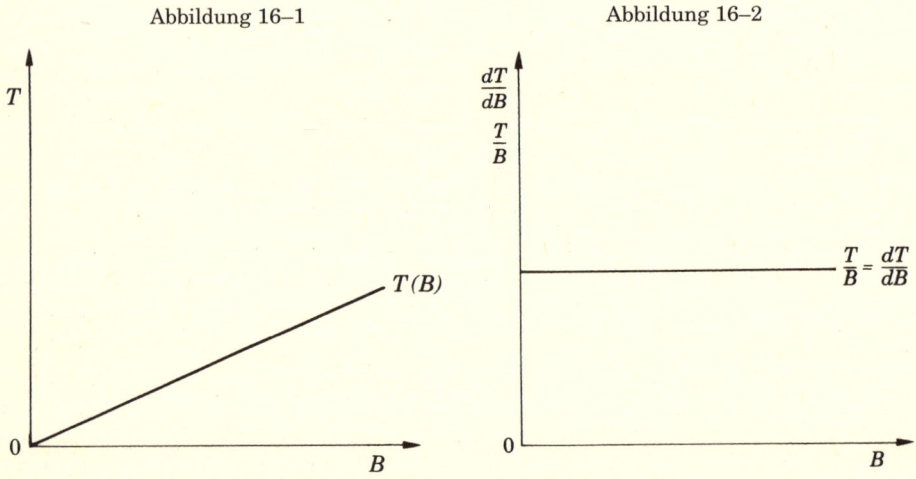

5.1.2. Progressiver Tarif

Beim *direkt progressiven Tarif* steigen dT/dB und T/B mit wachsendem B. Es gilt:

$$\frac{d\frac{dT}{dB}}{dB} > 0 \, , \; \frac{d\frac{T}{B}}{dB} > 0 \text{ und somit } \frac{dT}{dB} > \frac{T}{B} \, .$$

Der Progressionsverlauf kann, wie in Abb. 16-3 graphisch dargestellt, *linear*, *beschleunigt* oder *verzögert* sein:

– lineare Progression:
$$\frac{d^2\frac{T}{B}}{dB^2} = 0 \ ,$$

– beschleunigte Progression:
$$\frac{d^2\frac{T}{B}}{dB^2} > 0 \ ,$$

– verzögerte Progression:
$$\frac{d^2\frac{T}{B}}{dB^2} < 0 \ .$$

Abbildung 16–3

Formen der direkten Progression

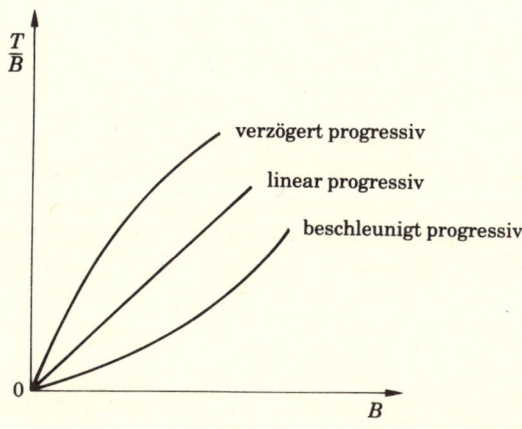

Beim *indirekt progressiven Tarif*, der sich ergibt, wenn ein proportionaler Tarif mit einem Freibetrag kombiniert wird, steigt im Bereich des Steuerzugriffs T/B mit wachsendem B, während dT/dB konstant bleibt (vgl. Abb. 16-4 und 16-5).

5.1.3. Regressiver Tarif

Beim *direkt regressiven* Tarif fallen dT/dB und T/B mit wachsendem B. Für jeden Wert von B gilt: $dT/dB < T/B$. Wie bei der Progression kann man auch hier zwischen linearer, beschleunigter und verzögerter Regression unterscheiden.

Direkt regressive Tarife dürfte es kaum geben. Man spricht allerdings in einem anderen Sinne von *regressiv wirkenden* Steuern, wenn – bei anderen Bemes-

Proportionale Steuer und Freibetrag = indirekte Progression

Abbildung 16–4   Abbildung 16–5

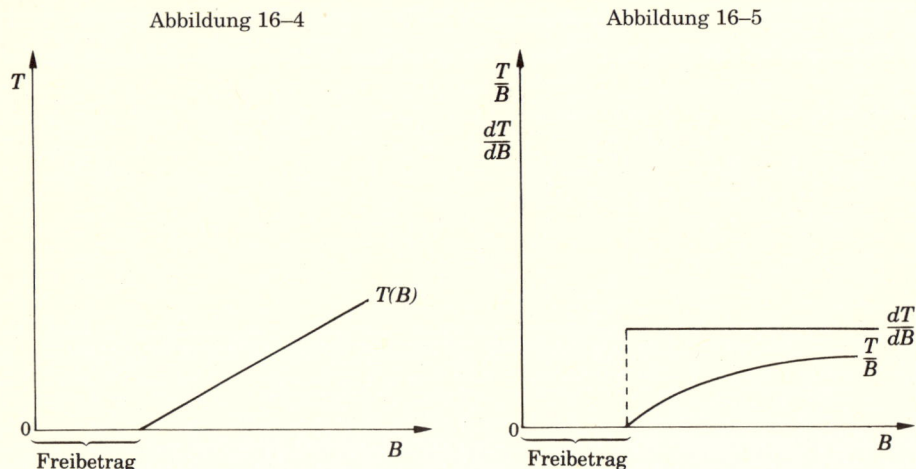

sungsgrundlagen als dem Einkommen – die errechnete Relation Steuerbelastung zu Einkommen mit steigendem Einkommen sinkt. In diesem Sinne werden überwälzte Verbrauchsteuern als in der Regel regressiv angesehen, selbst wenn hier der Steuersatz zur Bemessungsgrundlage proportional ist, weil die durchschnittliche Konsumquote mit steigendem Einkommen sinkt und weil dieser Effekt bei einzelnen Ausgabenkategorien, insbesondere bei Gütern des Grundbedarfs, noch verstärkt auftritt.

Ein *indirekt regressiver Tarif* ergibt sich, wenn ein proportionaler Steuersatz lediglich bis zu einer Obergrenze der Bemessungsgrundlage gilt. Beispiele hierfür finden sich im Bereich der Sozialversicherungsbeiträge.

5.2. Technische Tarifgestaltungen

Je nachdem, wie der Tarif technisch ausgestaltet ist, kann man die Fixierung eines einheitlichen fixen Steuerbetrages, die Fixierung eines einheitlichen konstanten Steuersatzes, die abgestufte Fixierung des Steuerbetrages oder des Steuersatzes und den Formeltarif unterscheiden.

5.2.1. Fixierung eines einheitlichen konstanten Steuerbetrages

Der Tarif ist sehr einfach, wenn er als fixer Betrag pro Einheit der Bemessungsgrundlage festgelegt wird. Ein Beispiel für eine solche *Stücksteuer* ist die deutsche Sektsteuer in Höhe von 2 DM je Normalflasche.

5.2.2. Fixierung eines einheitlichen konstanten Steuersatzes

Im Falle einer *Wertsteuer* ist das Gegenstück dazu der einheitliche konstante Steuersatz. Er führt zu einer – auf die gesamte Bemessungsgrundlage bezogen – proportionalen Belastung (vgl. Abb. 16-1 und 16-2). Eine indirekte Progression ergibt sich, wenn der einheitliche Steuersatz mit einem Freibetrag verknüpft wird (vgl. Abb. 16-4 und 16-5). Ein Beispiel dafür war die Vermögensteuer, die bis 31. 12. 1996 auf das Vermögen natürlicher Personen mit einem Satz von 1% (0,5% im Fall von Betriebsvermögen im weiteren Sinne) erhoben wurde, bei Einräumung persönlicher Freibeträge für den Steuerpflichtigen und andere Personen.

5.2.3. Abgestufte Fixierung des Steuerbetrages oder des Steuersatzes

Bei *Stufentarifen* wird die Steuerbemessungsgrundlage in Teilmengen (Stufen) unterteilt, an deren Grenze entweder der Steuerbetrag pro Stufe (*Stufenbetragstarif*) oder der Steuersatz (*Stufensatztarif*) erhöht wird.

Übersicht 16–1

Stufenbetragstarif

B	T	ΔT	T/B in %
u. 100	0	0	0
100 bis u. 200	20	20	20 bis 10
200 bis u. 300	40	20	20 bis 13,3
300 bis u. 400	60	20	20 bis 15
400 bis u. 500	80	20	20 bis 16

Stufenbetragstarif

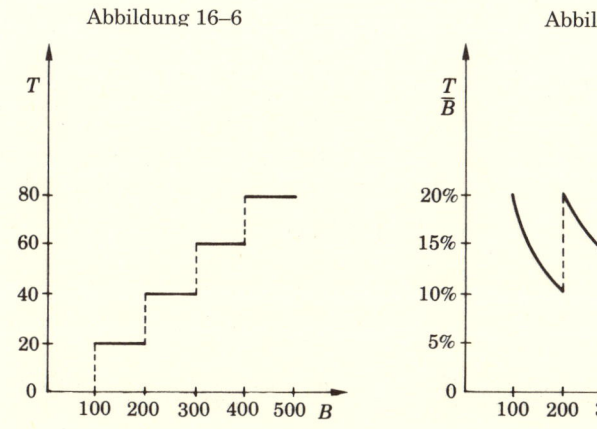

Abbildung 16–6

Abbildung 16–7

Im Falle eines Stufen*betrag*starifs (vgl. Übersicht 16-1) erhöht sich bei Erreichen einer Teilmengengrenze der Steuerbetrag um einen absoluten Betrag (in
Übersicht 16-1 z. B. um jeweils 20), der bis zur nächsten Teilmengengrenze
konstant bleibt. Innerhalb der Stufe gilt:

$$\frac{dT}{dB} = 0 \quad \text{und} \quad \frac{d\frac{T}{B}}{dB} < 0 \,,$$

so daß sich ein *Regressionseffekt* ergibt (vgl. auch Abb. 16-6 und 16-7). Beim
Übergang von einer Stufe zur anderen ist es möglich, daß der Steuerzuwachs
größer ist als der Zuwachs der Bemessungsgrundlage. Wenn in dem gegebenen
Zahlenbeispiel etwa die Bemessungsgrundlage von 95 auf 105 steigt, erhöht
sich der Steuerbetrag von 0 auf 20, d. h. der marginale Steuersatz beträgt
200%. In dieser Weise sind die Einkommen- und Lohnsteuertabellen aufgebaut, die für Zwecke der schnellen Steuerermittlung aus dem im deutschen
Einkommensteuergesetz enthaltenen Formeltarif abgeleitet werden.

Übersicht 16–2

Stufensatztarif mit Gesamtmengenstaffelung

B	T/B in %	T	ΔT beim Stufensprung
u. 100	5	0 bis 5	
100 bis u. 200	10	10 bis 20	5
200 bis u. 300	15	30 bis 45	10
300 bis u. 400	20	60 bis 80	15
400 bis u. 500	25	100 bis 125	20

Stufenbetragstarif mit Gesamtmengenstaffelung

Abbildung 16–8   Abbildung 16–9

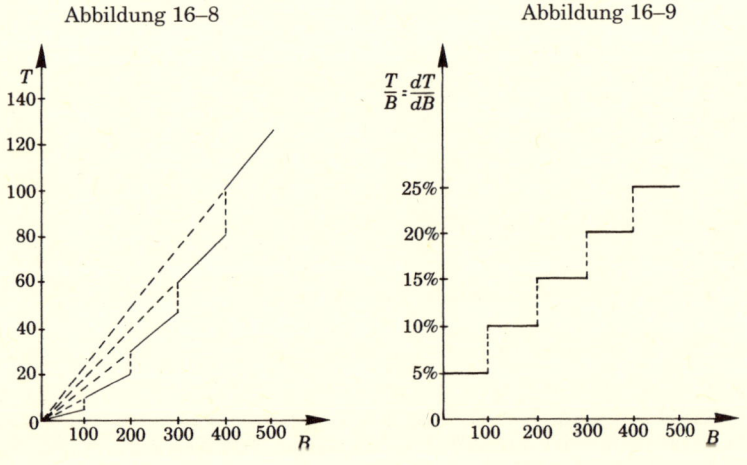

Beim Stufen*satz*tarif verändert sich der anzuwendende Steuer*satz* von Stufe zu Stufe. Im Falle des sog. *Stufensatztarifs mit Gesamtmengenstaffelung* (auch *Stufendurchschnittssatztarif* genannt) findet der jeweilige Steuersatz immer auf die gesamte Bemessungsgrundlage Anwendung (vgl. Übersicht 16-2 und Abb. 16-8 und 16-9). Dieser Tarif ist wegen der großen Sprünge des Steuerbetrags beim Überschreiten einer Stufengrenze unzweckmäßig; er wird in Deutschland in der Erbschaft- und Schenkungsteuer verwendet.

Im Falle des *Stufensatztarifs mit Teilmengenstaffelung* (auch *Stufengrenzsatztarif* genannt) bezieht sich der jeweilige Steuersatz immer nur auf die auf die entsprechende Stufe entfallende Teilmenge (vgl. Übersicht 16-3 sowie die Abb. 16-10 und 16-11). Der Stufengrenzsatztarif hat gegenüber dem Stufendurchschnittssatztarif den Vorteil, daß die Übergänge glatter sind: Solange der Stufensteuersatz unter 100% liegt, kann es nicht wie beim Stufenbetragstarif oder beim Stufendurchschnittssatztarif zu Grenzbelastungen von über 100% kommen.

Übersicht 16–3

Stufensatztarif mit Teilmengenstaffelung

B	$\Delta T/\Delta B$ in %	T	T/B in %
u. 100	5	0 bis 5	5
100 bis u. 200	10	5 bis (5+10)	5 bis 7,5
200 bis u. 300	15	15 bis (15+15)	7,5 bis 10
300 bis u. 400	20	30 bis (30+20)	10 bis 12,5
400 bis u. 500	25	50 bis (50+25)	12,5 bis 15

Stufensatztarif mit Teilmengenstaffelung

Abbildung 16–10   Abbildung 16–11

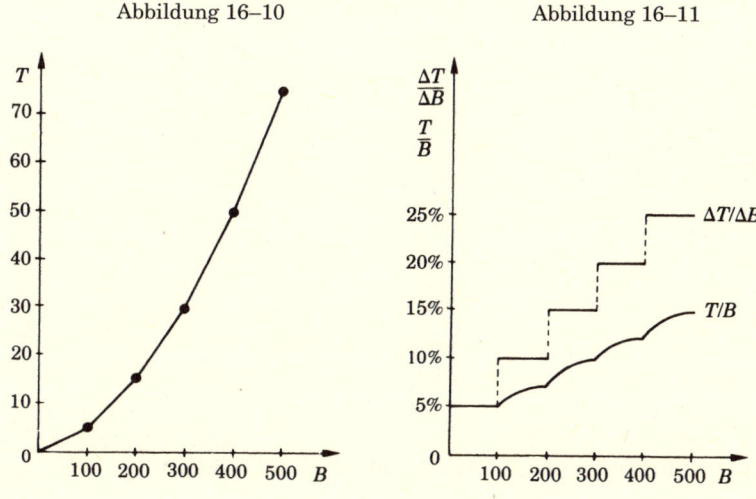

5.2.4. Fixierung durch Formeltarife

Schließlich gibt es die Möglichkeit, die Abhängigkeit des Steuerbetrages von der Bemessungsgrundlage durch einen *Formeltarif* (oder mehrere für je einen Teilbereich) auszudrücken, in allgemeiner Form etwa:

$$T = a + bB + cB^2 + dB^3 + eB^4 \dots + zB^n.$$

Mit der Wahl der Parameter läßt sich der gewünschte Verlauf fixieren. Der Formeltarif gibt für jeden beliebigen Wert der Bemessungsgrundlage den dazugehörigen Steuerbetrag an[20].

Für praktische Zwecke der Steuerermittlung ist es allerdings notwendig, auf der Grundlage einer solchen Formel *Tabellen* zu erstellen, die den Betrag der Steuerschuld, abgestuft nach Einheiten der steuerpflichtigen Bemessungsgrundlage, ausweisen.

---

[20] Siehe z. B. den Formeltarif der Einkommensteuer unten S. 331f.

Kapitel 17

Die Einkommensteuer

§ 88. Gesetzgebungs-, Verwaltungs- und Ertragshoheit in der Bundesrepublik Deutschland

§ 89. Beurteilung und Reformmaßnahmen

Literatur

a) MUSGRAVE, RICHARD A., PEGGY B. MUSGRAVE UND LORE KULLMER: Die öffentlichen Finanzen in Theorie und Praxis, Bd. 2, 5. Aufl., Tübingen 1993, S. 156–237.

WISSENSCHAFTLICHER BEIRAT BEIM BUNDESMINISTERIUM DER FINANZEN: Gutachten zur Reform der direkten Steuern (Einkommensteuer, Körperschaftsteuer, Vermögensteuer und Erbschaftsteuer) in der Bundesrepublik Deutschland, Abschnitt B: Vorschläge zur Reform der Einkommensteuer, Schriftenreihe des Bundesministeriums der Finanzen, Heft 9, Bonn o. J. (1967), wiederabgedruckt in: Ders.: Entschließungen, Stellungnahmen und Gutachten 1949–1973, hrsg. vom Bundesministerium der Finanzen, Tübingen 1974, S. 333–363.

b) ANDEL, NORBERT: Einkommensteuer, in: Fritz Neumark, Norbert Andel und Heinz Haller (Hrsg.): Handbuch der Finanzwissenschaft, 3. Aufl., Bd. 2, Tübingen 1980, S. 331–401.

DERS.: Die einkommensteuerliche Behandlung der Beiträge und der Rentenzahlungen in der Rentenversicherung, in: Landesversicherungsanstalt Rheinland-Pfalz (Hrsg.): 7. Speyerer Sozialgespräch „Sozialversicherung im Spannungsfeld von Beitrags- und Steuerfinanzierung", Speyer o. J., S. 77–89.

BRADFORD, DAVID F.: Untangling the Income Tax, Cambridge 1986.

CNOSSEN, SIJBREN, und RICHARD M. BIRD (Hrsg.): The Personal Income Tax. Phoenix from the Ashes?, Amsterdam u. a. O. 1990.

EBNET, OTTO: Die Besteuerung des Wertzuwachses, Baden-Baden 1978.

GOODE, RICHARD: The Individual Income Tax, 2. Aufl., Washington 1976.

HACKMANN, JOHANNES: Die Bestimmung des steuerrechtlichen Einkommensbegriffs aus finanzwissenschaftlicher Sicht, in: Karl-Heinrich Hansmeyer (Hrsg.): Staatsfinanzierung im Wandel, Schriften des Vereins für Socialpolitik, N. F. Bd. 134, Berlin 1983, S. 661–702.

HEAD, JOHN G.: The Comprehensive Tax Base Revisited, in: Finanzarchiv, N. F. Bd. 40, 1982, S. 193–210.

LANG, JOACHIM: Die Bemessungsgrundlage der Einkommensteuer. Rechtssystematische Grundlagen steuerlicher Leistungsfähigkeit im deutschen Einkommensteuerrecht, Köln 1988.

LITTMANN, KONRAD: Besteuerung von Alterseinkommen, in: Sachverständigenkommission Alterssicherungssysteme: Darstellung der Alterssicherungssysteme und der Besteuerung von Alterseinkommen, Gutachten der Sachverständigenkommission, Berichtsband 2, Bonn 1983, S. 425–518.

MOXTER, ADOLF: Steuerliche Gewinn- und Vermögensermittlung, in: Fritz Neumark, Norbert Andel und Heinz Haller (Hrsg.): Handbuch der Finanzwissenschaft, 3. Aufl., Bd. 2, Tübingen 1980, S. 203–237.

MUTÉN, LEIF, u. a.: Towards a Dual Income Tax? Scandinavian and Austrian Experiences, London u. a. O. 1996.

NEUMARK, FRITZ: Theorie und Praxis der modernen Einkommensbesteuerung, Bern 1947.

PECHMAN, JOSEPH A. (Hrsg.): Comprehensive Income Taxation, Washington 1977.

PETERSEN, HANS-GEORG: Wer trägt die Einkommensteuerlast? Aufkommensentwicklung und Verteilungswirkungen der Lohn- und Einkommensteuer 1965–1990, Stuttgart 1988.

POLLAK, HELGA: Gibt es einen Wandel in der Einkommensteuer?, in: Karl Häuser (Hrsg.): Wandlungen der Besteuerung, Schriften des Vereins für Socialpolitik, N. F. Bd. 160, Berlin 1987, S. 59–87.

REPORT OF THE ROYAL COMMISSION ON TAXATION (Carter-Report), Bd. 3 und Bd. 4: Taxation of Income, Ottawa 1966.

SCHLEE, HARALD: Einkommensteuerliche Behandlung von Transferzahlungen, Frankfurt a. M. u. a. O. 1994.

SIMONS, HENRY C.: Personal Income Taxation, Chicago 1938.

SINN, HANS-WERNER: Kapitaleinkommensbesteuerung. Eine Analyse der intertemporalen, internationalen und intersektoralen Allokationswirkungen, Tübingen 1985, überarbeitete englische Ausgabe: Capital Income Taxation and Resource Allocation, Amsterdam u. a. O., 1987.

SØRENSEN, PETER BIRCH (Hrsg.): Tax Policy in the Nordic Countries, Basingstoke 1998.

STEUERREFORMKOMMISSION: Gutachten der Steuerreformkommission 1971, Schriftenreihe des Bundesministeriums der Finanzen, Heft 17, Bonn 1971, Abschnitt II.

VICKREY, WILLIAM: Agenda for Progressive Taxation, New York 1947.

WISSENSCHAFTLICHER BEIRAT BEIM BUNDESMINISTERIUM DER FINANZEN: Gutachten zur einkommensteuerlichen Behandlung von Alterseinkünften, Schriftenreihe des Bundesministeriums der Finanzen, Heft 38, Bonn 1986, wiederabgedruckt in: Ders.: Gutachten und Stellungnahmen 1974–1987, hrsg. vom Bundesministerium der Finanzen, Tübingen 1988, S. 513–557.

§ 76. Charakterisierung

Die Einkommensteuer ist eine auf das Einkommen natürlicher Personen erhobene Steuer. Allerdings spielen für den Umfang der Steuerschuld neben dem erzielten Einkommen selbst noch viele andere Faktoren eine Rolle. Soweit dies auf dem Bemühen beruht, die Leistungsfähigkeit möglichst exakt zu erfassen, könnte man die Einkommensteuer als eine *primär an das Einkommen anknüpfende allgemeine Leistungsfähigkeitssteuer* bezeichnen. Sie weist im einzelnen folgende *Charakteristika* auf.

1) Die Einkommensteuer bezieht sich im Prinzip auf das *Gesamt*einkommen des Steuerpflichtigen, nicht nur auf einzelne Einkommensteile.

2) Sie stellt auf das Gesamt*netto*einkommen ab, das sich nach Abzug der Kosten der Einkunftserzielung ergibt.

3) Die Einkommensteuer knüpft an den Einkommens*zufluß* an. Allerdings wird im Zuge des Steuerinterventionismus und Steuerdirigismus davon immer mehr abgewichen, so daß heute ceteris paribus die Einkommensteuerbelastung je nach Art der Einkommensverwendung erheblich differiert.

4) Die Einkommensteuer bezieht sich auf *natürliche* Personen. Ihr Pendant bei den juristischen Personen ist die Körperschaftsteuer.

5) Sie ist eine *persönliche Steuer* in dem Sinne, daß sie persönliche Umstände berücksichtigt.

6) Sie gehört zu den *direkten Steuern*, und zwar sowohl nach dem Kriterium der Überwälzbarkeit (wegen der starken persönlichen Differenzierung gehört sie zu den schwer überwälzbaren Steuern) als auch nach dem Kriterium des direkten Zugriffs beim Steuerdestinatar.

7) Die Einkommensteuer gehört zu den *erhebungstechnisch anspruchsvollen*

Steuern. Sie läßt sich nur in einer entwickelten Volkswirtschaft mit lediglich kleinem Selbstversorgungssektor, mit ausgebautem Rechnungswesen, leistungsfähiger Steuerverwaltung und mit einem hohen Maß an Kooperationsbereitschaft auf Seiten der Steuerpflichtigen verwirklichen.

§ 77. Fiskalische Bedeutung

Die Einkommensteuer spielt in allen entwickelten Volkswirtschaften eine große, speziell in den nordeuropäischen und nordamerikanischen Staaten die dominierende fiskalische Rolle. Romanische Länder haben traditionell größere Schwierigkeiten mit der Durchsetzung der Einkommensteuer, wie sich auch heute noch in Frankreich zeigt. Während in der Nachkriegszeit das Gewicht dieser Steuer zunächst in fast allen Ländern ständig gestiegen war, trat in den 80er Jahren eine gewisse Wende ein, weil man aus Anreizgesichtspunkten und zur Verbesserung der internationalen Wettbewerbsposition die marginalen Steuersätze abbauen will und ganz allgemein eine Gewichtsverlagerung zu den indirekten Steuern anstrebt.

In der Bundesrepublik Deutschland ist allerdings der Anteil der Einkommensteuer an den gesamten Steuereinnahmen zunächst noch weiter gestiegen von 41,8% 1980 auf 43,2% 1989, weil aus Gründen der Haushaltskonsolidierung eigentlich erforderliche Anpassungen der Belastungen an nominales und reales Wirtschaftswachstum zunächst nicht bzw. in nur bescheidenem Maße vorgenommen wurden. Die dann beschlossenen Steuersenkungen, insbesondere der am 1. 1. 1990 erfolgte Übergang zum linear-progressiven Tarif und die per 1. 1. 1996 in Kraft getretene starke Anhebung des Grundfreibetrages haben dann das Gewicht der Einkommensteuer reduziert.

Die relative finanzwirtschaftspolitische Bedeutung der Einkommensteuer dürfte noch größer sein, als die genannten Quoten nahelegen, weil die Einkommensteuer in wohl überdurchschnittlichem Maße über den globalen Entzugseffekt hinaus auch in Form von Steuersubventionen wirtschaftspolitisch eingesetzt wird.

§ 78. Einkommensbegriff

Wenn oben gesagt wurde, daß die Festlegung des Steuertatbestandes und der Steuerbemessungsgrundlage von großer Wichtigkeit ist, so trifft dies in besonderem Maße für die Einkommensteuer zu, zumal das Einkommen eine abstrakte, rechnerische Größe ist.

1. Quellen- und Reinvermögenszugangstheorie

In der finanzwissenschaftlichen Literatur stehen bei der Frage des Einkommensbegriffes zwei Konzepte im Vordergrund: die Quellentheorie und die Reinvermögenszugangstheorie[1].

Die *Quellentheorie* stellt auf die *Regelmäßigkeit des Zuflusses* an ökonomischen Werten aus einer bestimmten Quelle ab. Sie prägte die englische Einkommensteuer, aber auch die preußische von 1891. In Deutschland ist sie besonders und einflußreich von B. FUISTING vertreten worden, der Einkommen definiert als „Gesamtheit derjenigen wirtschaftlichen Güter, welche alljährlich dem einzelnen aus dauernden Erwerbsquellen zufließen"[2].

Die *Reinvermögenszugangstheorie* zielt auf einen umfassenderen Einkommensbegriff ab, auf den *Zuwachs an ökonomischer Dispositionskraft ohne Rücksicht auf die Regelmäßigkeit*. Sie wurde von G. SCHANZ vertreten, der in seinem Artikel „Der Einkommensbegriff und die Einkommensteuergesetze" ausführt: „Wir wollen wissen, welche wirtschaftliche Leistungsfähigkeit einer Person, ohne daß sie ihr Kapital aufzehrt oder Schulden macht, in einem bestimmten Zeitabschnitt zukommt, über was sie so z. B. in einem bestimmten Jahr disponieren kann; ob diese Summe wiederkehrt, wie sie sich zusammensetzt, ob sie der Wiederkehr fähig ist, ist für das betreffende Jahr gleichgültig. … Wir rechnen also zum Einkommen alle Reinerträge und Nutzungen, geldwerte Leistungen Dritter, alle Geschenke, Erbschaften, Legate, Lotteriegewinne jeder Art, wir rechnen ab alle Schuldzinsen und Vermögensverluste. Was erübrigt, steht neu zur Disposition des Empfängers, gehört nicht zu dem bereits vorhandenen Stammvermögen."[3]

Die SCHANZsche Auffassung, die im angelsächsischen Sprachraum vor allem mit den Namen HAIG und SIMONS[4] verknüpft wird, ist im Hinblick auf das Ziel der umfassenden Berücksichtigung der steuerlichen Leistungsfähigkeit der

---

[1] Auf die von einigen Juristen und Betriebswirten vertretene Markteinkommenstheorie, der zufolge der einkommensteuerliche Zugriff auf am Markt erwirtschaftetes Einkommen beschränkt werden soll, wird hier nicht eingegangen. Diese Konzeption ist mit dem Grundsatz der Besteuerung nach der Leistungsfähigkeit nicht vereinbar und deshalb abzulehnen. Vgl. zur Darstellung und kritischen Beurteilung H. SÖHN: Erwerbsbezüge, Markteinkommenstheorie und Besteuerung nach der Leistungsfähigkeit, in: J. Lang (Hrsg.): Die Steuerrechtsordnung in der Diskussion. Festschrift für Klaus Tipke zum 70. Geburtstag, Köln 1995, S. 343–364, mit vielen Literaturhinweisen.

[2] B. FUISTING: Die Preußischen direkten Steuern, 1. Bd.: Kommentar zum Einkommensteuergesetz in der Fassung vom 19. Juni 1906, 7. Aufl., Berlin 1907, S. 57f.

[3] G. SCHANZ: Der Einkommensbegriff und die Einkommensteuergesetze, in: Finanzarchiv, Bd. 13, 1896, S. 17, 24.

[4] Vgl. R. M. HAIG: The Concept of Income – Economic and Legal Aspects, in: R. M. Haig u. a.: The Federal Income Tax, hrsg. v. R. M. Haig, New York 1921, S. 7; H. C. SIMONS: Personal Income Taxation, a.a.O., insb. S. 50. – Man spricht deshalb auch vom SHS(Schanz-Haig-Simons)-Konzept.

Quellentheorie vorzuziehen. Trotz der breiten Zustimmung, der sie sich in der wissenschaftlichen Literatur erfreut, wird ihr in der Praxis jedoch nur zum Teil gefolgt. Allerdings zielen Einkommensteuerreformvorschläge zum beträchtlichen Teil darauf ab, nicht nur Begünstigungen abzubauen, die mit beiden Konzeptionen unvereinbar sind, sondern auch spezielle Diskrepanzen zum Ideal der Reinvermögenszugangstheorie. Dies zeigen z. B. in den USA die Arbeiten von PECHMAN und des SCHATZAMTES [5], in Kanada der CARTER-Report[6], in der Bundesrepublik die Gutachten des WISSENSCHAFTLICHEN BEIRATS BEIM BUNDESMINISTERIUM DER FINANZEN[7] und jüngst der (wegen der empörenden Behandlung der Kommissionsarbeit durch die Bundesregierung nur bis zum thesenhaften Zwischenbericht gediehene) Bericht der BAREIS-KOMMISSION[8].

2. Der steuerliche Einkommensbegriff in der Bundesrepublik Deutschland

Wie im Ausland verzichtet auch in der Bundesrepublik Deutschland der Gesetzgeber darauf, eine Legaldefinition des steuerlichen Einkommens zu geben. Statt dessen werden in § 2 Abs. 1 EStG *sieben Einkunftsarten* aufgezählt (Enumerationsprinzip), von denen es heißt, daß sie der Einkommensteuer unterliegen:

1. Einkünfte aus Land- und Forstwirtschaft,
2. Einkünfte aus Gewerbebetrieb,
3. Einkünfte aus selbständiger Arbeit,
4. Einkünfte aus nichtselbständiger Arbeit,
5. Einkünfte aus Kapitalvermögen,
6. Einkünfte aus Vermietung und Verpachtung,
7. sonstige Einkünfte im Sinne des § 22 EStG, das sind
   a) Einkünfte aus wiederkehrenden, nicht unter die Punkte 1–6 fallenden Bezügen,
   b) Einkünfte aus Spekulationsgewinnen (§ 23 EStG),
   c) Einkünfte aus sonstigen Leistungen.

Diese Abgrenzung entspricht formal dem Konzept der Quellentheorie. Der Einfluß der Reinvermögenszugangstheorie zeigt sich im Rahmen der sonstigen

---

[5] Vgl. J. A. PECHMAN (Hrsg.): Comprehensive Income Taxation, a. a. O.; DEPARTMENT OF THE TREASURY, OFFICE OF THE SECRETARY: Tax Reform for Fairness, Simplicity, and Economic Growth. The Treasury Department Report to the President, Washington 1984.

[6] Vgl. Report of the ROYAL COMMISSION ON TAXATION, a. a. O., insbes. Bd. 3 und Bd. 4.

[7] Vgl. z. B. WISSENSCHAFTLICHER BEIRAT BEIM BUNDESMINISTERIUM DER FINANZEN: Gutachten zur Reform der direkten Steuern, a. a. O.

[8] EINKOMMENSTEUER-KOMMISSION: Thesen der Einkommensteuer-Kommission zur Steuerfreistellung des Existenzminimums ab 1996 und zur Reform der Einkommensteuer, Schriftenreihe des Bundesministeriums der Finanzen, Heft 55, Bonn 1995.

Einkünfte in der Behandlung der Spekulationsgeschäfte und gelegentlichen Einnahmen, bei den anderen Einkunftskategorien in der partiellen Erfassung der Veräußerungsgewinne. Nicht gefolgt wird der Schanzschen Konzeption bei Erbschaften und Schenkungen, die besonderen Steuern unterworfen werden, und bei den privaten Veräußerungsgewinnen, soweit sie nicht durch den eng umrissenen § 23 EStG erfaßt werden.

§ 79. Die steuerlich relevanten Bruttoeinkünfte

Die im Hinblick auf das Ziel der umfassenden Ermittlung der steuerlichen Leistungsfähigkeit getroffene Entscheidung für einen eher breiten Einkommensbegriff ist noch recht vage und bedarf der Präzisierung. Zunächst soll näher darauf eingegangen werden, welche Einkünfte (Vorgänge) überhaupt erfaßt werden sollen, sodann was als Kosten der Einkunftserzielung zu behandeln ist.

1. Bruttonominalentgelte

In entwickelten Volkswirtschaften entfällt der weitaus größte Teil der einkommensteuerlich relevanten Bruttoeinkünfte auf nominal fixierte Entgelte für Marktleistungen, vor allem in Form von Faktoreinkommen im Haushaltsbereich und von Erlösen im Unternehmenssektor. Diese Transaktionen sind nicht nur in bezug auf ihre einkommensteuerliche Relevanz unumstritten, sondern gleichzeitig auch administrativ relativ leicht zu bewältigen, weil sie zum großen Teil bereits aus nichtsteuerlichen Gründen aufzuzeichnen sind, meist von beiden an den Transaktionen beteiligten Seiten mit unterschiedlicher Interessenlage, wobei mit dem zugrundeliegenden Preis in der Regel auch das Bewertungsproblem gelöst ist.

2. Bruttonaturalentgelte

Im Hinblick auf den einkommensteuerlichen Charakter sollte es keinen Unterschied machen, ob Leistungsentgelte monetär oder natural geleistet werden. Im Prinzip gehören denn auch im deutschen Einkommensteuerrecht Naturalentgelte zu den steuerpflichtigen Einnahmen, die für die Einkunftsarten 4 bis 7 nach § 8 Abs. 1 EStG „alle Güter, die in Geld *oder Geldeswert* bestehen und dem Steuerpflichtigen im Rahmen einer der Einkunftsarten" zufließen, umfassen (Hervorhebung vom Verf.). In der Praxis werden allerdings Naturalentgelte oft nicht erfaßt oder zu niedrig bewertet.

3. Zugerechnete Einkünfte

Die in den beiden voranstehenden Abschnitten genannten Transaktionen laufen zwischen verschiedenen Personen über den Markt. Bei den *zugerechneten Einkünften*, englisch „imputed income", handelt es sich dagegen um Leistungen, die der Steuerpflichtige für sich selbst oder für seine Familienangehörigen erbringt: der Bäcker, der das eigene Brot, der Bauer, der die eigenen Kartoffeln, der Hausbesitzer, der die Wohnungsnutzung selbst konsumiert. Im Interesse der *Gleichmäßigkeit* und *Wettbewerbsneutralität* der Besteuerung ist es wünschenswert, diese Transaktionen zu Marktpreisen als steuerpflichtige Einkünfte zu erfassen.

Wegen der administrativen Schwierigkeiten ist der Steuergesetzgeber hier allerdings eher zurückhaltend. In der Bundesrepublik Deutschland wird der Eigenverbrauch von Lebensmitteln durch differenzierte Pauschbeträge in die Steuerpflicht einbezogen. Die frühere Erfassung des Nutzungswertes der vom Eigentümer selbst genutzten Wohnung war äußerst unzulänglich und wurde mit Wirkung vom 1. 1. 1987 – von bestimmten Übergangsregelungen abgesehen – völlig abgeschafft. Bereits früher und noch mehr heute ergibt sich hier ein beträchtlicher Verstoß gegen die Gleichmäßigkeit der Besteuerung, insbesondere wenn man die Erfassung von Einkünften aus nichtselbständiger Arbeit oder von Kapitaleinkünften in Form von Dividenden zum Vergleich heranzieht.

4. Lohnersatzzahlungen

Lohnersatzzahlungen, wie sie insbesondere im Rahmen der gesetzlichen Sozialversicherung aus Anlaß von arbeitslosigkeits-, krankheits-, alters- oder unfallbedingtem Ausfall von Arbeitseinkommen geleistet werden[9], *sollten grundsätzlich in die Einkommensteuerpflicht einbezogen werden*. Entsprechend dem *Korrespondenzprinzip*, das verlangt, alle Einkommensteile nur einmal zu belasten, sollte nur der Teil steuerfrei bleiben, der als Rückfluß von versteuerten Beiträgen anzusehen ist, was im Rahmen der Rentenversicherung allenfalls für einen Teil der Arbeitnehmerbeiträge gilt.

In der Bundesrepublik Deutschland gehören die Leistungen der Krankenversicherung, Pflegeversicherung, gesetzlichen Unfallversicherung sowie Arbeitslosengeld/Arbeitslosenhilfe jedoch zu den steuerfreien Einkünften (vgl. § 3 Ziff. 1 und 2 EStG). Die Erwerbsminderungs- und Altersrenten werden zwar in die Steuerpflicht einbezogen, allerdings lediglich nach Maßgabe des – eigentlich auf einen ganz anderen Sachverhalt zugeschnittenen – *Ertragsanteils* (§ 22 Ziff. 1 EStG)[10], wodurch sie weitgehend steuerfrei bleiben, obgleich der Anteil der Rente, der auf (besteuerte) eigene Beiträge entfällt, bislang sehr gering ist.

---

[9] Vgl. oben S. 240–254.

[10] Eine eingehendere Darstellung und Kritik findet sich bei N. ANDEL: Die einkommensteu-

Diese weitgehende Steuerfreiheit der Lohnersatzleistungen, die wohl im Hinblick auf die Entlastung der Beitragszahler erfolgt und praktisch eine Beteiligung der Haushalte der Gebietskörperschaften an den Kosten der Sozialversicherung darstellt[11], ist als *schwerwiegender Verstoß gegen den Grundsatz der Gleichmäßigkeit der Besteuerung* anzusehen. Der damit verbundene Vorteil ist ceteris paribus für den einzelnen um so größer, je höher die Lohnersatzzahlung und je höher die sonstigen Einkünfte sind – eine nicht gerade soziale Differenzierung! Es kommt hinzu, daß dadurch Personen in den Genuß anderer öffentlicher Transferausgaben gelangen, die für sie eigentlich nicht bestimmt sind, wenn in den entsprechenden Gesetzen aus administrativen Gründen die Einkommensgrenzen nicht auf das tatsächliche, sondern auf das steuerliche Einkommen bezogen sind, das um die genannten Begünstigungen geringer ist.

5. Wertzuwächse

Zu den umstrittensten Aspekten der Einkommensbesteuerung zählt die Frage, ob *Wertzuwächse* als steuerpflichtige Bruttoeinkünfte zu behandeln sind. Als Wertzuwächse (Kapitalgewinne) werden Erhöhungen des Wertes von Vermögensteilen verstanden, soweit sie die Aufwendungen des Steuerpflichtigen übersteigen. Man unterscheidet *realisierte Wertzuwächse* (Veräußerungsgewinne) und *unrealisierte Wertzuwächse*, wobei als Kriterium vor allem der Verkauf gegen Geld in Frage kommt.

Für die einkommensteuerliche Erfassung der Wertzuwächse sprechen die damit verbundene *Erhöhung der Dispositionsfähigkeit*, die implizierten *beträchtlichen Beträge*, die außerdem *sehr ungleichmäßig verteilt*, d.h. sehr stark auf Bezieher hoher Einkommen konzentriert sind, sowie die *Allokationsverzerrung* im Gefolge einer Steuerbefreiung. Gegen die Besteuerung werden der (angeblich) fehlende Einkommenscharakter, die (angeblich) implizierte Doppelbelastung, die (angeblich) fehlende erhöhte Leistungsfähigkeit im Falle einer Zinssenkung sowie die (angeblich) fehlende erhöhte Leistungsfähigkeit im Falle von Preiserhöhungen vorgebracht, aber auch ernster zu nehmende Argumente wie die *wachstumsfördernde Wirkung* der Steuerbefreiung, die *administrativen Probleme* der Bewertungsdurchführung, die *Liquiditätsprobleme* im Zuge der Steuerabführung und die *mobilitätshemmenden Wirkungen* (Lock-in-Effekte), die sich deshalb ergeben, weil durch einen Verzicht auf Veräußerung die Steuer vermieden werden kann.

---

erliche Behandlung der Beiträge an und der Leistungen von Altersversicherungen, in: H. Haller u.a. (Hrsg.): Theorie und Praxis des finanzpolitischen Interventionismus. Fritz Neumark zum 70. Geburtstag, Tübingen 1970, S.327–344; vgl. DERS.: Die einkommensteuerliche Behandlung der Beiträge und der Rentenzahlungen in der Rentenversicherung, a.a.O.

[11] Im Falle der Besteuerung müßten die Bruttozahlungen und zu deren Finanzierung die Beiträge erhöht werden.

Es kann hier nicht auf die einzelnen Argumente näher eingegangen werden[12]. Zum Einwand, daß nominale Wertsteigerungen, denen keine realen Erhöhungen entsprechen, keine Leistungsfähigkeitssteigerung darstellen, sei jedoch bemerkt: Bei der Einkommensbesteuerung wird generell vom Nominalprinzip ausgegangen. Daß Wertsteigerungen der genannten Art, etwa bei Grundstücken oder Aktien, in diesem Rahmen eine erhöhte Leistungsfähigkeit repräsentieren, zeigt ein Vergleich mit nominal im Wert konstant gebliebenen festverzinslichen Wertpapieren.

Angesichts dieser Argumente ist es nicht überraschend, daß die Praxis in den einzelnen Ländern unterschiedlich ist und auch in Zeitablauf variiert. In der Bundesrepublik Deutschland werden nichtrealisierte Wertzuwächse – vom Sonderfall des § 6 Außensteuergesetz abgesehen – einkommensteuerlich nicht erfaßt. Bei realisierten Wertzuwächsen wird danach differenziert, ob sie im Rahmen des Betriebsvermögens (betriebliche Veräußerungsgewinne) oder im Rahmen des sonstigen Vermögens (private Veräußerungsgewinne) anfallen.

Private Veräußerungsgewinne sind in der Regel steuerfrei, es sei denn, sie gelten als Spekulationsgewinne oder fallen im Rahmen von wesentlichen Beteiligungen an. Spekulationsgewinne (vgl. § 23 Abs. 1 EStG) sind Gewinne aus Veräußerungsgeschäften, wenn der Zeitraum zwischen Anschaffung und Veräußerung nicht mehr als 2 Jahre (bei Grundstücken) bzw. 6 Monate (bei anderen Wirtschaftsgütern, insbesondere Wertpapieren) beträgt oder wenn die Veräußerung vor dem Erwerb erfolgt. Gewinne aus der Veräußerung von Anteilen an einer Kapitalgesellschaft, an welcher der Veräußerer unmittelbar oder mittelbar zu mehr als 25% beteiligt war, werden allerdings nach § 34 Abs. 1 EStG bis zur Höhe von 15 Mio. DM lediglich mit dem halben durchschnittlichen Steuersatz erfaßt, der sich auf das gesamte zu versteuernde Einkommen (zuzügl. der dem Progressionsvorbehalt unterliegenden Einkünfte) ergibt.

Betriebliche Veräußerungsgewinne werden grundsätzlich in vollem Umfang erfaßt und dem normalen Tarif unterworfen. Allerdings können sie nach § 6 b EStG unter bestimmten Voraussetzungen auf neu erworbene Wirtschaftsgüter ohne steuerliche Folgen übertragen werden. Ferner sind realisierte Wertzuwächse bei der Veräußerung von bestimmten Betrieben, Teilbetrieben, Unternehmensanteilen im Rahmen wesentlicher Beteiligungen und von Vermögen, das der selbständigen Arbeit dient (§§ 14, 14 a Abs. 1, 16, 17, 18 Abs. 3 EStG), begünstigt, und zwar sowohl durch hohe Freigrenzen und Freibeträge als auch durch die Besteuerung lediglich mit dem halben Durchschnittssatz nach § 34 EStG.

Die deutsche Regelung ist aus steuersystematischer Sicht unbefriedigend. Bedenkenswert ist der Vorschlag von H. C. SIMONS[13], realisierte Wertzuwächse ge-

---

[12] Eingehendere Analysen der Argumente finden sich bei N. ANDEL: Einkommensteuer, a.a.O., S. 345–355, und bei O. EBNET: Die Besteuerung des Wertzuwachses, a.a.O.

[13] Vgl. H. C. SIMONS: Personal Income Taxation, a.a.O., S. 165–168.

nerell voll zu besteuern, im Erbschafts- und Schenkungsfall zusätzlich eine Realisierung zu unterstellen *(„constructive realization")*, damit unrealisierte Wertzuwächse nicht unbeschränkt dem Steuerzugriff entgehen. Da dies jährlich nur einen relativ kleinen Teil der Steuerpflichtigen bzw. des Vermögens betrifft, wären die administrativen Probleme hier eher lösbar.

6. Erbschaften und Geschenke

Erbschaften und Geschenke wollte Schanz im Rahmen seiner Konzeption der Einkommensteuer unterwerfen. In diesem Punkt ist ihm, wie bereits erwähnt, weder in der wissenschaftlichen Literatur noch in der Praxis gefolgt worden. Das dürfte vor allem daran liegen, daß man auf Vermögensübertragungen speziell im engen Familienverband nicht die hohen Einkommensteuersätze anwenden, ferner außerdem nach dem Verwandtschaftsgrad differenzieren will. Steuersätze von 40 oder 50% würden über die Einschränkung der Eigenfinanzierung die Wettbewerbssituation von Einzel- und Familienunternehmen im Vergleich zu Kapitalgesellschaften mit breiter Eigentumsstreuung sehr stark verschlechtern und dadurch konzentrationsfördernd wirken.

§ 80. Die Kosten der Einkunftserzielung

Bei der Ermittlung der Einkünfte als Zwischenstufe der Einkommensermittlung geht es um die *Nettoeinkünfte nach Abzug der Kosten,* die bei der Erzielung der Bruttoeinkünfte entstehen. Diese sind für die Gewinneinkünfte in § 4 Abs. 4 EStG definiert als „Aufwendungen, die durch den Betrieb veranlaßt sind" (sog. *Betriebsausgaben*) bzw. für andere Einkünfte in § 9 Abs. 1 EStG als „Aufwendungen zur Erwerbung, Sicherung und Erhaltung der Einnahmen" (sog. *Werbungskosten*). Es handelt sich um eine ganz zentrale Bestimmung des Einkommensteuerrechts.

Einerseits ist sicherzustellen, daß die tatsächlichen Betriebsausgaben und Werbungskosten voll absetzbar sind, weil man nur so zum echten Nettoeinkommen gelangt. Andererseits muß verhindert werden, daß diese Bestimmungen als Deckmantel verwendet werden, um Kosten der Lebenshaltung (Konsum) bzw. Nettoinvestitionen abzusetzen, die aus versteuertem Einkommen zu leisten sind. Insoweit ist eine restriktive Handhabung ein Gebot der Steuergerechtigkeit. Faktisch werden im Rahmen der auch dann verbleibenden Gestaltungsmöglichkeiten die Gewinneinkünfte begünstigt, insbesondere im Vergleich zu den Einkünften aus unselbständiger Tätigkeit.

§81. Die Methoden der Ermittlung der Einkünfte

Die Einkünfte können nach verschiedenen Methoden ermittelt werden. Im deutschen Einkommensteuerrecht stehen der Betriebsvermögensvergleich und die Einnahmenüberschußrechnung im Vordergrund; es sieht ferner eine Pauschalbesteuerung nach Durchschnittssätzen vor.

1. Betriebsvermögensvergleich

Im Rahmen der drei ersten Einkunftsarten (der sog. *Gewinneinkünfte*) werden die Einkünfte zum Teil als „Unterschiedsbetrag zwischen dem Betriebsvermögen am Schluß des Wirtschaftsjahres und dem Betriebsvermögen am Schluß des vorangegangenen Wirtschaftsjahres" (§ 4 Abs. 1 EStG) ermittelt, wobei die Entnahmen und Einlagen, die der Steuerpflichtige im Laufe des Jahres vorgenommen hat, gewinnerhöhend bzw. gewinnsenkend zu berücksichtigen sind.

Diese Methode ist zumindest prinzipiell wie keine andere geeignet, Einkünfte sehr breit und gemäß der Intention der Reinvermögenszugangstheorie zu erfassen. Inwieweit dies im Einzelfall geschieht, hängt allerdings vom Umfang der erfaßten Aktiva und Passiva sowie von den Bewertungsregeln ab.

2. Einnahmenüberschußrechnung

Die Methode, den Überschuß der Einnahmen über diejenigen Ausgaben, die den Charakter von Kosten der Einkunftserzielung haben, zu ermitteln, ist auf Kassenvorgänge beschränkt. Im Gegensatz zum Betriebsvermögensvergleich werden Wertänderungen am vorhandenen Vermögen generell nicht berücksichtigt; auch wird keine exakte Periodenzurechnung mit Rechnungsabgrenzungen vorgenommen. Die Methode der Einnahmenüberschußermittlung wird im Rahmen der Gewinne als Überschuß der Betriebseinnahmen über die Betriebsausgaben (§ 4 Abs. 3 EStG), im Falle der anderen Einkünfte als Überschuß der Einnahmen über die Werbungskosten (§ 2 Abs. 2 Nr. 2 EStG) praktiziert.

3. Pauschalbesteuerung

Die Einkommensteuer soll das jeweils tatsächlich erzielte Einkommen erfassen. Insofern sind Methoden, die nicht unmittelbar darauf abzielen, sondern mit pauschalen Indikatoren arbeiten, schon vom Ansatz her sehr problematisch. Das gilt besonders für § 13a EStG, der nichtbuchführungspflichtigen Landwirten innerhalb bestimmter Vermögens- und Viehbestandsgrenzen gestattet, das Einkommen pauschal in Abhängigkeit vom Einheitswert und der Zahl der familieneigenen Arbeitskräfte zu ermitteln. Trotz der starken Verschlechterung der Einkommenslage in der Landwirtschaft führt dieses Verfahren im allgemeinen immer noch zu einer Unterschätzung des tatsächlichen Einkommens. Allerdings hat die Zahl der Landwirte deutlich zugenommen, die zu hoch besteuert werden – sofern sie sich nicht freiwillig für eines der beiden üblichen Gewinnermittlungsverfahren entscheiden. Dies zeigt, daß es im Rahmen des § 13a EStG offensichtlich nicht gelingt (und auch nicht gelingen kann), in ausreichendem Maße den differenzierten Ertragsverhältnissen und insbesondere der unterschiedlichen Tüchtigkeit der Betriebsleiter Rechnung zu tragen[14].

§ 82. Bewertungsprobleme

Die steuerliche Einkommensermittlung ist aus rechentechnischen Gründen notwendigerweise eine *Geldsummenrechnung*. Dabei stellt sich die Frage, welche Werte, welche Preise zugrunde zu legen sind.

Jede Bewertung ist zweckorientiert. Da es im vorliegenden Zusammenhang um die möglichst genaue Ermittlung des steuerlichen Einkommens geht und Steuerpflichtige die Neigung haben, davon nach unten abzuweichen, stehen bei den steuerlichen Bewertungsvorschriften *Mindestwerte für die Aktiva und Einkünfte, Höchstwerte für die Passiva und Betriebsausgaben bzw. Werbungskosten* im Vordergrund. Nach § 6 EStG sind im Regelfall die *Anschaffungs- oder Herstellungskosten* zugrunde zu legen, wozu schon Praktikabilitätsgründe zwingen. Bei Wirtschaftsgütern des Anlagevermögens, die der Abnutzung unterliegen, werden diese Wertansätze um die *steuerlich zulässigen Abschreibungen* (Absetzungen für Abnutzung) gekürzt. Statt dieser Werte kann der *Teilwert* („der Betrag, den ein Erwerber des ganzen Betriebs im Rahmen des Gesamtkaufpreises für das einzelne Wirtschaftsgut ansetzen würde; dabei ist davon auszugehen, daß der Erwerber den Betrieb fortführt"; § 6 Abs. 1 Ziff. 1 Satz 3 EStG) zugrunde gelegt werden, sofern dieser niedriger ist.

Inflationäre Entwicklungen führen dazu, daß durch die Bewertung mit historischen Anschaffungspreisen die Kosten zum Zeitpunkt der Gewinnermittlung zu niedrig angesetzt werden. Dies zeigt sich besonders bei langfristigen Investitionen, wenn zwischen Beschaffung und Abschreibung viele Jahre liegen. Die Konsequenz ist, daß der ermittelte Gewinn zu hoch ausgewiesen wird, da die als Kosten angesetzten Beträge unter Berücksichtigung der Inflation zu niedrig sind und somit die Einkommensteuer partiell zu einer Vermögensteuer wird. Dies kann verhindert werden, wenn die Bewertung zu Wiederbeschaffungspreisen erfolgt oder die historischen Beschaffungspreise mit Preisindizes

---

[14] Vgl. WISSENSCHAFTLICHER BEIRAT BEIM BUNDESMINISTERIUM DER FINANZEN: Die Einheitsbewertung in der Bundesrepublik Deutschland – Mängel und Alternativen –, Schriftenreihe des Bundesministeriums der Finanzen, Heft 41, Bonn 1989, S. 18.

aktualisiert werden. Dieses Verfahren ist natürlich administrativ aufwendiger, wird zum Teil auch deshalb als bedenklich angesehen, weil es (angeblich) als Kapitulation vor dem Inflationsproblem interpretiert wird. Es ist ferner wegen seines partiellen Charakters problematisch, wenn nicht gleichzeitig auftretende Inflationsgewinne bei Schuldnern und Inflationsverluste bei Gläubigern berücksichtigt werden.

In der Praxis vermeidet der Steuergesetzgeber das offizielle Abgehen vom Nominalprinzip, solange es möglich ist, und zieht es statt dessen vor, die Abschreibungszeiträume zu verkürzen und die Abschreibungssätze höher festzulegen, als dies im Rahmen des Nominalprinzips eigentlich angebracht ist.

§ 83. Verlustausgleich

1. Innerperiodischer Verlustausgleich

Die Ermittlung der einzelnen Einkünfte nach Abzug der Betriebsausgaben bzw. Werbungskosten ist lediglich eine Vorstufe der Einkommensberechnung. Dazu müssen die Einkünfte zusammengefaßt werden, wobei negative Einkünfte bei einer Einkunftsart gegen positive bei anderen Einkunftsarten aufgerechnet werden. Dieser sog. *Verlustausgleich* in der gleichen Periode folgt aus dem synthetischen Charakter der Einkommensteuer und ist einkommensteuersystematisch unbedingt notwendig.

2. Zwischenperiodischer Verlustausgleich

Übersteigen in einem Veranlagungsjahr die negativen Einkünfte die positiven, so sehen die Einkommensteuergesetze in der Regel einen mehr oder weniger weit gehenden zwischenperiodischen Verlustausgleich vor, d. h. eine intertemporale Verrechnung mit positiven Einkünften anderer Perioden. In § 10 d EStG wird dies als *Verlustabzug* bezeichnet. Er ist dort einmal in Form des *Verlustrücktrags* möglich (beschränkt auf Verluste bis 10 Mio. DM und auf die Einkünfte der beiden vorangegangenen Veranlagungsperioden), für dann noch verbleibende Verluste in Form des zeitlich unbeschränkten *Verlustvortrags*.

Wenn man von der Jährlichkeit der Einkommensteuer ausgeht, ist der zwischenperiodische Verlustausgleich nicht so selbstverständlich wie der innerperiodische. Man sollte allerdings bedenken, daß die Jährlichkeit nicht zwangsläufig aus der Idee der Einkommensteuer folgt, sondern eine vor allem fiskalische Zweckmäßigkeit ist, die für solche Personen unbillige Härten mit sich bringt, deren Einkünfte starken Schwankungen ausgesetzt sind, weil sie auf risikoreichen Gebieten tätig bzw. sehr spezialisiert sind und nicht den internen

Risikoausgleich genießen können, der für diversifizierte Konzerne gegeben ist. Eine solche Diskriminierung wird durch die Möglichkeit des intertemporalen Verlustausgleichs gemildert. Speziell für den Verlustrücktrag spricht, daß er schneller Erleichterung schafft als der Verlustvortrag, bei entsprechend schneller Veranlagung deshalb auch eher konjunkturpolitisch stabilisierend wirkt.

§ 84. Sonderausgaben und außergewöhnliche Belastungen

1. Charakterisierung

Die Einkommensteuer sieht grundsätzlich von der Art der Einkommensverwendung ab. In allen modernen Einkommensteuergesetzen gibt es aber davon eine beträchtliche Anzahl von Ausnahmen. In der Bundesrepublik Deutschland treten sie vor allem als von der Summe der Nettoeinkünfte nach Verlustausgleich abzugsfähige *Sonderausgaben* und *außergewöhnliche Belastungen* auf. Es handelt sich um

- Ausgaben, die *teils Konsum-, teils Werbungskostencharakter* haben (z. B. Krankenversicherungsbeiträge),
- Ausgaben, die zwar keine Werbungskosten darstellen, aber als außergewöhnliche Belastungen oder als gesetzlich vorgeschriebene Zwangsbeiträge *die Leistungsfähigkeit verringern* (z. B. Unterhalt der Eltern, Sozialversicherungsbeiträge),
- Ausgaben, die für *besonders förderungswürdig* angesehen werden (z. B. Ersparnisse zur Altersvorsorge, Spenden für wissenschaftliche oder karitative Zwecke, Bausparleistungen).

Zahlreiche Ausgaben haben zu mehreren der vorstehend unterschiedenen Gruppen eine gewisse Beziehung.

2. Sonderausgaben

Die Sonderausgaben im Sinne der §§ 10–10c EStG sind *teils unbeschränkt, teils beschränkt abzugsfähig.* Zu den unbeschränkt abzugsfähigen Sonderausgaben gehören z. B. Steuerberatungskosten und die gezahlte Kirchensteuer. Innerhalb der *beschränkt abzugsfähigen* Ausgaben sind die *Vorsorgeaufwendungen* die weitaus wichtigsten. Sie umfassen Beiträge zu Kranken-, Pflege-, Unfall-, Haftpflicht- und gesetzlichen Rentenversicherung sowie für die Bundesanstalt für Arbeit, ferner Beiträge für bestimme Versicherungen auf den Erlebens- oder Todesfall.

Der Abzug von Vorsorgeaufwendungen als Sonderausgaben läßt sich insbesondere in Fällen der Zwangsabgaben zur Sozialversicherung einkommensteuersystematisch rechtfertigen, da es sich hier um Einkommensteile handelt, die nicht disponibel sind. Dies gilt nicht für die Ausgaben zur Förderung mildtätiger, kirchlicher, religiöser, wissenschaftlicher und der als besonders förderungswürdig anerkannten gemeinnützigen Zwecke. Sie können in einem quantitativ begrenzten, aber insgesamt großzügigen Rahmen von der Steuerbemessungsgrundlage abgezogen werden, ferner Mitgliedsbeiträge und Spenden an politische Parteien bis zur Höhe von 3000 DM bzw. 6000 DM bei zusammenveranlagten Ehegatten (§ 10 b Abs. 1 EStG). Die Anknüpfung an die Einkommensteuer erfolgt hier lediglich aus Gründen der administrativen Abwicklung, im Falle der Bundesrepublik wohl auch wegen der Verteilung der fiskalischen Lasten auf Bund, Länder und Gemeinden. Die sich dabei ergebende Abhängigkeit des Steuervorteils vom marginalen Steuersatz ist verteilungspolitisch nicht zu rechtfertigen[15].

3. Außergewöhnliche Belastungen

Nach § 33 Abs. 1 und 2 EStG sind außergewöhnliche Belastungen Aufwendungen, die einem Steuerpflichtigen *zwangsläufig* in dem Sinne erwachsen, daß er sich ihnen aus rechtlichen, tatsächlichen oder sittlichen Gründen nicht entziehen kann, die *über die Aufwendungen der überwiegenden Mehrzahl der Steuerpflichtigen* gleicher Einkommensverhältnisse, gleicher Vermögensverhältnisse und gleichen Familienstandes *hinausgehen* und die *notwendig* und *angemessen* sind. Dazu können z. B. Aufwendungen für Arzneimittel, Badekuren, für den Unterhalt, die Betreuung und die Berufsausbildung von Kindern, für die Wiederbeschaffung von Hausrat oder Kleidung, die durch unabwendbare Ereignisse verlorengingen, oder besondere Aufwendungen Körperbehinderter zählen.

Der Grundgedanke, bestimmte Aufwendungen, obgleich sie Einkommensverwendung darstellen, von der Einkommensteuerpflicht zu befreien, weil sie die entsprechenden Personen erst (annähernd) in die Position bringen, in der sich die überwiegende Zahl vergleichbarer Personen bereits ohne Aufwendungen befindet, ist im Hinblick auf den Gleichmäßigkeits- bzw. Verhältnismäßigkeitsgrundsatz zu begrüßen. Allerdings wird mit Recht die deutsche Praxis kritisiert. Während bei den nichtpauschalierten außergewöhnlichen Belastungen von einer zumutbaren Eigenbelastung ausgegangen wird, die vor allem nach der Höhe des Gesamtbetrags der Einkünfte und der Kinderzahl differenziert ist, kommen die pauschal berücksichtigten Belastungen einerseits auch Beziehern hoher Einkommen zugute, denen eine volle Belastung zugemutet werden könnte, sind aber andererseits zum Teil so niedrig festgelegt, daß sie nur einen kleinen Teil der tatsächlichen Aufwendungen abdecken[16].

---

[15] Vgl. unten S. 330f.

[16] Vgl. WISSENSCHAFTLICHER BEIRAT BEIM BUNDESMINISTERIUM DER FINANZEN: Gutachten zur Reform der direkten Steuern, a.a.O., S. 945f.

§ 85. Existenzminimum, Ehegattenbesteuerung, Kinderlastenausgleich

1. Existenzminimum

Auch der Betrag, der nach Abzug der Sonderausgaben und außergewöhnlichen Belastungen verbleibt, repräsentiert noch nicht in vollem Umfang Steuerleistungsfähigkeit in dem Sinne, daß der Fiskus von jedem Teil einen mehr oder weniger hohen Prozentsatz abverlangen könnte. Steuerleistungsfähigkeit beginnt erst jenseits des Betrages, der das *Existenzminimum* des Steuerpflichtigen sicherstellt, wobei dieses Existenzminimum nicht als rein physiologisches, sondern als ein *sozio-kulturell* bestimmtes anzusehen ist. Der ihm entsprechende reale Einkommensbetrag wächst mit steigendem durchschnittlichen Lebensstandard.

Die steuerpolitische Praxis entspricht dem Erfordernis eines steuerfreien Existenzminimums insofern nur unzulänglich, als die Beträge oft zu niedrig fixiert sind und die Anpassungen im Zeitablauf an Erhöhungen des Preisniveaus und des allgemeinen Lebensstandards wegen der damit verbundenen hohen Steuerausfälle meist nur mit großer zeitlicher Verzögerung vorgenommen werden. Die Bundesregierung hielt am aus fiskalischen Erwägungen bewußt in Kauf genommenen grundgesetzwidrigen Verfahren so lange fest, bis das Bundesverfassungsgericht 1992 durch ein Urteil[17] unter Verweis auf die höheren Sozialhilfeleistungen und durch relativ knapp bemessene Fristen eine wesentliche Anhebung des Grundfreibetrages erzwang. Aber auch danach erlag sie der Versuchung, darauf zu verzichten, den Grundfreibetrag einkommensteuersystematisch korrekt und in der Höhe ausreichend festzusetzen. Im Jahressteuergesetz 1996 wurde er auf 12 365 DM für 1997 und 1998 bzw. auf 13 067 für 1999 festgelegt.

2. Ehegattenbesteuerung

Bei der Besteuerung von Ehegatten kann man zwei Grundformen unterscheiden. Die *völlig getrennte Veranlagung* berücksichtigt den Tatbestand der Eheschließung überhaupt nicht. Die Ehegatten werden wie zwei alleinstehende Steuerpflichtige behandelt.

Bei der *gemeinsamen Veranlagung* wird das Einkommen der Ehegatten für Steuerzwecke zusammengefaßt, wobei persönliche Frei- und Abzugsbeträge prinzipiell von jedem Partner geltend gemacht werden können. In bezug auf das darüber hinaus verbleibende, dem Tarif zu unterwerfende Einkommen er-

---

[17] Vgl. BUNDESVERFASSUNGSGERICHT: Entscheidungen des Bundesverfassungsgerichts, Bd. 87, Tübingen 1993, S. 152–181.

gibt sich im Vergleich zur getrennten Veranlagung eine Höherbesteuerung (und damit eine steuerliche *„Bestrafung" der Eheschließung*), wenn beide Partner Einkommen beziehen und durch die Zusammenveranlagung in Bereiche höherer Grenzsteuersätze gelangen.

Dieser Progressionseffekt wird im Rahmen des *Splitting-Verfahrens* vermieden, indem das zusammengefaßte steuerpflichtige Einkommen halbiert und der auf dieses halbe Einkommen entfallende Steuerbetrag mit zwei multipliziert wird. Jedem Ehepartner werden also 50% des gesamten Einkommens zugerechnet. Geht man davon aus, daß in der Regel der individuelle Lebensstandard eines Ehepartners eher vom Gesamteinkommen beider Partner als vom eigenen Einkommen allein abhängt[18] und daß deshalb gleiche globale Einkommen unabhängig von der Aufteilung zur gleichen globalen Steuerbelastung führen sollten, hat das Splitting-Verfahren unter dem Aspekt der Besteuerung nach der Leistungsfähigkeit Vorteile im Vergleich sowohl zur getrennten als auch zur gemeinsamen Veranlagung ohne Splitting.

Das Splitting-Verfahren zu kritisieren, nur weil es im Vergleich zur getrennten Veranlagung einen „Splitting-Vorteil" bewirkt, verkennt, daß das gewählte Vergleichsverfahren jedenfalls unter dem Aspekt der Besteuerung nach der Leistungsfähigkeit nicht befriedigt. Seine Beschränkung auf eheliche Gemeinschaften ist im Hinblick auf eherechtliche Bestimmungen (z. B. die Unterhaltsverpflichtung) und die trotz gestiegener Scheidungsquote größere soziale Stabilität vertretbar. Einzuräumen ist, daß es die Berufstätigkeit der Ehefrau und die damit für sie verbundene eigenständige Sicherung erschwert, solange die Berufstätigkeit des Ehemannes als gewissermaßen selbstverständlich gilt, die der Ehefrau aber von einem Abwägen des Vorteils zusätzlichen Nettoeinkommens gegen die Vorteile intensiverer Kinderbetreuung, Hausarbeit etc. abhängig gemacht wird. Die Belastung des durch die Berufstätigkeit der Ehefrau möglichen Einkommens ist nämlich im Rahmen des Splitting-Verfahrens höher als bei getrennter Veranlagung, wenn ihr Einkommen unter dem des Ehemannes liegt.

Das Splitting-Verfahren berücksichtigt nicht die Vorteile der gemeinsamen Haushaltsführung. Das gilt allerdings auch für die getrennte Veranlagung. Die „Economies of scale" nur bei Ehepaaren berücksichtigen zu wollen, wäre eine grundgesetzwidrige Benachteiligung der Ehe im Vergleich zu anderen Formen des Zusammenlebens.

In der *Bundesrepublik Deutschland* gab es früher die gemeinsame Veranlagung ohne Splitting, die im Hinblick auf die damit verbundene steuerliche Mehrbelastung im Zuge der Eheschließung vom Bundesverfassungsgericht

---

[18] Für eine Differenzierung nach dem gewählten ehelichen Güterstand vgl. H. SCHLEE: Einkommensteuerliche Behandlung von Transferzahlungen, a. a. O., S. 143–159.

1957 für verfassungswidrig erklärt worden ist[19]. Daraufhin wurde das gegenwärtig angewandte *Splitting-Verfahren mit dem Faktor zwei* eingeführt.

3. Kinderlastenausgleich

Da die Eltern zum Unterhalt ihrer Kinder gesetzlich verpflichtet sind, handelt es sich bei diesen Aufwendungen, soweit sie zur Erfüllung dieser Verpflichtungen *erforderlich* sind, um für den Steuerpflichtigen nicht frei verfügbare Einkommensteile. Einkommensteuersystematisch ist deshalb zu fordern, daß sie in voller Höhe von der Bemessungsgrundlage abzugsfähig sind.

Aus administrativen Gründen ist es notwendig, diese Aufwendungen in Form von Kinderfreibeträgen zu pauschalieren. Da die gesetzliche Unterhaltsverpflichtung zwangsläufig zu mit steigendem Einkommen steigenden Ausgaben pro Kind führt, müßten die Freibeträge eigentlich entsprechend differenziert werden. Aus fiskalischen und verteilungspolitischen Gründen geschieht dies in der Praxis jedoch nicht. Im Gegenteil werden wegen der Abhängigkeit der tatsächlichen Steuerersparnis vom Grenzsteuersatz schon die einkommensunabhängig festgelegten Kinderfreibeträge kritisiert und unter Verletzung der einkommensteuerlichen Systematik statt dessen Abzüge von der Steuerschuld gefordert mit dem polemischen Hinweis, dem Staat müßten die Kinder reicher und armer Eltern gleich wert sein[20].

Die skizzierten Kinderfreibeträge sind Konsequenzen des Postulats der Besteuerung nach der Leistungsfähigkeit. Sie müssen durch darüber hinausgehende entlastende Maßnahmen ergänzt werden, wenn kindererziehungsbedingte Nachteile in Form von niedrigerem Arbeitseinkommen und niedrigeren Rentenansprüchen kompensiert oder externe Effekte zugunsten der Gesellschaft honoriert werden sollen. Dies kann z. B. durch die Gewährung von Erziehungsgeld[21], durch die Einräumung von Kindererziehungszeiten[22] oder – in dann allerdings gezielter Form – durch die Erweiterung des Ehegattensplittings[23] zum Familiensplitting geschehen. In Frankreich erhöht sich z. B. der Splitting-Faktor für die ersten beiden Kinder um je 0,5, für jedes weitere Kind um 1,0[24].

---

[19] Vgl. BUNDESVERFASSUNGSGERICHT: Entscheidungen des Bundesverfassungsgerichts, Bd. 6, Tübingen 1957, S. 55–84.

[20] Vgl. dazu unten S. 330f. den Abschnitt „Abzug von der Steuerbemessungsgrundlage oder Abzug von der Steuerschuld?"

[21] Vgl. oben S. 265f.

[22] Vgl. oben S. 247.

[23] Vgl. oben S. 328.

[24] Vorzuziehen wäre es allerdings, den Splitting-Faktor nach dem Alter der Kinder zu differenzieren sowie das Kinder-Splitting im Hinblick auf die mit wachsendem Einkommen steigende Sparquote auf einen bestimmten Einkommensbereich zu beschränken. Vgl. WISSEN-

In der Bundesrepublik wurden Kinderlasten seit 1955 in Form sowohl von Kinderfreibeträgen im Rahmen der Einkommensteuer als auch von Kindergeld im Rahmen eines besonderen Leistungsgesetzes berücksichtigt, wobei die Gewichte im Zeitverlauf recht unterschiedlich waren. Im Gefolge der Entscheidung des Bundesverfassungsgerichts, daß Kinderfreibeträge und Kindergeld zusammen der Wirkung eines Freibetrags mindestens in Höhe des Existenzminimums entsprechen müssen[25], ist das Kindergeld im Jahressteuergesetz 1996 in die Einkommensteuer integriert worden. § 31 Abs. 1 EStG bestimmt, daß die steuerliche Freistellung des Existenzminimums eines Kindes entweder durch Kinderfreibeträge oder durch Kindergeld erfolgt, daß der Steuerpflichtige zwischen beiden Methoden wählen kann und Lohnsteuerpflichtigen in der Regel auch das Kindergeld technisch in Form einer Minderung der Steuerschuld gewährt wird. Der Kinderfreibetrag beträgt einheitlich jährlich 6264 DM; das Kindergeld beläuft sich auf jährlich 2400 DM für das erste und das zweite, 3600 <u>Kind</u> für das dritte und 4200 DM für das vierte und jedes weitere Kind.

In diesem Zusammenhang ist auch der *Haushaltsfreibetrag* in Höhe von 5616 DM für Alleinerziehende (§ 32 Abs. 7 EStG) zu nennen. Darüber hinaus können im Rahmen der außergewöhnlichen Belastungen Aufwendungen für die Berufsausbildung der Kinder als Ausbildungsfreibeträge bis zur Höhe von 4200 DM geltend gemacht werden (§ 33 a Abs. 2 EStG).

4. Abzug von der Steuerbemessungsgrundlage oder Abzug von der Steuerschuld?

Im Zusammenhang mit den in diesem und in dem vorangegangenen Paragraphen behandelten Beträgen, aber auch mit den hier nicht erwähnten Spenden spielt die Frage eine große Rolle, ob der Abzug von der Steuerbemessungsgrundlage oder (in Höhe eines bestimmten Prozentsatzes) von der Steuerschuld vorgenommen werden sollte. Um den gleichen Aspekt geht es bei der Auseinandersetzung darüber, ob ein Kinderlastenausgleich in Form der Einkommensteuerfreibeträge oder in Form des Kindergeldes erfolgen soll.

Einkommensteuersystematisch ist die Antwort einfach: Immer dann, wenn es sich um Beträge handelt, welche die Steuerleistungsfähigkeit in vollem Umfang reduzieren, ist ein Abzug von der Steuerbemessungsgrundlage geboten. Hier zu behaupten, dieser Abzug sei ungerecht, weil er bei hohen Einkommen eine Entlastung von 53%, im Bereich der Eingangsproportionalzone aber lediglich von 25,9% bedeute, ist völlig abwegig: Ein Versagen der Abzugsfähigkeit

---

SCHAFTLICHER BEIRAT BEIM BUNDESMINISTERIUM DER FINANZEN: Gutachten zur Reform der direkten Steuern, a.a.O., S. 351–353.

[25] Vgl. BUNDESVERFASSUNGSGERICHT: Entscheidungen des Bundesverfassungsgerichts, Bd. 82, Tübingen 1991, S. 60.

würde eine *Überbelastung* bedeuten, die im ersten Fall 53%, im zweiten Fall aber nur 25,9% ausmachen würde. Die Wahl eines einheitlichen Abzugs von der Steuerschuld, etwa in Höhe von 25,9% des berücksichtigungsfähigen Betrages, würde jedenfalls all die Personen überbelasten, deren marginaler Steuersatz darüber liegt.

Ganz anders sind die Fälle zu beurteilen, in denen der Gesetzgeber bestimmte Formen der freiwilligen Einkommensverwendung (Spenden oder Ersparnisse) steuerlich begünstigen will. Hier ist in der Tat nicht einzusehen, warum die Begünstigung in Form einer Steuerreduktion mit wachsendem Einkommen prozentual steigen soll; der prozentual einheitliche Abzug von der Steuerschuld ist hier angebracht.

§ 86. Tarif

Auf die Tarifverläufe und die technischen Gestaltungsmöglichkeiten wurde bereits oben im Rahmen der allgemeinen Steuerlehre eingegangen[26]. In der Praxis überwiegt der Stufengrenzsteuersatztarif (Stufensatztarif mit Teilmengenstaffelung). Im deutschen Einkommensteuergesetz wird allerdings ein nach Einkommensbereichen differenzierter Formeltarif verwendet, der auf das zu versteuernde Einkommen bezogen ist, d. h. auf die Größe, die sich ergibt, wenn die Summe der Nettoeinkünfte um die verschiedenen Abzugsbeträge, vor allem im Rahmen der Sonderausgaben und außergewöhnlichen Belastungen, gekürzt wird. Im Veranlagungsjahr 1999 gilt für den Steuerbetrag T (vgl. § 32 a Abs. 1 EStG) in den Bereichen

1) bis DM 13 067:

$$T = 0.$$

Dieser *Grundfreibetrag* soll der Idee nach das Existenzminimum steuerfrei lassen.

2) von DM 13 068 bis DM 66 365:

$$T = (101,22\,y + 2590)\,y,$$

wobei y ein Zehntausendstel des 13 014 DM übersteigenden Teils des abgerundeten zu versteuernden Einkommens ist. Es handelt sich um einen linear-progressiven Bereich mit einer marginalen Steuerbelastung von zwischen 25,9 und 36,7%.

3) von DM 66 366 bis DM 120 041:

$$T = (151,93\,z + 3669)\,z + 16 679,$$

---

[26] Vgl. oben S. 303–310.

wobei z ein Zehntausendstel des 66 312 DM übersteigenden Teils des abgerundeten zu versteuernden Einkommens ist. Es handelt sich um einen zweiten linear-progressiven Bereich mit einer marginalen Steuerbelastung von zwischen 36,7 und 53,0%.

4) ab DM 120 042:

$$T = 0,53\,x - 22\,844,$$

wobei x das abgerundete zu versteuernde Einkommen bezeichnet. Es handelt sich um die Ausgangsproportionalzone mit einem konstanten Grenzsteuersatz in Höhe von 53%.

In den Bereichen 2)–4) lassen sich die einzelnen Grenzsteuersätze ermitteln, indem T nach y, z bzw. x abgeleitet wird und für diese Größen die entsprechenden Beträge eingesetzt werden. Die Zahl 22 844 in der letzten Bereichsformel gibt die maximale Steuerersparnis an, die durch die Anwendung des Splittingtarifs erzielt werden kann.

Abweichend vom allgemeinen Tarif wird seit 1. 1. 1994 der Grenzsteuersatz für gewerbliche Einkünfte auf maximal 47% begrenzt. Die Einführung eines solchen schedulensteuerartigen Elements ist einkommensteuersystematisch ein Rückschritt, der sich auch nicht mit dem Hinweis auf die Belastung gewerblicher Gewinne durch die Gewerbesteuer rechtfertigen läßt[27].

Abbildung 17–1

Grenzsteuersätze der deutschen Einkommensteuer
1986, 1988, 1990, 1996 und 1999

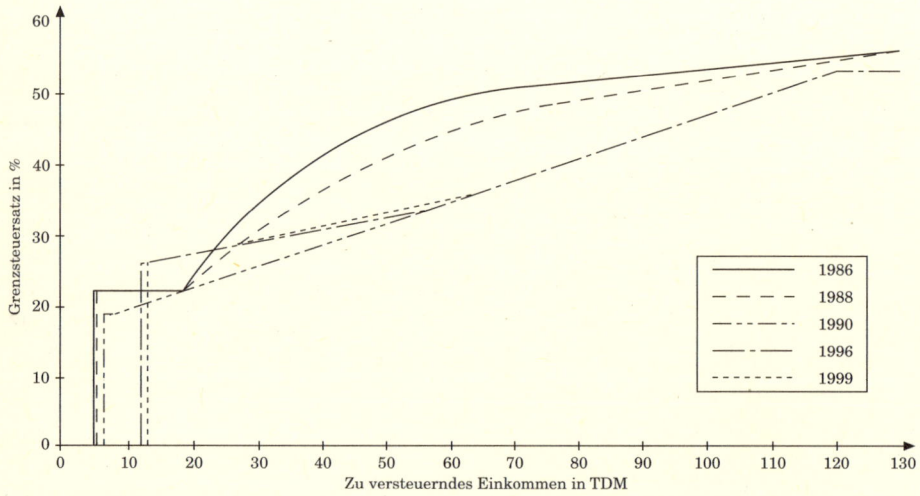

---

[27] Vgl. Wissenschaftlicher Beirat beim Bundesministerium der Finanzen: Stellungnahme

Bei der Beurteilung der Belastung durch die Einkommensteuer ist zu berücksichtigen, daß seit 1995 ein Solidaritätszuschlag auf die Einkommen- und Körperschaftsteuerschuld in Höhe von ursprünglich 7,5%, seit dem 1. 1. 1998 von 5,5% erhoben wird.

Wie Abbildung 17-1 zeigt, wurde in der Bundesrepublik in den 80er Jahren die Steuerbelastung im Zuge des Übergangs vom sog. Mittelstandsbauch (verzögert progressiven Tarif) zum linear-progressiven Tarif vor allem im Progressionsbereich, erst 1990 auch in der Eingangs- und Ausgangsproportionalzone gesenkt. Dabei wurde aus fiskalischen Gründen der Grundfreibetrag so lange auf einem völlig unzulänglich niedrigen Niveau belassen, bis das Urteil des Bundesverfassungsgerichts von 1992 die längst fällige beträchtliche Anhebung erzwang. Da die Bundesregierung vor allem im Hinblick auf die arbeitsmarktpolitisch dringend erforderlichen Investitionen die Grenzsteuersätze im mittleren und oberen Einkommensbereich nicht erhöhen wollte, war es aus haushaltspolitischen Gründen erforderlich, den Eingangssteuersatz stark anzuheben und die Eingangsproportionalzone aufzugeben.

Inflationäre Entwicklungen führen dazu, daß sich im Zeitablauf die einkommensteuerliche Belastung automatisch erhöht. Bei einem Anstieg des Preisniveaus werden die Freibeträge und Freigrenzen real entwertet und die Tarifbereiche real verkürzt. Speziell bei einem progressiven Steuertarif kommt es zur sog. *kalten Progression*: Rein nominale Aufblähungen der Bemessungsgrundlage führen zu Erhöhungen des marginalen und damit auch des durchschnittlichen Steuersatzes, die ursprünglich einmal auf Größen anderer Kaufkraft bezogen waren.

Dies kann vermieden werden, indem entsprechend dem Preisniveauanstieg (jährlich oder nach Überschreiten bestimmter Grenzwerte) die Freibeträge erhöht und die Tarifbereiche verlängert werden. Von Zeit zu Zeit diskretionär vorgenommene Anpassungen können dies im Prinzip in ähnlicher Weise erreichen. Die Erfahrung zeigt allerdings, daß ohne bindende Vorschriften die Anpassungen in der Regel hinter dem Kaufkraftverlust zurückbleiben. Es kommt hinzu, daß für die Bürger nicht erkennbar zwischen Inflationsausgleich und echter realer Steuertarifänderung unterschieden wird. Schließlich haben in lediglich größeren Abständen vorgenommene diskretionäre Steuersenkungen den Nachteil, zu abrupten budgetären Anpassungsproblemen zu führen[28].

---

zu einigen Regelungen eines „Standortsicherungsgesetzes", BMF-Dokumentation 2/93, März 1993, S. 10, der von einer „Demontage der synthetischen Einkommensteuer" spricht.

[28] Für eine Quantifizierung der Wirkungen der Inflation, der vorgenommenen diskretionären Anpassungen sowie einer Indexierung auf die Höhe und Verteilung des Einkommensteueraufkommens der Bundesrepublik Deutschland vgl. H.-G. Petersen: Wer trägt die Einkommensteuerlast?, a.a.O.

§ 87. Steuererhebung

Die Einkommensteuer wird entweder im *Veranlagungs-* oder im *Quellenabzugsverfahren* erhoben.

1. Quellenabzugsverfahren

Der Quellenabzug wurde bereits oben in Kapitel 16 kurz dargestellt. Im Rahmen der deutschen Einkommensteuer wird er für Einkünfte aus nichtselbständiger Arbeit als Lohnsteuer und für einige Kapitaleinkünfte als sog. Kapitalertragsteuer (darunter die Zinsabschlagsteuer) praktiziert. Im weitaus bedeutsamsten Fall der *Lohnsteuer* wird jährlich von der Gemeindeverwaltung den Bürgern eine *Lohnsteuerkarte* mit den wichtigsten lohnsteuerrelevanten persönlichen Angaben zugeschickt, die nach Überprüfung und gegebenenfalls Korrektur an den Arbeitgeber weiterzugeben ist. Aufgrund dieser Angaben behält der Arbeitgeber die Lohnsteuer ein. Er bedient sich dabei der *Lohnsteuertabellen*, in denen dem Bruttolohnbetrag der Steuerbetrag zugeordnet ist. Dabei wird nach Lohnsteuerklassen differenziert, die vor allem unterschiedlichen familiären Situationen entsprechen. Diesen Tabellen liegt die Annahme zugrunde, daß der Monats- oder Wochenlohn im Jahresablauf konstant bleibt; ferner werden Werbungskosten und Sonderausgaben durch Pauschbeträge berücksichtigt.

Nachträgliche Korrekturen, etwa weil im Jahresverlauf der Lohn mit progressionserhöhender Wirkung gestiegen ist oder die Werbungskosten über dem Pauschbetrag liegen, werden im Rahmen einer Veranlagung durchgeführt.

2. Veranlagungsverfahren

Bei der Veranlagung teilt der Steuerpflichtige dem zuständigen Finanzamt die einkommensteuerlich relevanten Daten und Umstände unter Verwendung dafür vorgesehener Vordrucke mit, wobei insbesondere Abzüge und andere steuermindernde Faktoren zu belegen sind.

Im Falle der *Selbstveranlagung*, die z. B. in den USA praktiziert wird, errechnet der Steuerpflichtige, evtl. unter Zuhilfenahme eines Steuerberaters, die Steuerschuld selbst. Die Finanzverwaltung prüft später mehr oder weniger weitgehend die Unterlagen sowie die vorgenommenen Berechnungen und veranlaßt nötigenfalls Korrekturen.

Auch im Falle der *Veranlagung durch die Finanzbehörde*, die in der Bundesrepublik Deutschland praktiziert wird, legt der Steuerpflichtige in der Regel die steuerlich relevanten Umstände dar; allerdings wird die Steuerschuld erst durch die Behörde festgelegt und eingefordert, soweit sie über evtl. geleisteten *Vorauszahlungen* oder im *Quellenabzug* einbehaltenen Steuern liegt. Dieses Verfahren wird in der Bundesrepublik Deutschland generell für alle Einkünfte außer solchen aus unselbständiger Tätigkeit praktiziert, dort lediglich in bestimmten in § 46 Abs. 2 EStG genannten Fällen, ferner auf Antrag des Steuerpflichtigen.

§ 88. Gesetzgebungs-, Verwaltungs- und Ertragshoheit in der Bundesrepublik Deutschland

In der Bundesrepublik Deutschland liegt die Gesetzgebungshoheit für die Einkommensteuer beim Bund; allerdings bedürfen die die Einkommensteuer betreffenden Gesetze der Zustimmung des Bundesrates. Die Verwaltung obliegt den Ländern. Das Aufkommen der Einkommensteuer fließt zu 15% den Gemeinden, zu je 42,5% Bund und Ländern zu, das der Zinsabschlagsteuer zu 12% den Gemeinden, zu je 44% Bund und Ländern, das der Kapitalertragssteuer lediglich Bund und Ländern zu je 50%.

§ 89. Beurteilung und Reformmaßnahmen

Die Einkommensteuer ist im Modell insofern eine weitgehend neutrale und damit allokationseffiziente Steuer, als sie weder nach der Einkommensquelle noch nach der Einkommensverwendung differenziert und somit viele Substitutionseffekte vermeidet, die mit weniger umfassenden Teilsteuern verbunden sind. Allerdings ist sie auch schon im Modell insofern nicht neutral, als sie Arbeitseinkommen im Vergleich zur Freizeit und Sparen im Vergleich zum sofortigen Konsum diskriminiert. Der zweite Effekt führt dazu, daß Lebenseinkommen mit gleichen Barwerten unterschiedlich belastet werden, nämlich um so höher, in je größerem Umfang gespart werden muß, um die Diskrepanz zwischen Einkommenszufluß und Konsumplan zu überbrücken. Die heute praktizierte Einkommensteuer differenziert darüber hinaus in vielfältiger Weise nach Einkunftsarten und nach Formen der Einkommensverwendung, teils gewollt, teils ungewollt – ungewollt etwa wegen der Bewertungsprobleme vor allem im Rahmen des Vermögensbestandsvergleichs. Last but not least haben alle Länder mit der wachsenden Hinterziehung der Kapitaleinkünfte zu kämpfen, nicht zuletzt durch Verlagerung von Finanzaktiva ins Ausland, wo diese Einkünfte von Ausländern steuerfrei sind oder jedenfalls sehr niedrig belastet werden.

Die Einkommensteuer gilt heute gleichwohl immer noch in breiten Kreisen der Bevölkerung als jedenfalls *relativ* gerechte Steuer, vor allem bei globaler vertikaler Betrachtung. Im Gegensatz zu den indirekten Verbrauchsteuern läßt sie kleine Einkommen steuerfrei; zumindest in einem großen Bereich steigt im Durchschnitt der Steuerpflichtigen die durchschnittliche Belastung mit zunehmendem Einkommen. Allerdings verbergen sich hinter dieser globalen Aussage große Differenzierungen: Bei gleichem Einkommen variiert die effektive Steuerbelastung nicht unerheblich in Abhängigkeit von den Einkunftsquellen und der Art der Einkommensverwendung.

Bei der Würdigung dieser Abweichung vom Ideal der Einkommensteuer darf jedoch nicht übersehen werden, daß der wohl weit überwiegende Teil dieser Differenzierungen nicht der Einkommensteuer per se anzulasten ist, sondern auf von ihr ganz weitgehend unabhängigen Interventionszielen beruht. Ohne Einkommensteuer würden diese nicht aufgegeben, sondern mit anderen Instrumenten verfolgt werden. Dies gilt z. B. auch für die einkommensteuerliche Investitionsförderung in den neuen Bundesländern, die in den jüngsten Diskussionen im Gefolge der enttäuschenden Entwicklung des Steueraufkommens eine große Rolle spielte. Gerade dieses Beispiel zeigt auch, daß Einkommensteuerersparnisse nicht in voller Höhe als Vorteil interpretiert werden dürfen, wenn sie voraussetzen, daß der Steuerpflichtige diesen Subventionstatbestand erst dadurch schafft, daß er von der für ihn unter nichtsteuerlichen Gesichtspunkten optimalen Disposition abweicht. Zuzugeben ist allerdings, daß für den Bund die Art, wie das Aufkommen der Einkommensteuer in der Bundesrepublik Deutschland verteilt wird, die Wahl dieses Instrumentes besonders attraktiv macht, da die damit verbundenen fiskalischen Kosten überwiegend von den Ländern und Gemeinden getragen werden.

Die steuerpolitischen Schlußfolgerungen, die aus dem geschilderten Befund gezogen werden, sind unterschiedlich. Die einen möchten die Einkommensteuer beibehalten, aber die Diskrepanz zwischen Ideal und Praxis reduzieren, insbesondere durch den Abbau von punktuellen Begünstigungen (Erweiterung der Bemessungsgrundlage). Dies ermöglicht auch die Senkung der Grenzsteuersätze, von deren Höhe die Zusatzlasten wesentlich abhängen. Die WAIGEL-Kommission ist hier als jüngeres Beispiel zu nennen, unter einem spezielleren Aspekt auch die BAREIS-Kommission[29]. Andere plädieren für die Abschaffung der Einkommensteuer zugunsten einer persönlichen allgemeinen Verbrauchsteuer[30], wobei sie die Beseitigung der Diskriminierung der Ersparnis, die auch im Rahmen einer reformierten Einkommensteuer nicht vermeidbar ist, und die damit verbundenen Allokationsvorteile in den Vordergrund stellen. Angesichts der geringen politischen Chancen eines völligen Systemwechsels sind sie zum Teil bestrebt, auch im formalen Gewande der alten Einkommen-

---

[29] Vgl. STEUERREFORM-KOMMISSION: Reform der Einkommensbesteuerung („Petersberger Steuervorschläge"), Schriftenreihe des Bundesministeriums der Finanzen, Heft 61, Bonn 1997; EINKOMMENSTEUER-KOMMISSION: Thesen der Einkommensteuer-Kommission zur Steuerfreistellung des Existenzminimums ab 1996 und zur Reform der Einkommensteuer, a.a.O.
[30] Vgl. S. 368–370.

steuer möglichst weitgehend die Wirkungen einer persönlichen allgemeinen Verbrauchsteuer zu sichern. Entsprechend plädieren sie für eine weitergehende Entlastung der Ersparnisse und der Investitionen, gegebenenfalls auch in Form von möglichst neutral ausgestalteten Investitionsprämien[31].

Eine Belastungsverschiebung zugunsten der Kapitaleinkünfte läßt sich auch unter dem Etikett „duale Einkommensteuer" vor allem in Skandinavien, aber auch in Österreich beobachten. In den skandinavischen Staaten haben die Reformen seit Beginn der 90er Jahre dazu geführt, daß eine proportionale Steuer auf den gesamten Körperschaftsgewinn und alle Kapitaleinkünfte erhoben wird. Deren Satz ist identisch mit dem niedrigsten Satz der progressiven Steuer bisherigen Typs, die sich auf alle anderen Einkunftsarten, insbesondere auf die Arbeits- und Lohnersatzeinkünfte bezieht. Die Einkünfte aus selbständiger Tätigkeit werden pauschal auf beide Kategorien aufgeteilt[32].

---

[31] Vgl. O. Sievert: Änderungen der Steuerstruktur in Richtung auf mehr Ausgabenbesteuerung?, in: H. Zimmermann (Hrsg.): Die Zukunft der Staatsfinanzierung, Stuttgart 1988, S. 85–103.

[32] Vgl. P. B. Sørensen: Recent Innovations in Nordic Tax Policy: From the Global Income Tax to the Dual Income Tax, in: P. B. Sørensen (Hrsg.): Tax Policy in the Nordic Countries, a. a. O., hier besonders Tabelle 1.1, sowie L. Mutén u. a.: Towards a Dual Income Tax?, a. a. O.

Kapitel 18
Die Körperschaftsteuer

Literatur

a) FECHT, ROBERT: Einkommensbesteuerung II: Körperschaftsteuer, in: Willi Albers u.a. (Hrsg.): Handwörterbuch der Wirtschaftswissenschaft, Bd.2, Stuttgart u.a.O. 1980, S.218–240.

b) ANDEL, NORBERT: Corporation Taxes, their Integration with Personal Income Taxes, and International Capital Flows, in: Karl W. Roskamp und Francesco Forte (Hrsg.): Reform of Tax Systems – Réformes des Systèmes Fiscaux, Detroit 1981, S.159–172.
CHENNELLS, LUCY, and RACHEL GRIFFITH: Taxing Profits in a Changing World, London 1997.
DEPARTMENT OF THE TREASURY: Integration of the Individual and Corporate Tax Systems, Washington 1992.
ENGELS, WOLFRAM, und WOLFGANG STÜTZEL: Teilhabersteuer. Ein Beitrag zur Vermögenspolitik, zur Verbesserung der Kapitalstruktur und zur Vereinfachung des Steuerrechts, Frankfurt/M. 1068.

GRAVELLE, JANE G.: The Economic Effects of Taxing Capital Income, Cambridge/Mass.–London 1994.

KING, MERVYN A.: The Cash Flow Corporate Income Tax, in: Martin Feldstein (Hrsg.): The Effects of Taxation on Capital Accumulation, Chicago–London 1987, S. 377–398.

KING, MERVYN A., und DON FULLERTON (Hrsg.): The Taxation of Income from Capital. A Comparative Study of the United States, the United Kingdom, Sweden, and West Germany, Chicago–London 1984.

MCLURE, CHARLES E., JR.: Must Corporate Income Be Taxed Twice?, Washington 1979.

ORGANISATION FOR ECONOMIC CO-OPERATION AND DEVELOPMENT: Taxing Profits in a Global Economy. Domestic and International Issues, Paris 1991.

Report of a Committee Chaired by Professor J. E. MEADE: The Structure and Reform of Direct Taxation, London 1978, insb. S. 227–268.

SINN, HANS-WERNER: Systeme der Kapitaleinkommensbesteuerung. Ein allokationstheoretischer Vergleich, in: Dieter Bös, Manfred Rose und Christian Seidl (Hrsg.): Beiträge zur neueren Steuertheorie, Berlin u. a. O. 1984, S. 209–238.

DERS.: Kapitaleinkommensbesteuerung. Eine Analyse der intertemporalen, internationalen und intersektoralen Allokationswirkungen, Tübingen 1985, überarbeitete englische Ausgabe: Capital Income Taxation and Resource Allocation, Amsterdam u. a. O. 1987.

DERS.: Taxation and the Cost of Capital: The „Old" View, the „New" View, and another View, in: David Bradford (Hrsg.): Tax Policy and the Economy, Vol. 5, Cambridge/Mass. 1991, S. 25–54.

DERS.: The vanishing Harberger triangle, in: Journal of Public Economics, Bd. 45, 1991, S. 271–300.

SØRENSEN, PETER BIRCH: Changing Views of the Corporate Income Tax, in: National Tax Journal, Bd. 48, 1995, S. 279–294.

STEUERREFORMKOMMISSION: Gutachten der Steuerreformkommission 1971, Schriftenreihe des Bundesministeriums der Finanzen, Heft 17, Bonn 1971, S. 285–418.

U. S. DEPARTMENT OF THE TREASURY: Integration of the Individual and Corporate Tax Systems, Washington 1992.

WISSENSCHAFTLICHER BEIRAT BEIM BUNDESMINISTERIUM DER FINANZEN: Stellungnahme zur Tarifstruktur der Körperschaftsteuer, Schriftenreihe des Bundesministeriums der Finanzen, Heft 39, Bonn 1987, wiederabgedruckt in: DERS.: Gutachten und Stellungnahmen 1974–1987, Tübingen 1988, S. 559–588.

§ 90. Charakterisierung

Die Einkommensteuer, wie sie in Kapitel 17 dargestellt wurde, ist auf das Einkommen natürlicher Personen bezogen. Im Gegensatz dazu könnte man die Körperschaftsteuer als die Einkommensteuer (ganz überwiegend) der juristischen Personen bezeichnen, speziell der Kapitalgesellschaften. Wenn man jedoch Einkommen als eine nur auf natürliche Personen bezogene Kategorie ansieht, ist es vorzuziehen, statt dessen von einer *Steuer auf das Ergebnis der wirtschaftlichen Tätigkeit von Organisationen*[1] oder von einer Ertragsteuer, genauer: von einer *Gesamt*ertragsteuer (weil die Bemessungsgrundlage sich aus den Erträgen mehrerer Quellen zusammensetzen kann) zu sprechen.

---

[1] D. SCHNEIDER: Körperschaftsteuer, in: F. Neumark, N. Andel und H. Haller (Hrsg.): Handbuch der Finanzwissenschaft, 3. Aufl., Bd. 2, Tübingen 1980, S. 509.

§ 91. Fiskalische Bedeutung

Der Anteil der Körperschaftsteuer am gesamten Steueraufkommen ist in den einzelnen Staaten sehr unterschiedlich, selbst wenn man die Betrachtung auf die Mitgliedstaaten der EU beschränkt. Das liegt einmal daran, daß die körperschaftsteuerlich erfaßten Organisationen in den einzelnen Wirtschaftssektoren generell eine unterschiedliche Bedeutung haben (z.B. eine geringe in der Landwirtschaft, eine große in der Schwerindustrie und im Bankensektor), daß die durchschnittliche Betriebsgröße von Einfluß ist und schließlich nicht zuletzt daß die relative steuerliche Belastung einzelner Organisationsformen deren Wahl beeinflußt.

§ 92. Konzeptionen

Die Funktion der Körperschaftsteuer, ihre Stellung im gesamten Steuersystem wurde besonders früher, wird aber auch heute noch nicht einhellig beurteilt. Dies zeigt sich sowohl bei einem internationalen Querschnittsvergleich als auch in den Änderungen, die innerhalb eines Landes im Zeitablauf vorgenommen worden sind[2].

Hier sollen drei Konzeptionen unterschieden werden: die Körperschaftsteuer als Ergänzungssteuer, als selbständige leistungsfähigkeitsbezogene Steuer und als äquivalenztheoretisch motivierte Abgabe.

1. Die Körperschaftsteuer als Ergänzungssteuer

Man kann die Körperschaftsteuer einmal als eine *Ergänzung der persönlichen Einkommensteuer* ansehen, die verhindern soll, daß nicht ausgeschüttete Gewinne generell, ausgeschüttete Gewinne im Falle der unterlassenen Deklaration der Besteuerung entgehen. Man schaut dabei nicht eigentlich auf die juristische Person, sondern vielmehr auf die dahinterstehenden natürlichen Personen (Anteilseigner). In dieser Sicht ist die Körperschaftsteuer eine *Folgesteuer* der Einkommensteuer, im Extremfall lediglich eine bestimmte *Form der Erhebung der Einkommensteuer*.

---

[2] Zur Entwicklung der Körperschaftsbesteuerung in Deutschland vgl. STEUERREFORMKOMMISSION: Gutachten der Steuerreformkommission 1971, a.a.O., S. 294–296.

2. Die Körperschaftsteuer als selbständige leistungsfähigkeitsbezogene Steuer

Man kann die Körperschaftsteuer aber auch als eine *selbständige Steuer auf ein von den Aktionären unabhängiges Besteuerungsobjekt* sehen[3]. Man weist dann in der Regel darauf hin, daß die Körperschaften faktisch selbständige Einheiten seien, deren Leitung dem Management obliege, ohne daß die Anteilseigner darauf wesentlichen Einfluß hätten.

Diese Feststellung trifft allerdings höchstens für sog. Publikumsgesellschaften zu, nicht aber für Kapitalgesellschaften mit sehr engem Kreis von Anteilseignern. Aber selbst im ersten Fall ist nicht einzusehen, warum daraus ein selbständiger Steuergrund, eine selbständige Steuerleistungsfähigkeit folgen soll.

3. Die Körperschaftsteuer als äquivalenztheoretisch motivierte Abgabe

Besonders früher wurde die Körperschaftsteuer oft mit *bestimmten Vorteilen* zu rechtfertigen versucht, *die der Staat den Körperschaften einräume*. Vor allem wurden in diesem Zusammenhang die Haftungsbeschränkung und der leichtere Zugang zum Kapitalmarkt genannt. Wie eine nähere Prüfung zeigt, werden diese Vorteile allerdings nicht von allen Kapitalgesellschaften in Anspruch genommen und sind auch nicht auf Kapitalgesellschaften beschränkt; es kommt hinzu, daß der Gewinn kein überzeugender Indikator für das Ausmaß des empfangenen Vorteils ist. Darüber hinaus ist generell zu fragen, ob es sinnvoll ist, eine vom Gesetzgeber für zweckmäßig gehaltene und deshalb zur Wahl gestellte Organisationsform steuerlich zu bestrafen, zumal nicht etwa beträchtliche durch die Körperschaften verursachte Kosten ins Feld geführt werden, die steuerlich zu internalisieren wären[4].

In den westlichen Ländern allgemein, in der Bundesrepublik im besonderen wird die Körperschaftsteuer heute ganz überwiegend als Ergänzungssteuer zur Einkommensteuer betrachtet. Dies zeigt sich auch in der Verschiebung der Bedeutung einzelner Formen der Körperschaftsteuer, die nun zu untersuchen sind.

---

[3] Für diese Sichtweise vgl. G. COLM: The Corporation and the Corporate Income Tax in the American Economy, in: American Economic Review, Bd. 44, 1954, Papers and Proceedings, S. 486–503.

[4] Eine ausführliche kritische Analyse der äquivalenztheoretischen Argumente findet sich bei D. SCHNEIDER: Körperschaftsteuerreform und Gleichmäßigkeit der Besteuerung, in: Steuer und Wirtschaft, Jg. 52, 1975, S. 97–112.

§ 93. Formen

Grundsätzlich lassen sich zwei Hauptformen der Körperschaftsbesteuerung unterscheiden: das sog. klassische System einerseits und mehr oder weniger weitgehend in die Einkommensteuer integrierte Formen andererseits.

1. Das klassische System

Als *klassisches System* wird mit van den Tempel[5] eine Körperschaftsteuer bezeichnet, die als *selbständige Abgabe* mit einem *einheitlichen Tarif auf den Gesamtgewinn* der Körperschaft ohne Differenzierung nach der Art der Gewinnverwendung erhoben wird. Diese Form wird z. B. in den USA, in den Niederlanden und in Luxemburg praktiziert.

Zwei Aspekte des klassischen Systems stehen im Zentrum der Kritik:

1) *Ausgeschüttete Gewinne werden doppelt besteuert:* zunächst im Rahmen der Körperschaftsteuer auf der Körperschaftsebene, anschließend im Rahmen der Einkommensteuer beim einzelnen Aktionär. Insofern sind Unternehmensformen, die der Körperschaftsteuer unterliegen, *steuerlich diskriminiert.*

2) Da der Körperschaftsteuersatz in fast allen Ländern unterhalb des Spitzensatzes der Einkommensteuer liegt, *werden bei einem Vergleich mit dem marginalen Einkommensteuersatz der Aktionäre einbehaltene Gewinne teils höher, teils niedriger belastet.* Dies wird besonders in den Fällen als nachteilig angesehen, in denen Großaktionäre die Gewinnverwendung selbst bestimmen und so steuergünstiger sparen können als Bürger, deren Einkommen unmittelbar von der Einkommensteuer erfaßt wird.

Der Finanzpolitiker steht im Rahmen des klassischen Systems also vor einem *Dilemma*: Je mehr versucht wird, die Doppelbesteuerung abzubauen, um so größer wird der Spielraum für steuergünstige Gewinnthesaurierungen im Rahmen der Körperschaftsteuer.

Teils in Verbindung mit dem gerade Angeführten, teils darüber hinaus wird am klassischen System kritisiert,
– daß es über die steuerliche Diskriminierung der Körperschaften einen *Einfluß auf die Wahl der Rechtsform* ausübt,
– daß es zu einem *Gegensatz zwischen Groß- und Kleinaktionären* führt, da erstere in weitaus stärkerem Maße an Gewinneinbehaltung interessiert sind,
– daß es wegen der Steuerbefreiung der Schuldzinsen, nicht aber der Dividen-

---

[5] Vgl. A. J. van den Tempel: Körperschaftsteuer und Einkommensteuer in den Europäischen Gemeinschaften, hrsg. von der Kommission der Europäischen Gemeinschaften, Brüssel 1971, S. 7.

den die *Fremdkapital- gegenüber der Eigenkapitalfinanzierung begünstigt,*
- daß damit die *breitere Aktienstreuung behindert wird* und
- daß die *Begünstigung der Selbstfinanzierung die Selektionsfunktion des Kapitalmarktes beeinträchtigt.*

2. Integrationssysteme

Alle anderen Formen der Körperschaftsbesteuerung sind durch ein gewisses Maß an Integration in die Einkommensteuer gekennzeichnet, womit mehr oder weniger weitgehend der angeführten Kritik am klassischen System begegnet wird. Sie unterscheiden sich durch das *Ausmaß* und durch die *Technik* der Integration.

2.1. Ausmaß der Integration

Die Integration von Einkommen- und Körperschaftsteuer bezieht sich im Rahmen der bislang praktizierten Formen nur auf die *ausgeschütteten Gewinne.* Die Integration ist auch dabei in der Regel wiederum nur partiell, da die Doppelbelastung lediglich reduziert, nicht völlig beseitigt wird. Das gilt z.B. für Großbritannien, Frankreich, Irland, Dänemark und Österreich. Lediglich in der Bundesrepublik Deutschland, in Italien sowie in Norwegen wird eine Doppelbelastung der ausgeschütteten Gewinne völlig vermieden.

Die umfassende, auch einbehaltene Gewinne einbeziehende Integration führt dazu, daß die Gewinne der Kapitalgesellschaften wie die von Personengesellschaften behandelt werden: Der Bruttogewinn wird den Aktionären entsprechend ihren Beteiligungsverhältnissen zugerechnet, unabhängig davon, inwieweit er einbehalten oder ausgeschüttet wird. Dieses Verfahren ist zwar gelegentlich vorgeschlagen, in der Bundesrepublik als *Teilhabersteuer* diskutiert[6], bislang aber nirgends verwirklicht worden[7].

2.2. Technik der Integration

Die Integration von Körperschaft- und Einkommensteuer kann entweder *auf der Ebene der Körperschaft* bei der Körperschaftsbesteuerung oder *beim einzelnen Anteilseigner* bei der Einkommensbesteuerung erfolgen. Im Rahmen der auf die Ausschüttung beschränkten Integration, die im folgenden allein behan-

---

[6] Vgl. C. DIETZEL: Die Besteuerung der Actien-Gesellschaften in Verbindung mit der Gemeinde-Besteuerung, Köln 1859, S. 82–84; Report of the ROYAL COMMISSION ON TAXATION, a.a.O., Bd. 4, S. 4; W. ENGELS und W. STÜTZEL: Teilhabersteuer, a.a.O.

[7] Eine ausgezeichnete eingehende Analyse der damit (und mit anderen Integrationsformen) verbundenen Probleme findet sich bei CH. E. MCLURE, JR.: Must Corporate Income Be Taxed Twice?, a.a.O.

delt werden wird, geschieht dies im ersten Fall durch die Verwendung *gespalte-ner Körperschaftsteuersätze*. Indem der Steuersatz auf ausgeschüttete Gewinne unter dem auf einbehaltene fixiert wird, ist es möglich, dem oben aufgezeigten Dilemma auszuweichen. Wenn der Steuersatz auf ausgeschüttete Gewinne auf Null reduziert wird und der auf nicht ausgeschüttete dem Spitzensatz der Einkommensteuer entspricht, entfällt die oben angeführte Kritik am klassischen System im Hinblick auf die Bezieher sehr hoher Einkommen.

Beim *Anrechnungssystem* wird die Körperschaftsteuer zu einem einheitlichen, nicht nach der Art der Gewinnverwendung differenzierten Satz erhoben, die auf der Ausschüttung ruhende Belastung aber beim Anteilseigner im Rahmen der Einkommensbesteuerung teilweise oder ganz angerechnet. Soweit die Körperschaftsteuer in diesem Sinne mit der Einkommensteuer verrechnet wird, ist sie praktisch eine *Form der Einkommensteuervorauszahlung*, eine Art *Quellenabzug*.

§ 94. Bemessungsgrundlage

Die Körperschaftsteuer zielt auf den Gewinn im Sinne der oben im Rahmen der Einkommensteueranalyse betrachteten Summe der Nettoeinkünfte. Die Ausführungen, die dort zu den Bewertungsproblemen und zum intertemporalen Verlustausgleich gemacht worden sind, gelten auch hier. Allerdings ist im Rahmen der Körperschaftsteuer kein Raum für auf die personenbezogene Leistungsfähigkeit abzielende Abzugsbeträge von der Art etwa der außergewöhnlichen Belastungen. Jedoch ist es denkbar, aus Gründen, die nichts mit dem Grundgedanken der Körperschaftsteuer zu tun haben, bestimmte Gewinnverwendungen, etwa in Form von Spenden für wissenschaftliche, religiöse oder karitative Zwecke, steuerlich dadurch zu begünstigen, daß sie (ganz oder zu einem Teil) von der Bemessungsgrundlage bzw. von der Steuerschuld abgezogen werden können.

§ 95. Tarif

Dem Konzept der Körperschaftsteuer als Ergänzungssteuer entspricht ein proportionaler Steuersatz. Dieser kann nach der Art der Gewinnverwendung differenziert werden. Wenn man, was hier nicht geschieht, die der Körperschaftsteuer unterliegende Organisation als ein von den Eigentümern unabhängiges Besteuerungsobjekt sieht, mag sich eine Progression rechtfertigen lassen, sei es nach Maßgabe des absoluten Gewinns, sei es nach Maßgabe der Rentabilität. Im ersten Fall ergibt sich ein künstlicher Anreiz zu einer ökonomisch wenig sinnvollen Unternehmensaufspaltung.

§ 96. Beurteilung

Die Körperschaftsteuer gehört zu den besonders umstrittenen Komponenten des Steuersystems entwickelter Industriestaaten. Dies gilt besonders für den klassischen Typ, der in der dominierenden angelsächsischen Literatur im Vordergrund steht. Hier ist die Analyse seit den bekannten Arbeiten von HARBERGER[8] wesentlich differenzierter geworden, indem insbesondere alle Formen der Finanzierung (Schuldenaufnahme, Neuemissionen, einbehaltene Gewinne), alle Formen der Gewinnverwendung (Gewinneinbehaltung, Gewinnausschüttung, Rückkauf von Gesellschaftsanteilen), deren unterschiedliche Bedeutung in einzelnen Phasen eines Unternehmenszyklus sowie die Behandlung der Kapitalgewinne im Rahmen der Einkommensteuer berücksichtigt werden[9].

Im Rahmen der Integrationssysteme ist eine steuerliche Mehrbelastung des körperschaftsteuerlichen Sektors nicht zwangsläufig. In Abhängigkeit vom Ausmaß der Integration, von dem Verhältnis der Steuersätze von Einkommen- und Körperschaftsteuer und von der einkommensteuerlichen Behandlung der Kapitalgewinne bei Gesellschaftsanteilen ist es möglich, daß der Körperschaftsteuersektor sogar begünstigt ist.

§ 97. Die deutsche Körperschaftsteuer

Die deutsche Körperschaftsteuer wurde in größerem Umfang 1976 mit Wirkung zum 1. Januar 1977 geändert, als bei gleichzeitiger Anhebung der Steuersätze auf einbehaltene und ausgeschüttete Gewinne das System des gespaltenen Steuersatzes um das Anrechnungsverfahren ergänzt worden ist.

1. Darstellung

Der Körperschaftsteuer unterliegen die in § 1 KStG näher aufgeführten Körperschaften, Personenvereinigungen und Vermögensmassen. Die weitaus größte Bedeutung haben die Kapitalgesellschaften, auf die 90% der veranlagten Körperschaftsteuer entfallen.

---

[8] Vgl. A. C. HARBERGER: The Incidence of the Corporation Income Tax, in: Journal of Political Economy, Bd. 70, 1962, S. 215–240; DERS.: Efficiency Effects of Taxes on Income from Capital, in: M. Krzyzaniak (Hrsg.): Effects of Corporation Income Taxes, Detroit 1966, S. 107–117.

[9] Vgl. als Übersichtsartikel P. B. SØRENSEN: Changing Views of the Corporate Income Tax, a. a. O.; H.-W. SINN: Taxation and the Cost of Capital: The „Old" View, the „New" View, and another View, a. a. O.; J. G. GRAVELLE: The Corporate Income Tax: Economic Issues and Policy Options, in: National Tax Journal, Bd. 48, 1995, S. 267–277.

Die Zahl der *Steuerbefreiungen* ist recht groß (vgl. § 5 KStG). Darunter fallen u. a. die Deutsche Post AG, die deutsche Telekom AG, zahlreiche Kreditinstitute mit öffentlichen Aufgaben sowie bestimmte Pensions-, Sterbe- und Krankenkassen.

Steuerbemessungsgrundlage ist das Einkommen, das grundsätzlich nach den Vorschriften des Einkommensteuergesetzes ermittelt wird, sofern diese nicht auf natürliche Personen zugeschnitten sind oder durch spezielle Regelungen des Körperschaftsteuergesetzes ersetzt werden (vgl. § 8 Abs. 1 KStG).

Der Steuersatz für einbehaltene Gewinne beträgt im Regelfall 45%. Einen ermäßigten Satz in Höhe von 42% gibt es u. a. für Versicherungsvereine auf Gegenseitigkeit, nicht rechtsfähige Vereine, Anstalten, Stiftungen und andere Zweckvermögen des privaten Rechts sowie Betriebe gewerblicher Art von juristischen Personen des öffentlichen Rechts (§ 23 KStG). Ausschüttungen werden mit 30% belastet (§ 27 KStG). Seit 1995 wird auf die Steuerschuld ein Solidaritätszuschlag zugunsten des Bundes erhoben, dessen Satz zunächst 7,5% betrug, dann per 1. 1. 1998 auf 5,5% gesenkt wurde.

Der zur deutschen Einkommensteuer herangezogene Anteilseigner kann die auf den Ausschüttungen ruhende Körperschaftsteuerbelastung mit der Einkommensteuerschuld verrechnen *(Anrechnungssystem)*. Hier hat die Körperschaftsteuer faktisch die Funktion einer *Einkommensteuervorauszahlung*. Definitiven Charakter hat sie bei inländischen Anteilseignern, die nicht einkommensteuerpflichtig sind (z. B. öffentliche Körperschaften) oder zwar einkommensteuerpflichtig sind, aber die Dividenden nicht deklarieren (z. B. Steuerhinterzieher), ferner bei ausländischen Anteilseignern.

Die *Gesetzgebungshoheit* liegt beim Bund; allerdings bedürfen die die Körperschaftsteuer betreffenden Gesetze der Zustimmung des Bundesrates. Die *Verwaltung* obliegt den Ländern. Die *Ertragshoheit* liegt bei Bund und Ländern, die am Körperschaftsteueraufkommen je zur Hälfte beteiligt sind.

Ähnlich wie in vergleichbaren anderen Staaten ist in der Bundesrepublik Deutschland in der jüngeren Vergangenheit der Anteil des Körperschaftsteueraufkommens am gesamten Steueraufkommen beträchtlich zurückgegangen – von 7,3% 1985 über 5,3% 1990 auf 2,2% 1995. Im Jahre 1996 ist er auf 3,7% gestiegen. Dazu haben viele Faktoren beigetragen: die mehrfache Senkung des Tarifs mit teilweise faktischer Rückwirkung, der Verzicht auf die Steuererhebung im Rahmen des enorm angehobenen Sparerfreibetrages, Steuersubventionen für die neuen Bundesländer, Verlagerungen von Investitionen ins Ausland (Gewinne ausländischer Töchter sind in Deutschland steuerfrei) sowie die verstärkte Ausnutzung von Gestaltungsmöglichkeiten innerhalb eines Konzerns (Stichwort: Verrechnungspreise).

2. Beurteilung

Mit der Körperschaftsteuerreform von 1977 wurde die 1953 mit dem System des gespaltenen Steuersatzes eingeleitete Bemühung, einerseits die Doppelbelastung der Dividenden abzubauen, andererseits den Steuersatz für einbehaltene Gewinne an dem Spitzensatz der Einkommensteuer zu orientieren, weiter-, wenn man will: zum logischen Ende geführt, zumal damals der höchste Grenzsteuersatz der Einkommensteuer und der Körperschaftsteuersatz für einbehaltene Gewinne mit je 56% identisch waren. Die „Überbelastung" der einbehaltenen Gewinne, soweit sie Einkommensteuerpflichtigen zuzurechnen sind, deren persönlicher Einkommensteuersatz unter dem Spitzensatz liegt, ließe sich *generell* nur in einem System der völligen Integration vermeiden, an das man sich bislang nicht gewagt hat. Diese Situation kann man allerdings auch heute schon bei Körperschaften mit kleinem Kreis von Anteilseignern durch eine Politik des „Schütt aus – hol zurück" verwirklichen.

Das 1977 verwirklichte hohe Maß an Gewinnverwendungs- und Rechtsformneutralität[10] ist durch spätere Tarifänderungen beeinträchtigt worden. Im Jahre 1998 steht einem Körperschaftsteuersatz von 45% auf einbehaltene Gewinne ein allgemeiner Spitzensteuersatz von 53% sowie ein spezieller Spitzensteuersatz von 47% für gewerbliche Einkünfte im Rahmen der Einkommensteuer gegenüber.

Das erhöhte Maß an *Binnenneutralität*, das mit der Körperschaftsteuerreform von 1977 erreicht wurde, geht allerdings Hand in Hand mit *Diskriminierungen im Verhältnis zum Ausland*. Die Möglichkeit der Anrechnung der Körperschaftsteuer erstreckt sich nämlich nicht auf ausländische Anteilseigner, die nicht der deutschen Einkommensteuer unterliegen; umgekehrt können sich deutsche Anteilseigner die auf ihren Dividenden lastende ausländische Körperschaftsteuer nicht im Rahmen der deutschen Einkommensteuer anrechnen lassen. Insofern trägt die Körperschaftsteuer zu einer Abschottung der nationalen Kapitalmärkte bei und wirft damit die Frage der Vereinbarkeit mit dem Gemeinsamen Binnenmarkt auf.

§ 98. Alternativen zur Körperschaftsteuer

Die bislang behandelten Varianten der Körperschaftsteuer haben alle den Körperschaftsgewinn als Bemessungsgrundlage, sind insofern „corporation in-

---

[10] Vgl. hierzu WISSENSCHAFTLICHER BEIRAT BEIM BUNDESMINISTERIUM DER FINANZEN: Stellungnahme zur Tarifstruktur der Körperschaftsteuer, a.a.O.; DERS.: Stellungnahme zu einigen Regelungen eines „Standortsicherungsgesetzes", BMF-Dokumentation 2/93, Bonn 1993, insbes. S. 7–14.

come tax", um den englischen Ausdruck zu benutzen. Abschließend soll auf zwei Alternativen zu Körperschaftsteuer hingewiesen werden, bei denen dies nicht mehr zutrifft: die Cash-flow-Steuer und die Comprehensive Business Income Tax.

1. Die Cash-flow-Steuer

Die insbesondere seit der Publikation des MEADE-Reports[11] diskutierte Cash-flow-Steuer basiert auf den gleichen Zielsetzungen, die im Bereich der persönlichen Einkommensteuer zum Vorschlag geführt haben, diese Steuer durch eine persönliche allgemeine Verbrauchsteuer[12] abzulösen: Reduktion der Zusatzlast durch ein System, das die optimale intertemporale Allokation nicht beeinträchtigt. Allen Varianten der Cash-flow-Steuer[13] ist gemeinsam, daß die Bemessungsgrundlage aus der Differenz von tatsächlichen Zahlungsströmen einer Periode gebildet wird. Dementsprechend werden die Investitionsausgaben in voller Höhe abgezogen (Sofortabschreibung), so daß die Probleme der Ermittlung der richtigen Abschreibung und die zusätzlichen Schwierigkeiten, die sich bei Inflation ergeben, nicht auftreten. Im Hinblick auf neue Investitionen verändert sich dadurch das Verhältnis zwischen Fiskus und Steuerzahler entscheidend: Aus der Besteuerung wird eine stille Partnerschaft, denn Sofortabschreibung bedeutet, daß sich der Fiskus entsprechend dem Steuersatz nicht nur am Gewinn, sondern auch an der Kapitalaufbringung beteiligt[14]. Die Partnerschaft ist allerdings erst dann vollständig, wenn auch ein sofortiger Verlustausgleich (oder eine äquivalente Regelung) sichergestellt ist. Das eigentliche steuerliche Element der Cash-flow-Steuer besteht in der Besteuerung des zum Zeitpunkt der Steuereinführung vorhandenen Kapitalbestandes, an dessen Finanzierung der Staat allenfalls dadurch beteiligt ist, daß in der Vergangenheit die steuerlich zulässigen Abschreibungen über den ökonomisch korrekten lagen[15].

Die Cash-flow-Steuer ist am überzeugendsten als Ergänzung einer persönlichen allgemeinen Verbrauchsteuer. Unterliegen die privaten Haushalte und Personengesellschaften jedoch der Einkommensteuer, würde die Cash-flow-Steuer zu einer Begünstigung des von ihr erfaßten Sektors führen: Im Gegen-

---

[11] Vgl. Report of a Committee chaired by Professor J. E. MEADE: The Structure and Reform of Direct Taxation, a. a. O., S. 227–268, ferner M. A. KING: The Cash Flow Corporate Income Tax, a. a. O.

[12] Vgl. unten Kapitel 21.

[13] Es ist üblich, mit dem MEADE-Report nach der Definition der Bemessungsgrundlage zu unterscheiden zwischen dem R-Typ (Bemessungsgrundlage ist die Differenz zwischen Einnahmen und Ausgaben für reale Gütertransaktionen), dem R+F-Typ (in die Bemessungsgrundlage gehen zusätzlich die Einnahmen und Ausgaben aus Kredit- und Zinstransaktionen ein) und dem S-Typ (Bemessungsgrundlage ist die Nettoauszahlung an die Anteilseigner: Dividendenzahlungen abzüglich Nettokapitalaufnahme).

[14] Vgl. oben S. 157–160.

[15] Vgl. ebenda.

satz zum einkommensteuerlichen Bereich wäre es hier möglich, steuerfrei Kapital zu akkumulieren, solange nur Zahlungsüberschüsse wieder reinvestiert werden.

2. Die Comprehensive Business Income Tax

Der Vorschlag, die Körperschaftsteuer in einer alle Unternehmen ungeachtet ihrer Rechtsform erfassenden allgemeinen Unternehmensteuer aufgehen zu lassen, die sowohl auf den Gewinn als auch auf die gezahlten Fremdkapitalzinsen erhoben wird, hat vor allem durch die positive Herausstellung als „Comprehensive Business Income Tax" (CBIT) im Integrationsbericht der U.S. Treasury Aufmerksamkeit erzielt[16]. Sehr attraktiv sind die damit verbundene Rechtsform-, Finanzierungs- und Gewinnverwendungsneutralität. Letztere ergibt sich jedenfalls in dem von der Treasury dargestellten Prototyp, bei dem auf der Ebene der Anteilseigner und Gläubiger auf die Einbeziehung der Dividenden und Zinsen in die Einkommensteuer verzichtet wird und der Steuersatz dem Spitzensatz der Einkommensteuer entspricht. Mit der Gleichbehandlung von Eigen- und Fremdkapitalfinanzierung würde die gegenwärtige ökonomisch unerwünschte Begünstigung der Fremdkapitalfinanzierung entfallen, die zudem bei grenzüberschreitenden Kapitalverflechtungen zu anhaltenden Auseinandersetzungen führt, da sie strategisch für Gewinnverlagerungen verwendet werden kann. Der CBIT-Vorschlag ist auch mit den Bestrebungen kompatibel, angesichts der Schwierigkeiten, das Wohnsitzstaatprinzip bei Kapitaleinkünften effektiv durchzusetzen, hier zum Quellenstaatprinzip überzugehen. Mit den Postulaten der Besteuerung nach der Leistungsfähigkeit und der Gleichbehandlung aller Kapitaleinkünfte nicht vereinbar ist die zu hohe Belastung, die sich bei diesem Vorschlag für alle die Steuerpflichtigen ergibt, deren individueller marginaler Steuersatz unter dem Spitzensatz liegt. Will man diese Diskrepanz dadurch beseitigen, daß die CBIT wie eine anrechenbare Quellensteuer behandelt wird (analog der Körperschaftsteuer auf Dividenden und der Zinsabschlagsteuer in der Bundesrepublik), geht die Gewinnverwendungsneutralität verloren.

Bei der CBIT handelt es sich um einen Vorschlag, der allenfalls längerfristig realisierbar ist. Zum einen setzt er Änderungen der Doppelbesteuerungsabkommen voraus, die wegen der zu erwartenden Änderungen in der zwischenstaatlichen Verteilung des Steueraufkommens zu Lasten der Kapitalexportländer nicht gerade leicht sein werden. Zum anderen verlangen die damit verbundenen individuellen Steuerlaständerungen in Abhängigkeit von der bishe-

---

[16] Vgl. U.S. DEPARTMENT OF THE TREASURY: Integration of the Individual and Corporate Tax System, a.a.O., insb. S. 39–60. In Fn. 1 auf Seite 204 werden dort auch Autoren genannt, die gleiche oder ähnliche Vorschläge bereits früher unterbreitet haben.

rigen Finanzierungsstruktur und die dadurch ausgelösten Substitutionseffekte, daß der Übergang nur allmählich über einen viele Jahre umfassenden Zeitraum vorgenommen wird.

Kapitel 19
Umsatzsteuern

Literatur

a) POHMER, DIETER: Allgemeine Umsatzsteuern, in: Fritz Neumark, Norbert Andel und Heinz Haller (Hrsg.): Handbuch der Finanzwissenschaft, 3. Aufl., Bd. 2, Tübingen 1980, S. 647–707.

b) AARON, HENRY J. (Hrsg.): The Value Added Tax. Lessons from Europe, Washington 1981.
BUNDESMINISTER DER FINANZEN: Denkschrift über die Möglichkeiten einer Verbesserung der Umsatzbesteuerung, Bundestagsdrucksache III/730 vom 20. Dezember 1958.
DZIADKOWSKI, DIETER, und PETER WALDEN: Umsatzsteuer, 4. Aufl., München–Wien 1996.
GILLIS, MALCOLM, CARL S. SHOUP und GERARDO P. SICAT (Hrsg.): Value Added Taxation in Developing Countries, Washington 1990.
MCLURE, CHARLES E., JR.: Economic Effects of Taxing Value Added, in: Richard A. Musgrave (Hrsg.): Broad-Based Taxes: New Options and Sources, Baltimore–London 1973, S. 155–204.
ORGANISATION FOR ECONOMIC CO-OPERATION AND DEVELOPMENT: Consumption Tax Trends, 2. Aufl., Paris 1997.
Report of the COMMITTEE ON TURNOVER TAXATION, London 1964.
Report of the ROYAL COMMISSION ON TAXATION, Bd. 5: Sales Taxes and General Tax Administration, Ottawa 1966, S. 1–81.
TAIT, ALAN A.: Value Added Tax, Washington 1988.

WISSENSCHAFTLICHER BEIRAT BEIM BUNDESMINISTERIUM DER FINANZEN: Probleme einer Netto-Umsatzbesteuerung, Schriftenreihe des Bundesministeriums der Finanzen, Heft 2, Bonn o.J. (1961), wiederabgedruckt in: Ders.: Entschließungen, Stellungnahmen und Gutachten 1949–1973, hrsg. vom Bundesministerium der Finanzen, Bonn 1974, S. 232–308.

§ 99. Charakterisierung

Neben der Einkommensteuer bildet heute in fast allen industrialisierten Staaten eine im Unternehmenssektor erhobene mehr oder weniger *allgemeine indirekte Steuer* die zweite Hauptsäule des Steuersystems. Sie wird oft als *allgemeine Verbrauchsteuer* bezeichnet, da sie sich im Gegensatz zu speziellen Verbrauchsteuern (z. B. auf Bier oder Tabakwaren) nicht auf einzelne Konsumgüter, sondern im Prinzip auf den gesamten Konsum oder jedenfalls große Teile davon erstreckt. Hier wird der Ausdruck „Umsatzsteuer" vorgezogen, weil einige allgemeine indirekte Steuern sich über den Verbrauch hinaus auf (Teile der) Investitionen erstrecken und der Begriff „allgemeine Verbrauchsteuer" auch die direkte persönliche allgemeine Verbrauchsteuer (spendings tax, expenditure tax) umfaßt, die direkt beim einzelnen Konsumenten unter Berücksichtigung persönlicher Umstände erhoben wird[1].

§ 100. Fiskalische Bedeutung

Das fiskalische Gewicht der Umsatzsteuer ist in den industrialisierten Staaten Westeuropas mit überwiegend zwischen 20 und 30% Anteil am Gesamtsteueraufkommen beträchtlich, bleibt aber fast immer hinter dem der Einkommensteuer zurück. Die große Ausnahme bildet Frankreich, wo der Anteil der Umsatzsteuer mit etwa 35% am höchsten ist – ein Spiegelbild des dort im Vergleich zu den anderen Ländern niedrigen Anteils der Einkommensteuer.

Auffallend ist das geringe Gewicht der Umsatzsteuer in den USA und in der Schweiz. Die Sales tax wird in den USA als einstufige Einzelhandelssteuer nicht auf der Bundes-, sondern lediglich (teilweise) auf der einzelstaatlichen und gemeindlichen Ebene erhoben, was wegen der Steuerkonkurrenz zwischen den Gebietskörperschaften eine Steuererhöhung erschwert. Die Schweiz hat die moderne Mehrwertsteuer erst zum 1. 1. 1995 mit niedrigen Steuersätzen zwischen 2 und 6,5% eingeführt.

Wegen der geringeren Einkommenselastizität besteht bei der Umsatzsteuer im Gegensatz zur Einkommensteuer keine Tendenz zur quasi-automatischen Erhöhung des Anteils am gesamten Steueraufkommen. Daß gleichwohl in den

---

[1] Vgl. unten Kap. 21.

letzten Jahren in vielen Ländern dieser Anteil gestiegen ist, beruht auf diskretionären Änderungen mit der Absicht, die Steuerbelastung von den direkten Steuern auf die indirekten zu verlagern.

§ 101. Formen

Die Umsatzsteuern sind sehr unterschiedlich gestaltet. Sie lassen sich vor allem nach der *Definition der Bemessungsgrundlage* und nach den *erfaßten Stufen* gliedern.

1. Gliederung nach der Bemessungsgrundlage

Nach der Bemessungsgrundlage kann man zwischen Bruttoumsatz- und Nettoumsatzsteuern unterscheiden. Bei den *Bruttoumsatzsteuern* wird die Steuer auf den gesamten Umsatz erhoben; bei den *Nettoumsatzsteuern* werden vom Gesamtumsatz Vorleistungen abgezogen. Unter systematischen Gesichtspunkten sind vor allem zwei Formen der Nettoumsatzsteuer bedeutsam[2]:

Beim *Einkommenstyp* wird im Grundsatz auf die gesamte Wertschöpfung abgestellt[3]. Bemessungsgrundlage des einzelnen Unternehmens ist hier der Bruttoumsatz abzüglich der Vorleistungen und der Abschreibungen. Beim *Konsumtyp* soll dagegen lediglich die konsumtive Einkommensverwendung besteuert werden. Da bei vielen Gütern auf der Produktionsstufe die spätere Verwendung noch nicht absehbar ist, werden hier zunächst auch die Investitionsgüter besteuert; allerdings darf der Investor den auf den Investitionsgütern ruhenden Steuerbetrag mit seiner Steuerschuld verrechnen. Auf diese Weise ist sichergestellt, daß Investitionen jedenfalls im Unternehmenssektor steuerfrei bleiben. Will man dies auch im nicht steuerpflichtigen öffentlichen Sektor bzw. bei nicht steuerpflichtigen privaten Haushalten verwirklichen, bedarf es zusätzlicher Steuererstattungen, die jedoch in der Praxis nicht üblich sind.

2. Gliederung nach den erfaßten Stufen

Je nachdem, ob die Umsatzsteuer auf allen Stufen zu zahlen ist, lediglich auf einer Stufe oder auf mehreren bei Befreiung mindestens einer Stufe erhoben wird, kann man zwischen *Allphasen-, Einphasen-* und *Mehrphasensteuern* unterscheiden. In Westeuropa dominiert die Allphasensteuer, in Nordamerika die

---

[2] Für eine weitergehende Analyse vgl. C. S. SHOUP: Public Finance, a.a.O., S. 250–257.
[3] Gleichwohl ist die Nettoumsatzsteuer vom Einkommenstyp im Hinblick auf die Lagerbestandsveränderungen und die (erst im Kap. 28 analysierte) steuerliche Behandlung der Exporte und Importe mit einer Wertschöpfungsteuer nicht völlig identisch.

auf der Einzelhandelsstufe erhobene Einphasensteuer. Mehrphasensteuern gibt es z. B. in der Form, daß die administrativ schwer kontrollierbare Einzelhandelsebene steuerfrei bleibt.

Allphasensteuern sind insofern administrativ aufwendig, als die Zahl der Steuerpflichtigen sehr groß ist. Andererseits ist im Rahmen von Bruttoumsatzsteuern der Steuerhinterziehungsanreiz im Vergleich zu weniger Stufen umfassenden Abgaben geringer, da bei gegebenem Steueraufkommen der Steuersatz niedriger ist und sich der Hinterziehungsspielraum immer nur auf die eigene Steuerschuld beschränkt. Das gilt nicht für Nettoumsatzsteuern. Hier erstreckt sich die Steuerhinterziehungsmöglichkeit immer auf die gesamte Steuerbelastung: Die Verheimlichung einer Transaktion gestattet es, gleichzeitig die Steuer auf die eigene Wertschöpfung zu vermeiden und z. B. bei der Methode des Vorsteuerabzugs die anteilige Vorsteuer mit der Steuerschuld auf offizielle Transaktionen zu verrechnen.

Bei *Ein- und Mehrphasensteuern* steht der kleineren Zahl von Steuerpflichtigen ein größeres Abgrenzungsproblem gegenüber. Man kann sich nämlich aus Gründen der Gleichmäßigkeit der Besteuerung nicht damit begnügen, die Stufen *institutionell* abzugrenzen, sondern muß *funktionell* vorgehen. Bei einer Einzelhandelssteuer z. B. müssen auch die Lieferungen der Produzenten und Großhändler einbezogen werden, die unter Ausschaltung des Einzelhandels direkt an die Verbraucher vorgenommen werden.

Einphasensteuern gibt es in der Regel als Einzelhandelssteuern. Hier konzentriert sich die Steuerdurchsetzungsproblematik gerade auf die Stufe, die besonders schwer zu kontrollieren ist, zumal hier die Buchführung oft Mängel aufweist und vom Eigentümer oder seinen Familienmitgliedern durchgeführt wird. Es kommt hinzu, daß die nichtsteuerpflichtigen Endabnehmer auf einen rechnungsmäßigen Ausweis der Umsatzsteuer keinen Wert legen.

Die beiden Gliederungsmerkmale „erfaßte Stufen" und „Definition der Bemessungsgrundlage" lassen sich theoretisch beliebig kombinieren. Allerdings: Wenn man die Umsatzsteuer zur Erfassung der in der Einkommensverwendung zum Ausdruck kommenden Leistungsfähigkeit heranzieht, dürften Einphasensteuern nur als Bruttoumsatzsteuern sinnvoll sein. Nettoumsatzsteuern haben bei All- und Mehrphasensteuern den Vorteil, daß die kumulativen, aneutralen Wirkungen der Bruttoumsatzsteuer vermieden werden bzw. die Umsatzsteuer eher als allgemeine Verbrauchsteuer ausgestaltet werden kann.

Je nachdem, ob die Umsatzsteuer zum Zeitpunkt der Leistungserstellung nach dem vereinbarten Entgelt oder zum Zeitpunkt des effektiven Zahlungseingangs nach dem vereinnahmten Entgelt bemessen wird, ist die Umsatzsteuer als *Soll-* oder *Ist-Steuer* gestaltet.

3. Ermittlungstechniken bei Nettoumsatzsteuern

Auf einer mehr technischen Ebene lassen sich im Rahmen der Nettoumsatz-steuer zwei Ermittlungsmethoden unterscheiden. Bei der *Additionsmethode* (direkte Mehrwertermittlung) ergibt sich die Steuer, indem der Steuersatz auf die Summe der Bestandteile der Wertschöpfung angewendet wird. Bei der *Subtraktionsmethode* (indirekte Mehrwertermittlung) gibt es zwei Varianten. Beim *Vorsteuerabzug* wird der Steuersatz zunächst auf den Gesamtumsatz bezogen; um zur Steuerschuld zu gelangen, wird von dem sich so ergebenden Betrag aber die Steuer abgezogen, die von den Vorlieferanten anteilig geleistet und auf den Lieferantenrechnungen ausgewiesen worden ist. Beim *Vorumsatzabzug* wird der Steuersatz auf die Bemessungsgrundlage „Bruttoumsatz minus Vorumsatz" bezogen.

Diese drei Techniken führen zum gleichen Ergebnis, sofern der Steuersatz einheitlich ist und keine Befreiungen auf einzelnen Stufen gewährt werden. Dies sei mit folgendem Beispiel illustriert, wobei die Wertgrößen ohne anteilige Umsatzsteuer ausgewiesen sind und sich der Steuersatz auf den Umsatz ohne anteilige Umsatzsteuer bezieht:

Verkäufe *(V)*	1000
Vorleistungen *(R)*	300
Abschreibungen *(D)*	150
Löhne *(L)*	400
Zinsen *(Z)*	50
Gewinn *(G)*	100
Bruttoinvestitionen *(I)*	200
Steuersatz *(t)*	10%

Beim *Einkommenstyp* ergibt sich der Steuerbetrag
– im Rahmen der *Additionsmethode*
  mit der Bemessungsgrundlage *(L + Z + G)* als 0,1 (400 + 50 + 100) = 55,
– im Rahmen der *Methode des Vorumsatzabzugs*
  mit der Bemessungsgrundlage *(V – D – R)* als 0,1 (1000 – 150 – 300) = 55,
– im Rahmen der *Methode des Vorsteuerabzugs*
  mit der „Bemessungsgrundlage" *V* als $0{,}1 \cdot 1000 - 0{,}1 \, (150 + 300) = 55$.
Die kumulierte Steuerbelastung beträgt in allen drei Fällen 100 und damit 10% der Wertschöpfung.

Beim *Konsumtyp* wird beim einzelnen Unternehmen wie im Falle des Einkommenstyps zunächst die gesamte Wertschöpfung erfaßt; belastungsmindernd werden dann allerdings nicht die Abschreibungen, sondern die Bruttoinvestitionen berücksichtigt. Der Steuerbetrag ergibt sich

– im Rahmen der (jetzt modifizierten) *Additionsmethode*
mit der Bemessungsgrundlage $L + Z + G - (I - D)$ als $0{,}1 (400 + 50 + 100 - 50)$
$= 50$,
– im Rahmen der *Vorumsatzmethode*
mit der Bemessungsgrundlage $(V - I - R)$ als $0{,}1 (1000 - 200 - 300) = 50$,
– im Rahmen der *Vorsteuermethode*
mit der „Bemessungsgrundlage" V als $0{,}1 \cdot 1000 - 0{,}1 (200 + 300) = 50$.

Man sieht, daß die Steuerschuld wiederum bei allen drei Verfahren gleich ist.
Dies ändert sich, wenn auf der Vorstufe andere Steuersätze angewendet werden. Angenommen, im genannten Beispiel sei im Rahmen des Konsumtyps die
Vorstufe steuerfrei in dem umfassenden Sinne, daß auch die auf den bezogenen
Produktionsmitteln liegende Belastung erstattet wird, der Bezugspreis einschließlich Steuer sich also um die erlassene Steuer auf 300 reduziert und der
Umsatz konstant bleibt. Dann ergibt sich die Steuerschuld
– nach der Methode des *Vorumsatzabzugs* als
$0{,}1 [1000 - (200 + 300)] = 50$,
– nach der Methode des *Vorsteuerabzugs* als
$0{,}1 \cdot 1000 - 20 = 80$.

Während die Steuerbefreiung beim Vorumsatzabzug zu einem definitiven
Steuerausfall führt, ergibt sich beim Vorsteuerabzug ein hundertprozentiger
Nachholeffekt: Die Steuer von 30, die auf der Vorstufe erlassen wird, ist auf der
folgenden Stufe zusätzlich zu entrichten.

§ 102. Tarif

Während eine spezielle Verbrauchsteuer in der Regel sowohl als Wert- als auch
als spezifische Steuer ausgestaltet werden kann, kommt für eine Umsatzsteuer nur die Wertsteuer in Frage. Administrativ-technische Gründe sprechen für
einen möglichst einheitlichen proportionalen Satz. Sehr oft wird der Steuersatz jedoch nach der Art der Güter differenziert, zumindest in dem Sinne, daß
einige Kategorien steuerbefreit sind. Darüber hinaus werden im Bereich positiver Steuersätze Güter des Grundbedarfs niedriger, u. U. Güter des gehobenen
Bedarfs (Güter mit Luxuscharakter) höher besteuert.

Drei Gründe spielen bei solchen *Differenzierungen* eine Rolle:

1) Meist steht der Wunsch im Vordergrund, *den Regressionseffekt bei den Verbrauchern zu mildern* oder gar zu vermeiden, der sich bei einem undifferenzierten Steuersatz ergibt, da mit steigendem Einkommen die Konsumquote sinkt.

2) Steuerbefreiungen können auch auf *erhebungstechnische Probleme* zurückzuführen sein, die z. B. eine Befreiung der Bankdienstleistungen und der Mieten nahelegen.

3) Schließlich wird eine Freistellung zum Teil im Hinblick auf erhobene andere Steuern vorgenommen, die der Umsatzsteuer gleichgesetzt oder jedenfalls als im Charakter sehr ähnlich eingestuft werden, um eine Doppelbelastung zu vermeiden (vgl. die Befreiung der Grundstücksumsätze wegen der Belastung durch die Grunderwerbsteuer).

§ 103. Die Allphasenbruttoumsatzsteuer

In der Bundesrepublik Deutschland wurde bis einschließlich 1967 die Umsatzsteuer als Allphasenbruttoumsatzsteuer erhoben. Deshalb und weil die heutige Nettoumsatzsteuer in Reaktion auf die Kritik an der Allphasenbruttoumsatzsteuer eingeführt worden ist, sollen deren Vor- und Nachteile näher betrachtet werden. Dies erleichtert auch das Verständnis der heutigen Nettoumsatzsteuer, auf die anschließend einzugehen ist.

1. Charakterisierung

Wie bereits erwähnt, ist die Allphasenbruttoumsatzsteuer dadurch gekennzeichnet, daß sie *auf allen Stufen nach Maßgabe des Bruttoumsatzes* erhoben wird. Daraus folgt, daß für die letztliche Steuerzahllast nicht nur der nominale Steuersatz, sondern
– die Zahl der durchlaufenen Stufen,
– die Verteilung der Wertschöpfung auf diese Stufen und
– das Ausmaß der Steuerüberwälzung auf den einzelnen Stufen
maßgeblich sind. Je größer die Zahl der Stufen, die ein Produkt durchläuft, um so öfter unterliegt es der Steuer, um so öfter wird die Steuer sowohl von der Wertschöpfung als auch von den Vorleistungen und den überwälzten Steuerzahlungen auf den davor liegenden Stufen erhoben. Bei gegebener Stufenzahl ist dieser Effekt um so größer, je mehr sich die Wertschöpfung auf die frühen Stufen konzentriert und je mehr die Steuer überwälzt wird.

2. Vorteile

Da die Umsätze einer Volkswirtschaft ein Vielfaches des Volkseinkommens betragen, bezieht sich die Allphasenbruttoumsatzsteuer auf eine große Bemessungsgrundlage. Deshalb

1) ist sie *fiskalisch sehr ergiebig* und

2) erreicht ein gegebenes Steueraufkommen mit einem *niedrigen Steuersatz*. Dadurch bleibt der Steuerhinterziehungsanreiz gering; ferner bezieht sich die

gelungene Hinterziehung immer nur auf einen Teil der steuerlichen Belastung eines Gutes.

3) Die Allphasenbruttoumsatzsteuer ist *erhebungstechnisch billig und einfach*, zumal Unternehmen noch am ehesten über den Umsatz Aufzeichnungen führen. Dieser Vorteil reduziert sich allerdings mit wachsender Steuersatzdifferenzierung.

3. Nachteile

Die Nachteile der Allphasenbruttoumsatzsteuer ergeben sich aus der oben dargelegten *Abhängigkeit der Steuerzahllast* nicht nur vom Steuersatz, sondern auch *von der Zahl der durchlaufenen Stufen und der Verteilung der Wertschöpfung auf diese Stufen*. Daraus folgt:

1) Selbst bei einheitlichem Steuersatz ist die gesamte *Steuerzahllast* für einzelne Produktgruppen, aber auch für gleichartige Güter *unterschiedlich*.

2) Die Allphasenbruttoumsatzsteuer ist nicht wettbewerbsneutral. Sie bietet einen Anreiz zur vertikalen Konzentration, um umsatzsteuerliche Transaktionen während des Produktionsprozesses zu vermeiden; sie benachteiligt die zwischenbetriebliche Arbeitsteilung sowie kapitalintensive im Vergleich zu arbeitsintensiven Produktionsverfahren und deshalb den technischen Fortschritt, soweit er mit der Substitution von Arbeit durch Kapital verbunden ist.

3) Weil die Belastung unterschiedlich und im Einzelfall nicht genau bekannt ist, kann der *Grenzausgleich* im Rahmen des Bestimmungslandprinzips[4] und damit die Steuerneutralität im Außenhandel nicht realisiert werden. Man operiert deshalb mit Durchschnittssätzen, die, selbst wenn die Durchschnitte korrekt ermittelt sind, im Einzelfall teils zu hoch, teils zu niedrig sind.

§ 104. Die deutsche Nettoumsatzsteuer

Trotz der schon früh vorgetragenen Kritik an der Allphasenbruttoumsatzsteuer[5], die sich in den fünfziger Jahren nach der Anhebung des Steuersatzes von 3 auf 4% verstärkte, wurde erst unter dem Druck der Steuerharmonisierungsbestrebungen in der EU und eines Bundesverfassungsgerichtsurteils per 1. 1. 1968 der *Übergang zu einer Nettoumsatzsteuer* beschlossen. Damals war dem

---

[4] Siehe unten S. 538.
[5] Vgl. C. F. VON SIEMENS: Veredelte Umsatzsteuer, 2. Aufl., Siemensstadt 1921, der für eine Nettoumsatzsteuer mit Vorumsatzabzug plädiert.

deutschen Steuergesetzgeber die Grundstruktur des neuen Systems durch die Erste und Zweite Steuerharmonisierungsrichtlinie des Rates der EG vorgegeben. Die ins einzelne gehende Harmonisierung des Steuerobjekts und der Bemessungsgrundlage schrieb die Sechste Umsatzsteuerrichtlinie[6] vor. Die im Hinblick darauf erforderlichen Änderungen hat der deutsche Gesetzgeber Ende 1979 mit Wirkung vom 1. 1. 1980 vorgenommen.

1. Charakterisierung

Die deutsche Nettoumsatzsteuer, auch Mehrwertsteuer genannt, ist *überwiegend eine Nettoumsatzsteuer vom Konsumtyp.* Allerdings werden auch die Investitionen nichtumsatzsteuerpflichtiger Inländer belastet, vor allem der Gebietskörperschaften und der privaten Haushalte (Wohnungsbau).

Der Umsatzsteuer unterliegen (Steuerobjekte nach § 1 UStG)
– die *Lieferungen* (= Verschaffung der Verfügungsmacht) und *sonstige Leistungen*, die ein Unternehmer im Inland gegen Entgelt im Rahmen seines Unternehmens ausführt,
– der *Eigenverbrauch* im Inland (z. B. Entnahmen von Lebensmitteln für private Zwecke oder nicht anerkannte Bewirtungsausgaben),
– die *Einfuhr von Gegenständen* aus dem Drittlandsgebiet in das Inland,
– der *innergemeinschaftliche Erwerb* im Inland gegen Entgelt (Importe aus der EU).

Bemessungsgrundlage ist in den wichtigsten Fällen der Lieferungen und sonstigen Leistungen sowie des innergemeinschaftlichen Erwerbs das *Entgelt* (in der Regel das *vereinbarte* Entgelt). „Entgelt ist alles, was der Leistungsempfänger aufwendet, um die Leistung zu erhalten, jedoch abzüglich der Umsatzsteuer" (§ 10 Abs. 1 Satz 2 UStG). Bei der Einfuhr aus Drittländern wird vom Zollwert ausgegangen. In den übrigen Fällen wird unterschiedlich auf den Teilwert, den gemeinen Wert, die Kosten oder die Aufwendungen zurückgegriffen.

2. Steuersätze

Der *Normalsteuersatz* beträgt seit dem 1. 4. 1998 16%. Ein reduzierter Satz von 7% gilt vor allem für landwirtschaftliche Produkte und Lebensmittel, Bücher sowie für gewisse freiberufliche und kulturelle Leistungen.

---

[6] Vgl. Sechste Richtlinie des Rates vom 17. Mai 1977 zur Harmonisierung der Rechtsvorschriften der Mitgliedstaaten über die Umsatzsteuer – Gemeinsames Mehrwertsteuersystem: einheitliche steuerpflichtige Bemessungsgrundlage, in: Amtsblatt der Europäischen Gemeinschaften, Nr. L 145 vom 13. Juni 1977, S. 1–22.

Eine lange Liste von Transaktionen ist *steuerfrei* in dem Sinne, daß diese nicht selbst der Steuer unterliegen. Dazu gehören u. a.
- Exportleistungen in Drittländer,
- bestimmte Umsätze des Geld- und Kreditverkehrs und der Versicherungs-unternehmen,
- Umsätze aus Vermietung und Verpachtung von Grundstücken,
- Umsätze, die unter das Grunderwerbsteuergesetz fallen,
- Umsätze aus ärztlicher Tätigkeit,
- Umsätze öffentlicher kultureller Einrichtungen.

Steuerfreiheit in dem Sinne, daß auch die auf vorgelagerten Stufen erhobenen Steuern erstattet werden, gibt es nur für Ausfuhrleistungen und für Lieferungen von Gold an Zentralbanken (§ 15 Abs. 3 UStG), für Güter, die für humanitäre, karitative oder erzieherische Zwecke ins Ausland transferiert werden (vgl. § 4a Abs. 1 UStG), sowie schließlich für die Investitionen der umsatzsteuerpflichtigen Unternehmer durch die Entlastung im Wege des Vorsteuerabzugs.

3. Vorsteuerabzug

Um zur Steuerschuld zu gelangen, wird von dem Produkt aus Steuerbemessungsgrundlage und Steuersatz die Summe der in den Lieferantenrechnungen ausgewiesenen Vorsteuerbeträge abgezogen. Auf diese Weise wird sichergestellt, daß für die Gesamtbelastung im Rahmen steuerpflichtiger Transaktionen der Steuersatz der letzten Stufe relevant ist, ganz gleich, wie hoch die Steuersätze auf den Vorstufen sind.

Damit ergibt sich allerdings auch eine über den sog. Nachholeffekt hinausgehende Überbelastung („Überholeffekt"), sofern die Steuerbefreiung einer Stufe mit dem Verbot des Ausweises der auf den vorgelagerten Stufen erhobenen Steuern verbunden ist (vgl. § 15 Abs. 2 Nr. 1 UStG) und der folgende Abnehmer mehrwertsteuerpflichtig ist. Bei ihm wird dann die nicht ausgewiesene Umsatzsteuer, die auf den dem befreiten Bereich vorgelagerten Stufen erhoben worden ist, wie noch nicht besteuerte Wertschöpfung behandelt. Wie bei der Allphasenbruttoumsatzsteuer kommt es dann zur „Steuer auf die Steuer".

4. Sonderregelung für die Landwirtschaft

Für die Landwirtschaft, die man in der Bundesrepublik Deutschland von steuerlichen Belästigungen möglichst freizuhalten sucht, besteht eine Sonderregelung, die sicherstellt, daß für Landwirte keine Steuerzahlungen sowie keine umsatzsteuerbedingten Buchführungspflichten anfallen, im Gegensatz zu den Steuerbefreiungen nach § 4 UStG aber der Vorsteuerabzug weitergeführt werden kann. Dies wird dadurch erreicht, daß der von den Landwirten auf ihren

Rechnungen auszuweisende Steuerbetrag pauschal festgelegt wird. Soweit der Pauschsteuersatz tatsächlich der effektiven durchschnittlichen Belastung entspricht (§ 24 Abs. 1 UStG), wird die Landwirtschaft *insgesamt* damit nicht steuerlich begünstigt, wohl die Betriebe mit unterdurchschnittlicher Belastung. Überdurchschnittlich belastete Betriebe können einen möglichen Nachteil dadurch vermeiden, daß sie für die Normalbesteuerung optieren (vgl. § 24 Abs. 4 UStG).

Das geschilderte Pauschalierungsverfahren wurde jedoch auch mißbraucht, um der Landwirtschaft insgesamt für die Produkte, die an steuerpflichtige Abnehmer geliefert werden, eine *Umsatzsteuersubvention* zukommen zu lassen. Der Pauschsatz war nämlich von Anfang an zu hoch festgelegt worden. 1996 wurde die Begünstigung allein für buchführende Betriebe auf über 600 Mio. DM geschätzt, gleichwohl die im Zusammenhang mit dem Bundeshaushalt 1997 zunächst beschlossene Streichung für diese Betriebe zurückgenommen. Besonders hoch war der Subventionseffekt 1984, als der Steuersatz für Landwirte bei unverändertem Normalsteuersatz um fünf Prozentpunkte angehoben wurde. Die Landwirtschaft durfte in dieser Höhe von ihren Abnehmern mehr Umsatzsteuer verlangen, ohne über ihre bezogenen Vorleistungen entsprechend höher belastet worden zu sein. Der steuerpflichtige Abnehmer der folgenden Stufe wurde dadurch nicht benachteiligt, da er in gleicher Höhe mehr Vorsteuern absetzen konnte und entsprechend weniger Steuern selbst abführen mußte.

5. Gesetzgebungs-, Verwaltungs- und Ertragshoheit

Die Gesetzgebungshoheit liegt im Falle der Umsatzsteuer beim Bund; allerdings bedürfen die entsprechenden Bundesgesetze der Zustimmung des Bundesrates. Verwaltet wird die Umsatzsteuer von den Ländern, mit Ausnahme der Einfuhrumsatzsteuer, für welche die Verwaltungshoheit beim Bund liegt. Die Verteilung des Steueraufkommens ist im Finanzausgleichsgesetz festgelegt, einem Bundesgesetz, das der Zustimmung des Bundesrates bedarf. Sie ist mehrfach geändert und im Zuge der chaotisch-hektischen Gesetzgebung des Jahres 1997 überdies sehr kompliziert geworden, wie im Kapitel über den nationalen Finanzausgleich nachgelesen werden kann[7].

6. Beurteilung

Die deutsche Nettoumsatzsteuer hat im Vergleich zur abgelösten Allphasenbruttoumsatzsteuer große Vorzüge, da sie deren oben kritisierte Nachteile

---

[7] Vgl. unten S. 523 f.

weitgehend vermeidet. Die Einschränkung „weitgehend" ist aus mehreren Gründen erforderlich:

1) Nach wie vor ergeben sich Kumulativeffekte, wenn steuerbefreite Transaktionen an Steuerpflichtige erfolgen und dort wegen der befreiungsbedingten Unterbrechung des Vorsteuerabzugs (vgl. § 15 Abs. 2 Nr. 1 UStG) der gesamte Rechnungsbetrag als Wertschöpfung behandelt wird.

2) Wie bereits erwähnt, repräsentiert die deutsche Nettoumsatzsteuer den Konsumtyp nicht in reiner Form. Diese Wirkung hat sie nur innerhalb des steuerpflichtigen Unternehmensbereichs, nicht jedoch bei den Wohnungsbauinvestitionen privater Haushalte und den nichtgewerblichen öffentlichen Investitionen. Allerdings muß bei der Beurteilung des ersten Falles berücksichtigt werden, daß die Umsätze aus Vermietung und Verpachtung von Grundstücken steuerfrei sind.

3) Im steuerbefreiten Bereich ergeben sich nach wie vor Verzerrungen zwischen arbeits- und kapitalintensiven Produktionsverfahren sowie ein Anreiz zur Selbstproduktion. Die Gebietskörperschaften z. B. zahlen Mehrwertsteuer für bezogene Investitionsgüter und Zwischenprodukte sowie für die Dienstleistungen eingeschalteter privater Unternehmen, nicht aber für unmittelbar selbst beschäftigte Arbeitskräfte.

Sicherlich ist die Umsatzsteuer nicht wie die Einkommensteuer in der Lage, umfassend Leistungsfähigkeitsaspekte zu berücksichtigen. Gleichwohl ist es vorzuziehen, auf sie zurückzugreifen anstatt die Einkommensteuer entsprechend anzuheben. Eine solche Gewichtsverlagerung auf die Einkommensteuer wäre angesichts des dort erreichten Belastungsniveaus sicherlich unter Anreiz- und Steuerhinterziehungsgesichtspunkten problematisch. Sie wäre es auch unter dem Verteilungsaspekt, wenn man berücksichtigt, daß die deutsche Einkommensteuer beträchtliche Lücken aufweist, z. B. bei der Erfassung der Zinseinkünfte, der realisierten Wertzuwächse und der Alterseinkünfte, und daß die Umsatzsteuer vor allem durch den reduzierten Steuersatz die verfügbaren Einkommen in einem breiten Bereich weitgehend proportional belastet.

Kapitel 20
Steuern auf spezielle Güter

§ 105. **Charakterisierung**

§ 106. **Formen und Ziele**

§ 107. **Fiskalische Bedeutung**

§ 108. **Beurteilung**

Literatur

a) HANSMEYER, KARL-HEINRICH, u. a.: Steuern auf spezielle Güter, in: Fritz Neumark, Norbert Andel und Heinz Haller (Hrsg.): Handbuch der Finanzwissenschaft, 3. Aufl., Bd. 2, Tübingen 1980, S. 709–742.

b) FOLKERS, CAY: Wandlungen der Verbrauchsbesteuerung, in: Karl Häuser (Hrsg.): Wandlungen der Besteuerung, Schriften des Vereins für Socialpolitik, N. F. Bd. 160, Berlin 1987, S. 89–212.

HANSMEYER, KARL-HEINRICH, u. a.: Steuern auf spezielle Güter, in: Fritz Neumark, Norbert Andel und Heinz Haller (Hrsg.): Handbuch der Finanzwissenschaft, 3. Aufl., Bd. 2, Tübingen 1980, S. 742–885.

ORGANISATION FOR ECONOMIC CO-OPERATION AND DEVELOPMENT: Consumption Tax Trends, 2. Aufl., Paris 1997.

POLLAK, HELGA: Verbrauchsteuern I: Ziele und Ausgestaltung, in: Willi Albers u. a. (Hrsg.): Handwörterbuch der Wirtschaftswissenschaft, Bd. 8, Stuttgart u. a. O. 1980, S. 188–208.

§ 105. Charakterisierung

Die meisten der in diesem Kapitel erwähnten Abgaben, insbesondere die fiskalisch wichtigsten von ihnen, könnte man unter den Begriff „spezielle Verbrauchsteuern" subsumieren. Da aber die so bezeichneten Steuern zum Teil faktisch auch Produktionsfaktoren belasten, insofern Produktionsmittelsteuern sind, und um auch andere Abgaben einbeziehen zu können, wird hier ein Vorschlag von HANSMEYER u. a.[1] aufgegriffen und von „Steuern auf spezielle Güter" gesprochen. Das gemeinsame Kennzeichen dieser Abgaben ist also darin

---

[1] K.-H. HANSMEYER u. a.: Steuern auf spezielle Güter, a.a.O.

zu sehen, daß sie sich jeweils auf *einzelne* Güter beziehen im Gegensatz zur Umsatzsteuer und zur persönlichen allgemeinen Verbrauchsteuer, die im Prinzip alle Güter bzw. alle Konsumgüter erfassen.

§ 106. Formen und Ziele

Welche Güter in der Bundesrepublik Deutschland Gegenstand einer solchen Steuer sind, zeigt die Übersicht 20-1, wobei die einzelnen Abgaben überwiegend nach dem Charakter des jeweils belasteten Gutes zusammengefaßt sind. Mit einer anderen Blickrichtung könnte man nach den verfolgten Zielen vier Gruppen unterscheiden:

1) Auf die *Erfassung der Leistungsfähigkeit, die sich im Konsum manifestiert*, richten sich Abgaben wie die Tabak-, Kaffee- und Schaumweinsteuer. Die damit belasteten Güter mögen einmal als Indikator besonderer Leistungsfähigkeit, als Luxusgüter also, gegolten haben – heute gehören sie überwiegend für breite Schichten zum selbstverständlichen Bedarf, so daß es kaum gerechtfertigt erscheint, sie als Ausdruck *besonderer* fiskalischer Leistungsfähigkeit herauszugreifen, zumal wenn eine allgemeine Verbrauchsteuer erhoben wird.

2) Der *Vermeidung externer Effekte* dienen die Mineralöl- und die Kfz-Steuer, die früher einmal ganz überwiegend mit der Anlastung der Kosten des Baus und der Unterhaltung der Straßen begründet wurden, in den letzten Jahren zusätzlich auch mit externen Effekten wie Luftverschmutzung und Lärmbelästigung. Die Finanzpolitiker haben überdies auch bereitwillig das Ziel „Energieeinsparung" als Argument herangezogen, um fiskalisch erforderliche Erhöhungen dieser Abgaben zu rechtfertigen. Auch die Alkohol- und die Tabakbesteuerung werden im Zusammenhang mit der Internalisierung externer Effekte genannt.

3) Auf die *Einschränkung des Verbrauchs demeritorischer Güter*[2] zielen Alkohol-, Tabak-, Vergnügung- und Glücksspielsteuern, wobei sich teilweise Überschneidungen mit den beiden ersten Gruppen ergeben. Man geht hier davon aus, daß Bürger die (internen und externen) negativen Effekte etwa des Alkohol- und Tabakkonsums nicht erkennen oder zwar erkennen, aber aus Willensschwäche gleichwohl zu viel konsumieren. Steuern dienen hier dazu, der optimalen Verbrauchsmenge jedenfalls näherzukommen. Es ist allerdings zweifelhaft, ob solche Überlegungen wirklich entscheidungsrelevant sind und nicht lediglich der Verbrämung des eigentlich rein fiskalisch motivierten Zugriffs dienen.

4) Die *quantitative Reduktion* und/oder die *Verteuerung* der grenzüberschreitenden Gütertransaktionen, speziell *der importierten Güter*, bezwecken Zölle

---

[2] Zum Konzept der meritorischen und demeritorischen Güter vgl. unten S. 425.

Übersicht 20–1

Steuern auf spezielle Güter in der Bundesrepublik Deutschland im Jahre 1995

Steuerart	Aufkommen 1995 in Mio. DM	Anteil am gesamten Steueraufkommen in %
1. Die Besteuerung anläßlich von Produktion und Verkauf		
1.1. Die Besteuerung von Nahrungs- und Genußmittel		
1.1.1. Tabaksteuer	20 595	2,50
1.1.2. Branntweinsteuer und -monopol	4 837	0,59
1.1.3. Biersteuer	1 779	0,22
1.1.4. Kaffeesteuer	2 186	0,27
1.1.5. Schaumweinsteuer	1 126	0,14
1.1.6. Getränkesteuer	34	0,00
1.1.7. Agrarpolitische Abgaben[a]	954	0,12
1.2. Die Besteuerung von Energie		
1.2.1. Mineralölsteuer	64 888	7,88
1.2.1. Kohlepfennig[b]	5 719	0,69
1.2.3. Abgabe zur Finanzierung der Erdölbevorratung	828	0,10
2. Die Besteuerung des Gebrauchs spezieller Güter, von Dienstleistungen und Rechten		
2.1. Die Besteuerung des Gebrauchs spezieller Güter		
2.1.1. Kraftfahrzeugsteuer	13 806	1,68
2.1.2. Hundesteuer	292	0,04
2.1.3. Abwasserabgabe	933	0,11
2.1.4. Grundwasserabgabe	416	0,05
2.1.5. Zweitwohnungsteuer	56	0,01
2.2. Die Besteuerung von Dienstleistungen		
2.1.1. Versicherungsteuer	14 104	1,71
2.1.2. Feuerschutzsteuer	749	0,09
2.3. Die Besteuerung von Rechten		
2.3.1. Vergnügungs- und Glücksspielsbesteuerung	3 395	0,41
2.3.2. Schankerlaubnissteuer	8	0,00
2.3.4. Jagd- und Fischereisteuer	47	0,01
3. Die Besteuerung anläßlich eines zwischenstaatlichen Warenverkehrs		
3.1. Zölle	7 118	0,86
3.2. Abschöpfungen	196	0,02
Steuern auf spezielle Güter insgesamt	144 063	17,50
Nachrichtlich: Steuereinnahmen insgesamt[c]	823 330	100,00

[a] Hierin sind enthalten: Abgaben nach dem Weinwirtschafts-, Fischwirtschafts- und Absatzfondsgesetz, Produktions- und Lagerkostenabgabe Zucker, Milch- und Getreideabgabe und Umlage nach §22 Milch- und Fettgesetz.
[b] Ohne neue Bundesländer. Der Kohlepfennig wurde zum 1. 1. 1996 abgeschafft.
[c] Inkl. agrarpolitische Abgaben, Abwasserabgabe, Grundwasserabgabe, Kohlepfennig, Abgabe zur Finanzierung der Erdölbevorratung und Abschöpfungen.

Quelle: BUNDESMINISTERIUM DER FINANZEN (Hrsg.): Finanzbericht 1998, Bonn 1997, S. 227, 243; STATISTISCHES BUNDESAMT: Fachserie 14: Finanzen und Steuern, Reihe 3.1: Rechnungergebnisse des öffentlichen Gesamthaushalts 1995, Stuttgart 1998, S. 29; DASS.: Fachserie 14: Finanzen und Steuern, Reihe 3.3: Rechnungsergebnisse der kommunalen Haushalte 1995, Stuttgart 1997, S. 62, und Auskünfte des Statistischen Bundesamtes.

und Abschöpfungsbeträge. Ziel dieser Abgaben ist es, die Beschäftigungs- und Einkommenschancen der in den konkurrierenden inländischen Sektoren eingesetzten Produktionsfaktoren zu verbessern. Die in der Übersicht 20-1 ausgewiesenen Beträge für Zölle und Abschöpfungen sind allerdings streng genommen eher Finanzausgleichszahlungen, denn die entsprechen Hoheiten liegen heute ganz überwiegend bei der EU, die den nationalen Behörden 10% der erhobenen Zölle und Abschöpfungen zur pauschalen Abgeltung der Erhebungskosten beläßt.

§ 107. Fiskalische Bedeutung

Die Steuern auf spezielle Güter enthalten Abgaben, die bereits als Einzelsteuer fiskalisch interessant sind, aber auch fiskalisch völlig bedeutungslose Bagatellsteuern. Als Gruppe tragen sie immerhin ca. 18% zum gesamten Steueraufkommen bei[3].

Bei konstanten Steuerparametern ist die Aufkommenselastizität zahlreicher Abgaben kleiner als 1. Dies beruht vor allem auf zwei Faktoren. Zum einen ist die mengenmäßige Nachfrage oft relativ einkommensunelastisch (etwa bei Nahrungsmitteln). Zum anderen sind die Abgaben meist als spezifische Steuern ausgestaltet, so daß der Steueranteil am Verkaufspreis zurückgeht, wenn sich die Nachfrage auf teurere Produktqualitäten verlagert oder die Preise steigen. Daß der Anteil der Steuern auf spezielle Güter im Vergleich zu 1989 gleichwohl noch gestiegen ist, beruht vor allem auf Steuersatzerhöhungen bei der Mineralöl- und bei der Versicherungsteuer.

§ 108. Beurteilung

Angesichts der großen Zahl von heterogenen Abgaben, die zudem mit vielerlei nichtfiskalischen Zielsetzungen verknüpft sind, würde es den Lehrbuchrahmen sprengen, eine differenzierte Beurteilung vorzunehmen.

Es dürfte kaum umstritten sein, daß die Abschaffung der kleinen Verbrauchsteuern auf Güter, die keine besondere Leistungsfähigkeit repräsentieren und auch nicht wie etwa die Tabak- und Alkoholsteuer mit bedenkenswerten gesundheitspolitischen Argumenten begründet werden können, längst überfällig war. Gleichwohl hat sich die Bundesregierung erst unter dem Druck des Wegfalls des Grenzausgleichs im Zuge der zum 1. 1. 1993 proklamierten Vollen-

---

[3] Vgl. Übersicht 20-1, in der das gesamte Steueraufkommen allerdings weiter als üblich definiert ist.

dung des Binnenmarktes entschlossen, auf die Erhebung der Tee-, Salz-, Zuk-ker- und Leuchtmittelsteuer zu verzichten; die Kaffeesteuer wurde ausdrück-lich aus fiskalischen Gründen beibehalten.

Es ist wahrscheinlich, daß Steuern auf spezielle Güter in Zukunft an Bedeu-tung gewinnen werden, indem sie stärker als bisher in den Dienst der Umwelt-politik gestellt werden, wie das vor allem von den GRÜNEN und von der SPD ge-fordert wird. Die Probleme der effizienten Implementierung umweltpolitischer PIGOU-Steuern sind allerdings beträchtlich[4].

---

[4] Vgl. unten S. 442–444.

Kapitel 21

Die persönliche allgemeine Verbrauchsteuer

§ 109. Charakterisierung

§ 110. Probleme der Verbrauchsermittlung

§ 111. Abzüge von der Steuerbemessungsgrundlage
und von der Steuerschuld

§ 112. Tarif

§ 113. Beurteilung

Literatur

a) PEFFEKOVEN, ROLF, und HELMUT FISCHER: Ausgabensteuer (persönliche, allgemeine), in: Willi Albers u.a. (Hrsg.): Handwörterbuch der Wirtschaftswissenschaft, Bd. 9, Stuttgart u.a. O. 1982, S. 697–706.

ROSE, MANFRED: Ein einfaches Steuersystem für Deutschland, in: Wirtschaftsdienst, 1994, S. 423–432.

b) BRADFORD, DAVID F.: The Case for a Personal Consumption Tax, in: Joseph A. Pechman (Hrsg.): What Should Be Taxed: Income or Expenditure?, Washington 1980, S. 75–125.

DEPARTMENT OF THE TREASURY: Blueprints for Basic Tax Reform, Washington 1977, S. 21–52, 113–143. (Die 2. Aufl. erschien als DAVID F. BRADFORD und U.S. TREASURY TAX POLICY STAFF: Blueprints for Basic Tax Reform, Arlington 1984.)

ENGELS, WOLFRAM, JOACHIM MITSCHKE und BERND STARKLOFF: Staatsbürgersteuer. Vorschlag zur Reform der direkten Steuern und persönlichen Subventionen durch ein integriertes Personalsteuer- und Subventionssystem, 2. Aufl., Wiesbaden 1975.

GRAETZ, MICHAEL J.: Expenditure Tax Design, in: Joseph A. Pechman (Hrsg.): What Should Be Taxed: Income or Expenditure?, Washington 1980, S. 161–295.

KAISER, MONIKA: Konsumorientierte Reform der Unternehmensbesteuerung, Heidelberg 1992.

KALDOR, NICHOLAS: An Expenditure Tax, London 1955.

LODIN, SVEN-OLOF: Progressive Expenditure Tax – An Alternative? A Report of the 1972 Government Commission on Taxation, Stockholm 1978.

MITSCHKE, JOACHIM: Steuer- und Transferordnung aus einem Guß. Entwurf einer Neugestaltung der direkten Steuern und Sozialtransfers in der Bundesrepublik Deutschland, Baden-Baden 1985.

PEFFEKOVEN, ROLF: Persönliche allgemeine Ausgabensteuer, in: Fritz Neumark, Norbert Andel und Heinz Haller (Hrsg.): Handbuch der Finanzwissenschaft, 3. Aufl., Bd. 2, Tübingen 1980, S. 417–452.

Report of a Committee Chaired by Professor J. E. MEADE: The Structure and Reform of Direct Taxation, London 1978, S. 30–45, 175–198.

ROSE, MANFRED (Hrsg.): Konsumorientierte Neuordnung des Steuersystems, Berlin u.a.O. 1991.

DERS.: Konsumorientierung des Steuersystems – theoretische Konzepte im Lichte empirischer Erfahrungen, in: Gerold Krause-Junk (Hrsg.): Steuersysteme der Zukunft, Schriften des Vereins für Socialpolitik, N.F. Bd. 256, Berlin 1998, S. 247–278.

SCHWINGER, REINER: Einkommens- und konsumorientierte Steuersysteme – Wirkungen auf Investitionen, Finanzierung und Rechnungslegung, Heidelberg 1992.

§ 109. Charakterisierung

Die persönliche allgemeine Verbrauchsteuer (PAV), auch Ausgabensteuer (Expenditure tax) oder Konsumausgabensteuer genannt, ist eine nach persönlichen Umständen differenzierte direkte Steuer auf den Gesamtverbrauch einer Person (eines Haushalts). Mit der Einkommensteuer verbindet sie die persönliche Ausgestaltung und der direkte Zugriff beim Steuerdestinatar, mit der Umsatzsteuer in Form einer allgemeinen Verbrauchsteuer das Objekt Gesamtverbrauch. Die Vorschläge, den persönlichen Verbrauch neben dem Einkommen oder an Stelle des Einkommens als Steuerbemessungsgrundlage zu wählen, reichen weit zurück[1]. Die heutige Diskussion ist maßgeblich von N. KALDOR[2] angestoßen worden, hat zu umfassenden Untersuchungen, auch auf Regierungsebene, geführt[3], aber bislang kaum zu praktischen Umsetzungsversuchen. In Deutschland sind vor allem W. ENGELS, J. MITSCHKE sowie die Heidelberger Gruppe „Konsumorientierte Neuordnung des Steuersystems" mit M. ROSE, F. W. WAGNER und E. WENGER als Befürworter einer direkten Konsumbesteuerung hervorgetreten[4].

§ 110. Probleme der Verbrauchsermittlung

Es ist nicht möglich, die Bemessungsgrundlage der PAV additiv als Summe der Konsumausgaben einer Periode analog zur Summe der Einkünfte im Rahmen der Einkommensteuer zu ermitteln. Schon aus Gründen der Kontrolle muß anders vorgegangen werden. I. FISHER hat deshalb vorgeschlagen und N. KALDOR sowie andere Befürworter der PAV sind ihm dann (zunächst) gefolgt, die Be-

---

[1] Vgl. R. PEFFEKOVEN: Persönliche allgemeine Verbrauchsteuer, a.a.O., S. 446–448.

[2] Vgl. N. KALDOR: An Expenditure Tax, a.a.O.

[3] Vgl. S.-O. LODIN: Progressive Expenditure Tax – An Alternative?, a.a.O.; Report of a Committee Chaired by Professor J. E. MEADE: The Structure and Reform of Direct Taxation, a.a.O.; DEPARTMENT OF THE TREASURY: Blueprints for Basic Tax Reform, a.a.O.

[4] Vgl. W. ENGELS, J. MITSCHKE und B. STARKLOFF: Staatsbürgersteuer, a.a.O.; J. MITSCHKE: Steuer- und Transferordnung aus einem Guß, a.a.O.; M. ROSE: Konsumorientierung des Steuersystems – theoretische Konzepte im Lichte empirischer Erfahrungen, a.a.O., und die dort angegebene Literatur.

messungsgrundlage indirekt zu ermitteln als die Differenz zwischen der Summe der im Prinzip für Konsumzwecke zur Verfügung stehenden Einnahmen und den nachgewiesenen Ausgaben für die Nettovermögensbildung (vgl. Übersicht 21-1).

Übersicht 21–1

Die indirekte Ermittlung der Verbrauchsausgaben

I. Summe der Einnahmen
  1. Einkünfte
  2. Kreditaufnahmen/Kreditrückflüsse
  3. Vermögensveräußerungen

II. Summe der vermögenswirksamen Ausgaben
  1. Kreditrückzahlungen/Kreditvergabe
  2. Vermögenserwerb

I ./. II = Verbrauchsausgaben

Im Laufe der intensiveren Beschäftigung mit der praktischen Durchführung einer PAV hat sich gezeigt, daß dieser Weg über die Freistellung der Ersparnis zu Problemen führt, die vor allem

— mit der Kontrolle einer möglichen konsumtiven Verwendung von steuerbefreit gebildeten Ersparnissen (insbesondere im Ausland),
— mit der Erfassung der Kreditaufnahme,
— mit der Behandlung langlebiger Konsumgüter,
— mit der Sicherung der notwendigen Steuereinnahmen in der Phase des Übergangs von der Einkommensteuer zur PAV sowie
— mit der Behandlung der PAV im Rahmen der internationalen Doppelbesteuerungsabkommen verknüpft sind.

Aus diesen Gründen ziehen es die Befürworter der PAV heute vor, das Etikett Einkommensteuer beizubehalten und auf der Ebene der privaten Haushalte die Kapitalerträge statt der Sparbeträge von der Steuerbemessungsgrundlage abzuziehen (Zinsbereinigung, Tax prepayment). Die PAV wird so über eine auf Arbeitserträge reduzierte „Einkommensteuer" praktiziert[5]. Allerdings ist zu beachten, daß die Alternativen „Freistellung der Ersparnisse" und „Freistellung der Zinsen" (und des Kapitalrückflusses) nur bei einem vollkommenen Kapitalmarkt zu einem gleichen Barwert der Steuerbemessungsgrundlage führen[6]. Da in Wirklichkeit aber die Kapitalrenditen sehr unterschiedlich sind,

---

[5] Vgl. M. Rose: Konsumorientierung des Steuersystems – theoretische Konzepte im Lichte empirischer Erfahrungen, a. a. O.

[6] Bei gegebenem Grenzsteuersatz und einheitlichem Kapitalmarktzins macht es keinen Unterschied, ob beim Erwerb einer einjährigen Schuldverschreibung die Bemessungsgrundlage in t_0 um 100 (Sparbefreiung) oder in t_1 um $(1 + i)100$ (Zinsbefreiung) gekürzt wird.

hat die Methode der Zinsbereinigung den Charakter einer Pauschalbesteuerung: Bei gegebenem Steuersatz sinkt die effektive Belastung mit steigender Rendite.

§ 111. Abzüge von der Steuerbemessungsgrundlage und von der Steuerschuld

Soll die PAV wie die Einkommensteuer den Charakter einer allgemeinen Leistungsfähigkeitssteuer haben, müssen hier wie dort entsprechende Möglichkeiten des Abzugs von der Bemessungsgrundlage zugelassen werden, etwa für *außergewöhnliche Belastungen*. Wird die Methode der Freistellung der Ersparnisse verwendet, reduziert sich im Vergleich zur Einkommensteuer die Sonderausgabenproblematik wesentlich, da alle Vorsorgeaufwendungen in Form der Beiträge etwa zu Bausparkassen, zur gesetzlichen Rentenversicherung und zu privaten Lebensversicherungen jedenfalls aus einzelwirtschaftlicher Sicht Ersparnisbildung darstellen und deshalb schon vom Grundgedanken der PAV her steuerfrei bleiben müssen. Allerdings könnte man in Analogie zur einkommensteuerlichen Diskussion fragen, ob *Zwangsbeiträge* über die Steuerfreiheit hinaus, die im Rahmen der PAV mit Sparbereinigung ja keine Begünstigung darstellt, zu steuerlichen Erleichterungen führen sollten mit dem Zweck, die Nachteile der fehlenden Dispositionsmöglichkeit zu kompensieren.

Wird die Methode der Zinsbereinigung auch auf Zwangsbeiträge etwa zur Altersversorgung angewendet, müssen Steuern für nicht disponible Beiträge entrichtet werden. Wie oben im entsprechenden Fall bei der Einkommensteuer[7] ist dann nicht sichergestellt, daß die Nettoeinnahmen zur Deckung des Existenzminimums ausreichen.

Was die *interventionistisch motivierten selektiven steuerlichen Begünstigungen* betrifft, so ist bei beiden Methoden der Ermittlung der Bemessungsgrundlage eine Förderung bestimmter Formen der Verwendung von Einnahmen leicht in Form des Abzugs von der Steuerbemessungsgrundlage möglich. Wie bei der Einkommensteuer wäre es allerdings auch hier vorzuziehen, die Abhängigkeit der Begünstigung vom Grenzsteuersatz durch einen einheitlichen partiellen Abzug von der Steuerschuld zu vermeiden. Spenden für religiöse, wissenschaftliche, karitative und politische Zwecke, die heute im Rahmen der Einkommensteuer neben der Ersparnisförderung als Objekt steuerlicher Begünstigung eine große Rolle spielen, sind weder Konsum (im üblichen Sinne) noch Ersparnis, sondern Übertragung von Konsumpotential. Sie müssen eigentlich vom Grundgedanken der PAV her beim Spender steuerfrei sein und in die Bemessungsgrundlage des Empfängers einbezogen werden (sofern dieser nicht

---

[7] Vgl. oben S. 325f.

selbst steuerfrei ist). Will man die Spenden darüber hinaus beim Spender echt begünstigen, müßte ein Abzug in Höhe eines über 100 liegenden Prozentsatzes möglich sein oder – was wiederum vorzuziehen wäre – zusätzlich ein partieller Abzug von der Steuerschuld. Allerdings: Sofern freiwillige Übertragungen grundsätzlich in die Steuerbemessungsgrundlage einbezogen sind, etwa um Steuerumgehungen zu vermeiden oder weil man darin einen konsumähnlichen Vorgang sieht, ist der partielle Abzug von der Steuerschuld bzw. der Abzug von der Steuerbemessungsgrundlage allein ausreichend.

§ 112. Tarif

Da die PAV im Gegensatz zu den indirekten Verbrauchsteuern unmittelbar beim Konsumenten erhoben wird, kann sie ebenso wie die Einkommensteuer progressiv ausgestaltet werden. Für die Festlegung des steuerfreien Existenzminimums gelten die gleichen Überlegungen wie bei der Einkommensteuer. Die positiven Grenzsteuersätze können sehr hoch sein, ohne zwangsläufig die gleichen negativen Anreizwirkungen wie bei der Einkommensteuer zu haben, da der hohen Belastung durch das Ausweichen in die Ersparnis entgangen werden kann.

§ 113. Beurteilung

Die PAV hat im Vergleich zur Einkommensteuer große mögliche Vorteile, die sich vor allem aus der Eliminierung des Inflationsproblems und aus der Vermeidung der Ungleichbehandlung unterschiedlicher Investitions- und Sparformen sowie des Konsums zu unterschiedlichen Zeitpunkten ergeben mit vermutlich günstigen Wachstumseffekten[8]. Inwieweit diese möglichen Vorteile in der Praxis auch tatsächlich realisiert werden, hängt von der konkreten Ausgestaltung ab. Es ist jedenfalls sehr voreilig, das Urteil auf einen Vergleich des Ideals der PAV auf der Basis der Sparbefreiung mit der heute praktizierten Einkommensteuer zu gründen. Dies wird bestätigt, wenn man das konsumorientierte Steuersystem betrachtet, das unter der Beratung der deutschen Ökonomen M. ROSE, F. W. WAGNER und E. WENGER in Kroatien etabliert worden ist[9]. Wenn dort z. B. aus fiskalischen und administrativen Gründen auf der

---

[8] Daß es auf der theoretischen Ebene offen ist, ob es tatsächlich zu der mit dem Übergang zur PAV meist als quasi selbstverständlich unterstellten Erhöhung der Ersparnis kommt, hat M. FELDSTEIN (The Rate of Return, Taxation and Personal Savings, in: Economic Journal, Bd. 88, 1978, S. 482–487) dargelegt.

[9] Vgl. M. ROSE: Konsumorientierte Neuordnung des Steuersystems – theoretische Konzepte im Lichte empirischer Erfahrungen, a. a. O., und die dort angegebene Literatur.

Ebene der privaten Haushalte die Steuerbemessungsgrundlage nicht um die laufende Ersparnis (Sparbereinigung), sondern um die Erträge aus Finanzvermögen (Zinsbereinigung) gekürzt wird, dann handelt es sich bei dieser „Steuervorauszahlungsmethode" (Tax prepayment) um eine Art Pauschalbesteuerung, bei der der effektive Konsumsteuersatz je nach Rendite unterschiedlich ist und im Prinzip nicht weniger streuen kann als die Steuerbelastung im Rahmen der Einkommensteuer. Und wenn dort im Rahmen der Gewinnsteuer der Unternehmen der Gewinn, der nach Abzug der marktüblichen Verzinsung auf das eingesetzte Kapital verbleibt, belastet wird, dann ist das mit der Idee der Verbrauchsbesteuerung überhaupt nicht vereinbar und überdies im Hinblick auf die Förderung der Wirtschaftsdynamik besonders fragwürdig.

Kapitel 22

Vermögensbezogene Steuern und Gewerbesteuer

§ 114. **Formen**

§ 115. **Ziele**

§ 116. **Fiskalische Bedeutung**

§ 117. **Vermögensbezogene Steuern in der Bundesrepublik Deutschland**
  1. Überblick
  2. Vermögensbewertung
  3. Die Vermögensteuer
  4. Die Erbschaft- und Schenkungsteuer
  5. Die Grundsteuer
  6. Die Grunderwerbsteuer

§ 118. **Die Gewerbesteuer**
  1. Charakterisierung
  2. Ausgestaltung
  3. Beurteilung
  4. Reformvorschläge

Literatur

a) LITTMANN, KONRAD: Gewerbesteuern, in: Fritz Neumark, Norbert Andel und Heinz Haller (Hrsg.): Handbuch der Finanzwissenschaft, 3. Aufl., Bd. 2, Tübingen 1980, S. 607–632.

TAIT, ALAN A.: Net wealth, gift, and transfer taxes, in: Sijbren Cnossen (Hrsg.): Comparative Tax Studies. Essays in honor of Richard Goode, Amsterdam–New York–Oxford 1983, S. 139–168.

b) FECHER, HANS: Persönliche allgemeine Vermögensteuer, in: Fritz Neumark, Norbert Andel und Heinz Haller (Hrsg.): Handbuch der Finanzwissenschaft, 3. Aufl., Bd. 2, Tübingen 1980, S. 453–485.

OBERHAUSER, ALOIS: Erbschaft- und Schenkungsteuern, in: Fritz Neumark, Norbert Andel und Heinz Haller (Hrsg.): Handbuch der Finanzwissenschaft, 3. Aufl., Bd. 2, Tübingen 1980, S. 487–508.

ROSE, MANFRED: Vermögensteuern, in: Willi Albers u. a. (Hrsg.): Handwörterbuch der Wirtschaftswissenschaft, Bd. 8, Stuttgart u. a. O. 1980, S. 299–316.

STEDEN, WERNER: Erbschaft- und Schenkungsteuern, in: Willi Albers u. a. (Hrsg.): Handwörterbuch der Wirtschaftswissenschaft, Bd. 2, Stuttgart u. a. O. 1980, S. 439–450.

WISSENSCHAFTLICHER BEIRAT BEIM BUNDESMINISTERIUM DER FINANZEN: Gutachten zur Reform der direkten Steuern (Einkommensteuer, Körperschaftsteuer, Vermögensteuer und Erbschaftsteuer) in der Bundesrepublik Deutschland, Abschnitt D: Vorschläge zur Reform der Vermögen- und Erbschaftsteuer, Schriftenreihe des Bundesministeriums der Finanzen, Heft 9, Bonn o.J. (1967), S.57–79, wiederabgedruckt in: Ders.: Entschließungen, Stellungnahmen und Gutachten 1949–1973, hrsg. vom Bundesministerium der Finanzen, Tübingen 1974, S.370–390.

DERS.: Gutachten zur Reform der Gemeindesteuern, Schriftenreihe des Bundesministeriums der Finanzen, Heft 31, Bonn 1982, wiederabgedruckt in: Ders.: Gutachten und Stellungnahmen 1974–1987, hrsg. vom Bundesministerium der Finanzen, Tübingen 1988, S.360–454.

DERS.: Die Einheitsbewertung in der Bundesrepublik Deutschland – Mängel und Alternativen –, Schriftenreihe des Bundesministeriums der Finanzen, Heft 41, Bonn 1989.

WÖHE, GÜNTER: Betriebswirtschaftliche Steuerlehre, Bd. I/1: Die Steuern des Unternehmens – Das Besteuerungsverfahren, 6. Aufl., München 1988, S.300–458.

ZIMMERMANN, HORST: Fortsetzung der Gemeindesteuerreform?, in: Der Gemeindehaushalt, Jg. 89, 1988, S.193–196.

Die jetzt zu behandelnde Gruppe von Steuern hat das Vermögen zur Bemessungsgrundlage. Sie ist sehr heterogen, sowohl was die Zielsetzungen als auch was die Formen betrifft. Eigentlich wäre es aus logischen Gründen vorzuziehen, mit den Zielsetzungen zu beginnen; da in diesem Zusammenhang aber auf einzelne Formen zurückgegriffen werden muß, sollen diese zunächst systematisch dargelegt werden.

§ 114. Formen

Die einzelnen Formen der vermögensbezogenen Steuern unterscheiden sich vor allem nach der Definition der Bemessungsgrundlage, daneben nach dem Erhebungsrhythmus und nach der Höhe der Belastung.

In bezug auf die Bemessungsgrundlage werden drei Gruppierungen unterschieden: Gesamt- und Teilvermögensteuern, Brutto- und Nettosteuern sowie Vermögensbestand-, Vermögenszuwachs- und Vermögensverkehrsteuern.

Gesamtvermögensteuern beziehen sich auf das gesamte Vermögen eines Steuerpflichtigen, wie z.B. die deutsche Vermögensteuer, im Gegensatz zu *Teilvermögensteuern*, die sich auf einzelne Vermögensformen beziehen, z.B. auf das Grundvermögen. Bei den *Bruttosteuern* wird von der Aktivseite der Bilanz ausgegangen und das gesamte Bruttovermögen oder bestimmte Teile davon erfaßt, unabhängig davon, ob ihm Schulden gegenüberstehen, im Gegensatz zu den *Nettosteuern*, die sich auf die Differenz zwischen Bruttovermögen und Schulden beziehen. *Vermögensbestandsteuern* beziehen sich auf das Vermögen, das zu einem bestimmten Stichtag vorhanden ist; *Vermögenszuwachssteuern* auf den Vermögenszuwachs zwischen zwei Zeitpunkten (z.B. Kriegsgewinnsteuer oder Wertzuwachssteuer), *Vermögensverkehrsteuern* auf Vermögensübertragungen (z.B. Erbschaftsteuern).

Die meisten Vermögensteuern werden *laufend* erhoben, entweder regelmäßig jährlich (Grund- und Vermögensteuer) oder unregelmäßig (Erbschaftsteuer). *Einmalige* Steuern gibt es gelegentlich in Ausnahmesituationen, etwa nach Kriegen, um die Kriegsgewinne abzuschöpfen (Kriegsgewinnsteuer) oder einen sozialen Ausgleich zugunsten der Personen herbeizuführen, die ihr Vermögen (weitgehend) verloren haben (die deutsche Lastenausgleichsabgabe nach dem Zweiten Weltkrieg).

Nach der Höhe der steuerlichen Belastung ist es üblich, zwischen nominalen und realen Vermögensteuern zu unterscheiden. Bei *nominalen Steuern* kann die Steuerschuld im Regelfall aus dem laufenden Vermögensertrag entrichtet werden, während bei den sog. *realen Steuern* die Belastung darüber hinausgeht. Hier kann die Steuerschuld nur durch die Inanspruchnahme anderer Einkommensquellen oder durch Vermögensveräußerungen beglichen werden. Vermögensteuern sind in aller Regel als nominale Abgaben ausgestaltet. Die deutsche Lastenausgleichsabgabe war ursprünglich als eine reale Vermögensteuer gedacht, hat aber durch die Möglichkeit der Verrentung, die es gestattete, die Steuerschuld über einen Zeitraum von 30 Jahren zu strecken, diesen Charakter praktisch verloren.

Die vorstehend genannten Formen sind nicht beliebig kombinierbar. So werden *Gesamt*vermögensteuern überwiegend als *Netto*steuern, *Teil*vermögensteuern als *Brutto*steuern erhoben, im letzteren Fall schon deshalb, weil es sonst große Auseinandersetzungen um die Zuordnung von aufgenommenen Schulden geben würde. Laufend – im Sinne von jährlich – erhobene Steuern haben regelmäßig einen so niedrigen Steuersatz, daß sie zu den nominalen Steuern zählen; einmalig erhobene Steuern haben dagegen oft den Charakter von realen Vermögensabgaben.

§ 115. Ziele

Vermögensbezogene Steuern sind teils auf das Leistungsfähigkeitsprinzip, teils auf das Äquivalenzprinzip bezogen.

Mit dem *Leistungsfähigkeitsprinzip* wird die auf das Gesamtnettovermögen einer natürlichen Person bezogene Vermögensteuer begründet. Diese Argumentation ist problematisch, soweit das Vermögen aus versteuertem Einkommen gebildet worden ist, der vermögensteuerliche Zugriff also zu einer Doppelbelastung führen würde. Sie ist auch – etwa im Hinblick auf die Sozialversicherungen einerseits, die Inflation andererseits nicht recht überzeugend, wenn mit ihr angestrebt wird, in Ergänzung der Einkommensteuer sog. fundierte (vermögensbezogene) Einkünfte höher zu belasten als Arbeitseinkünfte mit der Begründung, letztere repräsentierten wegen der Gefährdung durch Krankheit oder Arbeitslosigkeit eine geringere steuerliche Leistungsfähigkeit.

Die leistungsfähigkeitsbezogene Begründung wird dagegen in überzeugender Weise für die Erbschaft- und Schenkungsteuer sowie für Lastenausgleichsabgaben herangezogen.

Regelmäßig erhobene Teilvermögensteuern, die an den Vermögensbestand anknüpfen, sind schon wegen des partiellen Charakters und wegen der Ausgestaltung als Bruttosteuer kaum mit dem Leistungsfähigkeitsprinzip zu begründen. Regelmäßig stehen hier *Äquivalenzaspekte* im Vordergrund. So werden in der Bundesrepublik die Grundsteuer und die Gewerbesteuer damit begründet, daß besondere Leistungen der Gemeinden zugunsten der Grundstückseigentümer und zugunsten der Gewerbebetriebe in grob pauschalierter Form abgegolten werden sollen.

§ 116. Fiskalische Bedeutung

Die fiskalische Bedeutung der vermögensbezogenen Steuern ist in entwickelten Industriestaaten bei globaler Betrachtung gering und liegt meist unter 7%. Auffallende Ausnahme sind die USA, wo die Property tax ein so großes Gewicht hat, daß sich Anteilsätze von 14–15% ergeben.

Auch wenn der globale Anteil meist gering ist, spielen die vermögensbezogenen Steuern in der Regel auf der kommunalen Ebene eine sehr wichtige Rolle. So entfielen 1996 7,0% (20,7%) der eigenen laufenden Einnahmen (der eigenen Steuereinnahmen) der deutschen Gemeinden auf die Grund- und die Gewerbekapitalsteuer.

§ 117. Vermögensbezogene Steuern in der Bundesrepublik Deutschland

1. Überblick

Eine sinnvolle Abgrenzung der vermögensbezogenen Steuern ist in der Bundesrepublik nicht ganz einfach. Vermögensbezogen sind hier nicht nur die Vermögensteuer im engeren Sinne sowie die Erbschaft- und Schenkungsteuer, sondern teilweise auch die Ertragsteuern. Als vermögensbezogen werden ferner die Grunderwerbsteuer sowie die (inzwischen endlich abgeschafften) Gesellschafts-, Börsenumsatz- und Wechselsteuer eingestuft. Diese haben aber zuweilen eher Bezug zur Umsatzsteuer, was sich besonders klar dann zeigt, wenn die umsatzsteuerliche Befreiung ausdrücklich mit dem Verweis auf die „Vermögensverkehrsteuern" begründet wird.

Die folgenden Ausführungen beziehen sich auf die Grundsteuer, Vermögensteuer, Grunderwerbsteuer, Gewerbekapitalsteuer sowie die Erbschaft- und Schenkungsteuer, die hier in der Reihenfolge ihrer fiskalischen Bedeutung im Jahre 1996 genannt werden. Vorab soll auf die Probleme der Vermögensbewertung eingegangen werden, die bei allen vermögensbezogenen Steuern auftreten.

Übersicht 22–1

Vermögensbezogene Steuern in der Bundesrepublik Deutschland im Jahre 1996

Steuern	Aufkommen in Mio. DM	Anteil am gesamten Steueraufkommen in %
Grundsteuer insgesamt	14 696	1,8
Grundsteuer A[a]	625	0,1
Grundsteuer B[a]	14 071	1,8
Vermögensteuer[b]	9 035	1,1
Grunderwerbsteuer	6 695	0,8
Gewerbekapitalsteuer[c]	5 870	0,7
Erbschaft- und Schenkungsteuer	4 053	0,5

[a] Die Grundsteuer A ist die Grundsteuer auf Betriebe der Land- und Forstwirtschaft, die Grundsteuer B bezieht sich auf (sonstige) Grundstücke.
[b] Die Vermögensteuer wird seit dem 1.1.1997 nicht mehr erhoben.
[c] Nach Auskunft des BUNDESFINANZMINISTERIUMS beträgt der Anteil der Gewerbekapitalsteuer am Gewerbesteueraufkommen in den alten Bundesländern ca. 13,5%. Die Gewerbekapitalsteuer ist im Jahre 1997 mit Wirkung zum 1.1.1998 abgeschafft worden.

Quelle: BUNDESMINISTERIUM DER FINANZEN (Hrsg.): Finanzbericht 1998, Bonn 1997, S.245; STATISTISCHES BUNDESAMT (Hrsg.): Statistisches Jahrbuch 1997 für die Bundesrepublik Deutschland, Stuttgart 1997, S.526.

2. Vermögensbewertung

Das Hauptproblem jeder vermögensabhängigen Besteuerung bildet die Ermittlung adäquater Vermögenswerte. Dies bereitet lediglich bei börsennotierten Wertpapieren kein Problem, stößt aber vor allem bei Grundstücken und beim Betriebsvermögen auf besonders große Schwierigkeiten. Für Betriebe der Land- und Forstwirtschaft, bebaute und unbebaute Grundstücke, Betriebsgrundstücke, gewerbliche Betriebe und inländische Mineralgewinnungsrechte wurden in der Bundesrepublik bis Ende 1992 generell sog. *Einheitswerte*[1] ermittelt, die Bestandteile der Bemessungsgrundlagen im Rahmen der Vermögen-, Erbschaft- und Schenkung-, der Grund- sowie der Gewerbekapitalsteuer waren. Seit dem 1.1.1993 werden bei der Bewertung des Betriebsvermögens (außer Betriebsgrundstücken) die im Durchschnitt niedrigeren Steuerbilanzwerte herangezogen.

Dieses Einheitswertverfahren war speziell für die Bewertung land- und forstwirtschaftlicher Betriebe sowie bebauter und unbebauter Grundstücke in einem Ausmaß unzulänglich, wie man es für entwickelte Volkswirtschaften

---

[1] Vgl. §19 Abs. 1 Bewertungsgesetz (BewG) vom 30. Mai 1985.

kaum für möglich halten sollte. Diese Unzulänglichkeiten beruhten zum einen darauf, daß die Werte speziell im landwirtschaftlichen Bereich bereits bei der ursprünglichen Feststellung manipuliert waren, zum anderen aber vor allem darauf, daß sie im Zeitablauf völlig unzulänglich angepaßt worden sind. Die Einheitswerte von 1935 wurden bis 1973, die Werte auf der Basis 1964 erstmals 1974 angewandt und, von einer pauschalen Erhöhung um 40% abgesehen, unverändert beibehalten. Zu der ursprünglich für 1970 geplanten Neubewertung ist es nie gekommen. Deshalb wurden bis Ende 1996 im Rahmen der Vermögensteuer nebeneinander z.B. börsennotierte Werte in vollem Umfang steuerlich erfaßt, während bei Grundstücken der Einheitswert oft nur wenige Prozente des Verkehrswertes ausmachte.

Daß es sich hier nicht um Einzelfälle handelt, zeigt die Kaufwertstatistik. Während die Einheitswerte für landwirtschaftliche Grundstücke im Durchschnitt mit 1231 DM pro Hektar angesetzt werden, betrug 1996 der tatsächliche durchschnittliche Verkaufspreis 31 852 DM pro Hektar[2].

Diese Erfahrungen sowie das Desinteresse an einer Neubewertung auf Regierungs- und Finanzverwaltungsseite haben den WISSENSCHAFTLICHEN BEIRAT BEIM BUNDESMINISTERIUM DER FINANZEN zu dem Schluß geführt, daß für eine durchgreifende Verbesserung der Einheitsbewertung kaum Chancen bestehen. Er hat deshalb empfohlen, die Einheitswerte abzuschaffen und das deutsche Steuersystem so umzugestalten, daß vermögensbezogene Bemessungsgrundlagen in Zukunft nur noch bei der Erbschaft- und Schenkungsteuer verwendet werden[3].

Das Bundesverfassungsgericht hat den Gesetzgeber dadurch unter Handlungszwang gesetzt, daß es am 22. Juni 1995 Teile sowohl des Vermögens- als auch des Erbschaftsteuer- und Schenkungsteuergesetzes als mit Art. 3 Abs. 1 GG („Alle Menschen sind vor dem Gesetz gleich") unvereinbar erklärte und die weitere Anwendung in der damaligen Form auf die Zeit bis 31. 12. 1996 beschränkte[4].

Ungeachtet der großen Bewertungsdiskrepanzen auch innerhalb des Grundvermögens hielt es die Bundesregierung für vertretbar, die alten pauschal fort-

---

[2] Vgl. WISSENSCHAFTLICHER BEIRAT BEIM BUNDESMINISTERIUM DER FINANZEN: Die Einheitsbewertung in der Bundesrepublik Deutschland, a.a.O., S. 17, und J. ANGELE: Kaufwerte für landwirtschaftlich genutzte Grundstücke 1996, in: Wirtschaft und Statistik, 1997, S. 707.
[3] Vgl. WISSENSCHAFTLICHER BEIRAT BEIM BUNDESMINISTERIUM DER FINANZEN: Die Einheitsbewertung in der Bundesrepublik Deutschland, a.a.O., S. 45.
[4] Vgl. BUNDESVERFASSUNGSGERICHT: Entscheidungen des Bundesverfassungsgerichts, Bd. 93, Tübingen 1996, S. 121–165 (S. 165–179 für das Erbschaftsteuerrecht). – Von dem Drängen auf die Beseitigung des Bewertungsskandals abgesehen, bestürzen diese Urteile den Leser, weil einschlägige finanzwissenschaftliche Arbeiten nicht zur Kenntnis genommen werden und über den Gegenstand der Klage hinaus nicht erforderliche politische Festlegungen getroffen werden, die überdies mit dem vom Gericht sonst gestützten Grundsatz der Besteuerung nach der Leistungsfähigkeit nicht vertretbar sind. Daß es im ersten Urteil ein überzeugenderes Minderheitsvotum eines einzelnen Richters gibt, vermag wenig zu trösten (S. 149–165).

geschriebenen Einheitswerte von 1964 für die Grund- und Gewerbesteuer beizubehalten. Für Zwecke der Erbschaft-, Schenkung- und der Grunderwerbsteuer werden im Bedarfsfall auf den 1. 1. 1996 bezogene Werte neu ermittelt.
Für unbebaute Grundstücke werden die Bodenrichtwerte herangezogen[5], und
zwar mit einem Abschlag von 20% (von 30% für Industriegrundstücke). Gewerbliche Gebäude werden in der Regel mit den Steuerbilanzwerten angesetzt.
Für bebaute Grundstücke wird der Ertragswert als ein Vielfaches der Jahres-
kaltmiete angesetzt abzüglich einer altersabhängigen Wertminderung; für
Ein- und Zweifamilienhäuser gibt es überdies einen Abschlag in Höhe von
20%[6].

Das Ergebnis ist wenig befriedigend. Schon konzeptionell ist es verfehlt, im Rahmen der Erbschaft- und Schenkungsteuer nicht generell auf Verkehrswerte,
sondern bei Grundstücken überwiegend auf Ertragswerte abzustellen. Die Diskrepanzen zu den Verkehrswerten sind nach wie vor sehr groß und unterschiedlich, so daß die Grundgesetzkonformität weiterhin bezweifelt werden muß.

3. Die Vermögensteuer

Die Bundesregierung und die Mehrheit des Bundestages einerseits, die SPD-
Opposition und die Mehrheit im Bundesrat andererseits zogen unterschiedliche Schlußfolgerungen aus dem oben zitierten Bundesverfassungsgerichtsur-
teil. Erstere fühlten sich in ihrem schon lange gehegten Wunsch bestätigt, die
Vermögensteuer ganz abzuschaffen; letztere wollten sie in modifizierter Form
beibehalten. Da es zu keinen übereinstimmenden Beschlüssen kam, ist die Vermögensteuer nicht abgeschafft worden, kann aber wegen ihrer verfassungs-
widrigen Ausgestaltung seit Ablauf der eingeräumten Übergangsfrist (31. 12.
1996) nicht mehr erhoben werden. Gleichwohl soll sie kurz charakterisiert und
beurteilt werden.

3.1. Darstellung

Die deutsche Vermögensteuer war eine jährlich auf das gesamte Nettovermögen erhobene Abgabe. Die *Steuerpflicht* erstreckte sich nicht nur auf natürliche
Personen, sondern auch auf bestimmte Körperschaften, Personenvereinigungen und Vermögensmassen, wobei den Kapitalgesellschaften die weitaus größte Bedeutung zukam. Der allgemeine persönliche Freibetrag für natürliche
Personen belief sich auf je 120 000 DM für den Steuerpflichtigen, den mitveran-
lagten Ehegatten und jedes Kind. Für Betriebsvermögen gab es einen Freibe-

---

[5] Bodenrichtwerte sind nach § 196 Baugesetzbuch für jedes Gemeindegebiet als „durchschnittliche Lagewerte für den Boden unter Berücksichtigung des unterschiedlichen Ent-
wicklungsstandes" zu ermitteln.

[6] Zu weiteren Einzelheiten vgl. J. Thiel: Die neue Erbschaft- und Schenkungsteuer, in: Der
Betrieb, 1997, S. 64–69.

trag in Höhe von 500 000 DM; der darüber hinausgehende Betrag wurde nur zu 75% in die Bemessungsgrundlage einbezogen. Der Steuersatz betrug für natürliche Personen 1% (0,5% für Betriebsvermögen im weiteren Sinne einschließlich land- und forstwirtschaftliches Vermögen, Aktien etc.), sonst 0,6%. Die Aufkommenshoheit lag bei den Ländern.

3.2. Beurteilung

Die oben genannten gravierenden Bewertungsmängel wirkten sich bei der Vermögensteuer im besonderen Maße aus, da ihr sowohl die Vermögensteile mit zeitnahen Werten (z. B. börsennotierte Wertpapiere) als auch völlig unterbewertete Grundstücke unterlagen. Die Vermögensteuer diskriminierte das Sparen gegenüber dem Konsum. Auf der betrieblichen Ebene erhöhte sie das Investitionsrisiko allgemein und benachteiligte die Eigenkapital- im Vergleich zur Fremdkapitalfinanzierung. Die gleichzeitige Besteuerung von natürlichen und juristischen Personen führte überdies zu einer ungerechtfertigten Doppelbesteuerung. Es besteht kein Anlaß, die Aussetzung der Erhebung der Vermögensteuer zu bedauern.

4. Die Erbschaft- und Schenkungsteuer

4.1. Darstellung

In der Bundesrepublik Deutschland werden im Rahmen der Erbschaft- und Schenkungsteuer nicht nur „der Erwerb von Todes wegen", sondern, um Steuerumgehungen zu vermeiden oder jedenfalls einzuschränken, auch Schenkungen unter Lebenden, Zweckzuwendungen und in bestimmten Fällen das Stiftungsvermögen erfaßt. Die Steuerertragshoheit liegt bei den Ländern.

Die Erbschaftsteuer im ursprünglichen Sinne, auf die sich die folgenden Ausführungen beschränken, wird als *Erbanfallsteuer*[7] beim Erben nach Maßgabe des erhaltenen Erbes erhoben. Der *Steuersatz* ist einmal nach dem Verwandtschaftsgrad, zum anderen nach der Höhe des Erbes progressiv gestaffelt und beträgt zwischen 7 und 50%, in der wichtigsten Steuerklasse I (Ehegatten, Kinder, Stiefkinder, deren Abkömmlinge sowie (bei Erwerb von Todes wegen) Eltern und Voreltern) zwischen 7 und 30% (Gesamtmengenstaffelung). Bei der Beurteilung dieser Sätze muß man im Auge behalten, daß die Höchstsätze immer erst bei Erbanfällen von 50 Mio. DM und mehr greifen und überdies beträchtliche Freibeträge eingeräumt werden. Der allgemeine persönliche Freibetrag beträgt für Ehegatten 600 000, für Kinder und Enkelkinder 400 000 DM; dazu kommen zusätzliche Versorgungsfreibeträge in Höhe von 500 000 DM für

---

[7] Im Gegensatz zur *Nachlaßsteuer*, die nach Maßgabe der Höhe des hinterlassenen Vermögens ohne Rücksicht auf dessen Verteilung erhoben wird.

überlebende Ehegatten und altersabhängig bis 100 000 DM für überlebende
Kinder. Überdies wird für Betriebsvermögen, land- und forstwirtschaftliches
Vermögen und wesentliche Beteiligungen an Kapitalgesellschaften ein Freibetrag in Höhe von 500 000 DM eingeräumt, der übersteigende Teil nur zu 60% in
die Bemessungsgrundlage einbezogen und die Belastung generell auf die Steuersätze der Klasse I beschränkt. Der sich im letzten Fall ergebende Entla-
stungsbetrag entfällt rückwirkend, wenn innerhalb von fünf Jahren nach dem
Erbschaftsfall die entsprechenden Vermögensteile veräußert oder in das Pri-
vatvermögen überführt werden (vgl. § 19 a Abs. 5 ErbStG).

4.2. Beurteilung

Dem Wissenschaftlichen Beirat beim Bundesministerium der Finanzen ist zu-
zustimmen, wenn er von seiner Forderung, die vermögensabhängigen Bemessungsgrundlagen abzuschaffen, die Erbschaft- und Schenkungsteuer aus „ge-
sellschaftspolitischen und steuersystematischen Gründen"[8] ausnimmt. Das ist
kein Widerspruch, denn die bisherigen Bewertungsmängel können im Rahmen
der Erbschaftsteuer jedenfalls erheblich reduziert werden, da die Zahl der
Steuerfälle pro Jahr relativ klein ist und deshalb die Probleme geringer sind
als bei einer nur in großen zeitlichen Abständen vorgenommenen Massenbe-
wertung. Es kommt hinzu, daß diese Phase von der Finanzverwaltung auch zur
nachträglichen Kontrolle der Steuererklärungen der Verstorbenen speziell im
Hinblick auf Kapitaleinkünfte genutzt werden sollte, darüber hinaus zur steuerlichen Erfassung der bislang nicht realisierten Wertzuwächse (constructive
realization[9]).

Im Rahmen künftiger Reformen wäre zu überlegen, ob die Erbschaft- und
Schenkungsteuer nicht in Richtung auf eine „accessions tax" umgeformt werden sollte. Hier würden die einzelnen erhaltenen Erbschaften und Schenkungen einer Person nicht jeweils isoliert, sondern in dem Sinne kumulativ besteuert, daß bei jedem neuen Zugang die Steuer auf die Summe aller Zugänge eines
Bürgers berechnet würde; die laufende Steuerschuld ergäbe sich dann als Differenz zur Summe der bislang gezahlten Steuern. Dieses System verhindert,
daß bei Geschenken bzw. Erbschaften von unterschiedlichen Personen sowie
durch die gezielte Streckung von Geschenken die Freibeträge mehrfach in Anspruch genommen werden können und überdies die Progression weitgehend
unterlaufen werden kann. Der Gedanke der kumulativen Besteuerung ist gegenwärtig im deutschen Recht nur völlig unzulänglich für die Schenkungen
von derselben Person innerhalb eines Zehnjahreszeitraums verwirklicht (§ 14
ErbStG).

Es gibt keine allgemein akzeptierte Methode, die „richtige" Belastung im Rah-

---

[8] Wissenschaftlicher Beirat beim Bundesministerium der Finanzen: Die Einheitsbewertung
in der Bundesrepublik Deutschland, a.a.O., S. 45.
[9] Vgl. oben S. 320 f.

men der Erbschaftsteuer oder die „richtige" Belastungsrelation im Vergleich zur Einkommensteuer festzulegen. Aber auch wenn man grundsätzlich bereit ist, von der SCHANZschen Position der Reinvermögenszugangstheorie, der zufolge Erbschaften wie (andere) Einkünfte in die Einkommensteuerbemessungsgrundlage einbezogen werden sollten, abzugehen zugunsten einer selbständigen Erbschaftsteuer, kann man sich nicht des Eindrucks erwehren, daß die Belastungsrelation zwischen Einkommensteuer und Erbschaftsteuer in der Bundesrepublik nicht stimmt. Man stelle nur den oben genannten Zahlen die kärglich bemessenen persönlichen Freibeträge für den Steuerpflichtigen und seine Familienangehörigen, die unzulängliche Abzugsmöglichkeit von Zwangsbeiträgen und außergewöhnlichen Belastungen sowie den Tarif mit einer Eingangsgrenzbelastung von 25,9% und einer bereits bei einem zu versteuernden Einkommen in Höhe von 120 000 DM erreichten Spitzensteuersatz von 53% gegenüber, die noch durch den Solidaritätszuschlag in Höhe von 5,5% der Einkommensteuerschuld angehoben werden!

5. Die Grundsteuer

5.1. Darstellung

Die Grundsteuer erfaßt nicht nur Grund und Boden im engeren Sinne, sondern auch die darauf stehenden Gebäude, im Falle der Landwirtschaft darüber hinaus die Maschinen, das Vieh und die umlaufenden Betriebsmittel[10]. Sie wird als Ertragsteuer bezeichnet, obgleich als Bemessungsgrundlage nicht der tatsächliche Ertrag eines Jahres, sondern das Grundvermögen herangezogen wird. Der Charakter als Sollertragsteuer ist beim land- und forstwirtschaftlichen Vermögen besonders ausgeprägt, dessen Wert als ein Vielfaches des „bei ordnungsmäßiger und schuldenfreier Bewirtschaftung mit entlohnten fremden Arbeitskräften gemeinhin und nachhaltig erzielbaren Reinertrags" (§ 36 Abs. 2 BewG) ermittelt wird.

Die Grundsteuer ist eine meist mit dem Äquivalenzprinzip begründete Gemeindesteuer. Die Steuerschuld ergibt sich, indem *Steuermeßzahlen* (im allgemeinen 3,5‰, für das land- und forstwirtschaftliche Vermögen 6‰, für Ein- und Zweifamilienhäuser zwischen 2,6 und 3,5‰) mit den Einheitswerten multipliziert und auf die sich dann ergebenden *Steuermeßbeträge* der von der Gemeinde festzulegende Hebesatz angewendet wird.

5.2. Beurteilung

Da alle Grundstückskategorien unterbewertet sind, kommt es innerhalb der Grundsteuer nicht im gleichen Ausmaß zu Verstößen gegen die Gleichmäßigkeit

---

[10] Deshalb wird die Grundsteuer im Bereich der Landwirtschaft auch als „Gewerbesteuer der Landwirtschaft" bezeichnet.

der Besteuerung wie bei der Vermögen- und der Erbschaftsteuer, aber sie sind auch hier sehr beträchtlich. Der WISSENSCHAFTLICHE BEIRAT BEIM BUNDESMINISTE-RIUM DER FINANZEN hat deshalb empfohlen, die Grundsteuer weitgehend in einer auch als Ersatz für die Gewerbesteuer vorgeschlagenen Wertschöpfungsteuer aufgehen zu lassen oder, falls sich dies als nicht realisierbar erweisen sollte, alternativ an die Grundstücksflächen bzw. an die Bruttomieten anzuknüpfen[11].

6. Die Grunderwerbsteuer

6.1. Darstellung

Die Grunderwerbsteuer stellt auf die Belastung des Erwerbs der wirtschaftlichen Verfügungsmacht über Grundstücke ab, knüpft dabei aber aus erhebungstechnischen Gründen überwiegend an den Abschluß schuldrechtlicher Verträge an, insbesondere in Form des Kaufvertrags. Der Steuersatz wurde zum 1. 1. 1997 zur partiellen Kompensation der Abschaffung der Vermögensteuer von 2 auf 3,5% angehoben. Das Aufkommen steht den Ländern zu, die es jedoch in unterschiedlichem Ausmaß den Gemeinden und Gemeindeverbänden überlassen.

6.2. Beurteilung

Der Grundstücksumsatz ist kein geeigneter Indikator für die steuerliche Leistungsfähigkeit, auch nicht, um im Bereich der privaten Haushalte die konsumtive Nutzung adäquat zu erfassen. Die Grunderwerbsteuer reduziert die Mobilität auf dem Grundstücksmarkt ähnlich wie ein Zoll beim grenzüberschreitenden Warenverkehr. Im Unternehmenssektor wirkt sie wie eine partielle Produktionsmittelsteuer, die die Allokationseffizienz beeinträchtigt.

Diese Effekte lassen sich dadurch vermeiden oder jedenfalls reduzieren, daß man unter Abschaffung der Grunderwerbsteuer die Grundstücksumsätze in die Mehrwertsteuer einbezieht. In der Bundesrepublik dürften dem vor allem die höheren Mehrwertsteuersätze entgegenstehen.

§ 118. Die Gewerbesteuer

1. Charakterisierung

Die Gewerbesteuer ist sozusagen eine deutsche Spezialität, die es jedenfalls in dieser Form außerdem nur noch in Luxemburg gibt. Wie die Grundsteuer ge-

---

[11] Vgl. WISSENSCHAFTLICHER BEIRAT BEIM BUNDESMINISTERIUM DER FINANZEN: Die Einheitsbewertung in der Bundesrepublik Deutschland, a.a.O., S. 35–41.

hört sie zu den sog. Ertragsteuern[12], die ihrer Idee nach bestimmte Erträge an der Quelle ohne Rücksicht auf die Personen erfassen, denen sie zufließen. Mit der Einführung der im Hinblick auf die ursprünglich verfolgten Ziele überlegenen Einkommensteuer wurden sie nicht abgeschafft, sondern zunächst überwiegend als Ländersteuern beibehalten und später ganz den Gemeinden überlassen. Vornehmlich auf diesen Umstand ist es zurückzuführen, daß die Gewerbesteuer in der Bundesrepublik Deutschland trotz der seit langem vorgetragenen Kritik bis in die Gegenwart beibehalten worden ist: Man konnte sich bislang nicht auf eine adäquate alternative Gemeindesteuer einigen, die auf die Produktion im weitesten Sinne bezogen sein sollte und auch den jetzigen Grad an Finanzautonomie bieten müßte.

Am Aufkommen gemessen ist die Gewerbesteuer nach der Einkommen-, Umsatz- und Mineralölsteuer die *viertgrößte Steuer* in der Bundesrepublik Deutschland. 1996 entfielen auf sie 5,7% der gesamten Steuereinnahmen. Auf der Gemeindeebene hatte sie bis 1969 ein sehr großes Übergewicht mit einem Anteil von zuletzt 81,7% an den gesamten gemeindlichen eigenen Steuereinnahmen. Durch die Abführung der *Gewerbesteuerumlage* an Bund und Länder und durch die Beteiligung der Gemeinden an der Einkommensteuer ist dieser Anteil zurückgegangen. Er betrug 1996 nur noch 39,3%, wenn man den an die Gemeinden fließenden Teil der Einkommensteuer zu den gemeindeeigenen Steuereinnahmen zählt[13].

2. Ausgestaltung

Gewerbesteuerpflichtig sind im Inland betriebene *Gewerbebetriebe* (§ 2 Abs. 1 GewStG). Nicht dazu zählen Landwirtschaft und freie Berufe, was zu erheblichen Abgrenzungsproblemen und Verzerrungen führt.

Bis einschließlich 1979 hatte die Gewerbesteuer drei *Bemessungsgrundlagen*: obligatorisch den *Gewerbeertrag* und das *Gewerbekapital*, fakultativ die *Lohnsumme*. Die Lohnsummensteuer wurde 1978 mit Wirkung vom 1. 1. 1980 abgeschafft, die Gewerbekapitalsteuer 1997 zum 1. 1. 1998.

Der *Gewerbeertrag* knüpft an den *einkommensteuerlichen Gewinn* an. Dieser wird um *Hinzurechnungen* (§ 8 GewStG) und *Kürzungen* (§ 9 GewStG) korrigiert, um von dem *eigentümerbezogenen Gewinn* zum *objektbezogenen Ertrag* zu gelangen bzw. um Doppelbesteuerungen zu vermeiden. Zu den Hinzurechnungen gehören z. B. 50% der Entgelte für betriebsbedingte Dauerschulden und Gewinnanteile stiller Gesellschafter, zu den Kürzungen z. B. 1,2% des Einheitswertes des zum Betriebsvermögen gehörenden Grundbesitzes, der bereits im Rahmen der Grundsteuer ertragsteuerlich erfaßt wird.

---

[12] In der Bundesrepublik Deutschland werden Gewerbe- und Grundsteuer auch als *Realsteuern* bezeichnet.

[13] Vgl. BUNDESMINISTERIUM DER FINANZEN (Hrsg.): Finanzbericht 1998, a.a.O., S. 245, 254.

Das *Gewerbekapital* ergab sich als nach dem Bewertungsgesetz ermittelter *Einheitswert des gewerblichen Betriebs* zuzüglich *Hinzurechnungen* (§ 12 Abs. 2 GewStG) und abzüglich *Kürzungen* (§ 12 Abs. 3 GewStG), die bezweckten, von dem *eigentümerbezogenen Nettovermögen* zum *objektbezogenen Kapital* zu gelangen bzw. Doppelbesteuerungen zu vermeiden. Unter die Hinzurechnungen fielen z. B. 50% der betriebsbedingten langfristigen Verbindlichkeiten, unter die Kürzungen der Einheitswert der im Rahmen der Grundsteuer erfaßten Betriebsgrundstücke und der Wert von Beteiligungen an Gesellschaften, die selbst der Gewerbesteuer unterliegen.

Die per 1. 1. 1980 abgeschaffte *Lohnsummensteuer* konnte fakultativ mit Zustimmung der Aufsichtsbehörde erhoben werden. Sie bezog sich auf die Summe der an die Arbeitnehmer einer Betriebsstätte gezahlten Vergütungen.

Die Steuerschuld wird in einem zweistufigen Verfahren ermittelt. Die sog. *Steuermeßzahl* beträgt 5%; für Gewerbebetriebe, die von natürlichen Personen oder von Personengesellschaften betrieben werden, gibt es eine in Sprüngen von 24 000 DM von 1 auf 5% ansteigende Progressionszone. Auf das Produkt aus Steuermeßzahl und Gewerbeertrag, den sog. *Meßbetrag*, wird der von der jeweiligen Gemeinde festgelegte Hebesatz angewendet. Im Jahre 1996 betrug der durchschnittliche Hebesatz 383%.

Freibeträge sind bei Ertragsteuern allenfalls in geringem Umfang zu rechtfertigen, um Verwaltungskosten bei fiskalisch unergiebigen Bagatellfällen zu vermeiden, da es sich um objektbezogene Abgaben handelt. Dessen ungeachtet wurden sie mehrmals stark angehoben. Der Freibetrag für die Gewerbeertragsteuer, soweit natürliche Personen und Personengesellschaften betroffen sind, beträgt 48 000 DM (§ 11 Abs. 1 GewStG).

Der Bund hat im Rahmen der *konkurrierenden* Gesetzgebung die Gewerbesteuer durch ein (zustimmungsbedürftiges) Gesetz geregelt, das den Gemeinden nur noch bezüglich der Festlegung des Hebesatzes einen Spielraum läßt. Die *Verwaltung* liegt bei den Ländern. Abgesehen von der *Gewerbesteuerumlage* steht das Aufkommen den erhebenden Gemeinden zu. Hat ein Unternehmen in mehreren Gemeinden Betriebsstätten, so wird der Steuermeßbetrag in der Regel nach dem Zerlegungsmaßstab Arbeitslöhne auf die Gemeinden aufgeteilt.

3. Beurteilung

Wie bereits erwähnt, steht die Gewerbesteuer wie keine andere Steuer im Zentrum der Kritik. Diese wird aus dem Blickwinkel der Steuersystematik, der Gemeindesteuer sowie des Allokationseffizienz- und Stabilisierungsziels formuliert.

Die Gewerbesteuer ist ein Relikt aus der Epoche der Ertragsbesteuerung, die entwicklungsgeschichtlich der Einkommensteuer vorausging. In einem ausgebauten System der Einkommensbesteuerung kann eine Ertragsteuer jedenfalls unter Leistungsfähigkeitsgesichtspunkten nicht gerechtfertigt werden, zumal sich beide im Prinzip auf die gleiche Bemessungsgrundlage beziehen, wenn auch mit unterschiedlicher Blickrichtung.

Die Gewerbesteuer ist auch aus der engeren ertragsteuerlichen Perspektive unbefriedigend. Sie ist nicht Bestandteil eines umfassenden Ertragsteuersystems, sondern eine *Sondersteuer*, wobei die Abgrenzung gegenüber der Landwirtschaft und den freien Berufen besonders problematisch ist. Auch innerhalb des Bereichs der Steuerpflichtigen wird der Ertrag nicht einheitlich und gleichmäßig erfaßt, wie die hälftige Befreiung der betriebsbedingten Dauerschuldzinsen zeigt. Die hohen Freibeträge gehen weit über das hinaus, was aus administrativen Gründen ertragsteuersystematisch gerechtfertigt werden kann.

Schließlich entspricht die Gewerbesteuer auch nicht den Anforderungen, die heute an eine *Kommunalsteuer* gestellt werden. Sie tangiert direkt nur einen verschwindend kleinen Prozentsatz der Gemeindemitglieder; ihr Aufkommen pro Kopf ist innerhalb der Gemeindegrößenklassen zu ungleichmäßig verteilt und bei der Gewerbeertragsteuer konjunkturreagibler, als unter dem Aspekt einer stetigen Ausgabenpolitik erwünscht ist.

Die Gewerbesteuer hat auch unter gesamtwirtschaftlichen allocations- und stabilitätspolitischen Gesichtspunkten gewichtige Nachteile. Sie begünstigt durch die Freistellung von 50% der betriebsbedingten Dauerschuldzinsen die Fremd- gegenüber der Eigenkapitalfinanzierung; sie führt dadurch und wegen der problematischen Abgrenzung zwischen gewerbesteuerfreien Freiberuflern und gewerbesteuerpflichtigen Gewerbetreibenden zu Wettbewerbsverzerrungen, und sie verleitet durch die starken prozyklischen Schwankungen des Gewerbesteueraufkommens dazu, die Ausgaben im Boom zu erhöhen, in der Rezession zu reduzieren und damit die konjunkturellen Ausschläge zu verstärken.

4. Reformvorschläge

Die seit langer Zeit erkannten und beklagten Mängel der Gewerbesteuer haben zu zahlreichen Reformvorschlägen geführt. Drei Grundtypen[14] lassen sich dabei unterscheiden: die Ersetzung der Gewerbesteuer durch eine Wertschöpfungsteuer, die Umgestaltung der Gewerbesteuer und die Ersetzung der Gewerbesteuer durch eine Beteiligung der Gemeinden an der Umsatzsteuer. Von Finanzwissenschaftlern wurden außerdem Cash-flow-Steuern als möglicher Ersatz vorgeschlagen.

---

[14] Vgl. H. ZIMMERMANN: Fortsetzung der Gemeindesteuerreform?, a.a.O., S. 194ff.

4.1. Die Ersetzung durch eine Wertschöpfungsteuer

Der Wissenschaftliche Beirat beim Bundesministerium der Finanzen hat in einem viel beachteten Gutachten den auch vom Sachverständigenrat unterstützten Vorschlag gemacht, die Gewerbesteuer (bei Wegfall auch der Grundsteuer) durch eine Wertschöpfungsteuer zu ersetzen und gleichzeitig den Kreis der Steuerpflichtigen durch niedrigere Freibeträge sowie durch Einbeziehung der freien Berufe, der Landwirtschaft, des Wohnungssektors und der öffentlichen Verwaltung zu erweitern. Da das Hebesatzrecht der Gemeinden beibehalten wird, die Komponenten der Wertschöpfung gleichmäßig besteuert werden und das große Übergewicht der konjunkturanfälligen Komponente Gewerbeertrag beseitigt wird, sichert der Beiratsvorschlag die gemeindliche Finanzautonomie sowie Gleichmäßigkeit und Neutralität der Besteuerung, eine stärkere Berücksichtigung des Äquivalenzprinzips und eine im Hinblick auf die Ausgabenstetigkeit erwünschte geringere Konjunkturanfälligkeit der gemeindlichen Steuereinnahmen.

4.2. Die Umgestaltung der Gewerbesteuer

Mehrere Vorschläge zielen darauf ab, die Gewerbesteuer als solche beizubehalten, sie aber umzugestalten, zu „revitalisieren". Dabei wird gefordert, die punktuellen Änderungen der Vergangenheit, die auf eine Einschränkung der Bemessungsgrundlage hinausliefen, zurückzunehmen, etwa die Lohnsummensteuer (u. U. obligatorisch) wieder einzuführen, das Fremdkapital und die Fremdkapitalzinsen wieder voll einzubeziehen und die Freibeträge stark zu reduzieren.

Diese Vorschläge haben im Vergleich zum Status quo überwiegend Vorteile. Sie laufen meist auf eine Annäherung an die Wertschöpfungsteuer hinaus. Im Vergleich zum Vorschlag des Wissenschaftlichen Beirats bleiben aber gewichtige Nachteile bestehen, insbesondere was die Gleichmäßigkeit und Neutralität betrifft.

4.3. Die Ersetzung durch eine Beteiligung an der Umsatzsteuer

Speziell bei Praktikern findet der Vorschlag Zustimmung, die Gewerbesteuer insgesamt oder die Gewerbekapitalsteuer durch eine Beteiligung der Gemeinden an der Umsatzsteuer zu ersetzen, deren Aufkommen dann durch eine Erhöhung der Steuersätze angehoben werden müßte. Als Vorteile werden vor allem administrative Ersparnisse genannt, ferner die Möglichkeit, die Steuern beim Export zu erstatten[15] und das Aufkommen gleichmäßiger zu verteilen. Seit mehreren Jahrzehnten ist dieser Vorschlag schon wegen der dann wohl

---

[15] Vgl. zum Bestimmungslandprinzip unten S. 538.

unvermeidbaren Aufgabe des Hebesatzrechtes und wegen des damit verbundenen Verlusts an gemeindlicher Finanzautonomie von Vertretern der Finanzwissenschaft einhellig abgelehnt worden. Es kommt hinzu, daß es nicht ganz einfach ist, auf der gemeindlichen Ebene einen Verteilungsschlüssel zu finden, der sowohl den Erfordernissen des Interessenausgleichs zwischen Wohnbevölkerung und gewerblicher Wirtschaft gerecht wird als auch größere Brüche im Steueraufkommen verhindert[16]. Wie bereits erwähnt, ist dieser Weg jetzt bei der Abschaffung der Gewerbekapitalsteuer gegangen worden.

4.4. Die Ersetzung durch eine Cash-flow-Steuer

Der Vorschlag, die Gewerbesteuer durch eine Cash-flow-Steuer zu ersetzen[17], würde die allokativen Nachteile der bestehenden Steuer (und der vorstehend genannten Alternativen) vermeiden. Er ist allerdings bislang von der Politik nicht aufgegriffen worden und dürfte jedenfalls kurzfristig kaum eine Realisierungschance haben.

---

[16] Vgl. dazu M. KINKEL und A. BRÜSCH: Die finanziellen Auswirkungen der geplanten Abschaffung der Gewerbekapitalsteuer auf ausgewählte deutsche Städte mit über 500 000 Einwohnern, in: Informationen zur Raumentwicklung, 1995, S. 561–570.

[17] Vgl. W. F. RICHTER und W. WIEGARD: Cash-flow-Steuern: Ersatz für die Gewerbesteuer?, in: M. Rose (Hrsg.): Konsumorientierte Neuordnung des Steuersystems, a.a.O., S. 193–204. – Zur Charakterisierung der Cash-flow-Steuern vgl. oben S. 348f.

Kapitel 23
Öffentliche Schulden[1]

---

[1] Zu den Wirkungen der öffentlichen Verschuldung vgl. Kap. 10, § 41 und die dazu angegebene Literatur.

Literatur

a) DREIßIG, WILHELMINE: Öffentliche Verschuldung III: Praxis der öffentlichen Verschuldung und der öffentlichen Kassenhaltung, in: Willi Albers u. a. (Hrsg.): Handwörterbuch der Wirtschaftswissenschaft, Bd. 5, Stuttgart u. a. O. 1980, S. 504–528.

GANDENBERGER, OTTO: Öffentliche Verschuldung II: Theoretische Grundlagen, in: Willi Albers u. a. (Hrsg.): Handwörterbuch der Wirtschaftswissenschaft, Bd. 5, Stuttgart u. a. O. 1980, S. 480–504.

b) ANDEL, NORBERT: Changing Concepts of Public Debt in the History of Economic Thought, in: Bernard P. Herber (Hrsg.): Public Finance and Public Debt, Detroit 1986, S. 1–13.

ANDEL, NORBERT, und NIKOLAUS KOSTITSIS: Debt Management, in: Willi Albers u. a. (Hrsg.): Handwörterbuch der Wirtschaftswissenschaft, Bd. 9, Stuttgart u. a. O. 1982, S. 735–748.

BERNHEIM, B. DOUGLAS: A Neoclassical Perspective on Budget Deficits, in: Journal of Economic Perspectives, Bd. 3, 1989, Nr. 2, S. 55–71.

BUCHANAN, JAMES M., und RICHARD E. WAGNER: Democracy in Deficit. The Political Legacy of Lord Keynes, New York u. a. O. 1977, insb. Kapitel 12: A Return to Fiscal Principle, S. 173–185.

BUNDESSCHULDENVERWALTUNG: Jahresbericht 1997, Bad Homburg 1998.

CAESAR, ROLF: Öffentliche Verschuldung in Deutschland seit der Weltwirtschaftskrise: Wandlungen in Politik und Theorie, in: Dietmar Petzina (Hrsg.): Probleme der Finanzgeschichte des 19. und 20. Jahrhunderts, Schriften des Vereins für Socialpolitik, N. F. Bd. 188, Berlin 1989, S. 9–55.

DREIßIG, WILHELMINE: Zur Frage verfassungsrechtlicher Verschuldungsgrenzen. Erfahrungen im Deutschen Reich und in der Bundesrepublik Deutschland, in: Dieter Cansier und Dietmar Kath (Hrsg.): Öffentliche Finanzen, Kredit und Kapital. Festschrift für Werner Ehrlicher zur Vollendung des 65. Lebensjahres, Berlin 1985, S. 81–106.

DIES.: Die Technik der Staatsverschuldung, in: Fritz Neumark, Norbert Andel und Heinz Haller (Hrsg.): Handbuch der Finanzwissenschaft, 3. Aufl., Bd. 3, Tübingen 1981, S. 51–115.

FÜRST, BERTHOLD: Die Maastrichter Budgetkriterien im Konflikt mit der Verschuldungsautonomie der deutschen Gebietskörperschaften, Frankfurt/M. u. a. O. 1997.

DEUTSCHE BUNDESBANK (Hrsg.): Der Markt für deutsche Bundeswertpapiere, 2. Aufl., Frankfurt/M. 1998.

FUNKE, STEFAN: Die Verschuldungsordnung. Ein Beitrag zur finanzwirtschaftlichen Ordnungspolitik, Schriften zur wirtschaftswissenschaftlichen Analyse des Rechts, Bd. 23, Berlin 1995.

GANDENBERGER, OTTO: Theorie der öffentlichen Verschuldung, in: Fritz Neumark, Norbert Andel und Heinz Haller (Hrsg.): Handbuch der Finanzwissenschaft, 3. Aufl., Bd. 3, Tübingen 1981, S. 3–49.

DERS.: Thesen zur Staatsverschuldung, in: Karl-Heinrich Hansmeyer (Hrsg.): Staatsfinanzierung im Wandel, Schriften des Vereins für Socialpolitik, N. F. Bd. 134, Berlin 1983, S. 843–865.

HUBER, BERND: Staatsverschuldung und Allokationseffizienz: Eine theoretische Analyse, Baden-Baden 1990.

RICHTER, WOLFRAM F., und WOLFGANG WIEGARD: Zwanzig Jahre „Neue Finanzwissenschaft", Teil II: Steuern und Staatsverschuldung, Abschnitt II: Staatsschuldentheorie, in: Zeitschrift für Wirtschafts- und Sozialwissenschaften, Bd. 113, 1993, S. 365–386.

SCHLESINGER, HELMUT, MANFRED WEBER und GERHARD ZIEBARTH: Staatsverschuldung ohne Ende? Zur Rationalität und Problematik des öffentlichen Kredits, Darmstadt 1993.

VERBORN, HARRIE A. A., und FRANS A. A. VAN WINDEN (Hrsg.): The Political Economy of Government Debt, Amsterdam u. a. O. 1993.

WISSENSCHAFTLICHER BEIRAT BEIM BUNDESMINISTERIUM DER FINANZEN: Gutachten zur Schuldenstrukturpolitik des Staates, Schriftenreihe des Bundesministeriums der Finanzen, Heft 27, Bonn 1979, wiederabgedruckt in: Ders.: Gutachten und Stellungnahmen 1974–1987, hrsg. vom Bundesministerium der Finanzen, Tübingen 1988, S. 169–301.

DERS.: Gutachten zum Begriff der öffentlichen Investitionen – Abgrenzungen und Folgerungen im Hinblick auf Art. 115 Grundgesetz –, Schriftenreihe des Bundesministeriums der Finanzen, Heft 29, Bonn 1980, wiederabgedruckt in: Ders.: Gutachten und Stellungnahmen 1974–1987, hrsg. vom Bundesministerium der Finanzen, Tübingen 1988, S. 313–359.

DERS.: Gutachten zu den Problemen einer Verringerung der öffentlichen Netto-Neuverschuldung, Schriftenreihe des Bundesministeriums der Finanzen, Heft 34, Bonn 1984, wiederabgedruckt in: Ders.: Gutachten und Stellungnahmen 1974–1987, hrsg. vom Bundesministerium der Finanzen, Tübingen 1988, S. 455–511.

DERS.: Zur Bedeutung der Maastricht-Kriterien für die Verschuldungsgrenzen von Bund und Ländern, Schriftenreihe des Bundesministeriums der Finanzen, Heft 54, Bonn 1994.

§ 119. Charakterisierung

Unter öffentlichen Schulden[2] werden hier von der öffentlichen Hand *aufgenommene Kredite* verstanden, die in aller Regel mit einer Rückzahlungs- und Verzinsungsverpflichtung verbunden sind. Die Aufnahme öffentlicher Schulden ist ein einnahmenpolitisches Instrument. Es unterscheidet sich von den bislang in diesem Abschnitt behandelten Einnahmen in zweierlei Hinsicht.

1. Hoheitliche versus tauschwirtschaftliche Aspekte

Während die Steuern und Sozialversicherungsbeiträge[3] spezifisch hoheitliche Instrumente mit Zwangscharakter darstellen, handelt es sich bei der Aufnahme öffentlicher Schulden in der Regel um *Einnahmen aus der Beteiligung am marktwirtschaftlichen Prozeß*[4]. Der öffentliche Kreditnachfrager muß sich hier wie jeder private den Marktbedingungen anpassen, wenn er sein Ziel erreichen will.

Das ist im Falle der (hier nicht näher behandelten) *Zwangsanleihe* anders, wenn die Kreditgeber zur Kreditgewährung gezwungen werden. Der Zwang rückt diese Art der öffentlichen Schuld in die Nähe der typischen Zwangsabgaben, z. B. der Steuer, das Versprechen der Rückzahlung und gegebenenfalls der Verzinsung, die dann regelmäßig unter der marktüblichen liegt, in die Nähe zweiseitiger tauschwirtschaftlicher Transaktionen.

2. Definitives versus nichtdefinitives Finanzierungsinstrument

In der Phase der Schuldenaufnahme schaffen Einnahmen aus öffentlicher Verschuldung finanzierungstechnisch den gleichen Dispositionsspielraum wie an-

---

[2] Oft wird der Ausdruck „öffentlicher Kredit" synonym verwendet. Dieser ist jedoch insofern weniger präzise, als er auch teils für die öffentliche Kredit*gewährung*, teils als Oberbegriff für öffentliche Kreditaufnahme und öffentliche Kreditgewährung verwendet wird.

[3] Ausgenommen die Beiträge der freiwillig Versicherten.

[4] Zur Abgrenzung vgl. oben S. 28.

dere Einnahmen. Im Gegensatz zu den Steuern implizieren sie aber für spätere Perioden im Zuge des Schuldendienstes (d. h. der Verzinsung und der Tilgung) eine Belastung auf der Ausgabenseite. Man sagt deshalb zuweilen, daß öffentliche Schulden kein definitives Finanzierungsinstrument sind: Die Finanzierung ist erst mit der echten Tilgung abgeschlossen. Die laufenden Zinsen sind dann gewissermaßen der Preis für den zwischenzeitlichen Aufschub.

§ 120. Fiskalische Bedeutung

1. Nettokreditaufnahme

Die fiskalische Bedeutung der Schuldenaufnahme im Sinne der *Nettokreditaufnahme* (= Bruttokreditaufnahme abzüglich gleichzeitiger Tilgungen) ist im Zeitablauf und auf den einzelnen Ebenen unterschiedlich. Sie steigt typischerweise in Krisen, speziell in durch kriegerische Ereignisse gekennzeichneten Perioden und in Rezessionsphasen. Dies gilt besonders für den Zentralstaat. Soweit die Kreditaufnahme stark an Investitionen gebunden ist und diese auf den einzelnen Ebenen eine unterschiedliche Bedeutung haben, läßt sich in normalen Zeiten eine entsprechende Bedeutungsdifferenzierung feststellen.

Daß dies auch für die Bundesrepublik gilt, zeigt Übersicht 23-1. Die Kreditfinanzierungsquote im Sinne der Relation Nettokreditaufnahme zu Ausgaben stieg beim öffentlichen Gesamthaushalt und beim Bund in den Rezessionsphasen 1967/68, 1974/75, 1980/82 und dann wiedervereinigungsbedingt ab 1990. Dabei ist zu beachten, daß ab 1990 die Staatsquote beträchtlich angehoben wurde. In den Jahren 1992/93 beeinflußten neben Wiedervereinigungsfaktoren rezessionsbedingte Belastungen die Kreditaufnahme. Die Entwicklung auf der Länderebene verlief speziell in den 70er und 80er Jahren ähnlich. Bei den Gemeinden dagegen fällt die wesentlich höhere Kreditfinanzierungsquote als Korrelat der hohen Investitionsquote in den Ausgangsjahren auf, eine eher pro- als antizyklische Variation sowie die sehr starke Rückführung dieser Quote seit den 70er Jahren, als in der Phase der sozialliberalen Koalition umgekehrt zunächst auf der Bundes-, später auf der Landesebene die Kreditfinanzierungsquote überkonjunkturell angehoben wurde.

2. Schuldenstand

Die geschilderte Entwicklung zeigt sich auch in dem Anstieg des Schuldenstandes der Gebietskörperschaften insgesamt und – hier allerdings verzögert – in dessen strukturellen Verschiebungen. Wie die Übersicht 23-2 zeigt, erhöhte sich die Gesamtverschuldung der Gebietskörperschaften (ohne Sondervermö-

Übersicht 23–1

Die Nettokreditaufnahme der Gebietskörperschaften in der
Bundesrepublik Deutschland[a] in % der Gesamtausgaben

Jahr	Öffentlicher Ge-samthaushalt[b]	Bund[c]		Länder	Gemeinden/GV
		Nettokreditauf-nahme	nachrichtlich: Bundesbankge-winn[d]		
1962	2,0	0,6	0,2	–1,0	7,6
1963	4,7	3,6	0,2	–0,1	8,6
1964	4,3	1,0	0,2	2,6	9,8
1965	5,1	0,2	0,3	5,0	11,1
1966	4,1	0,3	0,3	4,6	8,1
1967	8,4	9,0	0,5	6,4	6,0
1968	6,6	7,5	0,4	3,5	5,5
1969	1,4	0,0	0,4	–0,5	5,3
1970	3,3	1,2	–	2,8	6,4
1971	6,2	1,5	0,5	5,5	11,7
1972	6,0	3,6	–	3,5	10,5
1973	4,0	2,2	–	2,2	8,1
1974	7,2	7,1	–	5,8	6,1
1975	15,3	19,5	–	11,9	6,8
1976	12,5	15,9	0,2	10,3	4,8
1977	8,0	12,7	–	5,2	2,4
1978	9,4	13,8	–	7,1	2,5
1979	9,3	12,6	–	7,0	3,0
1980	10,6	12,6	–	10,2	3,0
1981	13,0	16,1	1,0	11,4	4,1
1982	12,2	15,2	4,3	10,7	4,5
1983	9,8	12,8	4,5	9,5	1,8
1984	8,5	11,3	4,5	8,2	0,8
1985	6,7	8,7	5,0	7,1	0,7
1986	6,6	8,8	4,8	6,6	1,0
1987	7,5	10,2	2,7	7,1	1,8
1988	8,2	12,9	0,1	6,5	1,2
1989	4,8	6,6	1,7	4,0	1,0
1990	11,0	12,3	1,8	6,1	1,4
1991	13,5	13,0	1,7	7,4	4,2
1992	10,8	9,0	1,6	7,3	4,4
1993	12,4	14,5	1,5	8,7	4,7
1994	9,1	10,6	1,5	8,5	2,3
1995	8,2	10,8	1,5	7,9	2,5
1996	9,3	17,2	1,5	7,9	1,8

[a] Ab 1991 einschließlich der neuen Bundesländer.
[b] Bund, Länder, Gemeinden, EU-Anteile, LAF, ERP, FDE, KAF, BEV, ELF, EF und ASS.
[c] Ohne Sonderrechnungen.
[d] Soweit an den Bund abgeführt. 1989 wurde der 5 Mrd. DM, 1990 bis 1994 der 7 Mrd. DM übersteigende Teil des Bundesbankgewinns unmittelbar zur Tilgung von Altschulden verwendet. In den Jahren 1995 und 1996 wurde der 7 Mrd. DM übersteigende Gewinn an den ELF überwiesen.

Quelle: SACHVERSTÄNDIGENRAT ZUR BEGUTACHTUNG DER GESAMTWIRTSCHAFTLICHEN ENTWICKLUNG: Jahresgutachten 1994/95, Stuttgart 1994, S.374f.; DERS.: Jahresgutachten 1997/98, Stuttgart 1997, S.352f.; DEUTSCHE BUNDESBANK: Geschäftsbericht, lfd.

Übersicht 23-2

Die Entwicklung des öffentlichen Schuldenstandes in der Bundesrepublik Deutschland[a, b]

Stand am 31.12.	Gebietskörperschaften (Mio. DM)	Bund (Mio. DM)	Bund Anteil[d]	Länder (Mio. DM)	Länder Anteil[d]	Gemeinden/GV[e] (Mio. DM)	Gemeinden/GV[e] Anteil[d]	Sondervermögen[c] (Mio. DM)	Insgesamt (Mio. DM)
1950	20634	7290	35,3	12844	62,2	500	2,4	—	20634
1960	48436	22572	46,6	14695	30,3	11169	23,1	4323	52759
1970	117770	49689	42,2	27786	23,6	40295	34,2	8120	125890
1980	462782	229770	49,6	137804	29,8	95208	20,6	5830	468612
1989	921743	490509	53,2	309860	33,6	121374	13,2	7095	928837
1991	1079516	586468	54,3	352346	32,6	140702	13,0	94347	1173864
1996	1598838	839879	52,5	558346	34,9	200613	12,5	530506	2129344

[a] Ohne Verschuldung der Haushalte untereinander.
[b] Ab 1991 einschließlich der neuen Bundesländer.
[c] ERP, LAF, FDE, KAF, BEV, ELF, ASS und EF.
[d] Anteil der Verschuldung in % der Gesamtverschuldung der Gebietskörperschaften.
[e] Ab 1980 einschließlich Zweckverbände.

Quelle: DEUTSCHE BUNDESBANK: Monatsberichte, Statistischer Teil, Tab. VIII.7. Verschuldung der öffentlichen Haushalte, lfd.; BUNDESSCHUL-DENVERWALTUNG, Jahresberichte, lfd.

gen) von 118 Mrd. DM 1970 auf 922 Mrd. DM 1989. Im gleichen Zeitraum stieg der Anteil des Bundes und der Länder von 42,2 auf 53,2% bzw. von 23,6 auf 33,6%; der Anteil der Gemeinden dagegen ging von 34,2 auf 13,2% zurück.

Im Zuge und im Gefolge der Wiedervereinigung erhöhten sich die öffentlichen Schuldenbestände gewaltig: für die Gebietskörperschaften und Sondervermögen zusammen von 929 Mrd. DM 1989 auf 2129 Mrd. DM 1996. Das war nur zum geringen Teil der reinen Gebietserweiterung zuzuschreiben, sondern beruhte vor allem auf viel zu optimistischen Erwartungen über das Ausmaß der einigungsbedingten Finanzierungsbelastungen und auf der zunächst offen gebliebenen Verteilung dieser Lasten. Damit verbunden waren beträchtliche strukturelle Änderungen. Besonders auffallend ist der Anstieg der Schuldenbestände von – überwiegend als „Auffang" neu geschaffenen – Sondervermögen von 7 Mrd. DM 1989 auf 531 Mrd. DM 1996. Bei den Haushalten der Gebietskörperschaften im engeren Sinne (ohne Sondervermögen) fielen im gleichen Zeitraum die Anteile des Bundes (von 53,2% auf 52,5%) und der Gemeinden (von 13,2 auf 12,5%); der Länderanteil dagegen stieg von 33,6 auf 34,9%.

3. Schuldendienst

In welchem Ausmaß die gestiegene öffentliche Verschuldung im Zuge des Schuldendienstes die Haushalte der Gebietskörperschaften belastet, ist der Übersicht 23-3 zu entnehmen. Der Anteil der Zinszahlungen an den Ausgaben (ohne Tilgungen) hat sich für den öffentlichen Gesamthaushalt einschließlich aller Sonderfonds von 3,5% 1970 über 8,7% 1989 auf 10,9% 1996 erhöht. Bezogen auf das BIP stiegen die Zinsausgaben von 1,0% 1970 über 2,7% 1989 auf 3,7% 1996. Betrachtet man die Haushalte der Gebietskörperschaften ohne Sonderrechnungen, so erhöhte sich die auf die Gesamtausgaben bezogene Zinsquote im gleichen Zeitraum von 2,8% auf 11,2% beim Bund, von 2,2% auf 6,7% bei den Ländern; bei den Gemeinden ging sie von 4,2% auf 3,5% zurück. Für den Bund ergibt sich eine aussagekräftigere Relation, wenn man die Zinserstattungen an die neugeschaffenen Sonderfonds mit einbezieht. Diese Zinsbelastungsquote im weiteren Sinne betrug im Jahre 1996 18,5%.

Bei der Beurteilung von Zinsquoten muß man sich vor der Annahme hüten, daß der Budgetspielraum *generell* in Höhe der Zinsausgaben größer wäre, wenn man in der Vergangenheit auf die Schuldenaufnahme verzichtet und statt dessen die Steuern erhöht oder die Ausgaben gesenkt hätte. Soweit mit der Verschuldung z. B. expansive Prozesse in Rezessionsphasen induziert worden sind[5], haben sich auch positive Rückwirkungen auf die Einnahmen ergeben, die nicht unberücksichtigt bleiben dürfen. Soweit durch die Kreditaufnahme private Investitionen und dadurch das Wirtschaftswachstum reduziert worden

---

[5] Vgl. oben die Wirkungsanalyse S. 168–172.

sind, kann andererseits die Einschränkung des Budgetspielraums über die Zinsausgaben hinausgehen.

Übersicht 23–3

Die Entwicklung der Zinsausgaben der öffentlichen Haushalte in der Bundesrepublik Deutschland

Jahr	Öffentlicher Gesamthaushalt[b]		Bund[c]	Länder	Gemeinden
	in % der Gesamtausgaben	in % des BIP	in % der Gesamtausgaben		
1962	2,8	0,8	1,8		1,5	2,8
1970	3,5	1,0	2,8		2,2	4,2
1980	5,8	2,0	6,5		4,3	4,5
1989	8,7	2,7	11,1		7,5	3,9
1991	7,9	2,7	9,9	10,4[d]	5,9	3,3
1996	10,9	3,7	11,2	18,5[d]	6,7	3,5

[a] Ab 1991 einschließlich der neuen Bundesländer.
[b] Bund, Länder, Gemeinden, EU-Anteile, LAF, ERP, FDE, KAF, BEV, EF, ELF und ASS.
[c] Ohne Sonderrechnungen.
[d] Zinsausgaben plus Zinserstattungen in % der Bundesausgaben.

Quelle: BUNDESHAUSHALTSPLAN 1993, Bd. 3, Einzelplan 32, S. 30; BUNDESHAUSHALTSPLAN 1994, Einzelplan 60, S. 32; SACHVERSTÄNDIGENRAT ZUR BEGUTACHTUNG DER GESAMTWIRTSCHAFTLICHEN ENTWICKLUNG: Jahresgutachten 1994/95, Stuttgart 1994, S. 374f.; DERS.: Jahresgutachten 1997/98, Stuttgart 1997, S. 352f.; BUNDESMINISTERIUM DER FINANZEN (Hrsg.): Finanzbericht 1998, Bonn 1997, S. 102, 199.

§ 121. Begründung der Schuldenfinanzierung

Die Aufnahme von Schulden zur Finanzierung öffentlicher Ausgaben wird in der Regel skeptischer betrachtet als andere Finanzierungsmaßnahmen[6]; schlechte historische Erfahrungen spielen dabei eine wichtige Rolle.

Aus diesem Grund bildet die Begründung der Kreditaufnahme einen traditionellen Teil der Finanzwissenschaft, und zwar im Sinne sowohl der Rechtfertigung als auch der Begrenzung. Argumente, die auch in der Praxis bedeutsam sind, beziehen sich vor allem auf die Verwirklichung der intertemporalen Äquivalenz, auf die Überbrückung von temporären Diskrepanzen zwischen Ausgaben und Einnahmen, auf die Vermeidung von Steuersatzschwankungen, auf

---

[6] „Das Normale ist, dass die Gegenwart keine für den Staat lösbare Aufgabe den Enkeln zuschiebe. Dies bedeutet ordentliche Steuerdeckung als Norm." A. SCHÄFFLE: Zur Theorie der Deckung des Staatsbedarfes, in: Zeitschrift für die gesammte Staatswissenschaft, Bd. 39, 1883, S. 125.

die gesamtwirtschaftliche Stabilisierung und auf die Wählerstimmenmaximierung[7].

1. Die intertemporale Äquivalenz

Die Schuldenfinanzierung gestattet es, eine intertemporale Äquivalenz zu verwirklichen zwischen der Verteilung der Nutzen und der Kosten. Investitionen z. B. werden durch Kredite finanziert, die Bürger steuerlich in Höhe der Tilgungen und Zinszahlungen analog der zeitlichen Nutzenverteilung belastet. Die Steuerlastverteilung reflektiert um so mehr auch die Verteilung der tatsächlichen Belastung, je weniger die Bürger über ein mögliches Crowding out im Zuge der Schuldenaufnahme belastet werden. Diese Begründung wird meist primär unter dem Verteilungsziel vorgetragen; sie mag aber auch auf allokativen Erwägungen beruhen, wenn im Falle der Steuerfinanzierung effiziente bzw. effizientere Projekte wegen der einseitigen Belastungsverteilung nicht realisiert würden.

2. Die Überbrückungsfunktion

Im Laufe eines Haushaltsjahres kann es zu Diskrepanzen zwischen laufenden Ausgaben und Einnahmen kommen, z. B. wegen unterschiedlicher saisonaler Schwankungen oder wegen unerwarteter konjuntureller Änderungen. Im Falle plötzlicher kurzfristiger Defizite die Ausgaben anzupassen oder die Steuern zu erhöhen, wäre unzweckmäßig. Hier ist es vorzuziehen, zur Überbrückung Kredite aufzunehmen, insbesondere wenn im gleichen Jahr Einnahmenüberschüsse folgen, oder bei Abweichungen längerfristiger Art die nötigen Anpassungen erst bei der Aufstellung des nächsten Haushaltsplans im Kontext der Gesamtentwicklung vorzunehmen.

3. Die intertemporale Stabilisierung der Steuersätze

Die Zusatzlasten, die mit Steuern verbunden sind, hängen von der Höhe des Grenzsteuersatzes ab. Mit steigendem Grenzsteuersatz erhöhen sie sich allerdings überproportional. Aus diesem Grund können öffentliche Schulden über die vorgenannte kurzfristige Überbrückungsfunktion hinaus eingesetzt werden, um insbesondere bei vorübergehenden kurzfristigen Ausgabensteigerungen die steuerliche Belastung im Zeitablauf zu glätten und damit die globalen Zusatzlasten zu senken.

---

[7] Vgl. hierzu W. F. RICHTER und W. WIEGARD: Zwanzig Jahre „Neue Finanzwissenschaft", Teil II: Steuern und Staatsverschuldung, a. a. O., S. 378–386.

4. Die Nachfragestabilisierung

Im Rahmen der neoklassischen und speziell der keynesianischen Schulden-analyse wird davon ausgegangen, daß insbesondere in der Rezession die Schul-den- im Vergleich zur Steuerfinanzierung weniger restriktiv wirkt. Sie kann dann eingesetzt werden, um automatische oder diskretionär bewirkte Steuer-mindereinnahmen zu kompensieren oder zusätzliche Ausgaben zu finanzieren und so die gesamtwirtschaftliche Nachfrage zu stabilisieren.

5. Die Wählerstimmenmaximierung

Die bislang dargelegten Begründungen dienen der Rechtfertigung gesetzlicher Spielräume für die Schuldenfinanzierung, auf die unten in § 122 einzugehen sein wird. Der jetzt zu nennende Aspekt ist eher eine Erklärung der Praxis und der Tatsache, daß die rechtlichen Verschuldungsspielräume sehr stark auf eine quantitative Begrenzung abstellen.

Ein großer Teil, in den letzten Jahren wohl der größte Teil der Schuldenaufnah-me beruht weniger auf den obengenannten Rechtfertigungen, sondern auf dem Umstand, daß sie im Vergleich zu den Alternativen „Steuererhöhung" und „Ausgabensenkung" *politisch* vorteilhafter ist. Diese Alternativen pflegen nämlich heftige Proteste der betroffenen Gruppen hervorzurufen, während Schuldenaufnahmen wegen des diffusen Charakters der damit verbundenen Belastung zwar in extremen Situationen vage Befürchtungen auslösen mögen, aber keine vergleichbare Protestaktion[8].

§ 122. Einige rechtliche Grundlagen

Nicht zuletzt die leidvollen Erfahrungen, die in Deutschland mit dem Miß-brauch der öffentlichen Verschuldung (und der mit ihr zuweilen parallel lau-fenden Geldschöpfung) gemacht worden sind, haben die Überzeugung ver-stärkt, daß diese Form der Einnahmenbeschaffung gesetzlich geregelt und da-bei quantitativ beschränkt werden muß.

---

[8] Als weitere Rechtfertigungsgründe für die Schuldenaufnahme werden in der Literatur dynamische Ineffizienz und unvollständige Märkte genannt. Wegen des teils spekulativen, in allen Fällen praxisirrelevanten Charakters dieser Überlegungen wird darauf hier nicht ein-gegangen. Vgl. W. F. Richter und W. Wiegard: Zwanzig Jahre „Neue Finanzwissenschaft", Teil II: Steuern und Staatsverschuldung, a. a. O., S. 379–381, und die dort angegebene Literatur.

1. Grundgesetz

Nach Art. 115 Abs. 1 GG bedarf die Aufnahme von Krediten „einer der Höhe nach bestimmten oder bestimmbaren Ermächtigung durch Bundesgesetz". Dabei bilden die jeweiligen *Investitionsausgaben* eine *Obergrenze*, die nur „zur Abwehr einer Störung des gesamtwirtschaftlichen Gleichgewichts" überschritten bzw. nur unter Beachtung des Art. 109 Abs. 2 („Bund und Länder haben bei ihrer Haushaltswirtschaft den Erfordernissen des gesamtwirtschaftlichen Gleichgewichts Rechnung zu tragen") ausgeschöpft werden darf[9]. Das Bundesverfassungsgericht hat in den Leitsätzen zu einem Urteil vom 18. 4. 1989 (2 BvE 1/82) ausgeführt, daß die nach Art. 115 Abs. 1 Satz 2 Halbsatz 2 GG erhöhte Kreditaufnahme „nach Umfang und Verwendung bestimmt und geeignet sein (muß), die Störung des gesamtwirtschaftlichen Gleichgewichts abzuwehren". Dem Haushaltsgesetzgeber stehe bei der Beurteilung, ob die Voraussetzungen für die Inanspruchnahme dieser Grundgesetzbestimmung gegeben sind, „ein Einschätzungs- und Beurteilungsspielraum" zu. Nimmt er diese Vorschrift in Anspruch, „so trifft ihn im Gesetzgebungsverfahren eine Darlegungslast für die Erfüllung der Voraussetzung dieser Vorschrift"[10].

Soweit andere Einnahmequellen nicht ausreichen, darf sich die Bundesregierung bei nicht fristgerechter Verabschiedung des Bundeshaushaltsplans im Rahmen des *Notetatrechts* „die zur Aufrechterhaltung der Wirtschaftsführung erforderlichen Mittel" (Art. 111 Abs. 2 GG) bis zur Höhe von einem Viertel des Volumens des letzten Haushaltsplanes auf dem Kreditwege beschaffen.

2. Haushaltsgrundsätzegesetz und Bundeshaushaltsordnung

Nach § 13 Abs. 1 HGrG muß im Haushaltsgesetz festgelegt werden, bis zu welcher Höhe Kredite aufgenommen werden dürfen. Diese Ermächtigung ist nach Abs. 2 zeitlich begrenzt. Beide Bestimmungen sind für den Bund in § 18 BHO übernommen worden.

Die oben zitierte Entscheidung des Bundesverfassungsgerichts vom 18. 4. 1989 hat den Bundesgesetzgeber zum Handeln gezwungen, weil die Richter monierten, daß das in Art. 115 Abs. 1 Satz 3 GG geforderte präzisierende Bundesgesetz immer noch ausstand. Bundesregierung und Bundesgesetzgeber entledigten sich dieser Aufgabe in einer der Bedeutung des Problems völlig unangemessenen Art. Ohne öffentliche Diskussion[11] wurde in § 10 Abs. 3 Ziff. 2 HGrG

---

[9] Zur Problematik von Art. 115 Abs. 1 Satz 2 GG vgl. WISSENSCHAFTLICHER BEIRAT BEIM BUNDESMINISTERIUM DER FINANZEN: Gutachten zum Begriff der öffentlichen Investitionen, a. a. O.

[10] BUNDESVERFASSUNGSGERICHT: Entscheidungen des Bundesverfassungsgerichts, Bd. 79, Tübingen 1989, S. 311.

[11] Diese Änderungen des HGrG und der BHO sind noch nicht einmal den Mitgliedern des SACHVERSTANDIGENRATS, seines Stabes und eingeladenen Sachverständigen zur Kenntnis ge-

und gleichlautend in § 13 Abs. 3 Ziff. 2 BHO ganz einfach die bisherige Verwaltungspraxis festgeschrieben mit der Konsequenz, daß z. B. zu den Investitionsausgaben auch die (notleidenden) Forderungen gerechnet werden, die im Zuge von Gewährleistungen etwa der Hermes-Versicherung übernommen werden!

Gleichzeitig wurde auch in § 18 Abs. 1 BHO die vom Bundesverfassungsgericht festgelegte Darlegungspflicht aufgenommen. Danach muß im Falle, daß die (Netto-)Kreditaufnahme die Investitionsausgaben übersteigt, im Gesetzgebungsverfahren dargelegt werden, daß „1. das gesamtwirtschaftliche Gleichgewicht ernsthaft und nachhaltig gestört ist oder eine solche Störung unmittelbar bevorsteht, 2. die erhöhte Kreditaufnahme dazu bestimmt und geeignet ist, die Störung des gesamtwirtschaftlichen Gleichgewichts abzuwehren".

3. Bundesbankgesetz

Die öffentliche Schuldenaufnahme ist in besonderem Maße *potentiell stabilitätspolitisch problematisch*, wenn sie bei der Deutschen Bundesbank erfolgt, weil sie dann im Zuge der Verausgabung der aufgenommenen Mittel zu einer gleichzeitigen Erhöhung der Zentralbankgeldmenge führt. Deshalb war diese Form des öffentlichen Kredits nach § 20 Bundesbankgesetz auf Kassenkredite an den Bund, die Länder und an bestimmte Sondervermögen des Bundes beschränkt. Eine Gefährdung der gesamtwirtschaftlichen Stabilität war wegen der engen quantitativen Grenzen und überdies deshalb ausgeschlossen, weil die Bundesbank zu dieser Kreditgewährung ermächtigt, aber nicht verpflichtet war, so daß sie eine Beeinträchtigung ihrer Politik verhindern konnte. Mit Wirkung vom 16. 7. 1994 sind diese Kreditfazilitäten völlig beseitigt worden, da sie nach Art. 104 Abs. 1 des Vertrages über die Europäische Union nicht mehr zulässig sind[12].

4. Gemeindehaushaltsrecht

Das Haushaltsrecht der Gemeinden entspricht weitgehend einem Musterentwurf der Länderinnenminister aus dem Jahre 1971[13]. Gemeinden dürfen demnach Kredite nur dann aufnehmen, „wenn eine andere Finanzierung nicht möglich ist oder wirtschaftlich unzweckmäßig wäre" (§ 2 Abs. 3), überdies nur

---

langt, wie dem JG 1997/98 zu entnehmen ist. Vgl. SACHVERSTÄNDIGENRAT ZUR BEGUTACHTUNG DER GESAMTWIRTSCHAFTLICHEN ENTWICKLUNG: Wachstum, Beschäftigung, Währungsunion – Orientierungen für die Zukunft, a.a.O., Ziff. 335.

[12] Vgl. RAT DER EUROPÄISCHEN GEMEINSCHAFTEN – KOMMISSION DER EUROPÄISCHEN GEMEINSCHAFTEN: Vertrag über die Europäische Union, Brüssel–Luxemburg 1992, S. 26; Gesetz zur Änderung von Vorschriften über die Deutsche Bundesbank, Art. 1 Ziff. 7, in: Bundesgesetzblatt I, 1994, S. 1466.

[13] Vgl. ST. DEPIEREUX: Grundriß des Gemeindehaushaltsrechts, 3. Aufl., Siegburg 1982, S. 7f.

im Vermögenshaushalt und lediglich für Investitionen, Investitionsförderungsmaßnahmen und zur Umschuldung (§ 11 Abs. 1).

Der Gesamtbetrag der Kreditaufnahme bedarf der Genehmigung durch die Aufsichtsbehörde. „Sie ist in der Regel zu versagen, wenn die Kreditverpflichtungen mit der dauernden Leistungsfähigkeit der Gemeinden nicht im Einklang stehen" (§ 11 Abs. 2).

5. Stabilitätsgesetz

„Zur Abwehr einer *Störung des gesamtwirtschaftlichen Gleichgewichts*" kann die Bundesregierung durch eine Rechtsverordnung, die der Zustimmung des Bundesrates bedarf, anordnen, daß die Kreditaufnahme der öffentlichen Gebietskörperschaften und Sondervermögen sowie der Zweckverbände beschränkt wird (vgl. §§ 19–23 StWG).

Während die bislang erwähnten gesetzlichen Bestimmungen im allgemeinen eher auf eine *Einengung* der öffentlichen Verschuldung zielen, wird mit § 6 Abs. 3 Satz 1 StWG dem Bund die Möglichkeit geboten, über die Ermächtigungen im Haushaltsgesetz hinaus zusätzlich bis zur Höhe von 5 Mrd. DM Kredite aufzunehmen. Dies ist allerdings auf die Finanzierung von zusätzlichen Ausgaben im Zuge der Bekämpfung einer Abschwächung der allgemeinen Wirtschaftstätigkeit, welche die in § 1 StWG genannten Ziele gefährdet, beschränkt.

6. Vertrag über die Europäische Union

Auf Drängen vor allem der Bundesrepublik Deutschland sind in den Vertrag über die Europäische Union Bestimmungen aufgenommen worden, welche die öffentliche Verschuldung begrenzen sollen. Lapidar heißt es in Art. 104 c Abs. 1: „Die Mitgliedstaaten vermeiden übermäßige öffentliche Defizite." In Abs. 2 werden als Kriterien „das Verhältnis des geplanten oder tatsächlichen öffentlichen Defizits zum Bruttoinlandsprodukt" und „das Verhältnis des öffentlichen Schuldenstandes zum Bruttoinlandsprodukt" genannt. Im „Protokoll über das Verfahren bei einem übermäßigen Defizit" werden diese Kriterien inhaltlich genauer definiert und quantitativ mit 3% (Defizitquote) und 60% (Schuldenstandsquote) präzisiert[14]. Da diese Kriterien zu den Maßstäben gehören, nach denen zu entscheiden ist, ob die Voraussetzungen für die Einführung einer Währungsunion erfüllt sind bzw. welche Mitgliedstaaten ihr angehören (vgl.

---

[14] Zur allgemeinen kritischen Analyse der Maastricht-Kriterien vgl. W. H. BUITER, G. CORSETTI und N. ROUBINI: Maastricht's Fiscal Rules, in: Economic Policy, 1993, S. 57–100; P. DE GRAUWE: The Economics of Monetary Integration, Oxford 1992, Kap. 8; speziell aus deutscher Perspektive B. FÜRST: Die Maastrichter Budgetkriterien im Konflikt mit der Verschuldungsautonomie der deutschen Gebietskörperschaften, a. a. O., S. 1–85.

Art. 109 j) und da die genannten Richtwerte von fast allen Mitgliedsländern zunächst überschritten wurden, haben sie in den vergangenen Jahren wie wohl keine andere Vorschrift die Schuldenerhöhung effektiv gebremst – über Ausgabensenkungen, Steuererhöhungen, Vermögensveräußerungen (Privatisierung) und Formen „kreativer Buchführung".

Im „Protokoll über das Verfahren bei einem übermäßigen Defizit" des Maastricht-Vertrags heißt es: „Die Mitgliedstaaten gewährleisten, daß die innerstaatlichen Verfahren im Haushaltsbereich sie in die Lage versetzen, ihre sich aus diesem Vertrag ergebenden Verpflichtungen in diesem Bereich zu erfüllen." Die Bundesregierung ist dieser Verpflichtung bislang nicht nachgekommen, da sich der Bund und die Länder noch nicht über die Aufteilung des Verschuldungsspielraums unter sich einigen konnten[15].

Um der Einhaltung der zwei Verschuldungsgrenzen Nachdruck zu verleihen, ist in Artikel 104 c ein vielstufiges Verfahren der Kontrolle mit Berichten, Feststellungen und Empfehlungen vorgesehen, an dem die Mitgliedstaaten, die Kommission, der Rat, das Parlament und der Beratende Währungsausschuß beteiligt sind. Sofern ein Mitgliedstaat mit übermäßigem Defizit den Empfehlungen des Rates zur Beseitigung des Defizits nicht nachkommt, kann der Rat schließlich verschiedene Sanktionen beschließen bis hin zur Hinterlegung einer unverzinslichen Einlage bei der Gemeinschaft und Geldbußen „in angemessener Höhe" (Art. 104 c Abs. 11). Auf Betreiben insbesondere der Bundesregierung sind die genannten Bestimmungen des Maastricht-Vertrags durch den „Stabilitäts- und Wachstumspakt" ergänzt und präzisiert worden[16].

§ 123. Formen der öffentlichen Verschuldung

Bislang wurde nur sehr allgemein von öffentlichen Schulden gesprochen. Im folgenden soll auf deren einzelne Formen näher eingegangen werden (vgl. Übersicht 23-4). Die Wahl zwischen diesen Formen ist besonders insoweit bedeutsam, wie die Wirkungen der Verschuldung je nach Schuldenart unterschiedlich sind. Die Wahl der Schuldform und damit die Gestaltung der Schuldenstruktur bei gegebener Entscheidung über die Höhe der öffentlichen Schuld ist die zentrale Aufgabe des sog. *Debt management* (Schuldenstrukturpolitik)[17].

[15] Zu möglichen Verfahren vgl. WISSENSCHAFTLICHER BEIRAT BEIM BUNDESMINISTERIUM DER FINANZEN: Zur Bedeutung der Maastricht-Kriterien für die Verschuldungsgrenzen von Bund und Ländern, a.a.O.; B. FÜRST: Die Maastrichter Budgetkriterien im Konflikt mit der Verschuldungsautonomie der deutschen Gebietskörperschaften, a.a.O., S. 89–219.

[16] Vgl. dazu M. STURM: Budgetdisziplin in der Europäischen Wirtschafts- und Währungsunion. Ursachen übermäßiger Defizite und Wege zu ihrer Begrenzung, Frankfurt/M. 1997, S. 223–251.

[17] Zu den Problemen der Schuldenstrukturpolitik im Kontext der speziellen Verhältnisse in

Im folgenden soll auf die Laufzeit, die Marktfähigkeit, die Gläubiger, die Verzinsung und die Tilgung als die wichtigsten ökonomischen Bestimmungsfaktoren der Schuldform eingegangen werden.

1. Laufzeit

Nach der zum Zeitpunkt der Kreditaufnahme vereinbarten Laufzeit der Kredite, d. h. nach dem zeitlichen Abstand zur Rückzahlung (Tilgung), ist zwischen *kurz-, mittel-* und *langfristigen Schulden* zu unterscheiden. Im allgemeinen werden Kredite mit Laufzeiten bis zu einem Jahr zu den kurzfristigen, mit zwischen einem und vier bis sechs Jahren zu den mittelfristigen, darüber hinaus zu den langfristigen Krediten gezählt.

Zu den ganz kurzfristigen Verbindlichkeiten gehören der *Kontokorrentkredit* und der *Wechselkredit*. An der Nahtstelle zwischen kurz- und mittelfristigen Schulden sind die *Unverzinslichen Schatzanweisungen* angesiedelt, deren Laufzeit zwischen 6 und 24 Monaten variiert. Die sog. U-Schätze[18] in Form der seit 1996 begebenen „Bubills" mit einer Laufzeit von 6 Monaten werden an Großanleger abgegeben (Mindestbetrag eine Mio. DM). Ein oder zwei Jahre beträgt die Laufzeit der sog. *Finanzierungsschätze*, die der Bund in einer Stückelung zwischen 1000 und 0,5 Mio. DM an jedermann außer an Kreditinstitute verkauft.

Zu den mittelfristigen Papieren zählen die *Schatzanweisungen* und *Obligationen* zwischen zwei und sechs Jahren und einem Mindestbetrag von 5000 DM, ferner die seit Ende 1979 begebenen *Bundesobligationen* mit einer Laufzeit von fünf Jahren und einer Stückelung ab 100 DM.

Anleihen, überwiegend auch die *Schuldscheindarlehen*, sind den langfristigen Schuldformen zuzurechnen. Die Laufzeit der Anleihen beträgt in der Regel 10 Jahre, maximal 30 Jahre.

In bezug auf die Fristigkeit ist der *Bundesschatzbrief*, der in kleiner Stückelung nur an private Haushalte und Organisationen ohne Erwerbscharakter verkauft wird, nicht eindeutig einzuordnen. Die Laufzeit von sechs (Typ A) oder sieben (Typ B) Jahren rückt dieses Papier in den unteren Bereich der langfristigen Schulden. Vom Standpunkt des Käufers ist die Laufzeit allerdings potentiell kürzer, da sich der Bund verpflichtet, die Schatzbriefe nach Ablauf eines Jahres jederzeit bis zu 10 000 DM pro Monat zurückzunehmen, sofern dies der Gläubiger wünscht. Dem Gläubiger wird durch eine zeitlich progressive

---

der Bundesrepublik vgl. das Gutachten des WISSENSCHAFTLICHEN BEIRATS BEIM BUNDESMINISTERIUM DER FINANZEN zur Schuldenstrukturpolitik des Staates, a.a.O.

[18] U-Schätze sind nicht unverzinslich in dem Sinne, daß der Kredit ohne Zins gewährt würde; die Verzinsung erfolgt nur nicht offen, sondern in Form einer Differenz zwischen Kreditaufnahme- und Kreditrückzahlungsbetrag.

Zinsstaffelung allerdings ein Anreiz geboten, die Bundesschatzbriefe bis zum Ende der Laufzeit zu halten.

Die vorstehenden Ausführungen beziehen sich auf die Laufzeit zum Zeitpunkt der Schuldenaufnahme (Emissionslaufzeit). Materiell nimmt jede ursprünglich langfristige Schuld im Laufe der Zeit mittel- und schließlich kurzfristigen Charakter in dem Maße an, wie sich die sog. *Restlaufzeit* entsprechend verkürzt.

2. Marktfähigkeit

Die Liquidität der öffentlichen Schulden, d. h. die Möglichkeit, sie schnell, sicher und mit möglichst geringen Kosten in Geld umzuwandeln, hängt nicht nur vom Tilgungszeitpunkt, sondern auch von der Marktfähigkeit während der Laufzeit ab. Diese ist um so größer, je weniger vertragliche Restriktionen bezüglich der Veräußerung bestehen und je besser die Sekundärmärkte organisiert sind. In dieser Sicht sind Beschränkungen der Marktfähigkeit, fehlende Sekundärmärkte (z. B. bei Bundesschatzbriefen während des ersten Jahres und bei Finanzierungsschätzen), wenig transparente oder sehr enge Sekundärmärkte (z. B. auf dem Gebiet der Schuldscheindarlehen) liquiditätsmindernd. Umgekehrt erhöht es die Liquidität, wenn die Bundesbank im Rahmen ihrer Politik den öffentlichen Schulden oder jedenfalls Teilen davon einen besonderen Liquiditätsstatus gibt, etwa durch die Verpflichtung oder Bereitschaft, diese Papiere im Rahmen der Geldmarktregulierung aufzukaufen *(Geldmarktfähigkeit)* oder im Rahmen der Lombardpolitik zu beleihen *(Lombardfähigkeit)*. Von Bedeutung ist ferner die Zuerkennung der bedingungslosen *Mündelsicherheit*[19] und der *Deckungsstockfähigkeit*[20], d. h. der Möglichkeit, für die Anlage von Mündelgeld oder Lebensversicherungsbeiträgen gewählt zu werden.

3. Gläubiger

Ein wesentliches Strukturmerkmal der öffentlichen Schuld ist die *Gliederung nach der Art der Gläubiger*. Der Fiskus kann darauf in mehrfacher Weise Einfluß nehmen. Er kann einmal Schuldformen generell vertraglich auf bestimmte Gläubigergruppen beschränken. So gibt der Bund, wie bereits erwähnt, Bundesschatzbriefe nur an private Haushalte und Organisationen ohne Erwerbscharakter ab. Er kann diese Differenzierung auch im Falle der Überzeichnung von angebotenen Anleihen vornehmen, wenn z. B. kleine Beträge (Kleinsparer) bevorzugt berücksichtigt werden. Unerwünschten Änderungen der Gläubiger-

---

[19] Vgl. § 1807 Abs. 1 Nr. 2 BGB.
[20] Vgl. § 68 Abs. 1 Nr. 1 des Gesetzes über die Beaufsichtigung der privaten Versicherungsunternehmen und Bausparkassen.

Übersicht 23–4

Die wichtigsten Formen der öffentlichen Kreditaufnahme[1]

Schuldformen / Merkmale[2]	Schatzwechsel[3]	Unverzinsliche Schatzanweisung[3]	
		U-Schätze	Finanzierungsschätze
Kennzeichnung	Diskontpapier[5], eigene Wechsel (Solawechsel) der öffentlichen Stellen. Reine Finanzwechsel, denen kein Kausalgeschäft zugrunde liegt. Dienen als Kassenverstärkungskredite	Diskontpapier[5]; Wertrechtemission seit Oktober 1997 (davor Sammelurkunde nach § 9a DepotG)	Diskontpapier[5]; Wertrechtemission seit 1992 (davor Sammelurkunde nach § 9a DepotG)
Marktzugehörigkeit, Börsengängigkeit	Geldmarkt; nicht börsenfähig	Geldmarkt; nicht börsenfähig	Geldmarkt; nicht börsenfähig
Zentralbankfähigkeit (Rediskont, Lombard, Wertpapierpensionsgeschäft)	rediskont- und lombardfähig nach § 19 Abs. 1 BBankG (ab Restlaufzeit von 3 Monaten)	lombard- und pensionsfähig	nicht zentralbankfähig
Stückelung	10.000 DM oder ein Vielfaches davon	seit Juli 1996 1 Mio. DM oder ein Vielfaches davon (davor 500.000 DM)	ab 1.000 DM sowie jeder auf volle 1.000 DM lautende Betrag bis 500.000 DM
Laufzeit, Fälligkeit	30–59 Tage, 60–90 Tage, gesamtfällig zu festgesetztem Termin	ca. 6 Monate („Bubills"); früher 1 bis 2 Jahre	ca. 12 oder 24 Monate, gesamtfällig am 20. des Fälligkeitsmonats bzw. nächstfolgenden Geschäftstages
Verzinsung	Diskontierung bei Erwerb	Diskontierung bei Erwerb	Diskontierung bei Erwerb
Kreditnehmer	Bund, Länder und Sondervermögen	Bund, Länder und Sondervermögen	Bund
Emissionsverfahren	für Bund und Sondervermögen: Einmalemission über die Deutsche Bundesbank; für Länder: Einmalemission über die betreffenden Landesbanken	für Bund seit Juli 1996 nur Tenderverfahren	Daueremission über die Deutsche Bundesbank
Gläubiger	nur Kreditinstitute und öffentliche Verwaltungen	jedermann; unmittelbare Teilnehmer am Ausschreibungsverfahren nur Mitglieder der Bietergruppe Bundesemissionen; vor allem institutionelle Anleger; seit August 1981 keine Verkaufsbeschränkung gegenüber Gebietsfremden	jedermann (auch gebietsfremde), ausgenommen Kreditinstitute
Neuemission[1] im Jahre (in Mrd. DM) 1991 / 1996		14,78 / 19,73	14,41 / 5,59
Stand Ende[1] (in Mrd. DM) 1991 / 1996	z.Zt. keine Papiere im Umlauf, letztmalig Bundesbahn 1974	16,06 / 20,14	18,65 / 7,17

[1] Gebietskörperschaften, BEV, FDE, ERP, ELF, KAF. Die Buchkredite bei der Deutschen Bundesbank stehen seit dem 1. 1. 1994 (Vertrag von Maastricht) nicht mehr als Verschuldungsform zur Verfügung.
[2] Alle Angaben beziehen sich auf den Bund ohne Sondervermögen, soweit nicht anders vermerkt.
[3] Ohne Mobilisierungs- und Liquiditätspapiere der Deutschen Bundesbank.
[4] Ohne den Eigenbestand der Emittenten.
[5] Wertpapier, das nur im Giroverkehr – nicht in effektiven Stücken – ausgegeben und gehandelt wird.

Quelle: INSTITUT FÜR KAPITALMARKTFORSCHUNG, DEUTSCHE BUNDESBANK, STATISTISCHES BUNDESAMT.

Die wichtigsten Formen der öffentlichen Kreditaufnahme[1]

Schatzanweisungen/ Obligationen	Bundesobligationen[4]	Anleihen[4]	Bundesschatzbriefe	Schuldscheindarlehen
Wertrechte[5], verzinsliche Schatzanweisungen, mittelfristig, seit 1959	Wertrechte[5], seit Dezember 1979 ausgegeben in aufeinanderfolgenden Serien, mittelfristig	Wertrechte[5], längerfristig	Wertrechte[5], seit 1969 ausgegeben. Ursprünglich zur Förderung der Vermögensbildung, inzwischen übliches Finanzierungsinstrument für den Bundeshaushalt. Die Begebung erfogt in zwei Arten, Typ A und Typ B	Kurz-, mittel- und langfristige Kreditgewährung. Der Schuldschein dient lediglich als Beweissicherung, kein Wertpapier, geringe Publizität
je nach Laufzeit Geld- oder Kapitalmarkt, börsenfähig im Geregelten Markt in Frankfurt/M.	Kapitalmarkt; nach Beendigung einer Serie im amtlichen Börsenhandel; Kurspflege durch die Deutsche Bundesbank	Kapitalmarkt; börsenfähig, amtlicher Handel; Kurspflege durch die Deutsche Bundesbank (nur bei Bund und Sondervermögen)	Kapitalmarkt; nicht börsenfähig	im wesentlichen Kapitalmarkt, nicht börsenfähig, jedoch übertragbar durch Zession
lombard- und pensionsfähig	erst nach Zweiterwerb durch Kreditinstitute lombardfähig; pensionsfähig	lombardfähig; pensionsfähig	nicht zentralbankfähig	nicht zentralbankfähig
5.000 DM oder ein Vielfaches davon; THA 1.000 DM	100 DM oder ein Vielfaches davon	seit Dezember 1992 1.000 DM (davor 100 DM)	Typ A und Typ B: 100 DM oder ein Vielfaches davon (Typ B bis 1992 50 DM)	ab 1 Mio. DM
seit September 1996 2 Jahre, gesamtfällig zu festgesetztem Termin (davor 4 Jahre); THA 5 Jahre	5 Jahre, gesamtfällig	diverse Laufzeiten (bis max. 30 Jahre), i.d. R. 10 Jahre; gesamtfällig am Ende der Laufzeit	Typ A: 6 Jahre, Typ B: 7 Jahre; feste Laufzeit, jedoch Gläubigerkündigungsrecht frühestens nach 1. Laufzeitjahr bis zu 10.000 DM je 30 Zinstage und Person	nach Vereinbarung i.d. R. 1–10 Jahre
fester Zinssatz, jährlich nachschüssige Verzinsung	fester Zinssatz, jährlich nachschüssige Verzinsung	in der Regel fester Zinssatz, jährlich nachschüssige Verzinsung	steigender Zinssatz (Zinsstaffel) Typ A: jährl. Zinszahlung; Typ B: Zinsansammlung	in der Regel fester Zinssatz; jährliche nachschüssige Verzinsung
Bund, Länder und Sondervermögen	Bund	Bund, Länder und Sondervermögen (gelegentlich auch Städte)	Bund	Bund, Länder, Gemeinden und Sondervermögen
Bund und Sondervermögen: Einmalemission über die Deutsche Bundesbank i.d. R. im Tenderverfahren; Länder: Einmalemission über betreffende Landesbanken	Daueremission über die Deutsche Bundesbank; Tenderverfahren / freihändiger Verkauf	Bund und Sondervermögen des Bundes: Einmalemission, seit Januar 1998 nur Tenderverfahren mit den Mitgliedern der Bietergruppe Bundesemissionen; Länder: Einmalemission über besondere Konsortien	Daueremission über die Deutsche Bundesbank im freihändigen Verkauf	Einmalemission; direkte Kontrahierung mit Gläubigern
unmittelbarer Erwerb nur durch Mitglieder der Bietergruppe Bundesemissionen; Privatpersonen nur über Kreditinstitute	Ersterwerb durch natürliche Personen (auch gebietsfremde) sowie durch gebietsansässige gemeinnützige, mildtätige und kirchliche Einrichtungen; Erwerb am Sekundärmarkt durch jedermann möglich	Verkauf an jedermann	Erwerb nur durch Privatpersonen (auch gebietsfremde) sowie gebietsansässige gemeinnützige, mildtätige und kirchliche Einrichtungen	vorwiegend größere Banken und andere institutionelle Anleger
34,28 37,67	33,81 45,18	51,00 55,02	14,26 25,30	92,26 223,37
66,16 217,23	133,66 176,16	333,20 631,71	34,70 96,39	548,96 853,02

struktur nach dem Erstabsatz kann durch Beschränkungen der Marktfähigkeit entgegengewirkt werden, z. B. bei Schuldscheinen durch generelle oder (z. B. auf das Ausland beschränkte) partielle Übertragungsverbote.

Selbst wenn auf die ausdrückliche Differenzierung auf der Nachfrageseite verzichtet wird, wird die Gläubigerstruktur schon allein durch die Wahl der Schuldformen beeinflußt, weil die einzelnen Gläubigergruppen unterschiedliche Präferenzen haben. So sind kurzfristige Papiere vor allem für Kreditinstitute, weniger für Kapitalsammelstellen mit langfristigem Anlagebedarf interessant. Für Schuldscheindarlehen kommen vor allem Großanleger in Frage, nicht jedoch die breite Masse der privaten Haushalte, insbesondere dann, wenn die Mindestbeträge sehr hoch sind.

Die Gläubigerstruktur ist in der Bundesrepublik Deutschland vor allem durch die sehr hohe Konzentration auf die Kreditinstitute geprägt, auf die 1996 53,2 % der Gesamtverschuldung entfielen (vgl. Übersicht 23-5). Das Pendant dazu ist der geringe Anteil der privaten Haushalte. Er wird offiziell nicht gesondert ausgewiesen, sondern ist in der Position „Sonstige" enthalten.

Übersicht 23–5

Die Entwicklung der Gläubigerstruktur der öffentlichen Verschuldung[a] in der Bundesrepublik Deutschand

	1960	1970	1980	1989	1991	1996
Schuldenstand in Mrd. DM	52,8	125,9	468,6	928,8	1 173,9	2 129,3
Gläubigeranteile in %						
I. Bankensystem insgesamt	60,6	70,8	70,6	58,9	53,4	53,6
1. Bundesbank	17,4	9,2	2,9	1,4	1,1	0,4
2. Kreditinstitute	43,2	61,6	67,7	57,5	52,3	53,2
II. Inländische Nichtbanken insgesamt	27,4	27,9	20,6	18,9	23,5	17,4
3. Sozialversicherungen[b]	5,9	5,0	2,3	0,7	0,6	0,2
4. Sonstige[c]	21,5	22,9	18,3	18,2	22,9	17,2
III. Ausland[d]	12,0	1,3	8,9	22,2	23,1	29,0

[a] Bund, LAF, ERP, FDE, KAF, BEV, ELF, ASS, EF, Länder und Gemeinden. Ab 1991 einschließlich der neuen Bundesländer.

[b] Ohne von Zusatzversorgungskassen des öffentlichen Dienstes erworbene Anleihen der öffentlichen Haushalte.

[c] Die Position „Sonstige" wird als Restgröße (Differenz) ermittelt. Sie umfaßt die Forderungen der Individualversicherungen, der privaten Haushalte und Unternehmen, der Investment-Fonds und der sog. „sonstigen öffentlichen Stellen". Diese Position ist aus statistischen Gründen nicht weiter aufteilbar.

[d] Im Besitz von Nichtinländern (Banken und Nichtbanken).

Quelle: DEUTSCHE BUNDESBANK: Monatsberichte, Statistischer Teil, Tab. VIII.8: Entwicklung der öffentlichen Verschuldung, lfd.; Angaben für 1960 lt. schriftlicher Mitteilung der DEUTSCHEN BUNDESBANK.

Am stärksten hat sich seit den 70er Jahren der Anteil des Auslandes verändert; er ist von 1,3% 1970 auf 29,0% 1996 gestiegen. Darin dürfte auch die wachsende Bedeutung der DM als Reservewährung zum Ausdruck kommen.

4. Verzinsung

Die Verzinsung kann *offen durch periodische Zahlungen* (z.B. jährlich oder halbjährlich) erfolgen oder in Form eines *über dem Kreditaufnahmebetrag liegenden Tilgungsbetrages*. Die laufende offene Verzinsung ist bei mittel- und langfristigen Wertpapieren üblich; die andere Form wird bei Schatzwechseln, U-Schätzen, Finanzierungsschätzen, aber auch bei Bundesschatzbriefen vom Typ B praktiziert.

Die Verzinsung wird in der Bundesrepublik in der Regel für die gesamte Laufzeit verbindlich festgelegt. Üblich ist, dabei den Zinssatz konstant zu halten. Im Falle des Bundesschatzbriefes ist er *zeitlich progressiv gestaffelt*. Die relativ niedrige Eingangsverzinsung orientiert sich dabei an den Zinsen für einjährige Festgelder. Die dann steigende Zinsvergütung soll einen Anreiz bieten, die Schatzbriefe trotz eingeräumter Rückgabemöglichkeit zu halten.

5. Tilgung

Mit der Laufzeit ist auch der Zeitpunkt der Tilgung festgelegt, sofern der Schuldbetrag zu einem bestimmten Zeitpunkt gleichzeitig zurückzuzahlen ist (*Gesamtfälligkeit*). Dies trifft global für den Schuldner, bei einer Vielzahl von Gläubigern aber nicht für den einzelnen Gläubiger zu, wenn eine Anleihe nach einem tilgungsfreien Zeitraum über mehrere Jahre in der Weise getilgt wird, daß das Rückzahlungsvolumen global festgelegt ist, die in den einzelnen Jahren zu tilgenden Anleiheteile konkret erst vor den einzelnen Tilgungsterminen durch Los ermittelt werden (*Auslosungsanleihe*).

6. Die Entwicklung der Schuldenstruktur in der Bundesrepublik Deutschland

Die Entwicklung der Struktur der öffentlichen Verschuldung in der Bundesrepublik Deutschland soll hier anhand einer von der Deutschen Bundesbank veröffentlichten Gliederung untersucht werden (vgl. Übersicht 23-6). Wenn man von den Altschulden[21] absieht, die im Zuge des rapiden Anstiegs der Nettoneu-

---

[21] Die sog. Altschulden wurden nicht von den Gebietskörperschaften der Bundesrepublik für Zwecke der Haushaltsfinanzierung aufgenommen, sondern waren ursprünglich die Konsequenzen der Währungsreform von 1948, der Beschlüsse der Londoner Schuldenkonferenz

Übersicht 23–6

Die Entwicklung der Struktur der öffentlichen Verschuldung[a] in der Bundesrepublik Deutschland[b]

	1960		1970		1980		1989		1991		1996	
	in Mio. DM	in %	in Mio. DM	in %	in Mio. DM	in %	in Mio. DM	in %	in Mio. DM	in %	in Mio. DM	in %
1. Buchkredit der Bundesbank[c]	108	0,2	2721	2,2	2437	0,5	1053	0,1	189	0,0	–	–
2. Unverzinsliche Schatzanweisungen[d]	1150	2,2	1750	1,4	5963	1,3	12154	1,3	34709	3,0	27609	1,3
3. Obligationen/Schatzanweisungen[e]	820	1,6	3210	2,5	18499	3,9	50448	5,5	66159	5,6	217668	10,2
4. Bundesobligationen[e]	–	–	–	–	8641	1,8	93870	10,1	133663	11,4	176164	8,3
5. Bundesschatzbriefe	–	–	575	0,5	24080	5,1	33366	3,6	34696	3,0	96361	4,5
6. Anleihen[e]	3528	6,7	16916	13,4	54707	11,7	225063	24,2	333202	28,4	631696	29,7
7. Direktausleihungen der Kreditinstitute[f]	11205	21,2	59523	47,3	305727	65,2	472947	50,9	527630	44,9	839501	39,4
8. Sonstige Darlehen[g]	5271	10,0	16829	13,4	31371	6,7	26030	2,8	28838	2,5	40325	1,9
9. Altschulden[h] und Ausgleichsforderungen	30677	58,1	24366	19,4	17189	3,7	13905	1,5	14778	1,3	99989	4,7
Summe	52759	100,0	125890	100,0	468612	100,0	928837	100,0	1173864	100,0	2129344	100,0

a Ohne Verschuldung der Haushalte untereinander.
b Ab 1991 einschließlich der neuen Bundesländer.
c Einschließlich der Sonderkredite an den Bund.
d Ohne Mobilisierungs- und Liquiditätspapiere.
e Ohne den Eigenbestand der Emittenten.
f Im wesentlichen Schuldscheindarlehen. Einschließlich der bei ausländischen Stellen aufgenommenen Darlehen.
g Einschließlich Darlehen von Sozialversicherungen und der bei ausländischen Stellen aufgenommenen Darlehen sowie der Verbindlichkeiten aus der Investitionshilfeabgabe.
h Wohnungsbau-Altverbindlichkeiten, NVA- und WSG-Wohnungsbauverbindlichkeiten sowie Altschulden gemäß Londoner Schuldenabkommen.

Quelle: DEUTSCHE BUNDESBANK: Monatsberichte, Statistischer Teil, Tab. VIII.8: Entwicklung der öffentlichen Verschuldung, lfd.

verschuldung seit den 70er Jahren fast bedeutungslos geworden waren, ist die deutsche öffentliche Verschuldung durch die *Dominanz der Direktausleihungen der Kreditinstitute* in Form von Schuldscheindarlehen gekennzeichnet. Die Gemeinden verschulden sich so gut wie ausschließlich in dieser Form; die Länder sehr weitgehend auch. Hier spielen enge Verbindungen zu den jeweiligen „Hausbanken" (Sparkassen, Landesbanken etc.) eine ausschlaggebende Rolle. Im Gegensatz zu börsennotierten Anleihen werden Schuldscheine mit dem Nominalwert bilanziert. Die dadurch entfallenden Wertberichtigungen machen sie bei erwarteten Zinssteigerungen besonders attraktiv. Die Konditionen können überdies gezielt, flexibel und rasch auf die Bedürfnisse der Beteiligten abgestimmt werden. Auch sind die Kreditnebenkosten (Emissions-, Bedienungs- und Marktpflegekosten) geringer, so daß im Vergleich zu Anleihen gleichzeitig die Rendite für die Gläubiger höher und die Kosten für den Schuldner niedriger sein können.

Der Anteil der Direktausleihung erhöhte sich kontinuierlich von 47% 1970 auf in der Spitze 69% im Jahre 1981, da auch der Bund den Anteil dieser Schulden von 26% 1970 auf 51% 1981 steigerte. Der Anteil der Wertpapiere (Positionen 2–6 der Übersicht 23-6) entwickelte sich nicht einheitlich. Er bewegte sich zu Beginn der 70er Jahre um die 18%, stieg dann bis auf 28% 1977. Nach einem Rückgang auf 20% 1981 folgte ein fast kontinuierlicher Anstieg bis auf 54% 1996. Innerhalb der Wertpapiere dominieren die (Bundes-)Anleihen, deren Anteil an der Gesamtverschuldung von 12% 1980 über 26% 1990 auf 30% 1996 stieg.

Oben in Übersicht 23-5 wird der Anteil der Schulden im Besitz von Nichtinländern (Ausland) ausgewiesen. Er ist seit Beginn der 70er Jahre nahezu kontinuierlich gestiegen, und zwar von 1% 1970 über 9% 1980, 21% 1990 auf schließlich 29% 1996. Dabei ist zu berücksichtigen, daß zur Auslandsverschuldung auch die Wertpapiere zählen, die von deutschen Bürgern bei Banken im Ausland (in Luxemburg etwa) gehalten werden.

§ 124. Verfahren der Kreditaufnahme

Die Frage, wie bestimmte im Hinblick auf die in § 123 unterschiedenen Merkmale spezifizierte öffentliche Schulden aufgenommen, wie die entsprechenden Kreditbeträge „eingekauft" werden sollen[22], führt zu Problemen, wie sie oben

---

(1951–1953) sowie der Altsparerregelung von 1953 (vgl. W. Dreißig: Die Technik der Staatsverschuldung, a. a. O., S. 77f.). Durch Tilgungen wurden sie schließlich quantitativ nahezu bedeutungslos, bis sie im Zuge der Währungsumstellung in der DDR durch neu entstandene Ausgleichsforderungen und dann durch übernommene Schulden des Wohnungsbausektors wieder anstiegen.

[22] In der Literatur wird, insbesondere im Zusammenhang mit Anleihen, statt von Kreditaufnahme auch von Emission, Begebung oder Plazierung gesprochen.

in Kapitel 13 (Die Vergabe öffentlicher Aufträge) bereits behandelt worden sind.

1. Selbst- und Fremdemission

Im Falle der Kreditaufnahme ist zunächst zwischen Selbst- und Fremdemission zu unterscheiden. Im Rahmen der *Selbstemission*, auch Eigenemission oder direkte Emission genannt, bemüht sich der Schuldner selbst um die Unterbringung des Schuldbetrags. Bei der *Fremdemission*, auch indirekte Emission genannt, bedient sich der Fiskus bestimmter Institute, vor allem der Banken, die sich zum Zwecke der Emissionsabwicklung zu einem *Konsortium* zusammenschließen können. Am Bundesanleihekonsortium, bei dem die Deutsche Bundesbank als Konsortialführerin fungierte, waren die weitaus meisten deutschen Banken direkt oder indirekt (etwa über die Landesbanken oder Girozentralen) beteiligt. Es war ein sog. gemischtes *Übernahme- und Plazierungskonsortium*, d. h. es übernahm den Emissionsbetrag gegen sofortige Gutschrift und damit das Absatzrisiko, zugleich auch die Verpflichtung, die Titel dem Publikum anzubieten. Das Bundesanleihekonsortium wurde Ende 1997 aufgelöst.

2. Laufende und gelegentliche Kreditaufnahme

Der Fiskus kann seinen Kreditbedarf dadurch decken, daß er bestimmte Schuldformen laufend anbietet *(Daueremission)* oder nur gelegentlich (sog. *Einmalemission*). Der Bund verkauft laufend Bundesschatzbriefe, Finanzierungsschätze und Bundesobligationen. Teils in regelmäßigen, teils in unregelmäßigen Abständen bietet er im Tender-Verfahren (vgl. unten Abschnitt 3) Unverzinsliche Schatzanweisungen, Bundesschatzanweisungen, Bundesobligationen und Bundesanleihen an.

3. Öffentliche Subskription und öffentliche Ausschreibung

Speziell im Rahmen der Selbstemission gelegentlich aufgenommener Kredite kann auf die öffentliche Subskription und auf die öffentliche Ausschreibung zurückgegriffen werden. Bei der *öffentlichen Subskription* werden die Kapitalanleger aufgefordert, für den Kauf von im Hinblick auf alle Konditionen genau spezifizierten Titeln Kaufangebote abzugeben. Bei der *öffentlichen Ausschreibung (Tender-Verfahren)* werden die Titel bis auf den Ausgabekurs fixiert und die Kapitalanleger dann aufgefordert, anzugeben, welche Beträge sie zu welchem Kurs zu übernehmen bereit sind. Der Schuldner wird, ausgehend von den höchsten gebotenen Kursen, die Angebote soweit berücksichtigen, bis der gewünschte Betrag erreicht ist (vorgegebener Schuldbetrag) bzw. bis die Konditionen als nicht mehr akzeptabel erscheinen (variabler Schuldbetrag). Der Abgabekurs kann dann entweder für alle berücksichtigten Anbieter einheitlich festgelegt oder nach Maßgabe der individuellen Angebote differenziert werden.

Der Bund verwendet das *Tender-Verfahren* für den Absatz von Unverzinslichen Schatzanweisungen, Bundesschatzanweisungen, Bundesobligationen und Bundesanleihen. Beteiligungsberechtigt sind die Mitglieder der „Bietergruppe Bundesemissionen", die nach der Auflösung des Bundesanleihekonsortiums Ende 1997 gebildet worden ist. Ihr gehören vor allem inländische Kreditinstitute und inländische Niederlassungen ausländischer Kreditinstitute an. Das Tender-Verfahren hat den Vorteil, daß die Zinskonditionen nicht im voraus festgelegt werden müssen, also auch nicht die Gefahr besteht, daß sie zum Verkaufszeitpunkt nicht mehr den Marktverhältnissen entsprechen. Für den Bund ist es überdies kostengünstig.

§ 125. Beurteilung

Die Beurteilung der öffentlichen Schulden hat sich im Zeitablauf geändert, wenngleich eine gewisse – durch die Erfahrungen des Mißbrauchs immer wieder bestätigte – Skepsis überwiegt[23].

1. Die Position der Klassiker

Die nationalökonomischen Klassiker lehnten im allgemeinen die Aufnahme öffentlicher Schulden ab. Sie gingen dabei von folgenden Annahmen und Erwägungen aus:
– Der Marktmechanismus sorgt automatisch für *Vollbeschäftigung*.
– Schuldenfinanzierte öffentliche Ausgaben *reduzieren in gleicher Höhe die privaten Investitionen (vollständiges Crowding out)*.
– Da die *Staatsausgaben unproduktiv* sind, kann dieser Effekt nicht über die Verwendungsseite kompensiert werden.
– Da die Schuldenaufnahme auf weniger Widerstände stößt als Steuererhöhungen, ist die Ablehnung der Staatsverschuldung zugleich auch eine *Bremse gegen unerwünschte Ausgabensteigerungen*.
– Nach RICARDO[24] führt die öffentliche Verschuldung zu einer *Public debt illusion*: Die Wirtschaftssubjekte in ihrer Gesamtheit fühlen sich reicher, als sie

---

[23] Vgl. zum Folgenden N. ANDEL: Changing Concepts of Public Debt in the History of Economic Thought, a.a.O.
[24] Vgl. D. RICARDO: Funding System (1820), in: P. Sraffa unter Mitarbeit von M.H. Dobb (Hrsg.): The Works and Correspondence of David Ricardo, Bd. IV, Cambridge 1951, S. 186f.

eigentlich sind, weil sie zwar in ihrer Eigenschaft als Titelhalter die Staatsschulden als Vermögensbestandteil ansehen, als Steuerzahler jedoch die
künftige Belastung im Zuge des Schuldendienstes nicht kapitalisieren[25].

2. Die objektbezogene Schuldenpolitik

Diese strenge Ablehnung der öffentlichen Schuld setzte sich in der Praxis nicht
durch. Was die Finanzwissenschaft betrifft, so gab diese zwar in der Folgezeit
den Steuern als „definitivem Deckungsmittel" gegenüber den Schulden als
„vorläufigem Deckungsmittel" den Vorzug, machte aber gewisse Zugeständnis-
se. Man trennte die Ausgaben in *ordentliche*, die durch laufende Einnahmen,
insbesondere Steuern, finanziert werden mußten, und in *außerordentliche*, für
die eine Kreditfinanzierung gestattet, allerdings nicht unbedingt gefordert
wurde. Zu den außerordentlichen Ausgaben wurden gezählt:
- Ausgaben für *rentable, sich selbst tragende Investitionen*. Die Schuldenfinanzierung führt hier zu keiner Belastung künftiger Haushalte.
- In einer weiteren Interpretation: Ausgaben, deren *Nutzen sich* über das laufende Haushaltsjahr hinaus *in die Zukunft erstreckt*. Künftige Generationen
  werden hier nicht einseitig belastet, da den Steuerzahlungen im Zuge des
  Schuldendienstes Nutzenstiftungen gegenüberstehen (Pay-as-you-use-Kon-
  zept).
- *Nicht vorhersehbare Ausgaben*, weil man plötzliche, kurzfristige Steuererhöhungen für ökonomisch nachteilig oder für nicht in voller Höhe realisierbar
  hält.

Diese Auffassung kommt in der oft zitierten Formulierung L. VON STEINS zum
Ausdruck: „ein Staat ohne Staatsschuld thut entweder zu wenig für seine Zukunft, oder er fordert zu viel von seiner Gegenwart"[26] sowie in dem oben zitierten Art. 115 Abs. 1 Satz 2 GG, wenngleich dort bereits konjunkturpolitisch modifiziert.

3. Die konjunkturbezogene Schuldenpolitik

Schon im letzten Jahrhundert, stärker noch in den ersten Dezennien dieses
Jahrhunderts mehrten sich die Stimmen, die eine differenzierte Beurteilung
der öffentlichen Schuld forderten. Dazu gehörten LAUDERDALE, MALTHUS, DIET-
ZEL, WAGNER, SCHANZ, STUCKEN, FICK oder NÖLL VON DER NAHMER[27]. Man unter-

---

[25] Vgl. oben S. 172f.

[26] L. VON STEIN: Lehrbuch der Finanzwissenschaft, 3. Aufl., Leipzig 1875, S. 716.

[27] Vgl. hierzu F. NEUMARK: Grundsätze und Arten der Haushaltführung und Finanzbedarfs-
deckung, in: W. Gerloff und F. Neumark (Hrsg.): Handbuch der Finanzwissenschaft, 2. Aufl.,
Bd. 1, Tübingen 1952, S. 631–634 (Dogmengeschichtliche Vorbemerkungen zur modernen
Budget und Kredittheorie).

schied zwischen Perioden der Kapitalknappheit und des Kapitalüberflusses; heute würde man wohl sagen: zwischen Vollbeschäftig... ...nd Unterbeschäftigung. In der *Phase der Unterbeschäftigung* hielt man schuldenfinanzierte öffentliche Ausgaben nicht nur für unbedenklich, sondern sogar für gesamtwirtschaftlich erwünscht. Diese Auffassung hat sich im Gefolge der KEYNESschen Theorie durchgesetzt. Man sieht heute, daß durch Staatsverschuldung finanzierte öffentliche Ausgaben in der Depression private Investitionen nicht nur nicht reduzieren, sondern im Gegenteil über den Nachfrageeffekt induzieren[28]. Man weiß heute ferner, daß in der gleichen Situation aus zusätzlichen Steuereinnahmen bewirkte Schuldentilgungen die privaten Investitionen nicht erhöhen, sondern reduzieren, weil die Steuererhebung die Nachfrage verringert, ein Effekt, der durch die mit der Rückzahlung verbundene Liquidisierung auch nicht annähernd kompensiert wird, zumal in dieser Situation die Geldpolitik ohnehin expansiv zu sein pflegt.

Wenn also in der Depression eine vergleichsweise expansive Schuldenpolitik gefordert wird, und zwar in aller Regel ohne Beschränkung auf sog. außerordentliche Ausgaben, fordert man im Boom ein im Vergleich zur objektbezogenen Schuldenpolitik zurückhaltenderes Vorgehen. In dieser Phase sollen Schuldenaufnahmen auch für rentable Projekte möglichst vermieden werden, ja die Steuereinnahmen die Gesamtausgaben übersteigen.

§ 126. Schuldenbegrenzung

Der starke Anstieg der überkonjunkturellen Kreditaufnahme während der sozial-liberalen Koalition und ganz besonders im Gefolge der deutschen Wiedervereinigung führte zur Forderung nach einer Verschärfung der Schuldenbegrenzung. Befriedigende neue Regelungen zu finden erweist sich jedoch als sehr schwierig, wenn man reine Schuldverlagerungen[29] und radikale einseitige Lösungen vermeiden, sondern gleichzeitig allokative und stabilitätspolitische Aspekte sowie Erfordernisse der Haushaltsflexibilität berücksichtigen will[30]. Das Urteil des Bundesverfassungsgerichts vom 18. 4. 1989[31] hat formal

---

[28] Vgl. die Wirkungsanalyse oben S. 168–172.

[29] J. VON HAGEN kommt in einer Studie über die Wirkungen von Schuldenbeschränkungen in den Einzelstaaten der USA zu dem Ergebnis: „The most significant effect of fiscal restraints is to induce governments to substitute nonrestricted for restricted debt instruments." (A note on the empirical effectiveness of formal fiscal restraints, in: Journal of Public Economics, Bd. 44, 1991, S. 209).

[30] Das Gutachten des Finanzbeirats aus dem Jahre 1984 mit seinen Differenzierungen und seinen unterschiedlichen Auffassungen mag als Beispiel dienen; vgl. WISSENSCHAFTLICHER BEIRAT BEIM BUNDESMINISTERIUM DER FINANZEN: Gutachten zu den Problemen einer Verringerung der öffentlichen Netto-Neuverschuldung, a.a.O.

[31] Vgl. oben S. 400 Fn. 10.

die Verschuldungsgrenzen enger gezogen, indem es die Bedeutung des Art. 109 Abs. 2 GG auch für Art. 115 Abs. 1 GG herausstellte, die Inanspruchnahme von Art. 115 Abs. 1 Satz 3 GG mit einer Pflicht verbunden hat darzulegen, daß das gesamtwirtschaftliche Gleichgewicht ernsthaft und nachhaltig gestört ist oder eine solche Störung unmittelbar bevorsteht und daß die erhöhte Kreditaufnahme dazu bestimmt und geeignet ist, diese Störung abzuwehren. Weitaus wirksamer waren in den letzten Jahren die sog. Maastricht-Kriterien. Es bleibt abzuwarten, ob diese Wirksamkeit auch nach dem Start der EWU im Rahmen des Stabilitäts- und Wachstumspakts erhalten bleibt[32].

Die Versuche, die staatlichen Ausgaben zu begrenzen und dabei Einnahmerestriktionen als Instrument einzusetzen, reichen in den USA weit in die 70er Jahre zurück und haben dort zu wesentlich radikaleren Forderungen geführt. Insbesondere BUCHANAN und seine Schüler stehen an der Spitze einer Bewegung, die eine Rückkehr zur „old-time fiscal religion"[33] fordert und den Rückfall in die Sünde dadurch erschweren will, daß der jährliche Budgetausgleich den Rang einer Verfassungsnorm erhält. Die Unterstützung dafür war sehr breit, ist aber auch in den USA auf Bundesebene bislang letztlich erfolglos geblieben.

---

[32] Vgl. oben S. 402 f. sowie unten S. 545.
[33] So eine Kapitelüberschrift bei J. M. BUCHANAN und R. E. WAGNER: Democracy in Deficit. The Political Legacy of Lord Keynes, a. a. O., S. 9.

Teil IV

Finanzwirtschaftspolitik

In Teil I sind Ziele und Instrumente zunächst überblicksartig dargestellt worden. Nach einer eingehenderen Untersuchung der Ausgaben und Einnahmen (Teile IV und V) einschließlich ihrer Wirkungen (Teil III) sowie des finanzpolitischen Entscheidungsprozesses (Teil II) ist es nun angebracht, verschiedene Bausteine zielbezogen zusammenzufassen und zu ergänzen. Entsprechend den oben in Kapitel II unterschiedenen Zielsetzungen geschieht dies in den Kapiteln „Budgetäre Allokationspolitik", „Budgetäre Verteilungspolitik" und „Budgetäre Stabilisierungspolitik".

Kapitel 24
Budgetäre Allokationspolitik

Literatur

a) STEINER, PETER O.: The Public Sector and the Public Interest, in: Robert H. Haveman und Julius Margolis (Hrsg.): Public Expenditure and Policy Analysis, 3. Aufl., Boston 1983, S. 3–41.

b) ANDEL, NORBERT: Nutzen-Kosten-Analysen, in: Fritz Neumark, Norbert Andel und Heinz Haller (Hrsg.): Handbuch der Finanzwissenschaft, 3. Aufl., Bd. 1, Tübingen 1977, S. 475–518.

ARNOLD, VOLKER: Theorie der Kollektivgüter, München 1992.

BONUS, HOLGER: Eine Lanze für den „Wasserpfennig", in: Wirtschaftsdienst, Jg. 66, 1986, S. 451–455.

GOTTFRIED, PETER, und WOLFGANG WIEGARD: Wunderwaffe Ökosteuer? Eine finanzwissenschaftliche Betrachtung, in: Wirtschaftswissenschaftliches Studium, 24. Jg., 1995, S. 500–508.

KIRCHGÄSSNER, GEBHARD: Ökologische Steuerreform: Utopie oder realistische Alternative?, in:

Gerold Krause-Junk (Hrsg.): Steuersysteme der Zukunft, Schriften des Vereins für Socialpolitik, N.F. Bd. 256, Berlin 1998, S. 279–319.

HAVEMAN, ROBERT H., und JULIUS MARGOLIS (Hrsg.): Public Expenditure and Policy Analysis, 3. Aufl., Boston 1983.

HEAD, JOHN G.: On Merit Wants, in: Finanzarchiv, N. F. Bd. 46, 1988, S. 1–37.

INMAN, ROBERT P.: Markets, Governments, and the „New" Political Economy, in: Alan J. Auerbach und Martin Feldstein (Hrsg.): Handbook of Public Economics, Bd. 2, Amsterdam u. a. O. 1987, S. 647–777.

MUELLER, DENNIS C.: Public Choice II, Cambridge u. a. O. 1989.

POMMEREHNE, WERNER W.: Präferenzen für öffentliche Güter, Tübingen 1987.

SCHÖB, RONNIE: Ökologische Steuersysteme. Umweltökonomie und optimale Besteuerung, Frankfurt/M.–New York 1995.

RICHTER, WOLFRAM F., und WOLFGANG WIEGARD: Zwanzig Jahre „Neue Finanzwissenschaft", in: Zeitschrift für Wirtschafts- und Sozialwissenschaft, Bd. 113, 1993, S. 169–224 und 337–400.

SAMUELSON, PAUL A.: The Pure Theory of Public Expenditure, in: Review of Economics and Statistics, Bd. 36, 1954, S. 387–389.

DERS.: Diagrammatic Exposition of a Theory of Public Expenditure, in: Review of Economics and Statistics, Bd. 37, 1955, S. 350–356.

SANDMO, AGNAR: Optimal Taxation. An introduction to the literature, in: Journal of Public Economics, Bd. 6, 1976, S. 37–54; deutsche Übersetzung in: Manfred Rose, H.-Dieter Wenzel und Wolfgang Wiegard: Optimale Finanzpolitik, Stuttgart–New York 1981, S. 70–92.

SOHMEN, EGON: Allokationstheorie und Wirtschaftspolitik, Tübingen 1976, Kap. 5, 7, 8, 11 und 12.

TIMM, HERBERT: Finanzwirtschaftliche Allokationspolitik, in: Fritz Neumark, Norbert Andel und Heinz Haller (Hrsg.): Handbuch der Finanzwissenschaft, 3. Aufl., Bd. 3, Tübingen 1981, S. 135–255.

§ 127. Gegenstand

Im Rahmen der Allokationspolitik wird der Einsatz der Produktionsfaktoren beeinflußt, wenn man von der Inputseite ausgeht, die Struktur der produzierten Güter verändert, wenn man die Outputseite betrachtet. In der normativen Analyse steht dabei traditionell das Ziel im Vordergrund, die Allokationseffizienz im neoklassischen Sinne zu verbessern. *Danach ist eine Maßnahme immer dann vorteilhaft, wenn die Summe der Wertschätzungen, welche die davon positiv Betroffenen ihr beimessen, größer ist als die Summe der Wertschätzungen der negativ Betroffenen.* Dies impliziert, daß die Nutznießer einer betrachteten Maßnahme die dadurch negativ Betroffenen entschädigen können und gleichwohl noch einen Nettovorteil behalten.

Im marktwirtschaftlichen Bereich gibt es durch das Gewinnstreben und den Wettbewerb starke Anreize, solche potentiell PARETO-besseren Situationen aufzuspüren und allokativ zu nutzen. Allerdings führen verschiedene Formen des *Marktversagens* dazu, daß die Bedingungen des wohlfahrtstheoretischen Allokationsoptimums nicht immer erfüllt sind und sich Spielräume für allokationseffizienzsteigernde staatliche Maßnahmen ergeben. Der Einsatz budgetärer Instrumente spielt vor allem im Zusammenhang mit öffentlichen und meritorischen Gütern, technologischen externen Effekten und sinkenden Durchschnittskosten eine Rolle. Ob allerdings im Einzelfall damit gerechnet werden kann, daß dieser Spielraum auch tatsächlich zielgerecht genutzt wird, ist nicht selbstverständlich, sondern bedarf einer sorgfältigen Prüfung. Grundsätzlich kann nämlich nicht ausgeschlossen werden, daß etwa aufgrund fehlender Informationen, ungenügender Flexibilität oder einseitigen Einflusses von partikulären Interessengruppen das Marktversagen nicht korrigiert, sondern durch die staatlichen Eingriffe sogar noch verstärkt wird (*Regierungsversagen*)[1].

§ 128. Die Bereitstellung öffentlicher und meritorischer Güter

Reine öffentliche Güter bilden heute *das* Paradigma für die Notwendigkeit staatlicher Eingriffe auch in demokratischen Gesellschaften, die Allokationsentscheidungen möglichst weitgehend dem Markt überlassen. Ihre Eigenschaften und die damit verbundenen Probleme wurden schon früh von einzelnen Autoren angedeutet[2] und bereits von M. CASSEL[3] aus heutiger Sicht überraschend „modern" ausführlicher dargelegt. Leider hat die Finanzwissenschaft dieses Konzept lange Zeit wenig beachtet. Erst durch die Arbeiten von SAMUELSON[4] und vor allem durch MUSGRAVES einflußreiche „Theory of Public Finance"[5] wurde die von G. CASSEL zu Beginn unseres Jahrhunderts aufgestellte Forderung verwirklicht, die allokative Problematik öffentlicher Güter „zum Ausgangspunkt der ganzen Finanzwissenschaft"[6] zu machen.

---

[1] Vgl. CH. WOLF, JR.: Markets or Governments. Choosing between Imperfect Alternatives, a.a.O.

[2] Vgl. K. SCHMIDT: Zur Geschichte der Lehre von den öffentlichen Kollektivbedürfnissen, in: N. Kloten u.a. (Hrsg.): Systeme und Methoden in den Wirtschafts- und Sozialwissenschaften. Erwin von Beckerath zum 75. Geburtstag, Tübingen 1964, S. 336–362; R.A. MUSGRAVE und A.T. PEACOCK: Classics in the Theory of Public Finance, London–New York 1958 (Paperback 1967). Exemplarisch sei hier A. WAGNER zitiert: „Die Natur der Leistung für manche Arten der Bedürfnisbefriedigung bringt es mit sich, dass Einzelnen die Theilnahme an dem betreffenden Vortheil oder Genuss (die Consumption) nicht vorzuenthalten ist, wenn die Leistung überhaupt einmal erfolgt. Die Herstellung der Leistung macht hier ferner öfters Kosten, welche wenig oder gar nicht, jedenfalls nicht im Verhältnis des grösseren Umfangs der Theilnahme an den Vortheilen der Leistung wachsen. Die Vortheile lassen sich für den Einzelnen auch nicht genau messen, ein Tauschwerthanschlag dafür erscheint unausführbar." (Grundlegung der politischen Oekonomie, 3. Aufl., Erster Theil, Zweiter Halbband, Leipzig 1893, S. 919.)

[3] Vgl. M. CASSEL: Die Gemeinwirtschaft. Ihre Stellung und Notwendigkeit in der Tauschwirtschaft, Leipzig–Erlangen 1925, S. 57, 78.

[4] Vgl. P.A. SAMUELSON: The Pure Theory of Public Expenditure, a.a.O., und DERS.: Diagrammatic Exposition of a Theory of Public Expenditure, a.a.O.

[5] Vgl. R.A. MUSGRAVE: The Theory of Public Finance, a.a.O., S. 8–11; Finanztheorie, a.a.O., S. 8–11.

[6] Vgl. G. CASSEL: Theoretische Sozialökonomie, Leipzig 1918, S. 57.

Die Standardbeispiele für öffentliche Güter sind die äußere und innere Sicherheit (Verteidigung bzw. Polizei und Justiz), also Bereiche, die schon zu den staatlichen Aufgaben des liberalen „Nachtwächterstaates" gehörten. Daß der Staat hier unmittelbar selbst die Produktion festlegt (Planungsfunktion) und ganz überwiegend mit Zwangsabgaben ohne Bezug auf die Verteilung des Nutzens öffentlicher Güter finanziert (Finanzierungsfunktion), ist heute unumstritten, ganz weitgehend auch, daß er die Produktion selbst durchführt, nicht etwa privaten Unternehmungen überträgt (Produktionsfunktion). Zwar gibt es historische Beispiele für private Söldnerheere, private Rechtsprechung und private Steuereintreibung, doch wird dies heute abgelehnt, vor allem weil diese Tätigkeit mit weitreichenden Eingriffen in die private Freiheit (Militärpflicht, Gefängnishaft, Auskunftpflichten) verbunden ist, die man unter unmittelbarer staatlicher Kontrolle belassen möchte.

1. Reine öffentliche Güter

1.1. Charakterisierung

Reine öffentliche Güter im Sinne von SAMUELSON und MUSGRAVE sind durch zwei Eigenschaften gekennzeichnet:

1) Von ihrer Nutznießung kann niemand ausgeschlossen werden *(Nichtausschließbarkeit)*.

2) Die Grenzkosten für einen zusätzlichen Nutznießer sind Null *(Nichtrivalität)*.

So erstrecken sich die Wirkungen der Verteidigung im Sinne der Abschreckung potentieller Angreifer automatisch auf alle Bürger eines Landes; sie können nicht auf bestimmte Personengruppen begrenzt werden. Erhöht sich die Zahl der Bürger durch Geburt oder Einwanderung, so werden diese neuen Personen in den Schutz einbezogen, ohne daß dadurch zusätzliche Ausgaben erforderlich würden oder sich der Schutz für die bereits vorhandenen Bürger reduzieren würde. Dagegen sind die Grenzkosten für eine Erhöhung des Bereitstellungsniveaus, das dann ebenfalls allen Bürgern zugute käme, positiv, da sie zusätzliche Ausgaben etwa für Personal und Waffen erfordern.

Die erste oben genannte Eigenschaft macht eine marktwirtschaftliche Bedürfnisbefriedigung unmöglich, da das Ausschlußprinzip Voraussetzung dafür ist, Leistungen verkaufen zu können. Aber selbst wenn dieses technische Hindernis nicht bestünde, wäre im Hinblick auf die zweite Eigenschaft die marktwirtschaftliche Bedürfnisbefriedigung auch deshalb in effizienter Weise nicht möglich, weil bei Grenzkosten von Null und preiselastischer Nachfrage ein positiver Preis allokationspolitisch verfehlt wäre.

1.2. Optimalbedingungen

Für die optimale Bereitstellung privater Güter gilt, daß die Produktion so lange zu erhöhen ist, bis die marginale Zahlungsbereitschaft den Grenzkosten entspricht. Rein formal kann man diese Bedingung auch auf reine öffentliche Güter übertragen, allerdings mit dem bedeutsamen Unterschied, daß sie bei privaten Gütern für jedes Individuum separat gilt, bei reinen öffentlichen Gütern aber für die Gesamtheit der Bürger, da es keine individuell verfügbaren, sondern nur von allen gemeinsam nutzbare öffentliche Güter gibt. Angenommen, eine Gemeinschaft besteht aus den Bürgern A und B, deren marginale Wertschätzung für ein öffentliches Gut in MW_A und MW_B zum Ausdruck kommt (vgl. Abb. 24-1)[7]. Die optimale Produktionsmenge an öffentlichen Gütern erhält man im Schnittpunkt von Gesamtwertschätzungskurve (*vertikale* Addition von MW_A und MW_B) und Grenzkostenkurve GK. Hier gilt die SAMUELSON-Bedingung Grenzrate der Transformation = Summe der Grenzraten der Substitution[8]. Die Grenzkosten in Höhe von $0F$ werden durch die Wertschätzungen von A in Höhe von $0D$ und von B in Höhe von $0E$ gedeckt ($0D = EF$). Eine Erhöhung der Menge über $\bar{G}$ hinaus wäre ineffizient: Der marginale Effizienzverlust in diesem Bereich läßt sich an dem vertikalen Abstand zwischen GK und ($MW_A + MW_B$) ablesen. Eine kleinere Produktion als $\bar{G}$ würde den Verzicht auf mögliche Wohlfahrtssteigerungen bedeuten, deren marginale Größe durch den vertikalen Abstand zwischen ($MW_A + MW_B$) und GK zum Ausdruck kommt.

Abbildung 24–1

Das Allokationsoptimum bei öffentlichen Gütern

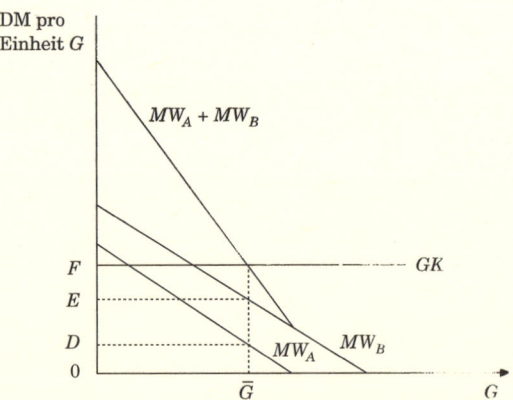

---

[7] Wertschätzungskurven und Nachfragekurven werden hier beide als Ausdruck der Bewertung von Gütern in Geld verwendet. Sie fallen auseinander, wenn etwa aus taktischen Gründen die mitgeteilte Wertschätzung (Nachfrage) unter der tatsächlichen liegt.

[8] Vgl. P. A. SAMUELSON: Diagrammatic Exposition of a Theory of Public Expenditure, a. a. O., S. 353f. Die graphische Lösung wie in Abb. 24-1 findet sich schon bei H. R. BOWEN: The Inter-

Am Markt privater Güter besteht eine – je nach Wettbewerbsgrad allerdings unterschiedlich stark ausgeprägte – Tendenz, die optimale Produktionsmenge herzustellen. Ist das Angebot größer, dann kann es nicht kostendeckend abgesetzt werden, so daß es zur Produktionseinschränkung kommt; ist es kleiner, führen unbefriedigte Nachfrage und Preiserhöhungen zu Angebotssteigerungen. Solche Automatismen gibt es im öffentlichen Bereich nicht. Wegen der fehlenden unmittelbaren Verknüpfung von einzelnen Ausgaben und einzelnen Einnahmen weiß man nicht, ob die Forderung der Bürger nach zusätzlichen Ausgaben lediglich dem Wunsch entspringt, mehr auf Kosten anderer zu erhalten, oder aber wirklich durch eigene Wertschätzung (Zahlungsbereitschaft) gedeckt ist. Wenn A und B mit entsprechend ihrer marginalen Wertschätzung (im Optimum) differenzierten Steuern zu rechnen hätten, wäre das anders. Allerdings kennt man diese Größe nicht, da die Bürger wegen der fehlenden Ausschlußmöglichkeit nicht bereit sind, ihre Wertschätzungen zu offenbaren, wenn dies mit steuerlichen Folgen verbunden ist (*Free-rider-, Schwarzfahrer-Problem*). Auf die Probleme der Ermittlung der Wertschätzung wird unten in § 132 eingegangen.

Der Teil der öffentlichen Leistungserstellungen, der auf reine öffentliche Güter à la SAMUELSON und MUSGRAVE entfällt, ist nicht sehr groß; er umfaßt vor allem die Verteidigung, die innere Sicherheit, die Rechtsordnung, die Systeme der Maße, Gewichte und Normen sowie das Währungssystem.

2. Mischgüter

Zahlreiche öffentliche Leistungen sind kollektive Güter in dem Sinne, daß sie von mehreren Bürgern gleichzeitig genutzt werden können, ohne aber durchgehend oder in vollem Umfang die oben genannten Eigenschaften reiner öffentlicher Güter aufzuweisen.

2.1. Variierende Grenzkosten

Was die Grenzkosten eines zusätzlichen Benutzers einer Straße betrifft, so kann man diese vernachlässigen, wenn es sich um leichte Fahrzeuge handelt, welche die Straßendecke nicht spürbar beschädigen, und wenn die Nutzung in Zeiten völlig unausgelasteter Kapazität fällt, so daß andere Verkehrsteilnehmer nicht beeinträchtigt werden. Hier wäre die Erhebung eines Preises allokativ verfehlt. Anders ist es, wenn in Phasen stark beanspruchter Kapazitäten Kosten für andere Benutzer in Form von Streß, Staus und Unfällen entstehen. Hier würden Nutzungspreise zeitliche oder räumliche Verlagerungen des Ver-

---

pretation of Voting in the Allocation of Economic Resources, in: Quarterly Journal of Economics, Bd. 58, 1943, S. 31.

kehrs induzieren mit der Konsequenz, daß die knappe Kapazität im Engpaßbereich den Nutzern mit der höchsten Wertschätzung vorbehalten bliebe.

2.2. Exzessive Ausschließungskosten

Auf die Nutzung öffentlicher Straßen und öffentlicher Parks kann, wie die Praxis zeigt, zumindest teilweise das Ausschlußprinzip angewendet werden. Allerdings wären die damit verbundenen Kosten im Vergleich zum Allokationsgewinn exzessiv hoch, wollte man sie auf alle Straßen und alle Parks übertragen. Sie wären oft zu hoch zu Lasten des Fiskus, wenn im Rahmen der technischen Durchsetzung des Ausschlußprinzips hohe Aufwendungen für Personal und technische Einrichtungen anfallen; sie wären zu hoch zu Lasten der Benutzer, wenn der Fiskus im Interesse der Einsparung eigener Kosten die Zahl der Zugänge beschränkt und damit die Ausschließungskosten in Form von Zeitaufwand oder Fahrtkosten für die Benutzer erhöht.

2.3. Konsequenzen

Aus den vorgenannten Gründen werden Einrichtungen der genannten Art ganz überwiegend vom Staat unentgeltlich bereitgestellt. Die Finanzierung erfolgt teils aus allgemeinen Steuern; zum Teil wird auch das Äquivalenzprinzip in pauschaler Form verwirklicht, indem spezielle Abgaben auf Tatbestände erhoben werden, die als Indikator für die Nutzung angesehen werden können (z. B. Kfz- und Mineralölsteuer).

Die Möglichkeiten, das Ausschlußprinzip durchzusetzen, und die damit verbundenen Kosten können sich im Zuge technischer Entwicklungen beträchtlich ändern. Es ist durchaus denkbar, daß in Zukunft vor allem in Ballungsgebieten eine Straßennutzung in Zeiten positiver Grenzkosten ohne anschließende Zahlungsverpflichtung nicht mehr möglich sein wird. Bereits 1963 schrieb VICKREY: „My own fairly elaborate scheme involves equipping all cars with an electronic identifier ... (They) would be scanned by roadside equipment at a fairly dense network of cordon points, making a record of the identity of the car; these records would then be taken to a central processing plant once a month and the records assembled on electronic digital computers and bills sent out ... In addition, roadside signals could be installed to indicate the current level of charge and enable drivers to shift to less costly routes where these are available."[9]

---

[9] W. S. VICKREY: Pricing in Urban and Suburban Transport, in: American Economic Review, Bd. 53, 1963, Papers and Proceedings, S. 457f.

3. Meritorische Güter

3.1. Begriff und Rechtfertigung

Der größte Teil der öffentlichen Leistungen, speziell auf der Landes- und Gemeindeebene, fällt weder unter die reinen öffentlichen Güter noch unter die Aktivitäten, bei denen die Ausschließungskosten exzessiv hoch wären. Bei Theatern, Museen, Ausbildungseinrichtungen aller Art, Kindergärten, Sportstätten usw. wird ja auch meist von den Benutzern eine Gebühr verlangt, allerdings in einer so geringen Höhe, daß dadurch in der Regel lediglich ein kleiner Teil der gesamten Kosten gedeckt wird. Wenn gleichwohl diese Aktivitäten nicht dem marktwirtschaftlichen Sektor überlassen werden, so deshalb, weil es sich um sog. *meritorische Güter* handelt, ein Begriff, der von MUSGRAVE geprägt wurde. Diese Güter sollen nach dem Urteil der politischen Entscheidungsträger in größerem Umfang bereitgestellt werden, als es den in der individuellen Zahlungsbereitschaft zum Ausdruck kommenden Präferenzen der Bürger entspricht. Das Gegenstück sind *demeritorische Güter*, bei denen etwa durch Sondersteuern der private Verbrauch zurückgedrängt werden soll (z. B. Tabakwaren, alkoholische Getränke).

Diese beiden Begriffe sind sehr schnell sowohl in der normativen als auch in der positiven Interpretation aufgegriffen worden; allerdings waren sowohl die inhaltliche Charakterisierung als auch die normative Rechtfertigung von Anfang an unklar und umstritten[10]. In der Literatur wird meist auf die Interpretation von HEAD zurückgegriffen, dem zufolge meritorische Güter mit drei Aspekten verknüpft sind: mit sog. verzerrten Präferenzen, mit dem Verteilungsziel und mit öffentlichen Gütern (externen Effekten)[11]. Ob diese Interpretation korrekt ist, soll hier nicht im einzelnen geprüft werden. Soweit man die externen Effekte für entscheidend hält, ist auf die Analyse unter § 129 zu verweisen; soweit das Verteilungsziel tangiert wird, wird in Kap. 25 darauf einzugehen sein. Hier werden lediglich die Aspekte „unvollkommene Information" und „Irrationalität" als Unterpunkte der sog. verzerrten Präferenzen behandelt, welche zur Rechtfertigung einer Abweichung vom individualistischen Ansatz herangezogen werden, dem zufolge die Präferenzen der Bürger auch die Leitlinien für die staatlichen allokativen Maßnahmen sein sollen.

3.2. Unvollkommene Information

Sicherlich sind die Bürger nicht über alle entscheidungsrelevanten Aspekte in-

---

[10] Nicht zuletzt MUSGRAVE selbst hat durch mehrdeutige Formulierungen und durch Änderungen seiner Konzeption zur Verwirrung beigetragen. Zur Übersicht vgl. N. ANDEL: Zum Konzept der meritorischen Güter, in: Finanzarchiv, N. F. Bd. 42, 1984, S. 630–648, sowie J. G. HEAD: On Merit Wants, a. a. O.; vgl. auch R. A. MUSGRAVE: merit goods, in: J. Eatwell (Hrsg.): The New Palgrave, Bd. 3, New York 1987, S. 452f.

[11] Vgl. J. G. HEAD: On Merit Goods, in: Finanzarchiv, N. F. Bd. 25, 1966, S. 3–10.

formiert. Angesichts des Umstandes, daß die Beschaffung und Verarbeitung von Informationen Kosten verursacht, kann dies auch nicht ein sinnvolles Ziel bzw. eine sinnvolle Voraussetzung für die Akzeptanz der Bürgerpräferenzen sein. Aus deren lediglich beschränktem Wissen läßt sich im Rahmen des individualistischen Ansatzes deshalb auch noch nicht ohne weiteres ein Spielraum für staatliche Aktivitäten ableiten. Auch die staatlichen Entscheidungsträger sind nämlich lediglich unvollkommen informiert. Sie haben zwangsläufig weniger Wissen über die Wertschätzungen der Bürger als diese selbst (asymmetrische Informationen), die deshalb auch besser entscheiden können, auf welchen Teilgebieten es sich für sie wahrscheinlich lohnt, Ressourcen für die Informationsgewinnung einzusetzen oder einzusparen.

Sollten die öffentlichen Entscheidungsträger der Meinung sein, daß in der Tat effizienzhemmende Informationsdefizite vorliegen, besteht der mit dem individualistischen Modell kompatible Ansatz in der Bereitstellung der erforderlichen Information, etwa durch Kennzeichnungspflichten für die Produzenten, durch die Unterbindung irreführender Werbung, u. U. durch die Förderung objektiver vergleichender Tests, nicht aber darin, etwa durch Steuern und Subventionen oder Versicherungspflicht direkt in die Einkommensverwendung einzugreifen.

3.3. Irrationalität

Die Erhöhung der Markttransparenz reicht nicht aus, wenn Situationen vorliegen, die in der Literatur mit Irrationalität oder Willensschwäche gekennzeichnet werden. Das klassische Beispiel ist die von BÖHM-BAWERK und PIGOU vertretene These, daß die Bürger systematisch die künftigen Bedürfnisse unterschätzen[12], eine „defective telescopic faculty"[13] haben, mit der Konsequenz, daß zu wenig gespart, zu wenig Vorsorge für die Zukunft getroffen wird. Diese Vorstellung liegt offensichtlich den staatlichen Renten- und Pflegeversicherungen mit Zwangsmitgliedschaft zugrunde. Hier erhebt sich die schwierige Frage, welche Präferenzen entscheiden sollen. Selbst in der Ex-post-Zustimmung der Betroffenen kann gerade im vorliegenden Argumentationskontext kaum eine befriedigende Rechtfertigung gefunden werden, da PIGOUS „defective telescopic faculty" jetzt dazu führen mag, die Kosten des Konsumverzichts in der Vergangenheit systematisch zu gering anzusetzen[14].

3.4. Staatliche Produktion versus Beeinflussung privater Produktion

Bei den oben unter 3.1 aufgeführten meritorischen Gütern handelt es sich um Leistungen, zu deren zielkonformer Bereitstellung nicht unbedingt eine staat-

---

[12] Vgl. E. VON BÖHM-BAWERK: Positive Theorie des Kapitales, Erster Band, Jena 1921, S. 332.
[13] A. C. PIGOU: The Economics of Welfare, 4. Aufl., London 1932, S. 25.
[14] Vgl. N. ANDEL: Zum Konzept der meritorischen Güter, a.a.O., S. 646.

liche Produktion erforderlich ist, sondern auch auf Subventionen an private Einrichtungen zurückgegriffen werden könnte. Offensichtlich besteht aber eine Präferenz, sehr hoch bezuschußte Einrichtungen unmittelbar in eigene Regie zu übernehmen. Die öffentliche Hand erspart sich damit die Beantwortung der Frage, *welche* privaten Einrichtungen bezuschußt werden sollen, die insbesondere bei extrem hohem Zuschußbedarf, etwa für Opernhäuser, politisch sehr brisant wäre. Sie hat darüber hinaus mehr Einfluß als im Falle der Subventionierung privater Einrichtungen.

§ 129. Technologische externe Effekte

1. Definition und Formen

Technologische externe Effekte sind ökonomisch bedeutsame Beziehungen zwischen Entscheidungsträgern, die im Preissystem nicht erfaßt sind, weil für sie keine Eigentumsrechte etabliert sind. Bei technologischen externen *Erträgen* (z.B. Umweltverbesserungen durch Aufforstung oder Bewässerung) kann der Verursacher für erbrachte Leistungen kein Entgelt beziehen, weil ein Ausschluß technisch nicht möglich ist. Bei technologischen externen *Kosten* muß der Verursacher nicht für alle Kosten aufkommen, sondern kann sie teilweise außerhalb marktmäßiger Beziehungen auf andere abwälzen, etwa wenn er die Luft durch Abgase oder Flüsse durch Abwässer so verändert, daß der Gebrauch für andere verschlechtert oder gar unmöglich gemacht wird. Da Wirtschaftssubjekte bei ihrem ökonomischen Kalkül in der Regel nur interne Kosten und Erträge berücksichtigen, bewirken externe Effekte allokative Verzerrungen: Externe Erträge führen tendenziell zu einem zu kleinen, externe Kosten zu einem zu großen Produktionsvolumen.

Externe Effekte fallen gewissermaßen als Nebenprodukt bei der Produktion oder beim Konsum privater Güter an. Im Gegensatz zu reinen öffentlichen Gütern besteht hier eine fehlende Ausschlußmöglichkeit nur für einen Teil der Leistungen. Dieser Teil muß allerdings nicht den Charakter eines reinen öffentlichen Gutes in dem Sinne haben, daß er alle Bürger tangiert; in der Regel hat er lediglich räumlich und personell beschränkte Wirkungen.

Im privaten Sektor gibt es externe Effekte zwischen Unternehmen, zwischen Haushalten und zwischen Haushalten und Unternehmen. Hier wird beispielhaft der Fall behandelt, daß eine Branche externe Effekte verursacht, welche den Nutzen privater Haushalte beeinflussen.

2. Budgetäre Interventionen

Abb. 24-2 zeigt eine Branche, die ein privates Gut x zu steigenden internen Grenzkosten (GK_{int}) produziert. Im Falle vollkommenen Wettbewerbs ist das Marktgleichgewicht im Schnittpunkt von GK_{int} mit der Nachfragekurve (Kurve der marginalen Wertschätzung MW_{int}) bestimmt (x_0, p_0). Da gleichzeitig mit der Produktion von x externe Grenzkosten (GK_{ext}) verbunden sind, ist die Produktion im Bereich zwischen x_0 und x_1 gesamtwirtschaftlich verlustbringend. Die Produktionseinschränkung auf die gesamtwirtschaftlich optimale Menge x_1 kann finanzpolitisch dadurch erreicht werden, daß gemäß dem *Verursacherprinzip*[15] in Höhe der jeweiligen externen Grenzkosten Steuern auf die Produktionsmenge erhoben werden, so daß sich die für die Produktionsentscheidungen relevanten Grenzkosten von GK_{int} auf ($GK_{int} + GK_{ext}$) verschieben. Vergleicht man das neue Gleichgewicht (x_1, p_1) mit dem alten (x_0, p_0), sieht man:
– Der Gewinn der Produzenten reduziert sich von CEp_0 auf HGp_1 (Reduktion der Produzentenrente).
– Die Wohlfahrtseinbuße der Konsumenten des produzierten Gutes x beträgt $p_0 EGp_1$ (Reduktion der Konsumentenrente).
– Der Fiskus erzielt Einnahmen in Höhe von $CDGH = x_1 \cdot t$ zu Lasten der Produzenten- und Konsumentenrente.
– Die Wohlfahrt der mit externen Kosten Belasteten steigt um $DEFG =$ ($x_0 - x_1$) a = Reduktion der GK_{ext}.
– Der gesamtwirtschaftliche Gewinn der Internalisierung der GK_{ext} beträgt EFG.

Abbildung 24–2

Technologische externe Kosten

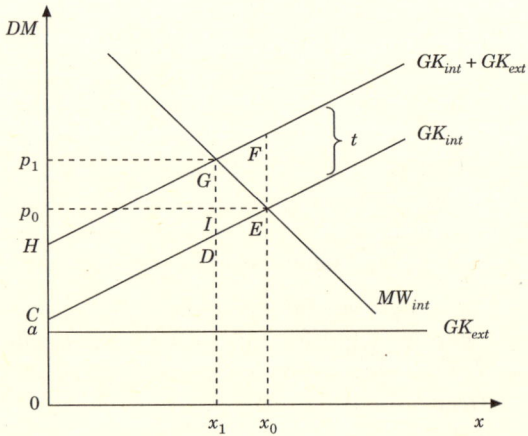

[15] Zur Problematik des Begriffs „Verursacherprinzip" vgl H. Bonus: Eine Lanze für den „Wasserpfennig", a.a.O.

Der gleiche Allokationseffekt könnte auch erzielt werden, wenn nach dem *Gemeinlastprinzip* der Branche eine Subvention in Höhe von mindestens *DEI* zugesagt wird unter der Voraussetzung, daß die Produktion auf x_1 reduziert wird. Im Unterschied zur steuerpolitischen Intervention
– entfallen effizienzkompatible Einnahmen,
– wird das Budget im Gegenteil in Höhe der Subvention belastet,
– steigt der Unternehmergewinn um $(p_1 - p_0)x_1$.

Abbildung 24–3

Technologische externe Erträge

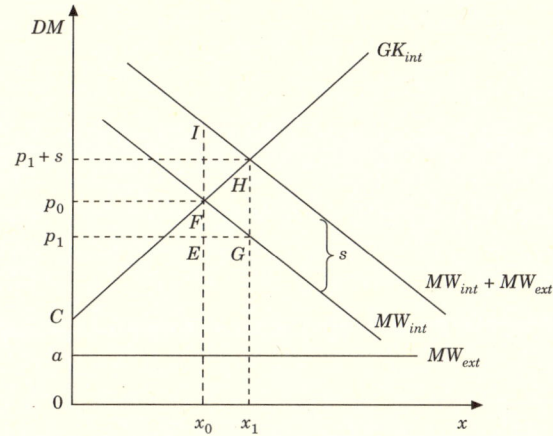

Ganz analog kann im Fall *externer Erträge* eine finanzpolitische Korrektur in der Weise erfolgen, daß die verursachenden Unternehmen entsprechend der marginalen Wertschätzung der durch die externen Erträge Begünstigten eine Subvention erhalten. In Abb. 24-3 repräsentiert MW_{int} die marginale Zahlungsbereitschaft (Nachfrage) nach den marktlich verwerteten Produktionsleistungen x, GK_{int} die internen Grenzkosten und (p_0, x_0) das Gleichgewicht ohne finanzpolitische Interventionsmaßnahmen. Die marginale Ineffizienz durch die gesamtwirtschaftlich zu kleine Produktion im Bereich $(x_1 - x_0)$ läßt sich am vertikalen Abstand zwischen $(MW_{int} + MW_{ext})$ und GK_{int} ablesen. Gewährt der Staat in Höhe von MW_{ext} eine Stücksubvention s, wirkt sich dies wie eine Verschiebung von MW_{int} nach $(MW_{int} + MW_{ext})$ aus. Im neuen Gleichgewicht mit der auf x_1 erhöhten Produktion und dem auf p_1 gesunkenen Preis
– ist der Gewinn der verursachenden Unternehmen von CFp_0 auf $CH(p_1 + s)$ gestiegen (Erhöhung der Produzentenrente),
– ist die Wohlfahrt der Konsumenten um p_1GFp_0 gestiegen (Erhöhung der Konsumentenrente),
– hat der Fiskus Subventionszahlungen in Höhe von $p_1GH(p_1 + s)$ zu leisten,

– ist die Wohlfahrt der durch die externen Erträge Begünstigten um $(x_1 - x_0)s =$ *FGHI* gestiegen,
– hat sich die gesamtwirtschaftliche Wohlfahrt um *FHI* abzüglich der Effizienzverluste, die mit der Subventionsaufbringung verbunden sind, erhöht.

3. Probleme korrigierender budgetärer Eingriffe

Die Politik, externe Effekte mittels Steuern und Subventionen zu internalisieren, die schon Pigou[16] vorschlug, die aber eigentlich erst im Zuge der dramatisch gewachsenen Umweltproblematik größere Aufmerksamkeit erlangt hat, ist sehr schwierig:

1) Es ist relativ einfach, auf Fälle von technologischen externen Effekten hinzuweisen; es ist sehr schwer, diese Größen zu quantifizieren, insbesondere die Bewertung durch die Betroffenen zu ermitteln, was Voraussetzung für eine optimale Intervention ist.

2) Sind die Bedingungen der optimalen Allokation gleichzeitig in mehreren Bereichen nicht erfüllt, so besteht, wie aus der Theorie des Zweitbesten[17] bekannt, keine Sicherheit mehr, daß die isolierte Korrektur einer Marktstörung wirklich zu einer allokativ besseren Situation führt. Die Subventionsgewährung kann dann z. B. die Produktionseffizienz verringern, wenn Produktionsfaktoren aus Bereichen mit noch höheren externen Erträgen oder mit durch monopolistische Marktmacht bedingten Diskrepanzen zwischen Faktorpreis und gesamtwirtschaftlichem Wertgrenzprodukt abgezogen werden.

3) Wenn Subventionen eingesetzt werden, ist davon auszugehen, daß die Aufbringung dieser Mittel selbst wiederum mit steuerinduzierten Verzerrungen (Zusatzlasten) verbunden ist, so daß nicht ausgeschlossen werden kann, daß sich per Saldo ein allokativer Nachteil ergibt.

4) Selbst wenn das Informationsproblem im Ausgangspunkt befriedigend gelöst wird, ergeben sich durch die finanzpolitischen Maßnahmen u. U. effizienzmindernde Veränderungen der Anreize, weil das Interesse der durch die externen Effekte Betroffenen reduziert ist, selbst neue effizientere Methoden einzuführen.

Es ist verständlich, daß angesichts dieser Schwierigkeiten Pigou zu der skeptischen Einschätzung gelangte: „The sphere of usefulness that could belong, even under a perfectly wise and perfectly virtuous Government, to these fiscal devices is, therefore, probably smaller than it might appear to be at first sight."[18]

---

[16] Vgl. A. C. Pigou: The Economics of Welfare (1920), a. a. O., S. 192.
[17] Zum Grundproblem und zu den wirtschaftspolitischen Schlußfolgerungen vgl. E. Sohmen: Allokationstheorie und Wirtschaftspolitik, a. a. O., Kap. 12.
[18] A. C. Pigou: The Economics of Welfare, a. a. O., S. 226.

In der Bundesrepublik Deutschland gibt es zahlreiche steuer- und ausgabenpolitische Maßnahmen, die mit technologischen externen Effekten begründet werden, etwa Begünstigung von Ausgaben für historisch oder künstlerisch wertvolle Gebäude, für die Wärmeversorgung sowie gegen Lärm und Luftverschmutzung durch erhöhte Abschreibungen, durch den Abzug als Sonderausgabe oder durch zinsverbilligte Kredite. In allen Fällen dürfte das Subventionsmaß rein „gegriffen" sein ohne Vorstellungen von der Höhe der Bewertung durch die Betroffenen.

4. Nichtbudgetäre Interventionen

Im Gegensatz zu den öffentlichen Gütern muß bei technologischen externen Kosten die korrigierende staatliche Einflußnahme nicht unbedingt über das Budget erfolgen. *Staatliche Ge-* und *Verbote* (Auflagen) haben jedoch im Vergleich zu Steuern den Nachteil, daß in aller Regel der unterschiedliche Aufwand zur Vermeidung externer Kosten bei den Verursachern nicht oder jedenfalls nur wenig berücksichtigt wird. Steuern dagegen mobilisieren Marktkräfte und führen dazu, daß die Einschränkung der Emission dort erfolgt, wo sie mit den geringsten Kosten verbunden ist. Sie belasten überdies die Restverschmutzung, die nach erfolgter kurzfristiger Anpassung verbleibt. Dies erhöht den Anreiz, auch nach neuen Techniken zu suchen, mit denen technologische externe Kosten zusätzlich in effizienter Weise abgebaut werden können.

In Abbildung 24-4 emittieren zwei Unternehmen A und B im Ausgangspunkt den Schadstoff x, und zwar jeweils in Höhe von x_0. Die Grenzvermeidungsko-

Abbildung 24–4

Steuern und Auflagen im Vergleich

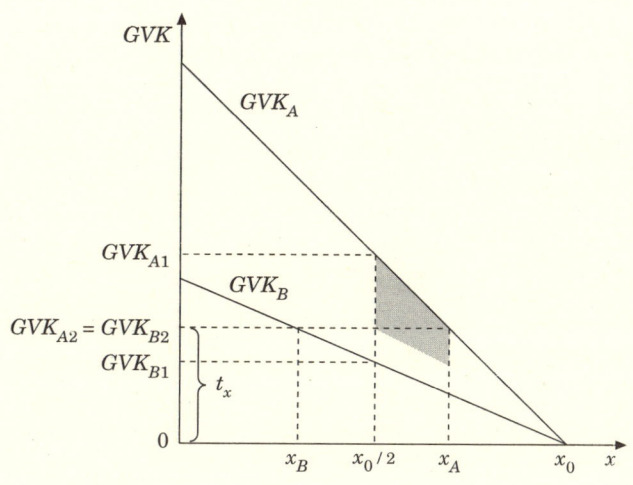

sten im Unternehmen A (= GVK_A) sind höher als in Unternehmung B (= GVK_B). Angenommen, die Schadstoffemission soll um insgesamt 50% reduziert werden. Erfolgt dies durch eine Auflage, die Emissionsmenge in beiden Unternehmungen gleichmäßig zu reduzieren, so sind die Grenzvermeidungskosten nach erfolgter Anpassung in A (= GVK_{A1}) höher als in B (= GVK_{B1}). Wird dagegen eine Schadstoffsteuer in Höhe von t_x erhoben, geht der Ausstoß in A nur auf x_A, in B dagegen auf x_B zurück. Die Grenzvermeidungskosten sind in beiden Unternehmen gleich hoch ($GVK_{A2} = GVK_{B2}$). Die getönte Fläche zeigt die dadurch gesparten Vermeidungskosten. Vom Staat versteigerte Emissionsrechte (Zertifikat-Lösung) können, müssen aber nicht unbedingt zum gleichen Ergebnis führen[19].

Es gibt auch private Internalisierungsmöglichkeiten, z. B. *freiwillige Absprachen* (COASE-Lösung)[20] oder die Fusionierung der aktiv und passiv betroffenen Unternehmen. Allerdings sind solche Lösungen im Hinblick auf die Transaktionskosten allenfalls bei einem kleinen Kreis von Beteiligten durchführbar.

§ 130. Sinkende Durchschnittskosten

1. Darstellung

Die im Interesse der Allokationseffizienz gebotene Preisfestlegung in Höhe der gesamtwirtschaftlichen Grenzkosten ist bei mit wachsender Produktion sinkenden Durchschnittskosten rein marktwirtschaftlich nicht durchführbar, weil sie mit Verlusten verbunden ist. Solche Situationen werden insbesondere mit *Versorgungseinrichtungen* für Gas, Wasser, Elektrizität und Telekommunikation verbunden. Diese sind durch hohe Fixkosten in Form des Leitungsnetzes und vergleichsweise niedrige variable Grenzkosten gekennzeichnet. Wenn mehrere Anbieter in Konkurrenz stehen, ist es zwar vorteilhaft, zusätzliche Kunden zu gewinnen, sofern die Preise über den Grenzkosten liegen. Aber dies ist gleichwohl verlustbringend und deshalb keine Dauerlösung, wenn der Wettbewerb zu Preisen unter den Durchschnittskosten führt. Hier ergibt sich dann eine gewisse Tendenz zu einem natürlichen Monopol. Ist diese Situation erreicht, beträgt die gewinnmaximale Produktionsmenge x_m mit dem gewinnmaximalen Preis p_m (vgl. Abb. 24-5).

Die gesamtwirtschaftliche Wohlfahrt steigt bei einer Produktionserhöhung über x_m hinaus, solange die Grenzkosten niedriger sind als die marginale Wertschät-

---

[19] Zum Vergleich von Steuern, Zertifikaten und Auflagen vgl. D. CANSIER: Umweltökonomie, a. a. O., S. 152ff.

[20] Vgl. R. H. COASE: The Problem of Social Cost, in: Journal of Law and Economics, Bd. 3, 1960, S. 1–44.

Abbildung 24–5

Sinkende Durchschnittskosten

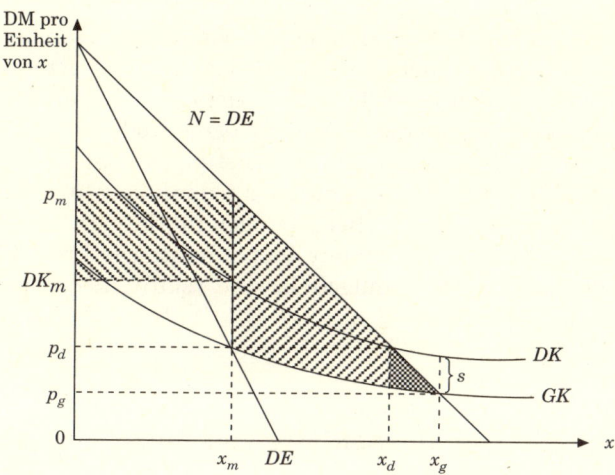

zung durch die Konsumenten, die in der Nachfragekurve zum Ausdruck kommt. Die schraffierte Fläche zwischen x_m und x_g gibt die maximale Wohlfahrtsteigerung an. Sie wird zum überwiegenden Teil realisiert, wenn etwa durch Regulierung der Monopolist angehalten wird, die Preise nicht höher als die durchschnittlichen Kosten zu setzen, wobei die durchschnittlichen Kosten auch die Kapitalverzinsung und eine Risikoprämie enthalten müßten (vgl. p_d/x_d in Abb. 24-5).

Gesamtwirtschaftlich wäre eine darüber hinausgehende Produktionserhöhung auf x_g vorteilhaft. Diese Situation läßt sich realisieren, wenn der Monopolist den Preis p_g fordert und durch die Zahlung einer Subvention in Höhe der Differenz zwischen Grenzkosten und Durchschnittskosten (s) vor einem Verlust bewahrt wird.

2. Probleme korrigierender Eingriffe

Versucht man, eine solche Politik in die Praxis umzusetzen, treten wiederum die Probleme auf, die bereits oben bei der Internalisierung technologischer externer Effekte genannt worden sind. So ist die Bestimmung der Kosten sehr schwierig, insbesondere wenn es sich um Mehrproduktunternehmen handelt. Es ist zu erwarten, daß es darüber zu ständigen Auseinandersetzungen kommt. Ferner ist anzunehmen, daß die Zusage, mit der Grenzkostenregel verbundene Verluste durch Subventionen zu kompensieren, den Anreiz schwächt, möglichst kostengünstig zu produzieren. Der Effizienzsteigerung durch ein größeres Produktionsvolumen stehen dann Effizienzverluste in Form höherer Kosten (reduzierte X-Effizienz[21]) gegenüber.

Diese Schwierigkeiten lassen es als verständlich erscheinen, daß die Finanzpolitik bislang gegenüber dem Vorschlag, bei sinkenden Durchschnittskosten Subventionen gezielt zur Allokationsverbesserung einzusetzen, sehr zurückhaltend war. Selbst in den Bereichen, die wegen der kleinen Zahl von Produzenten und Produkten, wegen der relativ geringen Produktvariation im Zeitablauf sowie wegen des Umstandes, daß die Leistungsersteller bereits jetzt weitgehend staatliche Einrichtungen sind oder jedenfalls vom Staat überwacht werden, vergleichsweise günstige Bedingungen für die skizzierte Subventionspolitik aufweisen, werden eher andere Instrumente wie Preisdifferenzierung und zweiteilige Tarife (fixe Grundgebühr und relativ niedrige Preise für die laufende Nutzung) erwogen.

§ 131. Die Vermeidung von Zusatzlasten

1. Allgemeine Problemstellung

Das allokative Ziel spielt in der Finanzpolitik nicht nur dann eine Rolle, wenn gezielt unmittelbar die Struktur der produzierten Güter beeinflußt wird. Auch bei der Verfolgung anderer Ziele sollten möglichst solche Verfahren und Instrumente eingesetzt werden, die unerwünschte allokative Nebenwirkungen vermeiden. Immer wenn von zwei verteilungs- oder stabilitätspolitisch gleich geeigneten Instrumenten das mit den größeren allokativen Verzerrungen eingesetzt wird, entsteht eine (allokative) Zusatzlast (Excess burden), die bei der Wahl des besseren Instrumentes vermieden werden könnte.

Zusatzlasten entstehen auch, wenn zwar die angestrebte Veränderung der Struktur der Güterproduktion allokativ vorteilhaft ist, dabei aber durch die Wahl suboptimaler Instrumente vermeidbare Kosten entstehen. Um an frühere Analysen anzuknüpfen:

1) Wenn bei der Vergabe öffentlicher Aufträge nicht die öffentliche Ausschreibung, sondern ein Verfahren mit geringerem Wettbewerb, mit deshalb höheren Preisen und höheren gesamtwirtschaftlichen Kosten gewählt wird, stellt sich eine Zusatzlast ein[22].

2) Wenn Arbeitskräfte eingestellt werden, die für die vorgesehene Tätigkeit im öffentlichen Sektor überqualifiziert und in anderen Sektoren knapp sind, be-

---

[21] Vgl. H. LEIBENSTEIN: Allocative efficiency vs. „X-efficiency", in: American Economic Review, Bd. 56, 1966, S. 392–415.

[22] Vgl. S. 214.

steht die Wahrscheinlichkeit, daß die gesamtwirtschaftlichen Kosten überflüssig hoch sind, also eine Zusatzlast entsteht.

3) Wenn der Einsatz bestimmter Produktionsinputs mit externen Effekten verbunden ist und diese bei preiselastischer Inputstruktur mit Steuern oder Subventionen internalisiert werden sollen, aber nicht der eigentlich ursächliche Inputfaktor, sondern der Output als Bemessungsgrundlage gewählt wird, tritt eine effizienzmindernde vermeidbare Verzerrung, eben eine Zusatzlast ein.

2. Die Vermeidung steuerlicher Zusatzlasten

Der Ausdruck *Zusatzlast* (*Excess burden*) stammt ursprünglich aus der Steuerwirkungslehre. In diesem Zusammenhang spielt er im Rahmen der „Neuen Finanzwissenschaft" unter dem Stichwort „Optimal taxation" eine zentrale Rolle. Das Grundproblem, um das es dabei geht, soll hier skizziert werden.

In Kapitel 3 wurde dargelegt, daß das Hauptziel der Erhebung von Steuereinnahmen darin besteht, eine stabilitätskonforme Finanzierung der Staatsausgaben dadurch zu ermöglichen, daß die Bürger veranlaßt werden, weniger auszugeben. Wenn das mit einer Steuer geschieht, die – in der Sprache der Wirkungsanalyse – lediglich den Dispositionsspielraum verändert, nicht die relativen Preise der Elemente dieses Spielraums[23], handelt es sich um eine reine Kaufkraftumverteilung, bei welcher der Bürger verliert, was der Fiskus gewinnt. Das mag bei einer Kopfsteuer so sein, die von allen Bürgern ohne Berücksichtigung persönlicher Umstände zu entrichten ist, trifft aber auf die heute erhobenen Steuern nicht zu. Diese verändern die relativen Preise, etwa zwischen Arbeitseinkommen und Freizeit, zwischen Gegenwarts- und Zukunftskonsum und zwischen einzelnen Gütern der gleichen Periode[24]. Die Folge ist, daß sich in aller Regel Substitutionseffekte ergeben mit der Konsequenz, daß die Belastung der Steuerzahler über die unmittelbare steuerbedingte Reduktion der Kaufkraft hinausgeht.

Unter Anknüpfung an die partialanalytische Wirkungsanalyse[25] läßt sich dies in Abb. 24-6 für den Fall zeigen, daß ein fix vorgegebenes Einkommen bei gegebenen Preisen nutzenmaximal auf die zwei Güter x_1 und x_2 zu verteilen ist. Wird ein Steuerbetrag, der in x_1 ausgedrückt der Strecke $b''b = e'd$, in x_2 ausgedrückt der Strecke $a''a = e'c$ entspricht, durch eine spezielle Verbrauchsteuer mit dem Steuersatz $b'b/ob'$ erhoben, verschiebt sich das Gleichgewicht von e nach e'. Wird das gleiche Steueraufkommen mit einer Kopfsteuer (Einkommensteuer, allgemeinen Verbrauchsteuer) erzielt, verlagert sich die Budgetgerade ab nach $a''b''$, wobei sie durch e' verläuft. Bei gleichem Steueraufkommen

---

[23] Vgl. oben S. 123.
[24] Vgl. die Partialanalyse in Kap. 9.
[25] Vgl. S. 130.

ist die Nutzeneinbuße bei der speziellen Verbrauchsteuer größer, da u_d links von u_f verläuft; die spezielle Verbrauchsteuer ist im Vergleich zu den beiden anderen Abgaben mit einer Mehrbelastung verbunden.

Abbildung 24–6

Der Wohlfahrtsverlust durch eine spezielle Verbrauchsteuer im Vergleich zu einer allgemeinen Steuer

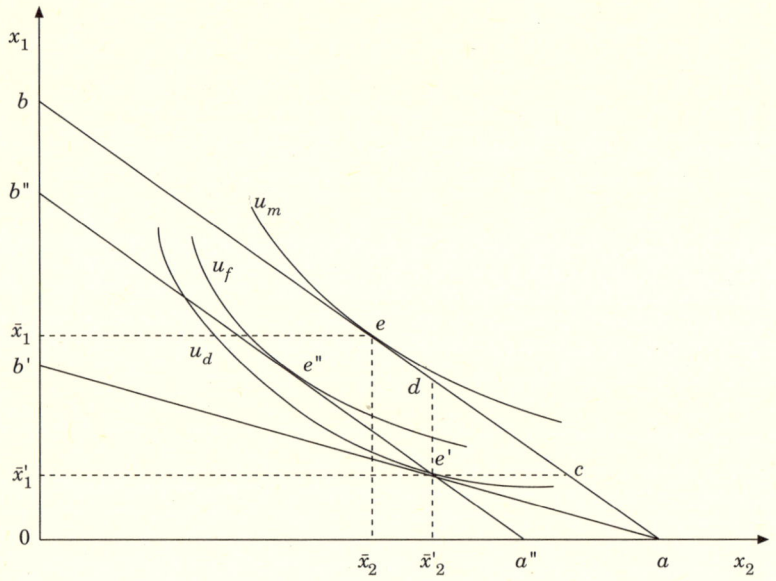

In Abb. 24-7 wird die steuerbedingte Mehrbelastung, definiert als der Teil der Nutzeneinbuße, der über die Abführung des Steuerbetrags hinausgeht, unter Verwendung des Konzepts der Konsumentenrente für den Wettbewerbsfall dargestellt. A_0 ist die Angebotskurve bei konstanten Grenzkosten, N die Nachfragekurve, E das Ausgangsgleichgewicht mit (x_0, p_0). Wird eine Stücksteuer in Höhe von t erhoben und diese als eine Verschiebung der Angebotskurve nach A_1 interpretiert, verlagert sich das Gleichgewicht von (x_0, p_0) nach (x_1, p_1). Der an der Reduktion der Konsumentenrente gemessene Wohlfahrtsverlust der Nachfrager (= Fläche $p_0 p_1 F E$) ist um die Fläche DEF größer als das Steueraufkommen $x_1 \cdot t$ (= Fläche $p_0 p_1 F D$). Der Leser kann Abb. 24-7 leicht entnehmen, daß eine Verdoppelung des Stücksteuerbetrags die Zusatzlast vervierfacht[26].

[26] Daß generell bei linearer Nachfragefunktion der Wohlfahrtsverlust eine Funktion des Quadrats des Steuersatzes ist, zeigt A. C. HARBERGER: Taxation, Resource Allocation, and Welfare, in: National Bureau of Economic Research and Brookings Institution (Hrsg.): The Role of Direct and Indirect Taxes in the Federal Revenue System, Princeton 1964, S. 35.

Wenn man die Nachfragekurve *N* in *F* fixiert und dreht, sieht man, daß das Dreieck *DEF* bei konstantem Steueraufkommen mit steiler werdender Nachfragekurve kleiner wird und schließlich bei völlig unelastischer Nachfrage ganz verschwindet. Diese Abhängigkeit des steuerbedingten Wohlfahrtsverlustes von der Neigung der Nachfragekurve hat schon MARSHALL aufgezeigt und deshalb unter allokativen Aspekten die Besteuerung von Gütern mit preisunelastischer Nachfrage empfohlen[27].

Abbildung 24–7

Die Zusatzlast einer speziellen Verbrauchsteuer

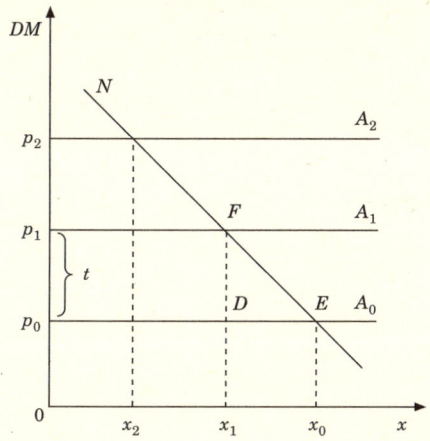

Die Ergebnisse ändern sich, wenn man das Modell realistischer gestaltet, indem der Dispositionsspielraum um die Freizeit erweitert und damit das Einkommen als Variable betrachtet wird. Wie schon CORLETT/HAGUE gezeigt haben, ist es in einer solchen Situation allokativ vorteilhaft, freizeitkomplementäre Güter relativ stärker zu besteuern als andere, um auf diesem Wege die Verzerrung durch die Steuerfreiheit der Freizeit zu kompensieren[28]. Allerdings gibt es auch in der steuerlichen Welt des Zweitbesten keine Handlungsanweisungen, die zugleich stets zielsicher und einfach wären. Die umfangreiche Literatur zur Optimal taxation hat Einsichten in die Struktur des komplizierten Problems geliefert, allerdings bislang kaum etwas beigetragen, was in der praktischen Steuerpolitik innerhalb der dort gegebenen Restriktionen verwertbar wäre. Abgesehen von ungelösten Informationsproblemen verlangt eine strenge Minimierung der Mehrbelastung wegen unterschiedlicher individueller Nut-

---

[27] Vgl. A. MARSHALL: Principles of Economics, 7. Aufl., London 1916, S. 467. – Gleichwohl wird das Dreieck *DEF* in der finanzwissenschaftlichen Literatur meist mit dem Namen von HARBERGER verbunden.

[28] Vgl. W. J. CORLETT und D. C. HAGUE: Complementarity and the Excess Burden of Taxation, in: Review of Economic Studies, Bd. 21, 1953/54, S. 21–30.

zenfunktionen individuell differenzierte Steuersätze, die schon aus rechts-staatlichen Gründen nicht praktikabel sind, ganz und gar dann nicht, wenn die empirische Grundlage fragwürdig ist.

Der Steuerpolitiker ist nach wie vor gut beraten, einige alte Faustregeln im Auge zu behalten, wohl wissend – nicht zuletzt dank der Arbeiten zur Optimal taxation –, daß nicht unbedingt jeder einzelne Schritt eine Effizienzverbesserung mit sich bringt, aber davon überzeugt, daß jedenfalls die große Richtung stimmt:

1) Einnahmen aus der Internalisierung privater externer Kosten und aus der Vermeidung staatlich bewirkter externer Erträge durch die Verwirklichung des Äquivalenzprinzips (Gebühren und Beiträge) haben nicht nur keine Nachteile, sondern sind unmittelbar effizienzsteigernd.

2) Breite Bemessungsgrundlagen in Kombination mit einem niedrigen Steuersatz haben im Vergleich zu schmalen Bemessungsgrundlagen mit hohen Steuersätzen den Vorteil, daß die induzierten Substitutionseffekte quantitativ geringer und mit niedrigeren durchschnittlichen Wohlfahrtsverlusten verbunden sind. Das spricht nicht nur für eine umfassende Bemessungsgrundlage innerhalb jeder einzelnen Steuer, sondern auch dafür, mehrere große Bemessungsgrundlagen zur Besteuerung heranzuziehen.

3) Ein einheitlicher Steuersatz induziert im Vergleich zu differenzierten Sätzen in der Regel weniger Verzerrungen.

4) Unmerkliche Steuern mögen im Vergleich zu stärker merklichen über einen vermiedenen Grolleffekt[29] oder wegen Geldillusion weniger Verzerrungen induzieren. Daraus aber einen generellen Vorteil für indirekte, nicht offen ausgewiesene oder im Quellenabzug erhobene Steuern abzuleiten, wäre voreilig. Abgesehen davon, daß ein solches Versteckspiel mit dem Ideal eines demokratischen Gemeinwesens nicht vereinbar ist[30], muß nämlich beachtet werden, daß die Unmerklichkeit dazu beiträgt, daß die Bürger die Kostenseite der öffentlichen Tätigkeiten übersehen, sich Illusionen über die eigene Belastung machen und dadurch die öffentlichen Leistungen über das Allokationsoptimum hinaus ausgedehnt werden.

---

[29] Vgl. R. A. Musgrave: Finanztheorie, a.a.O., S. 191f.
[30] Vgl. F. Neumark: Grundsätze gerechter und ökonomisch rationaler Steuerpolitik, a.a.O., S. 38.

§ 132. Die Ermittlung der Wertschätzungen[31]

In diesem Kapitel tauchte wiederholt das Problem der Ermittlung von Wertschätzungen auf, insbesondere bei der Analyse öffentlicher Güter und externer Effekte. Darauf soll jetzt näher eingegangen werden.

1. Direkte Befragungen der Bürger

Bei privaten Gütern liefert der Markt automatisch Daten über die marginale Wertschätzung: Alle Bürger, die zu einem bestimmten Preis als Käufer auftreten, dokumentieren durch ihr Handeln, daß ihre private marginale Wertschätzung mindestens dem Marktpreis entspricht; alle Bürger, die bewußt auf einen Kauf verzichten, zeigen damit, daß ihre individuelle marginale Wertschätzung geringer ist als der Marktpreis. Wenn die privaten Grenzkosten den gesamtwirtschaftlichen Grenzkosten entsprechen, reicht dies aus, um Anpassungen in Richtung auf das gesamtwirtschaftliche Optimum auszulösen. Übersteigt etwa bei einem gegebenen Preis die Nachfrage die Produktionsmenge, besteht ein Anreiz, die Produktion oder die Preise zu erhöhen; im umgekehrten Fall wird die Produktion eingeschränkt oder durch Preissenkungen die Nachfrage erhöht.

Bei öffentlichen Gütern und bei externen Effekten ist dies anders, da hier der Preismechanismus keine Anwendung findet. Hier könnte man daran denken, die Wertschätzung der Bürger durch Befragungen zu ermitteln. Dies würde gewiß zunächst schon deshalb auf Schwierigkeiten stoßen, weil der einzelne die Bewertung solcher Vorgänge bislang nicht vorgenommen hat, da dazu kein Anlaß bestand. Das wäre dann allerdings eher ein temporäres Problem. Grundsätzlicher sind die Schwierigkeiten, die sich aus strategischen Überlegungen ergeben. Wird die Befragung nur durchgeführt, um Entscheidungen über Volumen und Struktur der öffentlichen Güter oder der externen Effekte zu treffen, besteht ein Anreiz, zu übertreiben, sich stärker betroffen zu zeigen, als es in Wirklichkeit der Fall ist, um auf diese Weise die geplanten Maßnahmen möglichst zu seinen Gunsten zu beeinflussen. Wird die Befragung benutzt, um sowohl die Leistungs- als auch die Lastenverteilungsseite festzulegen, mag der einzelne seine Betroffenheit zu niedrig angeben in der Hoffnung, daß dadurch die Leistungsseite kaum spürbar verändert wird, er selbst aber nicht oder jedenfalls in einem geringeren Ausmaß zur Steuerzahlung herangezogen wird (Free-rider-, Schwarzfahrer-Verhalten).

Strategien der genannten Art entfallen, wenn die Bürger bei Befragungen oder Abstimmungen von einer *vorgegebenen Kostenverteilung* ausgehen können, sie

---

[31] Vgl. hierzu N. ANDEL: Nutzen-Kosten-Analysen, a.a.O., S. 485–499; W. W. POMMEREHNE: Präferenzen für öffentliche Güter, a.a.O.

also in der Lage sind, aufgrund der zuvor getroffenen Finanzierungsregelung klar zu entscheiden, ob eine Ausgabenerhöhung für sie individuell noch vorteilhaft ist. Wie man anhand der Abb. 24-1 leicht sehen kann, führt dies gesamtwirtschaftlich um so eher zu einem suboptimalen Ergebnis, je stärker Grenzwertschätzung und anteilige Grenzsteuerbelastung im relevanten Bereich divergieren. Daraus kann man den Schluß ziehen, daß Befragungen und Volksabstimmungen über Einnahmen und Ausgaben um so eher zu einem optimalen Ergebnis führen, je mehr versucht wird, das Äquivalenzprinzip zu verwirklichen.

2. Individuelle Wertschätzungen im politischen Prozeß

Diese Einsicht hat nicht nur in dem geschilderten Kontext Bedeutung. In der Praxis werden öffentliche allokative Entscheidungen wesentlich durch den Druck beeinflußt, den die interessierten Bürger direkt oder über Interessenvertreter und Medien auf die Entscheidungsträger ausüben. Die Unzufriedenheit über die Ausgangssituation ist aber nicht unbedingt ein guter Indikator für ein allokatives Defizit, sondern kann auch lediglich Ausdruck des Wunsches sein, zu Lasten anderer zusätzliche Leistungen zu erhalten, die man zwar positiv, aber geringer als die damit verbundenen Kosten bewertet. Das Äquivalenzprinzip reduziert auch hier die Gefahr einer Überexpansion öffentlicher Leistungen.

Es ist zu vermuten, daß der politische Prozeß insbesondere bei den öffentlichen Leistungen mit regional begrenzten Wirkungen im Rahmen einer föderalistischen Staatsstruktur zu besseren allokativen Ergebnissen führt als bei zentralistischem Staatsaufbau. Bei dezentraler Aufgabenverteilung werden nämlich sowohl die Bereitschaft als auch die Fähigkeit, die Bürgerpräferenzen zu berücksichtigen, größer sein. Bürgernahe Entscheidungsträger kennen die jeweiligen Verhältnisse aus eigener Erfahrung und müssen sich weniger auf indirekte Informationen stützen. In kleinen Gebietskörperschaften ist überdies für die Bürger der Anreiz größer, ihre Präferenzen zum Ausdruck zu bringen, denn sie können sicherer sein, die Entscheidungsträger zu erreichen[32].

Die möglichen allokativen Vorteile dezentraler Entscheidungen werden in der Bundesrepublik trotz des föderalistischen Staatsaufbaus nur ungenügend genutzt. Da die Verteilung des Aufkommens aus Einkommen-, Körperschaft- und Umsatzsteuer nur mit Zustimmung sowohl des Bundestages als auch des Bundesrates geändert werden kann, ist die steuerliche Autonomie der einzelnen Gebietskörperschaft recht eng; für die Länder entfällt sie praktisch völlig. Es kommt hinzu, daß auch auf der Ausgabenseite die Autonomie der einzelnen Gebietskörperschaft eingeschränkt ist (Gemeinschaftsaufgaben, Mischfinan-

---

[32] Vgl. dazu ausführlicher unten S 504–507

zierung). Diese Formen der Politikverflechtung führen nicht nur zur angestrebten Internalisierung interregionaler externer Effekte; sie bewirken auch Verkrustungen, die wiederum zu allokativen Ineffizienzen führen.

3. Marktpreise als Ausdruck der Wertschätzung[33]

Im Rahmen von Nutzen-Kosten-Untersuchungen kann besonders auf der Kostenseite überwiegend auf Marktpreise zurückgegriffen werden, die für die eingesetzten Produktionsfaktoren zu entrichten sind. Marktpreise kommen zuweilen auch als Mindestgrößen oder partieller Ausdruck für die Bewertung von Nutzen in Frage, insbesondere wenn staatliche Projekte dazu führen, daß im privaten Sektor Aufwendungen gespart werden. Die Vorteile einer besseren Straßenverbindung schlagen sich z. B. in beträchtlichem Umfang in Form von gesparten Treibstoffkosten, gesparten Abschreibungen und (im gewerblichen Bereich) gesparten Fahrerlöhnen nieder. Solche Kostenersparnisse sind ein sehr guter partieller Ausdruck für die bewirkten Nutzen.

Selbst wenn Marktpreise vorliegen, sind sie allerdings lediglich auf vollkommenen Märkten ein unproblematischer Indikator der Wertschätzung, wenn sie sowohl den Wert eines Gutes in seiner speziellen Verwendung als auch den Wert der alternativ produzierbaren Güter darstellen. In Wirklichkeit kommt es in beiden Richtungen zu Verzerrungen. Der Preis für ein von einem Monopolisten angebotenes Gut liegt z. B. über den Grenzkosten. Wenn das Angebot elastisch ist, ist nicht der Marktpreis dieses Gutes, sondern sind die niedrigeren Grenzkosten Ausdruck für die volkswirtschaftlichen Kosten.

Bei Höchstpreisen mit Nachfrageüberhang ist der Marktpreis in aller Regel niedriger als die marginale Wertschätzung, was sich in dem Umstand zeigt, daß zu dem gegebenen Preis nicht die gesamte Nachfrage befriedigt wird. In welchem Ausmaß im konkreten Fall der relevante Wert über dem Marktpreis liegt, läßt sich nicht allgemein sagen, sondern hängt von der Wertschätzung der verdrängten Nachfrager ab, die sehr unterschiedlich sein kann. Umgekehrt liegt die marginale Wertschätzung unter dem Marktpreis, wenn dieser, wie im Falle der EU-Agrarpolitik, durch staatliche Ankäufe und Abschöpfungen an der Grenze künstlich hochgehalten wird.

Diskrepanzen zwischen Marktpreis und Kosten können sich auch durch Steuern ergeben, die nicht nach dem Äquivalenzprinzip erhoben werden, sowie bei Produktionsfaktoren, die alternativ unbeschäftigt bleiben.

---

[33] Vgl. N. ANDEL: Nutzen-Kosten-Analysen, a.a.O., S. 488–493.

§ 133. Ökosteuern[34]

1. Das Konzept der doppelten Dividende

Der heute sowohl in der Wirtschaftswissenschaft als auch in der Wirtschaftspolitik wohl am heftigsten diskutierte Bereich der budgetären Allokationspolitik sind die Ökosteuern, die gerade in Wahlkampfzeiten die Gemüter erhitzen. Darunter werden öffentliche Zwangsabgaben verstanden, die mit dem Ziel konzipiert werden, mit technologischen externen Kosten verbundene allokative Fehlentwicklungen dadurch zu verhindern, daß fehlende Marktpreise durch Steuern ersetzt und damit ökonomisch relevante Vorgänge internalisiert werden. Man versucht, ihre Attraktivität überdies dadurch zu erhöhen, daß man das Aufkommen benutzt, um Steuern mit Zusatzlasten zu senken. In dieser Sicht haben Ökosteuern zwei Vorteile (These von der doppelten Dividende): Sie verteuern einmal die mit technologischen externen Kosten verbundenen Aktivitäten und reduzieren diese jedenfalls in Richtung auf, im Idealfall sogar genau auf das optimale Niveau (erste Dividende). Sie gestatten es weiterhin, das Ökosteueraufkommen zur Senkung anderer Steuern und der damit verbundenen Zusatzlasten zu verwenden (zweite Dividende).

Manche Autoren unterscheiden je nach Verwendungsart und je nach verwendetem analytischen Modell unterschiedliche Effekte der Verwendung der Ökosteuern, die dann als dritte oder vierte Dividende bezeichnet werden. Hier werden mit der zweiten Dividende die Vorteile verstanden, die mit der betragsgleichen Senkung anderer Steuern verbunden sind. Natürlich ist es möglich, auch andere Alternativen, etwa mit dem Ökosteueraufkommen finanzierte zusätzliche Ausgaben, zu betrachten. Das Modell der differentiellen Steuerwirkungen steht augenblicklich aber im Vordergrund der Diskussion und hat für die Befürworter der Ökosteuern den Vorteil, den Vorwurf von sich weisen zu können, (auch) eine Erweiterung des öffentlichen Sektors anzustreben.

Die erste Dividende wird meist als der allokative Nettoeffekt definiert, der sich aus der Differenz zwischen der Reduktion der über das Optimum hinausgehenden Umweltverschmutzung (in Abb. 24-2 die Fläche *DEFG*) und der damit verbundenen Kosten (in Abb. 24-2 der Verlust an Konsumentenrente in Höhe von *DEG*) ergibt. Einige Autoren[35] bezeichnen als erste Dividende die Reduktion der technologischen externen Kosten (in Abb. 24-2 die Fläche *DEFG*), als zweite Dividende die Differenz zwischen dem Rückgang der Zusatzlasten durch die gesenkte Steuer (in Abb. 24-7 der entsprechende Teil von *DEF*) und der Zusatz-

---

[34] Als ausführlichere Darstellungen der Ökosteuerproblematik mit weiteren Literaturhinweisen seien empfohlen: G. KIRCHGÄSSNER: Ökologische Steuerreform: Utopie oder realistische Alternative?, a.a.O., sowie R. SCHÖB: Ökologische Steuersysteme, a.a.O.

[35] Vgl. L.H. GOULDER: Environmental Taxation and the „Double Dividend": A Reader's Guide, in: International Tax and Public Finance, 2, S.155–182; P. GOTTFRIED und W. WIEGARD: Wunderwaffe Ökosteuer? Eine finanzwissenschaftliche Betrachtung, a.a.O., S.501.

last der Ökosteuer (in Abb. 24-2 die Fläche *DEG*). Sie wollen damit die Ermittlung der ersten Dividende gewissermaßen den Umweltökonomen, die der zweiten Dividende den Finanzwissenschaftlern zur Aufgabe machen.

2. Probleme der Durchführung

Die Probleme, die mit der Verwirklichung der Ökosteuern verbunden sind, wurden in den vergangenen Paragraphen dieses Kapitels, insbesondere in den §§ 129, 131 und 132, weitgehend behandelt: Die technologischen externen Kosten müssen ermittelt, bewertet und kontrolliert werden; man muß die Zusatzlasten der einzelnen Steuern kennen, wenn die kompensierende Steuersenkung allokativ optimal vorgenommen werden soll. Um an die oben verwendeten Abbildungen anzuknüpfen: Man muß in Abb. 24-2 im Falle variabler technologischer externer Kosten den Verlauf der Marktnachfrage, der privaten internen und der technologischen externen Kosten kennen, wenn die PIGOU-Steuer optimal gestaltet werden soll. Man muß ferner auf den Produktmärkten (vgl. Abb. 24-7) und auf den Faktormärkten Angebots- und Nachfrageverläufe und die davon abhängigen Zusatzlasten kennen, wenn die zweite Dividende maximiert werden soll.

Diese Informationsvoraussetzungen sind wesentlich geringer, wenn man damit zufrieden ist, sich vom Ausgangspunkt lediglich in die allokativ richtige Richtung zu bewegen. Aber auch hier gilt, daß man in einer Welt des Zweitbesten mit vorhandenen anderen allokativen Störungen nicht vor Überraschungen durch Marktinterdependenzen gefeit ist: „Ökologische Steuerreformen können sinnvoll sein. Aber es gibt noch viel zu tun, bevor man sich auf einigermaßen sicherem Grund bewegt.“[36]

Die Probleme der Bewertung der technologischen externen Kosten und der Ermittlung des Optimums treten zurück, wenn aufgrund nicht strikt allokativer, sondern evtl. medizinischer oder rein ökologischer Überlegungen politisch entschieden worden ist, die externen Effekte in einem bestimmten Umfang zu reduzieren. Ökosteuern haben im Vergleich etwa zu Auflagen den oben genannten dreifachen Vorteil, nämlich 1) die Anpassung kostengünstig zu bewirken, 2) durch die Belastung der Restverschmutzung stärkere Anreize zur Entwicklung umweltfreundlicherer Technologien zu bieten und 3) Spielräume für die Senkung anderer Steuern und der mit ihnen verbundenen Zusatzlasten zu schaffen.

Es mag überraschen: Jedenfalls einige Finanzwissenschaftler sehen in den mit den Ökosteuern verbundenen Einnahmen nicht nur einen Vorteil, sondern auch eine Gefahr, nämlich „mit einer großen ökologischen Steuerreform die

---

[36] Vgl. P. GOTTFRIED und W. WIEGARD: Wunderwaffe Ökosteuer? Eine finanzwissenschaftliche Betrachtung, a.a.O., S. 508.

Büchse der Pandora zu öffnen. Lenkung via Steuerpolitik würde wieder hoffähig und es könnte mal dieses, mal jenes, was den Bürger ärgert, zum Besteuerungsgegenstand erhoben werden. Dabei wären nicht nur die tatsächlich umgesetzten Vorschläge, sondern bereits die Diskussion der Vorschläge selbst geeignet, ein wichtiges Qualitätsmerkmal des Steuersystems, nämlich seine Verläßlichkeit, zu beeinträchtigen."[37]

---

[37] G. KRAUSE-JUNK: Fallstricke einer ökologischen Steuerreform, in: Wirtschaftsdienst, Jg. 77, 1997, S. 701. – Vgl. ähnlich WISSENSCHAFTLICHER BEIRAT BEIM BUNDESMINISTERIUM DER FINANZEN: Umweltsteuern aus finanzwissenschaftlicher Sicht, a. a. O., S. 97–105.

Kapitel 25
Budgetäre Verteilungspolitik

§ 144. **Allokative Kosten und Nutzen budgetärer Verteilungspolitik**

§ 145. **Die Einkommensverteilung in der Bundesrepublik Deutschland**

Literatur

a) KRAUSE-JUNK, GEROLD: Finanzwirtschaftliche Verteilungspolitik, in: Fritz Neumark, Norbert Andel und Heinz Haller (Hrsg.): Handbuch der Finanzwissenschaft, 3. Aufl., Bd. 3, Tübingen 1981, S. 257–276 und 341–358.

NEUMARK, FRITZ: Grundsätze gerechter und ökonomisch rationaler Steuerpolitik, Tübingen 1970, S. 186–221.

WEISBROD, BURTON A.: Collective Action and the Distribution of Income: A Conceptual Approach, in: Robert H. Haveman und Julius Margolis (Hrsg.): Public Expenditure and Policy Analysis, 2. Aufl., Chicago 1977, S. 105–131.

b) ALBERS, WILLI (Hrsg.): Öffentliche Finanzwirtschaft und Verteilung I, Schriften des Vereins für Socialpolitik, N. F. Bd. 75/I, Berlin 1974.

DERS.: Transferzahlungen an Haushalte, in: Fritz Neumark, Norbert Andel und Heinz Haller (Hrsg.): Handbuch der Finanzwissenschaft, 3. Aufl., Bd. 1, Tübingen 1977, S. 861–957.

ATKINSON, ANTHONY B.: Income Maintenance and Social Insurance, in: Alan J. Auerbach und Martin Feldstein (Hrsg.): Handbook of Public Economics, Bd. 2, Amsterdam u. a. O. 1987, S. 779–908.

BECKER, IRENE, und RICHARD HAUSER (Hrsg.): Einkommensverteilung und Armut. Deutschland auf dem Weg zur Vierfünftel-Gesellschaft?, Frankfurt/M.–New York 1997.

FELDERER, BERNHARD (Hrsg.): Familienlastenausgleich und demographische Entwicklung, Schriften des Vereins für Socialpolitik, N. F. Bd. 175, Berlin 1988.

GAHLEN, BERNHARD, u. a. (Hrsg.): Theorie und Politik der Sozialversicherung, Tübingen 1990.

HAUSER, RICHARD: Zum Problem der staatlichen Produktion von Verläßlichkeit bei langen Zeiträumen – Möglichkeiten und Grenzen der Gewährleistung sozialer Sicherheit bei schwankendem Wirtschafts- und Bevölkerungswachstum, in: Gabriele Rolf, P. Bernd Spahn und Gert Wagner (Hrsg.): Sozialvertrag und Sicherung. Zur ökonomischen Theorie staatlicher Versicherungs- und Umverteilungssysteme, Frankfurt/M.–New York 1988, S. 147–193.

KRAUSE-JUNK, GEROLD: Finanzwirtschaftliche Verteilungspolitik, in: Fritz Neumark, Norbert Andel und Heinz Haller (Hrsg.): Handbuch der Finanzwissenschaft, 3. Aufl., Bd. 3, Tübingen 1981, S. 276–341.

MEIERJÜRGEN, RÜDIGER: Intertemporale und intergenerationale Verteilungswirkungen der Gesetzlichen Krankenversicherung, Frankfurt/M. u. a. O. 1988.

NEUMARK, FRITZ: Grundsätze gerechter und ökonomisch rationaler Steuerpolitik, Tübingen 1970, S. 67–185.

PETERSEN, HANS-GEORG, MICHAEL HÜTHER und KLAUS MÜLLER (Hrsg.): Wirkungsanalyse alternativer Steuer- und Transfersysteme. Das Beispiel der Bundesrepublik Deutschland, Frankfurt/M.–New York 1982.

POHMER, DIETER: Die Staatsverschuldung als Instrument der Verteilungspolitik, in: Heinz Haller und Willi Albers (Hrsg.): Probleme der Staatsverschuldung, Schriften des Vereins für Socialpolitik, N. F. Bd. 61, Berlin 1972, S. 143–187.

RIVLIN, ALICE M.: Income Distribution – Can Economists Help?, in: American Economic Review, Bd. 65, 1975, Papers and Proceedings, S. 1–15; deutsch in: Frank Klanberg und Hans-Jürgen Krupp (Hrsg.): Einkommensverteilung, Königstein 1981, S. 269–289.

ROLF, GABRIELE, P. BERND SPAHN und GERT WAGNER (Hrsg.): Sozialvertrag und Sicherung. Zur ökonomischen Theorie staatlicher Versicherungs- und Umverteilungssysteme, Frankfurt/M.–New York 1988.

SACHVERSTÄNDIGENKOMMISSION ALTERSSICHERUNGSSYSTEME: Vergleich der Alterssicherungssysteme und Empfehlungen der Kommission, Gutachten der Sachverständigenkommission, Berichtsband 1, o. O. 1983.

Dies.: Darstellung der Alterssicherungssysteme und der Besteuerung von Alterseinkommen, Gutachten der Sachverständigenkommission, Berichtsband 2, o. O. 1983.

Schmähl, Winfried (Hrsg.): Versicherungsprinzip und soziale Sicherung, Tübingen 1985.

Transfer-Enquête-Kommission: Das Transfersystem in der Bundesrepublik Deutschland, Stuttgart 1981.

Wagner, Adolf, u. a. (Hrsg.): Sozialstaat Deutschland, Themenheft der Jahrbücher für Nationalökonomie und Statistik, Bd. 216, 1997, Heft 4 und 5, S. 385–617.

Zeppernick, Ralf: Transfer-Einkommen und Einkommensumverteilung, Berlin 1986.

Zimmermann, Horst: Subventionen und Verteilung. Zur empirischen Erfaßbarkeit von Subventionswirkungen auf die personale Einkommensverteilung, in: Wilhelmine Dreißig (Hrsg.): Öffentliche Finanzwirtschaft und Verteilung IV, Schriften des Vereins für Socialpolitik, N. F. Bd. 75/IV, Berlin 1976, S. 9–57.

Siehe auch die Literaturangaben zu Kap. 14, Sozialtransfers, S. 226f.

§ 134. Die Bedeutung des Verteilungsziels

Über die öffentlichen Finanzen wird zwangsläufig die Verteilungsposition der einzelnen Bürger verändert, denn eine verteilungsneutrale Gestaltung ist nicht möglich, selbst wenn sie angestrebt werden sollte. Verteilungs*politik* als *bewußtes* verteilungspolitisches Handeln jedenfalls im Sinne der Begünstigung derjenigen, welche die politische Macht ausüben, dürfte es seit den Anfängen der öffentlichen Finanzen gegeben haben. Dagegen ist das Verteilungsziel im Sinne einer generellen die Verteilungsergebnisse des Marktprozesses verändernden Einflußnahme etwas, was noch gegen Ende des letzten und zu Beginn dieses Jahrhunderts heftig umstritten war. Es war ein langer Weg von Vorstellungen, die auf der Einnahmenseite am Konzept des gleichen absoluten Opfers oder des gleichen relativen Opfers (*Edinburgher Steuerregel:* „leave-them-as-you-find-them rule of taxation"[1]) orientiert waren, über die Bemühungen von A. Wagner im letzten Jahrhundert, das sog. *sozialpolitische Prinzip* als neben dem fiskalischen Zweck gleichberechtigt durchzusetzen[2], zu den umfassenden Umverteilungssystemen des heutigen Wohlfahrtsstaates mit der, wie es scheint, *Dominanz des Umverteilungsaspekts*.

Ganz offensichtlich hat der wachsende Wohlstand die Bedeutung des Verteilungsziels nicht gemindert – im Gegenteil. Das beruht vor allem auf folgenden Faktoren:

1) Das *Gleichheitspostulat* hat im politischen Raum und im Bewußtsein der Bevölkerung allgemein an Gewicht gewonnen.

---

[1] Vgl. F. K. Mann: Steuerpolitische Ideale, a.a.O., S. 248f.

[2] Vgl. A. Wagner: Finanzwissenschaft, Zweiter Theil, Theorie der Besteuerung, Gebührenlehre und allgemeine Steuerlehre, a.a.O., S. 207–210.

2) Es geht nicht mehr um die Sicherung eines Existenzminimums, schon gar nicht eines physiologischen, sondern um die *Sicherung der einmal erreichten relativen Position.*

3) Die Sicherung soll nicht in Form von staatlichen Gnadenerweisen, sondern von *einklagbaren Ansprüchen* verwirklicht werden.

4) In immer mehr Bereichen werden *Preis und Einkommen als Selektionsinstrument* für die Inanspruchnahme von Gütern nicht mehr akzeptiert (Ausbildungs-, Gesundheits-, Wohnungswesen).

5) Die Verteilungsfrage wird nicht allein als soziale im Sinne einer sozialpolitischen Frage angesehen, sondern als *gesellschafts- und ordnungspolitische Frage ersten Ranges.* Hohe Einkommens- und Vermögenskonzentrationen bedeuten nicht nur Konzentration der Konsummöglichkeiten, sondern auch, ja vor allem der Marktmacht und der Möglichkeit der politischen Einflußnahme; sie gefährden damit sowohl den Wettbewerb als auch das demokratische System.

So gut wie *alle* finanzpolitischen Transaktionen sind zumindest *auch* verteilungspolitisch bedeutsam; allerdings ist das Gewicht dieses Ziels im Einzelfall sehr unterschiedlich. Es steht eindeutig bei Sozialtransferzahlungen im Vordergrund, die das Existenzminimum sicherstellen sollen oder Lohnersatzfunktion haben; es dürfte bei der Einkommens- und Vermögensbesteuerung mit dem fiskalischen Zweck nahezu gleich rangieren. Dagegen spielt es bei den öffentlichen Beschaffungen einschließlich der Beschaffung von Krediten meist (allerdings nicht immer) keine oder eine lediglich untergeordnete Rolle.

§ 135. Verteilungsaspekte

1. Einkommens- und Vermögensverteilung

Verteilungs*objekt* können das laufende *Einkommen* (im weiteren Sinne einschließlich geldwerter unentgeltlicher realer Nutzungen) oder das *Vermögen* sein. Zwischen diesen beiden Größen bestehen insofern Beziehungen, als das laufende Einkommen die entscheidende Determinante der Fähigkeit zur eigenen Vermögensbildung ist und das Vermögen selbst wiederum eine Einkommensquelle bildet.

In der Praxis steht ganz eindeutig die Beeinflussung der *Einkommens*verteilung im Vordergrund. Obwohl diese auch Rückwirkungen auf die Verteilung des umfassend definierten Vermögens hat (vgl. den Einfluß staatlicher Ausbildungsleistungen auf das Humankapital sowie der Sozialpolitik auf den Erwartungswert von Transferzahlungen), wird dieser Aspekt wenig berücksichtigt. Im Vergleich zu einkommensverteilungsbezogenen Eingriffen zielen nur wenige Maßnahmen unmittelbar auf die Vermögensverteilung (z. B. die Erbschaftsteuer oder die Förderung der Vermögensbildung, speziell von Arbeitnehmern).

2. Primär- und Umverteilung

Die finanzwirtschaftliche Verteilungspolitik ist meist *Um*verteilungspolitik in dem Sinne, daß die vorgefundene Primärverteilung gewissermaßen als gegeben angesehen wird und mittels finanzpolitischer Instrumente so geändert werden soll, daß die sich dann ergebende sekundäre Verteilung zielgerechter wird.

Die öffentliche Hand beeinflußt aber auch die *primäre Einkommensverteilung*. Dies geschieht unmittelbar vor allem über die öffentliche Nachfrage nach Arbeitskräften, Gütern und Krediten sowie über die öffentliche Förderung der Ausbildung und der privaten Vermögensbildung. Allerdings ist das Ausmaß der *gezielten* Beeinflußbarkeit im Bereich der öffentlichen Nachfrage recht gering, weil hier die Aspekte der Allokationseffizienz und der formalen Gleichbehandlung im Vordergrund stehen.

Man muß sich hüten, aus der Trennung zwischen der Einflußnahme auf die Primär- und auf die Sekundärverteilung zu schließen, daß in heutigen entwickelten Staaten die Primärverteilung ansonsten als von der staatlichen Finanzpolitik unabhängig angesehen werden könnte. Angesichts der heutigen Haushaltsvolumina und der vielfältigen Substitutionseffekte, die finanzpolitische Maßnahmen bewirken, ist dies nicht möglich[3].

3. Personelle, regionale, sektorale und funktionale Einkommensverteilung

Die Verteilungspolitik kann sich auf eine personelle, eine regionale, eine sektorale oder eine funktionale Dimension beziehen. Wie meist üblich, steht auch in diesem Kapitel die *personelle Verteilung* im Vordergrund. Soweit Personen ihr Einkommen gemeinsam verwenden, ist es vorzuziehen, sie dabei nicht einzeln, sondern in entsprechenden Gruppierungen (Haushalten) zu analysieren.

Die regionale, sektorale und funktionale Einkommensverteilung wird meist vor dem Hintergrund der personellen Verteilung untersucht und beeinflußt. Man geht davon aus, daß die finanzpolitische Unterstützung von regionalen oder sektoralen Problemgebieten die personelle Einkommensverteilung (im Sinne der LORENZ-Kurve) günstig beeinflußt oder verhindert, daß als zu weitge-

---

[3] Vgl. in diesem Zusammenhang die Kritik an den sog. Budgetinzidenzuntersuchungen oben S. 119f.

hend angesehene Verschlechterungen der relativen Positionen (auch der Bezieher überdurchschnittlicher Einkommen) eintreten.

4. Hauptaspekte der personenbezogenen Einkommensumverteilungspolitik[4]

Wie bereits erwähnt, ist die gezielte budgetäre Verteilungspolitik ganz überwiegend *personenbezogene Einkommensumverteilungspolitik*. Dabei lassen sich drei Zielaspekte unterscheiden:

1) Einkommenssicherung bei Wegfall des Arbeitseinkommens

Vorsorge gegen den Ausfall des Arbeitseinkommens als der für die meisten Bürger wichtigsten Quelle des Lebensunterhalts wird vor allem im Rahmen
— der gesetzlichen Krankenversicherung durch das Krankengeld,
— der Arbeitslosenversicherung durch das Arbeitslosengeld und die Arbeitslosenhilfe,
— der gesetzlichen Rentenversicherung durch die Renten,
— der Sozialhilfe durch die Hilfe zum Lebensunterhalt im Falle der nachgewiesenen Bedürftigkeit getroffen.

2) Ausgleich besonderer persönlicher Belastungen

Einen Ausgleich besonderer persönlicher Belastungen mit dem Ziel, sich sonst ergebende soziale Härten zu vermeiden, verfolgen
— die gesetzliche Krankenversicherung, soweit sie für die Kosten für ärztliche Behandlung, Arzneimittel, Krankenpflege usw. aufkommt,
— die Sozialversicherungen allgemein, soweit sie einen Familienlastenausgleich implizieren,
— das Kindergeld,
— Leistungen im Rahmen des Bundesausbildungsförderungsgesetzes,
— mehrere Abzugsposten im Rahmen der Einkommensbesteuerung, vor allem die Sonderausgaben und die außergewöhnlichen Belastungen,
— das Wohngeld, soweit es bestimmte, besonders hohe Einkommensbelastungen durch Miete kompensieren soll,
— die unentgeltliche Bereitstellung von Ausbildungsleistungen.

3) Allgemeine Umverteilung

Die meisten verteilungspolitischen Maßnahmen richten sich auf bestimmte Personengruppen oder spezielle Problemlagen. Dagegen wird eine *allgemeine* Umverteilung im Sinne einer allgemeinen vertikalen Nivellierung der Einkommen mit der progressiv ausgestalteten Einkommensteuer angestrebt.

---

[4] Die genauere Ausgestaltung der in diesem Abschnitt genannten Maßnahmen wird vor allem in Kapitel 14, S. 227–272, beschrieben.

5. Interpersonelle und intertemporale Umverteilung

Nicht alles, was sich in *einer Periode* als interpersonelle Umverteilung darstellt, ist es auch bei einer *längerfristigen Betrachtung*. Dies beruht auf dem
Umstand, daß viele Umverteilungsmerkmale im Laufe eines typischen Le-
benszyklus auftreten und wieder verschwinden: Der alleinstehende Erwerbstätige mag zunächst umverteilungsbelastet sein; später, wenn er verheiratet
ist und Kinder hat, gehört er vielleicht zu den Begünstigten; wenn die Kinder
erwachsen sind und die Ehefrau (wieder) eine Erwerbstätigkeit aufgenommen
hat, wird er erneut netto belastet; nach dem Ausscheiden aus dem Erwerbsleben zählt er wieder zu den per saldo Begünstigten. So gesehen, gleicht sich ein
großer Teil dessen, was bei kurzfristiger Betrachtung interpersonelle Umverteilung ist, in längerfristiger Sicht aus, entpuppt sich als lediglich *intertemporale Umverteilung* der individuellen Lebenseinkommen.

6. Intergenerationale Umverteilung

Die Frage, wie die Finanzpolitik die Einkommensposition der einzelnen Generationen berührt, wurde früher nur gelegentlich behandelt, dabei oft eingeschränkt auf die Gegenüberstellung Gegenwart/Zukunft. Ob die Finanzierungskosten durch die Kreditaufnahme auf „die Zukunft" überwälzt werden
können, ist der entsprechende klassische Aspekt der Analyse öffentlicher
Schulden, bei dem die zeitliche Verschiebung des Zwangstransfers und die differentielle Wirkung auf den Kapitalstock im Vordergrund stehen. Ein zweites
Beispiel, das in den letzten Jahren wachsende Aufmerksamkeit gefunden hat,
ist die staatliche Rentenversicherung, die einzelne Generationen z. B. je nach
Wahl der Finanzierungskonstruktion (Kapitalstock- oder Umlageverfahren)
und je nach Wachstumsrate und struktureller Entwicklung der Bevölkerung
sehr unterschiedlich tangiert[5]. Die Auswirkungen der gestiegenen Lebenserwartung und des Rückgangs der Geburtenrate auf die Belastung der künftigen
Beitragszahler sowie der ständige Rückgang der Investitionsquote der öffentlichen Haushalte regte auch in der Bundesrepublik an, sich stärker mit den Fragen der intergenerationalen Verteilungswirkungen zu befassen. In den letzten
Jahren wird dabei auf das von AUERBACH, GOKHALE und KOTLIKOFF propagierte
„Generational accounting" zurückgegriffen, mit dem für die einzelnen Gebur-
tenjahrgänge die Barwerte der steuer- und ausgabenbedingten Kosten und
Nutzen ermittelt werden[6].

---

[5] Vgl. ST. HOMBURG: Theorie der Alterssicherung, a.a.O.; F. BREYER: Ökonomische Theorie
der Alterssicherung, a.a.O.

[6] Vgl. A. AUERBACH, J. GOKHALE und L. KOTLIKOFF: Generational Accounting: A Meaningful
Alternative to Deficit Accounting, in: D. Bradford (Hrsg.): Tax Policy and the Economy, Cambridge 1991, S. 55–110; ST. BOLL : Intergenerationale Umverteilungswirkungen der Fiskalpolitik in der Bundesrepublik Deutschland. Ein Ansatz mit Hilfe des Generational Accounting,

§ 136. Die Umverteilung im individualistischen Modell

Im individualistischen Modell ist der Staat eine Institution zur Wahrnehmung von Aufgaben, die marktwirtschaftlich nicht oder nur schlechter erfüllt werden können. Gerade in der Analyse der Problematik der öffentlichen Güter zeigt sich dies sehr klar, wenn versucht wird, Wege zu finden, um im öffentlichen Bereich das zu ermöglichen, was im Bereich der privaten Güter durch das Zusammenspiel von Angebot, Nachfrage und Marktpreisen verwirklicht wird. Gewiß läßt sich im Falle der öffentlichen Güter ein gewisser Zwang nicht vermeiden, doch ist er jedenfalls der Intention nach nicht eigentlich ein Zwang *gegen* die Bürger, sondern *für* die Bürger, weil anders das sog. *Schwarzfahrerproblem* (Free-rider-Problem) nicht gelöst werden kann. Die Einkommens- und Vermögensumverteilung scheint in dieses Modell nicht zu passen, geht es doch hier anscheinend nicht darum, nur kollektiv optimal zu verwirklichende gemeinsame Vorteile zu realisieren, sondern einigen Gruppen auf Kosten anderer etwas zu geben.

Es gibt Versuche, der Umverteilung auch in einem individualistischen Modell Raum zu geben:

1) Ein gewisses Maß an Umverteilung kann durchaus dem *Wunsch (fast) aller Beteiligten* entsprechen, insbesondere wenn nicht von vornherein feststeht, wer gewinnt oder verliert. Wenn die Bürger keine genauen Kenntnisse davon haben, wie sich ihre relative Einkommensposition in Zukunft gestalten wird, kann man sich vorstellen, daß sie ziemlich einmütig eine progressive einer proportionalen oder gar regressiven Steuerbelastung vorziehen oder für ein Sicherungsnetz in Form von Sozialtransfers votieren[7].

2) Soweit der Staat im Falle des Eintritts von solchen Risiken, die der Markt nicht versichert (Inflation, Arbeitslosigkeit, Kriege, Naturkatastrophen, Geburtsfehler), Hilfe leistet, kann man seine Tätigkeit als Behebung von Marktversagen interpretieren, das eigentlich der budgetären *Allokations*politik zuzurechnen ist[8]. Dies gilt auch für Ausbildungsbeihilfen an einkommensschwache Bürger, soweit es diesen wegen fehlender Sicherheiten nicht möglich wäre, am Privatmarkt Kredite aufzunehmen. Soweit die staatliche Hilfe nicht auf

---

Frankfurt/M. u. a. O. 1994; DERS.: Intergenerative Verteilungseffekte öffentlicher Haushalte – Theoretische Konzepte und empirischer Befund für die Bundesrepublik Deutschland, Diskussionspapier 6/96, Volkswirtschaftliche Forschungsgruppe der Deutschen Bundesbank, Frankfurt/M. 1996.

[7] Vgl. J. M. BUCHANAN und G. TULLOCK: The Calculus of Consent, a. a. O., S. 192–194.

[8] Vgl. G. WAGNER: Zentrale Aufgaben beim Um- und Ausbau der Gefahrenvorsorge. Ein Versuch, die Vertragstheorie sowie die Theorie des Markt- und Staatsversagens für die Sozialpolitik nutzbar zu machen, in: R. Hauser (Hrsg.): Reform des Sozialstaats II: Theoretische, institutionelle und empirische Aspekte, Schriften des Vereins für Socialpolitik, N.F. Bd. 251/II, Berlin 1998, S. 11–51; H.-W. SINN: Social Insurance, Incentives and Risk Taking, in: International Tax and Public Finance, Bd. 3, 1996, S. 261f.

Darlehensbasis gewährt wird, erfolgt die Rückzahlung gewissermaßen in Form eines Teils der Steuern, die auf die ausbildungsbedingt höheren Einkommensteile entfallen.

3) Schließlich kann man die Verteilung als ein öffentliches Gut ansehen[9]. Die Beseitigung insbesondere von auffallender Armut wird wohl von den meisten Menschen als wünschenswert angesehen, allerdings wird sich der einzelne im Regelfall fragen, warum gerade er für etwas beitragen soll, das auch andere Bürger betrifft. Hier ergeben sich *Beziehungen zum öffentlichen Gut* und zum *privaten Gut mit externen technologischen Effekten*.

§ 137. Die Einflußnahme auf die Primärverteilung über die öffentliche Nachfrage

Wenn von finanzwirtschaftlicher Verteilungspolitik die Rede ist, denkt man meist an *Um*verteilungspolitik. Die öffentliche Hand beeinflußt jedoch auch bereits unmittelbar die Primärverteilung, vor allem wenn sie als Nachfrager nach Faktorleistungen und Gütern auftritt (§ 137) oder wenn sie die Faktorausstattung der privaten Haushalte beeinflußt (§ 138). Die Aktivitäten speziell der erstgenannten Art sind ganz überwiegend primär allokationspolitisch motiviert, doch sind sie zwangsläufig auch verteilungsrelevant.

1. Die öffentliche Hand als Arbeitgeber

Wie oben in Kapitel 12 gezeigt worden ist, spielt die öffentliche Hand heute als Arbeitgeber eine wichtige Rolle. Sie kann dabei die regionale Verteilung vor allem durch ihre *Standortentscheidungen* lenken, die Quantität und Qualität der nachgefragten Arbeitskräfte variieren und mit der Festlegung des *Niveaus* und der *Struktur der Entlohnung* (gegebenenfalls gemeinsam mit den zuständigen Gewerkschaften) verteilungspolitische Ziele verfolgen. Dabei sind ihr allerdings in einer Marktwirtschaft oder in einer gemischten Wirtschaft mit großem marktwirtschaftlichen Bereich von den allgemeinen Arbeitsmarktbedingungen her Grenzen gezogen. Von Einfluß sind ferner Einstellungsvoraussetzungen, die Durchlässigkeit zwischen den Laufbahngruppen sowie das Ausmaß der Einstellung und Beförderung aufgrund parteipolitischer, konfessioneller und ähnlicher sachfremder Kriterien.

Am auffälligsten ist, daß die Entlohnung im öffentlichen Bereich weniger differenziert ist als im privaten, insbesondere Spitzengehälter wesentlich niedriger

---

[9] Vgl. H. M. HOCHMAN und J. D. RODGERS: Pareto Optimal Redistribution, a. a. O.

liegen. Innerhalb der Beschäftigten hat die Besetzung der unteren Verdienst-
stufen zugunsten der mittleren und hohen relativ abgenommen[10].

2. Die öffentliche Hand als Auftraggeber

Auch die Vergabe öffentlicher Aufträge ist zunächst einmal primär eine Konsequenz allokationspolitischer Entscheidungen; allerdings kann der gleiche oder
ähnliche Allokationseffekt meist von mehreren Auftraggebern mit u. U. unterschiedlichen Verteilungskonsequenzen bewirkt werden. Dieser Spielraum wird
meist *fiskalisch* bzw. wiederum *primär allokationspolitisch* genutzt, wenn die
Aufträge an die Anbieter mit den niedrigsten Preisforderungen erteilt werden.
Ohne Zweifel spielen in der Praxis aber sehr oft auch andere Überlegungen eine
Rolle.

Die damit verbundenen Bedenken sind geringer, wenn die eingeräumten Präferenzen *normiert* sind, wie das in der Bundesrepublik Deutschland etwa im
Rahmen der Richtlinien für die bevorzugte Berücksichtigung von Personen
und Unternehmen aus dem Zonenrandgebiet und aus West-Berlin der Fall war.
Aber auch dann bleibt es unbefriedigend, wenn für die Begünstigung der per se
doch für Verteilungsfragen eigentlich irrelevante Faktor ganz entscheidend ist,
ob man als Produzent gerade solche Güter herstellt, die von der öffentlichen
Hand nachgefragt werden.

3. Die öffentliche Hand als Kreditnachfrager

Im Prinzip gleiche Überlegungen gelten auch für den Staat als *Kreditnachfrager*, obgleich sie überraschenderweise in diesem Kontext kaum angestellt werden[11] und die rechtliche Normierung dieses Bereiches weniger ausgeprägt ist.
Es mag der Hinweis genügen, daß es trotz der großen Interdependenz der Kapitalmärkte verteilungspolitisch wohl nicht bedeutungslos ist, ob sich die öffentliche Hand bemüht, mit Schatzbriefen den kleinen Sparer anzusprechen und
ihn dazu zu bringen, auf höher verzinsliche Anlagen umzusteigen, Anleihen
mit kleiner Stückelung begibt, die allen offenstehen, oder aber Kredite primär
in Form von Schuldscheinen zum Mindestbetrag in Höhe von einer Million DM
aufnimmt, für die von vornherein nur ein recht kleiner Kreis von vor allem
Banken und Kapitalsammelstellen in Frage kommt.

Zusammenfassend ist festzustellen, daß für die öffentliche Hand als Nachfrager auf dem Markt ein gewisser Spielraum zur Beeinflussung der Primärver-

---

[10] Vgl. oben S. 207–209.

[11] Eine Ausnahme ist das vom Wissenschaftlichen Beirat beim Bundesministerium der Finanzen erstattete Gutachten zur Schuldenstrukturpolitik des Staates, a.a.O.

teilung besteht. Allerdings dürfte es hier schwieriger als bei den unten zu behandelnden Transferzahlungen und Steuern sein, ihn regelgebunden nach sonst üblichen Verteilungskriterien auszufüllen. Auch weil damit verbundene Kosten der Verteilungspolitik nicht transparent werden, spricht viel dafür, verteilungspolitischen Belangen hier lediglich dadurch Rechnung zu tragen, daß man sich bemüht, den Kreis der potentiellen Anbieter möglichst offenzuhalten und ansonsten allein nach Effizienzgesichtspunkten zu entscheiden.

§ 138. Die Einflußnahme auf die Primärverteilung über die private Faktorausstattung

Die öffentliche Hand beeinflußt die Primärverteilung nicht nur über die Nachfrage nach Faktorleistungen, sondern auch über die Faktorausstattung der privaten Haushalte. In gezielter Form geschieht dies vor allem durch die öffentliche Sparförderung und durch die öffentliche Ausbildungsförderung.

1. Sparförderung

In der Bundesrepublik Deutschland wird die Ersparnis der privaten Haushalte im Rahmen des Wohnungsbauprämiengesetzes sowie des Gesetzes zur Vermögensbildung der Arbeitnehmer in Form des *Wertpapier-, Bau- sowie des Beteiligungssparens* durch Prämien, Sparzulagen und Steuerbegünstigungen gefördert[12]. Von Anfang an bewirkte die absolute Begrenzung des Förderungsbetrages eine *relativ stärkere potentielle* Begünstigung der Haushalte mit niedrigem Einkommen; unterstützt wird dies durch nach der Kinderzahl gestaffelte Prämiensätze sowie durch die Einführung von Einkommensgrenzen. Eine eher in die entgegengesetzte Richtung wirkende differenzierte effektive Begünstigung ergibt sich im Rahmen der Sonderausgaben durch die *Abhängigkeit der Entlastung vom marginalen Steuersatz*, wenngleich hier zu beachten ist, daß mit steigendem Einkommen der durch die Höchstbeträge abgesteckte Spielraum bereits in wachsendem Maße durch die Beiträge zur Sozialversicherung ausgefüllt wird. Das Ziel der Förderung der langfristigen und nicht nur lediglich vorübergehenden Ersparnisbildung wird durch die *Festlegungsfristen* von zwischen sieben und zehn Jahren abzusichern versucht.

Es ist umstritten, in welchem Umfang durch die Sparförderung wirklich *zusätzliche* eigene Sparbeträge induziert worden sind. Dies ist bei Beziehern niedriger Einkommen sowie im Rahmen der Bausparförderung wohl in relativ

---

[12] Vgl. P. Mozet: Verwirklichung einer alten Idee, in: Bundesarbeitsblatt, 1998, Nr. 6, S. 5–8.

stärkerem Maße erfolgt. Auf jeden Fall dürften die Prämienzahlungen selbst
die Sparbeträge der Empfänger in beträchtlichem Umfang erhöht haben. Insgesamt ist zu vermuten, daß die Förderung der Vermögensbildung die Verteilung sowohl der Vermögen als auch der Kapitalerträge etwas gleichmäßiger gestaltet hat, zumal der Prozentsatz der Haushalte, welche die staatliche Sparförderung in Anspruch nehmen, nicht zuletzt durch die tarifvertragliche Absicherung von Arbeitgeberzuschüssen in den einzelnen Einkommensgruppen
– von den untersten und obersten abgesehen – erstaunlich gleichmäßig ist[13].

2. Ausbildungsförderung

Weit bedeutsamer als die Förderung der Ersparnisbildung bei privaten Haushalten ist die staatlich geförderte Investition in das Humankapital, für welche
die Aufwendungen der öffentlichen Hand in den 60er und 70er Jahren sehr
stark gestiegen sind. Dies gilt einmal für die Ausgaben zur Errichtung und Unterhaltung von Ausbildungsstätten, sodann aber auch für die Unterhaltshilfen
im Rahmen des Bundesausbildungsförderungsgesetzes[14]. Diese Maßnahmen
haben die Verteilung der Arbeitseinkommen tendenziell nivellierend beeinflußt: Einmal sind durch die ausbildungsbedingten Verschiebungen in der An-
gebotsstruktur die Einkommensvorteile für zusätzliche Ausbildung reduziert
worden; zum anderen ist die Chance einer besseren Ausbildung einem größeren Personenkreis dadurch eröffnet worden, daß die Einkommensverhältnisse
der Eltern als Selektionsfaktor an Bedeutung verloren haben.

Angesichts der Tatsache, daß mit qualifizierterer Ausbildung die öffentlichen
Ausbildungskosten sowie die erzielten Arbeitseinkommen[15] steigen, ist es verteilungspolitisch angebracht, im Rahmen der Ausbildungsförderung zumindest partiell auf das Äquivalenzprinzip zurückzugreifen[16]. Dem entspricht z. B.
eine Ausbildungsförderung auf Darlehensbasis, aber auch der (primär aus finanziellen Gründen erfolgte) Abbau der Berücksichtigung von Ausbildungszeiten bei der Höhe der Renten- und Pensionszahlungen[17].

---

[13] Vgl. TRANSFER-ENQUÊTE-KOMMISSION: Das Transfersystem in der Bundesrepublik
Deutschland, a.a.O., S. 271f.

[14] Vgl. oben S. 262–264.

[15] Vgl. in diesem Zusammenhang die interessanten Angaben bei R. HAUSER und H. ADAM:
Chancengleichheit und Effizienz an der Hochschule. Alternativen der Bildungsfinanzierung,
Frankfurt/M.–New York 1978, S. 18, 162ff.

[16] Vgl. hierzu ebenda sowie A. OBERHAUSER: Bildungsdarlehen, hrsg. v. Bundesminister für
Bildung und Wissenschaft, Bonn 1987.

[17] Vgl. oben S. 247

§ 139. Umverteilung über Transferzahlungen an private Haushalte

Wie bei keiner anderen Gruppe finanzpolitischer Instrumente steht bei den Transferzahlungen an private Haushalte das Verteilungsziel im Vordergrund. Wegen dieser überwiegend monofinalen Ausrichtung mußte deshalb bereits bei der Darstellung der Sozialtransfers oben in Kapitel 14 auf die verteilungszieladäquate Ausgestaltung eingegangen werden[18]; an diese Ausführungen sei ausdrücklich erinnert.

1. Vorteile der Sozialtransfers

Im Vergleich zu anderen Verteilungsinstrumenten haben die Sozialtransfers *mehrere Vorteile*. Einmal bieten sie die Möglichkeit, bei der Festlegung des Transferbetrages sowohl die vorhandene *Leistungsfähigkeit* des Empfängers (z. B. Einkommen und Vermögen) als auch die vielfältigen Faktoren zu berücksichtigen, die auf der *Bedarfsseite* bedeutsam sind (z. B. die Zahl der Familienangehörigen, Ausbildungskosten, Ausgaben für Wohnungsnutzung). Wichtig ist, daß dies – etwa im Gegensatz zu vielen Subventionen – in *gesetzlich normierter Form* geschieht, nicht etwa weitgehend diskretionär von der Verwaltung bestimmt wird. Da der Mittelzufluß unmittelbar zum Destinatar gelenkt wird, ist weniger zu befürchten, daß es durch Marktprozesse zu *unerwünschten Überwälzungen (Weitergaben)* kommt.

2. Der unterschiedliche Charakter einzelner Transferzahlungen

Bei der Beurteilung der Transferzahlungen in einem konkreten Jahr darf man den recht heterogenen Charakter der einzelnen Teile nicht übersehen. Es ist zu beachten, daß nicht alle Transferzahlungen einseitig im Sinne unentgeltlicher Zuwendungen sind und daß die relevante Alternative nicht unbedingt durch eine Einkommensreduktion in gleicher Höhe gekennzeichnet sein muß.

Insbesondere soweit die Transferzahlungen im Rahmen von mehr oder weniger dem Äquivalenzprinzip folgenden Systemen mit entsprechenden speziellen Abgaben geleistet werden (z. B. Sozialversicherungen), ist der Transferzufluß kein einseitiger Vorgang, sondern zumindest teilweise ein Entgelt für zuvor oder gleichzeitig erbrachte Leistungen. Er repräsentiert dann eine *intertemporale* oder *versicherungsimmanente* Umverteilung[19], vergleichbar den entsprechenden Prozessen im Rahmen der marktwirtschaftlich organisierten privaten Versicherungen.

---

[18] Vgl. oben S. 226–272, insbesondere S. 231–240.
[19] Vgl. unten S. 466.

Man muß sich hüten, etwa aus dem Hinweis auf die recht große Zielgenauigkeit der Transferzahlungen zu schließen, daß ohne sie die Einkommenssituation der Empfänger generell entsprechend schlechter wäre. Soweit es sich um
eingeführte Transfersysteme speziell für Situationen des Arbeitseinkommens-
ausfalls handelt, ist davon auszugehen, daß die Betroffenen zumindest partiell
auf andere Weise eigene Vorsorge getroffen hätten. Auch muß realistischerweise angenommen werden, daß in vielen Fällen Hilfe innerhalb des Familienver-
bandes geleistet worden wäre. So gesehen entlasten die Rentenzahlungen in
der Bundesrepublik Deutschland z.B. zumindest teilweise die im Notfall unterhaltspflichtigen Kinder.

§ 140. Umverteilung über Transferzahlungen an Unternehmen

An Unternehmen gezahlte Subventionen sind verteilungspolitisch schwierig
zu beurteilen, insbesondere deshalb, weil man nicht weiß, ob sie überwälzt werden und wenn ja, ob vor oder zurück und in welcher prozentualen Aufteilung[20].
Man kann nur sagen, daß im Falle der Rückwälzung der verteilungspolitische
Effekt um so günstiger ist, je niedriger das durchschnittliche Gesamteinkommen derjenigen ist, denen die Faktorpreiserhöhung zugute kommt; im Falle
der Vorwälzung, je niedriger das durchschnittliche Einkommen derjenigen ist,
die in den Genuß subventionsbedingter Preissenkungen gelangen.

So gesehen sind Subventionen an die Landwirtschaft, wenn sie Bestandteil von
Interventionssystemen sind, die Preissenkungen zulassen (z.B. das frühere
britische System der Deficiency payments), wahrscheinlich verteilungspolitisch relativ günstig zu beurteilen, da hier einerseits die Faktoreinkommen in
den meisten Fällen vergleichsweise niedrig sind und andererseits subventions-
induzierte Preissenkungen Bezieher niedriger Einkommen relativ stärker begünstigen als Bezieher hoher Einkommen – wenn sie bis zum Konsumenten
durchschlagen!

Allerdings sind auch diese Subventionen im Hinblick auf die Verteilungswirkungen *innerhalb der Gruppe der Landwirte* oft sehr problematisch. Man argumentiert im politischen Raum meist mit den armen Bergbauern, wählt aber
Bemessungsgrundlagen, die die Großbauern in den ertragsstarken Ebenen viel
stärker begünstigen, etwa wenn an die produzierte Menge oder an den Verbrauch bestimmter Inputs (Düngemittel, Mineralöl) angeknüpft wird[21]. Hier

---

[20] Für einen Versuch, mit Hilfe von Plausibilitätsüberlegungen einige allgemeine Schlußfolgerungen abzuleiten, vgl. H. Zimmermann: Subventionen und Verteilung, a.a.O.; siehe auch
die Ausführungen auf S. 144–151.

[21] Vgl. G. Plöker: Agrarsubventionen. Eine vergleichende Betrachtung verschiedener Sub-

wäre es unter verteilungs-, aber auch unter allokationspolitischen Gesichtspunkten günstiger, wenn man auf andere Bemessungsgrundlagen überginge, indem man etwa die *Zahlungen pro Betrieb fixiert oder nach der Hektarzahl differenziert*, wobei in letzterem Fall der Förderungsbetrag pro Hektar mit steigender Hektarzahl zurückgehen sollte. Dies liegt für Länder wie die Bundesrepublik Deutschland auch deshalb nahe, weil hier landwirtschaftliche Betriebe meist Familienbetriebe ohne fremde Arbeitskräfte sind, Subventionszahlungen insofern eher eine Beziehung zu haushaltsbezogenen Sozialtransfers haben als in anderen, speziell durch Großbetriebe charakterisierten Wirtschaftszweigen (etwa Eisen- und Stahlindustrie).

Subventionen können auch als *indirektes Umverteilungsinstrument* eingesetzt werden, wobei die Weitergabe an die Verbraucher erhofft oder durch spezielle Maßnahmen zu sichern versucht wird. Dies betraf und betrifft auch teilweise heute noch Grundnahrungsmittel und Wohnungsnutzungen. Allerdings ist auch hier die Zielgenauigkeit im Vergleich zu personengebundenen Transferzahlungen meist recht gering, wie z.B. die Diskussion über das Problem der *Fehlbelegung im sozialen Wohnungsbau* in der Bundesrepublik zeigt.

Sofern in der Praxis das Verteilungsargument für Subventionsgewährungen im Vordergrund steht, ist es meist weniger das Ziel der allgemeinen Umverteilung im Sinne der vertikalen Nivellierung als das der *Vermeidung der Arbeitslosigkeit* oder eines Arbeitsplatzwechsels mit den damit verbundenen Einkommenseinbußen, und zwar auch für Bezieher relativ hoher Einkommen. Insofern besteht eine gewisse Beziehung zur Arbeitslosenversicherung, allerdings mit den bedeutsamen Unterschieden, daß meist eine absolute Einkommensreduktion sowie darüber hinausgehende sonstige Nachteile der Arbeitslosigkeit bzw. des Arbeitsplatzwechsels vermieden werden, und dies nicht in allgemeiner, regelgebundener, sondern in sehr unterschiedlicher Weise[22].

§ 141. Umverteilung über Steuern

1. Umverteilungspolitische Steuergestaltungsregeln

Von der Seite der Steuern als dem heute weitaus wichtigsten Finanzierungsinstrument ergibt sich ein global nivellierender Umverteilungseffekt, wenn die effektive Belastung mit steigendem Einkommen (Vermögen) relativ zunimmt. Im Hinblick darauf kann man folgende *Gestaltungsregeln* aufstellen[23]:

---

ventionssysteme zur Neutralisierung der Einkommensdisparität der Landwirtschaft, Diss. Kiel 1964; H. v. WITZKE: Personelle Einkommensverteilung in der Landwirtschaft und Agrarpreise, Berlin 1979.

[22] Vgl. oben S. 279.

[23] Vgl. G. KRAUSE-JUNK: Finanzwirtschaftliche Verteilungspolitik, a.a.O., S. 348f.

1) Steuern sollen an *Tatbestände anknüpfen*, deren quantitative Bedeutung für den einzelnen Haushalt mit steigendem Einkommen (Vermögen) *relativ* zunimmt.

2) Die *Inanspruchnahme von Steuerbefreiungen* soll mit steigendem Einkommen (Vermögen) zumindest relativ, noch besser absolut, zurückgehen. Von seiten des Fiskus kann dies durch entsprechende Differenzierung des Befreiungsspielraums (einkommensabhängige Grenzen) oder des fiskalischen Anreizes (des Steuer- bzw. Subventionssatzes) beeinflußt werden.

3) Die *Möglichkeit, die Steuerbemessungsgrundlage* (über den in Regel 2 genannten Aspekt hinaus) *steuermindernd zu gestalten*, etwa durch unterschiedliche zeitliche Zurechnungen oder durch Transformation von privatem Konsum in Werbungskosten bzw. Betriebsausgaben, soll mit steigendem Einkommen (Vermögen) zumindest nicht relativ steigen.

4) *Steuertarife* sind, wo technisch möglich und verteilungspolitisch sinnvoll, *progressiv* zu gestalten. Das bezieht sich insbesondere auf die Einkommen-, die laufende Vermögen- und die Erbschaftsteuer.

Steuerbefreiungen, die der oben genannten zweiten Regel nicht entsprechen, können unter einem anderen Aspekt, nämlich dem der *horizontalen Gleichbehandlung*, verteilungspolitisch günstige Wirkungen haben, wenn ihnen nicht durch Transferzahlungen kompensierte entsprechende Belastungen gegenüberstehen (u. U. Kinderfreibeträge, sofern es kein Kindergeld gibt).

2. Einkommensteuer

Wie keine andere Abgabe ist die Einkommensteuer, jedenfalls in den Staaten, die sie auch effektiv durchsetzen können, zur Umverteilung geeignet. Sie variiert überproportional mit Schwankungen der Bruttofaktoreinkommen und sorgt auf diese Weise jedenfalls für einen *partiellen Schwankungsausgleich*. Sie berücksichtigt *Belastungen auf der Ausgabenseite* im Rahmen der Freibeträge für (nichtberufstätige) Ehegatten und Kinder, ferner im Rahmen der Sonderausgaben und außergewöhnlichen Belastungen. Schließlich führt sie speziell im effektiv direkt progressiven Bereich zu einer *allgemeinen Einkommensnivellierung*.

Es kommt hinzu, und dieser Aspekt ist sehr wichtig, daß die differenzierte Einkommensteuer wohl nur *schwer zu überwälzen ist*, so daß in vergleichsweise geringem Maße die Möglichkeit besteht, auf diesem Wege das Umverteilungsziel zu konterkarieren.

Auf der anderen Seite gibt es allerdings auch mehrere Faktoren, welche die verteilungspolitische Effizienz der *heute praktizierten* Einkommensteuer im Vergleich zum theoretischen Ideal begrenzen: die zu enge Abgrenzung der steuerpflichtigen Einkünfte, die steuersystematisch nicht begründeten Abzugsbeträge sowie die Steuerhinterziehung.

Was den ersten Punkt betrifft, so sind in der Bundesrepublik Deutschland ganze Bereiche weitgehend dem einkommensteuerlichen Zugriff entzogen[24]: die *Renten* und in deren Gefolge auch *andere Einkünfte von Personen im Rentenalter, der Mietwert der selbstgenutzten eigenen Wohnung*, insbesondere aber die *Wertzuwächse*. In diesen Fällen ergibt sich ein Vorteil, der mit wachsendem Einkommen zunimmt, also verteilungspolitisch ungünstig wirkt. Am gewichtigsten, und zwar sowohl dem vermuteten absoluten Betrage als auch dem Verteilungseffekt innerhalb der steuerbefreiten Gruppe nach, sind die Wertzuwächse. Die damit verbundenen negativen Verteilungseffekte sind besonders für die USA statistisch belegt: Während die *realisierten* Wertzuwächse (Veräußerungsgewinne) in den unteren Einkommensgruppen im Jahre 1993 im Durchschnitt eine geringe Rolle spielten (ca. 1%), entfielen auf sie in der obersten Einkommensgruppe (mehr als 1 Mio. US-Dollar) 27,3% des Bruttoeinkommens, wenn man Bruttoeinkommen so definiert, daß die Veräußerungsgewinne einbezogen sind[25].

In gleicher Richtung wirken auch zahlreiche *wirtschaftspolitisch motivierte Begünstigungen*, die in der Regel nur von Unternehmen bzw. Beziehern hoher Einkommen in Anspruch genommen werden (z.B. Sonderabschreibungen, Investitionsprämien in Form des Abzugs von der Einkommensteuerschuld usw.). Es wäre sicherlich verfehlt, diese Abzüge in voller Höhe als steuerliche Geschenke zu betrachten – daß sie aber solche Elemente *auch* enthalten, dürfte außer Frage stehen.

Schließlich ist es so, daß die *Steuerhinterziehungsmöglichkeiten* ungleich sind bzw. der Grad ihrer Ausnutzung recht unterschiedlich ist, was sich wohl ebenfalls negativ auf die Verteilungseffizienz auswirkt[26].

Ungeachtet dieser Einschränkungen ist die Einkommensteuer unter verteilungspolitischen Gesichtspunkten die bestgeeignete Abgabe, deren sorgfältige systematische Reform immer im Mittelpunkt stehen muß, wenn es um mehr Verteilungsgerechtigkeit auf der Steuerseite geht. Allerdings sollte man dabei nicht nur auf die Spitzensteuersätze schauen, sondern mindestens ebenso auf eine möglichst umfassende, zieladäquate Bemessungsgrundlage achten.

---

[24] Vgl. oben S. 318–321.

[25] INTERNAL REVENUE SERVICE, STATISTICS OF INCOME DIVISION: Individual Income Tax Returns 1993, Washington 1996, S. 12.

[26] Vgl. in diesem Zusammenhang W. ALBERS: Umverteilungswirkungen der Einkommensteuer, in: Ders. (Hrsg.): Öffentliche Finanzwirtschaft und Verteilung II, Schriften des Vereins für Socialpolitik, N. F. Bd. 75/II, Berlin 1974, insb. S. 87–107.

3. Vermögensteuern

Neben der Einkommensteuer eignen sich vor allem persönlich ausgestaltete Vermögensteuern für umverteilungspolitische Ziele, besonders die *Erbschaftsteuer* (speziell in Form der Erbanfallsteuer nach Maßgabe des erhaltenen Erbes, weniger in Form der Nachlaßsteuer auf das Vermögen des Erblassers) und die *laufende Vermögensteuer für natürliche Personen*.

Eingriffe in die Vermögenssubstanz rufen erfahrungsgemäß in besonderem Maße Widerstände hervor; sie lassen sich aber wohl nicht vermeiden, wenn man es mit der größeren Gleichheit der Vermögensverteilung ernst meint. Leider ist in der Bundesrepublik Deutschland die Erbschaftsbesteuerung bislang wenig effizient. Allerdings sind hier auch *wettbewerbspolitische Grenzen* zu beachten. Der periodische Aderlaß anläßlich der Erbschaftsteuererhebung wirkt sich auf der Unternehmensebene nur bei Personen- und Familienunternehmen aus; Körperschaften werden, sofern es sich um Publikumsgesellschaften handelt, so gut wie nicht berührt. Die mit der Erbschaftsbesteuerung verbundene Reduktion des Selbstfinanzierungsspielraums erschwert auch die Aufnahme von Fremdkapital, so daß die Durchführung von Investitionen und damit die Wettbewerbsfähigkeit gegenüber den großen Kapitalgesellschaften mit breiter Aktienstreuung beeinträchtigt wird. Hier besteht also eine *Konkurrenz zwischen dem Umverteilungsziel und dem Ziel der Vermeidung zusätzlicher Konzentrationsimpulse*. Um dieses Dilemma zu entschärfen, hat OBERHAUSER vorgeschlagen, die Erbschaftsteuer für Betriebsvermögen real durch Abtretung von Unternehmensanteilen an Fonds zu begleichen, die sich wie stille Teilhaber verhalten, und die Fondsanteile im Rahmen der staatlichen Vermögenspolitik breit zu streuen[27]. Allerdings werfen diese Fonds ihrerseits beträchtliche ordnungspolitische Probleme auf.

Sicherlich wirkt eine auf das gesamte Nettoeinkommen natürlicher Personen laufend erhobene indirekt oder direkt progressive Vermögensteuer global verteilungsnivellierend. Wenn sie gleichwohl speziell im Hinblick auf die Praxis in der Bundesrepublik Deutschland auch verteilungspolitisch problematisch war, so wegen der (übrigens auch bei der Erbschaftsteuer bedeutsamen, teils objektiv gegebenen, teils interessenpolitisch bewußt ausgenutzten) Bewertungsprobleme, die zu einer sehr unterschiedlichen Belastung einzelner Vermögensarten, insbesondere zu einer Bevorzugung des Grundvermögens, führten, also zu eklatanten Verstößen gegen das Prinzip der Gleichmäßigkeit der Besteuerung[28].

---

[27] Vgl. A. OBERHAUSER: Erbschafts- und Vermögensbesteuerung als Mittel zur gleichmäßigeren Verteilung des Vermögensbestandes, in: W. Albers (Hrsg.): Öffentliche Finanzwirtschaft und Verteilung I, a. a. O., S. 147–164.

[28] Vgl. oben S. 378–380.

4. Indirekte Verbrauchsteuern

Indirekte Verbrauchsteuern stehen in dem Ruf, regressiv zu wirken, d. h. die Bezieher niedriger Einkommen relativ höher zu belasten als die Bezieher hoher Einkommen[29]. Man verweist dabei einmal auf die mit steigendem Einkommen sinkende Konsumquote, aber auch darauf, daß die meisten speziellen Verbrauchsteuern als spezifische Steuern ausgestaltet sind, so daß mit besserer Qualität und deshalb höheren Preisen die relative Höhe der Steuerbelastung abnimmt.

Diese gängige Interpretation ist allerdings an zwei Annahmen geknüpft. Einmal wird angenommen, daß in allen Fällen die Verbrauchsteuern voll überwälzt werden. Im Lichte sowohl der partial- als auch der totalanalytischen Wirkungslehre ist dies nicht unproblematisch[30], wenngleich zuzugeben ist, daß es schwerfällt, eine plausiblere allgemeine Hypothese anzugeben, wenn man einmal von der Möglichkeit absieht, irgendeinen Prozentsatz unterhalb von 100 willkürlich festzulegen. Zweitens wird so getan, als ob die überwälzte Verbrauchsteuer die Wirtschaftssubjekte nur nach Maßgabe des Verbrauchs tangiert. Bei nicht nur vorübergehend erhobenen Verbrauchsteuern drängt sich jedoch die Frage auf, ob nicht auch die Sparer oder allgemein die Vermögensbesitzer als belastet angesehen werden müssen, da durch die steuerbedingte Preisniveauerhöhung die reale Kaufkraft ihres Vermögens im Falle konsumtiver Verwendung gesunken ist.

Welcher Interpretation man auch immer zuneigt: Indirekte Verbrauchsteuern sind bei angenommener Überwälzung verteilungspolitisch um so günstiger, je einkommenselastischer die Nachfrage und der durchschnittliche Steuersatz sind. Unter diesem Aspekt ist die Differenzierung der quantitativ wichtigsten Verbrauchsteuer, der Umsatzsteuer, besonders wichtig, bei der in der Bundesrepublik Nahrungsmittel lediglich einem reduzierten Satz unterliegen[31].

In der Bundesrepublik Deutschland könnte man darüber hinaus durch den Übergang von den heute immer noch dominierenden *spezifischen Steuern* zu *Wertsteuern* einen positiven Verteilungseffekt erzielen. Mit steigendem Einkommen werden nämlich meist Produkte gekauft, die qualitativ besser und

---

[29] Vgl. die klassische Anklage im Gewand einer Verteidigungsrede von F. LASALLE: Die indirekte Steuer und die Lage der arbeitenden Klassen, Chicago 1872. – Empirische Untersuchungen für die Bundesrepublik Deutschland auf der Basis unterstellter voller Überwälzung bestätigen in der Regel den regressiven Effekt. Vgl. für einen Überblick TRANSFER-ENQUÊTE-KOMMISSION: Das Transfersystem in der Bundesrepublik Deutschland, a.a.O., Kapitel 3: Zu den Verteilungseffekten indirekter Steuern, S. 82–92, sowie für eine aktuelle Untersuchung der Mehrwertsteuerwirkungen K.-D. BEDAU u. a.: Wie belastet die Mehrwertsteuererhöhung private Haushalte mit unterschiedlich hohem Einkommen?, in: DIW-Wochenbericht, Jg. 65, 1998, S. 249–257.
[30] Vgl. oben S. 144–155.
[31] Vgl. oben S. 359.

teurer sind. Eine spezifische Steuer führt dann bei steigendem Einkommen typischerweise zu einer in bezug auf den Verkaufspreis *regressiven*, eine Wertsteuer wenigstens zu einer *proportionalen* Belastung. Einer solchen Änderung stehen allerdings die beschlossenen Harmonisierungsmaßnahmen der EU entgegen, die ganz überwiegend auf spezifische Steuern abstellen.

§ 142. Umverteilung über Realleistungen[32]

Transformationsausgaben, d. h. staatliche Ausgaben für Güter und Faktorleistungen, sind verteilungspolitisch einmal im Hinblick auf den Einfluß auf die primäre Faktoreinkommensverteilung im Zuge des Transformationsprozesses interessant (*Inputseite*), zum anderen im Hinblick auf die Verteilung der Vorteile, die sich als Ergebnis des Transformationsprozesses ergeben (*Outputseite*, Nutzungsseite). Der erste Aspekt ist bereits oben in § 137 behandelt worden, der zweite, dem die folgenden Ausführungen gelten, nur im Hinblick auf die für die Faktorausstattungen besonders wichtigen öffentlichen Ausbildungsleistungen (§ 138).

1. Nutzungsverteilung

Im Rahmen der Verteilungspolitik spielen die (kostenlos oder gezielt zu nicht kostendeckenden Preisen abgegebenen) Realleistungen im Vergleich zu Steuern und Transferzahlungen eine untergeordnete Rolle. Das beruht vor allem auf folgenden Faktoren:

1) Einige Leistungen haben für das jeweils betroffene Kollektiv mehr oder weniger weitgehend den *Charakter eines öffentlichen Gutes*, für das die interpersonelle Differenzierungsmöglichkeit entfällt (die äußere Sicherheit im Sinne des Abschreckungseffekts, die Rechtsordnung, die Währungsordnung, teilweise die innere Sicherheit).

2) Die *verteilungspolitisch relevanten Charakteristika der Nutzer sind kaum bekannt*, weil im Gegensatz zu Steuer- und Sozialtransferzahlungen solche Angaben nicht gefordert werden bzw. nicht automatisch anfallen[33].

---

[32] Vgl. H. SIEBERT: Zur Frage der Distributionswirkungen öffentlicher Infrastrukturinvestitionen, in: R. Jochimsen und U. E. Simonis (Hrsg.): Theorie und Praxis der Infrastrukturpolitik, Schriften des Vereins für Socialpolitik, N. F. Bd. 54, Berlin 1970, S. 33–71; K. MACKSCHEIDT: Öffentliche Güter und Ausgabeninzidenz, in: W. Dreißig (Hrsg.): Öffentliche Finanzwirtschaft und Verteilung IV, Schriften des Vereins für Socialpolitik, N. F. Bd. 75/IV, Berlin 1976, S. 59–129.

[33] Als Beispiele für den Versuch, solche Informationen zu gewinnen, vgl. W. I. GILLESPIE: The Effect of Public Expenditures on the Distribution of Income: An Empirical Investigation, Baltimore 1963; DERS.: Effect of Public Expenditures on the Distribution of Income, in: R. A. Mus-

3) Damit zusammenhängend: Im Bereich der Realleistungen gibt es kaum generelle *Standards*, noch weniger gesetzlich normierte, deren Fixierung zu entsprechenden verteilungspolitischen Diskussionen führen könnte.

Ein Spielraum für gezielte Verteilungspolitik eröffnet sich bei solchen Leistungen, bei denen die Nutzung einer *Mitwirkung der Begünstigten* bedarf. Wenn man die Inanspruchnahme von Realleistungen als vor allem durch die Präferenzen und durch die privaten Kosten der Inanspruchnahme determiniert sieht, ist der Verteilungsaspekt, an der Inanspruchnahme gemessen, um so günstiger, je stärker den typischen Präferenzen der Bezieher kleiner oder mittlerer Einkommen im Gegensatz zu denen der Bezieher hoher Einkommen gefolgt wird: Zwischen einem bezuschußten öffentlichen Opernhaus und einem bezuschußten öffentlichen Volkstheater, zwischen einem öffentlichen Fußballplatz und einem öffentlichen Reitplatz dürfte es signifikante Unterschiede geben.

Eine weitere Lenkungsmöglichkeit ergibt sich über die privaten Kosten der Inanspruchnahme. Der Verteilungseffekt ist um so günstiger, je geringer bzw. je stärker sozial gestaffelt diese Kosten sind (Gebühren, Fahrtkosten, Zeitaufwand, komplementäre private Güter). Gerade auf dem *Bildungssektor* läßt sich beobachten, wie im Laufe der Zeit Maßnahmen ergriffen worden sind, um die Inanspruchnahme vom Einkommen immer unabhängiger zu machen: Abschaffung von Gebühren, Einführung der Lehrmittelfreiheit, Gründung neuer höherer Schulen und Universitäten an neuen Standorten, Übernahme der Fahrtkosten und Gewährung von Leistungen im Rahmen des BAföG.

2. Nutzungsbewertung

Die Frage der Verteilungswirkungen von Realleistungen ist mit der Kenntnis der Nutzerprofile noch nicht beantwortet. Speziell wenn man die Ergebnisse für sich oder mit anderen Verteilungsrechnungen zusammenfassen will, ist es erforderlich, *die einzelnen Nutzungsakte zu bewerten*, und zwar möglichst mit der marginalen Wertschätzung, ausgedrückt in Geldeinheiten[34]. Da diese aber nur schwer zu ermitteln ist, behilft sich die Praxis meist mit einer Bewertung zu Kosten, genauer: Budgetausgaben, was im Hinblick auf das unter Verteilungsgesichtspunkten im Vordergrund stehende Untersuchungsziel völlig unzulänglich ist.

grave (Hrsg.): Essays in Fiscal Federalism, Washington 1965, S. 122–186; H. Hanusch: Verteilung öffentlicher Leistungen. Eine Studie zur personalen Inzidenz, Göttingen 1976.
[34] Vgl. N. Andel: Nutzen-Kosten-Analysen, a.a.O., S. 485–498.

§ 143. Umverteilungseffekte im Rahmen der Sozialversicherungen

Wegen der Interdependenz von Budgetausgaben und Budgeteinnahmen sind verteilungspolitische Urteile über isoliert betrachtete einzelne Posten auf der einen oder anderen Budgetseite immer problematisch. Die oft gemachte Annahme, alle (Steuer-)Einnahmen trügen entsprechend ihrem relativen Gewicht auf der Einnahmenseite zur Finanzierung eines Ausgabenpostens bei, ist sicherlich völlig unrealistisch, impliziert sie doch, daß die relevante Alternative in einer Situation prozentual gleichmäßig reduzierter (Steuer-)Einnahmen gesehen wird[35]. Auf der anderen Seite sind die umfassenden Untersuchungen, die sich auf das gesamte Budget beziehen, schon aus methodischen Gründen nicht haltbar[36].

Die Situation ist günstiger bei Sozialversicherungen, die am Äquivalenzgedanken orientiert sind und sich weitgehend mit eigenen Einnahmen finanzieren.

1. Arten der Umverteilungseffekte

Im Rahmen der Sozialversicherungen lassen sich folgende *Arten der Umverteilung* unterscheiden:

1) die *versicherungsimmanente*, die sich ex post zwischen den von den einzelnen Risikofaktoren unterdurchschnittlich und überdurchschnittlich stark betroffenen Mitgliedern ergibt: von den Gesunden zu den Kranken im Rahmen der Krankenversicherung, von den früh Verstorbenen zu den lang Lebenden im Rahmen der Rentenversicherung, von den beschäftigten zu den arbeitslosen Mitgliedern im Rahmen der Arbeitslosenversicherung.

2) die *intertemporale für den einzelnen Versicherten*, speziell im Rahmen der Rentenversicherung: Einkommensreduktion während der Aktivzeit in Form der Beiträge, Einkommenszufluß als Rente nach dem Ausscheiden aus dem Erwerbsleben;

3) die *interpersonelle innerhalb der einzelnen Versichertenjahrgänge*, wenn die Struktur der Beiträge nicht entsprechend der Struktur der Risiken differenziert ist;

4) die *interpersonelle zwischen den Versichertenjahrgängen*, speziell im Rahmen der Rentenversicherung, wenn global für die einzelnen Versichertenjahrgänge das Verhältnis zwischen dem Barwert der Beitragsleistungen und dem Barwert der Rentenzahlungen unterschiedlich ist;

---

[35] Vgl. oben S. 175.
[36] Vgl. oben S. 119f.

5) die *zwischen der Sozialversichertengemeinschaft und Dritten*, wenn trotz nicht geleisteter Beiträge Leistungen zu erbringen sind oder von Dritten Zuschüsse geleistet werden.

In der Bundesrepublik Deutschland sind alle fünf Aspekte bedeutsam; im folgenden soll allerdings nur auf die interpersonelle Umverteilung innerhalb der einzelnen Versichertenjahrgänge näher eingegangen werden.

2. Interpersonelle Umverteilungseffekte als Abweichung von der Beitragsdifferenzierung der privaten Versicherungen

Zur interpersonellen Umverteilung innerhalb der einzelnen Versichertenjahrgänge (Versichertengenerationen) kommt es immer dann, wenn die Beiträge nicht nach dem unterschiedlichen Risiko der einzelnen Versicherten differenziert sind[37]. Hier soll nicht näher auf die Frage eingegangen werden, welche Risikofaktoren bei der Verwirklichung des versicherungsmathematischen Äquivalenzprinzips berücksichtigt werden *sollten*; als Vergleichsmaßstab wird die Praxis der privaten Versicherungen gewählt.

3. Interpersonelle Umverteilung im Rahmen der gesetzlichen Krankenversicherung

Private Krankenversicherungen differenzieren die Beiträge nach Alter und Geschlecht des Versicherten, nach der Zahl der mitversicherten Familienangehörigen, wiederum differenziert nach Alter und Geschlecht, sowie nach der Höhe des Krankengeldes, das im Falle der krankheitsbedingten Arbeitsunfähigkeit des Versicherungsnehmers zu leisten ist. Mit der Differenzierung nach Alter und Geschlecht wird berücksichtigt, daß die Inanspruchnahme der Versicherung bei Frauen höher als bei Männern ist und in beiden Gruppen fast durchgehend mit zunehmendem Alter steigt.

Da die gesetzliche Krankenversicherung ihre Beiträge nicht nach dem individuellen Risiko, sondern nach der Höhe des Bruttoeinkommens bis zur Beitragsbemessungsgrenze differenziert, ergeben sich innerhalb der einzelnen Kassen Umverteilungseffekte
- *nach der Einkommenshöhe* von den Beziehern hoher zu den Beziehern niedriger Einkommen,
- *nach dem Geschlecht* von den männlichen zu den weiblichen Mitgliedern,
- *nach dem Alter* von den jungen zu den alten Mitgliedern,

---

[37] Im Hinblick auf die oben unterschiedenen Umverteilungseffekte 4 und 5 wäre es zu eng zu formulieren: „wenn die Beiträge nicht entsprechend der versicherungsmathematischen Äquivalenz dem Risiko entsprechen".

– *nach der familiären Situation* von den Mitgliedern ohne mitversicherte Familienangehörige zu solchen mit mitversicherten Familienangehörigen.

Daß es sich bei der interpersonellen Umverteilung innerhalb der gesetzlichen Krankenversicherung um beachtliche Beträge handelt, die einen beträchtlichen *Familienlastenausgleich* implizieren, zeigen mehrere empirische Untersuchungen[38].

4. Interpersonelle Umverteilung im Rahmen der gesetzlichen Rentenversicherung[39]

Wie die bei der Schilderung der einzelnen Umverteilungsaspekte genannten Beispiele bereits gezeigt haben, ist die Rentenversicherung unter verschiedenen Gesichtspunkten umverteilungsrelevant. Die folgenden Ausführungen beschränken sich entsprechend der oben vorgenommenen Einengung wiederum auf den interpersonellen Aspekt innerhalb der einzelnen Versichertenjahrgänge.

Wie oben im Falle der Krankenversicherung soll der Maßstab für die Umverteilung wiederum die Praxis der privaten Versicherungen sein, die im Rahmen der Lebensversicherung ihre Beiträge nach der Höhe der Zahlungen im Falle des Risikoeintritts und nach der Wahrscheinlichkeit des Eintritts des Risikos, gemessen an der durchschnittlichen Lebenserwartung der betroffenen Personen, differenzieren. Wenn man dies mit der oben dargelegten Regelung der deutschen Rentenversicherung vergleicht[40], läßt sich ganz allgemein eine Umverteilung zugunsten der Frauen, der Versicherten mit mitversicherten Angehörigen und der zum Zeitpunkt des Rentenbeginns Jungen erkennen.

Der *Umverteilungseffekt zugunsten der weiblichen Versicherungsmitglieder* folgt aus der im Vergleich zu den Männern *höheren mittleren Lebenserwartung*

---

[38] Vgl. N. ANDEL: Verteilungswirkungen der Sozialversicherung am Beispiel der gesetzlichen Krankenversicherung der Bundesrepublik Deutschland, in: W. Dreißig (Hrsg.): Öffentliche Finanzwirtschaft und Verteilung III, Schriften des Vereins für Socialpolitik, N.F. Bd. 75/III, Berlin 1975, S. 62–65; G. OTT: Einkommensumverteilungen in der gesetzlichen Krankenversicherung. Eine quantitative Analyse, Frankfurt/M.–Bern 1981, S. 115–123, 150–159, 176–180; K.-D. HENKE und C. BEHRENS: Umverteilungswirkungen der gesetzlichen Krankenversicherung, Bayreuth 1989, S. 70, 72, 81; R. MEIERJÜRGEN: Intertemporale und intragenerationale Verteilungswirkungen der gesetzlichen Krankenversicherung, a.a.O., S. 135–140.
[39] Vgl. CH. HELBERGER und G. WAGNER: Beitragsäquivalenz oder interpersonelle Umverteilung in der gesetzlichen Rentenversicherung? Eine Analyse auf der Grundlage von Lebenseinkommen, in: Ph. Herder-Dorneich (Hrsg.): Dynamische Theorie der Sozialpolitik, Schriften des Vereins für Socialpolitik, N.F. Bd. 123, Berlin 1981, S. 331–392; W. SCHMÄHL: Einkommensumverteilung im Rahmen von Einrichtungen der sozialen Sicherung – Einige Probleme ihrer Ermittlung und Ausgestaltung am Beispiel der gesetzlichen Rentenversicherung, a.a.O.
[40] Vgl. oben S. 240–245.

der Frauen[41] und der damit verbundenen längeren Periode der Rentenzahlung. Dieses größere Risiko schlägt sich aber in der Rentenformel nicht nieder.

Der *Umverteilungseffekt zugunsten der Mitglieder mit mitversicherten Familienangehörigen* ergibt sich aus dem Umstand, daß ohne zusätzliche Beiträge Ansprüche auf Witwen- bzw. Witwerrente und auf Waisengeld erworben werden[42]. Hier ergibt sich im Rahmen der Rentenversicherung ähnlich wie bei der gesetzlichen Krankenversicherung ein beträchtlicher *Familienlastenausgleich*.

In der Rentenformel erscheint nicht das Alter des Versicherungsmitgliedes. Der versicherungsmathematische Wert eines bestimmten Rentenanspruchs ist aber zum Zeitpunkt des Rentenbeginns um so höher, *je länger die durchschnittliche restliche Lebenserwartung* ist. Wer als Frau oder Arbeitsloser (vorgezogenes Altersruhegeld) oder allgemein im Rahmen der flexiblen Altersgrenze vor Vollendung des 65. Lebensjahres Rente bezieht, erhält einen Betrag, der nur im Hinblick auf die geringere Zahl von Beitragsjahren, nicht auch wegen der längeren Phase des Rentenbezugs gekürzt wird. Insofern ergibt sich eine *Begünstigung des vorgezogenen Rentenbeginns*.

Abweichend von den Grundprinzipien der gesetzlichen Rentenversicherung ergeben sich weitere, *speziellere Umverteilungsaspekte* zugunsten der Versicherten, die beitragslose Zeiten rentensteigernd geltend machen können, Rente nach Mindesteinkommen erhalten oder speziell in den Jahren 1972–1979 von der günstigen Möglichkeit der Nachentrichtung von Versicherungsbeiträgen Gebrauch gemacht haben.

Wie oben dargelegt[43], gehören zu den anrechnungsfähigen Versicherungsjahren auch *Jahre ohne Beitragszahlungen*. Allerdings ist es erforderlich, bei der Beurteilung dieses Sachverhalts zu differenzieren und teilweise über den Bereich der Rentenversicherung hinaus zu schauen. Die *Zurechnungszeit* als Zeit zwischen dem Eintritt des Versicherungsfalles und der Vollendung des 55. Lebensjahres kann durchaus als Bestandteil einer versicherungsimmanenten und nicht als echt interpersonelle Umverteilung interpretiert werden. Die Berücksichtigung von *Ersatzzeiten*, in denen der Versicherte durch Krieg oder Kriegsfolgen keine Beiträge entrichtete, mag aus der Sicht der gesetzlichen Rentenversicherung als Begünstigung erscheinen, weniger aus der Sicht des betroffenen Mitglieds, wenn man den nicht individuell zu vertretenden Anlaß und den sog. *Bundeszuschuß* aus dem Bundeshaushalt an die Träger der Rentenversicherung in Betracht zieht[44]. Viel eher sind die *Ausbildungsanrech-*

---

[41] Die mittlere Lebenserwartung betrug 1993/95 z.B. für 65jährige Männer 14,59, für 65jährige Frauen 18,33 Jahre (STATISTISCHES BUNDESAMT (Hrsg.): Fachserie 1: Bevölkerung und Erwerbstätigkeit, Reihe 1: Gebiet und Bevölkerung 1995, Stuttgart 1997, S. 176f.).

[42] Vgl. oben S. 245.

[43] Vgl. oben S. 244.

[44] Vgl. K. MACKSCHEIDT, G. BÖTTGER und K. GRETSCHMANN: Der Finanzausgleich zwischen

nungszeiten für den Besuch höherer Schulen, Fachschulen oder Hochschulen als einseitige Umverteilung anzusehen[45], dazu noch als sozial recht dubiose, läßt doch die Ausbildung in der Regel höheres Arbeitseinkommen erwarten, aus dem später gegebenenfalls Beiträge nachentrichtet werden könnten.

Bei Versicherten mit mindestens 35 Jahren rentenrechtlicher Zeit und Pflichtbeiträgen von durchschnittlich weniger als 0,0625 Entgeltpunkten pro Monat (= 75% des Durchschnittsentgelts) werden die Entgeltpunkte um das 1,5fache, aber höchstens auf monatlich 0,0625 angehoben. Damit sollen vor allem als diskriminierend empfundene niedrige Löhne der weiblichen Versicherten im Hinblick auf die Auswirkung auf die Rentenzahlungen nachträglich korrigiert werden. Von den Rentenzugängen im Jahre 1997 haben diese Regelung 33,3% der Frauen, aber nur 4,1% der Männer in Anspruch genommen[46]. Mit der 1992 eingeführten Beschränkung der Anhebung auf das 1,5fache soll die (nicht beabsichtigte) Begünstigung der Teilzeitbeschäftigung reduziert werden.

Besonders während der Jahre 1972–1979 bestand die Möglichkeit, *nachträglich Beiträge für zurückliegende Jahre zu leisten*, um die persönliche Bemessungsgrundlage oder die Zahl der anrechnungsfähigen Jahre zu erhöhen. Dabei wurden die Beiträge so bewertet, als wären sie in dem jeweiligen zugerechneten Jahr geleistet worden. Der damit erworbene Anspruch war um so höher, je weiter zurück die Periode lag, der der Beitrag zugerechnet wurde. Die Begünstigung im Vergleich zu den Versicherten, die tatsächlich früher gezahlt haben, ist sehr groß und wird nur zum Teil dadurch kompensiert, daß in der Zwischenzeit der Beitragssatz gestiegen ist.

Wenn man die spezielleren Formen der Begünstigung innerhalb der gesetzlichen Rentenversicherung betrachtet, fällt auf, daß sie *oft verteilungspolitisch ausgesprochen dubios* sind. Das gilt besonders für die Beitragsnachentrichtung und die vorgezogene Rente, weil davon eher Bezieher überdurchschnittlich hoher Einkommen Gebrauch machen konnten bzw. können, aber auch für die Anrechnung von bestimmten Ausbildungsjahren als Ausfallzeit.

5. Brutto- und Nettoumverteilung im Rahmen der Sozialversicherung

Umverteilungsgewinne und -verluste in Form der Salden zwischen Beitragszahlungen und Versicherungsleistungen können, worauf ALBERS hingewiesen

---

dem Bund und der Rentenversicherung. Historische und systematische Bemerkungen zum Bundeszuschuß, in: Finanzarchiv, N.F. Bd. 39, 1981, S. 383–407.

[45] Daß es sich hier um beträchtliche Größenordnungen handelt, zeigen R. HAUSER und H. ADAM: Chancengleichheit und Effizienz an der Hochschule, a.a.O., S. 162–169.

[46] Errechnet nach VERBAND DEUTSCHER RENTENVERSICHERUNGSTRÄGER (Hrsg.): VDR Statistik Rentenzugang 1997, Bd. 125, Frankfurt/M. 1998, S. 64, 86, 151.

hat[47], leicht dazu verleiten, das Ausmaß der effektiven Umverteilung zu überschätzen. Wenn man einmal unterstellt, die Leistungen für mitversicherte Familienangehörige führten dazu, daß der Beitragssatz höher als im Falle der Verwirklichung des Äquivalenzprinzips ist, finanzieren die Begünstigten die ihnen zufließenden Vorteile zum Teil selbst. Bei gleichem Einkommen kauft der Familienvater pro DM Versicherungsbeitrag zwar mehr Risikoabnahme als der Alleinstehende; entsprechend seiner Beitragsbemessungsgrundlage wird er aber auch anteilig zur Finanzierung der „beitragslosen" Mitversicherung der Familienangehörigen herangezogen. Um zum Nettovorteil zu gelangen, muß der Bruttovorteil um diesen zusätzlichen Beitrag gekürzt werden.

6. Umverteilung zu Lasten des Sozialfiskus oder des allgemeinen Fiskus?

Die Rechtfertigung von ausgeprägten interpersonellen Umverteilungsvorgängen im Rahmen der Sozialversicherungen wird mit gutem Grund oft in Frage gestellt. Die Regelungen von Kriegsfolgen, der Familienlastenausgleich oder die Ausbildungsförderung – um nur diese Gebiete zu nennen – sind Aufgaben, die im Interesse nicht nur der Sozialversicherung, sondern des Gesamtstaates zu erfüllen sind. Die Finanzierungslast sollte deshalb nicht nur von den Sozialversicherten, sondern von der gesamten Bevölkerung getragen werden. Der Gegeneinwand, daß der Versichertenkreis doch den überwiegenden Teil der Bevölkerung ausmache, ist nicht überzeugend. Schließlich werden im Rahmen der Sozialversicherung gerade die besonders leistungsfähigen Bürger teilweise überhaupt nicht, die Mitglieder nur nach Maßgabe des Arbeitseinkommens erfaßt und auch dies nur bis zur Beitragsbemessungsgrenze.

Die Übertragung solcher Umverteilungsaktivitäten auf den allgemeinen Fiskus kann auch verhindern, daß die Abgrenzung der Begünstigten personell zu eng vorgenommen wird. Der Kinderlastenausgleich im Rahmen der GKV z. B. ist auf die dort Versicherten beschränkt, erstreckt sich nicht auf die kinderreichen Selbständigen (mit teilweise niedrigem Einkommen).

§ 144. Allokative Kosten und Nutzen budgetärer Verteilungspolitik

In den Wirtschaftsablauf heutiger Industriestaaten wird mit einer kaum übersehbaren Zahl von verteilungsbedeutsamen Maßnahmen eingegriffen. Was dabei per saldo verteilungspolitisch letztlich bewirkt wird, läßt sich nicht genau

---

[47] Vgl. W. Albers: Einige Überlegungen für die Ausgestaltung von Transferzahlungen an Haushalte, in: Weltwirtschaftliches Archiv, Bd. 105, 1970, S. 230–251, insb. S. 234 und 238.

ermitteln – trotz aller heroischen Versuche unter Mißachtung methodischer Einwendungen[48].

Ohne Zweifel werden dadurch viele Notlagen verhindert, sicherlich wird darüber hinaus die wirtschaftliche Situation vieler Bezieher vergleichsweise niedriger Einkommen verbessert. Dieser Umverteilungsprozeß ist allerdings auch mit erheblichen allokativen Kosten verbunden, über die ebenfalls kaum verläßliche Informationen vorliegen[49]. Es handelt sich um die durch Zwangsabgaben und öffentliche Ausgaben induzierten Verzerrungen in Form eines reduzierten Arbeitsangebots oder einer reduzierten volkswirtschaftlichen Ersparnis sowie in Form von Substitutionseffekten, welche die Struktur der Investitionen, des Arbeitsangebots, der Ersparnis und des Konsums effizienzmindernd beeinflussen. Diese negativen allokativen Effekte standen in den letzten Jahren im Vordergrund der Diskussion und Reformmaßnahmen. Sie dürften durch die Einschränkung des Leistungsspektrums und durch die Senkung des Leistungsniveaus, durch verschärfte Kontrollen sowie durch mehr Selbstbeteiligung insgesamt in den letzten Jahren reduziert worden sein.

Um einseitige Einschätzungen zu vermeiden, ist es angebracht, darauf hinzuweisen, daß die Aktivitäten des Wohlfahrtsstaates nicht nur allokative Kosten, sondern auch allokative Nutzen mit sich bringen. Soweit das System der sozialen Sicherung dazu führt, daß eine Gesellschaftsordnung von ihren Bürgern insgesamt als gerecht oder jedenfalls akzeptabel angesehen wird, trägt es dazu bei, daß der Produktionsprozeß und das öffentliche Leben insgesamt weniger durch legale und illegale Aktivitäten negativ beeinflußt wird. Es gestattet auch niedrigere Kosten der Gewährleistung der öffentlichen Sicherheit und Ordnung.

Das System der budgetären sozialen Sicherung macht es leichter, auf andere, die Effizienz stärker beeinträchtigende Formen der Sicherung zu verzichten: auf Protektionismus im zwischenstaatlichen Verkehr, auf Verzögerungen des internen strukturellen Wandels durch Subventionen oder auf zunftartige Abschirmungen. Es enthält eine Versicherung gegen Risiken, die privat nicht versicherbar sind: Arbeitslosigkeit, körperliche und geistige Gebrechen, Folgen von Kriegen und Naturkatastrophen[50] und korrigiert insofern Marktversagen.

Die Allokationseffizienz fördernde Wirkungen ergeben sich, wenn bei unvollkommenen Kapitalmärkten die sozialstaatlichen Maßnahmen es gestatten,

---

[48] Vgl. oben S. 119f. Aus diesem Grunde wurde hier auch darauf verzichtet, die Ergebnisse der sog. *Budgetinzidenzuntersuchungen* zu referieren.

[49] Zu oft widersprüchlichen empirischen Ergebnissen vgl. z.B. S. DANZIGER, R. HAVEMAN und R. PLOTNICK: How Income Transfer Programs Affect Work, Savings, and the Income Distribution, a.a.O., sowie die umfangreichen Literaturauswertungen bei A.B. ATKINSON: Income Maintenance and Social Insurance, a.a.O. Für eine breiter angelegte Analyse vgl. A. LINDBECK: Individual Freedom and Welfare State Policy, in: European Economic Review, Bd. 32, 1988, S. 245–318.

[50] Vgl. N. BARR: Social Insurance as an Efficiency Device, a.a.O.

das verfügbare Einkommen im Zeitablauf besser auf die Entwicklung der Ausgabenbedürfnisse abzustimmen (intertemporale Umverteilung) und Unterinvestitionen im Bereich der Ausbildung zu vermeiden. Die wohlfahrtsstaatliche Sicherung im allgemeinen, die progressive Einkommensteuer im besonderen führen dazu, daß gesamtwirtschaftlich risikoreichere Projekte in Angriff genommen werden; bei unterstellter Risikoaversion wirkt dies ebenfalls effizienzsteigernd[51].

Wie sehr der Wohlfahrtsstaat die Wohlfahrt im Sinne des Wohlbefindens der Bürger positiv beeinflußt, erfahren alle die Bürger – sowohl umverteilungsbegünstigte als auch umverteilungsbelastete – unmittelbar, die den Attraktivitätsverlust von Innenstädten und öffentlichen Plätzen allgemein beklagen, der auf die in den letzten Jahren gestiegene Zahl durch Armut, Obdach- und Arbeitslosigkeit sozial ausgegrenzter Personen zurückzuführen ist.

§ 145. Die Einkommensverteilung in der Bundesrepublik Deutschland[52]

Wenn man die Einkommensverteilung und ihre Entwicklung unter dem Aspekt der Bedürfnisbefriedigung(-smöglichkeit) betrachtet, ist es ratsam, als Untersuchungseinheit den Haushalt zu wählen und auf das Nettoäquivalenzeinkommen abzustellen. Dieses Nettoäquivalenzeinkommen erhält man, indem man das Haushaltseinkommen durch die Zahl der Haushaltsmitglieder dividiert. Diese werden dabei unterschiedlich gewichtet, um so die Altersabhängigkeit des Bedarfs und die Ersparnisse durch die gemeinsame Haushaltsführung zu berücksichtigen[53].

In der Tabelle 25-1 ist die Entwicklung der Quintilsanteile am Nettoäquivalenzeinkommen und des Gini-Koeffizienten während des Zeitraums 1969–1993 für Westdeutschland ausgewiesen. Zur Berechnung der Nettoäquivalenzeinkommen wurde der Haushaltsvorstand mit 1,0, weitere Haushaltsmitglieder mit 0,5 (bis zum Alter von einschl. 14 Jahren) bzw. mit 0,7 (ab dem Alter von 15 Jahren) gewichtet. Zur Ermittlung der Quintilsanteile wurden die Personen nach der Höhe des Nettoäquivalenzeinkommens angeordnet und Teilgruppen von 20% der Gesamtheit zusammengefaßt. Die mit steigenden Quintilen stei-

---

[51] Vgl. W. Sinn: Risiko als Produktionsfaktor, in: Jahrbücher für Nationalökonomie und Statistik, Bd. 201, 1986, S. 557–571; K. Konrad: Risikoproduktivität, Berlin u. a. O. 1992.

[52] Der Verfasser dankt Dr. Irene Becker für die Bereitstellung der Tabelle 25-1. Nähere Erläuterungen zu bis 1988 reichenden Daten findet der Leser bei I. Becker: Die Entwicklungen der Einkommensverteilung und Einkommensarmut in den alten Bundesländern von 1962 bis 1988, in: I. Becker und R. Hauser (Hrsg.): Einkommensverteilung und Armut, a.a.O., S. 43–61.

[53] Vgl. J. Faik: Äquivalenzskalen. Theoretische Erörterungen, empirische Herleitungen und verteilungsbezogene Anwendung für die Bundesrepublik Deutschland, Berlin 1995.

Übersicht 25–1

Verteilungsmaße zur personellen Verteilung der Nettoäquivalenzeinkommen in Westdeutschland

Verteilungsmaße	1969	1973	1978	1983	1988	1993
Durchschnittliches						
– Haushaltsnettoeinkommen[a]	1 359	1 979	2 684	3 277	3 592	4 797
– Nettoäquivalenzeinkommen[a]	634	981	1 362	1 756	2 000	2 648
Gini-Koeffizient	0,258	0,248	0,247	0,250	0,253	0,267
Quintilsanteile (in %)						
1. Quintil	10,3	10,5	10,5	10,1	9,9	9,6
2. Quintil	14,0	14,3	14,3	14,3	14,4	13,9
3. Quintil	17,4	17,6	17,7	17,9	17,9	17,6
4. Quintil	22,0	22,1	22,2	22,4	22,4	22,5
5. Quintil	36,3	35,5	35,3	35,3	35,4	36,4

[a] DM pro Monat.

Quelle: Berechnungen von I. BECKER auf Basis der EVS-Datenbank.

genden Anteilsziffern belegen die ungleiche Verteilung des Nettoäquivalenzeinkommens. 1969 entfielen auf das erste Quintil 10,3%, auf das fünfte dagegen 36,3%. Bis 1978 erhöhten sich dann die Anteile der unteren vier Quintile zu Lasten des 5. Quintils. In der Folgezeit ist der ständige Rückgang des Anteils des ersten Quintils am auffälligsten. Bis 1988 verzeichnen alle anderen Quintile leichte Zugewinne. Diese Entwicklung schlägt sich auch im Gini-Koeffizienten nieder, der nach 1978 gestiegen ist, besonders ausgeprägt im Jahre 1993.

Die Daten des Sozio-oekonomischen Panels gestatten es, die Verteilung des Nettoäquivalenzeinkommens und dessen Entwicklung im Zeitablauf in den alten (West) und in den neuen Bundesländern (Ost) zu vergleichen. Übersicht 25-2 zeigt, daß die Verteilung in den neuen Bundesländern gleichmäßiger als in den alten Bundesländern ist. Die Veränderung der Anteilsziffern ist jedoch sehr gleichgerichtet, im Ausmaß allerdings für das erste und fünfte Quintil in den neuen Bundesländern stärker als in den alten.

Der in beiden Zahlenwerken klar ersichtliche Rückgang des Anteils des ersten Quintils am Nettoäquivalenzeinkommen deutet auf eine im Zeitablauf gestiegene Armutsproblematik hin. Im Rahmen der Sozialhilfe zeigt sich dies im Anstieg des Anteils der Bevölkerung, der Hilfe zum Lebensunterhalt außerhalb von Einrichtungen bezieht, von 2,3% 1985 über 2,8% 1991 auf 3,4% 1995 in den alten Bundesländern, von 1,4% 1991 auf 1,8% 1995 in den neuen Bundesländern[54].

Folgt man der internationalen Übung, Armutsgrenzen insbesondere bei 40 oder 50% des durchschnittlichen Nettoäquivalenzeinkommens festzumachen,

---

[54] Auskünfte des STATISTISCHEN BUNDESAMTES; Angaben für Deutsche und Nichtdeutsche.

Übersicht 25–2

Verteilungsmaße zur personellen Verteilung der Nettoäquivalenzeinkommen in der Bundesrepublik Deutschland

Verteilungsmaße		1990	1991	1992	1993	1994	1995
Durchschnittliches – Haushaltsnetto-einkommen[a]	West	3245	3366	3538	3676	3725	3947
	Ost	1528	1892	2292	2650	2931	3076
Durchschnittliches – Nettoäquivalenz-einkommen[a]	West	1806	1881	1999	2106	2146	2232
	Ost	804	982	1212	1413	1566	1659
Gini-Koeffizient	West	0,268	0,267	0,272	0,278	0,282	0,285
	Ost	0,189	0,202	0,206	0,215	0,221	0,223
Quintilsanteile (in %)	West						
1. Quintil		9,5	9,5	9,4	9,2	9,2	9,1
2. Quintil		14,0	13,9	13,8	13,7	13,5	13,6
3. Quintil		17,7	17,6	17,7	17,5	17,3	17,3
4. Quintil		22,4	22,6	22,3	22,5	22,4	22,2
5. Quintil		36,4	36,4	36,8	37,1	37,5	37,8
Quintilsanteile (in %)	Ost						
1. Quintil		11,6	11,3	11,1	10,8	10,3	10,4
2. Quintil		15,9	15,8	15,8	15,5	15,6	15,2
3. Quintil		19,2	18,8	18,9	18,8	18,9	18,8
4. Quintil		22,8	22,4	22,4	22,6	22,7	22,8
5. Quintil		30,5	31,7	31,8	32,3	32,5	32,8

[a] DM pro Monat.

Quelle: R. HAUSER: Vergleichende Analyse der Einkommensverteilung und der Einkommensarmut in den alten und neuen Bundesländern von 1990 bis 1995, in: I. Becker und R. Hauser (Hrsg.): Einkommensverteilung und Armut, a.a.O., S. 68.

zeigt Übersicht 25-3, daß auf der Grundlage der Daten der Einkommens- und Verbrauchsstichprobe in den alten Bundesländern die Armutsquoten nach beiden Kriterien von 1978 bis 1988 beträchtlich gestiegen sind, auf der Basis der Daten des Sozio-oekonomischen Panels für die Jahre 1990–1995 ebenfalls sowohl für die alten als auch für die neuen Bundesländer. Das Niveau liegt in den neuen Bundesländern unter dem der alten, was z. T. auf der besseren Absicherung der Frauen im Rahmen der Rentenversicherung sowie auf sozialpolitischen Übergangsregelungen beruht.

Übersicht 25–3

*Relative Einkommensarmut in der Bundesrepublik Deutschland
in % der jeweiligen Gesamtbevölkerung*

Jahr	Alte Bundesländer		Neue Bundesländer	
	40%	50%	40%	50%
1978	1,8	6,5	–	–
1983	2,9	7,7	–	–
1988	3,4	8,8	–	–
1990	4,2	10,5	0,8	3,7
1991	4,2	10,1	2,3	4,3
1992	4,1	9,6	2,2	6,3
1993	5,3	11,0	2,8	6,3
1994	5,0	11,5	3,4	8,1
1995	5,6	11,8	2,6	8,0

Quelle: R. HAUSER: Armut, Armutsgefährdung und Armutsbekämpfung in der Bundesrepublik Deutschland, in: Jahrbücher für Nationalökonomie und Statistik, Bd. 216, 1997, S. 532. Berechnung von I. BECKER.

Kapitel 26
Budgetäre Stabilisierungspolitik

Literatur

a) LINDBECK, ASSAR: Stabilization Policy in Open Economies with Endogenous Politicians, in: American Economic Review, Bd. 66, 1976, Papers and Proceedings, S. 1–19.

NEUMARK, FRITZ: Fiskalpolitik und Wachstumsschwankungen, 2. Aufl., Wiesbaden 1969.

b) ALBERS, WILLI: Die automatische Stabilisierungswirkung der Steuern – Möglichkeiten und Problematik in der Bundesrepublik Deutschland, in: Jahrbücher für Nationalökonomie und Statistik, Bd. 180, 1967, S. 99–131.

AMERICAN ECONOMIC ASSOCIATION (Hrsg.): Readings in Fiscal Policy, Homewood/Ill. 1955.

ANDEL, NORBERT: Der konjunkturneutrale Haushalt – ein Irrweg?, in: Franz Xaver Bea und Wolfgang Kitterer (Hrsg.): Finanzwissenschaft im Dienste der Wirtschaftspolitik. Dieter Pohmer zum 65. Geburtstag, Tübingen 1990, S. 377–395.

BIEHL, DIETER, u. a.: Konjunkturelle Wirkungen öffentlicher Haushalte, Tübingen 1978.

BROWN, E. CARY: Fiscal Policy in the 'Thirties. A Reappraisal, in: American Economic Review, Bd. 46, 1956, S. 857–879.

FRANZ, WOLFGANG: Stabilisierungspolitik am Ende der achtziger Jahre. Eine Standortbestimmung aus makrotheoretischer und wirtschaftspolitischer Sicht, in: Konjunkturpolitik, 35. Jg., 1989, S. 22–52.

HALLER, HEINZ: Bemerkungen zur sog. Parallelpolitik der öffentlichen Finanzwirtschaft, in: Jahrbücher für Nationalökonomie und Statistik, Bd. 180, 1967, S. 164–178.

DERS.: Finanzwirtschaftliche Stabilisierungspolitik, in: Fritz Neumark, Norbert Andel und Heinz Haller (Hrsg.): Handbuch der Finanzwissenschaft, 3. Aufl., Bd. 3, Tübingen 1981, S. 359–513.

HESSE, HELMUT, unter Mitarbeit von ANDREAS SCHUSEIL: Theoretische Grundlagen der „Fiscal Policy", München 1983.

KLOTEN, NORBERT: Das Stabilisierungsproblem: Konzeption und wirtschaftspolitische Praxis, in: Wolfram Fischer (Hrsg.): Währungsreform und Soziale Marktwirtschaft. Erfahrungen und Perspektiven nach 40 Jahren, Schriften des Vereins für Socialpolitik, N. F. Bd. 190, Berlin 1989, S. 79–111.

KÖRNER, JOSEF: Automatische Stabilisierungswirkungen des deutschen Steuersystems, München 1987.

KRAUSE-JUNK, GEROLD: Konsolidierung der öffentlichen Haushalte, strukturelles Defizit und konjunktureller Impuls. Zu einigen Begriffen des Sachverständigenrates, in: Finanzarchiv, N. F. Bd. 40, 1982, S. 1–22.

DERS.: Automatismen versus Autonomie. Zu einigen Konsequenzen der neuen klassischen Makroökonomik für die fiskalische Stabilitätspolitik, in: Karl Häuser (Hrsg.): Budgetpolitik im Wandel, Schriften des Vereins für Socialpolitik, N. F. Bd. 149, Berlin 1986, S. 59–111.

MACKSCHEIDT, KLAUS, und JÖRG STEINHAUSEN: Finanzpolitik I. Grundfragen fiskalpolitischer Lenkung, 3. Aufl., Tübingen–Düsseldorf 1978.

NEUMARK, FRITZ: Grundsätze und Arten der Haushaltführung und Finanzbedarfsdeckung, in: Wilhelm Gerloff und Fritz Neumark (Hrsg.): Handbuch der Finanzwissenschaft, 2. Aufl., Bd. 1, Tübingen 1952, S. 606–669.

SCHNEIDER, HANS K., u. a. (Hrsg.): Stabilisierungspolitik in der Marktwirtschaft, Schriften des Vereins für Socialpolitik, N. F. Bd. 85/I und 85/II, Berlin 1975.

SIEVERT, OLAF: Die Steuerbarkeit der Konjunktur durch den Staat, in: Carl Christian von Weizsäcker (Hrsg.): Staat und Wirtschaft, Schriften des Vereins für Socialpolitik, N. F. Bd. 102, Berlin 1979, S. 809–846.

STEDEN, WERNER: Die Finanzpolitik im Konflikt zwischen verteilungs- und stabilisierungspolitischen Zielen, in: Bernhard Külp und Heinz-Dieter Haas (Hrsg.): Soziale Probleme der modernen Industriegesellschaft, Schriften des Vereins für Socialpolitik, N. F. Bd. 92/II, Berlin 1977, S. 797–827.

STEINBACH, BRITA: „Formula Flexibility". Kritische Analyse und Vergleich mit diskretionärer Konjunkturpolitik, Frankfurt/M.–Bern 1977.

STERN, KLAUS, PAUL MÜNCH und KARL-HEINRICH HANSMEYER: Gesetz zur Förderung der Stabilität und des Wachstums der Wirtschaft, 2. Aufl., Stuttgart u. a. O. 1972.

WISSENSCHAFTLICHER BEIRAT BEIM BUNDESMINISTERIUM FÜR WIRTSCHAFT: Grundfragen der Stabilitätspolitik, in: Ders.: Gutachten vom März 1973 bis November 1975, Göttingen 1975, S. 619–660.

Siehe auch die Literaturangaben zu Kap. 10, Totalanalyse, S. 163 f., sowie zu Kap. 23, Öffentliche Schulden, S. 391 f.

§ 146. Ziele der budgetären Stabilisierungspolitik

Die Marktwirtschaft mit weitgehender Autonomie der Konsumenten und Produzenten zeichnet sich durch eine *Tendenz zu Schwankungen in der Veränderungsrate der wirtschaftlichen Aktivität bzw. im Auslastungsgrad des Produktionspotentials* aus.

Die kurzfristigen konjunkturellen Schwankungen, auf die sich die folgenden

Ausführungen beschränken, werden in der Regel durch Schwankungen der gesamtwirtschaftlichen Nachfrage ausgelöst, speziell der privaten Investitions-, aber auch der Auslands- und der Staatsnachfrage. Hier setzt die budgetäre Stabilitätspolitik ein, die ganz überwiegend darin besteht, die gesamtwirtschaftliche Nachfrage so auf das (kurzfristig als gegeben anzusehende) Produktionspotential abzustimmen, daß

— *Schwankungen in der Beanspruchung dieses Produktionspotentials*, d.h. Schwankungen des Auslastungsgrades, reduziert werden und

— der *durchschnittliche Auslastungsgrad* so hoch ist, wie das unter Berücksichtigung der Preisniveauänderungen und der Zahlungsbilanzsituation möglich und vertretbar ist.

Damit sind die Aspekte der Stabilisierungspolitik angesprochen, die traditionell Bestandteile der „magischen" Drei-, Vier- oder Fünfecke sind: Vollbeschäftigung, Preisniveaustabilität, außenwirtschaftliches Gleichgewicht und Wirtschaftswachstum[1].

Die Stabilisierungsaufgabe kann für die öffentliche Hand mehr oder weniger anspruchsvoll formuliert werden; in einer Folge steigenden Anspruchsniveaus etwa:

1) Der Fiskus soll nicht selbst Quelle primärer Destabilisierung sein.

2) Der Fiskus soll auf Störungen aus anderen Bereichen nicht so reagieren, daß er seinerseits die Destabilisierung verschärft, also zur Quelle sekundärer Destabilisierung wird.

3) Der Fiskus soll Störungen aus anderen Bereichen (etwa von den privaten Investitionen her) stabilitätspolitisch kompensieren.

§ 147. Gründe für eine budgetäre Stabilisierungspolitik

Die stabilisierungspolitische Aufgabe der öffentlichen Finanzwirtschaft ist relativ neu. Von vereinzelten frühen Hinweisen, die teilweise auch fiskalisch motiviert waren, abgesehen[2], waren es die große Weltwirtschaftskrise und die

---

[1] Vgl. in diesem Zusammenhang § 1 des Gesetzes zur Förderung der Stabilität und des Wachstums der Wirtschaft vom 8. 6. 1967, in dem die Bundesregierung verpflichtet wird, ihre wirtschafts- und finanzpolitischen Maßnahmen „so zu treffen, daß sie im Rahmen der marktwirtschaftlichen Ordnung gleichzeitig zur Stabilität des Preisniveaus, zu einem hohen Beschäftigungsgrad und außenwirtschaftlichem Gleichgewicht bei stetigem und angemessenem Wirtschaftswachstum beitragen".

[2] Vgl. F. Neumark: Grundsätze und Arten der Haushaltführung und Finanzbedarfsdeckung, a.a.O., § 6. Dogmengeschichtliche Vorbemerkungen zur modernen Budget- und Kredittheorie, S. 631–634; F. Schulz: Die Vorschläge von Georg von Schanz zur antizyklischen Finanzpolitik in der Tradition der öffentlichen Arbeitsbeschaffung, in: Finanzarchiv, N.F. Bd. 42, 1984, S. 542–552.

durch sie inspirierte KEYNESsche Theorie, die dem Gedanken der finanzpolitischen Stabilisierung zum allgemeinen Durchbruch verhalfen.

Nach dem Zweiten Weltkrieg kam hinzu, daß die traditionellen Instrumente an
Wirksamkeit eingebüßt hatten. Der Übergang von der Devisenzwangswirt-
schaft zur Konvertibilität und die immer enger gewordene internationale wirtschaftliche Verflechtung hat die nationale Kreditpolitik geschwächt. Diese
muß jetzt stärker die Bedingungen auf den ausländischen Kredit- und Kapitalmärkten berücksichtigen. Im Vergleich zu früher ist die Zinspolitik weniger
wirksam, weil es heute fast nur noch Erhöhungen, kaum noch Senkungen des
Preisniveaus gibt, die früher für Rezessionen typisch waren. Schließlich können außenwirtschaftspolitische Instrumente im Verhältnis zu den EU-Staaten
fast nicht mehr eingesetzt werden; im Verhältnis zu Drittstaaten wird darüber
ganz überwiegend in Brüssel gemeinsam entschieden.

Demgegenüber ist global das Potential für die budgetäre Stabilisierungspolitik
gestiegen, da in der Nachkriegszeit der Staatsanteil am Bruttosozialprodukt
stark gewachsen ist, entsprechend auch die finanzpolitische Manövriermasse,
die für Stabilisierungszwecke eingesetzt werden kann. Budgetäre Stabilisierungspolitik vermag überdies breiter anzusetzen als die Kreditpolitik, die primär nur die Investitionen beeinflußt und hier vor allem die, die von der Außen-
finanzierung abhängig sind. Speziell unter Wachstumsaspekten wird es als
Vorteil angesehen, daß mit finanzpolitischen Maßnahmen auch unmittelbar
der private Konsum beeinflußt werden kann, dessen Zurückdrängung wachs-
tumspolitisch weniger nachteilig ist als eine Einschränkung der privaten Investitionen.

§ 148. Der globale Nachfrageansatz

Die budgetäre Stabilisierungspolitik operiert ganz überwiegend über die Beeinflussung der gesamtwirtschaftlichen Nachfrage, wobei im Boom über eine
Nachfragereduktion der Preisniveauanstieg gebremst, in der Rezession mit
der Nachfrageexpansion vor allem Beschäftigungs- und Ausbringungserhö-
hungen angestrebt werden.

1. Ansatzpunkte

Zur Beeinflussung der Komponenten der gesamtwirtschaftlichen Nachfrage[3]

$$C_{pr}, C_{st}, I_{pr}, I_{st}, (Ex - Im)$$

---

[3] Vgl. oben S. 177–186.

stehen, um eine Gruppierung von LERNER[4] zu verwenden, zur Verfügung:

(1) *Erhebung von Zwangsabgaben* (vor allem Steuern)

(2) *Verkäufe von Forderungen* (vor allem Schuldenaufnahme)

(3) *Verkäufe von Gütern*

(4) *Leistung von Transferausgaben* (Subventionen und Sozialtransfers)

(5) *Käufe von Forderungen* (insbesondere Schuldentilgung und Kreditgewährung)

(6) *Käufe von Gütern*

Ein verstärkter Einsatz der Instrumente (1), (2) und (3) wirkt für sich genommen restriktiv, der Instrumente (4), (5) und (6) expansiv; ein verringerter Einsatz entsprechend in umgekehrter Richtung. Die Maßnahme (3) wird im allgemeinen nicht im Rahmen der Fiscal Policy behandelt, da in marktwirtschaftlich orientierten Industrieländern dem Staat auf diesem Gebiet keine großen Handlungsmöglichkeiten gegeben sind. Bei der Variaton von (6) verändert der Staat unmittelbar den von ihm kontrollierten Bestandteil der gesamtwirtschaftlichen Nachfrage. Bei den Maßnahmen (1), (2), (4) und (5) erfolgt die Einflußnahme indirekt, indem Größen verändert werden, von denen man annimmt, daß sie auf die Ausgabenentscheidungen der betroffenen Wirtschaftssubjekte von Einfluß sind.

2. Methoden der stabilisierenden Einflußnahme

Die konjunkturpolitisch erwünschten Änderungen der Budgetgrößen lassen sich auf drei Wegen erreichen:

1) durch ad hoc vorgenommene diskretionäre Maßnahmen,

2) durch sich automatisch im Konjunkturverlauf ergebende Variationen (in Verbindung mit stabilitätsgerechten Anpassungen),

3) durch Maßnahmen, die zwar ad hoc ergriffen werden, aber gewissermaßen automatisch, wenn im voraus festgelegte Indikatorwerte erreicht sind (Formelflexibilität).

2.1. Diskretionäre Stabilisierungswirkungen

Im Rahmen der diskretionären Stabilisierungspolitik werden im Bedarfsfall durch *ad hoc ergriffene legislative oder administrative Maßnahmen* die expansiven oder restriktiven Wirkungen des Budgets in der konjunkturpolitisch erwünschten Richtung verändert. Z.B. werden in der Rezession die Steuern bei

---

[4] Vgl. A.P. LERNER: The Economics of Control, New York 1944, S.312.

gleichzeitiger Reduktion der Rücklagen oder gleichzeitiger Verschuldung gesenkt, um über die Erhöhung der privaten verfügbaren Einkommen die privaten Ausgaben zu erhöhen, oder die kreditfinanzierten Investitionsausgaben erhöht, um einen Rückgang der privaten Investitionsnachfrage zu kompensieren.

Übersicht 26–1

Lags im Rahmen der Konjunkturpolitik

Ereignis, das möglicherweise Gegenmaßnahmen erfordert	Erkennen dieses Ereignisses durch die Entscheidungsträger	Erkennen des konjunkturpolitischen Handlungsbedarfs	Entscheidung für eine bestimmte Maßnahme	administrativer Vollzug der gewählten Maßnahme	effektive Auswirkung der ergriffenen Maßnahme
↓	↓	↓	↓	↓	↓

Diagnoselag	Prognoselag	Entscheidungslag	administrativer Lag	Wirkungslag

Diese Politik hat – wie gerade die Praxis zeigt – mit *beträchtlichen Schwierigkeiten* zu kämpfen, die sich anhand des Lag-Schemas der Übersicht 26-1 aufzeigen lassen. Voraussetzung für das Ergreifen diskretionärer Stabilisierungsmaßnahmen ist die (relativ sichere) Kenntnis, daß gegensteuernde Stabilisierungsaktivitäten erforderlich sind. Lags entstehen hier, weil es längere Zeit dauert, bis sich Destabilisierungsgefahren statistisch niederschlagen, bis die Entscheidungsträger überzeugt sind, daß die Änderungen signifikant und nicht zufällig sind *(Diagnoselag)* und auch in Zukunft anhalten werden *(Prognoselag)* und sich deshalb für entsprechende Maßnahmen entscheiden *(Entscheidungslag)*. Verzögerungen zwischen der Erkenntnis des Handlungsbedarfs und der Entscheidung für entsprechende Maßnahmen ergeben sich dadurch, daß die budgetäre Willensbildung durch die Beteiligung mehrerer Gremien und die Verfahrensvorschriften *zeitraubend* ist, bei der Wahl der zu treffenden Maßnahmen nicht nur die stabilisierungsspezifische Eignung, sondern in sehr starkem Maße auch *Verteilungsaspekte* eine Rolle spielen, und schließlich weil sich speziell bei schmerzhaften restriktiven Maßnahmen Verzögerungen durch die stille Hoffnung ergeben, daß sich die Dinge vielleicht doch von selbst bessern werden. All dies erklärt *die große Diskrepanz zwischen dem theoretischen Ideal und der Praxis der Fiscal Policy, insbesondere im Boom,* wenn die erforderlichen konjunkturpolitischen Maßnahmen unpopulär sind und deshalb überhaupt nicht, nicht im nötigen Umfang oder zu spät ergriffen werden.

2.2. Automatische Stabilisierungswirkungen

Mehrere Budgetposten ändern sich aufgrund der Wahl der Parameter, speziell der Bemessungsgrundlagen, in der Weise, daß automatisch, d. h. ohne daß es legislativer oder administrativer Änderungen bedürfte, bei Abweichungen vom konjunkturellen Gleichgewicht in Richtung auf boomartige Überhitzungen der Restriktionseffekt der Einnahmen verstärkt und der Expansionseffekt der Ausgaben reduziert wird; entsprechend umgekehrt in der Rezession. Diese sog. *Built-in flexibility* ist um so größer, je gewichtiger ein Budgetposten im Verhältnis zum Bruttosozialprodukt und je größer seine Aufkommens- bzw. Ausgabenelastizität ist. Solche automatischen Stabilisierungswirkungen ergeben sich bei allen Steuern, die an laufende Sozialproduktsgrößen anknüpfen (Einkommen-, Wertschöpfung-, Umsatz-, Verbrauchsteuern), jedenfalls soweit die effektive Steuerzahlung schnell dem Tatbestand folgt, aber auch bei einigen Ausgabeposten wie Arbeitslosengeld, Arbeitslosen- und Sozialhilfe.

Die stabilitätspolitische Einflußnahme über die automatischen Stabilisatoren hat mehrere Vorteile, die sich besonders im Zusammenhang mit den oben genannten Lags ergeben. Diese Stabilisatoren bewirken jedoch eigentlich nur eine automatische Veränderung des *Stabilisierungspotentials*. Es wird erst dann konjunkturgerecht genutzt, wenn im Boom der sich eröffnende finanzielle Spielraum nicht oder wenigstens nicht in voller Höhe für zusätzliche Ausgaben oder für Steuersenkungen verwendet wird, sondern zur Bildung von Kassenreserven, von Rücklagen oder zur Schuldentilgung, und zwar möglichst so, daß der inländische Geldkreislauf davon nicht berührt wird (Bildung von Kassenreserven und Rücklagen bei der Bundesbank, (früher:) Tilgung von der Bundesbank gewährter Kredite oder Rückkauf von ihr gehaltener Titel). Entsprechend sollte in der Rezession die sich automatisch ergebende finanzielle Lücke nicht durch die Senkung anderer Ausgaben oder die Erhöhung von Steuern, sondern durch den Abbau von Kassenreserven, durch die Auflösung von Rücklagen oder durch die Aufnahme von Krediten geschlossen werden. Eher destabilisierende Wirkungen ergeben sich, wenn z. B. im Boom automatische Steuermehreinnahmen in voller Höhe für zusätzliche Transformationsausgaben verwendet werden.

Die automatischen Stabilisatoren können bestenfalls die konjunkturellen Schwankungen *abschwächen*, die primär destabilisierenden Effekte also *nicht voll kompensieren* oder gar selbst eine Umkehr der konjunkturellen Entwicklung bewirken. Inwieweit man sie für ausreichend hält, hängt wesentlich von der Einschätzung der Stabilität des marktwirtschaftlichen Sektors sowie der technischen und politischen Realisierungsmöglichkeiten diskretionärer Stabilisierungspolitik ab.

Schließlich ist darauf hinzuweisen, daß von der potentiellen Vorteilhaftigkeit der Built-in flexibility noch Abstriche zu machen sind, wenn man nicht mit einem Zweiphasenschema Boom-Rezession operiert, sondern stärker differenziert[5]. So sind z. B. die möglicherweise restriktiv wirkenden automatischen Steuermehreinnahmen speziell in der frühen Aufschwungsphase noch ausgesprochen unerwünscht.

2.3. Formelflexibilität

Vor diesem Hintergrund ist der Vorschlag verständlich, diskretionäre und automatische Politik so zu verbinden, daß im voraus die Maßnahmen bestimmt werden, die im Falle eines stabilitätspolitischen Handlungsbedarfs zu ergreifen sind, und bestimmte Indikatorwerte fixiert werden, bei deren Erreichen die vorgesehenen Maßnahmen sofort und ohne weitere Entscheidungsprozesse, in diesem Sinne also „automatisch", in Kraft treten[6].

Man könnte sich vorstellen, daß z. B. festgelegt wird, die Einkommen- und Körperschaftsteuer sei um w Prozent zu senken, wenn die Arbeitslosigkeit x Prozentpunkte über y Prozent liegt und mindestens z Monate lang saisonbereinigt gestiegen ist[7]. Solche Wege sind bislang nicht beschritten worden. Einmal zögern Politiker generell, sich in so sensitiven Bereichen wie der Steuerpolitik auf solche Weise im voraus festzulegen; zum anderen sind die einzelnen Konjunktursituationen sehr unterschiedlich, so daß eine generelle Behandlung schwierig ist.

3. Budgetausgleichspolitische Konzepte

Der Raum für stabilisierende (antizyklische) Finanzpolitik allgemein und speziell für die gerade unterschiedenen Verfahren ist im Rahmen der einzelnen *Budgetausgleichskonzepte* unterschiedlich groß.

3.1. Die Parallelpolitik

Wird die „klassische" *Politik des jährlichen Haushaltsausgleichs* in dem Sinne verfolgt, daß die jeweiligen gesamten Einnahmen den gesamten Ausgaben ohne Rückgriff auf Kreditoperationen und Rücklagenveränderungen entsprechen, besteht geringer Spielraum für antizyklische Stabilisierungspolitik. Betrachten wir den Fall einer Rezession aufgrund zurückgehender privater Investitionstätigkeit mit dadurch induzierten verringerten Steuereinnahmen:

[5] Vgl. W. ALBERS: Die automatische Stabilisierungswirkung der Steuern – Möglichkeiten und Problematik in der Bundesrepublik Deutschland, a.a.O., besonders S. 119–126; H. HALLER: Bemerkungen zur sog. Parallelpolitik der öffentlichen Finanzwirtschaft, a.a.O.

[6] Eine eingehende Darlegung und Analyse gibt B. STEINBACH: „Formula Flexibility". Kritische Analyse und Vergleich mit diskretionärer Konjunkturpolitik, a.a.O.

[7] Die Problematik der Formelflexibilität zeigt sich schon darin, daß die meisten Sachverständigen für w, x und y in den späten 80er Jahren andere Größen ansetzen würden als einige Jahre zuvor oder in den frühen 70er Jahren.

Wenn sich der Fiskus auf der *Ausgabenseite* anpaßt, etwa seine Ausgaben für Güter und Dienste reduziert, trägt er nicht zur Kompensation des Rückgangs der Privatnachfrage bei, sondern verstärkt den Nachfragerückgang noch seinerseits. Verringert er seine Transferausgaben, so bleiben zwar C_{st} und I_{st} konstant, doch wird eine weitere Reduktion der privaten Ausgaben induziert. Der Fiskus wirkt dann nicht stabilisierend, sondern wird zur *Quelle sekundärer Destabilisierung*[8].

Ganz ähnlich ist es, wenn sich der Staat auf der *Einnahmenseite* anpaßt, etwa durch Erhöhung der Steuersätze die Deckungslücke zu stopfen sucht. Zwar hält er dann den Teil der effektiven Nachfrage, den er unmittelbar bestimmt, konstant, doch verstärkt er durch die zusätzlichen Entzugseffekte den Rückgang der privaten Nachfrage.

Eine aktive, konjunkturstabilisierende Finanzpolitik macht es also erforderlich, von dem Postulat des jährlichen Haushaltsausgleichs und der damit verbundenen Parallelpolitik abzugehen.

Mit NEUMARK[9] kann man drei Konzeptionen der konjunkturlenkenden (antizyklischen) Budgetausgleichspolitik unterscheiden: die zyklische, die kompensatorische und die stabilisierende.

3.2. Die zyklische Budgetpolitik

Bei der *zyklischen Budgetpolitik* wird der Budgetausgleichsgedanke beibehalten, aber auf den Konjunkturzyklus übertragen. Sie hat z. B. Raum nicht nur für eine passive Verschuldung zur Kompensation konjunkturbedingt sinkender Steuereinnahmen, sondern auch für eine zusätzliche Verschuldung zur Finanzierung zusätzlicher Ausgaben, um einen Nachfrageausfall des Privatsektors auszugleichen. Nur sollen die Schuldenaufnahmen in der Rezession durch entsprechende Schuldentilgungen im Boom kompensiert werden.

3.3. Die kompensatorische Budgetpolitik

Die *kompensatorische Budgetpolitik* geht weiter. Das Postulat des Budgetausgleichs wird zugunsten des *gesamtwirtschaftlichen Gleichgewichts*, dem das Budget zu dienen hat, aufgegeben. Die Frage, ob sich – sei es in einem einzelnen Jahr, sei es im Verlauf eines ganzen Konjunkturzyklus – ein Defizit oder ein Überschuß ergibt, wird im Vergleich zur gesamtwirtschaftlichen Ausgleichsfunktion als von sekundärer Bedeutung erachtet.

---

[8] Vgl. oben S. 479.

[9] Vgl. F. NEUMARK: Grundsätze und Arten der Haushaltführung und Finanzbedarfsdeckung, a.a.O., S. 636–641; F. SCHULZ: Die Vorschläge von Georg von Schanz zur antizyklischen Finanzpolitik in der Tradition der öffentlichen Arbeitsbeschaffung, a.a.O.

Dieses Konzept wurde vor allem von den Anhängern der Stagnationsthese (HANSEN, LERNER)[10] entwickelt, die eine deflatorische Lücke durch eine kompensatorische Defizitpolitik vermeiden wollten. Es läßt sich aber auch zur Verhinderung einer inflatorischen Lücke verwenden, wie bereits KEYNES in seiner Schrift „How to Pay for the War" gezeigt hat[11].

3.4. Die stabilisierende Budgetpolitik

Die *stabilisierende Budgetpolitik* ist demgegenüber vergleichsweise konservativ. Sie wurde vom COMMITTEE FOR ECONOMIC DEVELOPMENT[12] in Reaktion vor allem auf die kompensatorische Budgetpolitik entwickelt, von der man befürchtet, daß sie zu einer übermäßigen Expansion der Staatsausgaben und zu einem permanenten Anstieg der Staatsverschuldung führt. Ihre Vertreter glauben ferner, daß eine sehr anspruchsvolle kompensatorische Budgetpolitik wegen der *Prognoseprobleme* nicht möglich ist.

Die Anhänger der stabilisierenden Budgetpolitik fordern, die Staatsausgaben ohne Rücksicht auf die konjunkturelle Situation festzulegen und die Steuern so zu bemessen, daß bei einem „hohen Beschäftigungsgrad" („an agreed high level of employment and national income" – nicht unbedingt Vollbeschäftigung!) nicht nur alle Ausgaben durch laufende Einnahmen gedeckt werden, sondern darüber hinaus ein (nicht näher fixierter) Überschuß zur Schuldentilgung verbleibt. Automatisch anfallende Einnahmen- und Ausgabenveränderungen sollen hingenommen werden, ohne die Budgetparameter selbst zu verändern. Man verläßt sich also ganz auf die Wirksamkeit der *automatischen Stabilisatoren*.

4. Die zweckmäßigen Ansatzpunkte für die diskretionäre Stabilisierungspolitik

Im Falle diskretionärer Stabilisierungspolitik, aber auch bei Verwendung der Formelflexibilität taucht die Frage auf, welche Budgetposten zur Erzielung des gewünschten Nachfrageeffekts am besten geeignet sind. Zu Beginn der Fiscal Policy schaute man besonders auf die *öffentlichen Transformationsausgaben*,

---

[10] Vgl. A. H. HANSEN: Fiscal Policy and Business Cycles, New York 1941; A. P. LERNER: Functional Finance and the Federal Debt, a.a.O.; DERS.: The Economics of Control, a.a.O., insb. S. 302–322.

[11] Vgl. J. M. KEYNES: How to Pay for the War, London 1941.

[12] Vgl. COMMITTEE FOR ECONOMIC DEVELOPMENT: Taxes and the Budget: A Programm for Prosperity in a Free Economy, New York 1947, z. T. abgedruckt in: American Economic Association (Hrsg.): Readings in Fiscal Policy, a.a.O., S. 360–378; siehe auch M. FRIEDMAN: A Monetary and Fiscal Framework for Economic Stability, in: American Economic Review, Bd. 38, 1948, S. 245–264, sowie W. W. HELLER: CED's Stabilizing Budget Policy after Ten Years, in: American Economic Review, Bd. 47, 1957, S. 634–651.

weil hier unmittelbar die eigentliche Zielgröße variiert wird und die Gefahr des Versickerns kaum besteht, jedenfalls soweit sich die Ausgaben nicht auf Importe erstrecken. Diese Politik kann auch als strukturell vorteilhaft angesehen werden, wenn es sich um die Variation öffentlicher Investitionen handelt, die antizyklisch die besonders stark schwankenden privaten Investitionen partiell ausgleichen (z. B. im Bausektor).

Diese Politik kann unter zwei Gesichtspunkten problematisch werden. Die antizyklische Variation der öffentlichen Transformationsausgaben gerät in Konflikt mit der optimalen globalen Ressourcenallokation zwischen dem marktwirtschaftlichen und dem öffentlichen Sektor, wenn Boom- und Rezessionsphasen nicht symmetrisch auftreten. Überwiegen, wie z. B. in der Bundesrepublik in den sechziger und siebziger Jahren, Boomphasen, so kann die dauernde Zurückhaltung bei den öffentlichen Transformationsausgaben zu einer ausgeprägten Unterversorgung mit öffentlichen Leistungen führen. Darüber hinaus kann die Variation der staatlichen Transformationsausgaben zu zusätzlichen Anpassungsproblemen führen, wenn die Struktur der staatlichen von der Struktur der privaten Nachfrage stark abweicht.

Zudem lehrt die Erfahrung, daß die öffentlichen Transformationsausgaben allgemein nicht so leicht erhöht bzw. rechtzeitig reduziert werden können, insbesondere wegen der notwendigen zeitraubenden Planungen, die in aller Regel nicht im erforderlichen Umfang vorausschauend abgeschlossen sind. Nicht selten fallen die induzierten Produktionseffekte dann in die Phase des späten Aufschwungs oder gar des neuen Booms.

Diese zwei Aspekte – optimale Allokation zwischen den beiden großen Sektoren und konjunkturgerechtes Timing – lenken die Aufmerksamkeit auf die Steuern[13]. Dabei wird die Einkommensteuer präferiert, weil sie breit zugreift, weil sie als verteilungspolitisch am vorteilhaftesten angesehen wird und weil die Gefahr der Preisniveauerhöhung bzw. der Überwälzung über höhere Lohnforderungen geringer als bei Verbrauchsteuern ist.

Mit Subventionen (offenen oder versteckten steuerlichen, etwa in Form von Abschreibungsbeschleunigungen) kann man versuchen, die gezielte Einflußnahme auf die Investitionsnachfrage unter Umgehung der Probleme einer schnellen Planung und Durchführung im öffentlichen Bereich zu verwirklichen. Dieser Weg liegt auch deshalb nahe, weil damit versucht wird, die Größe zu stabilisieren, deren Schwankungen für die konjunkturellen Bewegungen meist primär verantwortlich sind. Allerdings ergeben sich auch hier Probleme: Wenn die Projekte sehr schnell vorgelegt und durchgeführt werden müssen, ist

---

[13] In der Bundesrepublik Deutschland in den ersten Jahren der sozial-liberalen Koalition auch deshalb, weil man die geplanten Reformen, die meist mit erhöhten Transformations-, insbesondere aber auch Transferausgaben verbunden waren, nicht durch eine Einengung des Ausgabenspielraums beschneiden wollte.

die Gefahr des *Mitnahmeeffektes* besonders groß; wenn man mehr Zeit läßt, kommt die induzierte Produktionstätigkeit zu spät, d. h. sie fällt in mehr oder weniger großem Umfang in die Phase des späten Aufschwungs oder des neuen Booms.

5. Das Stabilitätsgesetz

Während in der Bundesrepublik Deutschland nach dem Kriege recht bald und in großem Umfang die Budgetpolitik zur Förderung des Wiederaufbaus eingesetzt, die *Fiscal Policy* in der *wachstumspolitischen Variante* also praktiziert worden ist[14], tat man sich wesentlich schwerer, die *stabilisierungspolitische Variante* zu verwirklichen. Die gesamtwirtschaftlich stabilisierende Funktion des Budgets fand erst 1967 im Grundgesetz ihren Niederschlag, als Artikel 109 erweitert wurde. Sein Absatz 2 lautet jetzt: „Bund und Länder haben bei ihrer Haushaltswirtschaft den Erfordernissen des gesamtwirtschaftlichen Gleichgewichts Rechnung zu tragen."

In § 1 des gleichzeitig erlassenen Gesetzes zur Förderung der Stabilität und des Wachstums der Wirtschaft heißt es: „Bund und Länder haben bei ihren wirtschafts- und finanzpolitischen Maßnahmen die Erfordernisse des gesamtwirtschaftlichen Gleichgewichts zu beachten. Die Maßnahmen sind so zu treffen, daß sie im Rahmen der marktwirtschaftlichen Ordnung gleichzeitig zur Stabilität des Preisniveaus, zu einem hohen Beschäftigungsstand und außenwirtschaftlichem Gleichgewicht bei stetigem und angemessenem Wirtschaftswachstum beitragen", und spezifischer auf die Budgetpolitik bezogen in § 5 Abs. 1: „Im Bundeshaushaltsplan sind Umfang und Zusammensetzung der Ausgaben und der Ermächtigung zum Eingehen von Verpflichtungen zu Lasten künftiger Rechnungsjahre so zu bemessen, wie es zur Erreichung der Ziele des § 1 erforderlich ist."

Im Stabilitätsgesetz sind *Informationsinstrumente* (Jahreswirtschaftsbericht, Subventionsbericht, zusätzliche Gutachten des Sachverständigenrats), *Planungsinstrumente* (fünfjähriger Finanzplan, Investitionsprogramm), *Koordinierungsinstrumente* (Konjunkturrat, Konzertierte Aktion) und schließlich *Eingriffsinstrumente*, die meist in erster Linie gemeint sind, wenn von den Instrumenten des Stabilitätsgesetzes die Rede ist, vorgesehen[15].

---

[14] Vgl. K. Häuser: West Germany, in: National Bureau of Economic Research (Hrsg.): Foreign Tax Policies and Economic Growth, New York 1966, S. 97–164.

[15] Vgl. K. Stern, P. Münch und K.-H. Hansmeyer: Gesetz zur Förderung der Stabilität und des Wachstums der Wirtschaft, a.a.O., S. 51.

Eingriffsinstrumente zur *Konjunkturdämpfung* sind
- die Bildung von Konjunkturausgleichsrücklagen und die Tilgung von Schulden bei der Bundesbank in der Phase der Erstellung des Haushaltsplans (§§ 5 Abs. 2 und 15),
- die Reduktion der Ausgaben und der Verpflichtungen zu Lasten künftiger Haushalte beim Haushaltsvollzug, wobei die dadurch freigewordenen Mittel der Konjunkturausgleichsrücklage zuzuführen oder für die Tilgung von Schulden bei der Bundesbank zu verwenden sind (§ 6 Abs. 1),
- die Beschränkung der Kreditaufnahme der öffentlichen Hand (§§ 19–25),
- die Erhöhung der Steuervorauszahlungen im Rahmen der Einkommen-, Körperschaft- und Gewerbesteuer (§§ 26–28),
- die Erhöhung der Einkommen- und Körperschaftsteuer um max. 10% (§ 26),
- die Einschränkung der Abschreibungsmöglichkeiten (§ 26),
- die Anlage von Mitteln der Rentenversicherungen und der Bundesanstalt für Arbeit bei der Bundesbank (§ 30).

Eingriffsinstrumente zur *Konjunkturanregung* sind
- die Auflösung der Konjunkturausgleichsrücklagen (§ 5 Abs. 3),
- zusätzliche Ausgaben, die vor allem durch die Auflösung der Konjunkturausgleichsrücklage und durch die Aufnahme zusätzlicher Kredite zu finanzieren sind (§ 6 Abs. 2 und 3),
- die Reduktion der Einkommen- und Körperschaftsteuer um max. 10% (§§ 26, 27),
- die Investitionsprämie in Form des Abzugs von der Steuerschuld bis max. 7,5% der Anschaffungs- oder Herstellungskosten (§ 26),
- die Reduktion der Steuervorauszahlungen im Rahmen der Einkommen-, Körperschaft- und Gewerbesteuer (§§ 26–28),
- die Beschleunigung der Planung von Investitionsvorhaben (§ 11).

Das Stabilitätsgesetz erfüllt sehr weitgehend die Forderungen, die von Anhängern der gesamtwirtschaftlich orientierten Fiscal Policy gestellt wurden, jedenfalls was die verfügbaren Instrumente betrifft. Es wurde auch prompt mit großen Vorschußlorbeeren bedacht und als „eine Art Magna Charta der modernen Fiskalpolitik"[16] bezeichnet. Allerdings hat man von ihm bislang kaum Gebrauch gemacht; es ist fraglich, ob die gesamtwirtschaftliche Entwicklung in der Bundesrepublik ohne Stabilitätsgesetz wesentlich anders verlaufen wäre. *Offensichtlich waren und sind weniger neue Instrumente und neue Verfahrensvorschriften erforderlich, sondern der politische Wille, den Erfordernissen der gesamtwirtschaftlichen Stabilität entsprechende finanzpolitische Prioritäten zu setzen.*

---

[16] F. NEUMARK: Ein neuer Kommentar zum Stabilitätsgesetz, in: Finanzarchiv, N. F. Bd. 28, 1969, S. 321.

§ 149. Maßstäbe zur Beurteilung konjunktureller Budgetwirkungen

1. Fragestellungen

Seit die konjunkturelle Bedeutung der öffentlichen Haushalte erkannt worden ist und mit dem Budget bestimmte makroökonomische Wirkungen angestrebt werden, besteht ein Bedarf an Maßstäben zur Beurteilung dieser Wirkungen. Natürlich wäre es ideal, wenn unterschiedlichen Budgetkonstellationen eindeutige Veränderungen des realen Bruttosozialprodukts, der Beschäftigung, des Preisniveaus usw. zugeordnet werden könnten. Teilweise werden solche Daten mit Hilfe von ökonometrischen Modellen geliefert, doch divergieren deren Ergebnisse beträchtlich und stoßen außerdem im politischen Raum wegen der für den Nichtfachmann geringen Transparenz auf Skepsis. Hier besteht ein Bedarf an einfachere, handlichere Größen.

Bevor darauf eingegangen wird, ist es ratsam, zunächst einmal *verschiedene Fragestellungen auseinanderzuhalten*, die im vorliegenden Zusammenhang von Bedeutung sind.

1) Wie wirkt das *tatsächliche Budget* in einer konkreten Periode im Vergleich zu einer hypothetischen Situation ohne Budget oder zu einem konjunkturneutralen Budget?

2) Trägt das Budget zur angestrebten *Veränderung* der gesamtwirtschaftlichen Situation bei, etwa zur Überwindung der Arbeitslosigkeit durch eine Erhöhung der gesamtwirtschaftlichen Nachfrage?

3) Im Zusammenhang mit dem Vergleich zweier Budgets: Inwieweit sind die Unterschiede auf diskretionäre Maßnahmen, d. h. auf Änderungen der Budgetparameter, oder auf die Wirkungen der automatischen Stabilisatoren zurückzuführen?

4) Wie sind einzelne Budgetprogramme im Sinne von budgetpolitischen Aktionsparametern konjunkturpolitisch zu beurteilen, unabhängig von der jeweiligen tatsächlichen gesamtwirtschaftlichen Situation?

5) Schließlich eine Frage, die leicht mit der zuletzt genannten verwechselt wird, obgleich sie ganz anders geartet ist: Wie müßte das Budget aussehen, *damit bestimmte Ziele auch tatsächlich verwirklicht werden*, etwa Vollbeschäftigung oder ein optimales Verhältnis von hoher Beschäftigung und Preisniveaustabilität? Es ist ja durchaus nicht so, daß ein Budget, das sich bei Vollbeschäftigung von selbst einstellt, auch unbedingt und unabhängig von der Nachfrageintensität des privaten Sektors sicherstellt, daß diese Vollbeschäftigungssituation verwirklicht wird.

Es ist wichtig, sich dieser unterschiedlichen Fragestellungen bewußt zu sein, wenn im folgenden das *einfache Saldenkonzept*, das *Konzept des Vollbeschäftigungssaldos* und schließlich der *konjunkturelle Impuls des* SACHVERSTÄNDIGENRATS untersucht werden[17].

2. Darstellung ausgewählter Meßkonzepte

2.1. Das einfache Saldenkonzept

Lange Zeit war die Verwendung des einfachen[18] Budgetsaldos als Indikator für Richtung und Ausmaß konjunktureller Wirkungen öffentlicher Haushalte nahezu selbstverständlich. Er setzt sich aus Budgetposten zusammen, von denen man im Defizitfall vermutet, daß sie keine oder jedenfalls geringere Nachfrageeffekte haben als die anderen Einnahmeposten. Im Mittelpunkt stehen dabei Größen, die nach § 10 HGrG den *Finanzierungssaldo* ausmachen[19], wobei allerdings in aller Regel der Nettokreditaufnahme die weitaus größte Bedeutung zukommt. Die Ausgaben werden dabei als expansiv, die Einnahmen als restriktiv wirkend eingestuft, entsprechend ein Defizit als Indikator für eine expansive, ein Überschuß als Indikator für eine restriktive Wirkung des Gesamtbudgets angesehen. Es wird ferner unterstellt, daß das Ausmaß dieser Effekte eine lineare Funktion des Saldos ist.

Das Operieren mit dem Budgetsaldo ist vor allem seit Beginn der 60er Jahre kritisiert worden:

1) Eine Saldoveränderung lasse nicht erkennen, inwieweit sie auf Veränderungen in der Finanzpolitik im Sinne der *Veränderung der Parameter* zurückzuführen ist oder einfach eine *Veränderung des Bruttosozialprodukts* reflektiert (Built-in flexibility).

2) Das einfache Saldenkonzept arbeite *zu grob*. Alle Posten, die berücksichtigt werden, erhielten den Gewichtungsfaktor 1, die anderen Posten den Faktor 0.

3) Der Budgetsaldo berücksichtige nur den primären Nachfrageeffekt (Impuls), nicht die *induzierten Multiplikatoreffekte*. Insofern unterschätze er den tatsächlichen Einfluß eines Budgets.

4) Der absolute Betrag eines Saldos habe je nach Höhe der relevanten Makrogrößen (z. B. Sozialprodukt oder Produktionspotential) unterschiedliche Be-

---

[17] Kritische Darstellungen der hier behandelten Konzepte und darüber hinaus noch anderer finden sich bei D. BIEHL u. a.: Konjunkturelle Wirkungen öffentlicher Haushalte, a.a.O.; R. LENK: Zur Schätzung und Beurteilung konjunktureller Wirkungen öffentlicher Haushalte, Berlin–München 1979; vgl. auch den in mehrerer Hinsicht originellen, später behandelte Aspekte vorwegnehmenden Artikel von E. C. BROWN: Fiscal Policy in the 'Thirties: A Reappraisal, a.a.O.

[18] „Einfach" heißt hier, daß die einzelnen saldenbildenden Posten nicht nach der vermuteten Nachfrageintensität gewichtet werden.

[19] Vgl. oben S. 70.

deutung. *Relativ* ändere sich das Gewicht eines konstanten Defizits, wenn sich gleichzeitig die genannten Makrogrößen ändern.

5) Das geplante oder tatsächliche Defizit sage nichts über die *Zieladäquanz*, insbesondere die Vollbeschäftigungsadäquanz aus.

Inwieweit diese Kritikpunkte relevant sind, hängt zum Teil von der jeweils vorliegenden Fragestellung ab. Wenn es z. B. darum geht, die expansive oder restriktive Wirkung eines gegebenen Budgets in einer gegebenen Periode zu ermitteln, kann der jeweilige Saldo durchaus als (grober) Indikator verwendet werden. Ganz anders ist es, wenn man untersuchen will, ob bei den Anstrengungen, etwa von einem Boom zu einer gleichgewichtigen Situation zurückzukommen, von den einzelnen Bestandteilen der effektiven Nachfrage Stabilisierungsbeiträge geleistet worden sind[20]. In dieser Sicht ist es wichtig zu wissen, ob z. B. destabilisierende Wirkungen des öffentlichen Budgets im Zeitablauf zu- oder abgenommen haben. Dann ist es z. B. möglich zu sagen, daß, wenn das Defizit von 10 auf 2 reduziert worden ist, zwar der Effekt immer noch expansiv ist, er aber sehr stark abgenommen und insofern das Budget stabilisierend gewirkt hat. Hier geht es also nicht darum zu untersuchen, wie die Wirkung in einer einzelnen Periode, sondern wie die Wirkungs*veränderung* ist. Es handelt sich um zwei ganz unterschiedliche Fragestellungen, die beide sinnvoll sind; nur muß man sich hüten, etwa vom Standpunkt der zweiten Fragestellung zu sagen, daß man aus der Betrachtung des Defizits einer Periode nichts über die Wirkungen des Haushalts in dieser Periode sagen könne.

2.2. Das Konzept des Vollbeschäftigungssaldos

In einer budgetären Welt, in der die Einnahmen und Ausgaben unmittelbar konjunkturunabhängig fixiert werden, entspricht jedem Budgetprogramm ein eindeutiger Budgetsaldo. Das ändert sich, wenn, wie insbesondere bei den Steuern, aber auch bei einigen Ausgabeposten, die finanzpolitischen Entscheidungsträger lediglich die Parameter, insbesondere Tatbestände, Bemessungsgrundlagen und Sätze festlegen, die sich letztlich ergebenden Beträge dann aber eine Funktion der gesamtwirtschaftlichen Entwicklung sind. In Abb. 26-1 und 26-2 wird angenommen, daß die Staatsausgaben G konjunkturunabhängig, die Steuern T dagegen eine positive Funktion des BSP sind.

Man sieht, daß das gleiche Programm (d. h. die gleiche festgelegte Kombination von Einnahmen- und Ausgabenparametern) je nach Höhe des BSP mit einem Defizit (bei $BSP < BSP_1$), mit einem Überschuß (bei $BSP > BSP_1$) oder gerade ausgeglichen (bei $BSP = BSP_1$) abschließt.

---

[20] Vgl. hierzu R. POHL: Einige Probleme der Saldenrechnung, in: Konjunkturpolitik, Bd. 4, 1958, S. 180–190, und H. HALLER: Staatsbudgetsalden und Konjunktur. Zur Klärung möglicher Mißverständnisse, in: Konjunkturpolitik, Bd. 7, 1961, S. 321–335.

Abbildung 26–1

BSP-unabhängige Ausgaben,
BSP-abhängige Steuern

Abbildung 26–2

BSP-abhängiger Budgetsaldo

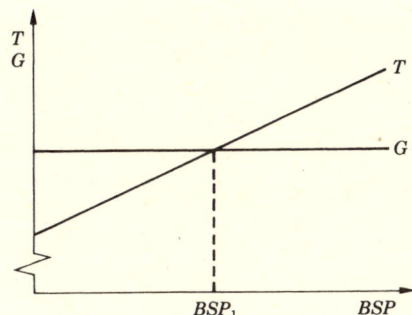

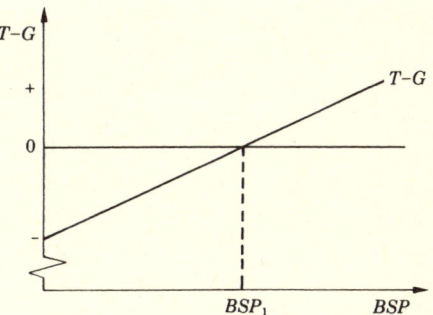

Um auf den gleichen Zeitraum bezogene alternative Budgets konjunkturpolitisch besser vergleichen bzw. bei intertemporalen Vergleichen von Budgetsalden den Einfluß diskretionärer Maßnahmen von Änderungen der Wirkungen der automatischen Stabilisatoren trennen zu können, werden die Salden, die mit einzelnen Budgetprogrammen verbunden sind, im Rahmen des Konzepts des Vollbeschäftigungssaldos auf die hypothetische Vollbeschäftigungssituation bezogen. Aus Abb. 26-3 ist ersichtlich, daß das Budgetprogramm *b*, etwa wegen eines geringeren Ausgabenniveaus, generell restriktiver (weniger expansiv) wirkt als das Budgetprogramm *a*, da die Saldengerade S_b generell ober-

Abbildung 26–3

Programm- versus BSP-abhängige Salden

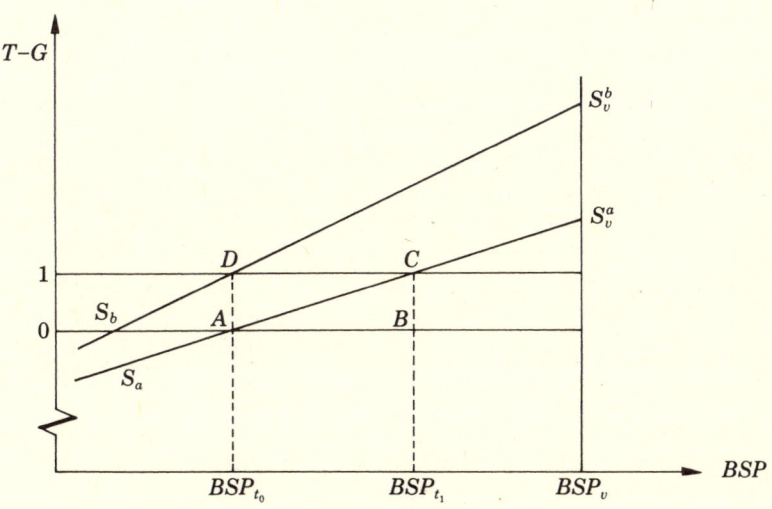

halb S_a liegt. Im Punkt BSP_v kommen die relativen Wirkungsunterschiede durch das Verhältnis S_v^b/S_v^a zum Ausdruck.

Nach dem Konzept des einfachen Saldos wird im intertemporalen Vergleich (wenn man zur Vereinfachung einmal unterstellt, daß BSP_v konstant bleibt), kein Unterschied zwischen dem Übergang von A nach D und von A nach C gemacht: In beiden Fällen wird das Entstehen eines Überschusses in Höhe von 1 konstatiert, das im zweiten Fall einem erhöhten Aktivitätsniveau und dadurch verstärkten Wirkungen der automatischen Stabilisatoren zuzuschreiben ist, im ersten Fall einer Änderung des Budgetprogramms in Richtung auf einen größeren Entzugseffekt. Vergleicht man die beiden Budgettypen im Vollbeschäftigungspunkt BSP_v, kommt der restriktivere Effekt des Programms b unabhängig von dem jeweils realisierten tatsächlichen Beschäftigungsgrad darin zum Ausdruck, daß $S_v^b > S_v^a$.

Der Gedanke, Saldenveränderungen gewissermaßen in eine *diskretionäre* und eine *automatische* Komponente zu trennen, ist für mehrere Fragestellungen begrüßenswert, wie sich gerade auch im Zusammenhang mit der Notwendigkeit zeigt, zwischen *strukturellem* und *konjunkturellem Defizit* zu differenzieren. Allerdings ist die Ermittlung des Vollbeschäftigungssaldos mit erheblichen Schwierigkeiten verbunden.

2.3. Der konjunkturelle Impuls des Sachverständigenrats

Der Sachverständigenrat zur Begutachtung der gesamtwirtschaftlichen Entwicklung (SVR) hat ursprünglich „konjunkturelle Impulse der Finanzpolitik" indirekt im Rahmen des sog. *konjunkturneutralen Haushalts* (KNH) ermittelt, „indem er das tatsächliche Haushaltsvolumen mit jenem vergleicht, das er als konjunkturneutral bezeichnet. Ein Haushaltsvolumen ist nach dieser Konzeption dann konjunkturneutral, wenn es für sich genommen unmittelbar keine Abweichungen der Auslastung des gesamtwirtschaftlichen Produktionspotentials von dem bewirkt, was mittelfristig als normal angesehen wird. Die Privaten sind daran gewöhnt, daß der Staat direkt oder indirekt einen Teil des Produktionspotentials durch seine Ausgaben in Anspruch nimmt und ihnen einen Teil ihres Einkommens durch Steuern entzieht. In dem Maße, wie das Produktionspotential wächst, kann der Staat auch seine Ansprüche erhöhen, ohne daß sich daraus stabilitätspolitische Probleme ergeben; hielte er sich zurück, könnte sich eine Unterauslastung des Produktionspotentials einstellen. Abweichungen von dieser mittelfristig normalen Inanspruchnahme des Produktionspotentials durch den Staat werden nur dann als konjunkturneutral angesehen, wenn dieser gleichzeitig durch eine Änderung seiner Einnahmenregelungen (ohne Kreditaufnahme) die Privaten veranlaßt, ihre Ansprüche an das Produktionspotential entsprechend zu ändern."[21]

---

[21] Sachverständigenrat zur Begutachtung der gesamtwirtschaftlichen Entwicklung: Zeit zum Handeln – Antriebskräfte stärken, Jahresgutachten 1993/94, Stuttgart 1993, S. 278.

Kennzeichnend für das Konzept des SVR war also, daß die konjunkturellen Wirkungen als Einfluß auf den Auslastungsgrad definiert und indirekt als Abweichung vom konjunkturneutralen Haushalt errechnet wurden. Konjunkturneutralität war nach Ansicht des SVR gewährleistet, wenn sich, ausgehend von bestimmten durch Bezugnahme auf das Produktionspotential oder das Sozialprodukt gebildeten Quoten einer Basisperiode, Einnahmen und Ausgaben parallel zu diesen makroökonomischen Bezugsgrößen bewegten. Abweichungen von diesen Quoten waren mit der Konjunkturneutralität kompatibel, wenn sie auf der anderen Budgetseite entsprechend kompensiert wurden, z. B. höhere Ausgaben durch höhere Steuern oder sonstige Einnahmen (außer Krediten)[22].

Das Konzept des SVR war umstritten. Die Kritik richtete sich auf die Wahl des Basiszeitraums, die (partielle) Eliminierung des Konjunktureinflusses auf das Budget, die asymmetrische Behandlung von Einnahmen- und Ausgabenseite, die Trennung zwischen konjunkturneutraler und nicht konjunkturneutraler Preisniveauerhöhung, das Konzept der Normalverschuldung mit der Gewöhnungshypothese und die Behandlung des ausgeschütteten Bundesbankgewinns[23]. Der SVR gab das Konzept des KNH mit dem daraus abgeleiteten konjunkturellen Impuls aber erst auf, als er durch die wiedervereinigungsbedingten wirtschaftlichen Turbulenzen dazu gezwungen wurde: „Strukturbrüche allerdings, wie sie durch die deutsche Vereinigung ausgelöst wurden, sprengen das Konzept der Normalverschuldung und des konjunkturneutralen Haushaltes; Gewöhnungsprozesse verlieren ihre Bedeutung, Erfahrungen und Erwartungen klaffen auseinander."[24]

Beginnend mit dem Jahresgutachten 1994/95 wählte er ein neues Fundament sowohl für die Messung des konjunkturellen Impulses als auch für die Bestimmung des strukturellen Defizits[25]. Der konjunkturelle Impuls, der hier allein zu betrachten ist, wird jetzt nicht mehr indirekt über den konjunkturneutralen Haushalt abgeleitet, sondern unmittelbar, indem (vgl. Übersicht 26-2) vom Fi-

---

[22] Die Ermittlung des KNH wurde im Anhang des jährlichen Berichts des Sachverständigenrats formelmäßig dargestellt, zuletzt im Jahresgutachten 1993/94, S. 378f.

[23] Für eine detailliertere Kritik vgl. N. ANDEL: Der konjunkturneutrale Haushalt – ein Irrweg?, a. a. O.; G. KRAUSE-JUNK: Zum Konzept des konjunkturneutralen öffentlichen Haushalts, in: Finanzarchiv, N. F. Bd. 30, 1971, S. 212–223; DERS.: Konsolidierung der öffentlichen Haushalte, strukturelles Defizit und konjunktureller Impuls. Zu einigen Begriffen des Sachverständigenrates, a. a. O.

[24] SACHVERSTÄNDIGENRAT ZUR BEGUTACHTUNG DER GESAMTWIRTSCHAFTLICHEN ENTWICKLUNG: Die wirtschaftliche Integration in Deutschland. Perspektiven – Wege – Risiken. Jahresgutachten 1991/92, Stuttgart 1991, Ziff. 199.

[25] Vgl. SACHVERSTÄNDIGENRAT ZUR BEGUTACHTUNG DER GESAMTWIRTSCHAFTLICHEN ENTWICKLUNG: Den Aufschwung sichern – Arbeitsplätze schaffen. Jahresgutachten 1994/95, Stuttgart 1994, Ziff. 178–187. Im Anhang des Gutachtens des folgenden Jahres ist das Konzept formelmäßig dargestellt; vgl. SACHVERSTÄNDIGENRAT ZUR BEGUTACHTUNG DER GESAMTWIRTSCHAFTLICHEN ENTWICKLUNG: Im Standortwettbewerb. Jahresgutachten 1995/96, Stuttgart 1995, S. 321–324.

nanzierungsdefizit des öffentlichen Gesamthaushalts (einschließlich ERP-Sondervermögen) ausgegangen wird. Dieses wird jedoch korrigiert, um bestimmte konjunkturelle Auswirkungen auf die Steuereinnahmen und den Bundeszuschuß an die Bundesanstalt für Arbeit, nicht zielkonforme Bestandteile des Bundesbankgewinns und die nach Ansicht des SVR konjunkturneutrale Verschuldung zu eliminieren.

Übersicht 26–2

Die Ermittlung des konjunkturellen Impulses

1.	Finanzierungsdefizit des öffentlichen Gesamthaushaltes
2.	Bereinigung um konjunkturelle Einflüsse
	2.1 Steuereinnahmen
	2.2 Bundeszuschuß zum Defizitausgleich der Bundesanstalt für Arbeit
3.	Bereinigung der Gewinnabführung der Bundesbank
4.	Konjunkturneutrale Verschuldung
5.	Konjunktureller Impuls

Der SVR hat seit der Vorstellung der neuen Konzeption nicht dargelegt, warum er es für erforderlich hält, den Einfluß der Diskrepanz zwischen tatsächlicher und Normalauslastung herauszurechnen. Die Eliminierung des Konjunktureinflusses auf die Steuereinnahmen entspricht dem früheren Vorgehen im Rahmen des KNH: Die Steuerquote der jeweiligen Periode wird auf den Teil des BIP bezogen, der der Diskrepanz zwischen Normal- und tatsächlicher Auslastung des Produktionspotentials entspricht. Der Kritik an der früheren Praxis, Konjunktureinflüsse nur auf der Einnahmen-, nicht aber auf der Ausgabenseite zu eliminieren, trägt der SVR jetzt insofern Rechnung, als er den konjunkturell bedingten Bundeszuschuß zum Defizitausgleich der Bundesanstalt für Arbeit berücksichtigt.

Der Rat möchte, daß als konjunkturneutrale Einnahmen nur der Teil des abgelieferten Bundesbankgewinns behandelt wird, mit dem auf Dauer bei Realisierung des angestrebten Geldmengenziels und bei Preisniveaustabilität gerechnet werden kann. Dieses Nachhaltigkeitskriterium mag für Zwecke der Ermittlung des Konsolidierungsbedarfs sinnvoll sein, ist aber verfehlt, wenn es um die Berechnung des konjunkturellen Impulses geht. Hier müßte eher auf die unterschiedliche Nachfrageintensität der Komponenten der Gewinn- und Verlustrechnung eingegangen werden; man vergleiche nur von den inländischen Banken gezahlte Zinsen mit Buchgewinnen durch Neubewertung der Bestände.

Das Finanzierungsdefizit des öffentlichen Gesamthaushalts wird schließlich um den Teil der Nettoneuverschuldung gekürzt, von dem der SVR behauptet, daß er konjunkturneutral sei. Er wurde früher – sprachlich nicht sehr glücklich

– als „Normalverschuldung" bezeichnet; jetzt ist von „konjunkturneutraler Verschuldung" die Rede. Der SVR geht dabei von der sog. investitionsorientierten Verschuldung aus, die er für die Ermittlung des strukturellen Defizits berechnet und zusammenfassend wie folgt umschreibt: „Die jährliche Neuverschuldung der Gebietskörperschaften (einschl. der Nebenhaushalte ohne ERP-Sondervermögen) sollte die Höhe der tatsächlichen Nettoausgaben für Bauinvestitionen nicht übersteigen (Primärkriterium). Diese Obergrenze ist allerdings nur solange maßgeblich, wie die entsprechende Kreditaufnahme die Schuldenstandsquote nicht erhöht (Sekundärkriterium)."[26] Warum diese Grenzen, die auch nicht mit den Obergrenzen in Art. 115 Abs. 1 Satz 2 GG für Jahre des gesamtwirtschaftlichen Gleichgewichts übereinstimmen, Konjunkturneutralität sichern sollen, ist nicht nachzuvollziehen.

Der SVR hat mit der Aufgabe des alten Konzepts des KNH einigen Kritikpunkten Rechnung getragen[27]. Aber auch die neue Ermittlung des konjunkturellen Impulses ist nach wie vor problematisch[28]. Bei der Behandlung der Gewinnabführung der Bundesbank wird nicht nach der Nachfrageintensität einzelner Gewinnkomponenten unterschieden; die Ermittlung der konjunkturneutralen Verschuldung ist hier eher an den Konsolidierungserfordernissen denn an der konjunkturellen Wirkung orientiert. Es leuchtet nicht ein, warum der Einfluß der Diskrepanz zwischen tatsächlicher und Normalauslastung (partiell) auf der Einnahmen- und Ausgabenseite herausgerechnet, insoweit die automatische Stabilisierungswirkung eliminiert und damit der budgetäre Stabilitätsbeitrag im Falle der Unterauslastung geringer ausgewiesen wird, als er in Wirklichkeit ist. Es ist nicht plausibel, warum die als konjunkturneutral bezeichnete Verschuldung auch tatsächlich konjunkturneutral sein soll.

§ 150. Der Stabilitäts- und Wachstumspakt

1. Vom Stabilitäts- und Wachstumsgesetz zum Stabilitäts- und Wachstumspakt

In den letzten Jahren spielte die budgetäre Stabilisierungspolitik oder Fiscal Policy, wie es einmal hieß, kaum eine Rolle. Zeitweilig wurde noch nicht einmal das stabilitätspolitische Minimalpostulat eingehalten, nämlich auf Steuermin-

---

[26] SACHVERSTÄNDIGENRAT ZUR BEGUTACHTUNG DER GESAMTWIRTSCHAFTLICHEN ENTWICKLUNG: Den Aufschwung sichern – Arbeitsplätze schaffen, a.a.O., S.155.

[27] Vgl. die Andeutungen bei M. HÜTHER: Strukturelles Defizit und konjunktureller Impuls, in: Wirtschaftsdienst, Jg. 75, 1995, S. 332–340, insbes. S. 334f.

[28] Vgl. N. ANDEL: Normalverschuldung, strukturelles Defizit und konjunktureller Impuls. Der SVR auf der Suche nach neuen methodischen Grundlagen, in: Wirtschaftsdienst, Jg. 75, 1995, S. 219–224.

dereinnahmen im Abschwung nicht mit Abgabenerhöhungen oder Ausgabensenkungen zu reagieren, sondern mit zusätzlicher temporärer Verschuldung
im Sinne der stabilisierenden Budgetpolitik. Dazu trug insbesondere der Maastricht-Vertrag bei, der viele Mitgliedstaaten veranlaßte, unabhängig von den
aktuellen konjunkturpolitischen Erfordernissen das Defizit abzubauen, um
wenn nicht die Verschuldungskriterien voll zu erfüllen, ihnen doch wenigstens
so nahe zu kommen, daß Aussicht bestand, zum Kreis der Erstteilnehmer der
EWU zugelassen zu werden. Der dafür gezahlte Preis in Form zusätzlicher Arbeitslosigkeit und zusätzlicher Unterauslastung dürfte in vielen Ländern nicht
gering gewesen sein. Angesichts der hohen strukturellen Defizite und der geringen Bereitschaft, in konjunkturell guten Jahren zu konsolidieren, heißt dies
allerdings noch nicht unbedingt, daß der Preis überflüssig hoch war. Die Fortsetzung der bisherigen exzessiven Verschuldung war auf jeden Fall nicht möglich gewesen.

Vom Stabilitäts- und Wachstums*gesetz* ist derzeit wenig die Rede, um so mehr
vom Stabilitäts- und Wachstums*pakt*, der auf Drängen vor allem der Bundesrepublik im Gefolge des Maastricht-Vertrags geschlossen wurde. Trotz des fast
identischen Wortlauts sind damit unterschiedliche Ziele angesprochen. Während, wie oben dargelegt, das Stabilitäts- und Wachstumsgesetz auf eine sym-
metrische Stabilisierungspolitik mit Schuldenaufnahme in der Rezession und
Schuldentilgung (oder Rücklagenbildung) im Boom abstellte, steht beim Stabi-
litäts- und Wachstumspakt der überkonjunkturelle Abbau der Nettoneuverschuldung bis hin zur Nettoschuldentilgung im Vordergrund.

Es ist nicht leicht zu sagen, ob der Stabilitäts- und Wachstumspakt im Vergleich zu den entsprechenden Bestimmungen des Maastricht-Vertrags stabilitätspolitische Vor- oder Nachteile hat. Einerseits werden im Maastricht-Vertrag konjunkturpolitische Aspekte überhaupt nicht ausdrücklich angesprochen; andererseits enthält er vage gehaltene Formulierungen wie „es sei denn,
daß … der Referenzwert nur ausnahmsweise oder vorübergehend überschritten wird und das Verhältnis in der Nähe des Referenzwertes bleibt" (Art. 104 c
Abs. 2 Buchstabe a zweiter Gedankenstrich EG-Vertrag), die durchaus auch
konjunkturpolitisch in Anspruch genommen werden können. Demgegenüber
werden konjunkturelle Aspekte im Stabilitäts- und Wachstumspakt zwar ausdrücklich genannt, gleichzeitig allerdings der Interpretationsspielraum durch
quantitative Grenzen sehr eingeengt.

2. Die Regelungen des Stabilitäts- und Wachstumspakts

Der Stabilitäts- und Wachstumspakt besteht aus drei Teilen:

– aus der Verordnung (EG) Nr. 1466/07 vom 7. 7. 1997 über den Ausbau der
  haushaltspolitischen Überwachung und der Überwachung der Koordinie-

rung der Wirtschaftspolitik[29], die Regeln festlegt „für den Inhalt, die Vorlage und die Prüfung der Stabilitätsprogramme und Konvergenzprogramme und für die Beobachtung und deren Umsetzung im Rahmen der multilateralen Überwachung des Rates ..., um das Entstehen übermäßiger Defizite bereits in einem frühen Stadium zu verhindern und die Überwachung und Koordinierung der Wirtschaftspolitik zu fördern";

— aus der Verordnung (EG) Nr. 1467/97 des Rates vom 7. 7. 1997 über die Beschleunigung und Klärung des Verfahrens bei einem übermäßigen Defizit[30], die Bestimmungen enthält „zur Beschleunigung und Klärung des Verfahrens bei einem übermäßigen Defizit, womit das Ziel verfolgt wird, übermäßige Defizite möglichst zu vermeiden und gegebenenfalls auftretende Defizite unverzüglich zu korrigieren" (Art. 1);

— aus der Entschließung des Europäischen Rates über den Stabilitäts- und Wachstumspakt vom 17. 6. 1997[31], in der der Europäische Rat „nachdrücklich alle Parteien, nämlich die Mitgliedstaaten, den Rat der Europäischen Union und die Kommission der Europäischen Gemeinschaft (ersucht), den Vertrag des Stabilitäts- und Wachstumspakts strikt und fristgerecht umzusetzen" (S. 1). Hervorzuheben ist, daß in der Präambel beider Verordnungen das allgemeine Konsolidierungsziel sehr anspruchsvoll formuliert wird, nämlich mittelfristig einen „nahezu ausgeglichenen oder einen Überschuß ausweisenden Haushalt" zu verwirklichen.

In der Verordnung über die Beschleunigung und Klärung des Verfahrens bei einem übermäßigen Defizit wird in Art. 2 der oben erwähnte schuldenpolitische Spielraum des Art. 104 c Abs. 2 Buchstabe b zweiter Gedankenstrich EG-Vertrag konjunkturpolitisch dadurch präzisiert, daß anders als dort „ein schwerwiegender Wirtschaftsabschwung" ausdrücklich als Faktor genannt wird, der die Überschreitung der Referenzwerte „ausnahmsweise und vorübergehend" rechtfertigt. Dieser Spielraum wird aber sehr eingeschränkt:

1) Die Kommission betrachtet in dem Bericht, den sie nach Art. 104 c Abs. 3 EG-Vertrag für Mitgliedstaaten, die die Defizitkriterien nicht einhalten, erstellen muß, die Referenzwerte nur dann als ausnahmsweise überschritten, wenn das reale BIP innerhalb eines Jahres um mindestens 2% zurückgeht (Art. 2 Abs. 2).

2) Wenn der Rat gemäß Art. 104 c Abs. 6 entscheidet, ob ein übermäßiges Defizit vorliegt, „so berücksichtigt er bei seiner Prüfung der Gesamtlage sämtliche Bemerkungen des betreffenden Mitgliedstaats, aus denen hervorgeht, daß ein innerhalb eines Jahres eingetretener Rückgang des BIP um weniger als 2% angesichts weiterer relevanter Umstände, insbesondere bei einem jähen Abschwung oder einem gegenüber den vorangegangenen Trends insgesamt sehr

---

[29] Vgl. Amtsblatt der Europäischen Gemeinschaft, L 209 vom 2. 8. 1997, S. 1–6.
[30] Vgl. Amtsblatt der Europäischen Gemeinschaft, L 209 vom 2. 8. 1997, S. 6–11.
[31] Vgl. Amtsblatt der Europäischen Gemeinschaft, C 236 vom 2. 8. 1997, S. 1f.

starkem Rückgang der Produktion, gleichwohl außergewöhnlich ist" (Art. 2 Abs. 3).

3) In der genannten Entschließung des Europäischen Rates über den Stabilitäts- und Wachstumspakt verpflichten sich die Mitgliedstaaten, sich auf die Ausnahmeregel nur dann zu berufen, wenn sie sich in einer schweren Rezession befinden, und dabei „in der Regel" ein Rückgang des realen BIP um mindestens 0,7% auf Jahresbasis zugrunde legen.

Die so umrissenen konjunkturpolitischen Verschuldungsspielräume sind allenfalls dann einigermaßen ausreichend, wenn das o. g. Ziel verwirklicht ist, in Normaljahren einen ausgeglichenen oder gar leicht überschüssigen Haushalt vorzulegen. Diese Grenzen dürften für eine auf Wirtschaftsstabilisierung ausgerichtete Budgetpolitik zu eng gezogen sein, was aber weniger gewichtig ist, wenn die Haushaltspolitik wie in der Vergangenheit überwiegend von anderen Zielen geleitet wird[32].

---

[32] Zur genaueren Darstellung und Analyse des schuldenbezogenen Teils des Maastricht-Vertrags sowie des Stabilitäts- und Wachstumspakts vgl. B. Fürst: Die Maastrichter Budgetkriterien im Konflikt mit der Verschuldungsautonomie der deutschen Gebietskörperschaften, a. a. O.; M. Sturm: Budgetdisziplin der Europäischen Wirtschafts- und Währungsunion, a. a. O.

Teil VII

Nationaler und internationaler Finanzausgleich

Bislang wurde meist allgemein von *dem* Fiskus, von *dem* Staat gesprochen. Dabei wurde nicht systematisch untersucht, ob finanzwirtschaftspolitische Entscheidungen zweckmäßigerweise von mehreren Stellen getroffen werden sollten mit der dann folgenden Notwendigkeit, die finanzwirtschaftlichen Beziehungen zwischen den öffentlichen Gebietskörperschaften zu regeln, insbesondere deren Kompetenzen gegeneinander abzugrenzen. Regelungen dieser Art werden als *Finanzausgleich* bezeichnet. Traditionell stehen dabei die Aspekte innerhalb eines Staates, speziell eines Bundesstaates, im Vordergrund (Kapitel 27). Im Zuge der internationalen Verflechtung, der Bildung inter- und supranationaler Organisationen gewann allerdings auch der *internationale Finanzausgleich* an Bedeutung (Kapitel 28).

Kapitel 27

Nationaler Finanzausgleich[1]

Literatur

a) PEFFEKOVEN, ROLF: Finanzausgleich I: Wirtschaftstheoretische Grundlagen, in: Willi Albers u. a. (Hrsg.): Handwörterbuch der Wirtschaftswissenschaft, Bd. 2, Stuttgart u. a. O. 1980, S. 608–636.
DERS.: Reform des Finanzausgleichs – eine vertane Chance, in: Finanzarchiv, N. F. Bd. 51, 1994, S. 281–311.

b) BIEHL, DIETER: Die Entwicklung des Finanzausgleichs in ausgewählten Bundesstaaten: Bundesrepublik Deutschland, in: Fritz Neumark, Norbert Andel und Heinz Haller (Hrsg.): Handbuch der Finanzwissenschaft, 3. Aufl., Bd. 4, Tübingen 1983, S. 69–122.

---

[1] Die besonderen Finanzausgleichsprobleme, die sich unmittelbar nach der Wiedervereinigung ergeben haben, wurden in der 3. Auflage dieses Lehrbuchs in dem Anhang „Finanzpolitische Aspekte der deutschen Wiedervereinigung" behandelt (S. 495–523). Nach der zum 1.1.1995 erfolgten Einbeziehung der neuen Bundesländer in den allgemeinen gesamtdeutschen Finanzausgleich ist dies nicht mehr erforderlich. Der historisch interessierte Leser sei allerdings auf diese Ausführungen verwiesen.

BIRD, RICHARD M.: Federal Finance in Comparative Perspective, Toronto 1986.

BRETON, ALBERT, und ANTHONY SCOTT: The Economic Constitution of Federal States, Toronto–Buffalo–London 1978.

BULUTOĞLU, KENAN: Fiscal Decentralization: A Survey of Normative and Positive Contributions, in: Finanzarchiv, N. F. Bd. 35, 1976/77, S. 1–34.

BUNDESMINISTERIUM DER FINANZEN (Hrsg.): Finanzbericht, jährlich, zuletzt Finanzbericht 1998, Bonn 1997, Abschnitt 5: Finanzbeziehungen zwischen Bund, Ländern und Gemeinden, S. 135–152.

DASS. (Hrsg.): Die Finanzbeziehungen zwischen Bund, Ländern und Gemeinden aus finanzverfassungsrechtlicher Sicht, Bonn 1982.

ENQUÊTE-KOMMISSION VERFASSUNGSREFORM: Schlußbericht, Bundestagsdrucksache 7/5924 vom 9. 12. 1978.

HAVERKAMP, FRANZ: Die Finanzbeziehungen zwischen Ländern und Gemeinden, in: Volker Arnold und Otto-Erich Geske (Hrsg.): Öffentliche Finanzwirtschaft, München 1988, S. 55–120.

HENKE, KLAUS-DIRK, und GUNNAR FOLKE SCHUPPERT: Rechtliche und finanzwissenschaftliche Probleme der Neuordnung der Finanzbeziehung von Bund und Ländern im vereinten Deutschland, Baden-Baden 1993.

HIRTE, GEORG: Effizienzwirkungen von Finanzausgleichsregelungen, Frankfurt/M. u. a. O. 1996.

HOMBURG, STEFAN: Anreizwirkungen des deutschen Finanzausgleichs, in: Finanzarchiv, N. F. Bd. 51, 1994, S. 312–330.

HUBER, BERND, und KARL LICHTBLAU: Systemschwächen des Finanzausgleichs: Eine Reformskizze, in: IW-Trends, Bd. 24, 1997, S. 24–45.

HUMMEL, MARLIES, und WOLFGANG NIERHAUS: Die Neuordnung des bundesstaatlichen Finanzausgleichs im Spannungsfeld zwischen Wachstums- und Verteilungszielen, Hauptband, München 1994.

KARRENBERG, HANNS, und ENGELBERT MÜNSTERMANN: Gemeindefinanzbericht 1998, in: Der Städtetag, März 1998, S. 143–233.

KIRSCH, GUY (Hrsg.): Föderalismus, Stuttgart–New York 1977.

KOMMISSION FINANZVERFASSUNGSREFORM: Zwischenbericht, Stuttgart 1992.

KOMMISSION FÜR DIE FINANZREFORM: Gutachten über die Finanzreform in der Bundesrepublik Deutschland, Stuttgart u. a. O. 1966.

PEFFEKOVEN, ROLF: Zur Neuordnung des Länderfinanzausgleichs, in: Finanzarchiv, N. F. Bd. 45, 1987, S. 181–228.

SACHVERSTÄNDIGENRAT ZUR BEGUTACHTUNG DER GESAMTWIRTSCHAFTLICHEN ENTWICKLUNG: Wachstum, Beschäftigung, Währungsunion – Orientierung für die Zukunft, Jahresgutachten 1997/98, Stuttgart 1997, Abschnitt „Änderung der Finanzverfassung", Ziff. 339–353.

SACHVERSTÄNDIGENKOMMISSION ZUR VORKLÄRUNG FINANZVERFASSUNGSRECHTLICHER FRAGEN FÜR KÜNFTIGE NEUFESTLEGUNGEN DER UMSATZSTEUERANTEILE: Maßstäbe und Verfahren zur Verteilung der Umsatzsteuer nach Art. 106 Abs. 3 und Abs. 4 Satz 1 GG, Schriftenreihe des Bundesministeriums der Finanzen, Heft 30, Bonn 1981.

SAUERLAND, DIRK: Föderalismus zwischen Freiheit und Effizienz. Der Beitrag der ökonomischen Theorie zur Gestaltung dezentralisierter politischer Systeme, Berlin 1997.

SCHARPF, FRITZ W., BERND REISSERT und FRITZ SCHNABEL: Politikverflechtung: Theorie und Empirie des kooperativen Föderalismus in der Bundesrepublik, Kronberg 1976.

DIES. (Hrsg.): Politikverflechtung II. Kritik und Berichte aus der Praxis, Kronberg 1977.

SCHUSTER, FRANZ (Hrsg.): Dezentralisierung des politischen Handelns (III). Konzeption und Handlungsfelder, Melle 1987.

WEBER, MANFRED: Die Schlüsselzuweisungen. Analyse eines Instruments des kommunalen Finanzausgleichs, Frankfurt/M. 1981.

WISSENSCHAFTLICHER BEIRAT BEIM BUNDESMINISTERIUM DER FINANZEN: Gutachten zum Länderfinanzausgleich in der Bundesrepublik Deutschland, Schriftenreihe des Bundesministeriums der Finanzen, Heft 47, Bonn 1992.

DERS.: Einnahmenverteilung zwischen Bund und Ländern. Probleme und Lösungsmöglichkeiten, Schriftenreihe des Bundesministeriums der Finanzen, Heft 56, Bonn 1995.

§ 151. Begriff und Aspekte

Der Begriff „Finanzausgleich" wird unterschiedlich weit gefaßt:

1) Im *weiten Sinne* versteht man darunter die Verteilung der *Aufgaben*, der mit ihrer Erfüllung verbundenen *Ausgaben* und der zu deren Finanzierung notwendigen *Einnahmen* eines Staates auf die einzelnen Gebietskörperschaften, also die Regelung der gesamten Finanzverfassung.

2) Der Finanzausgleich im *engen Sinne* bezieht sich auf Zuweisungen zwischen Gebietskörperschaften bei gegebener Aufgaben- und Eigeneinnahmenverteilung, etwa zum Ausgleich der unterschiedlichen Finanzkraft einzelner Gebietskörperschaften.

Der Finanzausgleich bezieht sich einmal auf die *vertikale* Regelung der Zuständigkeiten, also auf die Kompetenzverteilung zwischen den einzelnen Ebenen der Gebietskörperschaften (Bund, Länder, Gemeinden). Dieser Aspekt steht in der Literatur im Vordergrund. Daneben besteht auf den untergeordneten Ebenen mit mehreren Entscheidungsträgern die Notwendigkeit, *horizontal* die Zuständigkeiten zwischen den Ländern und zwischen den Gemeinden zu regeln.

§ 152. Die Verteilung der Aufgaben

Wenn man von dem weiten Finanzausgleichsbegriff ausgeht, sollte die Entscheidung über die Verteilung der Aufgaben den Ausgangspunkt bilden, an den die Verteilung der Ausgaben und Einnahmen anzupassen ist. Die Regelung der Aufgabenverteilung kann sinnvoll nur im Hinblick auf bestimmte Kriterien erfolgen. Als solche dienen hier vor allem die allgemeinen Ziele der Finanzpolitik in der im Anschluß an MUSGRAVE vorgenommenen Gliederung in Allokationsziel, Verteilungsziel und Stabilisierungsziel.

1. Allokationsbezogene Erwägungen

Das Allokationsziel hat zwei Aspekte: Die Produktion soll den Präferenzen der Bürger entsprechen *(Struktureffizienz)*; sie soll außerdem zu den geringstmöglichen Kosten erfolgen *(Kosteneffizienz)*. Speziell im Hinblick auf die Struktureffizienz sprechen vor allem folgende Gründe für eine dezentrale Aufgabenverteilung:

Es ist zu erwarten, daß *sowohl die Bereitschaft als auch die Fähigkeit, die Bürgerpräferenzen zu berücksichtigen*, um so größer sind, je kleiner die Gebietskörperschaften, je bürgernäher also die Entscheidungsträger sind. Letztere kennen dann eher aus unmittelbarer persönlicher Erfahrung die jeweiligen Verhältnisse, bedürfen also nicht der indirekten Information. Es kommt hinzu, daß in kleinen Körperschaften die Bürger einen größeren Anreiz haben, ihre Präferenzen zum Ausdruck zu bringen, weil sie sicherer sind, die Entscheidungsträger erreichen und auch effektiv beeinflussen zu können.

Soweit wegen der unterschiedlichen Präferenzen das Angebot an öffentlichen Leistungen regional unterschiedlich ist, ergibt sich für die Bürger die Möglichkeit, *„mit den Füßen abzustimmen"* und mit der Veränderung des Wohnsitzes ihre Situation zu verbessern[2].

Unter allokativen Aspekten ist der dezentralistische, föderalistische Staatsaufbau um so vorteilhafter, je mehr es gelingt, die territoriale Gliederung so vorzunehmen, daß Entscheidungsträger, Nutznießer und Finanzierungsträger[3] zusammenfallen. Dann besteht nämlich ein großer Anreiz, alle relevanten Nutzen und Kosten in die Entscheidungen einzubeziehen und abzuwägen. Dieser Anreiz wird noch verstärkt, wenn auch auf der Mikroebene die Verteilung der Nutzen der Verteilung der Finanzierungsbelastungen entspricht, insofern also das Äquivalenzprinzip verwirklicht wird. Es entfällt dann die Versuchung, auf eine Erhöhung der Ausgaben über das Optimum hinaus zu drängen in der Hoffnung, daß die entsprechenden Opportunitätskosten von anderen getragen werden. Fallen Entscheidungsträger, Nutznießer und Finanzierungsträger zusammen, sind die in der Literatur erhobenen Forderungen nach Fiskaläquivalenz, Kongruenz und Konnexität erfüllt, die allerdings nicht ganz einheitlich interpretiert werden[4].

Die Vermutung, daß der Allokationsaspekt eher für eine dezentrale als für eine zentrale Aufgabenverteilung spricht, verliert in dem Maße an Gewicht, wie

---

[2] Vgl. Ch. M. Tiebout: A Pure Theory of Local Expenditures, in: Journal of Political Economy, Bd. 64, 1956, S. 416–424; Ders.: An Economic Theory of Fiscal Decentralization, in: National Bureau of Economic Research (Hrsg.): Public Finances: Needs, Sources, and Utilization, Princeton 1961, S. 79–96, deutsch: Eine ökonomische Theorie fiskalischer Dezentralisierung, in: G. Kirsch (Hrsg.): Föderalismus, a. a. O., S. 36–50.

[3] Der Ausdruck Finanzierungsträger wird hier analog dem Begriff Steuerträger gewählt, weil die Finanzierung nicht nur über Steuern, sondern auch über Beiträge, Gebühren und Anleihen erfolgen kann.

[4] Vgl. M. Olson, Jr.: The Principle of „Fiscal Equivalence": The Division of Responsibilities among Different Levels of Government, in: American Economic Review, Bd. 59, 1969, Papers and Proceedings, S. 479–487; deutsch: Das Prinzip „fiskalischer Gleichheit": Die Aufteilung der Verantwortung zwischen verschiedenen Regierungsebenen, in: G. Kirsch (Hrsg.): Föderalismus, a. a. O., S. 66–76; D. Biehl: Wechselspiel zwischen Prozeß und Institutionalisierung im Zuge der europäischen Integration, in: B. Schefold (Hrsg.): Wandlungsprozesse in den Wirtschaftssystemen Westeuropas, Marburg 1995, S. 124–128.

sich die Allokationswirkungen nicht auf die jeweilige Gebietskörperschaft beschränken und wie Economies of scale vorliegen.

Wie im privaten, so bringen nämlich auch im öffentlichen Bereich *externe Effekte* (spillovers) die Gefahr suboptimaler Entscheidungen mit sich, weil beim Verursacher Aktivitäten mit externen Vorteilen unter-, Aktivitäten mit externen Nachteilen überbewertet werden. Allerdings ist zu beachten, daß die Internalisierung externer Effekte nicht nur durch stärkere Zentralisierung der Gesamtheit möglich ist; es stehen auch andere Lösungsmöglichkeiten zur Verfügung:

– *freiwillige Abstimmung* zwischen den unteren Einheiten,
– *erzwungene Abstimmung* zwischen den unteren Einheiten,
– *zentrale Rahmenplanung*, aber *dezentrale Konkretisierung und Ausführung*,
– grundsätzliche Autonomie, die jedoch *durch finanzielle Anreize* (z. B. zweckgebundene Finanzzuweisungen) von der übergeordneten Körperschaft in die gewünschte Richtung gelenkt wird.

Im Hinblick auf die *Kosteneffizienz* können sich Argumente für eine zentrale Aufgabenverteilung ergeben, wenn nur so *Economies of scale* genutzt werden können. Es ist z. B. unter diesem Aspekt nicht sinnvoll, für jedes Dorf eine Gesamtschule oder für jede Stadt mit 50 000 Einwohnern eine voll ausgebaute Universität zu errichten. Es ist jedoch zu beachten, daß nicht nur die beim Staat anfallenden Kosten einzubeziehen sind; es müssen auch die Kosten der privaten Benutzer staatlicher Einrichtungen berücksichtigt werden, z. B. in Form von Fahrtkosten einschließlich Fahrtzeit, die mit wachsender Zentralisierung steigen.

Eine dezentrale Aufgabenverteilung kann sich sowohl auf die Struktur- als auch auf die Kosteneffizienz günstig auswirken, sofern sich ein gewisser *Wettbewerb* zwischen den Gebietskörperschaften der untergeordneten Ebene ergibt bzw. sofern durch die größere Zahl der selbständigen Entscheidungsträger das *Innovationstempo* steigt. Dieser Aspekt ist um so bedeutsamer, je besser der Informationsfluß und je größer die Bereitschaft, anderswo mit Erfolg praktizierte bessere Verfahren zu übernehmen.

Die allokationsbezogene Analyse hat auf Aspekte aufmerksam gemacht, die teils mehr für Dezentralisierung, teils mehr für Zentralisierung der Aufgabenverteilung sprechen. Das Gewicht der einzelnen Aspekte wird von Aufgabe zu Aufgabe recht unterschiedlich sein, so daß unter dem Allokationsblickwinkel eine sehr große Zahl von auf einzelne Aufgaben bezogenen regionalen Abgrenzungen angebracht sein mag[5]. Eine solche Aufsplitterung ist aber aus organisatorischen Gründen nicht möglich, insbesondere wenn in demokratischen Staaten die Kontrolle durch die Volksvertreter gewahrt bleiben soll. Aus die-

---

[5] Vgl. in diesem Zusammenhang die Theorie der Clubs, etwa bei R. Cornes und T. Sandler: The Theory of Externalities, Public Goods, and Club Goods, Cambridge 1986, S. 157–243.

sem Grunde wird man sich mit der Bildung weniger Ebenen begnügen. Dabei dürfte der größere Spielraum, den föderalistische Lösungen im Vergleich zu zentralistischen bieten, vorteilhaft sein.

Im Rahmen einer föderalistischen Lösung werden den *Gemeinden* Aufgaben übertragen, deren Erfüllung (fast) nur die Einwohner der gleichen Gemeinde tangieren, bei denen also externe Effekte (fast) keine Rolle spielen: z.B. Kindergärten, Gemeindeparks und Gemeindestraßen, die nicht dem Durchgangsverkehr dienen. Auf der anderen Seite werden dem *Zentralstaat* Aufgaben zugewiesen, deren Erfüllung zur Produktion reiner öffentlicher Güter in dem Sinne führt, daß davon praktisch alle Einwohner eines Staates tangiert werden, z.B. die Verteidigung nach außen, das Justizwesen, die Währung, das System der Maße und Gewichte und andere den Wirtschaftsverkehr erleichternde Regelungen. Dazwischen liegen Aufgaben mittlerer Reichweite. Ihre Wirkungen gehen über die einzelne Gemeinde hinaus, sind aber regional begrenzt, betreffen also (überwiegend) nicht gleich den gesamten Staat: z.B. Universitäten, Krankenhäuser, Theater, Regionalplanung. Hier liegt das Aufgabengebiet von Ländern, Kantonen, Gemeindeverbänden und ähnlichen mittleren Gebietskörperschaften.

2. Verteilungsbezogene Erwägungen

Wenn man davon ausgeht, daß einzelne Bürger unterschiedliche Auffassungen über Art und Ausmaß der anzustrebenden Umverteilung haben, könnte man dazu neigen, diese Aufgabe dezentral erfüllen zu lassen. Auf den untergeordneten Ebenen gäbe es dann je nach den Bürgerpräferenzen mehr oder weniger stark umverteilende Körperschaften.

Allerdings wäre damit der Spielraum für Umverteilungsmaßnahmen eingeengt, da das regionale Umverteilungspotential vom regionalen Wohlstand abhängt, der recht unterschiedlich ist. Die Folge könnte sein, daß in den reichen Regionen die Versorgung der Armen vergleichsweise großzügig, in den armen Gebieten vielleicht trotz höherer Belastung der Reichen kärglich ist. Dieses Gefälle verstärkt sich, wenn Wohlhabende von Gebieten niedrigen Wohlstandes und hoher Steuerbelastung in Gebiete hohen Wohlstandes und niedriger Steuerbelastung auswandern. Das Wohlstandsgefälle vergrößernde Wanderungen ergeben sich u.U. auch, wenn wohlhabende Regionen nicht wegen geringerer Leistungsfähigkeit, aber wegen geringerer Umverteilungsbereitschaft für Arme ein geringeres Unterstützungsniveau aufweisen, so daß diese in die armen Regionen auswandern.

Beide Effekte lassen sich vermeiden, wenn die Umverteilungsaufgabe dem Zentralstaat übertragen wird.

3. Stabilisierungsbezogene Erwägungen

Stabilisierungsbezogene Maßnahmen, die darauf abstellen, die gesamtwirtschaftliche Nachfrage über die unmittelbare Variation der staatlichen Nachfrage oder über die Änderung der Größen, die einen Einfluß auf die private
Nachfrage haben, in konjunkturpolitisch erwünschter Richtung zu beeinflussen, tangieren nicht nur die jeweilige Gebietskörperschaft. Soweit sie z. B. den
„grenzüberschreitenden" Handel beeinflussen, übertragen sich die Wirkungen
auch auf andere Gebiete, so daß sich *stabilisierungspolitische externe Effekte*
ergeben. Analog zu den für allokationsbezogene externe Effekte angestellten
Überlegungen ist zu fordern, die Stabilisierungsaufgabe vor allem auf zentraler Ebene anzusiedeln, denn um so geringer sind die externen Effekte und um
so geringer ist die Gefahr, daß das Niveau der Maßnahmen hinter dem Optimum zurückbleibt[6].

Zum Abschluß dieser Überlegungen zu der zielgerechten Aufgabenverteilung
sei nochmals in Erinnerung gerufen, was oben zu den Formen der abgestimmten Entscheidungen und zu den verschiedenen Aspekten der Aufgabenkompe-
tenz gesagt worden ist: Wenn eine Aufgabe einheitlich gestaltet werden soll,
muß dies nicht unbedingt von der obersten Ebene allein entschieden werden; es
ist auch die *kooperative Abstimmung untergeordneter Körperschaften* denkbar.
Diese Lösung kann allerdings im Einzelfall den Nachteil größerer Kosten der
Entscheidungsfindung haben und darunter leiden, daß wegen der gemeinsamen Verantwortung die einzelne Körperschaft sich weniger um einen Erfolg
bemüht, als wenn *ein* Entscheidungsträger allein in die Pflicht genommen ist.
Eine zentrale Entscheidung – in welcher Form auch immer – sagt ferner noch
nichts darüber aus, ob die Aufgabe auch zentral vollzogen werden muß. Es ist
durchaus denkbar, die zentrale Gesetzgebungskompetenz mit der dezentralen
Verwaltungskompetenz zu kombinieren.

4. Allgemeinpolitische Erwägungen

Bislang wurde von den (finanz)wirtschaftspolitischen Zielen her argumentiert.
Wie gezeigt, ergeben sich dabei insbesondere unter dem Allokationsaspekt Argumente für die dezentrale Aufgabenverteilung. Es sei an dieser Stelle betont,
daß in der Praxis natürlich noch andere Erwägungen eine Rolle spielen. Die Attraktivität des Föderalismus, des Bestrebens, die Aufgaben möglichst auf untergeordnete Gebietskörperschaften zu übertragen, beruht nicht nur, vielleicht
nicht einmal in erster Linie auf wirtschaftlichen Überlegungen. Eine große
Rolle spielen die *spezifisch politischen Bedenken vor einer zu großen Entschei-*

---

[6] Für eine andere Auffassung vgl. D. BIEHL: Stabilisierungspolitik im Spannungsfeld von
Zentralisierung und Dezentralisierung, in: F. Schuster (Hrsg.): Dezentralisierung des politischen Handelns (III), a. a. O., S. 350–393.

dungs- und damit Machtkonzentration und der damit verbundenen G
Übermacht. Eine Machtdezentralisierung führt eher zu einem ausgewogenen
System sich antreibender und kontrollierender Gegengewichte. Sie gewährt
zudem bessere Chancen für unmittelbare politische Betätigung und damit für
ein größeres politisches Interesse der Bürger.

§ 153. Die Verteilung der Ausgaben

Die Ausgaben repräsentieren sehr weitgehend die Kosten der Erfüllung finanzwirtschaftlicher Aufgaben. Es ist eine allgemeine Erfahrung, daß finanzwirtschaftspolitische Verantwortung und Kosteneffizienz am besten dadurch
gesichert werden, daß die Aufgabenerfüllung mit der Kostenübernahme verbunden ist. Unter diesem Aspekt folgt die Verteilung der Ausgabenkompetenz
(der Ausgabenbelastung) der Verteilung der Kompetenz zur Gesetzgebung
bzw. zum administrativen Vollzug (Prinzip der Konnexität).

§ 154. Die Verteilung der Einnahmen

Wenn die Verteilung der Aufgaben erfolgt ist, müssen die Möglichkeiten, Einnahmen zu erzielen, so auf die Gebietskörperschaften verteilt werden, daß die
Finanzierung der Ausgaben gewährleistet ist. Solche Regelungen müssen einerseits von einer gewissen *Stabilität* sein, um eine sinnvolle Haushaltsplanung zu ermöglichen, andererseits eine ausreichende *Flexibilität* aufweisen,
um Divergenzen in der Entwicklung von Einnahmen und Ausgaben Rechnung
tragen zu können[7].

1. Die vertikale Einnahmenverteilung

1.1. Die vertikale Verteilung der Steuerbefugnisse

Angesichts der heutigen Dominanz der Steuern geht es im Rahmen der Eigeneinnahmen vor allem um die Verteilung der *Steuerbefugnisse*. In der deutschen
Finanzausgleichsliteratur hat sich für deren grundsätzliche Gestaltungsmöglichkeiten eine gewisse Systematik herausgebildet, bei der allerdings die verwendeten Bezeichnungen nicht immer einheitlich sind.

Man kann zwei Hauptverfahren unterscheiden: die unbeschränkte Steuerautonomie aller Ebenen einerseits, die beschränkte Steuerautonomie mit ihren

---

[7] Vgl. R. PEFFEKOVEN: Finanzausgleich I: Wirtschaftstheoretische Grundlagen, a.a.O., S. 618.

unterschiedlichen Varianten andererseits. Bei der *unbeschränkten Steuerauto-nomie* aller Ebenen, auch *Konkurrenzsystem* genannt, ist jede Ebene in der Wahl, Ausgestaltung und Ausschöpfung der Steuerquellen völlig frei. Diese Lö-sung wird heute nicht akzeptiert, weil auf diese Weise ein einigermaßen abge-stimmtes Steuersystem ohne Lücken und ohne Mehrfachbelastungen nicht ge-sichert werden kann.

Deshalb greift man zu Regelungen, die auf eine *Beschränkung der Steuerauto-nomie* hinauslaufen, vor allem in Form des Trennsystems, des Systems der Rahmenregelung, des Zuschlagsystems und des Verbundsystems.

1) Beim *Trennsystem* werden den einzelnen Ebenen jeweils bestimmte Steuer-quellen zugewiesen. Bei diesen zugewiesenen Steuern sind sie in der Ausge-staltung des Steuerzugriffs autonom.

2) Beim *System der Rahmenregelung* ist diese Autonomie durch bestimmte Vorgaben eingeengt. Diese können sich auf wenige Punkte beschränken, u. U. aber auch den Freiheitsspielraum der einzelnen Gebietskörperschaften auf die Festsetzung der Steuersätze reduzieren.

3) Beim *Zuschlagsystem* besteht die Autonomie lediglich darin, auf die Steuer, die eine übergeordnete Ebene gestaltet, einen Zuschlag erheben zu können (z. B. Gemeindezuschlag zur Bundes- oder Landeseinkommensteuer).

4) Beim *Verbundsystem*, auch Quotensystem (Tax sharing) genannt, wird das Aufkommen einer oder mehrerer Steuern in einem bestimmten Verhältnis auf die einzelnen Ebenen verteilt. Die Autonomie der beteiligten Gebietskörper-schaften hängt dabei wesentlich davon ab, wer die Ausgestaltung der Ver-bundsteuern und den Verteilungsschlüssel festlegt. Es macht einen sehr gro-ßen Unterschied, ob diese Befugnisse allein beim Zentralstaat liegen oder ob auch die Zustimmung der betroffenen untergeordneten Körperschaften erfor-derlich ist.

Alle Formen der beschränkten Autonomie vermeiden unkoordinierte Mehr-fachbelastungen. Das *System der Rahmenregelung* und das *Zuschlagsystem* haben zudem administrative Vorteile; sie gewähren über die Festsetzung je-denfalls des Steuersatzes und des Zuschlags eine gewisse Finanzautonomie, die dann allerdings mit Steuerbelastungsunterschieden verbunden ist. Dies kann nachteilig sein, speziell wenn es sich um Steuern handelt, bei denen die Wirtschaftssubjekte auf Belastungsunterschiede stark reagieren.

Das *Verbundsystem* vermeidet regionale Steuerbelastungsdifferenzen, was al-lokations- und verteilungspolitische Vorteile haben kann. Es bietet ferner die Möglichkeit, die Verteilung der Finanzmasse flexibel der unterschiedlichen Entwicklung des Finanzbedarfs auf den einzelnen Ebenen anzupassen. Fak-tisch sind solche Schlüsseländerungen jedoch meist mit sehr heftigen Ausein-andersetzungen verbunden und nur schwer durchsetzbar. Sie können u. U.

auch einen Anreiz bieten, durch kräftige Ausgabenexpansion oder Zurückhaltung bei der Ausschöpfung der eigenen Finanzquellen der Forderung nach einer Erhöhung des eigenen Anteils Nachdruck zu verleihen.

In den entwickelten westlichen Staaten ist heute eine Kombination mehrerer Formen der beschränkten Autonomie angebracht. Dabei dürften für die konkrete Regelung folgende Postulate weitgehend Anerkennung finden:

Postulat 1: Jede Ebene soll zumindest für *eine fiskalisch gewichtige Steuer* sowohl über die Gesetzgebungs- als auch über die Ertragshoheit verfügen. Dabei muß die Gesetzgebungshoheit sich nicht auf alle Einzelheiten erstrecken. Es genügt, wenn z. B. innerhalb des Systems der Rahmenregelung der Steuersatz selbständig variiert werden kann.

Postulat 2: Zumindest die Gesetzgebungs- und Ertragshoheit für Steuern, die mehr oder weniger genau nach dem *Äquivalenzprinzip* für in regional differenzierter Form von untergeordneten Gebietskörperschaften angebotene Leistungen erhoben werden, sollten diesen Gebietskörperschaften zugeteilt werden. Damit wird ein Anreiz zur Erstellung solcher Leistungen geschaffen, gleichzeitig aber auch der Widerstand der Betroffenen angeregt, wenn die Kosten höher als die Nutzen sind.

Postulat 3: Steuern, die nicht nach dem Äquivalenzprinzip, sondern nach dem *Leistungsfähigkeitsprinzip* erhoben werden bzw. speziell umverteilungspolitischen Zielen dienen, sollten weitgehend einheitlich erhoben werden, einmal um den Umverteilungserfolg zu sichern, zum anderen, um die volkswirtschaftlichen Kosten zu vermeiden, die mit steuerbedingten Verlagerungen ökonomischer Transaktionen verbunden sind. Dies wird erreicht, wenn der Zentralstaat über die Gesetzgebungshoheit verfügt, aber auch, wenn bei dezentraler Gesetzgebungshoheit eine freiwillige Abstimmung (Steuerharmonisierung) verwirklicht wird.

Postulat 4: Bei Steuern, deren Aufkommen in besonderem Maße *konjunkturpolitisch bedeutsam* ist, sei es, weil sie eine hohe automatische Konjunkturreagibilität aufweisen, sei es, weil sie diskretionär antizyklisch variiert werden, sollten die Gesetzgebungs- und Ertragshoheit möglichst zentralisiert sein. Dafür spricht insbesondere, daß stabilitätspolitische Aktionen den Charakter von öffentlichen Gütern haben, die für das gesamte Staatsgebiet wirksam sind.

Postulat 5: Das Aufkommen der nicht nach dem Äquivalenzprinzip erhobenen Steuern, das auch bei einheitlichem Steuerrecht aus rein steuererhebungstechnischen Gründen *regional besonders stark konzentriert* ist, sollte dem Zentralstaat zufließen. Das betrifft insbesondere Verbrauchsteuern, die nicht bei den Verbrauchern bzw. beim vorgelagerten Einzelhandel, sondern bei den Produzenten erhoben werden und bei denen die Produktion stark regional geballt ist (z. B. Kaffee und Tabak in Hamburg und Bremen).

Postulat 6: Auf Stufen vor der Einzelhandelsebene erhobene Verbrauchsteuern, die überregional gehandelte Güter betreffen, sollten innerstaatlich einheitlich sein, um ineffiziente interne Verlagerungen der Produktionsstätten oder der Handelsströme zu vermeiden.

Postulat 7: Die Steuerertragshoheiten sind möglichst so zu verteilen, daß die Steuern, deren Anteil am Gesamtsteueraufkommen steigen soll, den Ebenen mit der gewünschten größten Ausgabenexpansion zugewiesen werden und umgekehrt.

1.2. Vertikale Finanzzuweisungen

Ganz allgemein können drei Gründe dazu führen, daß sich im Rahmen des Finanzausgleichs die Verteilung der Einnahmen nicht auf die Verteilung der Steuerquellen beschränkt, sondern darüber hinaus auch Zuweisungen zwischen den Gebietskörperschaften (Finanzausgleich im engen Sinne, sekundäre Einnahmenverteilung) angebracht sind: ein globales vertikales bzw. ein horizontales Ungleichgewicht bei der Verteilung der Eigeneinnahmen oder externe Effekte.

Angesichts des hohen Prozentsatzes von Steuereinnahmen, der heute auf die Einkommen- und Umsatzsteuer entfällt, dürfte es nicht leicht sein, die eigenen Steuereinnahmen so zuzuweisen, daß jede Ebene auch nur global ausreichend dotiert ist. Dies gilt jedenfalls dann, wenn nicht auf einen Steuerverbund zurückgegriffen wird. Auch wenn das globale vertikale Gleichgewicht einmal verwirklicht sein sollte, ist es möglich, daß es später im Zuge divergierender Bedarfs- und Einnahmenentwicklungen verlorengeht und Verfassungsvorschriften oder ein fehlender Konsens die Wiederherstellung des Gleichgewichts über eine Umverteilung der eigenen Steuerquellen verhindern, aber dies über eine Umverteilung in Form von Zuweisungen gestatten.

Selbst wenn eine in *globaler Hinsicht* befriedigende vertikale Steuerverteilung verwirklicht ist, kann dies mit einem Ungleichgewicht auf den unteren Ebenen verbunden sein, weil horizontal die Steuereinnahmenverteilung nicht in ausreichendem Maße dem Ausgabenbedarf entspricht. Außer durch horizontale Zuweisungen, auf die im nächsten Abschnitt eingegangen wird, kann dies dadurch vermieden werden, daß eine höhere Ebene mehr eigene Steuereinnahmen erhält, als sie angesichts des eigenen Finanzbedarfs benötigt, damit durch differenzierte Zuweisungen an die einzelnen Körperschaften der untergeordneten Ebene der Finanzbedarf gleichzeitig vertikal und horizontal befriedigend gedeckt werden kann *(vertikaler Finanzausgleich mit horizontalem Effekt)*.

Finanzzuweisungen, die eine bedarfsgerechte Verteilung der Finanzmittel zum Ziele haben, sollten an *allgemeinen Kriterien* ausgerichtet werden und *ungebunden*, d.h. beim Empfänger frei verfügbar, sein. Als solches allgemeines

Kriterium kommen einmal die Unterschiede in der *Finanzkraft*, hier vor allem in der Möglichkeit, eigene Steuereinnahmen zu erzielen, in Frage. Sofern die betrachtete Körperschaft die eigenen Steuereinnahmen durch die Variation des Steuersatzes verändern kann, sollte der Grad der Ausschöpfung der eigenen Steuerquellen keinen Einfluß auf die Finanzzuweisungen haben. Dies wird erreicht, wenn nicht das tatsächliche Steueraufkommen, sondern das sich bei einem normierten Steuersatz ergebende hypothetische zugrunde gelegt wird (normierte Steuerkraft). Als allgemeines Kriterium kann ferner auf den *Finanzbedarf* zurückgegriffen werden, der dann anhand *allgemeiner* Bedarfs-indikatoren, z. B. Größe und Struktur der Bevölkerung, ermittelt wird, nicht aber anhand der jeweiligen tatsächlichen Ausgaben einzelner Körperschaften. Mit der Wahl solcher Indikatoren soll verhindert werden, daß die Anspannung der eigenen Steuerquellen reduziert bzw. die Ausgaben erhöht werden, um mehr Zuweisungen zu erhalten.

Soweit die Tätigkeit einer untergeordneten Körperschaft mit *externen Effekten* (Spillovers) verbunden ist, also etwa die gleichen Aufgaben einer Körperschaft der gleichen Ebene oder die Aufgaben einer übergeordneten Körperschaft tangiert, können Finanzzuweisungen dazu dienen, diese externen Effekte (zumindest teilweise) zu internalisieren. Indem z. B. Tätigkeiten mit externen Erträgen zu Finanzzuweisungen führen (etwa Kultureinrichtungen mit überlokaler Bedeutung), wird unter bestimmten Voraussetzungen ein Anreiz ausgeübt, diese Tätigkeit auf ein Niveau zu bringen, das im Hinblick auf die Präferenzen aller Betroffenen zieladäquater ist. Während bei den oben betrachteten allgemeinen Finanzzuweisungen zum Ausgleich globaler Finanzkraft- und Finanzbedarfsunterschiede eine Zweckbindung sowohl unter Verteilungs- als auch unter Allokationsgesichtspunkten (Zusatzlast) nachteilig wäre, sind sog. *zweckgebundene Zuweisungen* (Zweckzuwendungen) effizient, wenn es um die Internalisierung externer Effekte geht.

2. Die horizontale Einnahmenverteilung

2.1. Die horizontale Abgrenzung der Besteuerungsbefugnisse

Die Besteuerungsbefugnisse sind nicht nur vertikal, sondern auch horizontal abzugrenzen. Bei dezentraler Ertragshoheit muß z. B. entschieden werden, ob die Steuererträge allein am Sitz eines Unternehmens anfallen sollen oder auf die einzelnen Produktionsstätten zu verteilen sind. Im zweiten Fall sind dann sog. *Zerlegungskriterien* festzulegen, sei es für die Steuerbemessungsgrundlage, sei es für das Steueraufkommen. Verzichtet man auf solche Zerlegungen, vergrößert sich die Gefahr des horizontalen Ungleichgewichts und damit die Notwendigkeit, mit kompensierenden Finanzzuweisungen zu operieren.

2.2. Horizontale Finanzzuweisungen

Eine gegebene Verteilung der Eigeneinnahmen kann auch durch horizontale Finanzzuweisungen zwischen den Körperschaften einer Ebene modifiziert werden. Wie bei der Analyse der vertikalen Finanzzuweisungen können sie einmal einen *allgemeinen Finanzausgleich* bezwecken unter Verwendung allgemeiner Finanzkraft- oder Finanzbedarfsindikatoren oder auf ein *Entgelt für spezielle zwischenkörperschaftliche Leistungen* (Spillovers) hinauslaufen. Im letzten Fall handelt es sich um am Äquivalenzgedanken orientierte Zahlungen, die in bezug auf die Motivation an die Beiträge[8] erinnern (z. B. Finanzzuweisungen der Umlandgemeinden bzw. Landkreise an die Großstädte für Gemeindegrenzen überschreitende Leistungen auf dem Erziehungs- oder Kultursektor).

§ 155. Der Finanzausgleich in der Bundesrepublik Deutschland[9]

Der Finanzausgleich im weiten Sinne der Regelung der Aufgaben-, Ausgaben- und Einnahmenbefugnisse ist für die Bundesrepublik Deutschland vor allem im Grundgesetz geregelt. Dabei steht die Abgrenzung der Befugnisse zwischen Bund und Ländern im Vordergrund.

1. Generalklausel

In Art. 30 GG wird in sehr allgemeiner Form der *Grundsatz der Länderzuständigkeit* aufgestellt: „Die Ausübung der staatlichen Befugnisse und die Erfüllung der staatlichen Aufgaben ist Sache der Länder, soweit dieses Grundgesetz keine andere Regelung trifft oder zuläßt." Die Befugnisse erstrecken sich auch auf die Verwaltung und auf die Vereinnahmung von Zwangsabgaben sowie auf die diesbezügliche Gesetzgebung.

2. Gesetzgebungsbefugnisse

In Art. 70 Abs. 1 GG wird der in Art. 30 GG formulierte Grundsatz für die Gesetzgebungshoheit wiederholt: „Die Länder haben das Recht der Gesetzge-

---

[8] Vgl. oben S. 29.

[9] Die speziellen Finanzausgleichsprobleme, die sich im Zuge der Wiedervereinigung ergaben, und die in der Übergangsphase bis zur Integration der neuen Bundesländer in den allgemeinen Finanzausgleich zum 1. 1. 1995 ergriffenen Maßnahmen sind im Anhang „Finanzpolitische Aspekte der deutschen Wiedervereinigung" der dritten Auflage dieses Lehrbuchs, S. 495–523, behandelt worden.

bung, soweit dieses Grundgesetz nicht dem Bunde Gesetzgebungsbefugnisse verleiht." Bundesgesetzgebungsbefugnisse gibt es in Form der ausschließlichen Befugnisse, der konkurrierenden Befugnisse sowie der Befugnisse zum Erlaß von Rahmenvorschriften.

2.1. Ausschließliche Bundesbefugnisse

Im Bereich der *ausschließlichen Gesetzgebungskompetenz* des Bundes können die Länder nur im Rahmen einer Ermächtigung durch Bundesgesetz tätig werden (Art. 71 GG). Nach Art. 73 GG fallen darunter vor allem die Vertretung nach außen, die Verteidigung, die Regelung der Währung, Maße und Gewichte, gewisse Transport- und Kommunikationseinrichtungen, der gewerbliche Rechtsschutz, ferner einige Gebiete, auf denen die Polizei und andere Sicherheitsorgane von Bund und Ländern zusammenarbeiten.

2.2. Konkurrierende Bundesbefugnisse

Im Bereich der *konkurrierenden Gesetzgebung* können die Länder solange und soweit Gesetze erlassen, wie der Bund von seinem Gesetzgebungsrecht keinen Gebrauch macht. Der Bund selbst kann nach Art. 72 Abs. 2 GG nur tätig werden, „wenn und soweit die Herstellung gleichwertiger Lebensverhältnisse im Bundesgebiet oder die Wahrung der Rechts- oder Wirtschaftseinheit im gesamtstaatlichen Interesse eine bundesgesetzliche Regelung erforderlich macht".

Die konkurrierende Gesetzgebung (Art. 74 GG), die der Bund weitestgehend an sich gezogen hat, betrifft vor allem die generellen rechtlichen Grundlagen wie das Bürgerliche Recht und das Strafrecht, das Arbeits- und das Wirtschaftsrecht, das Verkehrswesen, soziale Bereiche wie Fürsorge und Wiedergutmachung, die Krankheits- und die Seuchenbekämpfung sowie die wichtigsten Bereiche des Umweltschutzes.

2.3. Bundesbefugnisse zum Erlaß von Rahmenvorschriften

Unter den gleichen Voraussetzungen, an welche die Bundesgesetzgebung im Rahmen der konkurrierenden Befugnisse gebunden ist, kann der Bund nach Art. 75 GG *Rahmenvorschriften* erlassen, z. B. für den öffentlichen Dienst der Länder und Gemeinden, soweit Art. 74 a nichts anderes bestimmt, für die Hochschulen, die Natur- und die Landschaftspflege, die Raumordnung und den Wasserhaushalt.

Faktisch wird ungeachtet der Generalklausel zugunsten der Länder *die Gesetzgebung in der Bundesrepublik weitgehend vom Bund ausgeübt*.

2.4. Die Beteiligung des Bundesrates

Bei der Gesetzgebung des Bundes haben allerdings die Länder über die Beteiligung im Bundesorgan Bundesrat ein Mitwirkungsrecht: Für Grundgesetzänderungen ist eine Zwei-Drittel-Mehrheit im Bundesrat erforderlich, für zustimmungsbedürftige Gesetze die einfache Mehrheit. Bei Bundesgesetzen, die nicht der Zustimmung des Bundesrates bedürfen, hat der Bundesrat lediglich ein *Einspruchsrecht*, das der Bundestag mit den Stimmen der Mehrheit seiner Mitglieder (mit der Mehrheit von zwei Dritteln, mindestens der Mehrheit der Mitglieder, wenn der Bundesrat mit mindestens zwei Dritteln seiner Stimmen den Einspruch beschlossen hat) zurückweisen kann (vgl. Art. 77 GG).

In diesem Zusammenhang ist finanzausgleichspolitisch bedeutsam, daß die Steuerertragshoheit grundgesetzlich geregelt ist (Art. 106 GG), daß ferner Bundesgesetze, welche die Steuern, deren Aufkommen den Ländern, Gemeinden oder Gemeindeverbänden ganz oder teilweise zufließt, oder die Besoldung und Versorgung im öffentlichen Dienst betreffen (Art. 74 a GG) oder Geldleistungen vorsehen, die zu 25 oder mehr Prozent von den Ländern zu tragen sind (Art. 104 a Abs. 3 Satz 3 GG), der Zustimmung des Bundesrates bedürfen.

3. Verwaltungsbefugnisse

Auch für die Verwaltungsbefugnisse gibt es eine Generalklausel zugunsten der Länder. In Art. 83 GG heißt es: „Die Länder führen die Bundesgesetze als eigene Angelegenheit aus, soweit dieses Grundgesetz nichts anderes bestimmt oder zuläßt." Die Befugnisse zur bundeseigenen Verwaltung mit eigenem Verwaltungsunterbau sind nach Art. 87 und 87 b GG beschränkt auf die Bereiche Auslandsbeziehungen, Verteidigung, Bundeswasserstraßen, Bundesfinanzverwaltung, Sozialversicherungsträger mit die Landesgrenzen überschreitenden Kompetenzen (z. B. Bundesversicherungsanstalt für Angestellte) sowie die Bundesgrenzschutzbehörde und bestimmte zentrale Informationsstellen.

Angesichts der breiten Gesetzgebungs-, aber engen Verwaltungsbefugnisse des Bundes ergibt sich ein großer Bereich, in dem Länder Bundesgesetze ausführen. Sofern nichts anderes bestimmt ist, führen sie Bundesgesetze „als eigene Angelegenheit" aus *(Landeseigenverwaltung)*, wobei der Bund lediglich eine *Rechtsaufsicht* hat (Art. 83 und 84 GG). Darüber hinaus kann die Bundesregierung nur mit Zustimmung des Bundesrates Verwaltungsvorschriften erlassen oder in besonderen Fällen Einzelweisungen erteilen.

Gesetze werden generell als *Bundesauftragsverwaltung* durchgeführt, wenn der Bund die Hälfte der damit verbundenen Ausgaben oder mehr trägt; dies ist darüber hinaus in einigen, im Grundgesetz ausdrücklich genannten Fällen vorgesehen oder möglich, z. B. für die Bundesautobahnen und für Teile der Finanzverwaltung. Hier erstreckt sich die Bundesaufsicht nicht nur auf die *Ge-*

setzmäßigkeit, sondern auch auf die *Zweckmäßigkeit*. Die Bundesregierung kann neben dem an die Zustimmung des Bundesrates geknüpften Erlaß von allgemeinen Verwaltungsvorschriften die Ausbildung der Beamten und Angestellten regeln, den Landesbehörden unmittelbar Weisungen erteilen sowie Berichte und Vorlage der Akten verlangen.

4. Ausgabenbefugnisse

Der oben erwähnte Grundsatz, das Recht der Aufgabenerfüllung mit der Pflicht zur Übernahme der damit verbundenen Ausgaben zu verknüpfen (Prinzip der Konnexität), hat in Art. 104a Abs. 1 GG seinen Niederschlag gefunden: „Der Bund und die Länder tragen gesondert die Ausgaben, die sich aus der Wahrnehmung ihrer Aufgaben ergeben, soweit dieses Grundgesetz nichts anderes bestimmt."

Dieser Grundsatz verliert an Schärfe und wird interpretationsbedürftig, wenn Gesetzgebungs- und Verwaltungskompetenz auseinanderfallen. In den Fällen, daß Bundesgesetze durch die Länder ausgeführt werden, müssen nach Art. 104a Abs. 5 GG die Länder generell die Verwaltungskosten tragen: „Der Bund und die Länder tragen die bei ihren Behörden entstehenden Verwaltungsausgaben und haften im Verhältnis zueinander für eine ordnungsgemäße Verwaltung." Nach herrschender Lehre sind die sog. Zweckausgaben (z. B. die Transferausgaben bei Geldleistungsgesetzen oder die Investitionskosten beim Bau von Autobahnen) im Falle der Landeseigenverwaltung von den Ländern, im Falle der Bundesauftragsverwaltung vom Bund zu tragen. Davon kann nach Art. 104a Abs. 3 Satz 1 GG im Rahmen der Landeseigenverwaltung abgewichen werden: „Bundesgesetze, die Geldleistungen gewähren und von den Ländern ausgeführt werden, können bestimmen, daß Geldleistungen ganz oder zum Teil vom Bund getragen werden."

Nach Art. 104a Abs. 4 GG kann der Bund den Ländern für besonders bedeutsame Investitionen der Länder und Gemeinden *Finanzhilfen* gewähren, die zur *Abwehr einer Störung des gesamtwirtschaftlichen Gleichgewichts, zum Ausgleich unterschiedlicher Wirtschaftskraft im Bundesgebiet oder zur Förderung des wirtschaftlichen Wachstums* erforderlich sind. Finanzhilfen dieser Art werden gegenwärtig vor allem für strukturverbessernde Investitionen in den neuen Bundesländern, aber auch zur Verbesserung der Verkehrsverhältnisse der Gemeinden, für die Stadtsanierung und -entwicklung sowie für den sozialen Wohnungsbau gewährt.

5. Gemeinschaftsaufgaben

Während das Grundgesetz im allgemeinen durch das Bestreben gekennzeichnet ist, Aufgabenbefugnis und Ausgabenbelastung einer einzelnen Ebene allein zuzuweisen, sehen die sog. *Gemeinschaftsaufgaben* in bestimmten Bereichen eine Kooperation von Bund und Ländern bei der Planung, der Gesetzgebung und der Finanzierung vor. Das Institut der Gemeinschaftsaufgaben wurde 1966 von der KOMMISSION FÜR DIE FINANZREFORM (Troeger-Kommission)[10] vorgeschlagen und im Finanzreformgesetz von 1969 in Art. 91a GG auf folgende drei Bereiche der Länderaufgaben beschränkt:
– den *Ausbau und Neubau von Hochschulen,*
– die *Verbesserung der regionalen Wirtschaftsstruktur,*
– die *Verbesserung der Agrarstruktur und des Küstenschutzes.*

Sie sind ferner an die Voraussetzungen geknüpft, daß diese Ausgaben für die Gesamtheit bedeutsam sind und die Mitwirkung des Bundes zur Verbesserung der Lebensverhältnisse erforderlich ist.

Durch Bundesgesetz, das der Zustimmung der Länder bedarf, werden die Gemeinschaftsaufgaben näher bestimmt, Grundsätze (nicht Detailregelungen) für ihre Erfüllung aufgestellt und Verfahren und Einrichtungen für eine gemeinsame Rahmenplanung festgelegt.

Bund und Länder tragen die Kosten je zur Hälfte; bei der Verbesserung der Agrarstruktur und des Küstenschutzes kann für den Bund ein höherer Prozentsatz festgelegt werden. Gegenwärtig beträgt er 70% beim Küstenschutz, 60% bei der Agrarstrukturverbesserung. Die Ausführung der Gemeinschaftsaufgaben obliegt allein den Ländern.

Eine den drei genannten Gemeinschaftsaufgaben vergleichbare, allerdings wesentlich offener gehaltene Regelung ist das Zusammenwirken von Bund und Ländern bei der *Bildungsplanung* und bei der *Förderung von Einrichtungen und Vorhaben der wissenschaftlichen Forschung von überregionaler Bedeutung,* für das Art. 91b GG die Grundlage bildet. Der institutionelle Rahmen dafür wurde mit der BUND-LÄNDER-KOMMISSION FÜR BILDUNGSPLANUNG UND FORSCHUNGSFÖRDERUNG geschaffen. Ihr gehören sieben Vertreter der Bundesregierung und je ein Vertreter der Landesregierungen an.

Seit 1975 wirken Bund und Länder auf der Basis einer „Rahmenvereinbarung zwischen Bund und Ländern über die gemeinsame Förderung der Forschung nach Art. 91b GG" bei der Förderung der wissenschaftlichen Forschung von überregionaler Bedeutung zusammen. Zu den gemeinsam finanzierten Ein-

---

[10] Vgl. KOMMISSION FÜR DIE FINANZREFORM: Gutachten über die Finanzreform in der Bundesrepublik Deutschland, a. a. O., Abschnitt III: Gemeinschaftsaufgaben von Bund und Ländern, Ziff. 129–165.

richtungen gehört z.B. die Deutsche Forschungsgemeinschaft und die Max-Planck-Gesellschaft.

6. Steuereinnahmenbefugnisse

Die Fähigkeit zur politischen Gestaltung hängt wesentlich von den verfügbaren Finanzmitteln ab. Insofern ist die Verteilung der Steuereinnahmenbefugnisse von großer Bedeutung. Nach Art. 106 GG stehen
– *dem Bund* das Aufkommen aus
  – den Finanzmonopolen,
  – den Zöllen,
  – den Verbrauchsteuern (mit gewissen Ausnahmen),
  – den Kapitalverkehrsteuern, der Versicherung- und der Wechselsteuer,
  – den einmaligen Vermögens- und den Lastenausgleichsabgaben,
  – der Ergänzungsabgabe zur Einkommen- und zur Körperschaftsteuer,
  – den Abgaben im Rahmen der Europäischen Gemeinschaften,
– *den Ländern* das Aufkommen aus
  – der Vermögensteuer,
  – der Erbschaftsteuer,
  – der Kfz-Steuer,
  – den Verkehrsteuern, soweit sie nicht dem Bund oder Bund und Ländern gemeinsam zustehen,
  – der Biersteuer,
  – der Spielbankabgabe,
– *den Gemeinden* das Aufkommen
  – der örtlichen Verbrauch- und Aufwandsteuern und
  – der Grund- und Gewerbesteuer
zu. Allerdings können Bund und Länder nach Art. 106 Abs. 6 GG durch eine *Umlage* am Aufkommen der Gewerbesteuer beteiligt werden. Von dieser Möglichkeit wird seit 1970 in mehrmals geändertem Umfang Gebrauch gemacht.

Im Gegenzug erhalten die Gemeinden einen Anteil in Höhe von 15% des Aufkommens an Lohn- und veranlagter Einkommensteuer und von 12% des Aufkommens der Zinsabschlagsteuer. Im Interesse der Vermeidung einer zu großen Aufkommensstreuung wird der Anteil der einzelnen Gemeinden daran nicht nach ihrem Anteil an der Lohn- und veranlagten Einkommensteuer des Landes insgesamt bemessen, sondern nur nach dem Anteil, der auf zu versteuernde Einkommensbeträge bis zu 40 000 DM (80 000 DM für zusammenveranlagte Ehegatten) entfällt. Für die neuen Bundesländer sind diese Grenzen mit 25 000 DM (50 000 DM) niedriger festgelegt. Von der im GG vorgesehenen Möglichkeit, den Gemeinden ein Hebesatzrecht für ihren Anteil am Aufkommen der Einkommensteuer einzuräumen, ist bislang kein Gebrauch gemacht worden.

Das Aufkommen der Einkommen-, Körperschaft- und Umsatzsteuer steht dem Bund und den Ländern gemeinsam zu (Gemeinschaftsteuern), soweit es nicht den Gemeinden zufließt (Art. 106 Abs. 3 Satz 1 GG). Die Aufteilung auf Bund und Länder ist unterschiedlich geregelt. Nach Art. 106 Abs. 2 Satz 1 GG fließt dieses Aufkommen der Einkommen- und Körperschaftsteuer den beiden Ebenen je zur Hälfte zu; als grundgesetzliche Bestimmung kann sie nur mit Zweidrittelmehrheit im Bundestag und Bundesrat geändert werden. Die Anteile an der Umsatzsteuer werden dagegen als variables Element der Gemeinschaftsteuern durch einfaches Bundesgesetz festgelegt, das allerdings der Zustimmung des Bundesrates bedarf. Sie sind nach Art. 106 Abs. 4 GG neu festzusetzen, „wenn sich das Verhältnis zwischen den Einnahmen und Ausgaben des Bundes und der Länder wesentlich anders entwickelt". Dabei ist von folgenden Grundsätzen auszugehen (Art. 106 Abs. 3 Satz 4 GG):

„1. Im Rahmen der laufenden Einnahmen haben der Bund und die Länder gleichmäßig Anspruch auf Deckung ihrer notwendigen Ausgaben. Dabei ist der Umfang der Ausgaben unter Berücksichtigung einer mehrjährigen Finanzplanung zu ermitteln.

2. Die Deckungsbedürfnisse des Bundes und der Länder sind so aufeinander abzustimmen, daß ein billiger Ausgleich erzielt, eine Überbelastung der Steuerpflichtigen vermieden und die Einheitlichkeit der Lebensverhältnisse im Bundesgebiet gewahrt wird."

Der Art. 106 Abs. 4 GG hat schon seit längerer Zeit seine Funktion, unterschiedlichen Entwicklungen des Finanzbedarfs flexibel Rechnung zu tragen, nicht erfüllt. Auch im Zusammenhang mit der deutschen Wiedervereinigung ist es nicht gelungen, auf diesem Weg die Einnahmenverteilung an die einseitige Mehrbelastung des Bundes anzupassen. Im Gegenteil haben die Länder dem Bund eine Reduktion seines Umsatzsteuerteils abgetrotzt. Die verwendeten Formulierungen „notwendige Ausgaben", „billiger Ausgleich", „Überbelastung" und „Einheitlichkeit der Lebensverhältnisse" sind wenig geeignet, als konkrete Orientierungspunkte zu dienen. Es kommt hinzu, daß es der fehlende Zwang zur Einigung der jeweils begünstigten Ebene ratsam erscheinen läßt, eine Revision zu blockieren oder mit der Durchsetzung ganz anderer Forderungen zu verknüpfen[11].

Insbesondere durch mehrere 1997 beschlossene Gesetze ist die Verteilung des Umsatzsteueraufkommens mittlerweile sehr kompliziert. Vorab stehen vom Gesamtaufkommen dem Bund zur Finanzierung eines zusätzlichen Bundeszu-

---

[11] Zur Problematik der Umsatzsteuerverteilung vgl. Sachverständigenkommission zur Vorklärung finanzverfassungsrechtlicher Fragen für künftige Neufestlegungen der Umsatzsteueranteile: Maßstäbe und Verfahren zur Verteilung der Umsatzsteuer nach Art. 106 Abs. 3 und Abs. 4 Satz 1 GG, a. a. O., sowie Wissenschaftlicher Beirat beim Bundesministerium für Finanzen: Einnahmeverteilung zwischen Bund und Ländern, a. a. O., insb. S. 17–37.

schusses an die GRV 1998 3,64%, ab 1999 5,63% zu. (Im Falle künftiger Steuer-
satzänderungen ist dieser Anteil entsprechend anzupassen.) Vom verbleibenden Aufkommen fließen den Gemeinden 2,2% zu. Der Rest wird auf Bund und
Länder im Verhältnis von 50,5 zu 49,5 aufgeteilt. Da im Zusammenhang mit
der 1996 beschlossenen Neuregelung des Kinderlastenausgleichs, mit der u. a.
das (vom Bund finanzierte) Kindergeld in die Einkommensteuer integriert
worden ist, beschlossen wurde, bei den Ländern die einkommensteuerlichen
Mindereinnahmen durch eine höhere Beteiligungsquote an der Umsatzsteuer
zu kompensieren, heißt es jetzt in § 1 Abs. 1 des Finanzausgleichsgesetzes: „In
den Umsatzsteueranteilen der Länder ist jeweils ein Anteil von 5,5 vom Hun-
dert-Punkten für Umschichtungen zugunsten der Länder zum Ausgleich ihrer
zusätzlichen Belastungen aus der Neuregelung des Familienleistungsaus-
gleichs enthalten. Dieser Anteil wird ab 1998 auf der Grundlage der Geschäfts-
statistik des Bundesamtes für Finanzen so an die Entwicklung der Leistungen
nach den §§ 62 bis 78 des Einkommensteuergesetzes in der jeweils geltenden
Fassung angepaßt, daß diese zu 74 vom Hundert vom Bund und zu 26 vom
Hundert von den Ländern getragen werden."

Der Gemeindeanteil an der Umsatzsteuer (vgl. §§ 5 a bis 5 d Gemeindefinanzre-
formgesetz) entfällt zu 85% auf die alten Bundesländer einschließlich Berlin
(West) und zu 15% auf die neuen Bundesländer einschließlich Berlin (Ost). Die
Aufteilung auf die jeweiligen Länder und dann weiter auf ihre Gemeinden erfolgt zu 70% nach dem Gewerbesteueraufkommen der Jahre 1990 bis 1995 und
zu 30% nach der Zahl der sozialversicherungspflichtig Beschäftigten (ohne den
bei den Gebietskörperschaften Beschäftigten) in den Jahren 1990 bis 1996. Das
einzelne Land kann bis 20% seines gemeindlichen Umsatzsteueranteils anders
verteilen. Ab dem 1. 1. 2000 soll ein neuer Verteilungsschlüssel mit den Größen
Arbeitslöhne und abnutzbares Anlagevermögen verwendet werden.

7. Die Befugnisse der Gemeinden und Gemeindeverbände

Die Finanzausgleichsregelungen im Grundgesetz beziehen sich in vertikaler
Sicht vor allem auf das Verhältnis Bund-Länder, wobei die Gemeinden und Gemeindeverbände als Teil der Länder betrachtet werden. Von spezieller finanz-
ausgleichspolitischer Bedeutung für die Gemeindefinanzen sind Art. 28 Abs. 2
und Art. 106 Abs. 5–9 GG.

Die *Gemeindeautonomie*, das gemeindliche Selbstverwaltungsrecht im Sinne
des Rechts, „alle Angelegenheiten der örtlichen Gemeinschaft im Rahmen der
Gesetze in eigener Verantwortung zu regeln", ist in Art. 28 Abs. 2 GG sowohl für
die Gemeinden als auch für die Gemeindeverbände garantiert. Sie zeigt sich in
der eigenen Rechtssetzung in Form der Satzung, in der eigenen Verwaltung, in
den eigenen Haushaltsbefugnissen einschl. des Rechts, gewisse Zwangsabgaben zu erheben.

Während die Abschaffung zunächst der Lohnsummen-, dann der Gewerbekapitalsteuer die Autonomie der Gemeinden auf der Einnahmenseite faktisch geschwächt hat, wurde sie grundgesetzlich durch eine in zwei Schritten vorgenommene Erweiterung des Art. 28 Abs. 2 GG um einen weiteren Satz gestärkt:
„Die Gewährleistung der Selbstverwaltung umfaßt auch die Grundlagen der finanziellen Eigenverantwortung; zu diesen Grundlagen gehört eine den Gemeinden mit Hebesatzrecht zustehende wirtschaftsbezogene Steuerquelle."

Der Umfang der Gemeindeautonomie ist in einzelnen Bereichen unterschiedlich. Er ist am größten bei den *freiwilligen Selbstverwaltungsangelegenheiten*.
Hier kann nicht nur über das Wie, sondern auch über das Ob selbst entschieden
werden (z. B. Theater, Parks). Bei den *vorgeschriebenen Selbstverwaltungsauf-
gaben* (z. B. Friedhof, Wasserversorgung) steht das Ob nicht mehr zur Disposition. Darüber hinaus sind die Gemeinden in starkem Maße mit der Durchführung von *Auftragsangelegenheiten* übergeordneter Körperschaften betraut, bei
denen sie weisungsgebunden sind.

Über Art. 28 Abs. 2 GG hinaus ist die Position der Gemeinden und Gemeindeverbände vor allem bezüglich der Einnahmen weitergehend geregelt. Nach
Art. 106 Abs. 6 GG steht das Aufkommen der Realsteuern (Grund- und Gewerbesteuer) den Gemeinden, das Aufkommen der örtlichen Verbrauch- und Aufwandsteuern den Gemeinden oder Gemeindeverbänden zu, wobei bei den Realsteuern die Gemeinden das Recht haben, „im Rahmen der Gesetze" den Hebesatz festzulegen. Allerdings können Bund und Länder am Aufkommen der Gewerbesteuer beteiligt werden, was, wie in Abschnitt 6 dargelegt wurde, auch
geschieht.

Nach Art. 106 Abs. 7 GG muß nach Maßgabe landesgesetzlicher Vorschriften
ein Teil des Länderanteils an den Gemeinschaftsteuern den Gemeinden und
Gemeindeverbänden zufließen; diese können darüber hinaus auch an den anderen Landessteuern beteiligt werden (vgl. dazu unten Abschnitt 9).

8. Der horizontale Finanzausgleich zwischen den Ländern

8.1. Überblick

In der Bundesrepublik Deutschland ist man trotz ihres föderalistischen Charakters bestrebt, die Auswirkungen des regionalen Wirtschaftsgefälles auf die
Steuerkraft der untergeordneten Gebietskörperschaften weitgehend auszugleichen. Man spricht vom horizontalen Finanzausgleich zwischen den Ländern (und ihren Gemeinden). Im weiteren Sinne gehören dazu alle Maßnahmen, die auf einen Ausgleich der finanziellen Leistungsfähigkeit der Länder
abzielen; im engeren Sinne versteht man darunter nur Zahlungen zwischen
den Ländern i. S. des Art. 107 Abs. 2 Satz 1 u. 2 GG.

Art. 107 GG enthält in Abs. 1 Satz 1 als Grundsatz: „Das Aufkommen der Landessteuern und der Länderanteil am Aufkommen der Einkommensteuer und der Körperschaftsteuer stehen den einzelnen Ländern insoweit zu, als die Steuern von den Finanzbehörden in ihrem Gebiet vereinnahmt werden (örtliches Aufkommen)." Die sich dabei ergebende Verteilung wird im Rahmen des horizontalen Finanzausgleichs zwischen den Ländern (im weiteren Sinne) in vier Stufen korrigiert:
– durch die besondere Art der Verteilung der Körperschaft- und der Lohnsteuer,
– durch die besondere Art der Verteilung der Umsatzsteuer,
– durch den Länderfinanzausgleich im engeren Sinne,
– durch Bundesergänzungszuweisungen.

8.2. Die Verteilung der Körperschaft- und der Lohnsteuer

Abweichend vom *Grundsatz der Verteilung nach dem örtlichen Aufkommen* heißt es in Art. 107 Abs. 1 Satz 2 GG: „Durch Bundesgesetz, das der Zustimmung des Bundesrates bedarf, sind für die Körperschaftsteuer und die Lohnsteuer nähere Bestimmungen über die Abgrenzung sowie über Art und Umfang der Zerlegung des örtlichen Aufkommens zu treffen. Das Gesetz kann auch Bestimmungen über die Abgrenzung und Zerlegung des örtlichen Aufkommens anderer Steuern treffen." Das darauf basierende „Gesetz über die Steuerberechtigung und die Zerlegung bei der Einkommensteuer und der Körperschaftsteuer (Zerlegungsgesetz)" bestimmt, daß bei Körperschaftsteuerpflichtigen mit mindestens einer Betriebsstätte oder Teilen von Betriebsstätten in einem weiteren Bundesland die Körperschaftsteuer nach den Vorschriften des Gewerbesteuergesetzes (§§ 29–31, 33) auf die beteiligten Länder zu zerlegen ist, d.h. in der Regel im Verhältnis der gezahlten Arbeitslöhne, bei Wareneinzelhandelsunternehmen je zur Hälfte im Verhältnis der gezahlten Arbeitslöhne und der erzielten Betriebseinnahmen (*Betriebsstättenprinzip*). Es legt ferner fest, daß der Länderanteil an der einbehaltenen Lohnsteuer nach dem Wohnsitz der Arbeitnehmer verteilt wird (*Wohnsitzprinzip*). Beide Maßnahmen wirken tendenziell finanzkraftnivellierend.

8.3. Die Verteilung der Umsatzsteuer

Auch die Verteilung des Länderanteils an der Umsatzsteuer wird nicht nach dem örtlichen Aufkommen vorgenommen, das, wie die Ausführungen über die Gestaltung der deutschen Mehrwertsteuer in Kap. 19 erkennen lassen, keine Funktion des örtlichen Verbrauchs oder wenigstens der örtlichen Verbrauchsausgaben ist. Art. 107 Abs. 1 Satz 4 GG bestimmt deshalb, daß mindestens 75% des Aufkommens nach der Einwohnerzahl zu verteilen sind, max. 25% gezielt als sog. „Ergänzungsanteile" für die Länder vorgesehen werden können, „deren Einnahmen aus den Landessteuern und aus der Einkommensteuer und der Körperschaftsteuer je Einwohner unter dem Durchschnitt der Länder liegen".

Diese Ergänzungsanteile sind in § 2 Abs. 2 des „Gesetzes über den Finanzausgleich zwischen Bund und Ländern" (Finanzausgleichsgesetz, FAG), einem zustimmungsbedürftigen Bundesgesetz, näher geregelt. Die in dem vorstehend genannten Sinne unterdurchschnittlich finanzstarken Länder werden auf 92% des Länderdurchschnittes angehoben. Soweit die 25% des Umsatzsteueraufkommens dazu nicht benötigt werden, werden sie nach der Einwohnerzahl auf die Länder verteilt. Übersteigen die Ergänzungsanteile 25% des Umsatzsteueranteils der Länder, so werden sie entsprechend herabgesetzt.

8.4. Der Länderfinanzausgleich im engeren Sinne

Der Länderfinanzausgleich im engeren Sinne basiert auf Art. 107 Abs. 2 GG: „Durch das Gesetz ist sicherzustellen, daß die unterschiedliche Finanzkraft der Länder angemessen ausgeglichen wird; hierbei sind die Finanzkraft und der Finanzbedarf der Gemeinden (Gemeindeverbände) zu berücksichtigen. Die Voraussetzungen für die Ausgleichsansprüche der ausgleichsberechtigten Länder und für die Ausgleichsverbindlichkeiten der ausgleichpflichtigen Länder sowie die Maßstäbe für die Höhe der Ausgleichsleistungen sind in dem Gesetz zu bestimmen." Im Zentrum des FAG stehen die Ermittlung des Finanzbedarfs und der Finanzkraft sowie die Festlegung des Ausmaßes, in dem Diskrepanzen zwischen diesen beiden Größen ausgeglichen werden.

Die *Finanzkraft*, im FAG Finanzkraftmeßzahl genannt, ergibt sich als Summe der Einnahmen aus den landeseigenen Steuern, den Anteilen an den Gemeinschaftsteuern und an der Gewerbesteuerumlage, der bergrechtlichen Förderabgabe sowie 50% der Gemeindeeinnahmen aus der Einkommensteuer und den Realsteuern (hier unter Verwendung normierter Hebesätze und nach Abzug der geleisteten Gewerbesteuerumlage). Die reine Finanzkraftrechnung wird unsystematisch mit Bedarfselementen vermengt, soweit zur Abgeltung der mit dem Betrieb von Häfen vermuteten Hafenlasten die Länder Bremen, Hamburg, Mecklenburg-Vorpommern und Niedersachsen ihre Steuerkraft um insgesamt 300 Mio. DM kürzen dürfen.

Der *Finanzbedarf*, im FAG Ausgleichsmeßzahl genannt, wird pauschal als bundesdurchschnittliche Länder- und Gemeindeeinnahmen (in dem vorstehenden näher bezeichneten Sinne) pro gewichteten Einwohner, multipliziert mit der gewichteten Einwohnerzahl eines Landes, ermittelt. Beim Ausgleich der kommunalen Steuereinnahmen wird der Finanzbedarf durch nach Anzahl der Gemeindeeinwohner gestaffelte Zuschläge bis auf 130% (Einwohner über 1 Mio.) angehoben. Dazu kommen Zuschläge bis 6% in Abhängigkeit von der Bevölkerungsdichte in Großstädten. Beim Ausgleich der Landeseinnahmen werden die Einwohner von Berlin, Hamburg und Bremen mit 135% angesetzt (§ 9 Abs. 2 FAG).

Finanzschwache Länder, deren Finanzbedarf (FB) größer ist als die Finanzkraft (FK), sind ausgleichsberechtigt; sie erhalten sog. *Ausgleichszuweisungen*. Finanzstarke Länder mit FK > FB sind ausgleichspflichtig; sie müssen sog. *Ausgleichsbeiträge* erbringen.

Bei der Festlegung des *Ausgleichssatzes* ist zwischen der Forderung nach „Wahrung der Einheitlichkeit der Lebensverhältnisse" und der Notwendigkeit, genügend Anreize zur Selbsthilfe zu sichern, ein Kompromiß zu finden. Die gegenwärtige Regelung betont den ersten Aspekt relativ viel zu stark. Nach § 10 Abs. 1 FAG betragen die Ausgleichszuweisungen 100% des Betrages, der zu 92% des FB fehlt, und 37,5% des Betrages, der darüber hinaus zu 100% des FB fehlt. Daraus folgt, daß die FK nach Finanzausgleich mindestens 95% beträgt.

Übersicht 27–1

Bemessungsgrundlage und Ausgleichssätze im FAG

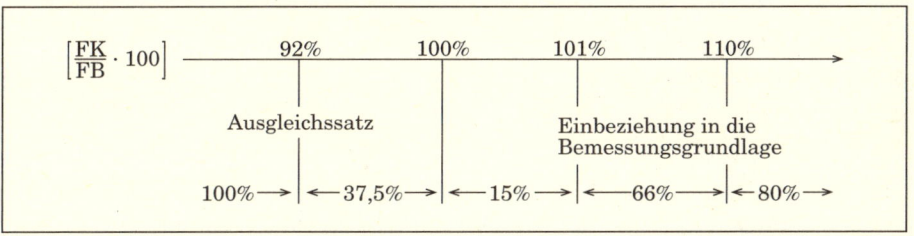

Der *Abgabensatz* der Ausgleichspflichtigen wird in einem zweistufigen Verfahren festgelegt (vgl. Übersicht 27-1). Von dem Betrag, um den die FK über dem FB liegt, werden im Bereich zwischen 100 und 101% 15%, zwischen 101 und 110% 66% und über 110% 80% in die *Bemessungsgrundlage* einbezogen. Davon ist im Prinzip ein einheitlicher Prozentsatz abzuführen, der so festgelegt wird, daß die Summe der Ausgleichsbeiträge der Summe der Ausgleichszuweisungen entspricht. Dieser Prozentsatz betrug im Jahr 1997 109,19%. Die damit verbundene Belastungsverteilung ist jedoch nicht mit den absurden, extrem komplizierten und undurchsichtigen Garantieklauseln des § 10 Abs. 3–5 FAG vereinbar, auf die hier aus Raumgründen nicht eingegangen werden kann. Deren Berücksichtigung führte im Jahre 1997 zu einer Erhöhung des ursprünglichen Umverteilungsvolumens um 0,66%, wodurch Hamburg, Schleswig-Holstein und Baden-Württemberg entlastet, Bremen, Hessen, Bayern und Nordrhein-Westfalen belastet wurden.

Übersicht 27–2

Zahlungen im Rahmen des Länderfinanzausgleichs im Jahre 1997

	Insgesamt in Mio. DM	DM pro Einwohner
Ausgleichspflichtige Länder		
Hessen	–3130	– 519
Bayern	–3079	– 255
Baden-Württemberg	–2423	– 233
Nordrhein-Westfalen	–3033	– 169
Hamburg	– 264	– 155
Schleswig-Holstein	– 5	– 2
Ausgleichsberechtigte Länder		
Berlin	4425	1284
Bremen	351	519
Mecklenburg-Vorpommern	835	460
Thüringen	1110	447
Sachsen-Anhalt	1162	428
Sachsen	1896	418
Brandenburg	976	381
Saarland	203	187
Niedersachsen	672	86
Rheinland-Pfalz	305	76

Quelle: BUNDESMINISTERIUM DER FINANZEN.

Wie die Zahlen der vorläufigen Abrechnung in Übersicht 27-2 zeigen, leistete pro Einwohner im Jahre 1997 Hessen mit 519 DM den weitaus größten Beitrag, gefolgt von Bayern mit 255 DM. Auf der Empfängerseite standen Berlin mit 1284 DM und Bremen mit 519 DM an der Spitze.

8.5. Die Bundesergänzungszuweisungen

Zu den horizontalen Ausgleichszahlungen treten schließlich noch vertikale vom Bund an die Länder hinzu. Nach Art. 107 Abs. 2 Satz 3 GG *kann* im Finanzausgleichsgesetz bestimmt werden, „daß der Bund aus seinen Mitteln leistungsschwachen Ländern Zuweisungen zur ergänzenden Deckung ihres allgemeinen Finanzbedarfs (Ergänzungszuweisungen) gewährt". Man kann sich darüber streiten, ob diese *Bundesergänzungszuweisungen* zum horizontalen oder zum vertikalen Finanzausgleich gehören. Da es sich um Zahlungen vom Bund an die Länder handelt, liegt formal die Einordnung in den vertikalen Finanzausgleich nahe. Üblich ist jedoch eher die Zuordnung zum horizontalen Finanzausgleich – wohl ausgehend von dem im Vordergrund stehenden Ziel, auf der Länderebene die finanzielle Leistungsfähigkeit anzugleichen. Im Zuge der Wiedervereinigung sind die Bundesergänzungszuweisungen sowohl der Art als auch dem Volumen nach enorm ausgeweitet worden, so daß sie 1997 mit insgesamt 25,2 Mrd. DM den Länderfinanzausgleich im engeren Sinne in Höhe von 11,9 Mrd. DM quantitativ weit überstiegen. Dies widerspricht der eigentlich intendierten lediglich *ergänzenden* Funktion. Im einzelnen gibt es folgende Kategorien:

1) *Fehlbetrags-Bundesergänzungszuweisungen* „zur ergänzenden Deckung ihres allgemeinen Finanzbedarfs" (§ 11 Abs. 2 FAG) erhalten leistungsschwache Länder in Höhe von 90% der nach Länderfinanzausgleich verbleibenden Differenz zwischen Finanzbedarfs- und Finanzkraftmeßzahl. Da der Länderfinanzausgleich bereits einen Ausgleich in Höhe von mindestens 95% bewirkt, gewährleisten die Fehlbetrags-Bundesergänzungszuweisungen, daß die Finanzkraft der schwachen Länder praktisch auf den Durchschnitt aller Länder angehoben wird.

2) *Sonderbedarfs-Bundesergänzungszuweisungen* „*wegen überdurchschnittlich hoher Kosten politischer Führung und der zentralen Verwaltung*" (§ 11 Abs. 3 FAG) erhalten die neuen Länder einschließlich Berlin sowie Bremen, Rheinland-Pfalz, Saarland und Schleswig-Holstein in Höhe von jährlich insgesamt 1,5 Mrd. DM.

3) *Sonderbedarfs-Bundesergänzungszuweisungen* „*zum Abbau teilungsbedingter Sonderbelastungen sowie zum Ausgleich unterproportionaler kommunaler Finanzkraft*" fließen den neuen Bundesländern (einschließlich Berlin) während der Jahre 1995 bis 2004 jährlich im Volumen von insgesamt 14 Mrd. DM zu. Sie sollen im Jahre 1999 überprüft werden, wenn die tatsächliche Entwicklung von den zugrunde gelegten Erwartungen wesentlich abweicht.

4) *Übergangs-Bundesergänzungszuweisungen* „*zum Ausgleich überproportionaler Belastungen*" durch die Einbeziehung der neuen Länder in den allgemeinen Finanzausgleich erhalten die finanzschwachen alten Bundesländer Bremen, Niedersachsen, Rheinland-Pfalz, Saarland und Schleswig-Holstein 1997 in einer Höhe von insgesamt 1,1 Mrd. DM, die in den folgenden Jahren um jeweils 10% verringert werden.

5) *Sonder-Bundesergänzungszuweisungen* „*zum Zwecke der Haushaltssanierung*" (§ 11 Abs. 6 FAG) werden Bremen und dem Saarland in den Jahren 1995 bis 1998 jeweils in Höhe von jährlich 1,8 bzw. 1,6 Mrd. DM gewährt. Diese Mittel sind zur Schuldentilgung, die dadurch gesparten Zinszahlungen „entweder für Investitionen, die die Wirtschafts- und Finanzkraft des Landes stärken, oder zur Verminderung der Nettokreditaufnahme" zu verwenden.

Nicht im rechtlichen Sinne, wohl aber der Zielsetzung und der Wirkung nach den Bundesergänzungszuweisungen nahezu völlig vergleichbar sind die auf Art. 104 Abs. 4 GG gestützten Investitionsbeihilfen „zum Ausgleich unterschiedlicher Wirtschaftskraft und zur Förderung des wirtschaftlichen Wachstums"[12]. Sie werden ab 1995 für die Dauer von 10 Jahren den neuen Ländern einschließlich Berlin in Höhe von jährlich insgesamt 6,6 Mrd. DM gewährt mit dem Ziel, die dort bestehenden Mängel vor allem im öffentlichen Kapitalstock zu beseitigen. Die Finanzhilfen des Bundes belaufen sich auf 90% der öffentlichen Finanzierung, jedoch können die Länder den Prozentsatz niedriger festlegen, um bei gegebenen Bundesmitteln die Reichweite der Förderung zu erhöhen. Förderungsfähig ist ein sehr großer Bereich von Maßnahmen zur Verbesserung der wirtschaftlichen Infrastruktur (z.B. Energie- und Trinkwasserversorgung, Erschließung von Gewerbeflächen), zur Förderung des Wohnungsbaus, des Städtebaus, der Aus- und Weiterbildung sowie der Wissenschaft, Forschung und Entwicklung.

9. Der Finanzausgleich zwischen Ländern und Gemeinden

Der in Art. 106 Abs. 7 GG vorgesehene Finanzausgleich im Sinne der Beteiligung der Gemeinden und Gemeindeverbände an den Steuereinnahmen der Länder (kommunaler Finanzausgleich im engeren Sinne) hat sowohl eine vertikale Dimension, da global Einnahmen von den Ländern an ihre Gemeinden verlagert werden, als auch einen horizontalen Effekt, da er gezielt die Unterschiede in der finanziellen Leistungsfähigkeit der Gemeinden reduziert. Seine Ausgestaltung obliegt den Ländern und ist entsprechend im einzelnen unterschiedlich geregelt; allerdings sind die Strukturen sehr ähnlich[13].

Die Transferzahlungen erfolgen teils als *spezielle (zweckgebundene) Finanzzuweisungen*, z.B. für Infrastrukturinvestitionen oder für den Unterhalt von Gesundheitsämtern, teils als *allgemeine Finanzzuweisungen (Schlüsselzuweisungen)*, die nicht zweckgebunden, sondern beim Empfänger frei verfügbar sind. Quantitativ dominieren die *Schlüsselzuweisungen*. In einem dem Länderfinanzausgleich ähnlichen Verfahren werden dabei für die einzelnen Gemeinden je eine Finanzkraftmeßzahl, hier Steuerkraftmeßzahl genannt, und eine Art Finanzbedarfsmeßzahl, auch Ausgangsmeßzahl genannt, ermittelt.

In die Finanzkraftmeßzahl gehen der Gemeindeanteil an der Einkommensteuer und die wichtigsten gemeindeeigenen Steuern ein, teils mit dem tatsächlichen Aufkommen, teils als hypothetischer Betrag, der sich bei Verwendung eines einheitlichen Hebesatzes ergibt[14]. Die Finanzbedarfsmeßzahl ergibt sich

---

[12] Vgl. Gesetz zur Umsetzung des Föderalen Konsolidierungsprogramms – FKPG, Art. 35: Gesetz zum Ausgleich unterschiedlicher Wirtschaftskraft und zur Förderung des wirtschaftlichen Wachstums in den neuen Bundesländern (Investitionshilfegesetz Aufbau Ost), in: Bundesgesetzblatt I, 1993, S. 982f.

[13] Vgl. F. HAVERKAMP: Die Finanzbeziehungen zwischen Ländern und Gemeinden, a.a.O., S. 55–120.

[14] Die Verwendung von einheitlichen Hebesätzen soll verhindern, daß das Ausmaß der Inanspruchnahme der eigenen Steuerquellen die Höhe der Schlüsselzuweisungen beeinflußt.

durch Multiplikation der ausgleichsrelevanten Bevölkerungszahl mit dem sog.
Grundbetrag. Die ausgleichsrelevante Bevölkerung ist einmal die Wohnbevölkerung, die allerdings mit steigender Gemeindegrößenklasse höher gewichtet
wird (Einwohnerveredelung)[15]. Daneben werden zusätzliche, in den einzelnen
Gemeinden in unterschiedlichem Ausmaß relevante Bedarfsfaktoren pauschal
in Form einer Erhöhung der ausgleichsrelevanten Einwohnerzahl berücksichtigt. Im Finanzausgleich des Landes Hessen z. B. werden die besonderen Be-
darfe von staatlich anerkannten Heilbädern dadurch einbezogen, daß 250
Übernachtungen wie ein zusätzlicher Einwohner veranschlagt werden.

Der sog. *Grundbetrag* ist nicht das Ergebnis von echten Bedarfsuntersuchun-
gen. Er repräsentiert auch nicht – wie im Länderfinanzausgleich – die durchschnittlichen Steuereinnahmen einer Gebietskörperschaftsebene, sondern ist
eine rein rechentechnische Größe, die so festgelegt wird, daß die vom Land zur
Verfügung gestellte Schlüsselmasse gerade verbraucht wird. Der Grundbetrag
hängt auch wesentlich von der Höhe des Satzes ab, zu dem die Differenz zwischen Finanzbedarfs- und Finanzkraftmeßzahl ausgeglichen wird (sog. Aus-
schüttungsquote). Dieser Satz beträgt 100%, soweit auf die Finanzbedarfszahl
bezogene Mindestsockel garantiert werden, darüber hinaus meist 50%. Sehr
hoch sind die Ausgleichssätze in diesem Bereich mit 95% in Nordrhein-Westfalen und mit 80% im Saarland. Dadurch werden die Anreize, die wirtschaftliche
Situation durch eigene Maßnahmen zu verbessern, in einem bedenklichen
Ausmaß geschwächt. Für Gemeinden, deren Hebesätze unter den Normsätzen
liegen, kann sich dann durch Industrieansiedlung eine Verschlechterung der
Einnahmen nach Finanzausgleich ergeben.

10. Kritik des deutschen Finanzausgleichs

Die Bundesrepublik Deutschland versteht sich als Bundesstaat. Wenn man allerdings die vorstehend skizzierte Finanzverfassung näher betrachtet, wird
man unschwer Züge entdecken, die eher zentralstaatlich anmuten. Das betrifft
insbesondere die geringe Autonomie der einzelnen Gebietskörperschaften auf
der Steuereinnahmenseite, das Ausmaß der Kompetenzverflechtung zwischen
den einzelnen Ebenen sowie die sehr weitgehende Angleichung der Finanzkraft. Damit verknüpft sind ein hoher Grad an Kompliziertheit und eine geringe Transparenz.

10.1. Die geringe Autonomie auf der Einnahmenseite

Verantwortliche föderalistische Finanzpolitik verlangt, daß die einzelnen Gebietskörperschaften sich weitgehend mit eigenen (Steuer-)Einnahmen finan-

---

[15] Damit soll die als BRECHTsches Gesetz (vgl. oben S. 196 f.) bekannte Tatsache berücksichtigt werden, daß die Ausgaben pro Einwohner mit steigender Gemeindegrößenklasse wachsen.

zieren, daß sie nicht nur über die Struktur, sondern auch über die Höhe der Ausgaben entscheiden können und dies vor ihren Wählern zu vertreten haben. In der Bundesrepublik Deutschland ist der steuerpolitische Spielraum der einzelnen Gebietskörperschaften sehr eng. Beim Bund besteht er nur in bezug auf einige Verbrauchsteuern (insbesondere die Mineralölsteuer) und die Ergänzungsabgabe zur Einkommen- und Körperschaftsteuer, bei den Gemeinden im Rahmen des Hebesatzes für die Realsteuern. Das einzelne Land besitzt überhaupt keine fiskalisch bedeutsame Steuer, die es allein verändern könnte, da alle Ländersteuern einheitlich geregelt sind, und zwar bundesgesetzlich. Dies gilt auch für die beiden dominierenden Steuern, die Einkommensteuer einschließlich Körperschaftsteuer und die Umsatzsteuer, so daß hier weder für den Bund noch für die Länder insgesamt und schon gar nicht für ein einzelnes Land die Möglichkeit besteht, die eigenen Einnahmen autonom zu ändern. Es ist nicht einmal gelungen, die als variables Instrument gedachte Verteilung des Umsatzsteueraufkommens so zu verändern, daß zwischen dem Bund und den Ländern insgesamt wenigstens ein globales Gleichgewicht besteht.

10.2. Die Verflechtung der Kompetenzen

Die Kompetenzverflechtung gibt es nicht nur auf der Steuereinnahmenseite, sondern auch im Rahmen der Finanzhilfen nach Art. 104 a Abs. 4 GG sowie in besonders ausgeprägter Form bei dem Gemeinschaftsaufgaben nach Art. 91 a und 91 b GG. Die damit ursprünglich verbundenen hohen Erwartungen wurden nur teilweise erfüllt. Sowohl auf Landes- als auch auf Bundesebene gibt es Bestrebungen, die Politikverflechtungen zu reduzieren; allerdings gehen die Vorstellungen über die damit zu verbindenden Mittelumverteilungen auseinander.

Die Ausgaben, die mit Bundeszuschüssen verknüpft sind, genießen im Entscheidungsprozeß der Länder eine hohe Priorität. Das Argument, Programme zum beträchtlichen Teil auf Kosten des Bundes durchführen zu können, drängt andere Ausgabenkategorien oft über Gebühr in den Hintergrund. Da sich die Bundesbeteiligung in aller Regel nur auf die primären Investitionskosten bezieht, wird außerdem das Problem der ungenügenden Berücksichtigung von Folgekosten verstärkt.

An den Gemeinschaftsaufgaben wird ferner kritisiert, daß sie den Einfluß der Länderparlamente reduziert haben. Die nach langwierigen, schwierigen Verhandlungen unter den Experten des Bundes und der Länder erzielten Übereinkommen werden den Länderparlamenten als Pakete präsentiert, die faktisch nicht geändert werden können, ohne den Zufluß von Bundesmitteln zu gefährden. Da man das nicht will, werden die von Bürokraten selbständig getroffenen Vereinbarungen in aller Regel ratifiziert. Die Vorstellung, speziell im Rahmen der Gemeinschaftsaufgaben den sich wandelnden Prioritäten flexibel entsprechen zu können, erwies sich als illusionär. Von einmal vereinbarten Verteilungsrelationen kann allenfalls durch Aufstockung der globalen Mittel, kaum durch Umschichtungen im Bestand abgewichen werden.

Schließlich hat die Politikverflechtung dazu geführt, daß in den betroffenen Bereichen die Zahl der beteiligten Gremien beträchtlich zugenommen hat. Dadurch sind die Entscheidungen komplizierter und zeitaufwendiger geworden; auch hat dadurch die Fähigkeit der öffentlichen Hand abgenommen, schnell auf sich ändernde Anforderungen zu reagieren.

10.3. Die sehr weitgehende Angleichung der Finanzkraft

Ein gewisser Ausgleich der Finanzkraft zwischen den untergeordneten Gebietskörperschaften ist sicherlich als Ausfluß des Sozialstaatsprinzips gerechtfertigt, ja notwendig. Bei dem in der Bundesrepublik realisierten Ausgleichsgrad (vgl. Übersicht 27-3) kommt jedoch das Postulat der finanzpolitischen Eigenverantwortlichkeit zu kurz. Ein Ausgleichsgrad von 99,5, also praktisch

Übersicht 27–3

Finanzkraft in % des Finanzbedarfs für das Jahr 1997

Land	Vor Länderfinanzausgleich	Nach Länderfinanzausgleich	Nach Länderfinanzausgleich und Bundesergänzungszuweisungen[a]	Nach Länderfinanzausgleich, Bundesergänzungszuweisungen[a] und Investitionsbeihilfen[b]
Hessen	116,9	104,2	104,2	104,2
Bayern	109,4	103,1	103,1	103,1
Baden-Württemberg	108,7	103,0	103,0	103,0
Nordrhein-Westfalen	106,4	102,3	102,3	102,3
Hamburg	105,1	102,3	102,3	102,3
Schleswig-Holstein	100,6	100,5	103,6	103,6
Rheinland-Pfalz	95,0	96,9	103,2	103,2
Niedersachsen	94,4	96,5	100,9	100,9
Saarland	90,4	95,0	140,5	140,5
Bremen	86,4	96,0	154,4	154,4
Brandenburg	85,6	95,0	120,1	129,1
Sachsen	84,8	95,0	119,3	128,6
Sachsen-Anhalt	84,5	95,0	120,9	130,3
Thüringen	84,0	95,0	121,0	130,3
Mecklenburg-Vorpommern	83,7	95,0	121,7	131,2
Berlin	71,4	95,0	114,9	121,5

[a] Einschließlich der Bundesergänzungszuweisungen zum Zwecke der Haushaltssanierung.
[b] Investitionsbeihilfen nach Investitionsförderungsgesetz Aufbau Ost.

Quelle: BUNDESMINISTERIUM DER FINANZEN.

von 100% nimmt einem chronisch finanzschwachen Land jedenfalls alle finanziellen Anreize, durch eine gute Politik aus eigener Kraft seine Steuerbasis zu erhöhen. Bremen ist der extreme Fall auf der Seite der Begünstigten. Die Finanzkraft in Prozent des Finanzbedarfs steigt von 86,4% vor auf 96,0% nach Länderfinanzausgleich und weiter auf 154,4%, wenn man die Bundesergänzungszuweisungen einschließlich der zum Zwecke der Haushaltssanierung berücksichtigt.

Kapitel 28
Aspekte des internationalen Finanzausgleichs

Literatur

a) BIEHL, DIETER: Finanzausgleich IV: Internationaler Finanzausgleich, in: Willi Albers u. a. (Hrsg.): Handwörterbuch der Wirtschaftswissenschaft, Bd. 2, Stuttgart u. a. O. 1980, S. 689–713.

b) ANDEL, NORBERT: Europäische Gemeinschaften, in: Fritz Neumark, Norbert Andel und Heinz Haller (Hrsg.): Handbuch der Finanzwissenschaft, 3. Aufl., Bd. 4, Tübingen 1983, S. 311–364.

BIEHL, DIETER: Die Reform der EG-Finanzverfassung aus der Sicht einer ökonomischen Theorie des Föderalismus, in: Manfred E. Streit (Hrsg.): Wirtschaftspolitik zwischen ökonomischer und politischer Rationalität. Festschrift für Herbert Giersch, Wiesbaden 1988, S. 63–84.

COMMISSION OF THE EUROPEAN COMMUNITIES, DIRECTORATE-GENERAL FOR ECONOMIC AND FINANCIAL AFFAIRS: The economics of Community public finance (European Economy, No. 5), Brüssel–Luxemburg 1993.

EUROPÄISCHE KOMMISSION: Haushaltsvademecum, Ausgabe 1997, Luxemburg 1997.

GENSER, BERND: Tax Competition and Harmonization in Federal Economies, in: Hans-Jürgen Vosgerau (Hrsg.): European Integration in the World Economy, Berlin u. a. O. 1992, S. 200–237.

DERS.: Auf der Suche nach einer föderativen Finanzverfassung für Europa, in: Hans-Jürgen Vosgerau (Hrsg.): Zentrum und Peripherie – Zur Entwicklung der Arbeitsteilung in Europa, Schriften des Vereins für Socialpolitik, N. F. Bd. 250, Berlin 1997, S. 101–127.

HOMBURG, STEFAN: Ursachen und Wirkungen eines zwischenstaatlichen Finanzausgleichs, in: Alois Oberhauser (Hrsg.): Fiskalföderalismus in Europa, Schriften des Vereins für Socialpolitik, N. F. Bd. 253, Berlin 1997, S. 61–95.

KOMMISSION DER EUROPÄISCHEN GEMEINSCHAFTEN: Bericht der Sachverständigengruppe zur Untersuchung der Rolle der öffentlichen Finanzen bei der europäischen Integration (MacDougall-Bericht), Bd. I: Generalbericht, Bd. II: Einzelbeiträge und Arbeitsunterlagen, Brüssel 1977.

ORGANISATION FOR ECONOMIC CO-OPERATION AND DEVELOPMENT: Model Tax Convention on Income and on Capital, zwei Bände, Paris, Stand 1. November 1997.

PEFFEKOVEN, ROLF: Probleme der internationalen Finanzordnung, in: Fritz Neumark, Norbert Andel und Heinz Haller (Hrsg.): Handbuch der Finanzwissenschaft, 3. Aufl., Bd. 4, Tübingen 1983, S. 219–268.

ROSENSTOCK, MANFRED: Die Kontrolle und Harmonisierung nationaler Beihilfen durch die Kommission der Europäischen Gemeinschaften, Finanzwissenschaftliche Schriften, Bd. 71, Frankfurt/M. 1995.

SCHWARZE, JÜRGEN, und PETER-CHRISTIAN MÜLLER-GRAFF (Hrsg.): Das öffentliche Auftragswesen in der EG, Europarecht, Beiheft 1/1996.

SINN, HANS-WERNER: Das Selektionsprinzip und der Systemwettbewerb, in: Alois Oberhauser (Hrsg.): Fiskalföderalismus in Europa, Schriften des Vereins für Socialpolitik, N.F. Bd. 253, Berlin 1997, S. 9–60.

SPAHN, PAUL BERND: The Community Budget for an Economic and Monetary Union, Houndmills 1993.

TANZI, VITO: Taxation in an Integrating World, Washington 1995.

WISSENSCHAFTLICHER BEIRAT BEIM BUNDESMINISTERIUM FÜR WIRTSCHAFT: Ordnungspolitische Orientierung für die Europäische Union, BMWi-Dokumentation Nr. 356, Oktober 1994.

§ 156. Die Aufgabenverteilung

Die Probleme, die im Rahmen des nationalen Finanzausgleichs diskutiert werden, treten auch auf höherer Ebene auf. Das gilt einmal in horizontaler Sicht im Verhältnis zwischen den Staaten, soweit sie unmittelbar untereinander Absprachen vereinbaren; dies trifft aber auch vertikal zu, soweit inter- und supranationale Organisationen gebildet werden, deren Befugnisse von den sie tragenden Staaten abgegrenzt werden müssen.

Die vierte, die internationale Ebene des Finanzausgleichs hat seit dem Zweiten Weltkrieg in starkem Maße an Bedeutung gewonnen. Sie wird vor allem mit Aufgaben bedacht, die wegen der *externen Effekte* schon im nationalen Rahmen dem Zentralstaat zugewiesen werden, aber noch über die nationalen Grenzen hinausreichen: mit der Förderung des internationalen Güter- und Faktorverkehrs, der Hilfe für unterentwickelte Regionen, dem Umweltschutz, der Seuchen- und Kriminalitätsbekämpfung sowie der Verteidigung. Letztere stellt speziell im Rahmen eines Militärpaktes ein sich auf mehrere Länder erstreckendes öffentliches Gut dar, das nicht nur, meist nicht einmal in erster Linie von den eigenen Militäraufwendungen abhängt, sondern auch von denen der Bündnispartner. Hinzu kommen Aufgaben, welche die nationalen Möglichkeiten übersteigen, bei denen durch gemeinsame Aktionen Economies of scale genutzt (z. B. im Bereich von Forschung und Entwicklung) oder bei internationalen Verhandlungen bessere Bedingungen erzielt werden[1]. Für die Bundesrepu-

---

[1] Vgl. KOMMISSION DER EUROPÄISCHEN GEMEINSCHAFTEN: Bericht der Sachverständigengruppe

blik Deutschland ist unter den genannten Aspekten die Europäische Union am weitaus bedeutsamsten.

§ 157. Die Verteilung der Finanzierungslast

Die Frage der internationalen Verteilung der Finanzierungslast stellt sich nicht, wenn die Aufgabenerfüllung nur gelegentlicher Beratungen bedarf bzw. allgemein keine nennenswerten Ausgaben mit sich bringt. Dies ist anders, wenn internationale Institutionen mit eigenen Verwaltungsausgaben und eigenen Zweckausgaben (etwa für Subventionen oder Darlehen) bestehen, wenn die Aktivitäten mit externen Effekten sehr ungleichmäßig verteilt sind bzw. verteilt sein sollten, etwa aus militärischen Überlegungen, aus Gründen der „Economies of scale" oder der Ausnutzung vorhandener relativer Produktionsvorteile.

Bei der Frage, wie ein gegebener Finanzbedarf gedeckt werden soll, kann weitgehend auf Überlegungen im Rahmen des nationalen Finanzausgleichs zurückgegriffen werden. Als Richtschnur für die Verteilung der Finanzierungslast kommen wieder das *Äquivalenzprinzip* und das *Leistungsfähigkeitsprinzip* in Frage. Äquivalenztheoretische Überlegungen stehen wohl bei gleichen Beiträgen pro Kopf der Bevölkerung sowie bei einer Verteilung proportional zu einer Größe, die auf den Gegenstand der Aktivität einer internationalen Organisation bezogen ist (z.B. der Außenhandel bei der WTO, die Länge des Schienennetzes beim Zentralamt für den internationalen Eisenbahnverkehr), im Vordergrund. Man mag geneigt sein, in einer Verteilung proportional zum Sozialprodukt, die ursprünglich auch in der EWG im Vordergrund stand, eine Orientierung am Leistungsfähigkeitsprinzip zu sehen; allerdings ist hier zumindest teilweise auch eine äquivalenztheoretische Interpretation möglich[2].

Was die *Form* betrifft, so überwiegt die Zuweisung aus nationalen Haushaltsmitteln. Das gilt auch heute noch für so vergleichsweise enge Formen der Integration wie die EU. Zwar finanziert sie sich seit 1980 aus „eigenen" Einnahmen in Form von Zöllen, Agrarabschöpfungen sowie der Anwendung eines Prozentsatzes auf die gemeinsame Mehrwertsteuerbemessungsgrundlage und seit den Brüsseler Beschlüssen vom Februar 1988 auch wieder auf das Bruttosozialprodukt. Der Sache nach handelt es sich in den letzten beiden Fällen aber nicht um wirklich eigene Einnahmen, sondern um Zuweisungen aus den nationalen Haushalten. Dagegen konnte die Europäische Gemeinschaft für Kohle und Stahl (EGKS, Montanunion) von Anfang an nach Art. 49 und 50 EGKS-Vertrag

zur Untersuchung der Rolle der öffentlichen Finanzen bei der europäischen Integration (MacDougall-Bericht), a.a.O., Bd. 1, S. 49–81, Bd. II, Kapitel 11 und 12.
 [2] Vgl. D. Biehl: Finanzausgleich IV: Internationaler Finanzausgleich, a.a.O., S. 700.

auf eine eigene Abgabe, die *Umlage* auf den Wert der Erzeugung von Kohle und Stahl, zurückgreifen, die man als erste echte europäische Steuer ansehen kann.

Die in der EU getroffene Regelung, Grenzabgaben in Form von Zöllen und Abschöpfungen auf Importe aus Drittländern dem Gemeinschaftshaushalt zuzuweisen, folgt dem Vorgehen, das auch auf nationaler Ebene üblich ist. Bei diesen protektionistischen Maßnahmen kann nämlich nicht wie beim unten zu behandelnden Bestimmungslandprinzip von der Idee der Verbrauchsbesteuerung her ein Anspruch auf das Aufkommen an dem jeweiligen nationalen Teil der gemeinsamen Zollgrenze abgeleitet werden, zumal die Waren anschließend im freien Verkehr im Prinzip in alle Mitgliedsländer gelangen können.

§ 158. Die Aufteilung der Steuerbefugnisse

Die nationalen Regeln der Besteuerung grenzüberschreitender Transaktionen können zur *Doppelbesteuerung*, aber auch zur *Steuerfreiheit* führen. Das Eigeninteresse der nationalen Fisken bewirkt, daß ohne besondere Absprachen die Gefahr der Steuerfreiheit sehr gering, die der Doppelbelastung dagegen sehr groß ist.

1. Direkte Steuern

Direkte Steuern, z. B. Einkommensteuern oder allgemeine Vermögensteuern, zielen auf die Erfassung der persönlichen Leistungsfähigkeit einer Person ab. Diese Idee läßt sich nur dann verwirklichen, wenn die Besteuerung letztlich nach Maßgabe des Gesamteinkommens und des Gesamtvermögens erfolgt, unabhängig davon, woher die einzelnen Einkommensteile stammen und wo sich die einzelnen Vermögensteile befinden. Dieser Grundsatz legt es nahe, die Besteuerung am Wohnsitz vorzunehmen (*Wohnsitzstaatprinzip, Weltprinzip, Universalprinzip*), wie es dem Konzept der unbeschränkten Steuerpflicht in der Bundesrepublik entspricht.

Eine solche ausschließliche Besteuerung im Wohnsitzstaat läuft den fiskalischen Interessen des Quellenstaates zuwider, der Anspruch auf die steuerliche Erfassung der in seinem Territorium entstandenen Einkommen sowie der dort befindlichen Vermögensteile erhebt (*Quellenstaatprinzip, Territorialprinzip*). Ein beide Seiten berücksichtigender Interessenausgleich ist möglich, wenn die Steuersätze im Quellenstaat relativ niedrig sind und die dort geleisteten Steuern im Rahmen der Veranlagung im Wohnsitzstaat so angerechnet werden können, daß letztlich die steuerlichen Bestimmungen im Wohnsitzstaat für die Belastung entscheidend sind (*Anrechnungsmethode*). Bei gegebenem Wohnsitz bietet dies auch einen Anreiz, die Produktionsfaktoren im Land der höchsten

Bruttoerträge anzulegen (*Kapitalexportneutralität*) und damit eine weltweit optimale Faktorallokation zu verwirklichen. Dies kann die sog. *Freistellungsmethode* generell nicht gewährleisten, bei der der Fiskus im Wohnsitzstaat die im Ausland gelegenen Steuerquellen von seiner Besteuerung freistellt und der Steuerzugriff allein im Quellenstaat erfolgt. Dies bedeutet einen Verzicht auf eine umfassende Besteuerung nach der Leistungsfähigkeit und bringt die Gefahr ineffizienter Faktorwanderungen mit sich: Höhere Nettoerträge im Ausland müssen nicht mit höheren Bruttoerträgen verbunden sein, sondern können allein auf Steuerbelastungsunterschieden beruhen.

Im Rahmen der *Steuerabzugsmethode* ist im Wohnsitzstaat die im Quellenstaat gezahlte Steuer von der Bemessungsgrundlage abzugsfähig. Damit wird die Doppelbesteuerung zwar reduziert, aber nicht völlig vermieden. Dieses Verfahren beschränkt den Kapitalexport auf das unter rein nationalen Gesichtspunkten optimale Niveau.

Bei den direkten Steuern kann sich eine volle Doppelbesteuerung ergeben, wenn für die Zuordnung der unbeschränkten Steuerpflicht Kriterien verwendet werden, die in mehreren Staaten gleichzeitig erfüllt sind. Dem sucht Art. 4 des OECD-Musterabkommens[3] dadurch zu begegnen, daß bei natürlichen Personen neben dem Wohnsitz zusätzlich die Kriterien ständiger Aufenthalt, ständige Wohnstätte, Mittelpunkt der Lebensinteressen, gewöhnlicher Aufenthalt und Staatsangehörigkeit herangezogen werden.

Das OECD-Musterabkommen gewährt die Möglichkeit, beim Zusammentreffen von Quellen- und Wohnsitzstaatbesteuerung die Doppelbesteuerung durch die Anwendung der Freistellungs- oder der Anrechnungsmethode zu vermeiden (Art. 23 A und Art. 23 B). Die Bundesrepublik Deutschland praktiziert traditionell in ihren Doppelbesteuerungsabkommen normalerweise das Freistellungsverfahren; die Anrechnungs- und die Abzugsmethode werden einseitig im Verhältnis zu Staaten verwendet, mit denen keine Doppelbesteuerungsabkommen bestehen (vgl. z. B. § 34 c EStG).

Die Aufteilung der direkten Steuern zwischen Quellen- und Wohnsitzstaat hängt nicht nur von den genannten Prinzipien ab. Die Unternehmen können durch die Art der Festlegung von Verrechnungspreisen für Warenlieferungen, von Gebühren für Lizenzen oder von Zinsen für Kredite beeinflussen, in welchem Umfang Gewinne bei der Mutter- oder bei der Tochtergesellschaft entstehen.

---

[3] Organisation for Economic Co-operation and Development: Model Tax Convention on Income and on Capital, Vol. 1, a.a.O., S. M-9; deutsche Fassung in K. Vogel: Doppelbesteuerungsabkommen der Bundesrepublik Deutschland auf dem Gebiet der Steuern vom Einkommen und Vermögen, 3. Auflage, München 1996, S. 337 f.

2. Indirekte Steuern

Bei den indirekten Steuern, insbesondere den allgemeinen und speziellen indirekten Verbrauchsteuern, wird in der Regel das *Bestimmungslandprinzip* angewendet, das auch durch die Bestimmungen des GATT und durch die Art. 95 und 96 EG-Vertrag gedeckt wird. Hier ist das Land steuerberechtigt, in dem der Verbrauch (die Verwendung) stattfindet. Das Bestimmungslandprinzip ermöglicht einmal, die Intention der Verbrauchsbesteuerung zu verwirklichen, nämlich ungeachtet der regionalen Herkunft der Güter den gesamten inländischen Verbrauch zu belasten. Zum anderen gestattet es, die internationale Arbeitsteilung an den komparativen Kostenvorteilen auszurichten, denn im Rahmen des Bestimmungslandprinzips sind für die Wettbewerbsfähigkeit eines Produktes auf jedem einzelnen nationalen Markt die Nettopreise entscheidend, nicht die Steuerunterschiede[4].

Da bei den einzelnen Produkten vor dem Grenzübergang nicht eindeutig feststeht, ob sie für die inländische Verwendung oder für den Export bestimmt sind, wird es im allgemeinen erforderlich sein, zunächst die gesamte inländische Produktion zu belasten und die Steuern erst dann zu erstatten, wenn der Export belegt wird. Die Verwirklichung des Bestimmungslandprinzips setzt voraus, daß die Belastung für einzelne Güterarten einheitlich und bekannt ist (was z.B. bei der Allphasenbruttoumsatzsteuer nicht zutrifft), ferner bei der heute dominierenden Methode einen sog. *Grenzausgleich*, bei dem zum Zeitpunkt des Grenzübergangs die auf exportierten Gütern ruhende inländische Steuerzahllast erstattet wird und importierte Güter entsprechend den Steuerbestimmungen des Importlandes besteuert werden.

Darauf kann beim sog. *Ursprungslandprinzip* verzichtet werden, dem zufolge die Güter lediglich im Exportland besteuert werden. Dieses Konzept eignet sich im Verhältnis zwischen souveränen Staaten nicht für Verbrauchsteuern, wohl aber für Produktionssteuern, die etwa die inländische Produktion mit den Kosten öffentlicher Leistungen oder mit externen Kosten in Form der Umweltverschmutzung belasten sollen.[5]

Bei dem Gemeinschaftsprinzip (Gemeinsamer-Markt-Prinzip)[6] wird im Rah-

---

[4] Vgl. N. ANDEL: Die Harmonisierung der Steuern im Gemeinsamen Markt, in: Finanzarchiv, N.F. Bd. 30, 1971/72, S. 230.

[5] Die Begriffe Ursprungs- und Bestimmungslandprinzip werden in der wissenschaftlichen Literatur meist so verwendet, daß das eine oder das andere Land 1) die Steuern erhebt, 2) und zwar nach Maßgabe seines Steuerrechts, und 3) das Steueraufkommen erhält. Im Zusammenhang mit der Abschaffung der EG-Binnenmarktgrenzen trat eine gewisse Sprachverwirrung ein, da man jetzt den Begriff Ursprungslandprinzip zuweilen auch verwendet für eine Regelung, der zufolge innerhalb der EU der Vorsteuerabzug grenzüberschreitend vorgenommen wird unter Verzicht auf den traditionellen Grenzausgleich, anschließend aber das Aufkommen à la Bestimmungslandprinzip umverteilt wird.

[6] Vgl. D. BIEHL: Ausfuhrland-Prinzip, Einfuhrland-Prinzip und Gemeinsamer-Markt-Prinzip, Köln u.a.O. 1969, S. 132.

men mehrstufiger Verbrauchsteuern auf einen Grenzausgleich verzichtet und ein Vorsteuerabzug grenzüberschreitend praktiziert. Die endgültige Belastung eines Gutes hängt dann von dem Land ab, in dem es die Kette der Steuerpflichtigen verläßt. Dieses Prinzip wurde von der EG-Kommission ursprünglich für den gemeinsamen Binnenmarkt vorgeschlagen, von den Mitgliedstaaten aber wegen der befürchteten Änderungen des Steueraufkommens abgelehnt.

§ 159. Die Harmonisierung der nationalen budgetären Instrumente

Daß der Abbau von Zöllen und die Vermeidung von internationalen Doppelbesteuerungen – seit langem zwei zentrale Gebiete internationaler Vereinbarungen – zwar wichtig sind, aber nicht ausreichen, um sicherzustellen, daß finanzpolitische Instrumente die optimale internationale Allokation von Produktionsfaktoren und die optimale internationale Arbeitsteilung nicht beeinträchtigen, ist schon lange bekannt. Bereits im GATT, noch mehr im Rahmen sehr enger ökonomischer Integrationsprojekte wie der EU, hat man deshalb versucht, die nationalen finanzwirtschaftspolitischen Instrumente darüber hinaus zu harmonisieren.

1. Indirekte Steuern

Das Bestimmungslandprinzip in der Form, wie es im GATT-Abkommen und im EG-Vertrag mit der Fixierung von Grenzausgleichsobergrenzen ohne Grenzausgleichsverpflichtung (sog. fakultatives Bestimmungslandprinzip) kodifiziert ist, schließt nicht aus, daß der Grenzausgleichsspielraum von Produkt zu Produkt in unterschiedlichem Maße ausgeschöpft wird oder daß Produkte, die typischerweise im Inland hergestellt werden, niedriger belastet werden als Produkte, die typischerweise aus dem Ausland stammen, mit der Konsequenz, daß sich indirekte protektionistische Effekte ergeben. Das Bestimmungslandprinzip kann auch nicht die steuerliche Neutralität bei grenzüberschreitenden Transaktionen sichern, wenn es im Rahmen von Steuern praktiziert wird, bei denen die Belastung der einzelnen Güter nicht genau bekannt und überdies für gleiche Güterkategorien je nach Produktions- und Handelsstruktur unterschiedlich ist wie bei der Allphasenbruttoumsatzsteuer[7]. Das Bestimmungslandprinzip in der heute überwiegend praktizierten Form hat ferner den Nachteil, daß die Steuergrenzen erhalten bleiben, was mit der Idee eines Gemeinsamen Marktes nicht vereinbar ist.

---

[7] Vgl. oben S. 357f.

Im Rahmen der EWG wurde vor allem durch die Einführung einer bis auf die Steuersätze ganz weitgehend vereinheitlichten wettbewerbsneutralen Mehrwertsteuer vom Konsumtyp mit obligatorischem vollen Grenzausgleich und durch den Abbau von protektionistischen Elementen im Rahmen der speziellen Verbrauchsteuern (z. B. höhere Steuersätze für ausländische Varianten alkoholischer Getränke) ein beträchtlicher Effizienzgewinn erzielt.

Weitere große Veränderungen haben sich in der EU für die indirekten Steuern im Zuge der zum 1. 1. 1993 proklamierten Vollendung des Binnenmarktes ergeben[8]. Die sichtbaren Steuergrenzen zwischen den Mitgliedstaaten wurden abgebaut. Für Privatpersonen ist der grenzüberschreitende Einkauf für persönliche Zwecke nicht mehr quantitativ beschränkt. Um auf Steuerbelastungsunterschiede beruhende Substitutionseffekte und damit verbundene Steueraufkommensverlagerungen im Zuge der erweiterten Anwendung des Ursprungslandprinzips zu begrenzen, wurden für die Umsatzsteuer und im Rahmen der Besteuerung von Tabakwaren, Mineralöl und alkoholischen Getränken *Mindeststeuersätze* vereinbart. Darüber hinaus wurde für Versandgeschäfte und für registrierpflichtige Fahrzeuge das Bestimmungslandprinzip beibehalten. Binnengrenzen überschreitende Transaktionen zwischen Umsatzsteuerpflichtigen folgen wie bisher dem Bestimmungslandprinzip, allerdings ist der „Grenzausgleich" in die Unternehmen verlagert worden: Der Verkäufer kann die auf solchen Transaktionen lastende Vorsteuer im Zuge seines normalen Besteuerungsverfahrens abziehen; der Käufer muß andererseits solche jetzt als „innergemeinschaftlichen Erwerb" bezeichneten Importe in seine Bemessungsgrundlage einbeziehen. Die obligatorische Verwendung von Steuernummern und regelmäßige Berichte über innergemeinschaftliche Erwerbe dienen der Steuerkontrolle. Lieferungen von mit speziellen Verbrauchsteuern belasteten Gütern erfolgen ohne Grenzkontrolle von inländischen zu ausländischen Steuerlagern, die von den Behörden kontrolliert werden. Entsprechend dem Bestimmungslandprinzip wird die Steuer erst dann erhoben, wenn die Waren aus dem Kontrollbereich in den freien Verkehr gelangen.

Die geschilderten Änderungen der steuerlichen Behandlung von die Binnengrenzen überschreitenden Warentransaktionen können unter systematischen Gesichtspunkten wenig überzeugen. Es ist durchaus fraglich, ob die Erhebungs- und Kontrollkosten dadurch geringer geworden sind bzw. ob sich die allokative Effizienz allgemein verbessert hat.

---

[8] Vgl. für einen gerafften Überblick B. GENSER: Ökonomische Aspekte einer Steuerordnung für den europäischen Binnenmarkt, in: M. Henssler u. a. (Hrsg.): Europäische Integration und globaler Wettbewerb, Heidelberg 1993, S. 114–120; ausführlicher M. WINTER: Die Umsatzsteuer im EU-Binnenmarkt, 3. Aufl., Bonn 1995; S. SCHRÖER-SCHALLENBERG: Harmonisierung der sonstigen Verbrauchsteuern, in: D. Birk (Hrsg.): Handbuch des Europäischen Steuer- und Abgabenrechts, Berlin 1995, S. 709–759.

2. Direkte Steuern

Die traditionellen Doppelbesteuerungsabkommen können nicht verhindern, daß es zu ineffizienten, weil allein auf Steuerbelastungsunterschieden beruhenden Allokationsentscheidungen kommt, etwa über die Gründung von Kapitalgesellschaften in Niedrigsteuerländern oder durch die Anwendung des Freistellungsverfahrens in Hochsteuerländern. Räumliche Segmentierungseffekte können eintreten, wenn die steuerliche Belastung im Rahmen nationaler Unternehmenszusammenschlüsse niedriger als für grenzüberschreitende ausfällt oder wenn die einkommensteuerliche Anrechnung der Körperschaftsteuer im Rahmen der Einkommensbesteuerung regional begrenzt ist wie im Falle der Bundesrepublik. Doppelbesteuerungseffekte oder jedenfalls langwierige Auseinandersetzungen können sich ergeben, wenn Hochsteuerländer gegen die Verlagerung der Gewinne in Niedrigsteuerländer mittels einseitiger Korrekturen der Verrechnungspreise und anderer Instrumente der Gewinnzuweisungen vorgehen.

In der EU, aber auch im Rahmen der OECD ist man bestrebt, über den Abschluß bilateraler Doppelbesteuerungsabkommen hinausgehende Vereinbarungen für Steuern auf grenzüberschreitende Faktoreinsätze (insbesondere des Real- und Finanzkapitals) und damit verbundene Erträge zu treffen mit dem Ziel, Diskriminierungen abzubauen und die Rechtssicherheit zu erhöhen. Selbst in der EU sind die bisherigen Fortschritte allerdings recht gering und beziehen sich eher auf Nebenschauplätze. Den bislang geringen Harmonisierungserfolgen steht die gestiegene Gefahr der steuerbedingten Kapitalfehlleitungen und der Erosion der Steuerbemessungsgrundlagen gegenüber. Fast alle Staaten sind bereit, Zinsen an ausländische Kapitalanleger von der Steuer zu befreien; viele bieten darüber hinaus für Konzernbasisgesellschaften und ähnliche Konstruktionen besondere Begünstigungen an, die teilweise bis zur Steuerbefreiung reichen. Zusammen mit der im Zuge der Globalisierung gestiegenen Bereitschaft, solche Möglichkeiten auszuschöpfen, ergibt sich eine Situation, die es dem Fiskus im Wohnsitzstaat immer schwieriger macht, die Idee der Besteuerung nach der Leistungsfähigkeit effektiv durchzusetzen. Für Länder wie die Bundesrepublik Deutschland tritt deshalb immer mehr ein anderes Ziel der Steuerharmonisierung in den Vordergrund, nämlich die Sicherung der Steuereinnahmen[9].

Um wirklich wirksam zu sein und nicht lediglich zur Kapitalflucht aus der EU zu führen, müßten Maßnahmen dieser Art auf hoher, möglichst weltweiter

---

[9] Vgl. Mitteilung der Kommission der Europäischen Gemeinschaft an den Rat: Koordinierung der Steuerpolitik in der Europäischen Union – Maßnahmen zur Bekämpfung des schädlichen Steuerwettbewerbs, KOM (97) 495 endg., Ratsdok. 10427/97, Bundesratsdrucksache 814/97 vom 21. 10. 1997, sowie den vom Rat der Europäischen Union angenommenen „Verhaltenskodex für die Unternehmensbesteuerung" (Bulletin der Europäischen Union, 12-1997, S. 187–189).

Ebene verabredet werden. „There is no world institution with the responsibility to establish desirable rules for taxation and with enough clout to induce countries to follow those rules. Perhaps the time has come to establish one."[10]

Die Auffassungen über die Zweckmäßigkeit der Steuerharmonisierung gehen weit auseinander. Die Befürworter möchten in der Regel sowohl die nationale Steuerautonomie (so paradox das auf den ersten Blick erscheinen mag) als auch die Allokationseffizienz in dem Sinne sichern, daß die zur Finanzierung der politisch beschlossenen Ausgaben erforderlichen Steuern aufgebracht werden können und Verzerrungen vermieden werden, die auf Unterschieden in den effektiven Steuersätzen beruhen. Die Gegner halten meist den staatlichen Sektor für zu groß und ineffizient. Aus ihrer Sicht ist der Steuerwettbewerb ein willkommenes Instrument, die politischen Entscheidungsträger zu zwingen, die hohen Steuern, die damit (und nicht nur mit Steuersatzunterschieden) verbundenen Verzerrungen sowie die zum großen Teil für ineffizient gehaltenen Ausgaben zu senken, ferner das Prinzip der Besteuerung nach der Leistungsfähigkeit und die damit verbundene Umverteilung zugunsten des Äquivalenzprinzips zurückzudrängen. Eine Steuerharmonisierung würde dies verhindern[11].

3. Sozialversicherungen

Speziell enge Formen der internationalen ökonomischen Integration, wie z. B. die EU, zielen nicht nur auf einen gemeinsamen Gütermarkt, sondern auch auf einen gemeinsamen Faktormarkt. Für den Faktor Arbeit ist im Hinblick auf das Ausmaß und die Richtung der Mobilität die Harmonisierung der Sozialversicherungen meist wichtiger als die Harmonisierung der direkten Steuern. Die nationalen Systeme der Sozialversicherungen müssen verknüpft werden, um zu gewährleisten, daß bei einem grenzüberschreitenden Arbeitsplatzwechsel erworbene Ansprüche nicht verlorengehen, aber auch Diskriminierungen und Sicherungslücken vermieden werden. Die INTERNATIONALE ARBEITSKONFERENZ hat sich schon seit langem um zweckdienliche Lösungen bemüht. Diesen Vorarbeiten war es auch zu verdanken, daß bereits im Gründungsjahr der EWG Verordnungen über die soziale Sicherheit der Wanderarbeitnehmer erlassen worden sind[12]. Sie und die späteren Ergänzungen gehen von dem *Grundsatz der*

---

[10] Vgl. V. TANZI: Taxation in an Integrating World, a. a. O., S. 140.

[11] Vgl. als Beispiel für die unterschiedlichen Auffassungen H. W. SINN: Tax Harmonization and Tax Competition in Europe, in: European Economic Review, Bd. 34, 1990, S. 489–504; H. SIEBERT: Disziplinierung der nationalen Wirtschaftspolitik durch die internationale Kapitalmobilität, Kieler Arbeitspapiere Nr. 832, Kiel 1997.

[12] Für einen kurzen Überblick vgl. N. ANDEL: Europäische Gemeinschaften, a. a. O., S. 355–357; ausführlicher B. SCHULTE (Hrsg.): Soziale Sicherheit in der EG, Verordnungen (EWG) Nr. 1408/71 und 574/72 sowie andere Bestimmungen, 3. Aufl., München 1997, S. XXVIII–XLVII.

Gleichbehandlung aus, fassen bei der Prüfung der Leistungsvoraussetzungen alle Versicherungszeiten zusammen, sichern bestimmte Leistungen auch im Falle des Aufenthalts in einem anderen Mitgliedstaat (*Erweiterung des Territorialprinzips*) und sehen bei Renten vor, daß von den betroffenen Institutionen *Leistungen pro rata temporis*, d. h. nach Maßgabe der im jeweiligen Land zurückgelegten Versicherungszeit, erbracht werden.

Im Gegensatz zu der vorstehend skizzierten Verknüpfung der nationalen Sozialversicherungen, die für einen gemeinsamen Arbeitsmarkt unabdingbar ist, besteht keine Notwendigkeit, die allgemeinen nationalen Systeme in bezug auf Struktur und Niveau anzugleichen oder gar zu vereinheitlichen, und zwar um so weniger, je mehr sie auf dem Äquivalenzprinzip beruhen. Dies wäre eine unnötige Beschränkung der nationalen Gestaltungsautonomie. Die Situation ist anders bei ex definitione nicht dem Äquivalenzprinzip folgenden Mindestsicherungen, die allerdings oft außerhalb der Sozialversicherung etabliert sind. Große Unterschiede auf diesem Gebiet können nicht nur die Effizienz des Arbeitsmarktes tangieren, sondern sind auch für die regionale Verteilung bedürftiger Menschen allgemein und der damit verbundenen Belastung der öffentlichen Haushalte bedeutsam. Aus diesem Grunde ist hier eine gewisse Angleichung angebracht.

4. Subventionen

Durch Subventionen kann der internationale Handel noch stärker als durch Zölle verzerrt werden, weil sich der protektionistische Effekt nicht auf den nationalen Binnenmarkt beschränkt. Insofern ist es angebracht, parallel zum internationalen Abbau von Zöllen und Kontingenten auch die Subventionen oder jedenfalls die Subventions*unterschiede* abzubauen. Hier handelt es sich allerdings um ein politisch sehr sensibles Gebiet. Die Erfolge waren im Rahmen des GATT lange Zeit recht bescheiden geblieben. Vor diesem Hintergrund sind die Artikel 92–94 EG-Vertrag sehr bemerkenswert. Von dem Grundsatz, daß Beihilfen, die den Wettbewerb verfälschen oder zu verfälschen drohen und dadurch den Handel zwischen den Mitgliedstaaten beeinträchtigen, verboten sind, kann vor allem in den in Artikel 92 Abs. 3 genannten Fällen abgewichen werden: bei Beihilfen zur Förderung unterentwickelter Gebiete, zur Förderung der Entwicklung gewisser Wirtschaftszweige und Wirtschaftsgebiete, zur Förderung wichtiger Vorhaben von gemeinsamem europäischen Interesse sowie (unter gewissen Voraussetzungen) zur Förderung der Kultur und Erhaltung des kulturellen Erbes. Die dabei im Einzelfall vorzunehmenden Abwägungen und zu treffenden Entscheidungen liegen bei der Kommission. Neue Subventionen oder Änderungen bestehender Subventionsprogramme dürfen nicht ein- bzw. durchgeführt werden, bevor die Kommission die Möglichkeit zur Einleitung eines Prüfungsverfahrens hatte bzw. wenn sie Einwendungen erhoben hat. Die Kommission der EG hat die Subventionskontrolle – von den Exportsubventionen im innergemeinschaftlichen Handel abgesehen – zunächst sehr großzügig gehandhabt, sie aber seit den achtziger Jahren wesentlich verschärft[13].

5. Öffentliche Aufträge

Schon im nationalen Rahmen besteht bei den untergeordneten Gebietskörperschaften eine Tendenz, im „Inland" zu kaufen, „einheimische" Produzenten vorzuziehen. Es verwundert nicht, daß der sich hier bietende diskretionäre Entscheidungsspielraum auch international für protektionistische Zwecke mißbraucht wird.

Gleichwohl zögerte man angesichts des politisch delikaten Charakters dieses Bereichs lange Zeit, analog zu den Zöllen, Kontingenten oder Exportsubventionen auf internationaler Ebene Vereinbarungen zur Reduktion des Beschaffungsprotektionismus zu beschließen. Auch im EG-Vertrag sind die öffentlichen Aufträge nicht spezifisch geregelt. Das Ausmaß der Abschottung der von der öffentlichen Nachfrage dominierten Märkte hat für die damalige EWG besonders klar der Bericht von CHARPENTIER und CLARKE[14] gezeigt. Seit 1971 und insbesondere im Rahmen der Arbeiten zur Vollendung des Binnenmarktes wurden mehrere Richtlinien erlassen, die für öffentliche Aufträge oberhalb bestimmter Schwellenwerte die Transparenz erhöhen und die Diskriminierung von gebietsfremden Anbietern verhindern sollen[15]. An diesen Arbeiten orientiert sich auch weitgehend das am 1. 1. 1996 in Kraft getretene neue Government Procurement Agreement der WORLD TRADE ORGANISATION. Sowohl die Umsetzung in nationales Recht als auch die effektive Durchsetzung der einzelnen Bestimmungen erweisen sich immer noch als überaus schwierig, wie das in einem etwas resignativen Ton gehaltene Grünbuch der Kommission zeigt, in dem – hier in einer wohl schlechten Übersetzung – festgestellt wird: „Der Direktzuschlag eines Auftrags in einem anderen Mitgliedstaat ist nach wie vor selten."[16]

---

[13] Vgl. M. ROSENSTOCK: Die Kontrolle und Harmonisierung nationaler Beihilfen durch die Kommission der Europäischen Gemeinschaften, a. a. O.; G. FÄRBER: Binnenmarktgerechte Subventionspolitik in der Europäischen Union. Strukturen, Normen und Defizite, Frankfurt/M.-New York 1995.

[14] Vgl. G. CHARPENTIER und R. CLARKE: Das öffentliche Auftragswesen im gemeinsamen Markt. Bericht für die Kommission der Europäischen Gemeinschaften, o. O. 1975.

[15] Für einen kurzen Überblick vgl. P. W. SCHÄFER: Grundzüge des öffentlichen Auftragswesens, Betriebs-Berater, Beilage 12 zu Heft 28/29 1996, S. 5*–7*; ausführlich: H.-J. PRIEß: Das öffentliche Auftragswesen in der Europäischen Union, Köln u. a. O. 1994.

[16] KOMMISSION DER EUROPÄISCHEN GEMEINSCHAFTEN: Das öffentliche Auftragswesen in der Europäischen Union – Überlegungen für die Zukunft, KOM (96) 583 endg., Ratsdok. 12978/96, Bundesratsdrucksache 50/97 vom 21. 1. 1997, S. 43.

6. Öffentliche Schulden

Bis in die jüngste Vergangenheit gehörte die öffentliche Verschuldung nicht zu den finanzpolitischen Instrumenten, deren Verwendung Gegenstand internationaler vertraglicher Abmachungen war. Dies gilt auch für den EG-Vertrag. Bestimmungen wie „Die Mitgliedstaaten betrachten ihre Konjunkturpolitik als eine Angelegenheit von gemeinsamem Interesse" (Art. 103 Abs. 1 EG-Vertrag), „Jeder Mitgliedstaat betreibt die Wirtschaftspolitik, die erforderlich ist, um unter Wahrung eines hohen Beschäftigungsgrades und eines stabilen Preisniveaus das Gleichgewicht seiner Zahlungsbilanz zu sichern und das Vertrauen in seine Währung aufrechtzuerhalten" (Art. 104 EG-Vertrag) und „Um die Verwirklichung der Ziele des Artikels 104 zu erleichtern, koordinieren die Mitgliedstaaten ihre Wirtschaftspolitik" (Art. 105 Abs. 1 EWG-Vertrag) hatten bislang lediglich deklaratorischen Charakter, ohne die budgetäre Autonomie der Mitgliedstaaten wirklich einzuengen. Wie oben[17] dargelegt, ist das jedenfalls für die Mitgliedstaaten der EU durch den Maastricht-Vertrag und durch den Stabilitäts- und Wachstumspakt anders geworden. Während früher (etwa bei der Diskussion des Werner-Plans) Überlegungen zur Beschränkung der Kreditaufnahme auf die Vermeidung unerwünschter expansiver konjunktureller Effekte abstellten, steht jetzt die Vermeidung von zinszahlungsbedingten Haushaltsproblemen und davon möglicherweise ausgehenden Pressionen auf die Geldpolitik oder Forderungen nach gemeinschaftlicher budgetärer Hilfe im Vordergrund.

---

[17] Vgl. oben § 122, Abschnitt 6 (Vertrag über die Europäische Union), S. 402 f., sowie § 151 (Der Stabilitäts- und Wachstumspakt), S. 497–500.

Literaturverzeichnis

AARON, HENRY J. (Hrsg.): The Value Added Tax. Lessons from Europe, Washington 1981.

ADELMAN, MORRIS A.: The Corporate Income Tax in the Long Run, in: Journal of Political Economy, Bd. 65, 1957, S. 151–157.

ALBERS, WILLI: Das Popitzsche Gesetz der Anziehungskraft des übergeordneten Haushalts, in: Fritz Neumark (Hrsg.): Strukturwandlungen einer wachsenden Wirtschaft, Schriften des Vereins für Socialpolitik, N. F. Bd. 30/II, Berlin 1964, S. 835–858.

DERS.: Die automatische Stabilisierungswirkung der Steuern – Möglichkeiten und Problematik in der Bundesrepublik Deutschland, in: Jahrbücher für Nationalökonomie und Statistik, Bd. 180, 1967, S. 99–131.

DERS.: Einige Überlegungen für die Ausgestaltung von Transferzahlungen an Haushalte, in: Weltwirtschaftliches Archiv, Bd. 105, 1970, S. 230–251.

DERS.: Anforderungen an eine moderne Haushaltswirtschaft, in: Heinz Haller u. a. (Hrsg.): Theorie und Praxis des finanzpolitischen Interventionismus. Fritz Neumark zum 70. Geburtstag, Tübingen 1970, S. 347–367.

DERS. (Hrsg.): Öffentliche Finanzwirtschaft und Verteilung I, Schriften des Vereins für Socialpolitik, N. F. Bd. 75/I, Berlin 1974.

DERS.: Umverteilungswirkungen der Einkommensteuer, in: Ders. (Hrsg.): Öffentliche Finanzwirtschaft und Verteilung II, Schriften des Vereins für Socialpolitik, N. F. Bd. 75/II, Berlin 1974, S. 69–144.

DERS.: Möglichkeiten einer stärker final orientierten Sozialpolitik, Göttingen 1976.

DERS: Transferzahlungen an Haushalte, in: Fritz Neumark, Norbert Andel und Heinz Haller (Hrsg.): Handbuch der Finanzwissenschaft, 3. Aufl., Bd. 1, Tübingen 1977, S. 861–957.

AMERICAN ECONOMIC ASSOCIATION (Hrsg.): Readings in Fiscal Policy, Homewood/Ill. 1955.

DIES.: Readings in the Economics of Taxation, London 1959.

ANDEL, NORBERT: Probleme der Staatsschuldentilgung, Berlin 1964.

DERS.: Zur These von den unsozialen Verteilungswirkungen öffentlicher Schulden, in: Public Finance, Bd. 24, 1969, S. 69–77.

DERS.: Subventionen als Instrument des finanzwirtschaftlichen Interventionismus, Tübingen 1970.

DERS.: Die Harmonisierung der Steuern im Gemeinsamen Markt, in: Finanzarchiv, N. F. Bd. 30, 1971/72, S. 224–256.

DERS.: Verteilungswirkungen der Sozialversicherung am Beispiel der gesetzlichen Krankenversicherung der Bundesrepublik Deutschland, in: Wilhelmine Dreißig (Hrsg.): Öffentliche Finanzwirtschaft und Verteilung III, Schriften des Vereins für Socialpolitik, N. F. Bd. 75/III, Berlin 1975, S. 39–82.

DERS.: Nutzen-Kosten-Analysen, in: Fritz Neumark, Norbert Andel und Heinz Haller (Hrsg.): Handbuch der Finanzwissenschaft, 3. Aufl., Bd. 1, Tübingen 1977, S. 475–518.

DERS.: Subventionen, in: Willi Albers u. a. (Hrsg.): Handwörterbuch der Wirtschaftswissenschaft, Bd. 7, Stuttgart u. a. O. 1977, S. 491–510.

DERS.: Einkommensteuer, in: Fritz Neumark, Norbert Andel und Heinz Haller (Hrsg.): Handbuch der Finanzwissenschaft, 3. Aufl., Bd. 2, Tübingen 1980, S. 331–401.

DERS.: Corporation Taxes, their Integration with Personal Income Taxes, and International Capital Flows, in: Karl W. Roskamp und Francesco Forte (Hrsg.): Reform of Tax Systems – Réformes des Systèmes Fiscaux, Detroit 1981, S. 159–172.

DERS.: Europäische Gemeinschaften, in: Fritz Neumark, Norbert Andel und Heinz Haller (Hrsg.): Handbuch der Finanzwissenschaft, 3. Aufl., Bd. 4, Tübingen 1983, S. 311–364.

DERS.: Zum Konzept der meritorischen Güter, in: Finanzarchiv, N. F. Bd. 42, 1984, S. 630–648.

DERS.: Changing Concepts of Public Debt in the History of Economic Thought, in: Bernard P. Herber (Hrsg.): Public Finance and Public Debt, Detroit 1986, S. 1–13.

DERS.: Der konjunkturneutrale Haushalt – ein Irrweg?, in: Franz Xaver Bea und Wolfgang Kitterer (Hrsg.): Finanzwissenschaft im Dienste der Wirtschaftspolitik. Dieter Pohmer zum 65. Geburtstag, Tübingen 1990, S. 377–395.

DERS.: Normalverschuldung, strukturelles Defizit und konjunktureller Impuls. Der SVR auf der Suche nach neuen methodischen Grundlagen, in: Wirtschaftsdienst, Jg. 75, 1995, S. 219–224.

DERS.: Die einkommensteuerliche Behandlung der Beiträge und der Rentenzahlungen in der Rentenversicherung, in: Landesversicherungsanstalt Rheinland-Pfalz (Hrsg.): 7. Speyerer Sozialgespräch „Sozialversicherung im Spannungsfeld von Beitrags- und Steuerfinanzierung", Speyer o. J., S. 77–89.

DERS. und NIKOLAUS KOSTITSIS: Debt Management, in: Willi Albers u. a. (Hrsg.): Handwörterbuch der Wirtschaftswissenschaft, Bd. 9, Stuttgart u. a. O. 1982, S. 735–748.

ANDIC, SUPHAN, und JINDŘICH VEVERKA: The Growth of Government Expenditure in Germany since the Unification, in: Finanzarchiv, N. F. Bd. 23, 1963/64, S. 169–278.

ANDREAE, CLEMENS-AUGUST, HUBERT BÜCHEL und CORNELIA WILFLINGSEDER: Öffentlicher Dienst II: Besoldung, in: Willi Albers u. a. (Hrsg.): Handwörterbuch der Wirtschaftswissenschaft, Bd. 5, Stuttgart u. a. O. 1980, S. 532–545.

ANGELE, JÜRGEN: Kaufwerte für landwirtschaftlich genutzte Grundstücke 1996, in: Wirtschaft und Statistik, 1997, S. 707–719.

ARNOLD, VOLKER: Methoden der Entscheidungsfindung bei staatlichen Allokationsaktivitäten – ein kritischer Vergleich, in: Finanzarchiv, N. F. Bd. 33, 1974/75, S. 418–434.

DERS.: Theorie der Kollektivgüter, München 1992.

ARROW, KENNETH J.: Social Choice and Individual Values (1951), 2. Aufl., New Haven–London 1963.

ATKINSON, ANTHONY B.: Income Maintenance and Social Insurance, in: Alan J. Auerbach und Martin Feldstein (Hrsg.): Handbook of Public Economics, Bd. 2, Amsterdam u. a. O. 1987, S. 779–908.

DERS. und JOSEPH E. STIGLITZ: Lectures on Public Economics, Maidenhead 1980.

AUERBACH, ALAN J., JAGADEESH GOKHALE und LAWRENCE J. KOTLIKOFF: Generational Accounting: A Meaningful Alternative to Deficit Accounting, in: David Bradford (Hrsg.): Tax Policy and the Economy, Cambridge 1991, S. 55–110.

BARR, NICHOLAS: Social Insurance as an Efficiency Device, Journal of Public Policy, Bd. 9, 1989, S. 59–82.

BARRO, ROBERT J.: Are Government Bonds Net Wealth?, in: Journal of Political Economy, Bd. 82, 1974, S. 1095–1117.

DERS.: The Ricardian Approach to Budget Deficits, in: Journal of Economic Perspectives, Bd. 3, 1989, S. 37–54.

BECK, MORRIS: Government Spending. Trends and Issues, New York 1981.

BECKER, IRENE: Das Bürgergeld als alternatives Grundsicherungssystem: Darstellung und kritische Würdigung einiger empirischer Kostenschätzungen, in: Finanzarchiv, N. F. Bd. 52, 1995, S. 306–338.

DIES.: Die Entwicklungen der Einkommensverteilung und Einkommensarmut in den alten Bundesländern von 1962 bis 1988, in: Irene Becker und Richard Hauser (Hrsg.): Einkommensverteilung und Armut. Deutschland auf dem Weg zur Vierfünftel-Gesellschaft? Frankfurt/M. – New York 1997, S. 43–61.

DIES. und RICHARD HAUSER (Hrsg.): Einkommensverteilung und Armut. Deutschland auf dem Weg zur Vierfünftel-Gesellschaft?, Frankfurt/M.–New York 1997.

VON BECKERATH, ERWIN: Die neuere Geschichte der deutschen Finanzwissenschaft (seit 1800), in: Wilhelm Gerloff und Fritz Neumark (Hrsg.): Handbuch der Finanzwissenschaft, 2. Aufl., Bd. 1, Tübingen 1952, S. 416–468.

BEDAU, KLAUS-DIETER, u. a.: Wie belastet die Mehrwertsteuererhöhung private Haushalte mit unterschiedlich hohem Einkommen?, in: DIW-Wochenbericht, Jg. 65, 1998, S. 249–257.

BERNHEIM, B. DOUGLAS: A Neoclassical Perspective on Budget Deficits, in: Journal of Economic Perspectives, Bd. 3, 1989, S. 55–72.

BERNHOLZ, PETER, und FRIEDRICH BREYER: Grundlagen der Politischen Ökonomie, 3. Aufl., Bd. 2: Ökonomische Theorie der Politik, Tübingen 1994.

BIEHL, DIETER: Ausfuhrland-Prinzip, Einfuhrland-Prinzip und Gemeinsamer-Markt-Prinzip, Köln u. a. O. 1969.

DERS.: Finanzausgleich IV: Internationaler Finanzausgleich, in: Willi Albers u. a. (Hrsg.): Handwörterbuch der Wirtschaftswissenschaft, Bd. 2, Stuttgart u. a. O. 1980, S. 689–713.

DERS.: Die Entwicklung des Finanzausgleichs in ausgewählten Bundesstaaten: Bundesrepublik Deutschland, in: Fritz Neumark, Norbert Andel und Heinz Haller (Hrsg.): Handbuch der Finanzwissenschaft, 3. Aufl., Bd. 4, Tübingen 1983, S. 69–122.

DERS.: Stabilisierungspolitik im Spannungsfeld von Zentralisierung und Dezentralisierung, in: Franz Schuster (Hrsg.): Dezentralisierung des politischen Handelns (III), Forschungsberichte der Konrad-Adenauer-Stiftung, Bd. 61, St. Augustin 1987, S. 350–393.

DERS.: Die Reform der EG-Finanzverfassung aus der Sicht einer ökonomischen Theorie des Föderalismus, in: Manfred E. Streit (Hrsg.): Wirtschaftspolitik zwischen ökonomischer und politischer Rationalität. Festschrift für Herbert Giersch, Wiesbaden 1988, S. 63–84.

DERS.: Wechselspiel zwischen Prozeß und Institutionalisierung im Zuge der europäischen Integration, in: Bertram Schefold (Hrsg.): Wandlungsprozesse in den Wirtschaftssystemen Westeuropas, Marburg 1995, S. 124–128.

DERS. u. a.: Konjunkturelle Wirkungen öffentlicher Haushalte, Tübingen 1978.

BIENERT, KURT, ROLF CAESAR und KARL-HEINRICH HANSMEYER: Das Ausgabenbewilligungsrecht des Bundesfinanzministers nach Art. 112 GG. Historische Entwicklung, praktische Handhabung und finanzwirtschaftliche Bedeutung, Berlin 1982.

BIRD, RICHARD M.: Federal Finance in Comparative Perspective, Toronto 1986.

BLACK, DUNCAN: On the Rationale of Group Decision-Making, in: Journal of Political Economy, Bd. 56, 1948, S. 23–34.

DERS.: The Theory of Committees and Elections, Cambridge 1958 (Neudruck 1971).

BLUM, WALTER J., und HARRY KALVEN, JR.: The Uneasy Case for Progressive Taxation, Chicago 1953.

BOADWAY, ROBIN W., und DAVID E. WILDASIN: Public Sector Economics, 2. Aufl., Boston–Toronto 1984.

VON BÖHM-BAWERK, EUGEN: Positive Theorie des Kapitales, Erster Band, Jena 1921.

BOLL, STEPHAN: Intergenerationale Umverteilungswirkungen der Fiskalpolitik in der Bundesrepublik Deutschland. Ein Ansatz mit Hilfe des Generational Accounting, Frankfurt/M. u.a.O., 1994.

DERS.: Intergenerative Verteilungseffekte öffentlicher Haushalte – Theoretische Konzepte und empirischer Befund für die Bundesrepublik Deutschland, Diskussionspapier 6/96, Volkswirtschaftliche Forschungsgruppe der Deutschen Bundesbank, Frankfurt/M. 1996.

BONUS, HOLGER: Eine Lanze für den „Wasserpfennig", in: Wirtschaftsdienst, Jg. 66, 1986, S. 451–455.

BOSS, ALFRED, und ASTRID ROSENSCHON: Subventionen in Deutschland, Kieler Diskussionsbeiträge Nr. 320, Kiel 1998.

BOWEN, HOWARD R.: The Interpretation of Voting in the Allocation of Economic Resources, in: Quarterly Journal of Economics, Bd. 58, 1943, S. 27–48.

BRADFORD, DAVID F.: The Case for a Personal Consumption Tax, in: Joseph A. Pechman (Hrsg.): What Should Be Taxed: Income or Expenditure?, Washington 1980, S. 75–125.

DERS.: Untangling the Income Tax, Cambridge 1986.

DERS. und U. S. TREASURY TAX POLICY STAFF: Blueprints for Basic Tax Reform, Arlington 1984.

BRANDES, WOLFGANG, u. a.: Der Staat als Arbeitgeber. Daten und Analysen zum öffentlichen Dienst in der Bundesrepublik, Frankfurt/M.–New York 1990.

BREAK, GEORGE F.: Income Taxes and Incentives to Work: An Empirical Study, in: American Economic Review, Bd. 47, 1957, S. 529–549.

DERS.: The Incidence and Economic Effects of Taxation, in: Alan S. Blinder u. a.: The Economics of Public Finance, Washington 1974, S. 119–237.

BRECHT, ARNOLD: Internationaler Vergleich der öffentlichen Ausgaben, Leipzig–Berlin 1932.

BRETON, ALBERT, und ANTHONY SCOTT: The Economic Constitution of Federal States, Toronto–Buffalo–London 1978.

BREYER, FRIEDRICH: Ökonomische Theorie der Alterssicherung, München 1990.

DERS. und PETER ZWEIFEL: Gesundheitsökonomie, Berlin u. a. O. 1992.

BROWN, E. CARY: Fiscal Policy in the 'Thirties. A Reappraisal, in: American Economic Review, Bd. 46, 1956, S. 857–879.

DERS.: Tax Incentives for Investment, in: American Economic Review, Bd. 52, 1962, Papers and Proceedings, S. 335–345; deutsch in: Horst Claus Recktenwald (Hrsg.): Finanztheorie, 2. Aufl., Köln–Berlin 1970, S. 366–375.

BROWN, HARRY G.: The Incidence of a General Output or a General Sales Tax, in: Journal of Political Economy, Bd. 47, 1939, S. 254–262; abgedruckt in: American Economic Association (Hrsg.): Readings in the Economics of Taxation, Homewood/Ill. 1959, S. 330–339.

BUCHANAN, JAMES M.: Public Finance and Public Choice, in: National Tax Journal, Bd. 28, 1975, S. 383–394.

DERS. und GORDON TULLOCK: The Calculus of Consent. Logical Foundations of Constitutional Democracy, Ann Arbor 1962 (Neudruck 1971).

DERS. und RICHARD E. WAGNER: Democracy in Deficit. The Political Legacy of Lord Keynes, New York u. a. O. 1977.

BUCHHOLZ, WOLFGANG, und WOLFGANG WIEGARD: Allokative Überlegungen zur Reform der Pflegevorsorge, in: Jahrbücher für Nationalökonomie und Statistik, Bd. 209, 1992, S. 441–457.

BULUTOĞLU, KENAN: Fiscal Decentralization: A Survey of Normative and Positive Contributions, in: Finanzarchiv, N. F. Bd. 35, 1976/77, S. 1–34.

BUNDESMINISTER DER FINANZEN: Denkschrift über die Möglichkeiten einer Verbesserung der Umsatzbesteuerung, Bundestagsdrucksache III/730 vom 20. Dezember 1958.

BUNDESMINISTER DES INNERN: Aktionsprogramm zur Dienstrechtsreform, Bonn 1976.

BUNDESMINISTERIUM DER FINANZEN (Hrsg.): Die Finanzbeziehungen zwischen Bund, Ländern und Gemeinden aus finanzverfassungsrechtlicher Sicht, Bonn 1982.

DASS. (Hrsg.): Bericht der Bundesregierung über die Entwicklung der Finanzhilfen des Bundes und der Steuervergünstigungen für die Jahre 1995 bis 1998 (Sechzehnter Subventionsbericht), Bonn 1997 (gleichzeitig Bundestagsdrucksache 13/8420 vom 29. August 1997).

DASS. (Hrsg.): Finanzbericht, versch. Jahre, Bonn.

DASS. (Hrsg.): Der Finanzplan des Bundes 1997 bis 2001, Bonn 1997.

BUNDESMINISTERIUM FÜR ARBEIT und SOZIALORDNUNG (Hrsg.): Übersicht über das Sozialrecht, 5. Aufl., Bonn 1998.

BUNDESRECHNUNGSHOF: Bemerkungen des Bundesrechnungshofes 1997 zur Haushalts- und Wirtschaftsführung (einschließlich der Feststellungen zur Jahresrechnung des Bundes 1995 und 1996), Bundestagsdrucksache 13/8550 vom 8. 10. 1997.

DERS.: Ergebnisbericht des Bundesrechnungshofes (BRH) 1998, Frankfurt/M. 1998.

BUNDESREGIERUNG: Fünfter Bericht der Bundesregierung nach § 35 des Bundesausbildungsförderungsgesetzes, Bundestagsdrucksache 10/835 vom 21. 12. 1983.

DIES.: Sechster Bericht der Bundesregierung nach § 35 des Bundesausbildungsförderungsgesetzes, Bundestagsdrucksache 10/4617 vom 2. 2. 1986.

DIES.: Entwurf eines Gesetzes zum Inkrafttreten der 2. Stufe der Pflegeversicherung, Bundestagsdrucksache 13/3811 v. 16. 2. 1996.

DIES.: Bericht der Bundesregierung über die im Kalenderjahr 1993 erbrachten Versorgungsleistungen im öffentlichen Dienst sowie über die Entwicklung der Versorgungsausgaben in den nächsten 15 Jahren – Versorgungsbericht, Bundestagsdrucksache 13/5840 vom 17. 10. 1996.

DIES.: Zwölfter Bericht der Bundesregierung nach § 35 des Bundesausbildungsförderungsgesetzes, Bundestagsdrucksache 13/9515 vom 18. 12. 1997.

BUNDESSCHULDENVERWALTUNG: Jahresbericht 1996, Bad Homburg 1997.

DIES.: Jahresbericht 1997, Bad Homburg 1998.

BUNDESVERFASSUNGSGERICHT: Entscheidungen des Bundesverfassungsgerichts, Bd. 6, Tübingen 1957, S. 55–84; Bd. 53, Tübingen 1980, S. 257–313; Bd. 66, Tübingen 1984, S. 214–226; Bd. 79, Tübingen 1989, S. 311–357; Bd. 82, Tübingen 1991, S. 60–105; Bd. 87, Tübingen 1993, S. 152–181; Bd. 93, Tübingen 1996, S. 121–165.

BUITER, WILLEM, GIANCARLO CORSETTI und NURIEL ROUBINI: Maastricht's Fiscal Rules, in: Economic Policy, 1993, S. 57–100.

CAESAR, ROLF: Öffentliche Verschuldung in Deutschland seit der Weltwirtschaftskrise: Wandlungen in Politik und Theorie, in: Dietmar Petzina (Hrsg.): Probleme der Finanzgeschichte des 19. und 20. Jahrhunderts, Schriften des Vereins für Socialpolitik, N. F. Bd. 188, Berlin 1989, S. 9–55.

CANSIER, DIETER: Umweltökonomie, 2. Aufl., Stuttgart 1996.

CHARPENTIER, GUY, und RICHARD CLARKE: Das öffentliche Auftragswesen im gemeinsamen Markt. Bericht für die Kommission der Europäischen Gemeinschaften, o. O. 1975.

CHENNELLS, LUCY, and RACHEL GRIFFITH: Taxing Profits in a Changing World, London 1997.

CNOSSEN, SIJBREN, und RICHARD M. BIRD (Hrsg.): The Personal Income Tax. Phoenix from the Ashes?, Amsterdam u. a. O. 1990.

COASE, RONALD H.: The Problem of Social Cost, in: Journal of Law and Economics, Bd. 3, 1960, S. 1–44.

COING, HELMUT: Wirtschaftswissenschaften und Rechtswissenschaften, in: Ludwig Raiser, Heinz Sauermann und Erich Schneider (Hrsg.): Das Verhältnis der Wirtschaftswissenschaft zur Rechtswissenschaft, Soziologie und Statistik, Schriften des Vereins für Socialpolitik, N. F. Bd. 33, Berlin 1964, S. 1–8.

COLM, GERHARD: The Corporation and the Corporate Income Tax in the American Economy, in: American Economic Review, Bd. 44, 1954, Papers and Proceedings, S. 486–503.

COMMITTEE FOR ECONOMIC DEVELOPMENT: Taxes and the Budget: A Program for Prosperity in a Free Economy, New York 1947, z. T. abgedruckt in: American Economic Association (Hrsg.): Readings in Fiscal Policy, Homewood/Ill. 1955, S. 360–378.

COMMISSION OF THE EUROPEAN COMMUNITIES, DIRECTORATE-GENERAL FOR ECONOMIC AND FINANCIAL AFFAIRS: The economics of Community public finance (European Economy, No. 5), Brüssel–Luxemburg 1993.

CONRAD, ERNST-ALBRECHT: Bürgschaften und Garantien als Mittel der Wirtschaftspolitik, Berlin 1967.

CORLETT, W. J., und D. C. HAGUE: Complementarity and the Excess Burden of Taxation, in: Review of Economic Studies, Bd. 21, 1953/54, S. 21–30.

CORNES, RICHARD, und TODD SANDLER: The Theory of Externalities, Public Goods, and Club Goods, Cambridge 1986.

CRISOLLI, JULIUS, und LUDWIG RAHMDOHR: Das Tarifrecht der Angestellten im öffentlichen Dienst, Kommentar, Neuwied, Loseblattsammlung.

DANZIGER, SHELDON, ROBERT HAVEMAN und ROBERT PLOTNICK: How Income Transfer Programs Affect Work, Savings, and the Income Distribution: A Critical Review, in: Journal of Economic Literature, Bd. 19, 1981, S. 975–1028.

DASGUPTA, PARTHA, AMARTYA SEN und STEPHEN MARGLIN: Guidelines for Project Evaluation, New York 1972.

DEPARTMENT OF THE TREASURY: Blueprints for Basic Tax Reform, Washington 1977. (Die 2. Aufl. erschien als DAVID F. BRADFORD und U. S. TREASURY TAX POLICY STAFF: Blueprints for Basic Tax Reform, Arlington 1984.)

DASS.: Integration of the Individual and Corporate Tax Systems, Washington 1992.

DEPARTMENT OF THE TREASURY, OFFICE OF THE SECRETARY: Tax Reform for Fairness, Simplicity, and Economic Growth. The Treasury Department Report to the President, Washington 1984.

DEPIEREUX, STEFAN: Grundriß des Gemeindehaushaltsrechts, 3. Aufl., Siegburg 1982.

DEUTSCHE BUNDESBANK (Hrsg.): Der Markt für deutsche Bundeswertpapiere, 2. Aufl., Frankfurt/M. 1998.

DEUTSCHER STÄDTETAG (Hrsg.): Statistisches Jahrbuch Deutscher Gemeinden, 83. Jg., 1996, Köln o. J.

DEUTSCHER VERDINGUNGSAUSSCHUSS FÜR LEISTUNGEN – AUSGENOMMEN BAULEISTUNGEN – (DVAL): Verdingungsordnung für Leistungen – ausgenommen Bauleistungen – (VOL), Köln 1997.

DIAMOND, JOY: Econometric Testing of the „Displacement Effect": A Reconsideration, in: Finanzarchiv, N. F. Bd. 35, 1976/77, S. 387–404.

DIAMOND, PETER A.: National Debt in a Neoclassical Growth Model, in: American Economic Review, Bd. 55, 1965, S. 1126–1150.

DIEDERICH, HELMUT: Der Kostenpreis bei öffentlichen Aufträgen, Heidelberg 1961.

DIEDERICH, NIELS, u. a.: Die diskreten Kontrolleure. Eine Wirkungsanalyse des Bundesrechnungshofs, Opladen 1990.

DIETZEL, CARL: Die Besteuerung der Actien-Gesellschaften in Verbindung mit der Gemeinde-Besteuerung, Köln 1859.

DORNBUSCH, RUDIGER: Debt and Monetary Policy: The Policy Issues, NBER Working Paper 5573, Cambridge/Mass. 1996.

DOWNS, ANTHONY: An Economic Theory of Democracy, New York 1957; deutsch: Ökonomische Theorie der Demokratie, Tübingen 1968.

DERS.: An Economic Theory of Political Action in a Democracy, in: Journal of Political Economy, Bd. 65, 1957, S. 135–150; deutsch in: Horst Claus Recktenwald (Hrsg.): Finanzpolitik, Köln–Berlin 1969, S. 49–67.

DERS.: Why the Government Budget Is Too Small in a Democracy, in: World Politics, Bd. 12, 1960, S. 541–563; abgedruckt in: Edmund S. Phelps (Hrsg.): Private Wants and Public Needs, 2. Aufl., New York 1965, S. 76–95; deutsch: Warum das staatliche Budget in einer Demokratie zu klein ist, in: Bruno S. Frey und Werner Meißner (Hrsg.): Zwei Ansätze der Politischen Ökonomie. Marxismus und ökonomische Theorie der Politik, Frankfurt 1974, S. 105–126.

DREIßIG, WILHELMINE: Öffentliche Verschuldung III: Praxis der öffentlichen Verschuldung und der öffentlichen Kassenhaltung, in: Willi Albers u. a. (Hrsg.): Handwörterbuch der Wirtschaftswissenschaft, Bd. 5, Stuttgart u. a. O. 1980, S. 504–528.

DIES.: Die Technik der Staatsverschuldung, in: Fritz Neumark, Norbert Andel und Heinz Haller (Hrsg.): Handbuch der Finanzwissenschaft, 3. Aufl., Bd. 3, Tübingen 1981, S. 51–115.

DIES.: Zur Frage verfassungsrechtlicher Verschuldungsgrenzen. Erfahrungen im Deutschen Reich und in der Bundesrepublik Deutschland, in: Dieter Cansier und Dietmar Kath (Hrsg.): Öffentliche Finanzen, Kredit und Kapital. Festschrift für Werner Ehrlicher zur Vollendung des 65. Lebensjahres, Berlin 1985, S. 81–106.

DRÈZE, JEAN, und NICHOLAS STERN: The Theory of Cost-Benefit Analysis, in: Alan J. Auerbach und Martin Feldstein (Hrsg.): Handbook of Public Economics, vol. 2, Amsterdam u. a. O. 1987, S. 909–989.

DZIADKOWSKI, DIETER, und PETER WALDEN: Umsatzsteuer, 4. Aufl., München–Wien 1996.

EBNET, OTTO: Die Besteuerung des Wertzuwachses, Baden-Baden 1978.

EINKOMMENSTEUER-KOMMISSION: Thesen der Einkommensteuer-Kommission zur Steuerfreistellung des Existenzminimums ab 1996 und zur Reform der Einkommensteuer, Schriftenreihe des Bundesministeriums der Finanzen, Heft 55, Bonn 1995.

EISEN, ROLAND: Reformüberlegungen zur Arbeitslosenversicherung, in: Richard Hauser (Hrsg.): Reform des Sozialstaats I, Schriften des Vereins für Socialpolitik, N. F. Bd. 251/I, Berlin 1997, S. 45–75.

ELLIOTT, R. F., und J. L. FALLICK: Pay in the Public Sector, London–Basingstoke 1981.

ENGELS, WOLFRAM: Privater Wohlstand – Öffentliche Armut?, in: Dieter Duwendag (Hrsg.): Der Staatssektor in der sozialen Marktwirtschaft, Berlin 1976, S. 149–159.

DERS., JOACHIM MITSCHKE, und BERND STARKLOFF: Staatsbürgersteuer. Vorschlag zur Reform der direkten Steuern und persönlichen Subventionen durch ein integriertes Personalsteuer- und Subventionssystem, 2. Aufl., Wiesbaden 1975.

DERS. und WOLFGANG STÜTZEL: Teilhabersteuer. Ein Beitrag zur Vermögenspolitik, zur Verbesserung der Kapitalstruktur und zur Vereinfachung des Steuerrechts, Frankfurt/M. 1968.

ENQUÊTE-KOMMISSION VERFASSUNGSREFORM: Schlußbericht, Bundestagsdrucksache 7/5924 vom 9. 12. 1978.

ERBSLAND, MANFRED: Die öffentlichen Personalausgaben. Eine empirische Analyse für die Bundesrepublik Deutschland, Frankfurt/M. u. a. O. 1991.

EUROPÄISCHE KOMMISSION: Haushaltsvademecum, Ausgabe 1997, Luxemburg 1997.

EXPERTEN-KOMMISSION „ALTERNATIVE STEUER-TRANSFER-SYSTEME“: Probleme einer Integration von Einkommensbesteuerung und steuerfinanzierten Sozialleistungen, Schriftenreihe des Bundesministeriums der Finanzen, Heft 59, Bonn 1996.

EXPERTENKOMMISSION WOHNUNGSPOLITIK: Wohnungspolitik auf dem Prüfstand, Tübingen 1995.

FABRICANT, SOLOMON: The Trend of Government Activity in the United States since 1900, New York 1952.

FACHINGER, UWE, und HEINZ ROTHGANG (Hrsg.): Die Wirkungen des Pflege-Versicherungsgesetzes, Berlin 1995.

FAIK, JÜRGEN: Äquivalenzskalen. Theoretische Erörterungen, empirische Herleitungen und verteilungsbezogene Anwendung für die Bundesrepublik Deutschland, Berlin 1995.

FÄRBER, GISELA: Revision der Personalausgabenprojektion der Gebietskörperschaften bis 2030, Speyerer Forschungsberichte, Nr. 110, 3. Aufl., Speyer 1995.

DIES.: Binnenmarktgerechte Subventionspolitik in der Europäischen Union. Strukturen, Normen und Defizite, Frankfurt/M.–New York 1995.

DIES. und KONRAD LITTMANN: Bevölkerungsentwicklung und Staatsfinanzen, in: Horst Claus Recktenwald (Hrsg.): Der Rückgang der Geburten – Folgen auf längere Sicht, Düsseldorf 1989, S. 101–129.

FECHER, HANS: Persönliche allgemeine Vermögensteuer, in: Fritz Neumark, Norbert Andel und Heinz Haller (Hrsg.): Handbuch der Finanzwissenschaft, 3. Aufl., Bd. 2, Tübingen 1980, S. 453–485.

FECHT, ROBERT: Einkommensbesteuerung II: Körperschaftsteuer, in: Willi Albers u. a. (Hrsg.): Handwörterbuch der Wirtschaftswissenschaft, Bd. 2, Stuttgart u.a.O. 1980, S. 218–240.

FELDERER, BERNHARD (Hrsg.): Familienlastenausgleich und demographische Entwicklung, Schriften des Vereins für Socialpolitik, N. F. Bd. 175, Berlin 1988.

FELDSTEIN, MARTIN: The Rate of Return, Taxation and Personal Savings, in: Economic Journal, Bd. 88, 1978, S. 482–487.

FERGUSON, JAMES M. (Hrsg.): Public Debt and Future Generations, Chapel Hill 1964.

FÖHL, CARL: Kritik der progressiven Einkommensbesteuerung, in: Finanzarchiv, N. F. Bd. 14, 1953/54, S. 88–109.

DERS.: Das Steuerparadoxon, in: Finanzarchiv, N. F. Bd. 17, 1956/57, S. 1–37.

FOLKERS, CAY: Begrenzung von Steuern und Staatsausgaben in den USA. Eine Untersuchung über Formen, Ursachen und Wirkungen vorgeschlagener und realisierter fiskalischer Restriktionen, Baden-Baden 1983.

DERS.: Wandlungen der Verbrauchsbesteuerung, in: Karl Häuser (Hrsg.): Wandlungen der Besteuerung, Schriften des Vereins für Socialpolitik, N. F. Bd. 160, Berlin 1987, S. 89–212.

FRANZ, WOLFGANG: Stabilisierungspolitik am Ende der achtziger Jahre. Eine Standortbestimmung aus makrotheoretischer und wirtschaftspolitischer Sicht, in: Konjunkturpolitik, 35. Jg., 1989, S. 22–52.

FREY, BRUNO S.: Wohlfahrtsökonomik III: Wahlverfahren, in: Willi Albers u. a. (Hrsg.): Handwörterbuch der Wirtschaftswissenschaft, Bd. 9, Stuttgart u. a. O. 1982, S. 494–502.

FRICKE, EBERHARD: Kreditbegrenzung im Staatshaushalt. Eine vertane Chance des Bundesgesetzgebers, in: Finanzarchiv, N. F. Bd. 48, 1990, S. 222–243.

FRICKE, WERNER: Zentralisierung und Dezentralisierung des öffentlichen Einkaufs. Grundfragen der Organisation des Beschaffungswesens, Heidelberg 1961.

FRIEDMAN, MILTON: A Monetary and Fiscal Framework for Economic Stability, in: American Economic Review, Bd. 38, 1948, S. 245–264.

FRITZSCHE, BERND, u. a.: Subventionen. Probleme der Abgrenzung und Erfassung. Eine Gemeinschaftspublikation der an der Strukturberichterstattung beteiligten Institute, München 1988.

FÜRST, BERTHOLD: Die Maastrichter Budgetkriterien im Konflikt mit der Verschuldungsautonomie der deutschen Gebietskörperschaften, Frankfurt/M. u. a. O. 1997.

FUISTING, BERNHARD: Die Preußischen direkten Steuern, 1. Bd.: Kommentar zum Einkommensteuergesetz in der Fassung vom 19. Juni 1906, 7. Aufl., Berlin 1907.

FUNKE, STEFAN: Die Verschuldungsordnung. Ein Beitrag zur finanzwirtschaftlichen Ordnungspolitik, Schriften zur wirtschaftswissenschaftlichen Analyse des Rechts, Bd. 23, Berlin 1995.

GAHLEN, BERNHARD, u. a. (Hrsg.): Theorie und Politik der Sozialversicherung, Tübingen 1990.

GALBRAITH, JOHN KENNETH: The Affluent Society, London 1958; deutsch: Gesellschaft im Überfluß, München–Zürich 1959.

GANDENBERGER, OTTO: Die Ausschreibung. Organisierte Konkurrenz um öffentliche Aufträge, Heidelberg 1961.

DERS.: Öffentliche Auftragsvergabe, in: Willi Albers u. a. (Hrsg.): Handwörterbuch der Wirtschaftswissenschaft, Bd. 5, Stuttgart u. a. O. 1980, S. 405–412.

DERS.: Öffentliche Verschuldung II: Theoretische Grundlagen, in: Willi Albers u. a. (Hrsg.): Handwörterbuch der Wirtschaftswissenschaft, Bd. 5, Stuttgart u. a. O. 1980, S. 480–504.

DERS.: Theorie der öffentlichen Verschuldung, in: Fritz Neumark, Norbert Andel und Heinz Haller (Hrsg.): Handbuch der Finanzwissenschaft, 3. Aufl., Bd. 3, Tübingen 1980, S. 3–49.

DERS.: Thesen zur Staatsverschuldung, in: Karl-Heinrich Hansmeyer (Hrsg.): Staatsfinanzierung im Wandel, Schriften des Vereins für Socialpolitik, N. F. Bd. 134, Berlin 1983, S. 843–865.

GANTNER, MANFRED (Hrsg.): Budgetausgliederungen – Fluch(t) oder Segen?, Wien 1994.

GATT: Final Act Embodying the Results of the Uruguay Round of Multilateral Trade Negotiations, Genf 1993, MTN/FA II-13: Agreement on Subsidies and Countervailing Measures.

GEMMELL, NORMAN (Hrsg.): The Growth of the Public Sector. Theories and International Evidence, Aldershot 1993.

GENSER, BERND: Tax Competition and Harmonization in Federal Economies, in: Hans-Jürgen Vosgerau (Hrsg.): European Integration in the World Economy, Berlin u. a. O. 1992, S. 200–237.

DERS.: Ökonomische Aspekte einer Steuerordnung für den europäischen Binnenmarkt, in: Martin Henssler u. a. (Hrsg.): Europäische Integration und globaler Wettbewerb, Heidelberg 1993, S. 114–120.

DERS.: Auf der Suche nach einer föderativen Finanzverfassung für Europa, in: Hans-Jürgen Vosgerau (Hrsg.): Zentrum und Peripherie – Zur Entwicklung der Arbeitsteilung in Europa, Schriften des Vereins für Socialpolitik, N. F. Bd. 250, Berlin 1997, S. 101–127.

GERLOFF, WILHELM: Verbrauch und Verbrauchsbelastung kleinerer und mittlerer Einkommen in Deutschland um die Wende des 19. Jahrhunderts, Jena 1907.

DERS. (Hrsg.): Die Beamtenbesoldung im modernen Staat, Schriften des Vereins für Socialpolitik, Bd. 184/I, München–Leipzig 1932.

GILLESPIE, W. IRWIN: Effect of Public Expenditures on the Distribution of Income, in: R. A. Musgrave (Hrsg.): Essays in Fiscal Federalism, Washington 1965, S. 122–186.

GILLIS, MALCOLM, CARL S. SHOUP und GERARDO P. SICAT (Hrsg.): Value Added Taxation in Developing Countries, Washington 1990.

GOODE, RICHARD: The Individual Income Tax, 2. Aufl., Washington 1976.

GOTTFRIED, PETER, und WOLFGANG WIEGARD: Wunderwaffe Ökosteuer? Eine finanzwissenschaftliche Betrachtung, in: Wirtschaftswissenschaftliches Studium, 24. Jg., 1995, S. 500–508.

GOULDER, LAWRENCE H.: Environmental Taxation and the „Double Dividend": A Reader's Guide, in: International Tax and Public Finance, Bd. 2, 1995, S. 157–182.

GRAETZ, MICHAEL J.: Expenditure Tax Design, in: Joseph A. Pechman (Hrsg.): What Should Be Taxed: Income or Expenditure?, Washington 1980, S. 161–295.

GRAMLICH, EDWARD M.: Benefit-Cost Analysis of Government Programs, Englewood Cliffs 1981.

GRASSL, WERNER: Die These der Staatsschuldneutralität, Berlin 1984.

GRAVELLE, JANE G.: The Economic Effects of Taxing Capital Income, Cambridge/Mass.–London 1994.

DE GRAUWE, PAUL: The Economics of Monetary Integration, Oxford 1992.

GREINER, WOLFGANG, und J.-MATTHIAS GRAF V. D. SCHULENBURG: Leitlinien für eine Systemkorrektur in der Pflegeversicherung, in: Horst Siebert (Hrsg.): Sozialpolitik auf dem Prüfstand, Tübingen 1996, S. 111–147.

GROSSEKETTLER, HEINZ: Kürzungsordnung, Kürzungsgesetz und Kürzungsplan. Ein Vorschlag zur Technik der Kürzung von Staatsausgaben und zur Ergänzung des Haushaltsrechts, in: Finanzarchiv, N. F. Bd. 41, 1983, S. 14–51.

DERS.: Mikroökonomische Grundlagen der Staatswirtschaft, in: Gustav Dieckheuer (Hrsg.): Beiträge zur angewandten Mikroökonomik. Jochen Schumann zum 65. Geburtstag, Berlin u. a. O. 1995, S. 3–28.

GUTENBERG, ERICH: Untersuchungen über die Investitionsentscheidungen industrieller Unternehmen, Köln-Opladen 1959.

GUTOWSKI, ARMIN: Konstruktions- und Entwicklungsaufträge. Ein Beitrag zur Beschaffungspolitik der öffentlichen Hand, Heidelberg 1960.

HAAVELMO, TRYGVE: Multiplier Effects of a Balanced Budget, in: Econometrica, Bd. 13, 1945, S. 311–318.

HACKMANN, JOHANNES: Die Bestimmung des steuerrechtlichen Einkommensbegriffs aus finanzwissenschaftlicher Sicht, in: Karl-Heinrich Hansmeyer (Hrsg.): Staatsfinanzierung im Wandel, Schriften des Vereins für Socialpolitik, N. F. Bd. 134, Berlin 1983, S. 661–702.

VON HAGEN, JÜRGEN: A note on the empirical effectiveness of formal fiscal restraints, in: Journal of Public Economics, Bd. 44, 1991, S. 199–210.

HAIG, ROBERT MURRAY: The Concept of Income – Economic and Legal Aspects, in: Robert Murray Haig u. a.: The Federal Income Tax, hrsg. v. Robert Murray Haig, New York 1921, S. 1–28.

HALLER, HEINZ: Staatsbudgetsalden und Konjunktur. Zur Klärung möglicher Mißverständnisse, in: Konjunkturpolitik, Bd. 7, 1961, S. 321–335.

DERS.: Bemerkungen zur sog. Parallelpolitik der öffentlichen Finanzwirtschaft, in: Jahrbücher für Nationalökonomie und Statistik, Bd. 180, 1967, S. 164–178.

DERS.: Finanzpolitik, 5. Aufl., Tübingen 1972.

DERS.: Finanzwirtschaftliche Stabilisierungspolitik, in: Fritz Neumark, Norbert Andel und Heinz Haller (Hrsg.): Handbuch der Finanzwissenschaft, 3. Aufl., Bd. 3, Tübingen 1981, S. 359–513.

DERS.: Die Steuern. Grundlinien eines rationalen Systems öffentlicher Abgaben, 3. Aufl., Tübingen 1981.

HANSEN, ALVIN H.: Fiscal Policy and Business Cycles, New York 1941.

HANSEN, ANNEMARIE: Öffentliche Aufträge für Forschung und Entwicklung. Eine ökonomische Analyse am Beispiel der US Luft- und Raumfahrtindustrie, Frankfurt 1973.

HANSEN, BENT: The Economic Theory of Fiscal Policy, London 1958.

HANSEN, HERMANN-JOSEF: Der Einfluß der Zinsen auf den privaten Verbrauch in Deutschland, Diskussionspapier 3/96 der Volkswirtschaftlichen Forschergruppe der Deutschen Bundesbank, Frankfurt/M. 1996.

HANSMEYER, KARL-HEINRICH: Transferzahlungen an Unternehmen (Subventionen), in: Fritz

Neumark, Norbert Andel und Heinz Haller (Hrsg.): Handbuch der Finanzwissenschaft, 3. Aufl., Bd. 1, Tübingen 1977, S. 959–996.

DERS. u. a.: Steuern auf spezielle Güter, in: Fritz Neumark, Norbert Andel und Heinz Haller (Hrsg.): Handbuch der Finanzwissenschaft, 3. Aufl., Bd. 2, Tübingen 1980, S. 709–885.

DERS. und KLAUS ZIMMERMANN: Das Popitzsche Gesetz und die Entwicklung der Ausgabenverteilung zwischen Bund und Ländern in den 60er und 70er Jahren, in: Walter A. S. Koch und Hans-Georg Petersen (Hrsg.): Staat, Steuern und Finanzausgleich. Probleme nationaler und internationaler Finanzwirtschaften im zeitlichen Wandel. Festschrift für Heinz Kolms zum 70. Geburtstag, Berlin 1984, S. 219–314.

HANUSCH, HORST: Verteilung öffentlicher Leistungen. Eine Studie zur personalen Inzidenz, Göttingen 1976.

HARBERGER, ARNOLD C.: The Incidence of the Corporation Income Tax, in: Journal of Political Economy, Bd. 70, 1962, S. 215–240.

DERS.: Taxation, Resource Allocation, and Welfare, in: National Bureau of Economic Research und Brookings Institution (Hrsg.): The Role of Direct and Indirect Taxes in the Federal Revenue System, Princeton 1964, S. 25–70.

DERS.: Efficiency Effects of Taxes on Income from Capital, in: Marian Krzyzaniak (Hrsg.): Effects of Corporation Income Taxes, Detroit 1966, S. 107–117.

DERS.: Taxation and Welfare, Chicago–London 1974.

HÄRTEL, HANS-HAGEN: Steuerschätzung, in: Willi Albers u. a. (Hrsg.): Handwörterbuch der Wirtschaftswissenschaft, Bd. 7, Stuttgart u. a. O. 1977, S. 399–405.

HAUSER, RICHARD: Zum Problem der staatlichen Produktion von Verläßlichkeit bei langen Zeiträumen – Möglichkeiten und Grenzen der Gewährleistung sozialer Sicherheit bei schwankendem Wirtschafts- und Bevölkerungswachstum, in: Gabriele Rolf, P. Bernd Spahn und Gert Wagner (Hrsg.): Sozialvertrag und Sicherung. Zur ökonomischen Theorie staatlicher Versicherungs- und Umverteilungssysteme, Frankfurt/M.–New York 1988, S. 147–193.

DERS.: Sozioökonomische Aspekte der Sozialhilfe, in: Wolfgang Kitterer (Hrsg.): Sozialhilfe und Finanzausgleich, Heidelberg 1990, S. 23–41.

DERS.: Vergleichende Analyse der Einkommensverteilung und der Einkommensarmut in den alten und neuen Bundesländern von 1990 bis 1995, in: Irene Becker und Richard Hauser (Hrsg.): Einkommensverteilung und Armut. Deutschland auf dem Weg zur Vierfünftel-Gesellschaft?, Frankfurt – New York 1997, S. 63–82.

DERS. unter Mitarbeit von IRENE BECKER, GABI GUTBERLET UND KARSTEN WENDORFF: Ziele und Möglichkeiten einer sozialen Grundsicherung, Baden-Baden 1996.

DERS. und HANS ADAM: Chancengleichheit und Effizienz an der Hochschule. Alternativen der Bildungsfinanzierung, Frankfurt/M.–New York 1978.

HÄUSER, KARL: West Germany, in: National Bureau of Economic Research (Hrsg.): Foreign Tax Policies and Economic Growth, New York 1966, S. 97–164.

HAUSMAN, JERRY A.: Taxes and Labor Supply, in: Alan J. Auerbach und Martin Feldstein (Hrsg.): Handbook of Public Economics, Bd. 1, Amsterdam–New York–Oxford 1985, S. 238–243.

HAVELMO, TRYGVE: Multiplier Effects of a Balanced Budget, in: Econometrica, Bd. 13, 1945, S. 311–318.

HAVEMAN, ROBERT H. (Hrsg.): Public Finance and Public Employment – Finances Publiques et Emploi Public, Detroit 1982.

DERS. und JULIUS MARGOLIS (Hrsg.): Public Expenditure and Policy Analysis, 2. Aufl., Chicago 1977, 3. Aufl., Boston 1983.

HAVERKAMP, FRANZ: Die Finanzbeziehungen zwischen Ländern und Gemeinden, in: Volker Arnold und Otto-Erich Geske (Hrsg.): Öffentliche Finanzwirtschaft, München 1988, S. 55–120.

HAYEK, FRIEDRICH A.: The *Non Sequitur* of the "Dependence Effect", in: Edmund S. Phelps (Hrsg.): Private Wants and Public Needs, 2. Aufl., New York 1965, S. 37–42.

HEAD, JOHN G.: On Merit Goods, in: Finanzarchiv, N. F. Bd. 25, 1966, S. 1–29.

DERS.: A Note on Progression and Leisure: Comment, in: American Economic Review, Bd. 56, 1966, S. 172–179.

DERS.: The Comprehensive Tax Base Revisited, in: Finanzarchiv, N. F. Bd. 40, 1982, S. 193–210.

DERS.: On Merit Wants, in: Finanzarchiv, N. F. Bd. 46, 1988, S. 1–37.

HEER, VOLKER: Entwicklung, Struktur, Problematik und Theorie der Beamtenbesoldung in der Bundesrepublik Deutschland, Frankfurt–Zürich 1974.

HELBERGER, CHIRSTOF, und GERT WAGNER: Beitragsäquivalenz oder interpersonelle Umverteilung in der gesetzlichen Rentenversicherung? Eine Analyse auf der Grundlage von Lebenseinkommen, in: Philipp Herder-Dorneich (Hrsg.): Dynamische Theorie der Sozialpolitik, Schriften des Vereins für Socialpolitik, N. F. Bd. 123, Berlin 1981, S. 331–392.

HELDMANN, ELANIE: Kinderlastenausgleich in der Bundesrepublik Deutschland. Darstellung, kritische Würdigung und Analyse alternativer Reformmöglichkeiten, Frankfurt–New York 1986.

HELLER, WALTER W.: CED's Stabilizing Budget Policy after Ten Years, in: American Economic Review, Bd. 47, 1957, S. 634–651.

HENKE, KLAUS-DIRK: Alternativen zur Weiterentwicklung der Sicherung im Krankheitsfall, in: Karl-Heinrich Hansmeyer (Hrsg.): Finanzierungsprobleme der sozialen Sicherung II, Schriften des Vereins für Socialpolitik, N. F. Bd. 194/II, Berlin 1991, S. 135–164.

DERS. und CORNELIA BEHRENS: Umverteilungswirkungen der gesetzlichen Krankenversicherung, Bayreuth 1989.

DERS. und GUNNAR FOLKE SCHUPPERT: Rechtliche und finanzwissenschaftliche Probleme der Neuordnung der Finanzbeziehung von Bund und Ländern im vereinten Deutschland, Baden-Baden 1993.

HERDER-DORNEICH, PHILIPP: Theorie der Bestimmungsfaktoren finanzwirtschaftlicher Staatstätigkeit, Diss. Freiburg/Br. 1957.

DERS.: auch unter dem Pseudonym F. O. HARDING: Politisches Modell zur Wirtschaftstheorie, Freiburg/Br. 1959.

HESSE, HELMUT: Nutzen-Kosten-Analyse I: Theorie, in: Willi Albers u. a. (Hrsg.): Handwörterbuch der Wirtschaftswissenschaft, Bd. 5, Stuttgart u. a. O. 1980, S. 361–382.

DERS. unter Mitarbeit von ANDREAS SCHUSEIL: Theoretische Grundlagen der "Fiscal Policy", München 1983.

HEUN, WERNER: Staatshaushalt und Staatsleitung. Das Haushaltsrecht im parlamentarischen Regierungssystem des Grundgesetzes, Baden-Baden 1989.

HIRSCH, JOACHIM: Parlament und Verwaltung, 2. Teil: Haushaltsplanung und Haushaltskontrolle in der Bundesrepublik Deutschland, Stuttgart 1968.

HIRTE, GEORG: Effizienzwirkungen von Finanzausgleichsregelungen, Frankfurt/M. u. a. O. 1996.

HOCHMAN, HAROLD M., und JAMES D. RODGERS: Pareto Optimal Redistribution, in: American Economic Review, Bd. 59, 1969, S. 542–557.

HÖLSCHEIDT, SVEN: Der Haushaltsausschuß des Deutschen Bundestags, Rheinbreitbach 1988.

HOMBURG, STEFAN: Theorie der Alterssicherung, Berlin–Heidelberg 1988.

DERS.: Anreizwirkungen des deutschen Finanzausgleichs, in: Finanzarchiv, N. F. Bd. 51, 1994, S. 312–330.

DERS.: Allgemeine Steuerlehre, München 1997.

DERS.: Ursachen und Wirkungen eines zwischenstaatlichen Finanzausgleichs, in: Alois Oberhauser (Hrsg.): Fiskalföderalismus in Europa, Schriften des Vereins für Socialpolitik, N. F. Bd. 253, Berlin 1997, S. 61–95.

HORST, PATRICK: Haushaltspolitik und Regierungspraxis in den USA und der Bundesrepublik Deutschland, Frankfurt u. a. O. 1995.

HUBER, BERND: Staatsverschuldung und Allokationseffizienz: Eine theoretische Analyse, Baden-Baden 1990.

DERS. und KARL LICHTBLAU: Systemschwächen des Finanzausgleichs: Eine Reformskizze, in: IW-Trends, Bd. 24, 1997, S. 24–45.

HUBERT, FRANZ: Zur Reform des Wohngeldes, in: Zeitschrift für Wirtschafts- und Sozialwissenschaften, Bd. 116, 1996, S. 503–529.

HUJER, REINHARD, HERMANN-JOSEF HANSEN und EBERHARD KLEIN: Makroökonomische Wirkungen der Steuerreform 1990. Eine ökonometrische Analyse mit dem Frankfurter Modell, in: Finanzarchiv, N. F. Bd. 46, 1988, S. 38–55.

Dies.: The Contribution of Macroeconometric Models to the Evaluation of Tax Policies – Problems of Application Exemplified by the Frankfurt Model and the West Germany Tax Reform of 1990 –, in: Johann K. Brunner und Hans-Georg Petersen (Hrsg.): Simulation Models in Tax and Transfer Policy, Reihe Wirtschaftswissenschaft, Bd. 11, Frankfurt–New York 1990, S. 153–168.

HUMMEL, MARLIES, und WOLFGANG NIERHAUS: Die Neuordnung des bundesstaatlichen Finanzausgleichs im Spannungsfeld zwischen Wachstums- und Verteilungszielen, Hauptband, München 1994.

HÜTHER, MICHAEL: Integrierte Steuer-Transfer-Systeme für die Bundesrepublik Deutschland. Normative Konzeption und empirische Analyse, Berlin 1990.

DERS.: Strukturelles Defizit und konjunktureller Impuls, in: Wirtschaftsdienst, Jg. 75, 1995, S. 332–340.

INMAN, ROBERT P.: Markets, Governments, and the "New" Political Economy, in: Alan J. Auerbach und Martin Feldstein (Hrsg.): Handbook of Public Economics, Bd. 2, Amsterdam u. a. O. 1987, S. 647–777.

INTERNAL REVENUE SERVICE, STATISTICS OF INCOME DIVISION: Individual Income Tax Returns 1993, Washington 1996.

JESSEN, JENS: Das „Gesetz der wachsenden Ausdehnung des Finanzbedarfs", in: Schmollers Jahrbuch, Jg. 67, 1943, S. 155–174.

JUNG, KARL, unter Mitarbeit von RUTH SCHWEITZER: Die neue Pflegeversicherung, Sozialgesetzbuch XI. Das Recht der sozialen und privaten Pflegeversicherung, Bonn 1995.

KAISER, MONIKA: Konsumorientierte Reform der Unternehmensbesteuerung, Heidelberg 1992.

KALDOR, NICHOLAS: An Expenditure Tax, London 1955.

KALTENBORN, BRUNO: Modelle der Grundsicherung: Ein systematischer Vergleich, Schriftenreihe des ZEW, Bd. 4, Baden-Baden 1995.

KARRENBERG, HANNS, und ENGELBERT MÜNSTERMANN: Gemeindefinanzbericht 1998, in: Der Städtetag, März 1998, S. 143–233.

KEMPSKI, JÜRGEN VON: Wirtschaftswissenschaft und Soziologie, in: Ludwig Raiser, Heinz Sauermann und Erich Schneider (Hrsg.): Das Verhältnis der Wirtschaftswissenschaft zur Rechtswissenschaft, Soziologie und Statistik, Schriften des Vereins für Socialpolitik, N. F. Bd. 33, Berlin 1964, S. 237–242.

KEYNES, JOHN MAYNARD: The General Theory of Employment, Interest and Money, London 1936.

DERS.: How to Pay for the War, London 1941.

KEYNES, JOHN NEVILLE: The Scope and Method of Political Economy, 4. Aufl., London 1917.

KILIAN, MICHAEL: Nebenhaushalte des Bundes, Berlin 1993.

KING, MERVYN A.: The Cash Flow Corporate Income Tax, in: Martin Feldstein (Hrsg.): The Effects of Taxation on Capital Accumulation, Chicago–London 1987, S. 377–398.

DERS. und DON FULLERTON (Hrsg.): The Taxation of Income from Capital. A Comparative Study of the United States, the United Kingdom, Sweden, and West Germany, Chicago–London 1984.

KINKEL, MARTIN, und ARNE BRÜSCH: Die finanziellen Auswirkungen der geplanten Abschaffung der Gewerbekapitalsteuer auf ausgewählte deutsche Städte mit über 500 000 Einwohnern, in: Informationen zur Raumentwicklung, 1995, S. 561–570.

KIRCHGÄSSNER, GEBHARD: Ökologische Steuerreform: Utopie oder realistische Alternative?, in: Gerold Krause-Junk (Hrsg.): Steuersysteme der Zukunft, Schriften des Vereins für Socialpolitik, N. F. Bd. 256, Berlin 1998, S. 279–319.

KIRSCH, GUY (Hrsg.): Föderalismus, Stuttgart–New York 1977.

KITTERER, WOLFGANG (Hrsg.): Sozialhilfe und Finanzausgleich, Heidelberg 1990.

KITTERER, WOLFGANG, und PAUL SENF: Öffentlicher Haushalt I: Institutionen, in: Willi Albers u. a. (Hrsg.): Handwörterbuch der Wirtschaftswissenschaft, Bd. 5, Stuttgart u. a. O. 1980, S. 545–558.

KLOTEN, NORBERT: Das Stabilisierungsproblem: Konzeption und wirtschaftspolitische Praxis, in: Wolfram Fischer (Hrsg.): Währungsreform und Soziale Marktwirtschaft. Erfahrungen und Perspektiven nach 40 Jahren, Schriften des Vereins für Socialpolitik, N. F. Bd. 190, Berlin 1989, S. 79–111.

KNAPPE, ECKHARD: Die Bedeutung zyklischer Mehrheiten in der Demokratie, in: Erik Boettcher, Philipp Herder-Dorneich und Karl-Ernst Schenk (Hrsg.): Jahrbuch für Neue Politische Ökonomie, Bd. 4, Tübingen 1985, S. 90–107.

KÖNIG, HEINZ: Konsumfunktionen, in: Willi Albers u. a. (Hrsg.): Handwörterbuch der Wirtschaftswissenschaft, Bd. 4, Stuttgart u. a. O. 1978, S. 513–528.

KÖRNER, JOSEF: Automatische Stabilisierungswirkungen des deutschen Steuersystems, München 1987.

KOHL, JÜRGEN: Staatsausgaben in Westeuropa. Analysen zur langfristigen Entwicklung der öffentlichen Finanzen, Frankfurt 1984.

KOLMS, HEINZ: Finanzwissenschaft I, 4. Aufl., Berlin–New York 1974.

DERS.: Finanzwissenschaft II, 4. Aufl., Berlin–New York 1974.

KOMMISSION DER EUROPÄISCHEN GEMEINSCHAFTEN: Bericht der Sachverständigengruppe zur Untersuchung der Rolle der öffentlichen Finanzen bei der europäischen Integration (MacDougall-Bericht), Bd. I: Generalbericht, Bd. II: Einzelbeiträge und Arbeitsunterlagen, Brüssel 1977.

DIES.: Das öffentliche Auftragswesen der Europäischen Union – Überlegungen für die Zukunft, KOM (96) 583 endg., Ratsdok. 12978/96, Bundesratsdrucksache 50/97 vom 21. 1. 1997.

KOMMISSION FINANZVERFASSUNGSREFORM: Zwischenbericht, Stuttgart 1992.

KOMMISSION FÜR DIE FINANZREFORM: Gutachten über die Finanzreform in der Bundesrepublik Deutschland, Stuttgart u. a. O. 1966.

KONRAD, KAI A.: Risikoproduktivität, Berlin u. a. O. 1992.

KRAUSE-JUNK, GEROLD: Zum Konzept des konjunkturneutralen öffentlichen Haushalts, in: Finanzarchiv, N. F. Bd. 30, 1971, S. 212–223.

DERS.: Steuern IV: Verteilungslehren, in: Willi Albers u. a. (Hrsg.): Handwörterbuch der Wirtschaftswissenschaft, Bd. 7, Stuttgart u. a. O. 1977, S. 332–356.

DERS.: Finanzwirtschaftliche Verteilungspolitik, in: Fritz Neumark, Norbert Andel und Heinz Haller (Hrsg.): Handbuch der Finanzwissenschaft, 3. Aufl., Bd. 3, Tübingen 1981, S. 257–358.

DERS.: Konsolidierung der öffentlichen Haushalte, strukturelles Defizit und konjunktureller Impuls. Zu einigen Begriffen des Sachverständigenrates, in: Finanzarchiv, N. F. Bd. 40, 1982, S. 1–22.

DERS.: Automatismen versus Autonomie. Zu einigen Konsequenzen der neuen klassischen Makroökonomik für die fiskalische Stabilitätspolitik, in: Karl Häuser (Hrsg.): Budgetpolitik im Wandel, Schriften des Vereins für Socialpolitik, N. F. Bd. 149, Berlin 1986, S. 59–111.

DERS.: Fallstricke einer ökologischen Steuerreform, in: Wirtschaftsdienst, Jg. 77, 1997, S. 694–701.

KRONBERGER KREIS: Bürgersteuer – Entwurf einer Neuordnung von direkten Steuern und Sozialleistungen, Bad Homburg 1986.

KRZYZANIAK, MARIAN, und RICHARD A. MUSGRAVE: The Shifting of the Corporation Income Tax, Baltimore 1963.

KULLMER, LORE: Kriterien der Abgrenzung öffentlicher Ausgaben, in: Herbert Timm (Hrsg.): Beiträge zur Theorie der öffentlichen Ausgaben, Schriften des Vereins für Socialpolitik, N. F. Bd. 47, Berlin 1967, S. 9–35.

LAMPERT, HEINZ: Lehrbuch der Sozialpolitik, 5. Aufl., Berlin u. a. O. 1996.

LANG, JOACHIM: Die Bemessungsgrundlage der Einkommensteuer. Rechtssystematische Grundlagen steuerlicher Leistungsfähigkeit im deutschen Einkommensteuerrecht, Köln 1988.

LANGNER, PETER: Zero-Base Budgeting und Sunset Legislation, Baden-Baden 1983.

LASALLE, FERDINAND: Die indirekte Steuer und die Lage der arbeitenden Klassen, Chicago 1872.

LEIBENSTEIN, HARVEY: Allocative efficiency vs. „X-efficiency", in: American Economic Review, Bd. 56, 1966, S. 392–415.

LENK, REINHARD: Zur Schätzung und Beurteilung konjunktureller Wirkungen öffentlicher Haushalte, Berlin–München 1979.

LERNER, ABBA P.: Functional Finance and the Federal Debt, in: Social Research, Bd. 10, 1943, S. 38–51.

DERS.: The Economics of Control, New York 1944.

LERNER, EUGENE M., und ELDON S. HENDRIKSEN: Federal Taxes on Corporate Income and the Rate of Return on Investment in Manufacturing, 1927 to 1952, in: National Tax Journal, Bd. 9, 1956, S. 193–202.

LINDBECK, ASSAR: Stabilization Policy in Open Economies with Endogenous Politicians, in: American Economic Review, Bd. 66, 1976, Papers and Proceedings, S. 1–19.

DERS.: Individual Freedom and Welfare State Policy, in: European Economic Review, Bd. 32, 1988, S. 245–318.

LITTMANN, KONRAD: Ein Valet dem Leistungsfähigkeitsprinzip, in: Heinz Haller u. a. (Hrsg.): Theorie und Praxis des finanzpolitischen Interventionismus. Fritz Neumark zum 70. Geburtstag, Tübingen 1970, S. 113–134.

DERS.: Ausgaben, öffentliche II: Die „Gesetze" ihrer langfristigen Entwicklung, in: Willi Albers u. a. (Hrsg.): Handwörterbuch der Wirtschaftswissenschaft, Bd. 1, Stuttgart u. a. O. 1977, S. 349–363.

DERS.: Problemstellung und Methoden der heutigen Finanzwissenschaft, in: Fritz Neumark, Norbert Andel und Heinz Haller (Hrsg.): Handbuch der Finanzwissenschaft, 3. Aufl., Bd. 1, Tübingen 1977, S. 99–120.

DERS.: Gewerbesteuern, in: Fritz Neumark, Norbert Andel und Heinz Haller (Hrsg.): Handbuch der Finanzwissenschaft, 3. Aufl., Bd. 2, Tübingen 1980, S. 607–632.

DERS.: Besteuerung von Alterseinkommen, in: Sachverständigenkommission Alterssicherungssysteme: Darstellung der Alterssicherungssysteme und der Besteuerung von Alterseinkommen, Gutachten der Sachverständigenkommission, Berichtsband 2, Bonn 1983, S. 425–518.

LODIN, SVEN-OLOF: Progressive Expenditure Tax – An Alternative? A Report of the 1972 Government Commission on Taxation, Stockholm 1978.

LYDEN, FREMONT J., und ERNEST G. MILLER (Hrsg.): Public Budgeting. Program Planning and Implementation, 4. Aufl., Englewood Cliffs 1982.

MACKSCHEIDT, KLAUS, und JÖRG STEINHAUSEN: Finanzpolitik I. Grundfragen fiskalpolitischer Lenkung, 3. Aufl., Tübingen–Düsseldorf 1978.

DERS., GEERT BÖTTGER und KLAUS GRETSCHMANN: Der Finanzausgleich zwischen dem Bund und der Rentenversicherung. Historische und systematische Bemerkungen zum Bundeszuschuß, in: Finanzarchiv, N. F. Bd. 39, 1981, S. 383–407.

MÄDING, HEINRICH (Hrsg.): Haushaltsplanung – Haushaltsvollzug – Haushaltskontrolle, Baden-Baden 1987.

MANN, FRITZ KARL: Die Grundformen der Steuerabwehr, in: Jahrbücher für Nationalökonomie und Statistik, Bd. 120, 1923, S. 497–523.

DERS.: Die Soziologie der Besteuerung, in: Ders.: Finanztheorie und Finanzsoziologie, Göttingen 1959, S. 112–123.

DERS.: Steuerpolitische Ideale. Vergleichende Studien zur Geschichte der ökonomischen und politischen Ideen und ihres Wirkens in der öffentlichen Meinung 1600–1935, Jena 1937 (Neudruck Stuttgart–New York 1978).

MARSHALL, ALFRED: Principles of Economics, 7. Aufl., London 1916.

McLURE, CHARLES E., JR.: Economic Effects of Taxing Value Added, in: Richard A. Musgrave (Hrsg.): Broad-Based Taxes: New Options and Sources, Baltimore–London 1973, S. 155–204.

DERS.: General equilibrium incidence analysis. The Harberger model after ten years, in: Journal of Public Economics, Bd. 4, 1975, S. 125–161.

DERS.: Must Corporate Income Be Taxed Twice?, Washington 1979.

MEIERJÜRGEN, RÜDIGER: Intertemporale und intergenerationale Verteilungswirkungen der Gesetzlichen Krankenversicherung, Frankfurt/M. u. a. O. 1988.

MEINHARDT, VOLKER, u. a.: Auswirkungen der Einführung eines Bürgergeldes. Neue Berechnungen des DIW, in: DIW-Wochenbericht, Jg. 63, 1996, S. 533–543.

MERING, OTTO VON: Die Steuerüberwälzung, Jena 1928.

METTELSIEFEN, BERND, LOTHAR PELZ und BERND RAHMANN: Verdienstdynamik im öffentlichen Sektor, Göttingen 1986.

MILGROM, PAUL: Auctions and Bidding: A Primer, in: Journal of Economic Perspectives, Bd. 3, 1989, Nr. 3, S. 3–21.

MITSCHKE, JOACHIM: Steuer- und Transferordnung aus einem Guß. Entwurf einer Neugestaltung der direkten Steuern und Sozialtransfers in der Bundesrepublik Deutschland, Baden-Baden 1985.

MODIGLIANI, FRANCO: Monetary Policy and Consumption: Linkages via Interest Rate and Wealth Effects in the FMP Model, in: Federal Reserve Bank of Boston (Hrsg.): Consumer Spending and Monetary Policy: The Linkages, Boston 1971, S. 9–84.

MOXTER, ADOLF: Steuerliche Gewinn- und Vermögensermittlung, in: Fritz Neumark, Norbert Andel und Heinz Haller (Hrsg.): Handbuch der Finanzwissenschaft, 3. Aufl., Bd. 2, Tübingen 1980, S. 203–237.

MOZET, PETER: Verwirklichung einer alten Idee, in: Bundesarbeitsblatt, 1998, Nr. 6, S. 5–8.

MUELLER, DENNIS C.: Public Choice II, Cambridge u. a. O. 1989.

MUSGRAVE, RICHARD A.: A Multiple Theory of Budget Determination, in: Finanzarchiv, N. F. Bd. 17, 1956/57, S. 333–343.

DERS.: The Theory of Public Finance, New York–Toronto–London 1959; deutsch: Finanztheorie, 2. Aufl., Tübingen 1969.

DERS.: A Brief History of Fiscal Doctrine, in: Alan J. Auerbach und Martin Feldstein (Hrsg.): Handbook of Public Economics, Bd. 1, Amsterdam 1985, S. 1–59.

DERS.: Leviathan Cometh – Or Does He?, in: Helen F. Ladd und T. Nicolaus Tideman (Hrsg.): Tax and Expenditure Limitations, Washington 1981, S. 77–120, wiederabgedruckt in: DERS.: Public Finance in a Democratic Society, Bd. 2, Brighton 1986, S. 200–232.

DERS.: merit goods, in: John Eatwell (Hrsg.): The New Palgrave, Bd. 3, New York 1987, S. 452–453.

DERS. und ALAN T. PEACOCK: Einleitung zu "Classics in the Theory of Public Finance", London–New York 1958 (Paperback 1967), S. IX–XIX; deutsch in: Horst Claus Recktenwald (Hrsg.): Finanztheorie, 2. Aufl., Köln–Berlin 1970, S. 35–45.

DERS. und PEGGY B. MUSGRAVE: Public Finance in Theory and Practice, 2. Aufl., New York u. a. O. 1976.

DIES.: Public Finance in Theory and Practice, 5. Aufl., New York u. a. O. 1989.

DIES. und LORE KULLMER: Die öffentlichen Finanzen in Theorie und Praxis, Bd. 2, 5. Aufl., Tübingen 1993.

DIES. und LORE KULLMER: Die öffentlichen Finanzen in Theorie und Praxis, Bd. 1, 6. Aufl., Tübingen 1994.

MUTÉN, LEIF, u. a.: Towards a Dual Income Tax? Scandinavian and Austrian Experiences, London u. a. O. 1996.

NACHTKAMP, HANS H., und PETER R. HUDELMAIER: Subjektförderung 2000 – Eine ökonomische Analyse des geltenden Wohngeldsystems mit Vorschlägen für eine effiziente Gestaltung, Schriften des GdW, Bd. 41, Köln 1993.

NASCHOLD, FRIEDER, u. a.: Thesen zur mehrjährigen Finanzplanung des Bundes, in: Renate Mayntz und Fritz Scharpf (Hrsg.): Planungsorganisation. Die Diskussion um die Reform von Regierung und Verwaltung des Bundes, München 1973, S. 146–164.

NELL-BREUNING, OSWALD VON: Subsidiaritätsprinzip, in: Görres-Gesellschaft (Hrsg.): Staatslexikon, 6. Aufl., Bd. 7, Freiburg 1962, Sp. 826–833.

NEUMARK, FRITZ: Theorie und Praxis der modernen Einkommensbesteuerung, Bern 1947.

DERS.: Grundsätze und Arten der Haushaltführung und Finanzbedarfsdeckung, in: Wilhelm Gerloff und Fritz Neumark (Hrsg.): Handbuch der Finanzwissenschaft, 2. Aufl., Bd. 1, Tübingen 1952, S. 606–669.

DERS.: Theorie und Praxis der Budgetgestaltung, in: Wilhelm Gerloff und Fritz Neumark (Hrsg.): Handbuch der Finanzwissenschaft, 2. Aufl., Bd. 1, Tübingen 1952, S. 554–605.

DERS.: Zur Klassifikation der öffentlichen Einnahmen, in: DERS.: Wirtschafts- und Finanzprobleme des Interventionsstaates, Tübingen 1961, S. 323–334.

DERS.: Nationale Typen der Finanzwissenschaft, in: Ders.: Wirtschafts- und Finanzprobleme des Interventionsstaates, Tübingen 1961, S. 81–95.

DERS.: Vom Wesen der Besteuerung, in: Fritz Voigt (Hrsg.): Beiträge zur Finanzwissenschaft und Geldtheorie. Festschrift für R. Stucken, Göttingen 1953, S. 7–20; abgedruckt in: DERS.: Wirtschafts- und Finanzprobleme des Interventionsstaates, Tübingen 1961, S. 335–348.

DERS.: Ein neuer Kommentar zum Stabilitätsgesetz, in: Finanzarchiv, N. F. Bd. 28, 1969, S. 321–325.

DERS.: Fiskalpolitik und Wachstumsschwankungen, 2. Aufl., Wiesbaden 1969.

DERS.: Grundsätze gerechter und ökonomisch rationaler Steuerpolitik, Tübingen 1970.

DERS.: Steuern I: Grundlagen, in: Willi Albers u. a. (Hrsg.): Handwörterbuch der Wirtschaftswissenschaft, Bd. 7, Stuttgart u. a. O. 1977, S. 295–309.

NIEDER-EICHHOLZ, MARKUS: Die Subventionsordnung. Ein Beitrag zur finanzwirtschaftlichen Ordnungspolitik, Berlin 1995.

NISKANEN, WILLIAM A., JR.: Bureaucracy and Representative Government, Chicago 1971.

NÖLL VON DER NAHMER, ROBERT: Lehrbuch der Finanzwissenschaft, Bd. 1, Köln – Opladen 1964.

OBERHAUSER, ALOIS: Erbschafts- und Vermögensbesteuerung als Mittel zur gleichmäßigen Verteilung des Vermögensbestandes, in: Willi Albers (Hrsg.): Öffentliche Finanzwirtschaft und Verteilung I, Schriften des Vereins für Socialpolitik, N. F. Bd. 75/I, Berlin 1974, S. 147–164.

DERS.: Erbschafts- und Vermögensbesteuerung, in: Fritz Neumark, Norbert Andel und Heinz Haller (Hrsg.): Handbuch der Finanzwissenschaft, 3. Aufl., Bd. 2, Tübingen 1980, S. 487–508.

DERS.: Bildungsdarlehen, hrsg. v. Bundesminister für Bildung und Wissenschaft, Bonn 1987.

DERS.: Familie und Haushalt als Transferempfänger. Situation, Mängel und Reformansätze, Frankfurt–New York 1989.

OLSON, MANCUR, JR.: The Principle of „Fiscal Equivalence": The Division of Responsibilities among Different Levels of Government, in: American Economic Review, Bd. 59, 1969, Papers and Proceedings, S. 479–487.

ORGANISATION FOR ECONOMIC CO-OPERATION AND DEVELOPMENT: Transparency for Positive Adjustment. Identifying and Evaluating Government Intervention, Paris 1983.

DIES.: Taxing Profits in a Global Economy. Domestic and International Issues, Paris 1991.

DIES.: Trends in Public Sector Pay in OECD Countries, Paris 1995.

DIES.: Consumption Tax Trends, 2. Aufl., Paris 1997.

DIES.: Model Tax Convention on Income and on Capital, zwei Bände, Paris, Stand 1. November 1997.

ORGANISATION FÜR WIRTSCHAFTLICHE ZUSAMMENARBEIT UND ENTWICKLUNG: OECD Wirtschaftsbericht 1996/1997, Deutschland, Paris 1997.

OTT, GÜNTER: Einkommensumverteilungen in der gesetzlichen Krankenversicherung. Eine quantitative Analyse, Frankfurt/M.–Bern 1981.

PEACOCK, ALAN T., und JACK WISEMAN: The Growth of Public Expenditure in the United Kingdom, 2. Aufl., London 1967.

DIES.: Approaches to the Analysis of Government Expenditure Growth, in: Public Finance Quarterly, Bd. 7, 1979, S. 3–23.

PECHMAN, JOSEPH A. (Hrsg.): Comprehensive Income Taxation, Washington 1977.

PEFFEKOVEN, ROLF: Finanzausgleich I: Wirtschaftstheoretische Grundlagen, in: Willi Albers u. a. (Hrsg.): Handwörterbuch der Wirtschaftswissenschaft, Bd. 2, Stuttgart u. a. O. 1980, S. 608–636.

DERS.: Persönliche allgemeine Ausgabensteuer, in: Fritz Neumark, Norbert Andel und Heinz Haller (Hrsg.): Handbuch der Finanzwissenschaft, 3. Aufl., Bd. 2, Tübingen 1980, S. 417–452.

DERS. und HELMUT FISCHER: Ausgabensteuer (persönliche, allgemeine), in: Willi Albers u. a. (Hrsg.): Handwörterbuch der Wirtschaftswissenschaft, Bd. 9, Stuttgart u. a. O. 1982, S. 697–706.

DERS.: Probleme der internationalen Finanzordnung, in: Fritz Neumark, Norbert Andel und Heinz Haller (Hrsg.): Handbuch der Finanzwissenschaft, 3. Aufl., Bd. 4, Tübingen 1983, S. 219–268.

DERS.: Zur Neuordnung des Länderfinanzausgleichs, in: Finanzarchiv, N. F. Bd. 45, 1987, S. 181–228.

DERS.: Reform des Finanzausgleichs – eine vertane Chance, in: Finanzarchiv, N. F. Bd. 51, 1994, S. 281–311.

PETERSEN, HANS-GEORG: Wer trägt die Einkommensteuerlast? Aufkommensentwicklung und Verteilungswirkungen der Lohn- und Einkommensteuer 1965–1990, Stuttgart 1988.

DERS., MICHAEL HÜTHER und KLAUS MÜLLER (Hrsg.): Wirkungsanalyse alternativer Steuer- und Transfersysteme. Das Beispiel der Bundesrepublik Deutschland, Frankfurt/M.–New York 1982.

PIETZCKER, JOST: Der Staatsauftrag als Instrument des Verwaltungshandelns, Tübingen 1978.

PIGOU, ARTHUR C.: A Study in Public Finance, 3. Aufl., London 1947 (Neudruck 1962).

PLÖKER, GERHARD: Agrarsubventionen. Eine vergleichende Betrachtung verschiedener Subventionssysteme zur Neutralisierung der Einkommensdisparität der Landwirtschaft, Diss. Kiel 1964.

POHL, REINHARD: Einige Probleme der Saldenrechnung, in: Konjunkturpolitik, Bd. 4, 1958, S. 180–190.

POHMER, DIETER: Die Staatsverschuldung als Instrument der Verteilungspolitik, in: Heinz Haller und Willi Albers (Hrsg.): Probleme der Staatsverschuldung, Schriften des Vereins für Socialpolitik, N. F. Bd. 61, Berlin 1972, S. 143–187.

DERS.: Wirkungen finanzpolitischer Instrumente, in: Fritz Neumark, Norbert Andel und Heinz Haller (Hrsg.): Handbuch der Finanzwissenschaft, 3. Aufl., Bd. 1, Tübingen 1977, S. 193–346.

DERS.: Allgemeine Umsatzsteuern, in: Fritz Neumark, Norbert Andel und Heinz Haller (Hrsg.): Handbuch der Finanzwissenschaft, 3. Aufl., Bd. 2, Tübingen 1980, S. 647–707.

DERS. und GISELA JURKE: Zur Geschichte und Bedeutung des Leistungsfähigkeitsprinzips unter besonderer Berücksichtigung der Beiträge im Finanzarchiv und der Entwicklung der deutschen Einkommensbesteuerung, in: Finanzarchiv, N. F. Bd. 42, 1984, S. 445–489.

POLLAK, HELGA: Steuertarife, in: Fritz Neumark, Norbert Andel und Heinz Haller (Hrsg.): Handbuch der Finanzwissenschaft, 3. Aufl., Bd. 2, Tübingen 1980, S. 239–266.

DIES.: Verbrauchsteuern I: Ziele und Ausgestaltung, in: Willi Albers u. a. (Hrsg.): Handwörterbuch der Wirtschaftswissenschaft, Bd. 8, Stuttgart u. a. O. 1980, S. 188–208.

DIES.: Gibt es einen Wandel in der Einkommensteuer?, in: Karl Häuser (Hrsg.): Wandlungen der Besteuerung, Schriften des Vereins für Socialpolitik, N. F. Bd. 160, Berlin 1987, S. 59–87.

POMMEREHNE, WERNER W.: Präferenzen für öffentliche Güter, Tübingen 1987.

POPITZ, JOHANNES: Der Finanzausgleich, in: Wilhelm Gerloff und Franz Meisel (Hrsg.): Handbuch der Finanzwissenschaft, Bd. 2, Tübingen 1927, S. 338–375.

PRESIDENT'S COMMISSION ON BUDGET CONCEPTS: Report, Washington 1967.

DIES.: Staff Papers and Other Materials Reviewed by the President's Commission, Washington 1967.

PREST, ALAN R.: The Budget and Interpersonal Distribution, in: Public Finance, Bd. 23, 1968, S. 80–98.

PRIEß, HANS-JOACHIM: Das öffentliche Auftragswesen in der Europäischen Union, Köln u. a. O. 1994.

RAT DER EUROPÄISCHEN GEMEINSCHAFTEN – KOMMISSION DER EUROPÄISCHEN GEMEINSCHAFTEN: Vertrag über die Europäische Union, Brüssel–Luxemburg 1992.

RECKTENWALD, HORST CLAUS: Steuerüberwälzungslehre. Theoretische und empirische Verteilung von Abgaben und Kosten, 2. Aufl., Berlin 1966.

REHM, HANNES: Analyse und Kritik der Bundeshaushaltsreform, Baden-Baden 1975.

REINERMANN, HEINRICH: Programmbudgets in Regierung und Verwaltung. Möglichkeiten und Grenzen von Planungs- und Entscheidungssystemen, Baden-Baden 1975.

Report of a Committee Chaired by Professor J. E. MEADE: The Structure and Reform of Direct Taxation, London 1978.

Report of the COMMITTEE ON TURNOVER TAXATION, London 1964.

Report of the ROYAL COMMISSION ON TAXATION, Ottawa 1966.

RICARDO, DAVID: On the Principles of Political Economy and Taxation (1817), in: Piero Sraffa unter Mitarbeit von Maurice H. Dobb (Hrsg.): The Works and Correspondence of David Ricardo, Bd. 1, Cambridge 1951.

DERS.: Funding System (1820), in: Piero Sraffa unter Mitarbeit von Maurice H. Dobb (Hrsg.): The Works and Correspondence of David Ricardo, Bd. IV, Cambridge 1951, S. 143–200.

RICHTER, WOLFRAM F., und WOLFGANG WIEGARD: Zwanzig Jahre „Neue Finanzwissenschaft", in: Zeitschrift für Wirtschafts- und Sozialwissenschaft, Bd. 113, 1993, S. 169–224 und 337–400.

RIVLIN, ALICE M.: Income Distribution – Can Economists Help?, in: American Economic Review, Bd. 65, 1975, Papers and Proceedings, S. 1–15; deutsch in: Frank Klanberg und Hans-Jürgen Krupp (Hrsg.): Einkommensverteilung, Königstein 1981, S. 269–289.

ROLF, GABRIELE, P. BERND SPAHN und GERT WAGNER (Hrsg.): Sozialvertrag und Sicherung. Zur ökonomischen Theorie staatlicher Versicherungs- und Umverteilungssysteme, Frankfurt–New York 1988.

ROLF, GABRIELE, und GERT WAGNER: Ziele, Konzepte und Detailausgestaltung des „Voll Eigenständigen Systems" der Altersvorsorge, in: Sozialer Fortschritt, 41. Jg., 1992, S. 281–291.

ROLPH, EARL R.: A Proposed Revision of Excise-Tax Theory, in: Journal of Political Economy, Bd. 60, 1952, S. 102–117.

ROSE, MANFRED: Vermögensteuern, in: Willi Albers u. a. (Hrsg.): Handwörterbuch der Wirtschaftswissenschaft, Bd. 8, Stuttgart u. a. O. 1980, S. 299–316.

DERS. (Hrsg.): Konsumorientierte Neuordnung des Steuersystems, Berlin u. a. O. 1991.

DERS.: Ein einfaches Steuersystem für Deutschland, in: Wirtschaftsdienst, 1994, S. 423–432.

DERS.: Konsumorientierung des Steuersystems – theoretische Konzepte im Lichte empirischer Erfahrungen, in: Gerold Krause-Junk (Hrsg.): Steuersysteme der Zukunft, Schriften des Vereins für Socialpolitik, N. F. Bd. 256, Berlin 1998, S. 247–278.

ROSEN, HARVEY S., und RUPERT WINDISCH unter Mitarbeit von ERNST OBERDIECK: Finanzwissenschaft I, München–Wien 1992.

ROSENSTOCK, MANFRED: Die Kontrolle und Harmonisierung nationaler Beihilfen durch die Kommission der Europäischen Gemeinschaften, Finanzwissenschaftliche Schriften, Bd. 71, Frankfurt/M. 1995.

RUDOLF, WALTER: Der öffentliche Dienst im Staat der Gegenwart, in: Erhard Denninger u. a.: Verfassungstreue und Schutz der Verfassung – Der öffentliche Dienst im Staat der Gegenwart, Veröffentlichungen der Vereinigung der Deutschen Staatsrechtslehrer, Heft 37, Berlin–New York 1979, S. 175–214.

RÜRUP, BERT, und KARL-HEINRICH HANSMEYER: Staatswirtschaftliche Planungsinstrumente, 3. Aufl., Düsseldorf 1984.

SACHVERSTÄNDIGENKOMMISSION ALTERSSICHERUNGSSYSTEME: Vergleich der Alterssicherungssysteme und Empfehlungen der Kommission, Gutachten der Sachverständigenkommission, Berichtsband 1, o. O. 1983.

DIES.: Darstellung der Alterssicherungssysteme und der Besteuerung von Alterseinkommen, Gutachten der Sachverständigenkommission, Berichtsband 2, o. O. 1983.

SACHVERSTÄNDIGENKOMMISSION FÜR DIE SOZIALE SICHERUNG DER FRAU UND DER HINTERBLIEBENEN: Vorschläge zur sozialen Sicherung der Frau und der Hinterbliebenen, Stuttgart u. a. O. o. J. (1979).

SACHVERSTÄNDIGENKOMMISSION ZUR VORKLÄRUNG FINANZVERFASSUNGSRECHTLICHER FRAGEN FÜR KÜNFTIGE NEUFESTLEGUNGEN DER UMSATZSTEUERANTEILE: Maßstäbe und Verfahren zur Verteilung der Umsatzsteuer nach Art. 106 Abs. 3 und Abs. 4 Satz 1 GG, Schriftenreihe des Bundesministeriums der Finanzen, Heft 30, Bonn 1981.

SACHVERSTÄNDIGENRAT FÜR DIE KONZERTIERTE AKTION IM GESUNDHEITSWESEN: Gesundheitsversorgung und Krankenversicherung 2000. Eigenverantwortung, Subsidiarität und Solidarität bei sich ändernden Rahmenbedingungen, Sachstandsbericht, Baden-Baden 1994.

DERS.: Gesundheitsversorgung und Krankenversicherung 2000. Mehr Ergebnisorientierung, mehr Qualität und mehr Wirtschaftlichkeit, Sondergutachten, Baden-Baden 1995.

SACHVERSTÄNDIGENRAT ZUR BEGUTACHTUNG DER GESAMTWIRTSCHAFTLICHEN ENTWICKLUNG: Die wirtschaftliche Integration in Deutschland. Perspektiven – Wege – Risiken. Jahresgutachten 1991/92, Stuttgart 1991.

DERS.: Zeit zum Handeln – Antriebskräfte stärken. Jahresgutachten 1993/94, Stuttgart 1993.

DERS.: Den Aufschwung sichern – Arbeitsplätze schaffen. Jahresgutachten 1994/95, Stuttgart 1994.

DERS.: Im Standortwettbewerb. Jahresgutachten 1995/96, Stuttgart 1995.

DERS. Reformen voranbringen. Jahresgutachten 1996/97, Stuttgart 1996.

DERS.: Wachstum, Beschäftigung, Währungsunion – Orientierung für die Zukunft. Jahresgutachten 1997/98, Stuttgart 1997.

SAMUELSON, PAUL A.: The Pure Theory of Public Expenditure, in: Review of Economics and Statistics, Bd. 36, 1954, S. 387–389.

DERS.: Diagrammatic Exposition of a Theory of Public Expenditure, in: Review of Economics and Statistics, Bd. 37, 1955, S. 350–356.

SANDMO, AGNAR: Optimal Taxation. An introduction to the literature, in: Journal of Public Economics, Bd. 6, 1976, S. 37–54; deutsche Übersetzung in: Manfred Rose, H.-Dieter Wenzel und Wolfgang Wiegard: Optimale Finanzpolitik, Stuttgart–New York 1981, S. 70–92.

DERS.: The Effects of Taxation on Savings and Risk Taking, in: Alan J. Auerbach und Martin Feldstein (Hrsg.): Handbook of Public Economics, Bd. 1, Amsterdam–New York–Oxford 1985, S. 265–311.

DERS. (Hrsg.): Nobel Symposium on the Growth of Government, in: Journal of Public Economics, Bd. 28, 1985, S. 273–399.

DERS.: Economists and the welfare state, in: European Economic Review, Bd. 35, 1991, S. 213–239.

SAUERLAND, DIRK: Föderalismus zwischen Freiheit und Effizienz. Der Beitrag der ökonomischen Theorie zur Gestaltung dezentralisierter politischer Systeme, Berlin 1997.

SCHÄFER, PETER W.: Grundzüge des öffentlichen Auftragswesens, in: Betriebs-Berater, Beilage 12 zu Heft 28/29, 1996, S. 1*–18*.

SCHANZ, GEORG: Der Einkommensbegriff und die Einkommensteuergesetze, in: Finanzarchiv, Bd. 13, 1896, S. 1–87.

SCHARPF, FRITZ W., BERND REISSERT und FRITZ SCHNABEL: Politikverflechtung: Theorie und Empirie des kooperativen Föderalismus in der Bundesrepublik, Kronberg 1976.

DIES. (Hrsg.): Politikverflechtung II. Kritik und Berichte aus der Praxis, Kronberg 1977.

SCHEER, CHRISTIAN: Steuerpolitische Ideale – gestern und heute, in: Gerold Krause-Junk (Hrsg.): Steuersysteme der Zukunft, Schriften des Vereins für Socialpolitik, N.F. Bd. 256, Berlin 1998, S. 155–198.

SCHEURING, OTTHEINZ, u. a.: Manteltarifvertrag für Arbeiterinnen und Arbeiter des Bundes und der Länder (MTArb), Kommentar, München, Loseblattsammlung.

SCHICK, ALLEN: The Road to PPB: The Stages of Budget Reform, in: Public Administration Review, Bd. 26, 1966, S. 243–258.

DERS.: A Death in the Bureaucracy: The Demise of Federal PPB, in: Robert H. Haveman und Julius Margolis (Hrsg.): Public Expenditure and Policy Analysis, 2. Aufl., Chicago 1977, S. 556–576.

SCHLEE, HARALD: Einkommensteuerliche Behandlung von Transferzahlungen, Frankfurt/M. u. a. O. 1994.

SCHLESINGER, HELMUT, MANFRED WEBER und GERHARD ZIEBARTH: Staatsverschuldung ohne Ende? Zur Rationalität und Problematik des öffentlichen Kredits, Darmstadt 1993.

SCHMÄHL, WINFRIED: Einkommensumverteilung im Rahmen von Einrichtungen der sozialen Sicherung – Einige Probleme ihrer Ermittlung und Ausgestaltung am Beispiel der gesetzlichen Rentenversicherung, Berlin 1977.

DERS. (Hrsg.): Versicherungsprinzip und soziale Sicherung, Tübingen 1985.

DERS.: Funktionsgerechte Finanzierung der Sozialversicherung. Ein zentrales Element einer Entwicklungsstrategie für den deutschen Sozialstaat – Begründung und quantitative Dimension, in: Deutsche Rentenversicherung, Heft 10–11, 1995, S. 601–618.

SCHMIDT, KURT: Zu einigen Theorien über die relative Ausdehnung der öffentlichen Ausgaben, in: Finanzarchiv, N. F. Bd. 24, 1965, S. 193–208.

DERS.: Entwicklungstendenzen der öffentlichen Ausgaben im demokratischen Gruppenstaat, in: Finanzarchiv, N. F. Bd. 25, 1966, S. 213–241.

DERS.: Zur ordnungspolitischen Problematik wachsender Staatsausgaben, in: Herbert Timm und Heinz Haller (Hrsg.): Beiträge zur Theorie der öffentlichen Ausgaben, Schriften des Vereins für Socialpolitik, N. F. Bd. 47, Berlin 1967, S. 126–173.

DERS.: Grundprobleme der Besteuerung, in: Fritz Neumark, Norbert Andel und Heinz Haller (Hrsg.): Handbuch der Finanzwissenschaft, 3. Aufl., Bd. 2, Tübingen 1980, S. 119–171.

DERS. und EBERHARD WILLE: Die mehrjährige Finanzplanung. Wunsch und Wirklichkeit, Tübingen 1970.

SCHMÖLDERS, GÜNTER: Finanzpolitik, 3. Aufl., Berlin–Heidelberg–New York 1970.

DERS. und KARL-HEINRICH HANSMEYER: Allgemeine Steuerlehre, 5. Aufl., Berlin 1980.

SCHNEIDER, DIETER: Körperschaftsteuerreform und Gleichmäßigkeit der Besteuerung, in: Steuer und Wirtschaft, Jg. 52, 1975, S. 97–112.

DERS.: Bezugsgrößen steuerlicher Leistungsfähigkeit und Vermögensbesteuerung, in: Finanzarchiv, N. F. Bd. 37, 1979, S. 26–49.

DERS.: Investition und Finanzierung, 5. Aufl., Wiesbaden 1980.

SCHNEIDER, HANS K., u. a. (Hrsg.): Stabilisierungspolitik in der Marktwirtschaft, Schriften des Vereins für Socialpolitik, N. F. Bd. 85/I und 85/II, Berlin 1975.

SCHÖB, RONNIE: Ökologische Steuersysteme. Umweltökonomie und optimale Besteuerung, Frankfurt/M.–New York 1995.

SCHRÖER-SCHALLENBERG, SABINE: Harmonisierung der sonstigen Verbrauchsteuern, in: Dieter Birk (Hrsg.): Handbuch des Europäischen Steuer- und Abgaberechts, Berlin 1995, S. 709–759.

SCHULZ, FRANK: Die Vorschläge von Georg von Schanz zur antizyklischen Finanzpolitik in der Tradition der öffentlichen Arbeitsbeschaffung, in: Finanzarchiv, N. F. Bd. 42, 1984, S. 542–552.

SCHULTE, BERND (Hrsg.): Soziale Sicherheit in der EG, Verordnungen (EWG) Nr. 1408/71 und 574/72 sowie andere Bestimmungen, 3. Aufl., München 1997.

SCHUMPETER, JOSEF A.: Capitalism, Socialism and Democracy, 3. Aufl., London 1950; deutsch: Kapitalismus, Sozialismus und Demokratie, 4. Aufl., München 1975.

SCHUSTER, FRANZ (Hrsg.): Dezentralisierung des politischen Handelns (III). Konzeption und Handlungsfelder, Melle 1987.

SCHWARZE, JÜRGEN, und PETER-CHRISTIAN MÜLLER-GRAFF (Hrsg.): Das öffentliche Auftragswesen in der EG, Europarecht, Beiheft 1/1996.

SCHWINGER, REINER: Einkommens- und konsumorientierte Steuersysteme – Wirkungen auf Investitionen, Finanzierung und Rechnungslegung, Heidelberg 1992.

SEATER, JOHN J.: Ricardian Equivalence, in: Journal of Economic Literature, Bd. 31, 1993, S. 142–190.

SEEWALD, HERMANN: Wohngeld im früheren Bundesgebiet 1995, in: Wirtschaft und Statistik, 1997, S. 851–856.

DERS.: Wohngeld in den neuen Ländern und Berlin-Ost 1995, in: Wirtschaft und Statistik, 1997, S. 114–119.

SENF, PAUL: Kurzfristige Haushaltsplanung, in: Fritz Neumark, Norbert Andel und Heinz Haller (Hrsg.): Handbuch der Finanzwissenschaft, 3. Aufl., Bd. 1, Tübingen 1977, S. 371–417.

SHOUP, CARL S.: Negative Taxes, Welfare Payments, and Subsidies, in: Rivista di Diritto Finanziario e Scienza delle Finanze, Bd. 26, 1967, S. 552–569.

DERS.: Public Finance, Chicago 1969.

SIEBERT, HORST: Zur Frage der Distributionswirkungen öffentlicher Infrastrukturinvestitionen, in: Reimut Jochimsen und Udo E. Simonis (Hrsg.): Theorie und Praxis der Infrastrukturpolitik, Schriften des Vereins für Socialpolitik, N. F. Bd. 54, Berlin 1970, S. 33–71.

DERS. (Hrsg.): Sozialpolitik auf dem Prüfstand. Leitlinien für Reformen, Tübingen 1996.

SIEDENTOPF, HEINRICH (Hrsg.): Bewertungssysteme für den öffentlichen Dienst. Zur Problematik einer leistungs- und funktionsgerechten Bezahlung in der öffentlichen Verwaltung, Baden-Baden 1978.

SIDGWICK, HENRY: The Principles of Political Economy, London 1883.

VON SIEMENS, CARL FRIEDRICH: Veredelte Umsatzsteuer, 2. Aufl., Siemensstadt 1921.

SIEVERT, OLAF: Die Steuerbarkeit der Konjunktur durch den Staat, in: Carl Christian von Weizsäcker (Hrsg.): Staat und Wirtschaft, Schriften des Vereins für Socialpolitik, N. F. Bd. 102, Berlin 1979, S. 809–846.

DERS.: Änderungen der Steuerstruktur in Richtung auf mehr Ausgabenbesteuerung?, in: Horst Zimmermann (Hrsg.): Die Zukunft der Staatsfinanzierung, Stuttgart 1988, S. 85–103.

DERS. u. a.: Steuern und Investitionen, 2 Bände, Frankfurt u. a. O. 1989.

SIMONS, HENRY C.: Personal Income Taxation, Chicago 1938.

SINN, HANS-WERNER: Systeme der Kapitaleinkommensbesteuerung. Ein allokationstheoretischer Vergleich, in: Dieter Bös, Manfred Rose und Christian Seidl (Hrsg.): Beiträge zur neueren Steuertheorie, Berlin u. a. O. 1984, S. 209–238.

DERS.: Risiko als Produktionsfaktor, in: Jahrbücher für Nationalökonomie und Statistik, Bd. 201, 1986, S. 557–571.

DERS.: Kapitaleinkommensbesteuerung. Eine Analyse der intertemporalen, internationalen und intersektoralen Allokationswirkungen, Tübingen 1985, überarbeitete englische Ausgabe: Capital Income Taxation and Resource Allocation, Amsterdam u. a. O. 1987.

DERS.: Tax Harmonization and Tax Competition in Europe, in: European Economic Review, Bd. 34, 1990, S. 489–504.

DERS.: Taxation and the Cost of Capital: The "Old" View, the "New" View, and another View, in: David Bradford (Hrsg.): Tax Policy and the Economy, Vol. 5, Cambridge/Mass. 1991, S. 25–54.

DERS.: The vanishing Harberger triangle, in: Journal of Public Economics, Bd. 45, 1991, S. 271–300.

DERS.: Social Insurance, Incentives and Risk Taking, in: International Tax and Public Finance, Bd. 3, 1996, S. 259–280.

DERS.: Das Selektionsprinzip und der Systemwettbewerb, in: Alois Oberhauser (Hrsg.): Fiskalföderalismus in Europa, Schriften des Vereins für Socialpolitik, N. F. Bd. 253, Berlin 1997, S. 9–60.

SMEKAL, CHRISTIAN: Die Flucht aus dem Budget, Wien 1977.

SOHMEN, EGON: Allokationstheorie und Wirtschaftspolitik, Tübingen 1976.

SOZIALENQUÊTE-KOMMISSION: Soziale Sicherung in der Bundesrepublik Deutschland, Stuttgart u. a. O. o. J. (1966).

SÖHN, HARTMUT: Erwerbsbezüge, Markteinkommenstheorie und Besteuerung nach der Leistungsfähigkeit, in: Joachim Lang (Hrsg.): Die Steuerrechtsordnung in der Diskussion. Festschrift für Klaus Tipke zum 70. Geburtstag, Köln 1995, S. 343–364.

SØRENSEN, PETER BIRCH: Changing Views of the Corporate Income Tax, in: National Tax Journal, Bd. 48, 1995, S. 279–294.

DERS. (Hrsg.): Tax Policy in the Nordic Countries, Basingstoke 1998.

SPAHN, PAUL BERND: The Community Budget for an Economic and Monetary Union, Houndmills 1993.

STATISTISCHES BUNDESAMT (Hrsg.): Statistisches Jahrbuch 1997 für die Bundesrepublik Deutschland, Wiesbaden 1997.

DASS. (Hrsg.): Fachserie 11: Bildung und Kultur, Reihe 7: Ausbildungsförderung nach dem Bundesausbildungsförderungsgesetz (BAföG) 1996, Stuttgart 1997.

DASS.: Fachserie 14: Finanzen und Steuern, Reihe 3.3: Rechnungsergebnisse der kommunalen Haushalte 1995, Stuttgart 1997.

DASS. (Hrsg.): Fachserie 14: Finanzen und Steuern, Reihe 6: Personal des öffentlichen Dienstes, versch. Jahre.

DASS.: Fachserie 18, Volkswirtschaftliche Gesamtrechnungen, Reihe 1.3, Konten und Standardtabellen, Hauptbericht 1996, Wiesbaden 1997.

DASS.: Fachserie 14: Finanzen und Steuern, Reihe 3.1: Rechnungsergebnisse des öffentlichen Gesamthaushalts 1995, Stuttgart 1998.

STEDEN, WERNER: Die Finanzpolitik im Konflikt zwischen verteilungs- und stabilisierungspolitischen Zielen, in: Bernhard Külp und Heinz-Dieter Haas (Hrsg.): Soziale Probleme der modernen Industriegesellschaft, Schriften des Vereins für Socialpolitik, N. F. Bd. 92/II, Berlin 1977, S. 797–827.

DERS.: Erbschaft- und Schenkungsteuern, in: Willi Albers u. a. (Hrsg.): Handwörterbuch der Wirtschaftswissenschaft, Bd. 2, Stuttgart u. a. O. 1980, S. 439–450.

STEGMÜLLER, MANFRED: Entwicklungstendenzen bei den Personalausgaben der öffentlich-rechtlichen Gebietskörperschaften, in: Finanzarchiv, N. F. Bd. 46, 1988, S. 433–464.

VON STEIN, LORENZ: Lehrbuch der Finanzwissenschaft, 3. Aufl., Leipzig 1875.

STEINBACH, BRITA: "Formula Flexibility". Kritische Analyse und Vergleich mit diskretionärer Konjunkturpolitik, Frankfurt/M.–Bern 1977.

STEINER, PETER O.: The Public Sector and the Public Interest, in: Robert H. Haveman und Julius Margolis (Hrsg.): Public Expenditure and Policy Analysis, 3. Aufl., Boston u. a. O. 1983, S. 3–41.

STERN, KLAUS: Das Staatsrecht der Bundesrepublik Deutschland, Bd. II, München 1980.

DERS., PAUL MÜNCH und KARL-HEINRICH HANSMEYER: Gesetz zur Förderung der Stabilität und des Wachstums der Wirtschaft, 2. Aufl., Stuttgart u. a. O. 1972.

STEUERREFORMKOMMISSION: Gutachten der Steuerreformkommission 1971, Schriftenreihe des Bundesministeriums der Finanzen, Heft 17, Bonn 1971.

STEUERREFORM-KOMMISSION: Reform der Einkommensbesteuerung („Petersberger Steuervorschläge"), Schriftenreihe des Bundesministeriums der Finanzen, Heft 61, Bonn 1997.

STOBBE, ALFRED: Volkswirtschaftslehre III: Makroökonomik, 2. Aufl., Berlin u. a. O. 1987.

STUDIENKOMMISSION FÜR DIE REFORM DES ÖFFENTLICHEN DIENSTRECHTS: Bericht der Kommission, Baden-Baden 1973.

STURM, MICHAEL: Budgetdisziplin in der Europäischen Wirtschafts- und Währungsunion. Ursachen übermäßiger Defizite und Wege zu ihrer Begrenzung, Frankfurt/M. 1997.

STURM, ROLAND: Haushaltspolitik in westlichen Demokratien, Baden-Baden 1989.

SURREY, STANLEY S.: Pathways to Tax Reform. The Concept of Tax Expenditures, Cambridge/Mass. 1973.

TAIT, ALAN A.: Net wealth, gift, and transfer taxes, in: Sijbren Cnossen (Hrsg.): Comparative Tax Studies. Essays in honor of Richard Goode, Amsterdam–New York–Oxford 1983, S. 139–168.

DERS.: Value Added Tax, Washington 1988.

TANZI, VITO: Taxation in an Integrating World, Washington 1995.

VAN DEN TEMPEL, A. J.: Körperschaftsteuer und Einkommensteuer in den Europäischen Gemeinschaften, hrsg. von der Kommission der Europäischen Gemeinschaften, Brüssel 1971.

TIEBOUT, CHARLES M.: A Pure Theory of Local Expenditures, in: Journal of Political Economy, Bd. 64, 1956, S. 416–424.

DERS.: An Economic Theory of Fiscal Decentralisation, in: National Bureau of Economic Research (Hrsg.): Public Finances: Needs, Sources, and Utilization, Princeton 1961, S. 79–96.

THALER, RICHARD H.: Anomalies. The Winner's Curse, in: Journal of Economic Perspectives, Bd. 2, 1988, Nr. 1, S. 191–202.

THIEL, JOCHEN: Die neue Erbschaft- und Schenkungsteuer, in: Der Betrieb, 1997, S. 64–69.

TIMM, HERBERT: Das Gesetz der wachsenden Staatsausgaben, in: Finanzarchiv, N. F. Bd. 21, 1961, S. 201–247.

DERS.: Bemerkungen zur wirtschaftspolitisch orientierten nichtfiskalischen Besteuerung, in: Finanzarchiv, N. F. Bd. 27, 1968, S. 87–109.

DERS.: Finanzwirtschaftliche Allokationspolitik, in: Fritz Neumark, Norbert Andel und Heinz Haller (Hrsg.): Handbuch der Finanzwissenschaft, 3. Aufl., Bd. 3, Tübingen 1981, S. 135–255.

TRANSFER-ENQUÊTE-KOMMISSION: Das Transfersystem in der Bundesrepublik Deutschland, Stuttgart u. a. O. 1981.

US CONGRESS, JOINT ECONOMIC COMMITTEE: The Economics of Federal Subsidy Programs. A Staff Study prepared for the Use of the Joint Economic Committee, Washington 1972.

U. S. DEPARTMENT OF THE TREASURY: Integration of the Individual and Corporate Tax Systems, Washington 1992.

VERBAND DEUTSCHER RENTENVERSICHERUNGSTRÄGER (Hrsg.): VDR Statistik Rentenzugang 1997, Bd. 125, Frankfurt/M. 1998.

VERBORN, HARRIE A. A., und FRANS A. A. VAN WINDEN (Hrsg.): The Political Economy of Government Debt, Amsterdam u. a. O. 1993.

VICKREY, WILLIAM S.: Agenda for Progressive Taxation, New York 1947.

DERS.: Counterspeculation, Auctions and Competitive Sealed Tenders, in: Journal of Finance, Bd. 16, 1961, S. 8–37.

DERS.: Pricing in Urban and Suburban Transport, in: American Economic Review, Bd. 53, 1963, Papers and Proceedings, S. 452–465.

VOGEL, KLAUS: Doppelbesteuerungsabkommen der Bundesrepublik Deutschland auf dem Gebiet der Steuern vom Einkommen und Vermögen, 3. Auflage, München 1996.

WAGENER, FRIDO: Der öffentliche Dienst im Staat der Gegenwart, in: Erhard Denninger u. a.: Verfassungstreue und Schutz der Verfassung – Der öffentliche Dienst im Staat der Gegenwart, Veröffentlichungen der Vereinigung der Deutschen Staatsrechtslehrer, Heft 37, Berlin–New York 1979, S. 215–266.

WAGNER, ADOLF u. a. (Hrsg.): Sozialstaat Deutschland, Themenheft der Jahrbücher für Nationalökonomie und Statistik, Bd. 216, 1997, Heft 4 und 5, S. 385–617.

WAGNER, ADOLPH: Die Ordnung des österreichischen Staatshaushaltes mit besonderer Rücksicht auf den Ausgabe-Etat und die Staatsschuld, Wien 1863.

DERS.: Finanzwissenschaft, Zweiter Theil: Theorie der Besteuerung, Gebührenlehre und allgemeine Steuerlehre, 2. Aufl., Leipzig 1890.

DERS.: Grundlegung der politischen Oekonomie, 3. Aufl., Erster Theil, Grundlagen der Volkswirthschaft, zweiter Halbband, Leipzig 1893.

DERS.: Staat in nationalökonomischer Sicht, in: Handwörterbuch der Staatswissenschaften, 3. Aufl., Bd. 7, Jena 1911, S. 727–739.

WAGNER, FRANZ W.: Der gesellschaftliche Nutzen einer betriebswirtschaftlichen Steuervermeidungslehre, in: Finanzarchiv, N. F. Bd. 44, 1986, S. 32–54.

WAGNER, GERT: Zentrale Aufgaben beim Um- und Ausbau der Gefahrenvorsorge. Ein Versuch, die Vertragstheorie sowie die Theorie des Markt- und Staatsversagens für die Sozialpolitik nutzbar zu machen, in: Richard Hauser (Hrsg.): Reform des Sozialstaats II: Theoretische, institutionelle und empirische Aspekte, Schriften des Vereins für Socialpolitik, N. F. Bd. 251/II, Berlin 1998, S. 11–51.

WALKER, DAVID: The Direct-Indirect Tax Problem: Fifteen Years of Controversy, in: Public Finance, Bd. 10, 1955, S. 153–176.

WARTENBERG, UWE: Verteilungswirkungen staatlicher Aktivitäten. Ein Beitrag zur Untersuchung der personellen Budgetinzidenz, Berlin 1979.

WEBER, JÜRGEN: Die Interessengruppen im politischen System der Bundesrepublik Deutschland, Stuttgart u. a. O. 1977.

WEBER, MANFRED: Die Schlüsselzuweisungen. Analyse eines Instruments des kommunalen Finanzausgleichs, Frankfurt/M. 1981.

WEISBROD, BURTON A.: Collective Action and the Distribution of Income: A Conceptual Approach, in: Robert H. Haveman und Julius Margolis (Hrsg.): Public Expenditure and Policy Analysis, 2. Aufl., Chicago 1977, S. 105–131.

WELTER, ERICH: Der Staat als Kunde, Heidelberg 1960.

WHITING, ALAN (Hrsg.): The Economics of Industrial Subsidies, London 1976.

WICKSELL, KNUT: Finanztheoretische Untersuchungen nebst Darstellung und Kritik des Steuerwesens Schwedens, Jena 1896 (Neudruck Aalen 1969).

WIEGARD, WOLFGANG: Die neue Finanztheorie, in: Wirtschaftswissenschaftliches Studium, Heft 10, 1993, S. 503–512.

WILDAVSKY, AARON: The Politics of the Budgetary Process, 4. Aufl., Boston–Toronto 1983.

WILLE, EBERHARD: Mittel- und langfristige Finanzplanung, in: Fritz Neumark, Norbert Andel und Heinz Haller (Hrsg.): Handbuch der Finanzwissenschaft, 3. Aufl., Bd. 1, Tübingen 1977, S. 427–474.

DERS.: Die mehrjährige Finanzplanung. Chancen und Grenzen einer ausgabenorientierten Planung, in: Wirtschaftswissenschaftliches Studium, Jg. 8, 1979, S. 162–169.

WINTER, MATTHIAS: Die Umsatzsteuer im EU-Binnenmarkt, 3. Aufl., Bonn 1995.

WISSENSCHAFTLICHER BEIRAT BEIM BUNDESMINISTERIUM DER FINANZEN: Probleme einer Netto-Umsatzbesteuerung, Schriftenreihe des Bundesministeriums der Finanzen, Heft 2, Bonn o. J. (1961), wiederabgedruckt in: DERS.: Entschließungen, Stellungnahmen und Gutachten 1949–1973, hrsg. vom Bundesministerium der Finanzen, Bonn 1974, S. 232–308.

DERS.: Gutachten zur Reform der direkten Steuern (Einkommensteuer, Körperschaftsteuer, Vermögensteuer und Erbschaftsteuer) in der Bundesrepublik Deutschland, Schriftenreihe des Bundesministeriums der Finanzen, Heft 9, Bonn o. J. (1967), wiederabgedruckt in: Ders.: Entschließungen, Stellungnahmen und Gutachten 1949–1973, hrsg. vom Bundesministerium der Finanzen, Tübingen 1974, S. 326–400.

DERS.: Entschließungen, Stellungnahmen und Gutachten 1949–1973, hrsg. vom Bundesministerium der Finanzen, Tübingen 1974.

DERS.: Gutachten zur Schuldenstrukturpolitik des Staates, Schriftenreihe des Bundesministeriums der Finanzen, Heft 27, Bonn 1979, wiederabgedruckt in: DERS.: Gutachten und Stellungnahmen 1974–1987, hrsg. vom Bundesministerium der Finanzen, Tübingen 1988, S. 169–301.

DERS.: Gutachten zum Begriff der öffentlichen Investitionen – Abgrenzungen und Folgerungen im Hinblick auf Art. 115 Grundgesetz –, Schriftenreihe des Bundesministeriums der Finanzen, Heft 29, Bonn 1980, wiederabgedruckt in: DERS.: Gutachten und Stellungnahmen 1974–1987, hrsg. vom Bundesministerium der Finanzen, Tübingen 1988, S. 313–359.

DERS.: Gutachten zur Reform der Gemeindesteuern, Schriftenreihe des Bundesministeriums der Finanzen, Heft 31, Bonn 1982, wiederabgedruckt in: DERS.: Gutachten und Stellungnahmen 1974–1987, hrsg. vom Bundesministerium der Finanzen, Tübingen 1988, S. 360–454.

DERS.: Gutachten zu den Problemen einer Verringerung der öffentlichen Netto-Neuverschuldung, Schriftenreihe des Bundesministeriums der Finanzen, Heft 34, Bonn 1984, wiederabgedruckt in: DERS.: Gutachten und Stellungnahmen 1974–1987, hrsg. vom Bundesministerium der Finanzen, Tübingen 1988, S. 455–511.

DERS.: Gutachten zur einkommensteuerlichen Behandlung von Alterseinkünften, Schriftenreihe des Bundesministeriums der Finanzen, Heft 38, Bonn 1986, wiederabgedruckt in: Ders.: Gutachten und Stellungnahmen 1974–1987, hrsg. vom Bundesministerium der Finanzen, Tübingen 1988, S. 513–557.

DERS.: Stellungnahme zur Tarifstruktur der Körperschaftsteuer, Schriftenreihe des Bundesministeriums der Finanzen, Heft 39, Bonn 1987, wiederabgedruckt in: DERS.: Gutachten und Stellungnahmen 1974–1987, Tübingen 1988, S. 559–588.

DERS.: Gutachten und Stellungnahmen 1974–1987, hrsg. vom Bundesministerium der Finanzen, Tübingen 1988.

DERS.: Die Einheitsbewertung in der Bundesrepublik Deutschland – Mängel und Alternativen –, Schriftenreihe des Bundesministeriums der Finanzen, Heft 41, Bonn 1989.

DERS.: Gutachten zum Länderfinanzausgleich in der Bundesrepublik Deutschland, Schriftenreihe des Bundesministeriums der Finanzen, Heft 47, Bonn 1992.

DERS.: Stellungnahme zu einigen Regelungen eines „Standortsicherungsgesetzes", BMF-Dokumentation 2/93, März 1993.

DERS.: Zur Bedeutung der Maastricht-Kriterien für die Verschuldungsgrenzen von Bund und Ländern, Schriftenreihe des Bundesministeriums der Finanzen, Heft 54, Bonn 1994.

DERS.: Einnahmenverteilung zwischen Bund und Ländern. Probleme und Lösungsmöglichkeiten, Schriftenreihe des Bundesministeriums der Finanzen, Heft 56, Bonn 1995.

DERS.: Umweltsteuern aus finanzwissenschaftlicher Sicht, Schriftenreihe des Bundesministeriums der Finanzen, Heft 63, Bonn 1997.

WISSENSCHAFTLICHER BEIRAT FÜR FAMILIENFRAGEN BEIM BUNDESMINISTERIUM FÜR JUGEND, FAMILIE UND GESUNDHEIT: Zur Reform des Familienlastenausgleichs, hrsg. vom Bundesministerium für Jugend, Familie und Gesundheit, Bonn 1971.

WISSENSCHAFTLICHER BEIRAT BEIM BUNDESMINISTERIUM FÜR WIRTSCHAFT: Grundfragen der Stabilitätspolitik, in: Ders.: Gutachten vom März 1973 bis November 1975, Göttingen 1975, S. 619–660.

DERS.: Ordnungspolitische Orientierung für die Europäische Union, BMWi-Dokumentation Nr. 356, Oktober 1994.

DERS.: Grundlegende Reform der gesetzlichen Rentenversicherung, BMWi-Studienreihe, Nr. 99, April 1998.

WISSENSCHAFTLICHER BEIRAT FÜR FAMILIENFRAGEN: Zur Weiterentwicklung des Familienlastenausgleichs nach den Entscheidungen des Bundesverfassungsgerichts seit 1990, Schriftenreihe des Bundesministeriums für Familien, Senioren, Frauen und Jugend, Bd. 104, Stuttgart u. a. O. 1995.

WITZKE, HARALD VON: Personelle Einkommensverteilung in der Landwirtschaft und Agrarpreise, Berlin 1979.

WÖHE, GÜNTER: Betriebswirtschaftliche Steuerlehre, Bd. I/1: Die Steuern des Unternehmens – Das Besteuerungsverfahren, 6. Aufl., München 1988.

WOLF, CHARLES, JR.: Markets or Governments. Choosing between Imperfect Alternatives, Cambridge/Mass.–London 1988.

ZACHER, HANS F.: Verwaltung durch Subventionen, in: Otto Kimminich u. a.: Das Staatsoberhaupt in der parlamentarischen Demokratie – Verwaltung durch Subventionen, Veröffentlichungen der Vereinigung der Deutschen Staatsrechtslehrer, Heft 25, Berlin 1967, S. 308–400.

DERS. (Hrsg.): Die Rolle des Beitrags in der sozialen Sicherung, Schriftenreihe für Internationales und Vergleichendes Sozialrecht, Bd. 4, Berlin 1980.

ZAVELBERG, HEINZ GÜNTER (Hrsg.): Die Kontrolle der Staatsfinanzen: Geschichte und Gegenwart, 1714–1989. Festschrift zur 275. Wiederkehr der Errichtung der Preußischen General-Rechen-Kammer, Berlin 1989.

DERS.: Finanzkontrolle, staatliche, in: Waldemar Wittmann u. a. (Hrsg.): Handwörterbuch der Betriebswirtschaft, 5. Aufl., Teilband 1, Stuttgart 1993, S. 1113–1124.

ZEPPERNICK, RALF: Transfer-Einkommen und Einkommensumverteilung, Berlin 1986.

ZIMMERMANN, HORST: Subventionen und Verteilung. Zur empirischen Erfaßbarkeit von Subventionswirkungen auf die personale Einkommensverteilung, in: Wilhelmine Dreißig (Hrsg.): Öffentliche Finanzwirtschaft und Verteilung IV, Schriften des Vereins für Socialpolitik, N. F. Bd. 75/IV, Berlin 1976, S. 9–57.

DERS.: Fortsetzung der Gemeindesteuerreform?, in: Der Gemeindehaushalt, Jg. 89, 1988, S. 193–196.

Sachregister

Budgetpolitik
–, klassische (Parallelpolitik) 484f.
–, kompensatorische 485f.
–, stabilisierende 486
–, zyklische 485
Budgetsaldo s. Finanzierungssaldo
Budgetwirkungen 119f., 490–497
Bürgergeld 270
Bürgerpräferenzen 40–55, 96f., 425f.,
  440, 464f., 504, 507
Bürgschaften 23, 37
Bürokratie 98, 101
built-in-flexibility s. Stabilisatoren,
  automatische
Bundesangestelltentarif 205
Bundesanleihekonsortium 412
Bundesanleihen s. Anleihen
Bundesanstalt für Arbeit 251f.
Bundesaufgaben 506–508, 515
Bundesauftragsverwaltung 516f.
Bundesausbildungsförderungsgesetz
  241, 262–264, 456
Bundesbankgewinn 30, 394
Bundesbesoldungsgesetz 204
Bundeseisenbahnvermögen 12f.
Bundesergänzungszuweisungen 523f.,
  526–528
Bundeshaushaltsordnung 57,
  400f.
Bundeshaushaltsplan 67–71
Bundesobligationen 404, 407, 410,
  412f.
Bundesrat 72–74, 516
Bundesrechnungshof 75f.
Bundesschatzbriefe 404f., 407, 409,
  410, 412
Bundeszuschuß zur Sozialversiche-
  rung 243, 247, 469
Bund-Länder-Kommission für Bil-
  dungsplanung 518

C

capital gains s. Wertzuwachsbesteue-
  rung
Cash-flow-Steuer 348f., 389
Ceteris-paribus-Klausel 117, 122
Clubtheorie 506
Coase-Lösung 432

comprehensive business income tax
  349f.
concentration process 195f.
constructive realization 321, 382
Cost-plus-Preisbildung 154
crowding out 169–173, 186, 413

D

Daueremission 412
Debt Management 403
Deckungsfähigkeit 65
Deckungsstockfähigkeit 405
Deduktive Analysemethode 116, 122
defective telescopic faculty 426
Defizit
–, konjunkturelles 494
–, strukturelles 494
Demokratietheorie s. Entscheidungen,
  kollektive
Dienst, öffentlicher 198–212
Dienstrecht 202–205, 212
displacement effect 194
Dispositionsspielraumeffekt 125f.,
  127f.
Doppelbelastung 342f., 347, 381, 510,
  536f.
Doppelbesteuerungsabkommen 537,
  541
Durchschnittskosten, sinkende 432–
  434
Durchschnittssteuersatz 303
Dynamische Modelle 117

E

Eckrentner 245
economies of scale 506, 534f.
Edinburgher Steuerregel 447
Effekte, externe 16, 300, 364, 425, 427–
  432, 435, 439, 441, 453, 506–508,
  513, 534f.
Effizienzanalye s. Allokationspolitik
Ehegattenbesteuerung 327–329, 460
Eigenkapitalfinanzierung 381, 387
Einfuhrumsatzsteuer s. Umsatzsteuer
Einheit, Grundsatz der 61
Einheitswerte 378f.
Einkommensbegriff, steuerlicher 314–
  317, 330f.

Beiträge zur Finanzwissenschaft
Herausgegeben von Hans-Werner Sinn und Wolfgang Wiegard

Einen Gesamtkatalog erhalten Sie gerne vom Verlag
Mohr Siebeck · Postfach 2040 · D-72010 Tübingen
Neueste Informationen im Internet unter http://www.mohr.de

Mohr Siebeck